Ulrike Koltermann

PÄPSTE UND PALÄSTINA

Ulrike Koltermann

PÄPSTE UND PALÄSTINA

Die Nahostpolitik des Vatikans
von 1947 bis 1997

Aschendorff Münster

Jerusalemer Theologisches Forum (JThF)

in Verbindung mit dem
Forum ehemaliger Studierender
im Theologischen Studienjahr Jerusalem e.V.

herausgegeben von
Klaus Bieberstein, Michael Bongardt, Heinzgerd Brakmann,
Laurentius Klein und Christoph Markschies

Schriftleitung
Achim Budde und Oliver Schuegraf

Band 2

D 5

Gedruckt mit freundlicher Unterstützung des Erzbistums Köln
und des Deutschen Vereins vom Heiligen Lande.

© 2001 Aschendorffsche Verlagsbuchhandlung GmbH & Co., Münster

Das Werk ist urheberrechtlich geschützt. Die dadurch begründeten Rechte, insbesondere die der Übersetzung, des Nachdrucks, der Entnahme von Abbildungen, der Funksendung, der Wiedergabe auf fotomechanischem oder ähnlichem Wege und der Speicherung in Datenverarbeitungsanlagen bleiben, auch bei nur auszugsweiser Verwertung, vorbehalten. Die Vergütungsansprüche des § 54, Abs. 2, UrhG, werden durch die Verwertungsgesellschaft Wort wahrgenommen.

Umschlaggestaltung: Gunnar Floss
Druck: Druckhaus Aschendorff, Münster
Gedruckt auf säurefreiem, alterungsbeständigem Papier ∞

ISSN 1439-4634
ISBN 3-402-07501-6

INHALTSVERZEICHNIS

VORWORT 11

ABKÜRZUNGSVERZEICHNIS 13

A. EINLEITUNG

I. Methode 15
   1. Päpstliche Äußerungen 16
   2. Der Pressesaal, ‚L'Osservatore Romano' und
      ‚La Civiltà Cattolica' 16
   3. Unveröffentlichte Quellen 19

II. Hl. Stuhl, Heiliges Land, Heilige Stätten 22
    1. Strukturen vatikanischer Diplomatie 22
    2. Das lateinische Patriarchat von Jerusalem 26
    3. Die christlichen heiligen Stätten und der ‚Status quo' 28
    4. Die christlichen Gemeinschaften im Heiligen Land 29

B. HISTORISCHER TEIL

I. Die Debatte über die Internationalisierung Jerusalems
   (1947-1949) 33
   1. Rückblick auf Äußerungen aus dem Vatikan zur
      Palästinafrage 33
   2. Die UN-Resolution 181 (1947) zur Internationalisierung
      Jerusalems 35

3. Die Gründung der Apostolischen Delegatur und die
   Enzyklika ‚Auspicia quaedam' 39
4. Die heiligen Stätten während des israelisch-arabischen
   Krieges 41
5. Die erste Jerusalem-Enzyklika ‚In multiplicibus curis'
   (1948) 44
6. Die Sondierungsreise von Mgr. McMahon
   ins Heilige Land 49
7. Die Enzyklika ‚Redemptoris nostri': Rückkehr der
   Flüchtlinge und Internationalisierung Jerusalems (1949) 54
8. Die Gründung der Päpstlichen Mission für Palästina 59
9. Vatikanisches Engagement auf der Ebene der UNO 61

II. Die Nachkriegszeit und Papst Johannes XXIII. (1950-1963) . 67
   1. Die Jerusalem-Debatte in der Nachkriegszeit 67
   2. Die Folgen des Krieges für die Christen
      im Heiligen Land 72
   3. Der Ausklang der Internationalisierungsdebatte 77
   4. Konsolidierung der Lage in den letzten Amtsjahren
      Pius' XII. 80
   5. Papst Johannes XXIII., die Juden und das Heilige Land . 88
   6. Konflikte in den katholischen Patriarchaten
      von Jerusalem 92
   7. Die Vorgeschichte der Erklärung des Zweiten
      Vatikanischen Konzils zu den Juden 96

III. Die Reise Papst Pauls VI. ins Heilige Land und
    die Konzilserklärung zu den Juden (1964-1966) 106
   1. Die Verbindungen von Papst Paul VI.
      zum Heiligen Land 106
   2. Die Erklärung zu den Juden in der zweiten
      Sitzungsperiode des Konzils (1963) 107
   3. Die Pilgerreise Papst Pauls VI. ins Heilige Land (1964) . 111
   4. Die Erklärung zu den Juden in der dritten
      Sitzungsperiode des Konzils (1964) 133
   5. Die Verabschiedung von ‚Nostra aetate' in der vierten
      Sitzungsperiode des Konzils (1965) 141

IV. Intensivierung vatikanischer Palästinapolitik infolge des
israelisch-arabischen Kriegs 1967 (1967-1972) 145

    1. Die Friedensappelle des Papstes
während des Juni-Kriegs (1967) 145
    2. Die Neuformulierung der vatikanischen Jerusalem-
Position 148
    3. Die humanitäre Hilfe des Vatikans für die
Kriegsopfer 157
    4. Die Kritik des Vatikans an Gewaltakten und
Vergeltungsschlägen 163
    5. Verstärkte Aufmerksamkeit für die
palästinensischen Christen 169
    6. Die Aktivitäten des Vatikans auf politischer Ebene 172

V. Die letzten Jahre des politisch geprägten Pontifikats
Papst Pauls VI. (1973-1978) 182

    1. Die Akzeptanz der Palästinenser als Volk und die
Audienz für Golda Meir 182
    2. Die Gründung der Betlehem-Universität (1973) 187
    3. Der Oktoberkrieg 1973 und der Jerusalem-Gipfel mit
afrikanischen Politikern 189
    4. Das Apostolische Schreiben ‚Nobis in animo' über
die Notlage der Kirche im Heiligen Land (1974) 193
    5. Der Prozeß gegen Erzbischof Capucci und der
libanesische Bürgerkrieg 195
    6. Die christlich-muslimische Konferenz in
Tripolis (1976) 202
    7. Die Freilassung Capuccis und die Friedensinitiative
Sadats 206
    8. Die Audienzen für Dayan, Sadat und Hussein
am Ende des Pontifikats Papst Pauls VI 210
    9. Das Pontifikat Papst Johannes Pauls I. (1978) 214

VI. Stabilere Kontakte zu Israel
und den Palästinensern während des
Pontifikats Papst Johannes Pauls II. (1978-1987) 217

    1. Johannes Pauls II. anfängliche Zurückhaltung
gegenüber den Palästinensern 217
    2. Das israelische Hautpstadtgesetz (1980) 226
    3. Kontakte des Vatikans zu den Palästinensern 230

4. Audienzen für Kaddumi und Schamir 233
5. Die erste Papstaudienz für Arafat (1982) 237
6. Das Apostolische Schreiben ‚Redemptionis
   Anno' (1984) 243
7. Audienzen für Peres und eine jordanisch-
   palästinensische Delegation 247
8. Papst Johannes Paul II. und der interreligiöse Dialog .. 248
9. Kardinal O'Connor in Israel und die Ansprache
   des Papstes an amerikanische Juden in Miami 250

VII. Die Unterstützung der Palästinenser während der Intifada
und die Annäherung an Israel nach Beginn des
Friedensprozesses (1988-1993) 256

1. Die Ernennung von Patriarch Sabbah und der
   Beginn der Intifada (1988) 256
2. Diplomatische Initiativen: Gespräche mit Hussein,
   Kaddumi, Mubarak, Shultz 260
3. Die Situation der palästinensischen Christen
   während der Intifada 261
4. Die positive Reaktion des Vatikans auf die
   palästinensische Unabhängigkeitserklärung 264
5. Die Entwicklung einer ‚palästinensischen
   Befreiungstheologie' 267
6. Die Forderung der diplomatischen Anerkennung
   Israels infolge des Golfkriegs (1991) 271
7. Die außerordentliche Bischofssynode im Vorfeld der
   Madrider Friedenskonferenz 278
8. Annäherung an Israel: Die bilaterale
   Arbeitskommission 282
9. Die Vorgeschichte des vatikanisch-israelischen
   Grundlagenabkommens (1993) 288

VIII. Die Offizialisierung der Beziehungen zu Israel und zur
PLO parallel zum Friedensprozess (1994-1997) 297

1. Das Grundlagenabkommen mit Israel:
   Inhalt und Reaktionen 297
2. Diplomatische Beziehungen zu Jordanien
   und Israel (1994) 303
3. Die Aufnahme offizieller Beziehungen
   zur PLO (1994) 312
4. Vorbereitungen im Blick auf das Jubiläumsjahr 2000 315

5. Die Ausdehnung der palästinensischen Autonomie 318
6. Stillstand der vatikanisch-israelischen Verhandlungen und des Friedensprozesses 323
7. Zunehmender Druck des Vatikans auf Israel – Der Papstbesuch im Libanon (1997) 328
8. Das Abkommen über den Rechtsstatus der katholischen Kirche in Israel (1997) 332

C. ENTWICKLUNGSLINIEN DER VATIKANISCHEN PALÄSTINAPOLITIK

I. Die Haltung des Vatikans zum Status Jerusalems 337
II. Der Vatikan und die Christen im Heiligen Land 340
III. Der Vatikan und der israelisch-palästinensische Konflikt 342

NACHWORT: JOHANNES PAUL II. IM HEILIGEN JAHR IM HEILIGEN LAND 345

QUELLENVERZEICHNIS 352

LITERATURVERZEICHNIS 356

REGISTER 376

VORWORT

Diese Arbeit entstand während eines zweijährigen Forschungsaufenthalts in Rom. Die Katholisch-Theologische Fakultät der Universität Bonn nahm sie im Dezember 1999 als Dissertation an. Für die Veröffentlichung kam ein Kapitel zur Reise von Papst Johannes Paul II. ins Heilige Land im Mai 2000 hinzu. Dem Erzbistum Köln und dem Deutschen Verein vom Heiligen Land danke ich für großzügige Druckkostenzuschüsse.

Im Laufe der Arbeit habe ich die Hilfe vieler Personen in Anspruch genommen, denen ich herzlich danke.

Ganz besonders danke ich meinen Eltern, die mich unterstützt und gefördert haben, wo immer sie konnten. Der Studienstiftung des deutschen Volkes danke ich für die finanzielle Unterstützung, insbesondere der Auslandsaufenthalte. Prof. Dr. Dr. h.c. Gabriel Adriányi hat die Dissertation auf sehr angenehme und anregende Weise betreut; Prof. Dr. Heinz-Josef Fabry und Prof. Dr. Erwin Gatz haben sich dankenswerterweise bereit erklärt, weitere Gutachten zu übernehmen.

Folgende Personen waren über kurze oder lange Strecken meiner Arbeit eine große Hilfe:

Sami Kamal, dem ich das Thema verdanke, und Heinz-Rudolf Othmerding, der mich kontinuierlich ermutigt und mir wesentliche Anregungen gegeben hat; die Mitarbeiter des ‚Institute for Palestine Studies' in Beirut, der Katholischen Nachrichtenagentur in Bonn, der Palästinensischen Generaldelegation in Rom, des ‚Catholic News Service' in Rom und der ‚Pontifical Mission for Palestine' in New York; Mgr. Luigi Gatti, der mehrfach Zeit fand, mir die Strukturen vatikanischer Diplomatie zu erklären; Giancarlo Zizola, der mir viele Türen in Rom geöffnet und mir sein Privatarchiv zur Verfügung gestellt hat; Clare Wilde und ihre Familie, die mich in New York freundlichst aufgenommen haben; Dott.ssa Lina Petri Tormenta, die das Archiv des vatikanischen Pressesaals für mich durchsucht hat; P. Frans Bouwen, dessen Hilfe in Jerusalem sehr wertvoll war.

Ich danke allen, die Zeit für Interviews und Hintergrundgespräche hatten; sie sind namentlich im Anhang genannt. Für die Korrektur des Manuskripts danke ich Renate Koltermann, Claudia Reimüller und – für zahlreiche Verbesserungsvorschläge – besonders Burkhard Jürgens. Meinen Freunden in Rom danke ich für die wunderschöne Zeit, die ich mit ihnen dort hatte.

Im folgenden Text sind alle Übersetzungen meine eigenen. Bei arabischen Namen habe ich mich um einen Kompromiß zwischen geläufiger und aussprachenaher Umschrift bemüht.

Ulrike Koltermann

ABKÜRZUNGSVERZEICHNIS

A/RES	Resolution der UN-Generalversammlung
AFP	Agence France-Presse
ANSA	Italienische Nachrichtenagentur
B	Bollettino della Sala Stampa della Santa Sede
CC	La Civiltà Cattolica
CELRA	Conférence des évêques latins dans les regions arabes
CIC	Codex Iuris Canonici
CNEWA	Catholic Near East Welfare Association
CNS	Catholic News Service
CWN	Catholic World News
DC	Documentation Catholique
DFLP	Democratic Front for the Liberation of Palestine
Diss.	Dissertation
HK	Herder Korrespondenz
IDOC	International Documentation and Communication Center
FAZ	Frankfurter Allgemeine Zeitung
FN	Fußnote
FSC	Fratelli delle Scuole Cristiane
KIPA	Kirchliche Presse-Agentur
KNA	Katholische Nachrichtenagentur
M. Afr.	Missionari d'Africa
MECC	Middle East Council of Churches
Mgr.	Monsignore
OFM	Ordo Fratrum Minorum
OR	L'Osservatore Romano
OR dt.	L'Osservatore Romano, deutsche Ausgabe
P.	Pater
PASSIA	Palestinian Academic Society for the Study of International Affairs
PFLP	Popular Front for the Liberation of Palestine
PLO	Palestinian Liberation Organization
PMP	Päpstliche Mission für Palästina
POC	Proche-Orient Chrétien

S/RES	Resolution des UN-Sicherheitsrats
A/RES/E-S	Resolution der UN-Generalversammlung in Notstandsondersitzung
SZ	Süddeutsche Zeitung
UN / UNO	United Nations Organization
UNRWA	United Nations Relief and Works Agency for Palestine Refugees in the Near East
UNSCOP	United Nations Special Committee on Palestine

A. EINLEITUNG

I. METHODE

Die Arbeit geht von der Annahme aus, der Vatikan[1] verfolge im Wesentlichen drei Ziele im Nahen Osten: a) den Schutz der christlichen heiligen Stätten[2] und des religiösen Charakters Jerusalems, b) die Präsenz christlicher Gemeinschaften im Heiligen Land[3], c) eine friedliche und gerechte Lösung des israelisch-palästinensischen Konflikts. Diese Interessen lassen sich nicht scharf voneinander trennen, sondern bedingen, ergänzen und überschneiden sich gegenseitig. Folgende Fragen ergeben sich: Welche Mittel stehen dem Vatikan zur Durchsetzung dieser Interessen zur Verfügung, und mit welchem Erfolg wendet er sie an? Inwiefern paßt er seine Interessen und Instrumente an, wenn sich die politischen Umstände ändern?

Das Ziel dieser Arbeit ist die chronologische Darstellung der vatikanischen Palästinapolitik[4] seit dem Ende des britischen Mandats bis in die jüngste Zeit an Hand der genannten Leitfragen.

Die Quellenbasis bilden zum einen die veröffentlichten Äußerungen des Vatikans in seinen verschiedenen Instanzen. Daneben dient bisher nicht publiziertes Archivmaterial in Form von Korrespondenz und vertraulichen Berichten sowie persönliche Interviews und Materialsammlungen katholischer Nachrichtenagenturen der Einordnung und Deutung der vatikanischen Stellungnahmen. Die Archive des Vatikans sind für den behandelten Zeitraum nicht zugänglich.

---

[1] Die Bezeichnung ‚Vatikan' wird aufgrund ihrer Geläufigkeit synonym für ‚Heiliger Stuhl' verwendet: Gemeint ist das Völkerrechtssubjekt, nicht der Staat der Vatikanstadt.
[2] Die ‚heiligen Stätten' bezeichnen je nach Kontext die von den Christen bzw. Juden und Muslimen in ihrer Glaubensgemeinschaft als heilig verehrten Stätten.
[3] Das ‚Heilige Land' umfaßt nach vatikanischem Sprachgebrauch Israel und das Westjordanland; vgl. Tauran, Ansprache an Mitglieder des Ritterordens vom Heiligen Grab, Manhattan, 26.9.1992: Catholic New York, 15.10.1992.
[4] Der Vatikan hat auch nach der Staatsgründung Israels 1948 an der Bezeichnung ‚Palästina' für das israelische Staatsgebiet und das Westjordanland festgehalten. Im folgenden wird ‚Palästina' der vatikanischen Terminologie entsprechend verwendet und hat keine politische Konnotation, etwa im Sinne eines künftigen palästinensischen Staates.

Im folgenden werden die wichtigsten Quellen charakterisiert und der Forschungsstand skizziert. Die Quellen lassen sich in drei Kategorien aufteilen:

1. Päpstliche Äußerungen

Die bedeutendsten Äußerungen des Vatikans zur Palästinafrage sind die päpstlichen Schreiben in Form von Enzykliken, Apostolischen Mahnschreiben (Adhortatio) und persönlichen Botschaften an die verantwortlichen Politiker. Die am häufigsten benutzte Möglichkeit der Stellungnahme hingegen sind die Ansprachen der Päpste. Zu bestimmten Anlässen gibt der Papst regelmäßig einen Überblick über die seiner Ansicht nach wichtigsten Themen der Weltpolitik. Paul VI. hielt gewöhnlich eine solche Ansprache, in der die Palästinafrage einen festen Platz hatte, wenn ihm das Kardinalskollegium im Juni zu seinem Namenstag gratulierte. Weitere Gelegenheiten für ein Resümee der Lage der Kirche in der Welt sind die Ansprachen in der Weihnachtszeit vor den Mitgliedern der Kurie und die Empfänge für das beim Hl. Stuhl akkreditierte Diplomatische Korps. Stärker an der Tagespolitik orientiert sind die Anmerkungen des Papstes im Rahmen der wöchentlichen Generalaudienz oder vor dem sonntäglichen Angelus-Gebet, die häufig als Aufrufe zum Gebet oder als Friedensappelle an die Konfliktparteien formuliert sind. Eines der wichtigsten Mittel politischer Einflußnahme sind die Audienzen für Staatsoberhäupter, Politiker, religiöse Führer und Diplomaten aus den entsprechenden Ländern. Die Ansprachen, die der Papst zu diesen Anlässen hält, enthalten gewöhnlich klare politische Stellungnahmen und häufig auch indirekte Kritik. Der Stil der päpstlichen Aussagen ist – abhängig von der Person des jeweiligen Papstes – meist sehr allgemein und ausgewogen. Die scheinbaren Selbstverständlichkeiten sind oft nur als politische Stellungnahmen zu verstehen, wenn man den aktuellen Hintergrund und den genauen Wortlaut berücksichtigt – und das, was er nicht sagt.

2. Der Pressesaal, ‚L'Osservatore Romano' und ‚La Civiltà Cattolica'

Stellungnahmen zu heiklen politischen Fragen, insbesondere wenn sie geeignet sind, Kritik der Beteiligten oder der internationalen Gemeinschaft auszulösen, werden gewöhnlich im vatikanischen Pressesaal veröffentlicht, der seit 1966 besteht. „Zur Zeit Pius' XI. mußte der Vatikan ‚dechiffriert' werden. Das Leben der Kirche, die diplomatischen Kontakte, die Geste eines Kardinals, die Äußerung eines Prälaten, ihr Grad an Vertrautheit mit dem Papst, all das waren gro ße Geheimnisse, die schwierig zu durchdringen waren."[5] Mgr. Giovanni Battista Montini, der spätere Papst Paul VI., dessen Vater Journalist war, richtete anläßlich des Konklaves 1939 erstmals einen Informationsdienst für die Presse ein und wandelte das Pressebüro des Zweiten Vatikanischen Konzils anschließend in eine dauerhafte Einrichtung um.[6] Der Informationsfluß war anfangs jedoch spärlich. Der Generalsekretär des Konzils, Pericle Felici, teilte den Journalisten bei der Einrichtung des Pressebüros mit, man werde „von Zeit zu Zeit [!] nützliche und wahre Informationen mitteilen, die nach Möglichkeit Ihren Bedürfnissen entsprechen"[7]. Die dort bekanntgegebenen Erläuterungen sollten journalistische Spekulationen über vatikanische Politik verhindern, lösten sie in Einzelfällen aber auch aus, wenn die Inhalte neu oder widersprüchlich zu früheren Aussagen waren. Manche Journalisten kritisierten, der Pressesaal sei „ein moderner, aber wasserarmer Kanal"[8]: „Die alte Zensoren-Mentalität überlebte trotz der neuen Instrumente, die häufig als Kontrollorgane und Kanäle offizieller Wahrheiten betrachtet wurden."[9]

Der Pressesaal bedient sich verschiedener Kommunikationsformen, die sich im Grad der Offizialität unterscheiden. Üblich ist die ‚Erklärung des Direktors des Pressesaals', die im ‚Bollettino', dem täglichen Informationsdienst, und häufig auch im ‚Osservatore Romano' erscheint. Nach Audienzen wird gewöhnlich ein Kommuniqué veröffentlicht, in Ausnahmefällen auch ein gemeinsames, dem der Inhalt der Ansprachen des Papstes und seines Gastes bzw. seiner Gäste zu entnehmen sind. Will der Vatikan öffentliche Aufmerksamkeit vermeiden, werden die Stellungnahmen des Direktors nicht zusätzlich in schriftlicher Form ausgegeben. Legt er hingegen besonderen Wert auf manche Klarstellungen, kommt es vor, daß eine ‚Mündliche Erklärung' ausschließlich als gedruckter Text verteilt wird. Da die Präsentation der vatikanischen Palästinapolitik sich rückwirkend auch wieder auf deren Gestaltung auswirkt, ist in diesem Zusammenhang auch die Person des Direktors des Pressesaals von Bedeutung. Auf Mgr. Fausto Vaillanc folgte 1970 ein Nichtgeistlicher, Professor Federico Alessandrini, der zugleich Vizechefredakteur des ‚Osservatore Romano' war. Ab 1976 leitete P. Romeo Panciroli den Pressesaal; er wurde 1984 von dem Spanier Dr. Joa-

---

[5] ZIZOLA 1996, 56.
[6] Vgl. ZIZOLA 1996, 56-68.
[7] PESCH 1993, 85f (Hervorhebung von Pesch).
[8] ZIZOLA 1996, 62.
[9] ZIZOLA 1996, 60.

quín Navarro-Valls abgelöst, der zuvor u.a. als Nahostkorrespondent gearbeitet hatte.[10]

Die vatikanische Tageszeitung ‚L'Osservatore Romano' galt während des Zweiten Weltkriegs und einige Zeit danach als „eine der am besten informierenden Zeitungen der ganzen Welt, weil der neutrale Vatikan Informationskanäle zu allen Seiten unterhielt"[11]. Über die vatikanische Politik berichtete er nach Ansicht von Vatikan-Korrespondenten jedoch nur unvollständig: „Man mußte fähig sein, zwischen den mageren Zeilen des ‚Osservatore Romano' Wendungen nach links oder rechts, Bewegungen und versteckte Tendenzen und Ankündigen wichtiger Ereignisse herauszulesen."[12] Im Bereich der Palästinapolitik gibt es mehrere Beispiele dafür, daß der ‚Osservatore Romano' die Bedeutung politischer Ereignisse herunterspielt – so die Staatsgründung Israels – oder politisch delikate Äußerungen des vatikanischen Pressesaals nicht abdruckt. Der ‚Osservatore Romano' steht nach eigener Aussage „immer zu Diensten des päpstlichen Lehramts und in Zusammenarbeit mit den Dikasterien der Römischen Kurie"[13]. Seit 1971 gibt es eine wöchentliche Ausgabe in deutscher Sprache.

Eine Sonderstellung unter den vatikanischen Quellen nimmt die von Jesuiten herausgegebene, zweimal monatlich erscheinende Zeitschrift ‚La Civiltà Cattolica' ein. Bis Ende der 50er Jahre traf der Chefredakteur jeweils vor Erscheinen der Zeitschrift zur Abstimmung des Inhalts mit dem Papst zusammen; Johannes XXIII. übertrug diese Aufgabe dem Staatssekretariat.[14] Dem Selbstverständnis der Zeitschrift entsprechend hat diese Tradition nicht den Charakter einer Zensur: „Es bedeutet nicht, daß ‚La Civiltà Cattolica' ein offizielles oder offiziöses Organ des Hl. Stuhls ist; es bedeutet lediglich, daß die Zeitschrift die Ansichten des Hl. Stuhls zu verschiedenen Problemen vertritt bzw. ihnen zumindest nicht widerspricht. ‚La Civiltà Cattolica' und den Hl. Stuhl verbindet einerseits das Vertrauen des Hl. Stuhls in die Zeitschrift, andererseits den Wunsch der Zeitschrift, der Kirche und insbesondere dem Papst und seinem universalen Lehramt einen Dienst zu leisten"[15], heißt es in der Festschrift zu ihrem 150jährigen Bestehen. Für die vatikanische Palästinapolitik ist ‚Civiltà Cattolica' – „die erwachsene Version des ‚Osser-

---

[10] Vgl. OSCHWALD 1998a, 133-137; GASPARI 1999; ZIZOLA 1985, 65-80; HIERONYMUS 1973, 142-144.
[11] OSCHWALD 1998a, 143.
[12] ZIZOLA 1996, 57f; vgl. OSCHWALD 1998a, 142f; HIERONYMUS 1973, 145f.
[13] ANNUARIO PONTIFICIO 1999, 1893.
[14] Vgl. HEBBLETHWAITE 1984, 380; GROOTÆRS 1994, 31; DE ROSA 1999, 30f.
[15] DE ROSA 1999, 30f.

vatore Romano'"[16] – doppelt wichtig, zum einen als Exegetin der päpstlichen Enzykliken, zum anderen für ausführliche Hintergrundartikel über die politische Situation im Heiligen Land aus vatikanischer Perspektive. Bis in die Zeit des Nationalsozialismus hinein veröffentlichte ‚Civiltà Cattolica' zum Teil scharfe antijüdische Polemik. Die nationalsozialistischen Judenverfolgungen und Rassismus allgemein wurden deutlich verurteilt, aber, so die eigene Einschätzung, die antijüdischen Tendenzen „verschwanden nicht ganz"[17].

Grundsätzlich gibt es keine Veröffentlichung, die alle vatikanischen Äußerungen enthält. Soweit wie möglich zitiere ich aus der amtlichen Publikation ‚Acta Apostolicae Sedis', in der die wichtigsten päpstlichen Schreiben und Ansprachen in der Originalsprache abgedruckt sind. Die Jahreschroniken ‚Attività della Santa Sede' werden zwar im vatikaneigenen Verlag veröffentlicht, aber eigens mit dem Zusatz versehen ‚nicht-offizielle Publikation'. Sie dokumentieren neben den zahlreichen Gelegenheitsansprachen und Audienzen des Papstes auch Mitteilungen aus dem Pressesaal und Aktivitäten der einzelnen Kongregationen.

3. Unveröffentlichte Quellen

Diese Studie arbeitet bisher unveröffentlichtes Material auf, das an den für die Palästinapolitik des Vatikans entscheidenden Orten zusammengetragen wurde, nämlich in Rom, Jerusalem und New York. Es ergänzt die offiziellen vatikanischen Aussagen und korrigiert sie gelegentlich. Für die Zeit von 1947 bis 1967 hat sich das Archiv der Päpstlichen Mission für Palästina in New York als besonders ergiebig erwiesen. Dort befinden sich u.a. die vertraulichen Berichte, die der Mitgründer und spätere Präsident, Mgr. Thomas McMahon, von seinen Palästinareisen an das Staatssekretariat sandte und dadurch die vatikanische Nahostdiplomatie in dieser Zeit stark prägte. Zur Reise Papst Pauls VI. in das Heilige Land 1964, einem der Höhepunkte päpstlicher Palästinapolitik, fand sich aufschlußreiches Hintergrundmaterial im Jerusalemer Archiv der Weißen Väter in Sainte-Anne, darunter Tagebuchaufzeichnungen des damaligen Supérieurs, P. Maurice Blondeel M. Afr., der an den Vorbereitungen der Papstreise in Jerusalem beteiligt war. Die jüngere Zeit, insbesondere die Entwicklung der zunächst inoffiziellen vatikanisch-palästinensischen Kontakte, ist im Archiv der Palästinensischen Generaldelegation in Rom gut dokumentiert, wenn auch schwer zugänglich. Hinzu kommen zahlreiche Interviews und Hintergrundgespräche mit Personen,

---

[16] HEBBLETHWAITE 1984, 380.
[17] DE ROSA 1999, 31; vgl. CAVIGLIA 1981.

welche die vatikanische Palästinapolitik selbst mitgestaltet oder aus der Nähe beobachtet haben.

Das Thema wurde bislang nur selten behandelt; aufgrund seiner zahlreichen brisanten Aspekte ist die bisher erschienene Literatur bisweilen tendenziös und polemisch gefärbt. Liegt der Schwerpunkt bei den Beziehungen des Vatikans zum Staat Israel, so werden diese häufig in der Perspektive des christlich-jüdischen Verhältnisses untersucht. So stellt der israelische Autor André Chouraqui die Geschichte der politischen Annäherung ausschließlich als eine Überwindung christlicher Fehlurteile über das Judentum dar.[18] Der Titel seiner essayistisch und bisweilen polemisch geschriebenen Arbeit, ‚La Reconnaissance (Die Anerkennung)‘, bezieht sich gleichermaßen auf die Akzeptanz der Bedeutung der jüdischen Religion wie auf die zum Zeitpunkt der Veröffentlichung noch nicht erfolgte, nach Chouraquis Ansicht aber dringend gebotene Aufnahme diplomatischer Beziehungen. In Ansatz und Stil vergleichbar ist die 1967 erstmals erschienene Studie ‚Rom und die Juden‘ von Pinchas Lapide, der den Umgang des Vatikans mit Israel als Ausdruck einer traditionell judenfeindlichen Strömung innerhalb der Kurie beschrieb, der sich seiner Ansicht nach erst in Folge der Neubesinnung auf das christlich-jüdische Verhältnis im Pontifikat Johannes' XXIII. allmählich änderte.[19] Livia Rokach – israelischer Herkunft und der PLO nahestehend – liefert mit ihrer Monographie ‚The Catholic Church and the Palestine Question‘ den bedeutendsten Beitrag aus palästinensischer Perspektive. In der Annäherung der katholischen Kirche an das Judentum sieht sie lediglich das Ergebnis zionistischer Propaganda.[20] Der Politologe Andrej Kreutz vertritt in seiner Dissertation ‚Vatican Policy on the Palestinian-Israeli conflict‘ die These, die Sorge des Vatikans um die Palästinenser stehe im Kontext einer Hinwendung des Vatikans zur sogenannten Dritten Welt. Die religiöse Komponente der Bedeutung des Heiligen Landes wird dabei nur flüchtig berücksichtigt.[21] Auf einer Fülle von Archivmaterial basiert die Arbeit des Kirchenjuristen Silvio Ferrari, ‚Vaticano e Israele

---

[18] Vgl. CHOURAQUI 1992.
[19] Vgl. LAPIDE 1997. Die Arbeit weist leider zahlreiche Ungenauigkeiten und Sachfehler auf: Der Kommentar des ‚Osservatore Romano‘ zur Staatsgründung Israels ist tendenziös übersetzt und mit falschem Datum zitiert (ebd. 261); Patriarchalvikar Vergani wird zwischendurch als Patriarch (ebd. 323) bezeichnet.
[20] Vgl. ROKACH 1987.
[21] KREUTZ geht nur oberflächlich auf die Struktur des Vatikans ein und bemerkt beispielsweise nicht, daß Mgr. Giovanni Battista Montini und Papst Paul VI. dieselbe Person sind; vgl. KREUTZ 1990a, 12 FN 36. 114.

dal secondo conflitto mondiale alla guerra del Golfo'.[22] Die Zeitangabe im Untertitel ist allerdings irreführend, da der Schwerpunkt bei den 40er und 50er Jahren liegt und Ereignisse wie die Reise Pauls VI. ins Heilige Land und das Zweite Vatikanische Konzil eher flüchtig behandelt werden. Ferrari gliedert – ebenso wie der libanesische Politologe George Emile Irani, Autor von ‚The Papacy and the Middle East. The Role of the Holy See in the Israeli-Arab Conflict 1962-1984' – nach thematischen Aspekten, was den Blick auf die Verbindung der Vatikandiplomatie mit der Entwicklung des Nahostkonflikts etwas verstellt.[23]

---

[22] Vgl. FERRARI 1991. Den 216 Textseiten folgen 117 Seiten Endnoten, die sich aufgrund des unhandlichen Zitiersystems (Verweise durch ‚op. cit.', ohne Literaturverzeichnis) nur mühsam erschließen lassen.
[23] Vgl. IRANI 1986.

II. HL. STUHL, HEILIGES LAND, HEILIGE STÄTTEN

Um die Entwicklungslinien der vatikanischen Palästinapolitik besser erkennen zu können, ist zunächst ein Überblick über den Aufbau und die Funktion des diplomatischen Dienstes des Hl. Stuhls nötig. Weiterhin sollen die Besonderheiten der christlichen Präsenz im Heiligen Land kurz umrissen werden.

1. Strukturen vatikanischer Diplomatie

a) Der Hl. Stuhl als Völkerrechtssubjekt

Die römisch-katholische Kirche ist die einzige Glaubensgemeinschaft, die auf internationaler Ebene durch ein Völkerrechtssubjekt ‚sui generis' vertreten ist. Nach eigener Auffassung hat der Hl. Stuhl „aufgrund göttlicher Anordnung den Charakter einer moralischen Person"[1]. Gemäß dem Lateranvertrag mit Italien, in dem 1929 die weltliche Macht des Vatikans neu definiert wurde, besitzt der Hl. Stuhl Souveränität im internationalen Bereich „als natürliches Attribut, in Übereinstimmung mit seiner Tradition und den Anforderungen seiner Sendung in der Welt"[2]. Der 44 Hektar große Vatikanstaat dient lediglich als minimale territoriale Basis dieser Souveränität, ist also „eher eine psychologische als juristische Bedingung"[3]. Der Hl. Stuhl nimmt in der internationalen Gemeinschaft eine Sonderstellung als „transnationaler Akteur"[4] aufgrund seiner anerkannten spirituellen und moralischen Autorität ein. Im weiteren Sinn bezeichnet der ‚Hl. Stuhl' „nicht nur den Römischen Pontifex, sondern auch [...] das Staatssekretariat, den Rat für öffentliche Angelegenheiten der Kirche und die anderen Institutionen der Römischen Kurie"[5]. Nur in Ausnahmefällen, beispielsweise als Mitglied des Weltpostvereins, handelt der Hl. Stuhl im Namen des territorial definierten Vatikanstaates.[6]

---

[1] CIC 1983 can. 113 § 1 (ex ipsa ordinatione divina). Zur Auslegung von can. 113 vgl. OKOLO 1990, 13-160.
[2] Trattato fra la Santa Sede e l'Italia, 11.2.1929, Art. 2 (AAS 21 [1929] 210).
[3] CASAROLI 1981, 94; vgl. OKOLO 1990, 181-204.
[4] Vgl. VALLIER 1972; HEHIR 1987, 109-113.
[5] CIC 1983 can. 361.
[6] Zur Völkerrechtssubjektivität des Hl. Stuhls vgl. D'AVACK 1994; ARANGIO-RUIZ 1992; BADIALI 1992; BARBERINI 1992; PASTORELLI 1992; OKOLO 1990; MINNERATH 1990, 1477f; D'ONORIO 1992; DERS. 1989, 12-35; FERLITO 1988; KÖCK 1975, 16-34; CARDINALE 1962, 39-50; GRAHAM 1959, 385-396; MANHATTAN 1949, 13-20.

b) Das Staatssekretariat

Für die Interventionen des Hl. Stuhls auf internationaler Ebene ist das Staatssekretariat zuständig, das bereits Mitte des 15. Jahrhundert zur Pflege der diplomatischen Kontakte des Hl. Stuhls zu den Staaten gegründet wurde. Die für die Außenbeziehungen verantwortliche Abteilung innerhalb des Staatssekretariats wechselte seit Ende des Zweiten Weltkriegs mehrfach den Namen und nahm in dieser Zeit kontinuierlich an Bedeutung zu. Bis 1967 bestand eine eigene ‚Kongregation für außerordentliche kirchliche Angelegenheiten', die praktisch mit der ersten Abteilung des Staatssekretariats identisch war.[7] Entgegen den Bestrebungen während des Zweiten Vatikanischen Konzils, dem erneuerten Kirchenbild entsprechend die diplomatische Aktivität des Hl. Stuhls ganz aufzugeben, stärkte Paul VI. die Rolle des Staatssekretariats und der päpstlichen Gesandten.[8] Im Rahmen der Kurienreform[9] 1967 machte Paul VI. das Staatssekretariat zur zentralen Behörde innerhalb der Kurie, die direkt dem Papst unterstellt war. An die Stelle der ‚Kongregation für außerordentliche kirchliche Angelegenheiten' trat der ‚Rat für öffentliche Angelegenheiten' unter dem Vorsitz des Staatssekretärs.[10] Während Paul VI. einerseits zur Zentralisicrung neigte und den Einfluß des Staatssekretariats vergrößerte, bemühte er sich zugleich um die Internationalisierung der Kurie und verminderte allmählich den Anteil der Italiener in den Führungspositionen. Mit der Ernennung des französischen Kardinals Jean Villot zum Staatssekretär unterstrich er diesen neuen internationalen Ansatz.[11]

Auch unter Johannes Paul II., der 1988 die Kurie erneut umgestaltete,[12] behielt das Staatssekretariat seine herausragende Stellung bei. Es ist nun in zwei Abteilungen aufgeteilt, die ‚Erste Sektion für allgemeine Angelegenheiten' und die ‚Zweite Sektion für die Beziehungen zu den Staaten'. Verglichen mit einer staatlichen Regierung entspricht das Amt des Staatssekretärs dem des Premierministers; der Substitut an der Spitze der Ersten Sektion erfüllt die Funktion des Innenministers, und der Sekretär der Zweiten Sektion ist mit dem Außenminister vergleichbar. Während die Erste Sektion – aufgeteilt nach Sprachgruppen – in erster Linie für die Redaktion päpstlicher Dokumente zuständig ist, unterhält die Zweite – nach

---

[7] Vgl. GRAHAM 1959, 142.151; DEL RE 1998, 81f.
[8] Vgl. DUPUY 1984, 456.
[9] Vgl. Apostolische Konstitution ‚Regimini Ecclesiae Universae' (AAS 59 [1967] 885-928).
[10] Vgl. DEL RE 1998, 83; BUONOMO 1990, 179-182; BERTAGNA 1990, 166; MÖRSDORF 1962.
[11] Vgl. RICCARDI 1990, 261-269; DUPUY 1984.
[12] Vgl. Apostolische Konstitution ‚Pastor Bonus' (AAS 80 [1988] 841-934).

Ländergruppen gegliederte – Sektion die Kontakte und diplomatischen Beziehungen zu den staatlichen Regierungen.[13]

c) Die diplomatischen Vertretungen

Die Gesandten des Hl. Stuhls unterscheiden sich, je nachdem, ob sie den Hl. Stuhl bei den Ortskirchen, bei den Staaten oder bei internationalen Organisationen vertreten.[14] Zu Beginn des in dieser Arbeit behandelten Zeitabschnitts waren die Nuntien in erster Linie die Vertreter des Hl. Stuhls bei den Staaten.[15] Die meisten Staaten räumten dem Nuntius den Ehrenvorrang ein und übertrugen ihm das Amt des Doyens des Diplomatischen Korps. Wo dies nicht der Fall war, sandte der Hl. Stuhl einen Internuntius, das heißt einen Vertreter der zweiten Rangklasse. Aufgrund der damit verbundenen protokollarischen Nachteile ging man Mitte der sechziger Jahre dazu über, Pro-Nuntien zu entsenden, die den Rang eines Nuntius hatten, jedoch nicht das Amt des Doyens des Diplomatischen Korps übernahmen. Ein Apostolischer Delegat vertrat den Hl. Stuhl im Unterschied zum Nuntius ausschließlich bei der Ortskirche und hatte formal keinen diplomatischen Status. Faktisch diente die Einrichtung einer Apostolischen Delegatur häufig als Vorstufe für eine offizielle diplomatische Vertretung oder als deren Ersatz, beispielsweise in protestantisch geprägten Ländern.[16]

Während des Zweiten Vatikanischen Konzils beklagten mehrere Bischöfe, darunter auch der melkitische Patriarch von Antiochien, Maximos IV., das Amt des päpstlichen Gesandten habe den Charakter eines Kontrollorgans und beschneide die Kompetenz der Ortsbischöfe.[17] Die Funktion der Vertreter des Hl. Stuhls wurde durch ein Schreiben Pauls VI. 1969 und den 1983 verabschiedeten Kodex des Kirchenrechts neu definiert.[18] Die Kritik der Konzilsväter war dadurch keineswegs gegenstandslos geworden. Anders als im alten Kodex hat nun jedoch die kirchliche Aufgabe der päpstlichen Ge-

---

[13] Vgl. DEL RE 1998, 84-86; BERTAGNA 1990, 167-172; REESE 1996, 174-180.
[14] Zu den diplomatischen Vertretungen des Hl. Stuhls vgl. D'ONORIO 1989, 38-48; OLIVERI 1984; LES DOSSIERS DU CANARD 1982, 81-83 („Dieuplomatie") DUPUY 1980, 20-28; DE ECHEVERRIA 1979; KÖCK 1975, 295-307; CARDINALE 1962, 92-103; GRAHAM 1959, 114-126; DE MARCHI 1957; .
[15] Vgl. CIC 1917 can. 265-270; obwohl den päpstlichen Gesandten auch innerkirchliche Aufgaben zukommen, liegt der Akzent auf ihrer diplomatischen Funktion.
[16] Vgl. CARDINALE 1962, 102, KÖCK 1975, 302f. HIERONYMUS (1973, 150) resümiert: „Die vatikanische Außenpolitik ist äußerst flexibel, wenn es darum geht, in den Hauptstädten der Welt präsent zu sein."
[17] Vgl. NWACHUKWU 1996, 45-48; OLIVERI 1979, 155-166; HIERONYMUS 1973, 150f.
[18] Vgl. Motu proprio ‚Sollicitudo Omnium Ecclesiarum' (AAS 61 [1969] 473-484); CIC 1983 can. 362-367.

sandten Vorrang vor der diplomatischen: Sie sollen den Hl. Stuhl über die Situation der lokalen Kirche informieren und die Bischöfe vor Ort unterstützen. Die Nuntien und Pro-Nuntien haben darüber hinaus den besonderen Auftrag, den Hl. Stuhl bei den Staaten und öffentlichen Autoritäten zu vertreten.[19] Sie sollen die Beziehungen der Autoritäten zum Hl. Stuhl fördern und pflegen und sich mit allen Fragen befassen, die das Verhältnis von Staat und Kirche betreffen.[20]

Sowohl Paul VI. als auch Johannes Paul II. haben die diplomatischen Beziehungen des Hl. Stuhls immer weiter ausgebaut. Im Pontifikat Pauls VI. stieg die Zahl der Nuntiaturen und Apostolischen Delegationen von 61 auf 109.[21] Der Hl. Stuhl entsandte Vertreter zu den wichtigsten internationalen Organisationen; seit 1964 ist er durch eine Ständige Beobachtermission bei der UNO vertreten.[22] Im ‚Annuario Pontificio 1999' ist die Zahl der vatikanischen Vertretungen bei den Staaten auf 182 angestiegen.[23] Die Befürworter dieser Entwicklung argumentieren, die Präsenz des Hl. Stuhls auf der Ebene zwischenstaatlicher Beziehungen helfe, Frieden und Gerechtigkeit zu fördern und die spirituellen Werte des Christentums zu verteidigen.[24] Johannes Paul II., in dessen Pontifikat die Aufnahme diplomatischer Beziehungen zu Israel und offizieller Kontakte zur Palästinensischen Befreiungsorganisation PLO fallen, sagte in seiner ersten Ansprache an das Diplomatische Korps beim Hl. Stuhl im Januar 1979: „Der Hl. Stuhl empfängt mit Freude alle diplomatischen Vertreter, nicht nur als Sprecher ihrer eigenen Regierungen und politischen Strukturen, sondern auch und vor allem als Repräsentanten der Völker und Nationen [...]. Der Hl. Stuhl ist froh über die Anwesenheit so vieler Vertreter; und er wäre glücklich, noch viele mehr zu sehen [...] katholische, aber auch andere."[25]

---

[19] Der Nuntius vertritt den Hl. Stuhl folglich nicht mehr nur gegenüber der Regierung (CIC 1917 can. 267: civilia guberna), sondern gegenüber der ganzen Staatsgesellschaft (CIC 1983 can. 363: apud Civitates et publicas Auctoritates).

[20] Zur Auslegung des Schreibens ‚Sollicitudo Omnium Ecclesiarum' und can. 364 und 365 (CIC 1983) vgl. NWACHUKWU 1996, 54-71; ETOKUDOH 1984; OLIVERI 1990, 155-282.

[21] Vgl. RICCARDI 1990, 236-239; CARDIA 1984, 146-151; DUPUY 1984, 457f; DE GANDT 1989, 448-45. Dazu HIERONYMUS (1973, 150): „Der Vatikan [...] ist fast so leidenschaftlich wie die DDR auf Anerkennung durch andere Staaten aus."

[22] Vgl. GARCÍA MARTIN 1998; MARUCCI (Hg.) 1997; GRATSCH 1997; FERLITO 1988, 124-152.

[23] Vgl. ANNUARIO PONTIFICIO 1999, 1329-1355.

[24] Zur spirituellen Dimension vatikanischer Diplomatie vgl. MILLER 1995; PASTORELLI 1992; FANTO' 1990; D'ONORIO 1989, 55-62; TAURAN 1989; LAGHI 1984; DUPUY 1984, 465-477; DERS. 1980, 30-41; CASAROLI 1981, 3-11.86-89.93-115; ROSTOW 1970; TOYNBEE 1970; CARDINALE 1970; DERS. 1962, 183-197; CLANCY 1970, 48.

[25] AAS 71 (1979) 355.

2. Das lateinische Patriarchat von Jerusalem

Etwa dreißig Jahre nach der Wiedererrichtung des lateinischen Patriarchats in der Mitte des 19. Jahrhunderts schrieb ein Zeitgenosse: „Endlich! Nach so vielen Ruinen und dunklen Jahrhunderten ist der Moment gekommen, in dem das lateinische Patriarchat aus der Asche wiedergeboren wird. Die dem Katholizismus feindlichen Sekten marschieren zur Eroberung der Heiligen Stadt [...], England und Preußen haben bereits einen angeblichen Bischof geschickt, einen konvertierten Juden und Vater zahlreicher Kinder [...]. Alle: Juden, Protestanten, Häretiker und Schismatiker blicken begierig auf die Heilige Stadt. [...] Der Prophet des Vatikans läßt seine laute Stimme hören. In einem feierlichen Akt errichtet Pius IX. am 27. Juli 1847 das Patriarchat von Jerusalem neu."[26] Der Bericht veranschaulicht den Hintergrund des neuerwachten Interesses an dem 1099 von den Kreuzfahrern gegründeten lateinischen Patriarchats von Jerusalem: Die Ausbreitung protestantischer Gemeinden drohte den katholischen Einfluß im Heiligen Land zu vermindern. Seit dem Ende der Kreuzfahrerzeit hatte die Kustodie der Franziskaner die Vertretung der katholischen Interessen im Heiligen Land übernommen, konkret: den Unterhalt der heiligen Stätten, die geistliche Assistenz für die Pilger und die pastorale Versorgung der christlichen Gemeinschaften vor Ort.[27]

Die ersten Patriarchen – Giuseppe Valerga,[28] Vincenzo Bracco,[29] Ludovico Piavi, Filippo Camassei, Luigi Barlassina – bemühten sich um den Aufbau der Diözese, gründeten Pfarreien, Schulen und ein eigenes Priesterseminar. Kurz bevor das britische Mandat auslief, starb Patriarch Luigi Barlassina, und das Amt blieb während der entscheidenden Jahre der Staatsgründung Israels und des ersten israelisch-arabischen Kriegs unbesetzt. Am Ende des Krieges war das Gebiet des lateinischen Patriarchats auf vier verschiedene Staaten aufgeteilt; es umfaßte Israel, Jordanien, den ägyptisch verwalteten Gazastreifen und Zypern. Die Flucht, Vertreibung und Emigration zahlreicher Palästinenser, insbesondere in Folge der beiden Kriege 1948 und 1967, reduzierte auch die Zahl der lateinischen Christen in

---

[26] ALLEAU 1880, 59f. Der Autor spielt auf den vom Judentum übergetretenen Michel Salomon Alexander an, dessen Weihe 1841 zum anglikanischen Bischof von Jerusalem bei Katholiken in Europa große Unruhe auslöste; vgl. ISSA 1996, 146.

[27] Zur Kustodie vgl. BLASCO 1998, 30-32; DE SANDOLI 1990; PICCIRILLO 1983; GILLES 1933, zum Verhältnis der Kustodie zu den christlichen Gemeinschaften vor Ort vgl. BUX / CARDINI 1997, 132f („in der Minderheit, isoliert, arm, von den Franziskanern um die hl. Stätten versammelt und lebendig erhalten" [171]); NAZZARO 1996.

[28] Vgl. DOVIGNEAU 1972.

[29] Vgl. DOVIGNEAU 1981.

der Region beträchtlich. Im Dezember 1987, kurz bevor in den israelisch besetzten Gebieten der palästinensische Aufstand ausbrach, wurde zum ersten Mal ein gebürtiger Palästinenser – Michel Sabbah – zum Patriarchen von Jerusalem ernannt.[30] Mitte der neunziger Jahre gehörten zum lateinischen Patriarchat nach eigenen Angaben etwa 70 000 Gläubige, 60 Pfarreien, 85 Priester und 3 Bischöfe.[31]

Das lateinische Patriarchat befindet sich in einer Sonderstellung, da es ungeachtet seines römisch-katholischen Wesens der Kongregation für die Orientalischen Kirchen untersteht. Diese war 1917 als eigenständige Kongregation für die Orientalische Kirche (im Singular) aus der Kongregation zur Verbreitung des Glaubens ‚Propaganda Fide' hervorgegangen und befaßte sich mit allen Fragen hinsichtlich der mit Rom vereinten orientalischen Kirchen. Aus Gründen einer einheitlichen Verwaltung weitete Pius XI. 1938 ihre Zuständigkeit nach territorialen Kriterien aus. In den Gebieten, in denen die orientalischen Christen den größten Anteil an der katholischen Bevölkerung hatten, unterstanden fortan alle Katholiken, orientalische und lateinische gleichermaßen, der Kongregation für die Orientalische Kirche. Von dieser Regelung war u.a. der gesamte Nahe Osten betroffen. Paul VI. änderte im Rahmen der Kurienreform 1967 den Namen der Kongregation, um der Vielfalt der orientalischen Kirchen gerecht zu werden. Die Aufgabe der Kongregation für die Orientalischen Kirchen, wie es nun im Plural heißt, umfaßt die Verwaltung der Diözesen im weitesten Sinn. Für einige spezielle Bereiche sind andere Dikasterien der römischen Kurie zuständig; so sind die Beziehungen zu den staatlichen Autoritäten weiterhin dem Staatssekretariat vorbehalten.[32]

Das lateinische Patriarchat hat nur geringe Eigeneinnahmen, zum größten Teil aus Vermietungen. Es erhält einen jährlichen Beitrag der Kongregation für die Orientalischen Kirchen und wird darüber hinaus vor allem durch den Ritterorden vom Hl. Grab finanziell unterstützt.[33]

---

[30] Zum lateinischen Patriarchat vgl. BLASCO 1998, 22-29; ISSA 1996; PATRIARCAT LATIN DE JERUSALEM (Hg.) 1993; BINKOWSKI (Hg.) 1981; MEDEBIELLE 1993; DERS. 1963; DERS. 1960.; TSIMHONI 1992; R. KHOURY 1978, 55-64.
[31] Vgl. ANNUAIRE DE L'EGLISE CATHOLIQUE EN TERRE SAINTE 1997, 35.
[32] Vgl. DEL RE 1998, 108-117; BROGI 1990; LA SACRA CONGREGAZIONE ... (Hg.) 1974, 11-17; DIES. 1969.
[33] Zur Unterstützung des lateinischen Patriarchats vgl. BELTRITTI 1966; DERS. 1967; BLASCO 1998, 29; ORDO EQUESTRIS ... (Hg.) 1997.

3. Die christlichen heiligen Stätten und der ‚Status quo'

Diese Arbeit setzt die große Bedeutung Jerusalems für Juden, Christen und Muslime und die Existenz zahlreicher religiöser Stätten voraus, die von einer oder mehreren Religionsgemeinschaften als heilig verehrt werden.[34] Als Besonderheit muß jedoch der ‚Status quo' erwähnt werden, der die Besitzverhältnisse der christlichen Konfessionen an den christlichen heiligen Stätten regelt. Er gründet in der Absicht der Osmanen, von der Konkurrenz der christlichen Kirchen um die heiligen Stätten in Palästina zu profitieren. Die katholische und die orthodoxe Kirche waren in dieser Situation Stellvertreter der sie unterstützenden politischen Mächte, inbesondere Rußlands und Frankreichs, und wurden daher je nach politischer Situation abwechselnd begünstigt. Als die osmanische Regierung zeitweilig Interesse an der militärischen und politischen Unterstützung Frankreichs hatte, übertrug sie 1740 der lateinischen Kirche Rechte an den heiligen Stätten, die bislang der griechisch-orthodoxen Kirche zukamen. Aufgrund der folgenden Unruhen wurde 1757 jedoch die Vorherrschaft der Griechisch-Orthodoxen wieder hergestellt. Auf diese siebzehn Jahre währende Regelung zugunsten der Katholiken berief sich Frankreich, das sich als ‚Schutzmacht' der katholischen Kirche verstand,[35] als der innerchristliche Konflikt im Heiligen Land Mitte des 19. Jahrhunderts offen ausbrach.

Anlaß war das Verschwinden des silbernen Sterns, der in der Grotte der Betlehemer Geburtskirche den Ort der Geburt Jesu markierte. Die Franziskaner und die Griechisch-Orthodoxen bezichtigten sich gegenseitig des Diebstahls und verschärften dadurch den Konflikt zwischen den beiden Schutzmächten Frankreich und Rußland. Rußland protestierte gegen das französische Bestreben, den Zustand von 1740 wieder herzustellen, und der osmanische Sultan versuchte, sich aus der Affäre zu ziehen, indem er 1852 die derzeit geltende Besitzregelung an den heiligen Stätten detailliert festschrieb. Der Konflikt um die heiligen Stätten in Palästina wurde schließlich zu einem der Auslöser des Krimkriegs.[36] Obwohl die Beibehaltung des ‚Status quo', der quasi zum Eigennamen für die Regelungen von 1852 wurde, in erster Linie eine Verlegenheitslösung war, hielten alle folgenden Souveräne über Palästina an ihm fest. Der Staat Israel

---

[34] Einen Überblick bieten KONKEL / SCHUEGRAF (Hg.) 2000; BREGER / IDINOPULOS 1998; PIERRACINI 1997; FERRARI 1996; MOLINARI 1995; WERBLOWSKY 1994; HAHN u.a. (Hg.) 1993; UCKO (Hg.) 1993; DURST 1993; IDINOPULOS 1991; BUSSE 1987; MONTOISY 1984; RONDOT 1982; COLLIN 1982; DERS. 1974; DERS. 1969; LAZARUS-YAFEH 1981; LAUTERPACHT 1980; TIBAWI 1978; DERS. 1969; MALO 1962.

[35] Zu den katholischen ‚Schutzmächten' vgl. HEYBERGER 1994, 241-272; HAJJAR 1979.

[36] Vgl. COLLIN 1981; CUST 1980; ROCK 1977; SAYEGH 1971; CUSTODIA DI TERRA SANTA (Hg.) 1961.

verpflichtete sich im Grundlagenabkommen mit dem Hl. Stuhl 1993 erstmals schriftlich zur Beibehaltung des ‚Status quo'.[37]

Diese Regelung verhinderte grundsätzliche Konflikte, schuf aber zahlreiche neue Probleme in der praktischen Anwendung. Die festgeschriebenen Rechte hatten verpflichtenden Charakter; so bedeutete der Verzicht, an einem bestimmten Ort zu einer bestimmten Zeit Gottesdienst zu feiern zugleich den Verlust dieses Rechts. Insbesondere die Instandhaltung und Restaurierung der Gebäude erwiesen sich als äußerst komplizierte Verhandlungsfälle. Die orientalischen Kirchen beklagten sich wiederum, daß sie überhaupt keine Rechte an den heiligen Stätten besaßen.[38] Bei Verstößen gegen den ‚Status quo' und Konflikten über die rechte Auslegung wandten sich die Betroffenen jeweils an die weltlichen Machthaber. Teddy Kollek, der langjährige Bürgermeister Jerusalems, sagte von sich, in Anspielung auf die theologischen Streitgespräche orthodoxer Juden, er sei „eine halachische Autorität für die Christen"[39] geworden.

4. Die christlichen Gemeinschaften im Heiligen Land

Aufgrund der hohen Bedeutung des Heiligen Landes für das Christentum sind dort zahlreiche Kirchen und christliche Gemeinschaften vertreten. Die meisten Christen in Israel und in den palästinensischen Gebieten sind in Israel lebende Araber bzw. Palästinenser; daneben gibt es kleinere Gruppen von Armeniern, Einwanderern aus der Sowjetunion, Fremdarbeitern und hebräischsprachigen Christen.[40] Von den insgesamt etwa sechs Millionen Palästinensern in der Region und im Exil sind gut sieben Prozent Christen. Der Anteil der Christen an der palästinensischen Gesellschaft im Westjordanland und im Gazastreifen beträgt demgegenüber weniger als zwei Prozent. Ein Großteil der christlichen Bevölkerung konzentriert sich an den Orten, wo die meisten heiligen Stätten der Christen sind: Jerusalem, Betlehem und Nazaret.

Die griechisch-orthodoxe, die melkitische und die lateinische Kirche sind mit Abstand die größten Gemeinschaften im Heiligen Land.

---

[37] Vgl. Art. 4 § 1 (AAS 86 [1994] 720).
[38] Vgl. SAYEGH 1960; MÉDEBIELLE 1960a; DERS. 1960b; PATRIARCAT GREC-MELCHITE (Hg.) 1962; DASS. 1961; CUSTODIA DI TERRA SANTA (Hg.) 1961.
[39] SHALOM HARTMAN INSTITUTE (Hg.) 1987, 25.
[40] Verläßliche Zahlen sind kaum zu bekommen, da sie aus verschiedenen, häufig widersprüchlichen israelischen, palästinensischen und kirchlichen Quellen kombiniert werden müssen. Erschwerend kommt hinzu, daß die Grenzen kirchlicher Territorien nicht mit den politischen übereinstimmen. An dieser Stelle sollen in erster Linie die Größenverhältnisse geschildert werden; die Zahlen entstammen der Studie von RÖHLING (1999, 1-10).

Die beiden erstgenannten haben je etwa 54 000, die lateinische Kirche 26 000 Mitglieder. Es folgen, nach absteigender Mitgliederzahl sortiert, die maronitische Kirche (5 300), die lutherische (2 300), die armenische (2 100) und die anglikanische (1 800). Zudem sind im Heiligen Land die koptische, syrische und äthiopische Kirche vertreten, jeweils sowohl der orthodoxe als auch der katholische Zweig. Auch die gespaltene russisch-orthodoxe Kirche ist in beiden Teilen präsent, einerseits abhängig vom Moskauer Patriarchat, andererseits von der Kirchenführung im Exil in New York. Eine Sonderstellung nehmen die hebräischsprachigen Christen ein, darunter sowohl Christen, die sich dem Judentum besonders eng verbunden fühlen, als auch Juden, die die Messianität Jesu anerkennen. Es gibt insgesamt vier Patriarchen von Jerusalem: Der lateinische, der griechisch-orthodoxe und der armenische Patriarch haben je ihren Sitz in der Jerusalemer Altstadt; der melkitische Patriarch von Antiochien, Alexandrien und Jerusalem residiert in Damaskus.[41]

Die griechisch-orthodoxe Kirche im Heiligen Land versteht sich als direkte Nachfolgerin der Urkirche und daher – in Abgrenzung zu den orientalischen[42] und zur lateinischen Kirche – als die eigentliche Kirche Jerusalems.[43] Im Inneren ist sie von dem Konflikt zwischen der größtenteils griechischen Führungsschicht und den einheimischen Gemeindemitgliedern geprägt, die parallel zum wachsenden palästinensischen Nationalbewußtsein den Wunsch nach größerer Mitbestimmung entwickelt haben. Unstimmigkeiten gab es insbesondere über den Verkauf von Kirchengrundstücken an israelische Makler, was palästinensische Christen als Verrat empfanden, und über die Tatsache, daß arabische Geistliche wenig Aufstiegschancen in der Hierarchie des Patriarchats hatten.[44] Die Spannungen zwi-

---

[41] Zu den christlichen Gemeinschaften im Hl. Land vgl. RÖHLING 1999; BUTZKAMM 1998; SABELLA 1997; DERS. 1994; ATEEK u.a. (Hg.) 1997; PEÑA 1996; DUMPER 1995; BENEDICTY 1995; EL HASSAN 1994; GERAISY 1994; TSIMHONI 1993; DURST 1993; ABURISH 1993; LERCH 1992, 266-266; CRAGG 1992, 233-256; KREUTZ 1992a; CAPRILE 1992; DE BRUL 1991; RANCE 1991; HORNER 1989, 84-86; ATEEK 1989, 50-73; JAEGER 1989; DERS. 1981; R. KHOURY 1988; DERS. 1978, 78-104; COLBI 1988; DERS. 1982; DERS. 1969; HADDAD 1987, 201-218; ANSCHÜTZ 1985; KHALIL 1981; HANF 1980; HARTMANN 1980, 171-175; BOUWEN 1979; DUBOIS 1979; DERS. 1973; CORBON 1977; LATIN PATRIARCHATE ... (Hg.) 1977; KHODR 1972; GOICHON 1972, 108-124; ECKART 1971; HAJJAR 1971; DERS, 1962; RUNCIMAN 1970; ARBERRY 1969; MALIK 1965; ETTELDORF 1959, 1-43; RONDOT 1955; FARAH 1952.

[42] Mit den ‚orientalischen Kirchen' sind hier auch die mit Rom verbundenen Kirchen gemeint, die auch als ‚Unierte' bezeichnet werden.

[43] „Die orthodoxe Kirche betrachtet die Katholiken mit lateinischem Ritus als Eindringlinge, die Katholiken mit byzantinischem Ritus als Verräter und die Protestanten als Proselyten, während sie sich selbst als Kirche des Ursprungs betrachtet", so R. KHOURY (1978, 99).

[44] Vgl. DUMPER 1991; KHODR 1991; TSIMHONI 1982; YOUNG / LOOK 1957.

schen der griechischen Hierarchie und den arabischen Gläubigen stand auch im Hintergrund der Abspaltung der Melkiten[45], die sich im 17. Jahrhundert Rom zuwandten, aber den byzantinischen Ritus beibehielten. Die melkitische Kirche ist daher die einzige im Heiligen Land, die als ganze arabische Wurzeln hat und daher die politischen Anliegen der Palästinenser aktiver unterstützt als die übrigen. Sie sieht sich einerseits als Bewahrerin byzantinischer Tradition in der katholischen Kirche und andererseits als rechtmäßige Vertreterin katholischer Interessen im Heiligen Land. Die Wiedererrichtung des lateinischen Patriarchats war aus melkitischer Perspektive ein Angriff auf ihr Selbstverständnis als katholische Ortskirche.[46] Die protestantischen Gemeinschaften im Heiligen Land haben relativ wenig Mitglieder, sind aber durch ihren Beitrag zur Entwicklung einer ‚palästinensischen Befreiungstheologie' und ihr politisches Engagement zugunsten einer gerechten Lösung der Palästinafrage hervorgetreten.

Das zunächst von Konkurrenz geprägte Verhältnis der christlichen Gemeinschaften im Nahen Osten hat sich in Folge des Zweiten Vatikanischen Konzils deutlich verbessert; es entstanden überregionale und interkonfessionelle Gruppierungen. Noch während des Konzils schlossen sich die lateinischen Bischöfe der arabischen Länder zu einer eigenen Bischofskonferenz zusammen (CELRA – Conférence des évêques latins dans les regions arabes). Anfang der siebziger Jahre wurde der Nahöstliche Kirchenrat (MECC – Middle East Council of Churches) gegründet, dem 1990 auch die katholische Kirche beitrat. Insbesondere der palästinensische Aufstand gegen die israelische Besatzung stärkte das Zusammengehörigkeitsgefühl der Christen im Heiligen Land.[47]

Innerhalb der palästinensischen Gesellschaft nehmen die Christen eine Sonderstellung ein: Infolge der westlich geprägten christlichen Sozial- und Bildungseinrichtungen haben sie im Durchschnitt ein höheres Bildungsniveau und einen höheren Lebensstandard als die Muslime. Dies trägt wiederum dazu bei, daß Christen angesichts der politischen und wirtschaftlich gespannten Lage eher geneigt sind, in den Westen auszuwandern, wo sie sich relativ leicht integrieren können, um so mehr, wenn sie dort bereits Familienmitglieder haben.

---

[45] Der Name kommt aus dem Syrischen (malka – König, Kaiser) und bezeichnete ursprünglich diejenigen, die gemeinsam mit dem byzantinischen Kaiser die Entscheidung des Konzils von Chalcedon 451 über die göttliche und menschliche Natur Christi angenommen haben. Heute wird er ausschließlich für die griechisch-katholische Kirche verwandt, die sich im 17. Jahrhundert von der griechisch-orthodoxen Kirche abspaltete.

[46] Vgl. DICK 1994; TSIMHONI 1993, 107-115; CHAMMAS 1992; EDELBY 1953.

[47] Vgl. SCHREIBER 1996; CORBON 1987.

Obwohl die Anzahl der Christen im Heiligen Land gestiegen ist, hat ihr Anteil an der palästinensischen Bevölkerung kontinuierlich abgenommen.[48] Das Verhältnis zwischen Christen und Muslimen ist unter den Palästinensern grundsätzlich gut, da sie die arabische Kultur und Sprache, vor allem aber die Opposition gegen die israelische Besatzung eint.

Das für Minderheiten charakteristische Bemühen um Anerkennung hat dazu beigetragen, daß sich überdurchschnittlich viele Christen politisch engagieren. Die palästinensischen Christen betrachten die Aktivitäten radikalislamischer Organisationen mit Sorge, da diese das Ziel eines unabhängigen Staates zum Ziel eines islamischen Staates umformulieren. Christliche und muslimische Palästinenser bestreiten gleichermaßen, daß es interreligiöse Spannungen gebe, sobald sie auf israelischer Seite Tendenzen vermuten, derartige Konflikte herauszustellen und bisweilen zu schüren.[49]

---

[48] Vgl. SABELLA 1997; DERS. 1994; DERS. 1991; IRANI 1993.
[49] Zu den christlich-muslimischen Beziehungen im Heiligen Land vgl. RÖHLING 1999, 9f; ATEEK u.a. (Hg.) 1997, 31-60; SABBAH 1996; HANF / SABELLA 1996, 49-61; EMMETT 1995; KATTAN 1994; ABURISH 1993, 77-95; KHALIL 1989; MITRI 1988; DERS. 1987; KERR 1987; RONDOT 1966.

B. HISTORISCHER TEIL

I. DIE DEBATTE ÜBER DIE INTERNATIONALISIERUNG JERUSALEMS (1947-1949)

1. Rückblick auf Äußerungen aus dem Vatikan zur Palästinafrage

Im April 1947 resignierte die britische Mandatsmacht. Englands Premierminister Clement Attlee erklärte, sein Land sei nicht mehr bereit, in Palästina Verantwortung zu übernehmen. Das Mandat sollte im Mai 1948 auslaufen, und die Palästinafrage kam auf die Agenda der UNO. Das Ende des britischen Mandats verlangte einige Grundentscheidungen der internationalen Gemeinschaft: Wer würde auf welche Weise die Zukunft des ehemaligen Mandatsgebiets Palästina bestimmen? Einwohner, Einwanderer, Großmächte, internationale Gremien, die traditionellen katholischen Schutzmächte? Die gleiche Frage stellte sich auch im Blick auf Jerusalem. Angesichts der anstehenden Änderungen mußte auch der Hl. Stuhl seine Position neu bestimmen. Welche Lösungen entsprachen am besten seinen Interessen? Mit welchen Mitteln und mit welchem Erfolg verfolgte er sie? Woher bezog er seine Handlungsempfehlungen? Um die Interessenlage des Vatikans am Ende der Mandatszeit einzuschätzen, ist ein Rückblick auf die wichtigsten Äußerungen zur Palästinafrage seit der Entstehung der zionistischen Bewegung nötig.

Theodor Herzl, der Begründer des Zionismus, wurde im Januar 1904 von Papst Pius X. in Audienz empfangen. Herzls Bitte, der Papst möge öffentlich den Plan eines jüdischen Staates in Palästina gutheißen, wies Pius X. aus theologischen Gründen ab. Der Inhalt der Audienz ist bislang nicht durch vatikanische Quellen belegt. Herzl selbst gab die für ihn enttäuschende Antwort des Papstes in seinem Tagebuch wieder: „Wir können diese Bewegung [d.h. den Zionismus] nicht begünstigen. Wir werden den Juden (gli Ebrei) nicht hindern können, nach Jerusalem zu gehen – aber begünstigen können wir es niemals. [...] Die Juden haben unseren Herrn nicht anerkannt, weshalb wir das jüdische Volk nicht anerkennen können. [...] Und so, wenn Sie nach Palästina kommen u. Ihr Volk ansiedeln werden, wollen wir Kirchen u. Priester bereit halten, um Sie Alle zu taufen"[1]. Sein Resümee der päpstlichen Haltung lautete „Non possumus!"[2].

Weitere Äußerungen aus dem Vatikan zur Situation in Palästina machen deutlich, daß der Akzent weniger auf der Ablehnung eines jüdischen Staates lag als vielmehr auf der Sorge um die Rechte der Katholiken. Diese konnten durch einen jüdischen Staat in Palästina ebenso gefährdet werden wie durch andere potentielle Machthaber muslimischen, orthodoxen oder protestantischen Glaubens. „Wir wollen keineswegs, daß die Rechte der Juden geschmälert werden; wir verlangen jedoch, daß diese in keiner Weise über die heiligen Rechte der Christen gestellt werden"[3], sagte Papst Benedikt XV. in einer Ansprache anläßlich einer Kardinalserhebung im Juni 1921.

Als bereits entschieden war, daß das protestantische England das Mandat über Palästina übernehmen würde, wandte sich Staatssekretär Pietro Di Gasparri im Juni 1922 an den Völkerbund, um die „Unterordnung der Katholiken" zu verhindern. Er kritisierte gleichermaßen „die absolute Vorherrschaft (prépondérance absolue) der Juden" sowie die Einsetzung einer Kommission für religiöse Fragen durch die Mandatsmacht, in der die Katholiken nicht angemessen vertreten sein würden.[4] Papst Pius X. bekräftigte dieses Anliegen im gleichen Jahr und verlangte, daß die Rechte der katholischen Kirche „nicht nur gegen die Israeliten und Ungläubigen geschützt werden, sondern auch gegen die nichtkatholischen Sekten, gleich welcher Nation sie angehören"[5].

Als sich die Frage nach der Zukunft Palästinas auf die Wahl zwischen jüdischer oder arabischer Vorherrschaft zuspitzte, stand man im Vatikan beiden Optionen skeptisch gegenüber. Einerseits würden Katholiken in aller Welt „in ihrem religiösen Stolz verletzt, wenn Palästina in erster Linie den Juden anvertraut würde"[6], gab Staatssekretär Luigi Maglione 1943 in einem Schreiben an den Apostolischen Delegaten in Washington, Amleto Cicognani, zu bedenken.

---

[1] HERZL 1985, 655 (dt. Übersetzung: 948, FN 145). 657. Zur Audienz am 25.1.1904 vgl. ebd. 643-659; zur Haltung des Vatikans zum Zionismus vgl. CORBON 1970; INSTITUTE FOR PALESTINE STUDIES (Hg.) 1970; PRAGAI 1985; CAVIGLIA 1981; MINERBI 1988, 141-280.

[2] HERZL 1985, 657; vgl. MINERBI 1988, 148-151. In der Literatur wird die Tagebuchnotiz Herzls häufig als direktes Papstzitat wiedergegeben. So bezeichnet CHOURAQUI (1992, 190) den Hl. Stuhl als „Gefangenen des traditionellen ‚Non possumus', das er in allen Formen deklinierte".

[3] AAS 13 (1921) 283.

[4] Vgl. FARHAT (Hg.) 1987, 211-213; vgl. KÖCK 1975, 658.

[5] AAS 14 (1922) 611. Zur Haltung des Vatikans Ende der dreißiger Jahre vgl. ENARDU 1980.

[6] ACTES ET DOCUMENTS ... 9 (1975) 302.

Cicognani wiederum sorgte sich in einem Schreiben an Myron Taylor, den Gesandten des US-amerikanischen Präsidenten beim Hl. Stuhl, daß in einem arabisch regierten Palästina die Christen „unbedeutende Minderheiten inmitten eines kompakten Blocks von Nichtchristen werden, die ihnen aufgrund ihrer nationalen und religiösen Einstellungen feindlich gesonnen sind, und die ihre Gesetzgebung auf die Vorschriften des Korans gründen"[7].

Unparteiisch, aber nicht gleichgültig – so erklärte Papst Pius XII. auch den Vertretern des Hohen Arabischen Rats für Palästina, die er im August 1946 in Audienz empfing, seine Position in der Palästinafrage. In Struktur und Inhalt ist seine Ansprache grundlegend für die weitere Kommunikation des Papstes (und seiner Nachfolger) mit palästinensischen und israelischen Gesprächspartnern: „Zweifellos kann sich der Friede nur in Wahrheit und Gerechtigkeit realisieren. Das setzt den Respekt vor den Rechten der anderen, vor besonderen Positionen und Traditionen insbesondere auf religiösem Gebiet voraus. [...] Wir lehnen jeden Rückgriff auf Gewalt ab, gleich von welcher Seite er kommt, so wie Wir mehrfach in der Vergangenheit die Verfolgungen verurteilt haben, die ein fanatischer Antisemitismus gegen das jüdische Volk entfesselt hat."[8] Dem Appell zum beiderseitigen Gewaltverzicht folgt die Zusage, sich gemäß der eigenen Mittel für eine Friedensordnung einzusetzen, „die jeder am Konflikt beteiligten Partei die Sicherheit der Existenz und zugleich physische und moralische Lebensumstände ermöglicht, unter denen materieller und kultureller Wohlstand erreicht werden kann."[9]

Die zweigliedrige Formulierung entsprach der politischen Skizze, die im Vatikan vom Heiligen Land gezeichnet wurde: einerseits Existenzsicherheit für die Juden, andererseits passable Lebensumstände für die palästinensischen Araber. Verständnis für den Wunsch nach Souveränität läßt sich weder für die einen noch für die anderen herauslesen. Die Vertreter des Hohen Arabischen Rats für Palästina waren ähnlich wie Herzl gut vierzig Jahre zuvor von der unverbindlichen Erklärung des Papstes enttäuscht.[10]

2. Die UN-Resolution 181 (1947) zur Internationalisierung Jerusalems

Als sich abzeichnete, daß die Palästinafrage neu verhandelt werden würde, hielt der Vatikan sich zunächst mit öffentlichen Äußerungen zurück. Am Ende der Mandatszeit war es vor allem dem New Yorker

---

[7] DI NOLFO 1978, 299f.
[8] AAS 38 (1946) 322.
[9] AAS 38 (1946) 322f.
[10] Vgl. FERRARI 1991, 237, FN 59.

Kardinal Francis Spellman und seinem Mitarbeiter Mgr. Thomas McMahon zu verdanken, daß die christlichen Interessen in Palästina in der internationalen Gemeinschaft vertreten wurden. Spellman war Präsident, McMahon Nationalsekretär der CNEWA (Catholic Near East Welfare Association), dem US-amerikanischen Hilfswerk, das die Arbeit der Kongregation für die Orientalische Kirche unterstützte.[11] Aufgrund ihrer Erfahrung, ihrer Verbindungen nach Palästina und ihrer Präsenz in der Nähe des Sitzes der UNO wurden sie bald zu Schlüsselfiguren der vatikanischen Nahostpolitik.

McMahon hatte bereits im Juni 1945 im Blick auf die Zukunft des Nahen Ostens betont: „Jede Lösung, welche die christlichen Forderungen nicht vollständig berücksichtigt, ist wirkungslos"[12]. Ohne sich ausdrücklich für einen konkreten Plan auszusprechen, ließ er jedoch Sympathie für ein UN-Mandat über ganz Palästina erkennen, weil dies seiner Ansicht nach den heiligen Charakter des ganzen Landes am ehesten schützen würde.[13]

In einem Memorandum für Spellman kommentierte er im April 1947 einen Beitrag in der New York Times, der den Vorschlag enthielt, Palästina zu einer „heiligen, internationalen Enklave"[14] zu machen. McMahon hielt die Idee für unterstützenswert, fügte aber hinzu: „Wir müssen natürlich darüber hinaus betonen, daß es dort auch aktives katholisches und christliches Leben in der einheimischen Bevölkerung gibt. Auch wenn Gefahr besteht, daß die heiligen Stätten zerstört werden oder die Christen keinen freien Zugang mehr haben, sollten wir uns noch mehr darum kümmern, die Glaubensfreiheit und das Recht auf religiöse Organisationen für unsere Mitchristen dort zu sichern." Zu diesem Zweck sei es taktisch angemessen, „mit der Not der Juden zu sympathisieren, und zu zeigen, daß viele christliche Flüchtlinge dieses Elend teilen."[15]

Als im Mai 1947 die neugegründete UN-Sonderkommission für Palästina UNSCOP (United Nations Special Committee on Palestine) einen Lagebericht verfassen sollte, beklagte ein Vertreter der Kustodie, Br. Anthony Bruya OFM, daß in der jüngsten internationalen Palästina-Debatte „nie ein Wort über die christliche Minderheit hier, ihre Rechte und die heiligen Stätten"[16] gefallen sei. McMahon wandte sich in einem Schreiben an die UN-Generalversammlung und bat,

---

[11] Zu Struktur und Aufgabe der CNEWA vgl. CATHOLIC NEAR EAST ... (Hg.) 1990; MCCARTHY 1969; J.T. RYAN 1967.
[12] MCMAHON, Threats to the Holy Places, 6/1945: PMP-Archiv.
[13] Vgl. MCMAHON, Threats to the Holy Places, 6/1945: PMP-Archiv.
[14] McMahon, Memorandum für Spellman, 10.4.1947, PMP-Archiv.
[15] McMahon, Memorandum für Spellman, 10.4.1947, PMP-Archiv.
[16] Bruya, Security for Holy Land Christians, unveröffentlichtes Manuskript, 31.5.1947, PMP-Archiv.

daß die CNEWA vor dem UN-Komitee Stellung nehmen könne. Einerseits sei sie die offizielle Vertreterin der römisch-katholischen Bevölkerung in Palästina, andererseits gingen „die Rechte der gesamten Christenheit im Heiligen Land über die politischen und nationalen Interessen der christlichen Minderheit hinaus"[17]. Die UNSCOP bezog daraufhin sowohl die CNEWA, den Kustos als auch den anglikanischen Bischof und einen Vertreter der Schottischen Kirche in ihre Befragung mit ein.[18]

In dem Bericht, den Spellman der UNSCOP im Juni 1947 vorlegte, griff er auf die Ansprache des Papstes an die arabischen Delegierten vom August 1946 zurück und erklärte: „Uns ist die Art des Regimes, das Ihr geschätztes Komitee empfehlen wird, vollkommen gleichgültig, so lange in ihrem Projekt die Interessen der Christenheit, der Katholiken, Protestanten und Orthodoxen beachtet und geschützt werden." Dazu zählte seiner Ansicht nach nicht nur der Schutz der heiligen Stätten sondern auch das Wohlergehen der einheimischen Katholiken, „die nicht bloß jene häufig verzerrte und lächerlich neutralisierte ‚garantierte Religionsfreiheit' genießen sollen, sondern ausdrücklich das Recht auf religiöse Versammlungen, religiöse Organisationen und deren Entwicklung, ungehindert durch konfiszierende Besteuerung und einschränkende Gesetzgebung, auf den Bau und die Unterhaltung von Kirchen, Schulen [...], kurz: Abwesenheit von sozialer, bürgerlicher und wirtschaftlicher Diskriminierung."[19] Die CNEWA hatte damit eine Aufgabe erfüllt, die grundsätzlich auch der Ständige Beobachter des Hl. Stuhls bei der UNO hätte übernehmen können. Obwohl sie als Vertreterin der Katholiken auftrat, setzte sie sich – im Unterschied zu früheren Äußerungen des Hl. Stuhls – ausdrücklich für die Rechte aller Christen in Palästina ein.

Schon die UNSCOP-Mitglieder wurden nicht einig, welche Regierungsform sie für Palästina nach Ablauf der Mandatszeit empfehlen sollten und legten der UN-Generalversammlung Ende August 1947 zwei verschiedene Pläne vor.[20] Die kleinere Gruppe der Delegierten sprach sich für die Bildung eines Bundesstaates mit Jerusalem als teils jüdisch, teils arabisch verwalteter Hauptstadt aus. Die Mehrheit riet hingegen zur Teilung des Mandatsgebiets und wollte Jerusalem als ‚corpus separatum' unter die Aufsicht der Vereinten Nationen stellen.

---

[17] DC 44 (1947) 911.
[18] Vgl. A/364/Add. 2, 135-138; A/364/Add. 3, 13-19; BOVIS 1971, 42; RULLI 1998, 10; FERRARI 1991, 53; PASTORELLI 1982, 63.
[19] Spellman an UNSCOP, 5.6.1947, PMP-Archiv.
[20] Vgl. UN A/364, 31.8.1947.

Beide Projekte hatten aus katholischer Perspektive erhebliche Nachteile – entweder die Überantwortung Jerusalems an jüdische und arabische Autoritäten, unter Verzicht auf eine Kontrolle durch die internationale Gemeinschaft, oder die Teilung des Heiligen Landes.

Zwar behauptete wenige Wochen vor der Abstimmung ein Vertreter der ‚Jewish Agency' im Gespräch mit McMahon, „der Papst habe kürzlich in einem privaten Gespräch mit einer jüdischen Persönlichkeit seine Sympathie mit dem Mehrheitsplan geäußert"[21]; diese Äußerung ist jedoch nicht aus anderen Quellen zu belegen. Offenbar hielt sich der Vatikan angesichts zweier Lösungen, von denen er keine ganz unterstützen konnte, im Vorfeld der UN-Abstimmung mit Stellungnahmen zurück.[22] Zudem war das Staatssekretariat zu dieser Zeit unterbesetzt, da Pius XII. nach dem Tod von Staatssekretär Luigi Maglione 1944 keinen Nachfolger berufen hatte. Es hieß, er sei im Vatikan ohnehin selbst am besten in der Weltpolitik informiert gewesen. Der Kongregation für außerordentliche Angelegenheiten stand Mgr. Domenico Tardini vor, der wenig aus Italien hinausgekommen war. Ihm stand Mgr. Giovanni Battista Montini als Leiter der Abteilung für ordentliche Angelegenheiten zur Seite. Pius XII. ernannte Tardini und Montini 1952 zu gleichberechtigten Substituten.[23]

Am 29. November 1947 nahm die UN-Generalversammlung den Mehrheitsplan der UNSCOP mit 33 zu 10 Stimmen bei 10 Enthaltungen an. Contra stimmten alle arabischen und islamischen Staaten; die ehemalige Mandatsmacht England enthielt sich. Die Resolution 181 sah für Palästina die „Teilung mit ökonomischer Union" vor. „Die Stadt Jerusalem soll als ‚corpus separatum' unter ein spezielles internationales Regime gestellt und von den Vereinten Nationen verwaltet werden"[24], lautete der Schlüsselsatz über Jerusalem. Der UN-Treuhandrat sollte zunächst die Verwaltung übernehmen und ein entsprechendes Statut ausarbeiten. Darin sollte auch die Religionsfreiheit in ihren einzelnen Aspekten festgeschrieben werden, u.a. der freie Zugang zu den heiligen Stätten für Einwohner und Pilger, die ungehinderte Feier von Gottesdiensten sowie Steuerbefreiungen für religiöse Einrichtungen. Die Resolution 181 verlieh den heiligen Stätten damit erstmals eine völkerrechtliche Bedeutung.[25]

---

[21] McMahon, Memorandum für Spellman, 10.10.1947, PMP-Archiv.
[22] Vgl. PASTORELLI 1982, 61f; FERRARI 1991, 45.
[23] Vgl. WUESTENBERG 1962b; MÖRSDORF 1962; CASULA 1988.
[24] A/RES/181, 29.11.1947.
[25] Vgl. FERRARI 1991, 54.

Der Hl. Stuhl war an den Entscheidungen über die Teilung Palästinas, die Entstehung eines jüdischen Staates und die Internationalisierung Jerusalems kaum beteiligt gewesen und hatte die Vertretung christlicher Interessen – möglicherweise auch aufgrund der personellen Situation im Staatssekretariat – vor allem der CNEWA überlassen. Mit dem Ergebnis konnte er zumindest hinsichtlich der Zukunft Jerusalems zufrieden sein. Die Internationalisierung war für den Vatikan, nach Ansicht Chouraquis, „ein Wundermittel gegen alle tatsächlichen oder eingebildeten Übel."[26]

3. Die Gründung der Apostolischen Delegatur und die Enzyklika ‚Auspicia quaedam'

Angesichts der Verhältnisse vor Ort schien die Teilung Palästinas kaum umsetzbar. Die USA beantragten bereits kurz nach der Verabschiedung der Resolution 181 eine Sondersitzung der UN-Generalversammlung zur Neuverhandlung der gesamten Palästinafrage.[27] Auch der Hl. Stuhl vertrat im Januar 1948 die Ansicht, daß „weder die Juden noch die Araber, sondern eine dritte Macht"[28] die Herrschaft in Palästina ausüben sollten. Mit diesen Worten faßte der britische Botschafter beim Hl. Stuhl, John Perowne, nach einem Gespräch mit Montini im Januar 1948 die vatikanische Position zusammen.[29]

Ein deutlicher Hinweis auf das Interesse des Hl. Stuhls an der Einheit des Hl. Landes war die Gründung einer Apostolischen Delegatur in Jerusalem im Februar 1948. Im letzten Jahrhundert gehörte Palästina zur Apostolischen Delegatur in Syrien, die ihren Sitz in Beirut hatte. Als das lateinische Patriarchat 1847 wieder eingerichtet wurde, war der Patriarch zugleich Apostolischer Delegat für Syrien. Seit 1929 war der Apostolische Delegat in Kairo für Palästina zuständig, und der lateinische Patriarch in Jerusalem diente als Verbindungsstelle vor Ort zum Vatikann. Nach dem Tod von Patriarch Luigi Barlassina im September 1947, der fast die ganze Mandatszeit hindurch für den Aufbau der Diözese gewirkt hatte, gab es zuächst keinen Nachfolger. Pius XII. entschied sich statt dessen, angesichts der politischen Umstände, für eine Umstrukturierung der diplomatischen Vertretung im Nahen Osten: Mgr. Gustavo Testa, der bislang Apostolischer Delegat in Kairo war, wurde zum ersten Apostolischen Delegaten für Jerusalem und Palästina ernannt.[30] Die Doppelbe-

---

[26] CHOURAQUI 1992, 177.
[27] Vgl. BOVIS 1971, 52.
[28] FERRARI 1991, 43.
[29] FERRARI 1991, 43.
[30] Vgl. AAS 41 (1949) 322f; ISSA 1996, 148; DEL RE 1969, 95.

zeichnung war eine klare politische Aussage zugunsten der Einheit des Landes und der Sonderstellung Jerusalems.[31] Im Gespräch mit einem US-amerikanischen Diplomaten gab Testa zu erkennen, daß der Hl. Stuhl eine nachträgliche Änderung der UN-Pläne für Palästina durchaus befürworten würde. „Testa hofft auf eine Revision [des Teilungsplans] in der Generalversammlung [...] und auf einen föderalen Staat"[32], schrieb dieser in seinem Bericht an das amerikanische Außenministerium.

Die Christen in Palästina hofften ebenfalls, daß der Teilungsbeschluß nicht umgesetzt werden würde. In einem Memorandum für die UN-Generalversammlung foderte die ‚Christian Union of Palestine', zu der sich Vertreter elf katholischer, protestantischer und orthodoxer Institutionen zusammengeschlossen hatten, den Verzicht auf die Teilung Palästinas. „Dieser Plan verletzt die Heiligkeit des Landes, das aufgrund seiner Art und seiner Geschichte unteilbar ist, und bedeutet zudem einen Übergriff auf die Rechte der Araber, der Bevölkerung des Landes"[33], hieß es in dem Memorandum, das – vermutlich mit vatikanischer Billigung – auch Vertreter des lateinischen Patriarchats und der Kustodie unterschrieben hatten.

Pius XII. äußerte sich vor dem Hintergrund des eskalierenden Konflikts am 1. Mai 1948 zum ersten Mal öffentlich zur Situation in Palästina. Mit der Enzyklika ‚Auspicia quaedam' setzte er einen unpolitischen Akzent, indem er in erster Linie den Zustand der heiligen Stätten beklagte, die „fast jeden Tag durch neue Gemetzel und Beschädigungen verwüstet werden"[34]. Dem fügt er den recht allgemein formulierten Wunsch an, daß „die Situation in Palästina endlich von Gleichheit bestimmt wird und dort Frieden und Eintracht herrschen"[35]. Aussagekräftig war die Enzyklika vor allem in dem, was sie nicht sagte: Jerusalem wurde nicht erwähnt. Der Papst verzichtete auf die Gelegenheit, seine Sympathie für die Internationalisierung der Stadt erkennen zu lassen. Möglicherweise wollte er eine Aussage vermeiden, die als Stellungnahme zugunsten der UN-Resolution 181 und damit zugunsten der Teilung des Landes hätte ausgelegt werden können.

Die USA hatten vorgeschlagen, Palästina zunächst doch einer Mandatsregierung zu unterstellen, und dadurch Hoffnungen geweckt, die Teilung des Gebiets ließe sich noch vermeiden. Ferrari

---

[31] Vgl. KÖCK 1973, 12.
[32] FERRARI 1991, 62.
[33] Christian Union of Palestine, Memorandum, 3.3.1948: NAKHLE 1991b, 396.
[34] AAS 40 (1948) 170.
[35] AAS 40 (1948) 171 (Cupimus igitur [...] ut, rebus tandem in Palaestina *aequitate compositis*, inibi etiam *concordia et pax* feliciter redintegretur; eigene Hervorhebung).

zufolge rechnete auch der Hl. Stuhl damit, „daß es möglich sei, noch etwas mehr als bloß die Internationalisierung Jerusalems zu erreichen"[36]. Die UN-Generalversammlung konnte sich auf ihrer Sondersitzung jedoch weder auf ein neues Gesamtkonzept einigen, noch fand sich eine Mehrheit für das von der Treuhandkommission vorgelegte Statut für Jerusalem gemäß der alten Lösung. Noch während die Generalversammlung tagte, wurden vor Ort neue Fakten geschaffen: Am 15. Mai 1948 wurde der Staat Israel gegründet. Jerusalem war in der Unabhängigkeitserklärung Israels nicht erwähnt. Sofort darauf begann der Krieg der arabischen Staaten gegen das neugegründete Israel.[37]

4. Die heiligen Stätten während des israelisch-arabischen Krieges

Zur Proklamation des Staates Israel gab es zunächst keine öffentliche Stellungnahme des Hl. Stuhls. Der ‚Osservatore Romano' titelte am 16. Mai 1948: „Das palästinensische Problem nach dem Ende des britischen Mandats"[38]. Die Staatsgründung Israels erschien in einem Nebensatz: „Die Regierung der USA hat die Übergangsverwaltung des gestern [...] in Palästina proklamierten jüdischen Staats als faktische Autorität anerkannt."[39] In der Nahost-Berichterstattung des ‚Osservatore Romano' war fortan vom ‚jüdischen Staat', nicht von ‚Israel', die Rede. Ende Mai 1948 warnte ein Leitartikel davor, die Interessen des Christentums in Palästina „auf die Ebene der ‚drei Religionen' zu ziehen"[40]. Die Heiligkeit des Landes gelte in erster Linie, wenn nicht ausschließlich, für das Christentum, schrieb der ‚Osservatore Romano': „Es wird niemand behaupten wollen, die Muslime oder Zionisten seien dem Hl. Land so verbunden wie die Christen. Der Muezzin predigt vom Minarett nicht in Richtung Jerusalem. Der Zionismus ist nicht das Israel der Bibel, sondern das der Balfour-Erklärung, also der heutigen Zeit, des 20. Jahrhunderts, ein weltanschaulich und politisch laizistischer Staat. Die heiligen Stätten bleiben die des Christentums, woher sie auch ihren Namen haben, und das Heilige Land ist das des Christentums, das es als gemeinsames Vaterland für alle Völker betrachtet, weil es das Vaterland der Zivilisation ist."[41]

---

[36] Ferrari 1991, 62.
[37] Vgl. BOVIS 1971, 52-57.
[38] OR, 16.5.1948.
[39] OR, 16.5.1948.
[40] OR, 28./29.5.1948.
[41] OR, 28./29.5.1948. Verkürzt zitiert wird dieser Artikel in der Literatur häufig als Beleg für eine antijudaistische Reaktion des Hl. Stuhls auf die Staatsgründung Israels verwendet; vgl. LAPIDE 1997, 261 („Am 14. Mai 1948 [sic] [...] gab der ‚Osser-

In der israelischen Unabhängigkeitserklärung hieß es u.a.: „Der Staat Israel wird [...] Religions- und Gewissensfreiheit garantieren [...] und die heiligen Stätten aller Religionen schützen"⁴² Ebenso hatte sich die Arabische Liga vor Kriegsbeginn dazu verpflichtet, die heiligen Stätten zu verschonen. Der jordanische König Abdallah wiederholte die Zusage nach der Eroberung der Jerusalemer Altstadt in einem Telegramm an Pius XII.⁴³ Dennoch wurden in Jerusalem während der Kampfhandlungen mehrere christliche Einrichtungen beschädigt. Die arabischen Christen machten dafür in erster Linie die israelischen Truppen verantwortlich. Ende Mai 1948 veröffentlichte die ‚Christian Union of Palestine' in Jerusalem eine detaillierte Liste der Übergriffe auf christliche Stätten, Priester und Ordensleute. „Die Heilige Stadt wurde in ein Schlachtfeld verwandelt [...]. Kirchen, Klöster, religiöse und karitative Einrichtungen wurden Ziel von Mörsergranaten und Kugeln", hieß es. „Wir müssen darauf hinweisen, daß einige der heiligen Stätten von Mörsergranaten und Kugeln getroffen und beschädigt wurden, die Juden von der Hebräischen Universität, der Hadassah-Klinik und von den beiden großen Synagogen aus in die Altstadt geschossen haben. [...] Wir müssen der Wahrheit zuliebe hinzufügen, daß die Araber zugesichert haben, die heiligen Stätten zu respektieren; und tatsächlich haben sie ihr Wort bis jetzt gehalten. Wenn sie ein Kloster betreten haben, dann zur Verteidigung."⁴⁴ Für das lateinische Patriarchat, dessen Spitze nach wie vor unbesetzt war, unterschrieb der palästinensische Priester Ibrahim Ayyad. Die katholischen Mitglieder der ‚Christian Union of Palestine' – Vertreter des lateinischen, melkitischen, armenisch-katholischen Patriarchats und der Kustodie – sandten zwei Tage später eine zugespitzte Kurzfassung des Schreibens „zur Information und Kenntnisnahme des Hl. Stuhls" an das Staatssekretariat. Die Liste der Übergriffe auf christliche Einrichtungen war auf diejenigen reduziert, die den Hl. Stuhl besonders betrafen: die Besetzung der Apostolischen Delegatur und des Notre-Dame-Konvents „trotz der päpstlichen Flagge" und die Schüsse auf die Grabeskirche wurden genannt. Auch die Schuldzuweisung war eindeutiger: „Wenn die Araber Notre-Dame beschossen haben [...], dann nur, um auf ihre

vatore Romano' die Ansicht gewisser Kreise des Vatikans klar zu erkennen: ‚Der moderne Zionismus ist nicht der wahre Erbe des biblischen Israel, sondern ein säkularer Staat ... deshalb gehören das Heilige Land und seine geheiligten Stätten der *Christenheit, dem wahren Israel.*'" [Hervorhebung P. Lapide]).

⁴² PASSIA (Hg.) 1996, 78.
⁴³ Vgl. Ferrari 1991, 61; Zander 1971, 76; Pierraccini 1997, 464.
⁴⁴ NAKHLE 1991b, 396-398; FERRARI zitiert tendenziös: „die meisten Bomben, die auf Kirchen, Klöster und christliche Einrichtungen gefallen sind, waren jüdischer Herkunft" (1991, 67); vgl. TIBAWI 190, 45.

Feinde zurückzuschießen, die von diesen Gebäuden aus auf sie und die Heilige Stadt feuerten. Die Juden haben diese Konvente [...] in militärische Stützpunkte umgewandelt, von wo aus sie die Heilige Stadt attackierten, um sie zu besetzen und mit der erklärten Absicht, sie zu plündern."[45]

Der Vatikan war über den Zustand der heiligen Stätten und christlichen Einrichtungen stark besorgt.[46] In seiner Ansprache an das Kardinalskollegium Anfang Juni 1948 äußerte Pius XII. zunächst sein Mitgefühl mit der Bevölkerung, die unter dem Krieg litt, und setzte dann hinzu: „Wie könnte die christliche Welt gleichgültig oder mit steriler Entrüstung dieses Heilige Land betrachten, dem sich jeder mit tiefstem Respekt nähert, um es mit der brennendsten Liebe zu küssen, das jetzt von Kriegstruppen niedergetrampelt und aus der Luft bombardiert wird? Und die Verwüstung der heiligen Stätten zulassen, die Zerstörung des Heiligen Grabes Christi? Gott wolle, daß die Gefahr einer so schrecklichen Geißel endgültig gebannt werde!"[47] Zwar versuchte der Papst, im Rückgriff auf Kreuzzugsrhetorik das Interesse der christlichen Welt auf die Bedrohung christlicher Interessen in Palästina zu lenken. Kreuzzugsähnliche Initiativen waren jedoch nicht im Sinn des Vatikans. Initiativen der Franziskaner und der Ritterorden, eine internationale Miliz zum Schutz der heiligen Stätten aufzustellen, fanden keine Unterstützung auf vatikanischer Seite.[48]

Wenig später ernannte Pius XII. den Apostolischen Delegaten Gustavo Testa zusätzlich zum Regenten des lateinischen Patriarchats. Diese Kompetenzausweitung für Testa „zeigt die Bedeutung, die Pius XII. der päpstlichen Vertretung in Palästina in der augenblicklich kritischen Lage beimißt"[49], schrieb die Nachrichtenagentur Reuter. Zudem vergrößerte der Hl. Stuhl auf diese Weise seine Kontrolle über das lateinische Patriarchat, insbesondere über dessen politische Aktivitäten.

Die israelische Armee hatte aus dem Imageverlust aufgrund ihres Verhaltens bei den Kämpfen um Jerusalem gelernt. Am Vorabend des Angriffs auf Nazaret im Juli 1948 wurde der Befehl ausgegeben: „Wir marschieren auf eine Stadt, [...] die die Geburtsstätte der Christenheit ist. Die Stadt ist Millionen heilig. Die Augen aller Konfessionen des Christentums in aller Welt sind darauf gerichtet. [...] Es wird strengstens befohlen, jegliche Beschädigung der heiligen

---

[45] Vertreter des lateinischen, griechisch-katholischen und armenisch-katholischen Patriarchats und der Kustodie an das Staatssekretariat, 2.6.1948: PMP-Archiv.
[46] Vgl. FERRARI 1991, 61.
[47] AAS 40 (1948) 252f.
[48] Vgl. ROKACH 1987, 35f; FERRARI 1991, 118f.
[49] Reuter, 26.6.1948; vgl. ISSA 1996, 151.

Stätten zu vermeiden. Unsere Soldaten werden keine Kirchen betreten, nicht von dort aus kämpfen oder sie als Festung nutzen, außer in größter Not und auf speziellen Befehl."[50] Dennoch gab es immer wieder Übergriffe auf christliche Einrichtungen, über die Br. Anthony Bruya von der Kustodie, Patriarchalvikar Antonio Vergani und Ibrahim Ayyad (nicht mehr als Vertreter des Patriarchats, sondern als Sekretär der ‚Christian Union of Palestine') detailliert berichteten.[51] Als Pius XII. im Juli 1948 die Gebetsintentionen für das Heilige Jahr 1950 bekanntgab, nannte er den Schutz der heiligen Stätten an zweiter Stelle.[52]

Auf politischer Ebene sorgten der New Yorker Kardinal Spellman und Mgr. McMahon im Namen der CNEWA für die Veröffentlichung von Berichten über die Situation christlicher Einrichtungen in Israel und sandten Kopien an zionistische Gruppen in Amerika.[53] Ende August 1948 appellierte McMahon an den UN-Generalsekretär Tryvge Lie und bat ihn, „angesichts dieser dokumentierten Anklagen [...] eine Untersuchung durch die UNO in die Wege zu leiten"[54]. Eliahu Ben-Horin vom ‚American Zionist Emergency Council' warf McMahon daraufhin „atavistischen Antisemitismus" vor und fragte, warum die CNEWA „nicht protestierte, als die Araber Jerusalem bombardiert haben"[55]. Spellman gab dem US-amerikanischen Außenminister George Marshall eine Kopie des Briefes von McMahon und bat ihn um „unterstützende Aufmerksamkeit"[56]. Im Gespräch mit Marshall räumte er ein, daß es dringend notwendig sei, „die Meinung des Hl. Stuhls zum Thema Internationalisierung bekannt zu machen"[57].

5. Die erste Jerusalem-Enzyklika ‚In multiplicibus curis' (1948)

Der neue Entwurf des UN-Vermittlers Graf Folke von Bernadotte, der für Jerusalem eine „Kontrolle durch die UNO bei maximaler lokaler Autonomie"[58] vorsah, wurde von England und den USA unterstützt.[59] Damit blieb von den ursprünglichen Befürwortern der

---

[50] JOSEPH 1960, 249f.
[51] Vgl. Rokach 1987, 36-38; Nakhle 1991b, 398; Ferrari 1991, 67.
[52] Vgl. OR, 28.7.1948.
[53] Vgl. Walter Kellenberg, Sekretär von Spellman, an McMahon, 26.7.1948: PMP-Archiv.
[54] McMahon an UN-Generalsekretär Tryvge Lie, 20.8.1948: PMP-Archiv.
[55] McMahon, Memorandum für Spellman, 24.8.1948: PMP-Archiv.
[56] FOGARTY 1982, 337f.
[57] FOGARTY 1982, 337f.
[58] PASSIA (Hg.) 1996, 232.
[59] In einem ersten Entwurf hatte Bernadotte vorgeschlagen, Jerusalem ganz in den arabischen Teil Palästinas zu integrieren, was Pius XII. entschieden abgelehnt hat-

Resolution 181 vor allem Frankreich übrig, das auf die Wiederherstellung seines Einflusses hoffte, den es früher als katholische Schutzmacht im Nahen Osten gehabt hatte.[60] Zwischen dem Vatikan und Frankreich bestand folglich Interessenidentität: Der Vatikan konnte nur auf die Realisierung seiner Vorstellungen hoffen, wenn Frankreich sich in der UN-Generalversammlung dafür einsetzte. Frankreich wiederum hoffte auf die moralische Unterstützung des Vatikans durch entsprechende öffentliche Stellungnahmen im Vorfeld der Abstimmung.

Seit dem Sommer 1948 bemühte sich auch die israelische Regierung um den Kontakt zum Hl. Stuhl. Im August 1948 war im Religionsministerium eine Abteilung für christliche Angelegenheiten eingerichtet worden, die weniger mit den einheimischen Christen als mit Außenkontakten, u.a. zum Vatikan, befaßt war.[61] Das israelische Außenministerium hatte die Direktive ausgegeben, mit dem Hl. Stuhl „informelle Diskussionen über die Regelung katholischer Interessen zu beginnen und generell eine Haltung des guten Willens zu demonstrieren"[62]. Im September 1948 traf erstmals eine Delegation des israelischen Religionsministeriums, Chaim Wardi und Jakob Herzog, Sohn des aschkenasischen Oberrabbiners, in Rom zu informellen Gesprächen mit Vertretern der Kongregation für die Orientalische Kirche zusammen.[63] Auf die Haltung des Vatikans zur Jerusalemfrage hatten diese Kontaktversuche von israelischer Seite jedoch keinen Einfluß.

Die französische Regierung hatte ihren Botschafter beim Hl. Stuhl, Wladimir D'Ormesson, beauftragt, „den Pontifex Maximus zu bitten, offiziell für die Internationalisierung Jerusalems und der heiligen Stätten Position zu beziehen"[64]. Sein britischer Amtskollege bestätigte den Einfluß der französischen Diplomatie auf die erste

---

te; vgl. FERRARI 1991, 119. Am Tag nach der Veröffentlichung seines Konzeptes wurde Bernadotte von jüdischen Extremisten ermordet.

[60] Das französische Protektorat basierte u.a. auf der Anordnung des Hl. Stuhls, die Katholiken im Orient sollen sich in Konfliktfällen an den französischen Konsul wenden; vgl. BERGER 1950, 10.

[61] COLBI (1988, 165), der spätere Leiter dieser Abteilung, hielt fest: „Auf Hebräisch heißt es [im Plural] ‚Ministerium für Religionsgemeinschaften' – ein Hinweis darauf, daß der Staat Israel die Pluralität der Glaubensgemeinschaften anerkennt und auf ministerieller Ebene für jede einzelne alles tut, was ein Staat tun sollte."

[62] FERRARI 1991, 76.

[63] Vgl. FERRARI 1983, 417f. MENDES (1990, 115-119) zufolge trafen Herzog und Wardi außerhalb des Vatikans mit dem vom Staatssekretariat beauftragten Rechtsanwalt Vittorio Veronese zusammen. FERRARI (1991, 76-78. 255 FN 121) ist wiederum der Ansicht, Mendes habe das Treffen mit einem zweiten im darauffolgenden Jahr verwechselt (vgl. FERRARI 1991, 144).

[64] D'ORMESSON 1968, 15.

päpstliche Enzyklika zur Jerusalemfrage: „Am 23. Oktober informierte mich Mgr. Montini über die anstehende Veröffentlichung eines Papstschreibens und sagte, daß [der Hl. Stuhl] mit der Unterstützung der französischen Regierung rechne. Mein französischer Kollege [D'Ormesson] erklärte mir, dieses Schreiben sei u.a. von Frankreich inspiriert."[65]

Am 24. Oktober 1948 veröffentlichte Pius XII. die Enzyklika ‚In multiplicibus curis', seine erste ausführliche, politisch akzentuierte Stellungnahme zur Palästinafrage seit der Staatsgründung Israels. Erstmals erwähnte er dabei auch die „vielen tausend Exilierten und Flüchtlinge, die von ihrem Land vertrieben umherziehen, Zuflucht und Brot suchend"[66]. Pius XII. formulierte offenbar in dem Bewußtsein, daß die palästinensischen Flüchtlinge nicht in erster Linie freiwillig oder infolge arabischer Propaganda ihre Heimat verlassen hatten, sondern mehrheitlich von der israelischen Armee vertrieben worden waren.[67] Mit apologetischem Unterton beschrieb er den bisherigen Einsatz des Hl. Stuhls für das Heilige Land: „Wir haben uns nicht in unseren Schmerz eingeschlossen, sondern getan, was wir konnten [...]. Ohne unsere Unparteilichkeit aufzugeben, die uns unser Apostolisches Amt aufgibt [...], haben wir nicht versäumt, uns nach unseren Maßen und den Möglichkeiten, die sich boten, einzusetzen"[68], schrieb Pius XII. Als Beispiele nannte er die Audienz für die Vertreter des Hohen Arabischen Rates für Palästina im August 1946, die Flüchtlingshilfe durch die päpstlichen Gesandten in Palästina, Libanon und Ägypten, die Unterstützung katholischer Hilfsorganisationen, die Enzyklika ‚Auspicia quaedam' im Mai 1948 sowie die Ansprache vor dem Kardinalskollegium im Juni. Die von ihm erhoffte Lösung skizzierte Pius XII. ähnlich abstrakt wie in seiner Ansprache an die Vertreter des Hohen Arabischen Rates zwei Jahre zuvor. Durch die Zusammenarbeit der Betroffenen solle „Gerechtigkeit und Friede" geschaffen werden, so daß für beide Seiten „Sicherheit im privaten und öffentlichen Leben" sowie „Lebensbedingungen, die spirituellen Reichtum und gesellschaftlichen Wohlstand ermöglichen"[69] gewährleistet seien.

Zur Jerusalemfrage sagte er, „daß jetzt die Gelegenheit sei, Jerusalem und seiner Umgebung [...] eine stabile und solide internationale Regierung zu geben, die unter den aktuellen Umständen den Schutz

---

[65] FERRARI 1991, 279 FN 111.
[66] AAS 40 (1948) 433 (dum exsules ac profugi, ad milia bene multa e sua terra deturbati, vagantur longe, panem quaerentes tutumque perfugium).
[67] Zur Frage ‚Flucht oder Vertreibung?' vgl. MORRIS 1994; KHALIDI 1992.
[68] AAS 40 (1948) 434.
[69] AAS 40 (1948) 435.

der heiligen Stätten besser gewährleisten könne"[70]. Damit hatte Pius XII. seine Unterstützung für das UN-Projekt der Internationalisierung deutlich ausgesprochen. Das Schlüsselwort der Resolution 181 ‚corpus separatum' übernahm er nicht, wohl aber die Beschreibung des Umfangs: Jerusalem und seine Umgebung.[71] Über das UN-Konzept hinaus forderte Pius XII., auch die heiligen Stätten außerhalb Jerusalems einer internationalen Aufsicht zu unterstellen, um den freien Zugang, Gottesdienstfreiheit und Respekt vor den traditionellen Gewohnheiten sicherzustellen.

Insgesamt gesehen war die Enzyklika die erste öffentliche Darstellung der vatikanischen Position zur Jerusalemfrage, knapp ein halbes Jahr nach der faktischen Teilung der Stadt zwischen Israel und Jordanien, als die internationale Unterstützung für die Umsetzung der UN-Resolution 181 zu schwinden begann. Zum politischen Status des ehemaligen Mandatsgebiets und zur Staatsgründung Israels äußerte er sich in diesem Zusammenhang jedoch nicht. Nach der Veröffentlichung des Schreibens erkundigte sich der US-amerikanische Gesandte beim Hl. Stuhl umgehend, an welche konkrete Maßnahmen der Papst denke. Montini antwortete, man habe „derzeit noch keine definitive Formel ausgearbeitet"[72]. Mitte November 1948 bestätigte Tardini in einer ausführlicheren vertraulichen Mitteilung, der Vatikan habe „keine besondere Präferenz für eine spezielle Lösung [...], solange eine solche Kontrolle wirksam die katholischen Interessen schütze"[73]. Die französische Regierung, die den Hl. Stuhl zu einer Stellungnahme zugunsten der Internationalisierung gedrängt hatte, war aufgrund der elastischen Formulierung nur bedingt mit der Enzyklika zufrieden. Der französische Konsul in Jerusalem, René Neuville, bekräftigte demgegenüber die kompromißlose Haltung seines Landes: „Frankreich unterstützt nach Kräften die Internationalisierung Jerusalems [und] rechnet damit, die besondere moralische Position, die es im Lauf der Geschichte innehatte, wieder einzunehmen."[74]

Die Jesuitenzeitschrift ‚La Civiltà Cattolica' veröffentlichte kurz darauf den vom Staatssekretariat gebilligten Kommentar zur Enzyklika.[75] Zunächst wurde das Mitspracherecht des Hl. Stuhls damit begründet, daß die Palästinafrage kein rein politischer Konflikt zwischen zwei Völkern über den Besitz eines umstrittenen Territoriums

---

[70] AAS 40 (1948) 435 (regimen tribuatur ‚internationali' iure statutum ac solidatum).
[71] Vgl. A/RES/181, 29.11.1947 (Jerusalem and its surroundings); AAS 40 (1948) 435 (Hierosolymae ac vicinati).
[72] FERRARI 1991, 123.
[73] FERRARI 1991, 123.
[74] FERRARI 1991, 279 FN 109.
[75] Vgl. im folgenden CC I (1949) 11-21.

sei, sondern „auch und wesentlich eine religiöse Frage, an deren Lösung die ganze Christenheit interessiert ist; insbesondere die Katholiken, nicht nur aufgrund ihrer Zahl, im Vergleich mit den anderen Konfessionen, die sich christlich nennen, sondern auch aufgrund der Opfer, die ihre Vorfahren für die Verteidigung der heiligen Stätten geleistet haben"[76]. ‚Civiltà Cattolica' nannte die Rechte der Katholiken im Heiligen Land „weitaus gewichtiger"[77], da die lateinische Kirche sich über Jahrhunderte hinweg allein um die Zurückeroberung, den Erhalt und den Gottesdienst an den heiligen Stätten bemüht habe. Der Hl. Stuhl habe daher das Recht, „zu intervenieren und zur praktischen Lösung der Palästinafrage gehört zu werden"[78].

Im Kontrast zur Stellungnahme des ‚Osservatore Romano' kurz nach der Staatsgründung Israels, daß die Heiligkeit des Landes in erster Linie für das Christentum gelte, trat ‚Civiltà Cattolica' nun ausdrücklich für die Respektierung der Rechte und religiösen Traditionen der Juden, Muslime und Christen ein, also für „eine Lösung maximaler Gleichheit für alle"[79].

Im Blick auf Jerusalem und die heiligen Stätten präzisierte die Jesuitenzeitschrift die in der Enzyklika geforderte internationale Aufsicht. Der Schutz der heiligen Stätten solle durch die „Gemeinschaft der solidarisch interessierten Staaten" gewährleistet werden, hieß es. Damit konnte sowohl die UNO als auch eine kleinere Gruppe – möglicherweise katholischer – Staaten gemeint sein. Wie in der Enzyklika angedeutet, trat der Hl. Stuhl für ein zweistufiges internationales Kontrollsystem ein: „Für Jerusalem und die nähere Umgebung wird ein internationales Statut vorgeschlagen; zudem sind kollektive Garantien notwendig, um die Gottesdienstfreiheit an den heiligen Stätten und den freien Zugang zu ihnen zu gewährleisten."[80] Während Pius XII. die Notwendigkeit einer internationalen Aufsicht allgemein mit dem besseren Schutz der heiligen Stätten begründet hatte, ergänzte ‚Civiltà Cattolica': „Wenn schon während der britischen Mandatsregierung in Palästina derartige Mißbräuche geschehen konnten, obgleich England seine Kultur dem Christentum verdankt [...], ist leicht abzusehen, was in Palästina geschehen wird, wenn die Willkür der Juden und Muslime nicht durch internationale Institutionen und Verpflichtungen gebremst wird. Weder hat der Zionismus seinen christenfeindlichen Charakter verloren [...], noch

---

[76] CC I (1949) 12.
[77] CC I (1949) 12.
[78] CC I (1949) 14.
[79] CC I (1949) 15.
[80] CC I (1949) 16 (uno statuto internazionale [...] per la città di Gerualemme e suoi dintorni immediati, e garanzie egualmente collettive [...] per assicurare la libertà di culto e dell'accesso agli altri Luoghi Santi).

ist den Muslimen zu trauen, die vielleicht ernsthafter ihren Respekt vor den heiligen Stätten versprechen, daß diese Versprechen eingehalten werden."[81]

Die Position des Hl. Stuhls zur Palästinafrage, wie in der Enzyklika ‚In multiplicibus‘ und in ‚Civiltà cattolica‘ dargestellt, war Ende 1948 stark juristisch geprägt. Mit einiger Verzögerung hatte der Vatikan sich öffentlich hinter das UN-Konzept der Internationalisierung gestellt und es um die Forderung internationaler Garantien für die übrigen heiligen Stätten erweitert. Auch wenn das Problem der palästinensischen Flüchtlinge und Vertriebenen angesprochen wurde, schien die Sorge um Jerusalem und die heiligen Stätten im Vordergrund zu stehen. Die Situation der christlichen Gemeinschaften vor Ort war weder in der Enzyklika noch im Kommentar in ‚Civiltà Cattolica‘ eigens erwähnt. Offenbar mangelte es dem Vatikan sowohl an fundierten Hintergrundinformationen aus Palästina als auch an einer ausgereiften politischen Strategie, wofür die doppelte Sedisvakanz im lateinischen Patriarchat und im Staatssekretariat sicher mitverantwortlich war.

6. Die Sondierungsreise von Mgr. McMahon ins Heilige Land

Auch die beiden päpstlichen Gesandten im Nahen Osten, Mgr. Arthur Hughes in Kairo und Mgr. Gustavo Testa in Jerusalem, beklagten die schwache Präsenz des Vatikans, die den Informationsfluß nach Rom und die Interessenvertretung vor Ort behindere. Sie appellierten an den Präsidenten der CNEWA, Kardinal Spellman, und an das Staatssekretariat, etwas zu unternehmen, „um das Ansehen des Hl. Stuhls zu wahren"[82].

Spellman beabsichtigte daraufhin, seinen engen Mitarbeiter und Nationalsekretär der CNEWA, Mgr. Thomas McMahon, zu einer mehrmonatigen Sondierungsreise in den Nahen Osten zu senden. In einem Schreiben an Kardinal Eugène Tisserant, den Sekretär der Kongregation für die Orientalische Kirche, erklärte Spellman „den Hintergrund der Reise"[83]. McMahon reise nicht in erster Linie, um die katholische Flüchtlingshilfe zu koordinieren, so Spellman, sondern „er fährt, um die katholischen Interessen zu wahren und die katholische Position zu stärken, was angesichts der verzweifelten Appelle von Erzbischof Testa und Erzbischof Hughes dringend nötig erscheint. [...] Offen gesagt, wir hier in Amerika werden uns mehr

---

[81] CC I (1949) 21.
[82] Spellman zitiert Hughes und Testa in seinem Schreiben an Tisserant, 13.11.1948: PMP-Archiv; vgl. FERRARI 1991, 73.
[83] Spellman an Tisserant, 13.11.1948: PMP-Archiv.

und mehr der Tatsache bewußt, daß die Kirche im Nahen Osten Gefahr läuft, viel zu verlieren, wenn wir in dieser Notsituation nicht handeln. Ich habe keinen Zweifel, Eminenz, [...] daß Sie die extreme Notwendigkeit der Reise Mgr. McMahons im Namen der Interessen der Kirche vollkommen bestätigen und unserem Hl. Vater alles erklären."[84]

McMahon flog im November 1948 zuächst nach Paris, um sich dort mit UN-Vertretern zu beraten, und anschließend nach Rom, wo er von Pius XII. in Audienz empfangen wurde und mit Kardinal Tisserant und Vertretern des Staatssekretariats zusammentraf. In diesen Gesprächen wurde bereits erwogen, eine eigene päpstliche Hilfsorganisation für Palästina einzurichten. In den Unterlagen Montinis findet sich als handschriftlicher Zusatz der Name McMahons als Kandidat für deren Leitung.[85] McMahon kam als einziger nichtjüdischer Passagier auf dem Flüchtlingsschiff Hatikvah im Dezember 1948 in Haifa an. In den folgenden zwei Monaten bereiste er die gesamte Region und sandte regelmäßig ausführliche Berichte an das Staatssekretariat, an die Kongregation für die Orientalische Kirche und an die CNEWA in New York. McMahons Darstellungen waren die wichtigste Informationsquelle des Vatikans und bildeten die Basis für die Entfaltung der vatikanischen Palästinapolitik in der Zeit nach dem ersten israelisch-arabischen Krieg.

Der hochpolitische Charakter seiner Reise ließ sich an der Liste seiner Gesprächspartner ablesen. McMahon traf in Israel Ministerpräsident Ben Gurion, Außenminister Scharett, Religionsminister Fishman und weitere Minister, militärische Befehlshaber und Verantwortliche für religiöse Angelegenheiten. „Weitere politische Gespräche [führte ich] mit König Abdallah, mit dem ich dinierte, und mit König Faruk, den ich später in Ägypten traf"[86], schrieb McMahon.

Seine Reise hatte folgende inhaltliche Schwerpunkte: den Status der Kirche in Israel und die davon abhängigen Beziehungen Israels zum Vatikan, die Schäden an christlichen Einrichtungen, das Flüchtlingsproblem, die Internationalisierung Jerusalems und die Koordination kirchlicher Hilfsaktionen.

Während seines Israel-Aufenthalts wurde McMahon nach eigener Aussage mit größter Höflichkeit behandelt. Er trat ausdrücklich nicht als Gesandter des Hl. Stuhls auf, nutzte aber jede Gelegenheit, die Anliegen des Vatikans bekannt zu machen. „Allen Regierungsvertretern war sehr an der Anerkennung des neuen Staates durch

---

[84] Spellman an Tisserant, 13.11.1948: PMP-Archiv.
[85] Vgl. CARROLL 1993, 16.
[86] McMahon, Report on Palestinian Refugees, 4.2.1948: PMP-Archiv.

den Vatikan gelegen. Während ich natürlich in jedem Gespräch betonte, daß ich in keiner Weise für den Vatikan sprach, sagte ich, ich könne mir keine Annäherung vorstellen, so lange die lokale Kirche in Israel nicht vollständig mit ihrem Status zufrieden ist"[87], so McMahon. Grundsätzlich kritisierte er, daß christliche Angelegenheiten in Israel vom Ministerium für Minderheiten behandelt wurden, „obwohl sich Katholiken in Palästina kaum als Minderheiten verstehen, wo sie seit zwanzig Jahrhunderten leben und historische religiöse Rechte haben"[88]. Das Religionsministerium hingegen kümmere sich um Angelegenheiten, die in den Bereich der Außenpolitik fallen. In Jerusalem ging McMahon der Polemik um die Kriegsschäden an christlichen Einrichtungen auf den Grund und besuchte zusammen mit Vergani, einem Priester des lateinischen Patriarchats und Verfasser zahlreicher Berichte zu diesem Thema, einige dieser Stätten. „Was die Greueltaten angeht, so entsprechen die Beschreibungen Verganis absolut der Wahrheit"[89], schrieb McMahon. Die Juden hätten die Schadensersatz-Forderungen zwar akzeptiert, aber bislang noch keine einzige erfüllt, fügte er hinzu.

Als McMahon mit dem israelischen Außenminister Scharett über das Flüchtlingsproblem sprach, machte dieser einen aus McMahons Sicht inakzeptablen Vorschlag: „Shertok [Scharett] sagte mir, es spräche nichts dagegen, Christen zurückkommen zu lassen; Muslime seien jedoch zu gefährlich. Ich erwiderte, daß eine solche Unterscheidung nicht gerecht sei. Außerdem könnten die Christen in den arabischen Ländern kaum in Frieden mit ihren muslimischen Nachbarn leben, wenn sie eine solches Angebot akzeptierten."[90] McMahon wies in seinen Berichten ausdrücklich darauf hin, daß das Flüchtlingsproblem durch die israelische Politik verschlimmert wurde, „Hunderttausende jüdischer Flüchtlinge aus aller Welt in ehemals arabischen Orten unterzubringen"[91].

Schließlich ging es in den Gesprächen mit den israelischen und arabischen Regierungsvertretern auch um die Zukunft Jerusalems. McMahon berichtete, er sei immer wieder gefragt worden, „ob wir weiterhin die Internationalisierung Jerusalems vorantreiben wollten"[92]. Ende 1948 hatte die UN-Generalversammlung eine Kompromiß-Resolution verabschiedet, derzufolge für Jerusalem zwar ein „spezieller internationaler Status" vorgesehen war, zugleich aber –

---

[87] McMahon, Report on Palestinian Refugees, 4.2.1948: PMP-Archiv.
[88] McMahon, Report on Palestinian Refugees, 4.2.1948: PMP-Archiv.
[89] McMahon, Report on Palestinian Refugees, 4.2.1948: PMP-Archiv.
[90] McMahon, Report on Palestinian Refugees, 4.2.1948: PMP-Archiv.
[91] McMahon, Report on Palestinian Refugees, 4.2.1948: PMP-Archiv.
[92] McMahon, Report on Palestinian Refugees, 4.2.1948: PMP-Archiv.

wie von Bernadotte empfohlen – „maximale lokale Autonomie"[93] gewährleistet sein sollte. Ein Versöhnungskomitee war beauftragt, bis zum Frühjahr 1949 einen Plan zur Umsetzung zu erarbeiten. Pius XII. hingegen hatte in seiner Weihnachtsbotschaft 1948 die ursprüngliche Forderung bekräftigt und den Wortlaut der ersten Internationalisierungs-Resolution aufgenommen und gefordert, die heiligen Stätten „durch die Bildung eines internationalen Regimes (regime internazionale) frei zugänglich zu machen und zu schützen"[94].

McMahon signalisierte seinen Gesprächspartnern die Entschlossenheit des Hl. Stuhls, an der UN-Resolution 181 festzuhalten: „Ich sagte ihnen, meiner Meinung nach denkt der Heilige Vater an die Internationalisierung der ganzen Stadt, nicht nur der Altstadt, wozu die Juden bereit zu sein scheinen."[95] In seinem Bericht an das Staatssekretariat schätzte er die Lage jedoch kritisch ein: „Ben Gurion ist am härtesten in diesem Punkt. Shertok [Scharett] ist eher ein Diplomat, der bereits im Gespräch mit Frankreich mit der Idee der ‚indirekten' Internationalisierung gespielt hat, um die Anerkennung zu erreichen. Politisch werden wir es sehr schwer haben, die Internationalisierung durchzusetzen. [...] Abdallah ist vollständig gegen die Internationalisierung. Er sagt, daß seine Soldaten auch die christlichen Stätten verteidigt hätten, und daß er für ihren Schutz sorgen werde. Es scheint, die Juden und Abdallah wollen die Stadt untereinander aufteilen."

McMahon besuchte außerdem zahlreiche Hilfswerke der katholischen Kirche. Einerseits lobte er ihre Arbeit, die seiner Ansicht nach notwendig war, um das Profil der Kirche im Nahen Osten zu schärfen. Andererseits kritisierte er den Mangel an Koordination und Zentralisation: „Meine einzige Kritik an dem belgischen Hilfswerk ist, daß es keine Verbindung zum Heiligen Vater hat. [...] Auch Mgr. Hakim könnte mehr tun, um aus seinem Werk ein päpstliches Werk zu machen. [...] Die Kirche hat mehr als jede andere für die palästinensischen Flüchtlinge getan, [...] da wir aber keine zentrale Dachorganisation haben, wird unser Anteil übersehen."[96]

Aus diesem Grund riet er dem Vatikan dringend, als „Notabene" seinem Bericht vorangestellt, „daß ein spezielles ‚Werk' des Heiligen Vaters gegründet werden soll, um alle bestehenden Initiativen zu koordinieren und noch mehr Unterstützung zu bekommen von Ka-

---

[93] A/RES/194, 11.12.1948.
[94] AAS 41 (1949) 15.
[95] McMahon, Report on Palestinian Refugees, 4.2.1948: PMP-Archiv.
[96] McMahon, Report on Palestinian Refugees, 4.2.1948: PMP-Archiv.

tholiken aus Ländern, die zu diesem wichtigen Anliegen noch nichts beigetragen haben."[97]

Obwohl McMahon immer wieder darauf hinwies, daß er kein Gesandter des Hl. Stuhls sei – was insofern der Wahrheit entsprach, als die Initiative von Kardinal Spellman in New York ausging –, wurde er vor Ort als solcher wahrgenommen und behandelt. Der US-amerikanische Botschafter in Israel, James McDonald, vermutete, McMahon habe den Auftrag gehabt, diplomatische Beziehungen zwischen dem Hl. Stuhl und Israel vorzubereiten.[98] „Sein offizielles Ziel war es, in Israel und den benachbarten Staaten den christlichen arabischen Flüchtlingen zu helfen. Herzog war jedoch überzeugt – wie ich aus meiner jüngsten Audienz mit seiner Heiligkeit in Rom geschlossen habe, mit Recht –, daß Mgr. McMahon weitere Befugnisse hatte und als inoffizieller Vertreter des Hl. Stuhls für politische Fragen handelte. [...] Als ich [zu Pius XII.] sagte, daß ich [McMahons] Arbeit sehr schätze, schien der Papst erfreut und antwortete, er habe in der Tat gehofft, McMahon werde die Angelegenheiten regeln (work out a settlement)."[99] McMahon reagierte auf die Veröffentlichung der Memoiren des amerikanischen Botschafters mit einer ironischen Note. „Jetzt verstehe ich, warum ich zu so vielen Gesprächen eingeladen wurde, was mich ständig von meiner eigentlichen Arbeit abhielt"[100], schrieb er in einem Manuskript über das Verhältnis zwischen dem Vatikan und Israel. Darin dementierte er auch, daß er zur Vorbereitung diplomatischer Beziehungen in Israel gewesen sei. Israel habe schon deswegen keine direkten Beziehungen zum Hl. Stuhl aufnehmen können, da es die UN-Resolutionen abgelehnt habe, die der katholischen Kirche am Herzen lagen, insbesondere die Internationalisierung Jerusalems.[101]

Im Rückblick auf McMahons Reise wird deutlich, daß McMahon weitaus mehr war als ein inoffizieller Gesandter des Hl. Stuhls; er war vielmehr federführend bei der Formulierung der vatikanischen Palästinapolitik.[102] „Der Hl. Stuhl brauchte Handlungsempfehlungen – und Rom schätzte Einblick und Urteil McMahons. Seine Analysen und Einschätzungen wurden angenommen und befolgt"[103], schreibt

---

[97] McMahon, Report on Palestinian Refugees, 4.2.1948: PMP-Archiv.
[98] Vgl. McDonald 1952, 206.
[99] MCDONALD 1952, 191.206. Jakob Herzog, der Leiter der Abteilung für christliche Angelegenheiten im israelischen Religionsministerium, betreute McMahon während seines Aufenthaltes in Israel.
[100] McMahon, ‚Vatican-Israel Relations' [1952], unveröffentlichtes Manuskript: PMP-Archiv.
[101] Vgl. McMahon, ‚Vatican-Israel Relations' [1952], unveröffentlichtes Manuskript: PMP-Archiv.
[102] Vgl. ROKACH 1987, 44f.
[103] CARROLL 1993, 16.

Carroll. McMahon beeinflußte die Position des Vatikans vor allem in folgenden Aspekten: Die Internationalisierung galt weiterhin als die am besten geeignete Lösung und verdiente die volle Unterstützung des Vatikans. Daneben bekamen zwei Themen zunehmend Bedeutung, die vom Vatikan bislang eher am Rande behandelt worden waren, nämlich das Flüchtlingsproblem und die Situation der Christen vor Ort. McMahon vertrat grundsätzlich einen interreligiösen Ansatz, mit der Begründung, daß eine exklusiv prochristliche Politik den christlichen Interessen auf lange Sicht eher schaden werde.

7. Die Enzyklika ‚Redemptoris nostri': Rückkehr der Flüchtlinge und Internationalisierung Jerusalems (1949)

Als der UN-Sicherheitsrat auf amerikanische Initiative im März 1949 empfahl, Israel als Mitglied in die Vereinten Nationen aufzunehmen, forderten die Befürworter der Internationalisierung Jerusalems, die Aufnahme Israels von dessen Akzeptanz der UN-Resolution 181 abhängig zu machen. Tardini hoffte, der israelische Aufnahmewunsch ließe sich als Druckmittel hinsichtlich einer Lösung für die heiligen Stätten verwenden: „Wenn Israel während dieser Sitzungsperiode noch nicht [...] aufgenommen wird, dann bestehen beim nächsten Mal gute Aussichten auf eine Regelung für die heiligen Stätten, da dies dann im Zusammenhang mit der Aufnahme [Israels in die UNO] verhandelt werden kann"[104], sagte er im Gespräch mit dem italienischen Botschafter am Hl. Stuhl. Im Blick auf diese Verhandlungen stellte McMahon in einem Schreiben an UN-Generalsekretär Tryvge Lie die katholische Position dar und verschärfte die bisherigen Forderungen noch. Nicht nur Jerusalem, sondern auch Betlehem und Nazaret sollten eine echte internationale Regierung bekommen; außerdem müsse dringend die Rückkehr aller Flüchtlinge ermöglicht werden.[105] Für eine Internationalisierung aller drei Städte trat auch der jordanische Bischof Michel Assaf ein. Nur so könne die Zukunft der christlichen Gemeinden im Heiligen Land gesichert werden, betonte er in einem Schreiben an Pius XII. Nach Aussage von Assaf unterstützte „sowohl die muslimische Elite der drei Städte als auch die königliche haschemitische Regierung"[106] die Pläne zur Internationalisierung.

McMahon drängte, der Vatikan solle angesichts der anstehenden Abstimmung über Israels Zulassung zur UNO öffentlich Stellung nehmen und die beiden wichtigsten Forderungen an Israel in Erin-

---

[104] FERRARI 1991, 82.
[105] Vgl. McMahon an Tryvge Lie, New York, 21.3.1949: PMP-Archiv.
[106] Assaf an Pius XII., Amman, 12.4.1949: PMP-Archiv.

nerung rufen. „Ich sehe immer mehr die Notwendigkeit, daß der Hl. Stuhl diese Linie bekräftigt und die Internationalisierung und Rückkehr der Flüchtlinge einfordert. Vorher sollte überhaupt nicht daran zu denken sein, mit der israelischen Regierung zu verhandeln. Vielleicht läßt er sich durch die jüngste Entwicklung in der UNO dazu ermuntern", schrieb McMahon im April 1949 in einem Memorandum für Spellman. Er warnte erneut, das israelische Angebot der religionsabhängigen Flüchtlingsrückkehr in Betracht zu ziehen: „Das Schlimmste, was der Hl. Stuhl für die Kirche im Nahen Osten tun könnte, wäre, katholische von muslimischen Flüchtlingen zu unterscheiden. Die Rückkehr der Flüchtlinge muß für alle gelten."[107]

Tatsächlich veröffentlichte Pius XII. am 15. April 1949 seine Enzyklika ‚Redemptoris nostri' zur Palästinafrage.[108] Tardini hatte sie im Gespräch mit dem italienischen Botschafter am Hl. Stuhl angekündigt als einen „Hammerschlag, einen Peitschenhieb im rechten Augenblick, um die Bereitwilligen zu drängen, eine entscheidende Anstrengung zu unternehmen"[109]. Den Empfehlungen McMahons entsprechend setzte Pius XII. einen doppelten Akzent, sowohl auf Jerusalem und die heiligen Stätten als auch auf die Situation der Flüchtlinge. Ein Anlaß des Schreibens seien die Hilferufe von „zahlreichen Flüchtlingen jeden Alters und jeden Zustands, die durch die Greuel des Krieges ins Exil gezwungen wurden und nun in Flüchtlingslagern leben, wo sie Hunger, Epidemien und Gefahren aller Arten ausgesetzt sind"[110], schrieb Pius XII. Über humanitäre Hilfe hinaus forderte er, „Gerechtigkeit zu schaffen für alle, die durch die Kriegswirren aus ihrer Heimat vertrieben wurden und nichts sehnlicher wünschen, als wieder in Ruhe ihr Leben zu führen"[111]. Mit dieser Formulierung vermied er einen Hinweis, inwiefern die Flüchtlinge flohen bzw. vertrieben wurden, verlangte aber deutlich, daß sie in ihre Heimat zurückkehren sollten.

Mit einem Zitat aus der vorhergehenden Enzyklika ‚In multiplicibus' vom Oktober 1948 bekräftigte er die Forderung, Jerusalem einer internationalen Regierung zu unterstellen.[112] Pius XII. konkretisierte, „Jerusalem und seiner Umgebung soll ein juristisches Statut gegeben werde, dessen Stabilität unter den aktuellen Bedingungen nur durch ein Übereinkommen von Staaten gesichert werden kann,

---

[107] McMahon, Memorandum für Spellman, 14.4.1949: PMP-Archiv.
[108] Vgl. AAS 41 (1949) 161-164.
[109] FERRARI 1991, 128.
[110] AAS 41 (1949) 162 (profugi, qui ob calamitosum bellum ad exteras regiones coacti sunt, atque adeo in custodiae locis exsulem vitam agunt).
[111] AAS 41 (1949) 162.
[112] Vgl. AAS 40 (1948) 433-436.

die den Frieden lieben und die Rechte anderer achten"[113]. Er ließ damit offen, ob die internationale Regierung nur aus Mitgliedsstaaten der UNO oder auch aus anderen Staaten bestehen sollte. Auch die übrigen heiligen Stätten in Palästina müßten nach Ansicht Pius XII. auf rechtliche Weise durch ein internationales Abkommen geschützt werden.[114] Der ungehinderte Zugang zu den heiligen Stätten und Gottesdienstfreiheit wurden in erster Linie für die Pilger reklamiert, die im kommenden Heiligen Jahr dorthin reisen wollten. Die einheimischen Christen waren in der Enzyklika nicht eigens erwähnt.

Der von Tardini angekündigte Hammerschlag bestand nicht so sehr im Inhalt der Forderungen, sondern in der „Einladung an die Gläubigen überall auf der Welt, sich mit jedem legalen Mittel einzusetzen, damit ihre Regierenden und alle, denen die Entscheidung dieses wichtigen Problems zukommt, sich überzeugen lassen"[115]. Die Bischöfe, an die das Schreiben gerichtet war, sollten die Gläubigen ermahnen, „ihre Wünsche und Rechte den zuständigen Autoritäten vorzutragen"[116]. Für den Hl. Stuhl, der politische Vorstellungen gewöhnlich in Form von Fürbittgebeten formulierte, war dies ein außergewöhnlich stark politisch akzentuierter Aufruf.

McMahon war zufrieden mit der Stellungnahme des Papstes und außerdem überzeugt, Israels Aufnahmeantrag bei der UNO werde vorerst abgelehnt werden. „Wir haben die erste Runde gewonnen", schrieb er kurz nach der Veröffentlichung der Enzyklika an Kardinal Tisserant, den Sekretär der Ostkirchen-Kongregation, „die Nicht-Zulassung Israels zu den Vereinten Nationen wird nun die offene und ehrliche Diskussion der Themen ermöglichen, an denen wir großes Interesse haben."[117] McMahon beglückwünschte Kardinal Spellman als spiritus rector des päpstlichen Schreibens: „Offenbar haben die Eingaben (promptings) Eurer Eminenz Früchte getragen, und ich bin vor allem dankbar, daß eine dieser Früchte die zeitlich höchst angebrachte Enzyklika des Heiligen Vaters ist. Niemand kann nun sagen, daß die Kirche Gottes in Palästina geschwiegen habe."[118]

Der vatikanische Aufruf zur Öffentlichkeitsarbeit wurde befolgt; Bischofskonferenzen und führende Kleriker in Europa, den USA

---

[113] AAS 41 (1949) 163 (Hierosolymae eiusque vicinaae iuridicum tribuere statum, cuius stabilitatem, in hisce rerum condicionibus, coniunctio tantum atque conspiratio Nationum, pacem amantium iuraque observantium aliorum, tutam firmamque reddere possunt).

[114] Vgl. AAS 41 (1949) 163 (consentaneo modo muniantuur ac certo iure, quod ‚internationalis' pacta consensio corroboret).

[115] AAS 41 (1949) 163.

[116] AAS 41 (1949) 164.

[117] McMahon an Tisserant, 18.4.1949: PMP-Archiv.

[118] McMahon, Memorandum für Spellman, 19.4.1949: PMP-Archiv.

und Lateinamerika appellierten in den folgenden Monaten an ihre Regierungen, sich für die Internationalisierung Jerusalems einzusetzen.[119] So veröffentlichen die französischen Kardinäle eine Erklärung, um „den Katholiken Frankreichs die Verantwortung deutlich zu machen, die sie [für den Schutz der heiligen Stätten] tragen"[120]. Die irische Bischofskonferenz forderte, die Aufnahme Israels zur UNO von der Internationalisierung Jerusalems abhängig zu machen.[121] Spellman bemühte sich seinerseits, den US-amerikanischen Präsidenten Harry Truman in einem ausgedehnten Schriftwechsel davon zu überzeugen, daß „Jerusalem und seine Umgebung der Kontrolle jeglicher lokaler Gruppen entzogen werden müsse".[122]

Auf jüdischer und israelischer Seite herrschte Entrüstung über die politischen Aktivitäten der Katholiken. Nach Aussage von Abba Eban, dem israelischen Sondergesandten bei der UNO, hoffte Israel darauf, „daß die katholische Kirche nichts tun wird, um die Zulassung zur UNO zu verhindern"[123]. McMahon war Adressat zahlreicher Proteste; mit Ben Epstein, einem Vertreter der ‚Anti-Defamation League B'nei B'rit', hatte er eine heftige Auseinandersetzung über das Recht des Papstes, „mit seiner Enzyklika die Katholiken aufzufordern, sich in die Politik einzumischen"[124]. Israels Außenminister Mosche Scharett bat eigens um einen Termin bei McMahon, „um ihm den israelischen Standpunkt aus erster Hand darzustellen"[125].

In der Öffentlichkeit reagierte Israel besonnen und setzte den Akzent auf weitmöglichstes Entgegenkommen. Präsident Weizman versicherte in einer öffentlichen Erklärung, daß Israel sich intensiv um den Schutz der heiligen Stätten bemühen werde. Die gleiche Zusage gab Abba Eban den Botschaftern der lateinamerikanischen Staaten bei der UNO in schriftlicher Form. Vor dem Speziellen Politischen Komitee präsentierte Eban schließlich Israels Alternativkonzept einer funktional genannten Internationalisierung, die nach israelischer Ansicht der UN-Resolution 181 nicht widersprach. Im Unterschied zur ursprünglich geplanten, fortan als territorial bezeichneten Internationalisierung, umfaßte dieses Konzept ausschließ-

---

[119] Vgl. FERRARI 1991, 129f; DERS. 1983, 421.
[120] Lettre des cardinaux français à l'occasion de l'Encyclique ‚Redemptoris nostri', Paris, 4.5.1949: DC 46 (1949) 646.
[121] Vgl. OR, 27.7.1949.
[122] FERRARI 1991, 131. Obwohl Truman sich anfangs optimistisch über Israels Kompromißbereitschaft äußerte, stellte Spellman im Gespräch mit dem israelischen Präsidenten Weizman fest, daß weder Israel noch die USA von der Notwendigkeit bzw. Realisierbarkeit der Internationalisierung überzeugt waren. Edition und Analyse des Briefwechsels: FERRARI 1981.
[123] McMahon, Memorandum für Spellman, 23.4.1949: PMP-Archiv.
[124] McMahon, Memorandum für Spellman, 20.4.1949: PMP-Archiv.
[125] Eban an McMahon, 25.4.1949: PMP-Archiv.

lich die heiligen Stätten und die – von Jordanien besetzte – Altstadt. Diese Orte sollten, ähnlich wie diplomatische Vertretungen, zu extraterritorialen Gebieten erklärt werden.[126]

Die israelische Strategie war erfolgreich: Am 11. Mai 1949 wurde Israel – entgegen den Erwartungen des Vatikans – als Mitglied der Vereinten Nationen aufgenommen.[127] Tardini war, nach Aussage des britischen Gesandten beim Hl. Stuhl, „insbesondere verblüfft über das Verhalten der lateinamerikanischen Staaten, die für die bedingungslose Zulassung Israels gestimmt hatten"[128]. Der italienische Boschafter berichtete über die Reaktion des Staatssekretariats: „Die Zulassung Israels zur UNO wurde als schwere Niederlage für die vom Vatikan unterstützte Politik betrachtet; man meinte, mit der Zulassung sei den Befürwortern der Internationalisierung [...] die letzte wertvolle Karte aus der Hand geglitten"[129].

Auch ‚Civiltà Cattolica' kritisierte die Entscheidung der UN-Generalverammlung und bezeichnete sie als „juristische Weihe eines faktischen Zustands, dessen Akzeptanz den Staaten quasi mit Gewalt aufgedrängt wurde"[130]. Der Vatikan war von der UNO enttäuscht und zog seine Konsequenzen. ‚Civiltà Cattolica' zufolge sollten an der internationalen Aufsicht für Jerusalem „nicht nur Staaten, die den Vereinten Nationen angehören, sondern auch Nationen, die zur Zeit ausgeschlossen sind"[131] beteiligt werden. Eine besondere Rolle gebühre den „Völkern und Nationen des alten europäischen Kontinents, die mit ihrem Einsatz für den Erhalt und Schutz der heiligen Stätten in den letzten Jahrhunderten ein Vorrecht erworben haben"[132]. Die UNO sei kein geeigneter Rahmen, weil einige dieser Nationen, wie Italien, Spanien, Portugal und Irland, ihr nicht angehörten, wohl aber „Völker, die die christliche Idee ablehnen"[133], hieß es weiter.

Erneut wurde das Mitspracherecht des Vatikans betont: „Die Palästinafrage kann und darf in ihrem religiösen Aspekt nicht gelöst werden, ohne daß zuvor die Wünsche und konkrete Vorschläge des Hl. Stuhls gehört werden, die er direkt oder indirekt mitteilt. Das Recht, bei einem Problem einzugreifen, das die ganze Kirche betrifft [...], ist historisch erwiesen und fest in seiner Mission verankert. Es

---

[126] Vgl. A/AC.24/SR.45 (Sitzung des Politischen Komitees, 5.5.1949); vgl. FERRARI 1991, 83; WILSON 1969, 8f.
[127] Vgl. A/RES/273 (III), 11.5.1949.
[128] FERRARI 1991, 84.
[129] FERRARI 1991, 84f.
[130] CC III (1949) 3.
[131] CC III (1949) 6.
[132] CC III (1949) 6.
[133] CC III (1949) 7.

nicht anzuerkennen wäre eine offene Ungerechtigkeit, mit welcher die Vereinten Nationen sich nicht beflecken können, ohne den Rest ihres Ansehens insbesondere in der katholischen Welt noch weiter zu verschlechtern"[134]. Die Intervention des Hl. Stuhls sei angesichts der Unstetigkeit der Jerusalem-Politik der Vereinten Nationen besonders notwendig. Während das Konzept des ‚corpus separatum' grundsätzlich dem Anliegen des Hl. Stuhls entspreche, habe sich in der letzten Sitzungsperiode eine Spaltung der Generalversammlung gezeigt, die einen Kurswechsel befürchten lasse. „Man hätte den Antrag [Israels auf die UN-Mitgliedschaft] nicht annehmen dürfen, ohne zur Bedingung zu machen, daß alle Aspekte der Resolution [194] nicht nur in allgemeinen Formulierungen, sondern in ihrer praktischen Umsetzung befolgt werden [...]. Durch ein vernünftiges Vorgehen nach der Devise ‚do ut des' hätte der Widerstand des Staates Israel [gegen die Internationalisierung] überwunden werden können"[135], schrieb ‚Civiltà Cattolica'.

Die Jesuitenzeitschrift bekräftigte den Aufruf des Papstes zu „aktiver Propaganda, um über die vom Papst in groben Strichen vorgezeichnete Lösung maximalen Konsens der öffentlichen Meinung zu erzielen, vor allem in den katholischen Staaten, damit diese mit der Kraft ihrer Einmütigkeit auf die verantwortlichen Personen Druck ausüben"[136].

8. Die Gründung der Päpstlichen Mission für Palästina

Ende Mai 1949 veröffentlichte Pius XII. in einer Bulle die Gebetsanliegen für das kommende Heilige Jahr, darunter die Bitte, „daß überall, vor allem aber bei den heiligen Stätten in Palästina, sobald wie möglich Ruhe einkehre, [...] daß Gerechtigkeit und Brüderlichkeit herrschen, [...] und daß diejenigen, die aus ihren eigenen Häusern vertrieben wurden, sobald wie möglich in ihr geliebtes Heimatland zurückkehren"[137]. Der Vatikan war entschlossen, sich nun auch vor Ort zu engagieren, um zur Verbesserung der Zustände beizutragen. McMahon kam erneut nach Rom, um die Details des geplanten päpstlichen Flüchtlingshilfswerks zu besprechen, dessen Gründung Tisserant, der Sekretär der Kongregation für die Orientalische Kirche, im Juni 1949 bekanntgab. Die ‚Päpstliche Mission für Palästina' sollte kein zusätzliches Hilfswerk sein, sondern als Dachorganisation die Hilfe der anderen koordinieren.[138] Sie blieb personell

---
[134] CC III (1949) 9.
[135] CC III (1949) 15.
[136] CC III (1949) 15.
[137] AAS 41 (1949) 259f.
[138] Vgl. PONTIFICAL MISSION FOR PALESTINE (Hg.) 1990, 2; CRETEN 1951.

und strukturell eng mit der CNEWA verbunden und wurde zu weiten Teilen von ihr finanziert. Der Hauptsitz der Päpstlichen Mission für Palästina war zunächst in Beirut und sollte später nach Jerusalem verlegt werden. Erwartungsgemäß wurde McMahon zum Präsidenten ernannt.

McMahon hielt sich den Sommer über in der Region auf, um den Aufbau der vatikanischen Organisation in die Wege zu leiten. Daneben traf er, wie bei seiner Reise im Jahr zuvor, mit dem israelischen Premierminister Ben Gurion, Außenminister Mosche Scharett und weiteren Politikern zusammen. Auf diese Weise konnte er vor Ort die katholischen Interessen vertreten und dem Hl. Stuhl politische Hintergrundinformationen und Handlungsempfehlungen zukommen lassen. Seine Berichte sandte er sowohl an die Kongregation für die Orientalische Kirche als auch an das Staatssekretariat.[139]

Die Hauptanliegen in den Gesprächen mit den israelischen Regierungsvertretern waren unverändert der Status der Kirche in Israel, die Rückkehr der Flüchtlinge und die Internationalisierung Jerusalems. Die letzten beiden Aspekte waren für McMahon eng miteinander verbunden, da die meisten christlichen Flüchtlinge seiner Ansicht nach nur in ein internationalisiertes Jerusalem zurückkehren würden. „Die Zukunft des Christentums hier ist engstens verbunden mit einem internationalen Jerusalem"[140], schrieb er in seinem Bericht. Auf israelischer Seite sah McMahon in diesen Fragen wenig Entgegenkommen, mit Ausnahme einer ultraorthodoxen jüdischen Gruppe, welche die Internationalisierung befürwortete, da sie den Staat Israel aus religiösen Gründen ablehnte. Gleichzeitig bemerkte er ein starkes Interesse, mit dem Vatikan in Kontakt zu treten: „Scharett erklärte, Israel strebe ein gutes Verhältnis zum Heiligen Vater an und würde gerne einige Vertreter nach Rom senden", berichtete McMahon. Er riet dem Vatikan jedoch zur Zurückhaltung: „Israel bemüht sich in erster Linie um diese Annäherung, um der Welt zu beweisen, daß es zwischen der Kirche und Israel keine Probleme gebe. [...] Die Kirche hat gut daran getan, keine Beziehungen zu diesem Staat aufzunehmen und keine Erklärungen abzugeben, die in dieser Richtung aufgefaßt werden könnten."[141]

McMahon war sich bewußt, daß die katholische Position nicht so unparteiisch war, wie sie präsentiert wurde. Er verwies auf die „Unausgewogenheit der Kritik" hinsichtlich der Beschädigungen christlicher Einrichtungen durch israelische und arabische Tuppen. Zudem stellte er fest: „Fast nichts war in der katholischen Presse zu lesen

---

[139] Vgl. McMahon, Confidential Report on Journey in Israel, 2.9.1949: PMP-Archiv.
[140] McMahon, Confidential Report on Journey in Israel, 2.9.1949: PMP-Archiv.
[141] McMahon, Confidential Report on Journey in Israel, 2.9.1949: PMP-Archiv.

gegen Abdallahs Anmaßung, sich König von Jerusalem zu nennen und offen die Internationalisierung der Stadt abzulehnen."[142] Er fügte jedoch hinzu, daß diese Haltung angemessen sei, denn „das Schicksal der Christen in den arabischen Gebieten ist schwer genug."[143]

9. Vatikanisches Engagement auf der Ebene der UNO

Der Vatikan teilte die Einschätzung McMahons, daß die Kontaktaufnahme zu Israel zu diesem Zeitpunkt nicht opportun sei. „Der offensichtliche Wunsch Israels, diplomatische Beziehungen mit dem Vatikan aufzunehmen, ist vollkommen frühreif. [...] Es fehlt jede Basis, um über das Thema in angemessener Weise zu diskutieren"[144], sagte Tardini im August 1949 im Gespräch mit dem Assistenten des US-amerikanischen Gesandten am Hl. Stuhl, Franklin Gowen. Gowen hatte versucht, die Unterstützung des Hl. Stuhls für den neuen Jerusalem-Plan zu gewinnen, den das UN-Versöhnungskomitee derzeit ausarbeitete. Er sah vor, beide Teile der Stadt je autonom zu verwalten, also die faktische Teilung der Stadt festzuschreiben. Die heiligen Stätten sollten primär durch israelische bzw. jordanische Gesetze geschützt werden, deren Einhaltung ein UN-Kommissar kontrollierte.[145]

Der Vatikan lehnte den Entwurf ab, da er bedeutete, die heiligen Stätten zu isolieren und sie der direkten internationalen Kontrolle zu entziehen. Tardini stellte in einer ausführlichen schriftlichen Erklärung klar, daß der Vatikan weiterhin an einer echten internationalen Regierung Jerualems festhalte. „Jerusalem ist als Ganzes ein heiliger Ort", hieß es in dem Schreiben, das an alle päpstlichen Nuntien und an alle Botschafter beim Hl. Stuhl gesandt wurde, deren Länder in dieser Frage zu entscheiden hatten.[146]

Als das UN-Versöhnungskomitee den neuen Entwurf Mitte September zur Abstimmung in der Generalversammlung vorlegte, appellierten zahlreiche katholische Persönlichkeiten, statt dessen an der Internationalisierung festzuhalten, darunter auch der venezianische Patriarch Angelo Roncalli, der spätere Papst Johannes XXIII.[147] Tardini bezeichnete den Plan des Versöhnungskomitees im Gespräch mit Gowen als „nicht umsetzbar, bar jeder Wirksamkeit und

---

[142] McMahon, Confidential Report on Journey in Israel, 2.9.1949: PMP-Archiv.
[143] McMahon, Confidential Report on Journey in Israel, 2.9.1949: PMP-Archiv.
[144] FERRARI 1991, 137.
[145] Vgl. A/973, 12.9.1949.
[146] Vgl. FERRARI 1991, 137f; Text des Dokumentes: FERRARI 1983, Annex.
[147] Vgl. FERRARI 1991, 146.

zum Scheitern verurteilt"[148]. Die israelische Regierung lehnte den Plan ebenfalls ab und wiederholte ihr Angebot der ‚funktionalen Internationalisierung' der Altstadt und der einzelnen heiligen Stätten.[149] Abba Eban, Israels Botschafter bei der UNO, suchte seine lateinamerikanischen Amtskollegen auf, um sie von der israelischen Position zu überzeugen. Dem israelischen Außenminister Scharett versicherte er anschließend, daß sich offenbar niemand verpflichtet habe, „für eine Lösung zu stimmen, die in das säkulare Leben der Stadt eingreife"[150]. Tage später warnte er aber: „Der Vatikan hat noch nicht alle seine Druckmittel angewandt"[151]. Die ablehnende Haltung des Vatikans stieß nicht nur in den USA, sondern auch in Frankreich und Italien auf Kritik. „Nachdem [der Hl. Stuhl] trotz der Ermunterungen aus Frankreich Monate gewartet hatte, bevor er sich rührte, verlangt man nun etwas Unmögliches und riskiert, auch dieses Projekt zum Scheitern zu bringen"[152], beklagte der italienische Botschafter beim Hl. Stuhl, Giuseppe Soragna, in einem Bericht an das italienische Außenministerium.

Im Oktober 1949 ging der Vatikan ansatzweise auf israelische Kontaktversuche ein. Jakob Herzog kam als Vertreter des israelischen Religionsministeriums erneut nach Rom, wo er mit dem vom Staatssekretariat beauftragten Anwalt Vittorio Veronese zu informellen und unverbindlichen Gesprächen zusammentraf. Herzogs Hoffnung, „vom Papst eine Erklärung zu erhalten, die Scharett im Zusammenhang mit der Debatte über Jerusalem bei den Vereinten Nationen öffentlich verwenden könne"[153], war jedoch so unrealistisch, daß Scharett selbst von diesem Treffen abgeraten hatte.[154] Auch König Abdallah sandte einen Vertreter zum Hl. Stuhl, Betlehems Bürgermeister Issa Bandak. Bandak wurde im Staatssekretariat von Tardini empfangen, der ihm mitteilte, daß der Vatikan hinsichtlich der Jerusalemfrage zunächst die Entscheidung der Vereinten Nationen abwarten wolle.[155]

Unterdessen bemühte sich der Hl. Stuhl, die katholische Präsenz vor Ort zu stärken. Parallel zur Neugründung der Mission für Palästina glich Pius XII. den Aufgabenbereich des Ritterordens vom Hl. Grab den veränderten Bedingungen an. Im September 1949 erteilte er dem Orden den speziellen Auftrag zur „Bewahrung und Förde-

---

[148] FERRARI 1991, 139.
[149] Vgl. FERRARI 1991, 141.
[150] FERRARI 1991, 142.
[151] FERRARI 1991, 142.
[152] Ferrari 1991, 139.
[153] FERRARI 1983, 436.
[154] Vgl. FERRARI 1991, 144.
[155] Vgl. FERRARI 1991, 144f.

rung des Glaubens in Palästina, Unterstützung und Entwicklung der Aufgaben des lateinischen Patriarchats von Jerusalem und seiner karitativen, kulturellen und sozialen Aktivitäten und die Verteidigung der Rechte der katholischen Kirche im Heiligen Land, dem Ursprungsort des Ordens"[156]. Der Orden erhielt den Status einer juristischen Person, und der lateinische Patriarch wurde zum Großprior des Ordens ernannt.[157]

Im November 1949 ernannte Pius XII. – nach fast zweijähriger Vakanz des Jerusalemer Patriarchats – P. Albert Gori OFM zum neuen lateinischen Patriarchen.[158] Gori war der sechste Italiener in Folge, der dieses Amt übernahm; er lebte seit knapp dreißig Jahren im Nahen Osten und hatte zuletzt dreizehn Jahre lang als Kustos in Jerusalem gedient.[159]

Kurz vor der Abstimmung der UN-Generalversammlung nahm Pius XII. in dem Apostolischen Mahnschreiben ‚Sollemnibus documentis' noch einmal Stellung: „Heute, wenn in öffentlicher Versammlung die künftige Ordnung Palästinas diskutiert wird, wünschen Wir, gemäß der Pflicht unseres Apostolischen Amtes, daß alle [Christen] für die heiligen Stätten Frieden, Nächstenliebe und Gerechtigkeit erbitten."[160] Er rief zu einem „neuen Kreuzzug des Gebets (precum contentione)" auf, „damit Jerusalem und ganz Palästina eine Ordnung nach den Normen der wahren Gerechtigkeit gegeben werde [...], damit jene Orte in ihrem heiligen Charakter bewahrt werden und alle Rechte erhalten bleiben, [...] welche die Opfer so vieler Söhne der Kirche der katholischen Welt gesichert haben"[161], schrieb Pius XII. im November 1949. Der Verzicht auf juristische Terminologie, vor allem auf die Schlüsselworte ‚international' und ‚corpus separatum' sowie die Beschränkung der Forderungen auf die Rechte der Katholiken weckten in Israel die Hoffnung, der Vatikan sei zu Kompromissen in der Jerusalemfrage bereit.[162]

Die israelische Delegation bei der UNO stützte sich in ihrer Ablehnung der Internationlisierung daher ausdrücklich auf Äußerungen von katholischer Seite, darunter die Stellungnahme des Kustos vor der UN-Sonderkommission im Juli 1947, den Brief McMahons an den UN-Generalsekretär und die päpstliche Enzyklika ‚Redemptoris nostri' vom Frühjahr 1949. „Die ursprünglichen Vorschläge der religiösen Autoritäten verlangten nicht mehr als wirksame Maßnahmen

---

[156] BLASCO 1998, 20.
[157] Vgl. BLASCO 1998, 20f.
[158] Vgl. ASS 1949, 141.
[159] Vgl. MEDEBIELLE 1970.
[160] AAS 41 (1949) 529.
[161] AAS 41 (1949) 530.
[162] Vgl. FERRARI 1991, 289 FN 204.

für den Schutz der heiligen Stätten und der religiösen Rechte, ohne einen besonderen politischen Status für Jerusalem zu erwähnen"[163], hieß es in dem ausführlichen Memorandum ‚Zur Zukunft Jerusalems', das die israelische Delegation Mitte November 1949 der UN-Generalversammlung vorlegte. Darin wurde sowohl die Internationalisierung Jerusalems als auch der neue Entwurf einer indirekten internationalen Aufsicht über die heiligen Stätten als untauglich zurückgewiesen. Zudem erklärte Israels Außenminister Scharett vor dem Speziellen Politischen Komitee, daß beide Vorschläge nicht mit dem Recht der Einwohner Jerusalems auf „bürgerliche und politische Selbstbestimmung"[164] vereinbar seien.

Die Debatte in der UN-Generalversammlung verlagerte sich von dem Vorschlag der Versöhnungskommission zu zwei neuen, stärker akzentuierten Projekten. Während die schwedische Delegation für ein Konzept eintrat, das den israelischen Vorstellungen sehr nahe kam, präsentierte Australien einen Resolutionsentwurf, der im Rückgriff auf Resolution 181 die ursprünglich geplante Internationalisierung Jerusalems als ‚corpus separatum' vorsah.[165] Die katholische Seite begrüßte die Wiederaufnahme der traditionellen Forderungen in die aktuelle Debatte. „Das Projekt der Versöhnungskommission bekräftigt zwar das Prinzip einer Kontrolle durch die UNO [...], aber es akzeptiert die faktische Teilung der Stadt. [...] Es ist klar, daß der heilige Charakter der Stadt darunter sehr leiden würde. [...] Wir sollten daher zur Kenntnis nehmen, daß einige katholische wie nichtkatholische Länder (z.B. Brasilien und Australien) wesentlich präzisere und konkretere Forderungen stellen. Wir wünschen uns sehr, daß diese Rufe gehört werden, und daß auch die Stimme des Papstes als Vertreter der ganzen Christenheit gehört wird"[166], kommentierte die vatikannahe Zeitung ‚Il Quotidiano'.

Tatsächlich fand der australische Resolutionsentwurf eine breite, allerdings heterogene Mehrheit. Neben den katholischen Ländern (darunter auch Frankreich, obwohl als Mitglied des Versöhnungskomitees an dessen Konzept mitgearbeitet hatte) unterstützten erstmals auch die arabischen Staaten (außer Jordanien) die Internationalisierung Jerusalems, die ihnen nun als geringeres Übel schien als die israelische Souveränität. Schließlich stimmten auch die kommunistischen Staaten im Gefolge der Sowjetunion die erneute Internationalisierungsforderung, da sie sich von dieser Lösung auf Dauer größeren Einfluß im Nahen Osten erwartete.[167] Am 9. Dezember

---

[163] PASSIA (Hg.) 1996, 81-96.
[164] PASSIA (Hg.) 1996, 96.
[165] Vgl. BOVIS 1971, 74-76.
[166] Il Quotidiano, 11.11.1949.
[167] Vgl. BOVIS 1971, 75-80.

1949 verabschiedete die UN-Generalversammlung die Resolution 303, in der es hieß, „daß die Prinzipien, die den vorhergehenden Resolutionen zu diesem Thema zugrundeliegen, und insbesondere die Resolution [181] vom 29. November 1947 eine gerechte und billige Lösung der Frage darstellen"[168]. Ausdrücklich wurde festgehalten: „Die Stadt Jerusalem soll als ‚corpus separatum' einer speziellen internationalen Regierung unterstellt und von den Vereinten Nationen verwaltet werden."[169] Mit der Ausarbeitung eines Statuts wurde – auf sowjetischen Wunsch – der UN-Treuhandrat beauftragt, in dem die Sowjetunion im Unterschied zur Versöhnungskomitee selbst vertreten war.[170]

Welchen Anteil der Vatikan selbst am Abstimmungsergebnis hatte, ließ sich kaum genau feststellen. Israels Außenminister Scharett sprach von einem Sieg des Vatikans, „vielleicht der größte, den er je in einer parlamentarischen Institution erreicht hatte"[171]. Die Gegner der Resolution waren jedoch überzeugt, daß mehrere Delegationen lediglich auf vatikanischen Druck hin für die Internationalisierung gestimmt hatten. Jakob Herzog sandte im Namen des israelischen Religionsministeriums eine offizielle Protestnote an das Staatsseketariat.[172] „Zweifellos war das Verhalten der lateinamerikanischen Staaten bei dieser Abstimmung in weitem Maß das Ergebnis der privaten und öffentlichen Anstrengungen römisch-katholischer Autoritäten"[173], urteilte auch Edward Glick vom ‚American Jewish Congress'. Von den 20 lateinamerikanischen UN-Mitgliedern stimmten 13 für die Resolution 303, davon einige erst bei der endgültigen Abstimmung. Nach Aussage von Glick hatte Kardinal Spellman die Nuntien der – „für die Ansichten des Papstes höchst sensiblen"[174] – lateinamerikanischen Staaten gebeten, sich bei den Regierungen für die Unterstützung der Internationalisierung Jerusalems einzusetzen.[175] Das Staatssekretariat habe zudem an die Delegationen bei der UNO appelliert, in diesem Sinne abzustimmen, schrieb Israels Vertreter bei der UNO, Abba Eban, in seinem Bericht an das israelische Außenministerium. Er zitierte aus einem der Schreiben: „Seine Heiligkeit bat mich, Ihnen mitzuteilen, daß sie voll und ganz das Projekt unterstützt, das die Internationalisierung Jerusalems und

---

[168] A/RES/303, 9.12.1949.
[169] A/RES/303, 9.12.1949.
[170] Vgl. BOVIS 1971, 76; DELBEZ 1967, 28-30.
[171] BIALER 1984, 286; vgl. FERRARI 1991, 150; WEISS 1954, 45.
[172] Vgl. FERRARI 1991, 147.
[173] GLICK 1957, 216. Zur Rolle der lateinamerikanischen Staaten vgl. GLICK 1958; KAUFMAN 1979.
[174] GLICK 1957, 213.
[175] Vgl. GLICK 1957, 216.

seiner Umgebung sowie der heiligen Stätten in Palästina vorsieht. Sie mahnt all jene, denen der christliche Glaube am Herzen liegt, gleich welcher Konfession sie angehören, dafür zu stimmen, so daß die Heiligkeit der Orte für immer gewahrt bleibe."[176]

Der Vatikan konnte mit dem Ergebnis zunächst zufrieden sein. Entgegen aller Erwartung hatten die Mitgliedsstaaten der UNO den Kompromißvorschlag des Versöhnungskomitees ignoriert und sich auf die ursprünglichen Forderungen einer territorialen Internationalisierung Jerusalems besonnen. Die Aussichten auf deren Verwirklichung waren jedoch kaum besser als nach der Verabschiedung der Resolution 181 im November 1947. „Wäre das internationale Jerusalem doch bloß einfach umzusetzen", schrieb McMahon im Januar 1950, „aber immerhin war die Abstimmung ein großer Sieg"[177].

---

[176] FERRARI 1991, 147.
[177] McMahon an Harry O'Connor, Mitarbeiter der PMP, 3.1.1950: PMP-Archiv.

II. DIE NACHKRIEGSZEIT UND PAPST JOHANNES XXIII.
(1950-1963)

1. Die Jerusalem-Debatte in der Nachkriegszeit

Die UN-Resolution 303, mit der die Generalversammlung sich trotz der geringen Umsetzungswahrscheinlichkeit erneut für die Internationalisierung Jerusalems aussprach, bedeutete einen Wendepunkt. In den folgenden Jahren schwand die internationale Unterstützung kontinuierlich; allein der Vatikan drängte beharrlich auf die Verwirklichung. Die UN-Generalversammlung diskutierte noch in mehreren Sitzungsperioden über den Status Jerusalems, ohne jedoch zu neuen Ergebnissen zu gelangen.

Die USA waren über die Haltung des Vatikans verärgert. Mit dem energischen Einsatz für die Internationalisierung habe der Vatikan die Vereinten Nationen in eine Sackgasse, sich selbst aber in eine stärkere Verhandlungsposition gebracht, kritisierte ein Vertreter des amerikanischen Außenministeriums.[1] Der Vatikan werde letztlich die Teilung der Stadt akzeptieren, wolle aber „die reine Weste des unermüdlichen Verteidigers der absoluten Freiheit der heiligen Stätten bewahren"[2], lautete der Vorwurf der USA. Auch Kardinal Spellman, einer der aktivsten Befürworter der Internationalisierung, räumte kurz nach der Abstimmung der UN-Generalversammlung ein, die Resolution diene in erster Linie dazu, „Israel in die Defensive zu treiben und seine Kompromißbereitschaft zu vergrößern"[3].

Davon war jedoch zunächst nichts zu spüren. Israels Premierminister Ben Gurion bekräftigte die unveränderte Haltung seiner Regierung. „Die Entscheidung kann auf keinen Fall umgesetzt werden, schon allein wegen des starken Widerstands der Einwohner Jerusalems", erklärte Ben Gurion Mitte Dezember 1949 vor der Knesset. Als Zeichen des Protests gegen die Resolution 303 kündigte er den beschleunigten Transfer der israelischen Regierung von Tel Aviv nach Jerusalem an. „Selbstverständlich werden diese Maßnahmen die bestehenden Rechte an den heiligen Stätten nicht beeinträchtigen"[4], fügte er hinzu.

‚Civiltà Cattolica' zog eine kritische Bilanz: Nicht nur die Gegenstimmen der USA und Großbritanniens, sondern auch die uneinheit-

---

[1] Vgl. FERRARI 1991, 148.
[2] FERRARI 1991, 149.
[3] FERRARI 1991, 296 FN 270.
[4] PASSIA (Hg.) 1996, 98.

liche Koalition der Befürworter ließen befürchten, „daß die Entscheidung toter Buchstabe bleibe"[5]. Insbesondere der Anteil der kommunistischen Staaten an den Ja-Stimmen berge „die Gefahr, dem Kreml die Hand zu reichen, seinen Einfluß im Nahen Osten zu vergrößern"[6], schrieb die Jesuitenzeitschrift. Die von Israel und Jordanien betriebenen Eingliederungsmaßnahmen seien der beste Beweis für die Notwendigkeit einer internationalen Regierung für Jerusalem.[7] Wie von Ben Gurion angekündigt, verlegte die israelische Regierung ihren Sitz währenddessen in den israelischen Teil Jerusalems und erklärte im Januar 1950, Jerusalem sei immer schon die Hauptstadt Israels gewesen.[8]

Ende Januar 1950 legte Roger Garreau, der Vorsitzende des Treuhandrats, den überarbeiteten Umsetzungsvorschlag vor. Theoretisch hielt er an der Internationalisierung fest, praktisch sah er die Dreiteilung der Stadt in einen arabischen, einen israelischen und einen kleineren internationalisierten Teil vor. Tardini sandte umgehend einen Botschafter zu Garreau, „um ihn zu informieren, daß der Vatikan seinen Plan massiv ablehnte, und ihn zu mahnen, sich an das Prinzip der Resolution [303] vom 9. Dezember 1949 zu halten"[9]. Den beim Heiligen Stuhl akkreditierten Diplomaten erklärte Tardini wenig später: „Der Heilige Stuhl lehnt den Plan Garreaus ab [...], weil er ihn im Blick auf den Schutz der heiligen Stätten für unzureichend hält"[10]. Nachdem Pius XII. Garreau im April 1950 in Audienz empfangen hatte, stellte Garreau fest, der Papst sei „wesentlich vernünftiger als Tardini"[11], meinte aber, insgesamt gebe es „keine Hoffnung auf eine realistische Sicht des Problems im Vatikan"[12].

Jordanien ignorierte den neuen Vorschlag des Treuhandrates und annektierte statt dessen im April 1950 das Westjordanland und Ost-Jerusalem. Israels UN-Botschafter Abba Eban sandte im Mai 1950 ein Memorandum an den UN-Treuhandrat und protestierte gegen die geplante „Zerstörung freier und stabiler demokratischer Institutionen" und das „Aufzwingen eines autoritären Regimes gegen den Willen des Volkes"[13]. Er bekräftigte erneut Israels Bereitschaft zu einer funktionalen, also begrenzten Internationalisierung. Noch bevor das neue Statut zur Abstimmung der UN-Generalversammlung

---

[5] CC I (1950) 120.
[6] CC I (1950) 121.
[7] Vgl CC I (1950) 121.
[8] Vgl. BOVIS 1971, 82.
[9] FERRARI 1991, 297 FN 278.
[10] FERRARI 1991, 151.
[11] FERRARI 1991, 298 FN 285.
[12] FERRARI 1991, 152.
[13] BOVIS 1971, 88; vgl. COLLIN 1982, 263-267.

übergeben wurde, brach das heterogene Bündnis auseinander, das im Vorjahr die Forderung einer territorialen Internationalisierung Jerusalems durchgesetzt hatte: Der Vertreter der Sowjetunion teilte mit, daß seine Regierung diese Lösung gemäß der Resolution 303 nicht mehr unterstütze. „Der Rückzug der UdSSR aus der kommunistisch-katholisch-arabischen Koalition [...] schwächte das territoriale Lager"[14], resümiert Bovis die Situation.

Der Vatikan bekräftigte um so stärker seine unveränderte Haltung zur Jerusalemfrage. Die letzte Abstimmung der UN-Generalversammlung habe bewiesen, daß das Wort des Papstes nicht ins Leere falle, schrieb der ‚Osservatore Romano' im September 1950. „Wir wissen nicht, was die Generalversammlung in ihrer nächsten Sitzung tun wird oder nicht; aber wir wissen, daß für die Katholiken die einzig mögliche Lösung des Problems der heiligen Stätten ein internationales Statut nach den von Seiner Heiligkeit Pius XII. aufgestellten Kriterien ist."[15] Als die Generalversammlung bereits tagte, verwahrte sich die Vatikanzeitung ausdrücklich gegen eine „äußerst aktive Propaganda [...], die glauben macht, die katholische Kirche habe sich von der Idee des ‚corpus separatum' verabschiedet"[16]. Die neuen Vorschläge, die heiligen Stätten durch einen extraterritorialen Status und diplomatische Immunität zu schützen, seien kurzsichtige, unbefriedigende Kompromisse. „Wer behauptet, der Hl. Stuhl billige diese Pläne, widerspricht der Wahrheit"[17], schrieb der ‚Osservatore Romano'. Die Mitglieder der UN-Generalversammlung schätzten den Einfluß des Vatikans offenbar sehr hoch ein. Kurz vor der Abstimmung erklärte der Vertreter Schwedens: „Viele Delegationen, die für die UN-Resolution 303 stimmten, hatten dies nicht aus eigener Überzeugung getan, sondern um ein Ideal zu verwirklichen, [...] das von einer höheren religiösen Autorität diktiert worden war. [...] Die schwedische Delegation appelliert daher respektvoll an den Vatikan, die Situation mit größter Objektivität zu überdenken."[18]

Israel hatte seine Strategie dieses Mal stärker auf die christliche Welt ausgerichtet und konzentrierte sich darauf, Bedenken hinsichtlich des Schutzes der heiligen Stätten zu zerstreuen. Mosche Tov, ein Vertreter des Außenministeriums, besuchte mehrere lateinamerikanische Hauptstädte, um dort für das Konzept der ‚funktionalen' Internationalisierung zu werben.[19] Der ‚Osservatore Romano' berichtete von einer „jüdischen Mission, die rosige Hoffnungen verbreitet,

---

[14] BOVIS 1971, 90.
[15] OR, 15.9.1950.
[16] OR, 20./21.11.1950.
[17] OR, 20./21.11.1950.
[18] GLICK 1957, 217.
[19] Vgl. FERRARI 1991, 156.

katholische Rechte zu wahren"[20]. Er warnte, daß der israelische Vorschlag zwar von Internationalisierung spreche, aber, anstatt ein ‚corpus separatum' zu schaffen, letztlich den Zustand erhalte, der durch Waffengewalt geschaffen worden sei.[21] Die israelische Regierung bemühte sich außerdem um die Unterstützung der protestantischen und orthodoxen Kirchen. Diese standen der Internationalisierung ohnehin skeptisch gegenüber, da sie fürchteten, diese Lösung werde die Stellung der katholischen Kirche im Heiligen Land stärken. Der griechisch-orthodoxe Patriarch von Jerusalem, Timotheos, appellierte in Absprache mit dem israelischen Außenministerium an den UN-Generalsekretär und bat, die Umsetzung dieser Lösung zu verhindern. Die kurz zuvor erfolgte Rückgabe von griechisch-orthodoxen Kirchengütern durch die israelische Regierung mag die politische Stellungnahme des Patriarchats gegen die Internationalisierung beeinflußt haben.[22] Auch der koptische Erzbischof Jerusalems erklärte öffentlich, daß er sich mit aller Kraft der Internationalisierung Jerusalems widersetze[23]. Obwohl diese Haltung nicht repräsentativ für die gesamte Orthodoxie war, konnte sich Israel nun auf gewichtige kirchliche Vertreter berufen. Als der libanesische Botschafter bei der UNO in der Generalversammlung im Dezember 1950 das Argument vortrug, keine einzige christliche Kirche oder muslimische Organisation habe sich gegen das Prinzip der Internationalisierung ausgesprochen, wurde er von Abba Eban umgehend mit den entsprechenden Aussagen konfrontiert.[24]

Die Jerusalem-Debatte in der UN-Generalversammlung 1950 verlief ähnlich unabsehbar wie im Jahr zuvor. Anstatt über den eigens vorbereiteten Plan des Treuhandrates wurde über zwei neue Resolutionsentwürfe diskutiert. Da jedoch keiner der Vorschläge eine Zweidrittelmehrheit erreichte, endete die Sitzungsperiode schließlich ohne eine neue Jerusalem-Resolution. Die beiden zuvor verabschiedeten Resolutionen 181 (1947) und 303 (1949), die ein ‚corpus separatum' forderten, blieben damit verbindlich, aber ineffektiv.

‚Civiltà Cattolica' veröffentlichte Anfang 1951 eine Retrospektive auf die internationale Jerusalem-Debatte seit 1949 aus vatikanischer Sicht.[25] Im Dezember 1949 sei zunächst ein „Aufatmen"[26] durch die katholische Welt gegangen, als die UN-Generalversammlung überraschend noch einmal das Prinzip der Internationalisierung Jerusalems

---

[20] OR, 15.9.1950.
[21] Vgl. OR, 15.9.1950.
[22] Vgl. FERRARI 1991, 157; NACHMANI 1987, 109f; POLLAK 1957, 357.
[23] Vgl. FERRARI 1991, 157.
[24] Vgl. FERRARI 1991, 158f.
[25] Vgl. CC I (1951) 15-30.
[26] CC I (1951) 15.

bekräftigte. „Die Palästinafrage schien mit diesem Akt im großen und ganzen den Wünschen des Heilgen Vaters entsprechend gelöst, [...] die er in den beiden Enzykliken formuliert hatte"[27], schrieb ‚Civiltà Cattolica'; woraus hervorging, daß die Palästinafrage für den Vatikan zu dieser Zeit mit der Jerusalemfrage deckungsgleich war. Israels Zulassung zur UNO habe die Umsetzung des Konzepts jedoch verhindert. Den Befürwortern der Internationalisierung sei durch die vorzeitige Aufnahme Israels „eine Karte aus der Hand geglitten, die man hätte einsetzen können um Israel in dieser Hinsicht gefügig zu machen"[28]. ‚Civiltà Cattolica' bemängelte Israels Alternativvorschlag zum Schutz der heiligen Stätten, da er in eine Abhängigkeit „vom guten oder schlechten Willen der jeweiligen Regierung"[29] führe. Der UNO hingegen wurde vorgeworfen, daß die Mitgliedsstaaten „nicht bereit sind, einen Finger für den Schutz religiöser Interessen krumm zu machen"[30]. Das Fazit blieb: „Für den Schutz der heiligen Stätten ist es unumgänglich, der ganzen Stadt Jerusalem, dem alten und neuen Teil, ein internationales Statut zu geben, und sie mit den umliegenden Gebieten zum ‚corpus separatum' zu erklären"[31], schrieb die Jesuitenzeitschrift.

Erneut wurde das Mitspracherecht des Vatikans bekräftigt. Die Parteien, deren Rechte berücksichtigt werden müssen, „sind nicht zwei, Araber und Juden, sondern drei, da nämlich die Katholiken der ganzen Welt säkulare Rechte an den heiligen Stätten erworben haben"[32]. In der nächsten Sitzungsperiode der UN-Generalversammlung müsse daher „die höchste spirituelle, moralische und religiöse Autorität geistig anwesend sein, so wie sie es auch in der Vergangenheit war."[33] ‚Civiltà Cattolica' zufolge war es die „Aufgabe der Katholiken der ganzen Welt, [...] sich dafür einzusetzen, daß die Hoffnungen des gemeinsamen Vaters nicht enttäuscht werden."[34]

Dies war die ausdrücklichste vatikanische Stellungnahme, die zugunsten der Internationalisierung Jerusalems seit 1947 erschienen war – verfaßt im Bewußtsein, daß es in den kommenden Sitzungsperioden der UN-Generalversammlung kaum wieder einen Überraschungserfolg wie im Vorjahr geben würde. In der Tat war die UN-Debatte Ende 1950 vorläufig die letzte, in der die Generalversamm-

---

[27] CC I (1951) 17.
[28] CC I (1951) 17.
[29] CC I (1951) 21.
[30] CC I (1951) 24.
[31] CC I (1951) 24.
[32] CC I (1951) 26.
[33] CC I (1951) 27.
[34] CC I (1951) 27.

lung über den Status der faktisch längst zwischen Israel und Jordanien geteilten Stadt diskutierte.

2. Die Folgen des Krieges für die Christen im Heiligen Land

Nachdem der Vatikan in der Jerusalemfrage vorerst keinen Einfluß mehr ausüben konnte, lenkte er seine Aufmerksamkeit zunehmend auf die Situation der christlichen Bevölkerung des Heiligen Landes. In welcher Lage befanden sich die Gemeinden, vor allem aber die christlichen Flüchtlinge am Ende des ersten israelisch-arabischen Krieges?

Die Flüchtlingsstatistiken, die von arabischer und israelischer Seite bekanntgegeben wurden, variierten im Blick auf den Anteil der Christen an den Flüchtlingen besonders stark. Während Israel grundsätzlich ein Interesse daran hatte, dem christlichen Westen die Normalisierung der Verhältnisse zu demonstrieren, tendierte die arabische Seite umgekehrt zur Dramatisierung der Lage. In beiden Fällen sollte die Darstellung der Situation der Christen helfen, die Reaktion der westlichen Welt zu beeinflussen.

So hieß es in einer israelischen Studie, die Chaim Wardi, der Leiter der Abteilung für christliche Angelegenheiten im Religionsministerium, 1950 herausgab, „im Zuge des großen Exodus der arabischen Bevölkerung, der der Gründung des Staates Israel vorausging, verließ auch ein beträchtlicher Teil der arabischen Christen das Land. Es ist jedoch bemerkenswert, daß die Zahl der arabischen Christen, die emigrierten, verhältnismäßig kleiner war als die der muslimischen Araber."[35] Die Wortwahl verschleierte die Tatsache der in vielen Fällen gewaltsamen Vertreibung; Wardi hatte jedoch insofern recht, als von den Christen im israelisch besetzten Gebiet etwa die Hälfte floh, von den Muslimen hingegen achtzig Prozent.[36] Er erklärte den Unterschied damit, daß die Christen die israelische Regierung einer muslimisch-arabischen vorzogen. Valogne zufolge waren die christlichen Palästinenser aufgrund ihrer besseren wirtschaftlichen Stellung weniger zur Flucht geneigt. „Zudem hatten die christlichen Araber noch die Illusion, daß sie leichter als Muslime ihren Platz unter jüdischer Souveränität finden würden"[37], so Valogne. Von arabischer Seite wurde argumentiert, daß viele christliche Palästinen-

---

[35] WARDI 1950, 7.
[36] Vgl. VALOGNES 1994, 571. BETTS (1978, 212) nennt 60 Prozent; McMahon schätzte im Januar 1949, daß 75 Prozent der Christen geflohen seien; vgl. KREUTZ 1990a, 110 FN 105.
[37] VALOGNE 1994, 571.

ser in Galiläa „hinter israelischen Linien in der Falle saßen und keine Chance zur Flucht hatten."[38]

Als der ehemalige Kustos Albert Gori im Februar 1950 in sein neues Amt als lateinischer Patriarch von Jerusalem eingeführt wurde, befand sich die mittlerweile auf vier Staaten – Israel, Jordanien, Ägypten und Zypern[39] – verteilte Diözese in ungeordnetem Zustand. Die christlichen Gemeinden Palästinas litten unter den Kriegsfolgen, insbesondere der massiven Flucht und Vertreibung. Auf israelischem Gebiet war durch das unterschiedliche Fluchtverhalten christlicher und muslimischer Palästinenser der Anteil der Christen an der arabischen Bevölkerung zwar gestiegen; in den einzelnen Gemeinden gab es jedoch große Mitgliederverluste. Fünf Pfarreien des lateinischen Patriarchats in Israel mußten ganz aufgegeben werden, weil der Großteil der Gemeindemitglieder geflohen war. In Jordanien hingegen waren die christlichen Gemeinden von Flüchtlingen überlaufen. Aufgrund der zahlreichen karitativen Einrichtungen blieb den meisten christlichen Palästinensern, die ins Ostjordanland gekommen waren, die Aufnahme in ein Flüchtlingslager erspart. Die 400-Seelen-Gemeinde in Amman entwickelte sich infolge der Umverteilung bald zur größten Pfarrei der Diözese mit mehreren tausend Mitgliedern.[40] Insgesamt gesehen erging es den christlichen Palästinensern – sowohl denen, die in Israel geblieben waren, als auch den Flüchtlingen – besser als den muslimischen. Betts macht dafür „ihre Anpassungsbereitschaft an die geänderten Umstände, ein höheres Bildungsniveau und eine Ausbildung, die es erleichterte, qualifizierte Arbeit zu finden, sowie die Hilfe westlicher, kirchlich angebundener Organisationen"[41] verantwortlich.

In Jerusalem, wo während der Mandatszeit die meisten Christen lebten, waren die Auswirkungen des Krieges auf die christliche Gemeinde besonders stark zu spüren. Viele Christen, die im arabischen Teil Jerusalems lebten oder dorthin geflüchtet waren, hatten ihren Arbeitsplatz im israelischen Teil der Stadt verloren. Christliche Institutionen und Klöster in Ost-Jerusalem waren von ihrem Grundeigentum im Westteil und damit von ihren Einkommensquellen abgeschnitten. Da die Emigrationsrate der Christen in Jerusalem besonders hoch war, verlor die Stadt ihre Stellung als Zentrum christlichen Lebens in der Region. Valogne zufolge reduzierte sich die Zahl der

---

[38] BETTS 1978, 212.
[39] Das haschemitische Königreich Transjordanien wurde nach der Annexion des Westjordanlands am 4. April 1950 in Jordanien umbenannt; Ägypten kontrollierte den Gazastreifen.
[40] Vgl. MEDEBIELLE 1970, 4; TSIMHONI 1983, 57.
[41] BETTS 1978, 213.

Christen in Jerusalem zwischen 1948 und 1967 von etwa 31 000 auf 14 000.[42]

Am Ende der unmittelbaren Nachkriegszeit stellte sich nun die Frage, wie die neuen Souveräne im Heiligen Land mit den Rechten der Christen umgehen würden, die beide zu schützen versprochen hatten.

In Israel war das Bewußtsein für die Sorgen der Christen offenbar gewachsen. Die erwähnte Dokumentation des Religionsministeriums von 1950 reflektiert das Bedürfnis, den westlichen Staaten zu demonstrieren, daß die christliche Minderheit in Israel besser gestellt war als in den arabischen Nachbarstaaten. Chaim Wardi, der Leiter der Abteilung für christliche Angelegenheiten, schrieb im Vorwort: „Ich bin überzeugt, daß diese Publikation dazu beitragen wird, einige Mißdeutungen zu klären, die über uns im Ausland in Umlauf sind."[43] Zu diesem Zweck nannte er zahlreiche Initiativen der israelischen Regierung zugunsten der christlichen Bevölkerung: „Sobald die Feindseligkeiten beendet waren, bemühte man sich, die Lage der Christen zu regeln. Im neu geschaffenen Religionsministerium wurde eine Abteilung für die christlichen Gemeinschaften eingerichtet [...], Verbindungsoffiziere wurden ernannt [...], spezielle Maßnahmen wurden ergriffen, um die Feiern an christlichen Festtagen zu erleichtern [...], Gottesdienste wurden im Rundfunk übertragen [...], Sonder-Essensrationen wurden unter der christlichen Bevölkerung verteilt, [...] christliche Kriegsgefangene wurden in drei speziellen Lagern untergebracht und durften Gottesdienst feiern; das Problem der eingeschränkten Bewegungsfreiheit, das zum Teil auf Sicherheitsbedenken und zum Teil auf Fahrzeug- und Benzinmangel zurückzuführen war, konnte nach kurzer Zeit gelöst werden [...]; die Regierung stellte sicher, daß die nötigsten Reparaturen beschädigter Kirchen und religiöser Einrichtungen noch vor der Regensaison im Winter erledigt werden konnten."[44] Den Angaben Wardis zufolge wurde den Christen nicht nur die ungehinderte Ausübung ihrer Religion gewährt, sondern sie wurden in zahlreichen Fällen im Vergleich zu muslimischen Palästinensern bevorzugt behandelt.

In der Dokumentation kamen auch Vertreter der verschiedenen Konfessionen zu Wort, darunter der lateinische Patriarchalvikar Antonio Vergani. Er vermerkte eine „enorme Verbesserung der Umstände [...], die offensichtlich ist für die, die im Land leben, aber keineswegs von allen wahrgenommen und noch weniger zugegeben

---

[42] Vgl. TSIMHONI 1983, 56; VALOGNE 1994, 571.
[43] WARDI (Hg.) 1950, Vorwort.
[44] WARDI (Hg.) 1950, 7f.

wird"⁴⁵. Daneben nannte er jedoch auch Kritikpunkte wie ausstehende Rückerstattungen von Kircheneigentum und Entschädigungen sowie Visaverzögerungen und -verweigerungen für arabische Geistliche. Die israelisch-vatikanischen Beziehungen waren nach Ansicht Verganis in eine Sackgasse geraten: „Einerseits heißt es, eine weniger strikte Haltung des Vatikans in der Jerusalemfrage könne sicher helfen, die Probleme [...] zu lösen. Andererseits gilt das Argument auch im umgekehrten Sinne, daß nämlich eine sofortige, zufriedenstellende Lösung dieser Angelegenheit den Vatikan [im Blick auf Israel] generell milder stimmen könne [...]. Uns ist jedoch offiziell versichert worden, daß die israelische Regierung nicht die geringste Absicht hat, das Jerusalem-Thema zum Verhandlungsgegenstand zu machen."⁴⁶ Insgesamt gesehen profitierten die Christen in Israel in den ersten Jahren nach der Staatsgründung von dem Bemühen Israels, seinen Willen zum korrekten Umgang mit der christlichen Minderheit unter Beweis zu stellen. Trotz einzelner Vorfälle in den von Vergani genannten Bereichen zeigte sich die israelische Regierung sensibel für christliche Belange.

In Jordanien war die Situation der Christen von zwei gegensätzlichen Tendenzen charakterisiert. Zum einen vergrößerten sich durch den Zustrom christlicher Flüchtlinge die jordanischen Gemeinden; es wurden neue Schulen und Kirchen gebaut. Dies bedeutete eine finanzielle Belastung über die unmittelbare humanitäre Hilfe hinaus. „Als Kustos kannte ich keine Geldsorgen, als Patriarch werde ich sie nicht mehr los"⁴⁷, sagte Gori, als Oberhaupt der Diözese. Viele palästinensische Christen, die nach Jordanien kamen, gehörten der städtischen Mittelschicht an, konnten sich daher relativ schnell integrieren und leisteten bald finanziell wie intellektuell einen wichtigen Beitrag zum Gemeindeleben.

Zum anderen waren die Christen indirekt davon betroffen, daß der jordanische König Abdallah sich unter den arabischen Staaten als neuer Schützer der muslimischen heiligen Stätten in Ost-Jerusalem profilieren mußte.⁴⁸ Er beabsichtigte daher, den muslimischen Charakter Jordaniens zu stärken und den von ihm annektierten Teil

---

⁴⁵ VERGANI 1950, 34.
⁴⁶ VERGANI 1950, 36.
⁴⁷ Médebielle 1970, 6.
⁴⁸ Nach islamischer Tradition war ein Zweig der Haschemiten von Prophetenenkel Ali mit dem Schutz der heiligen Stätten in Medina und Mekka beauftragt worden. Abdallah, Sohn des Sharifen Hussein von Mekka, verließ jedoch die arabische Halbinsel, um – von den Engländern erst geduldet, dann gefördert – 1946 das Emirat Transjordanien zu gründen. Mit dem Anspruch auf die heiligen Stätten Jerusalems konnten die Haschemiten zwar an die Tradition anknüpfen, erregten aber dennoch Mißgunst in der arabischen Welt.

Jerusalems zum religiösen, muslimisch geprägten Zentrum des Königreichs auszubauen. Die wirtschaftliche und politische Bedeutung Jerusalems sollte jedoch gering gehalten werden, um Konkurrenz zur Hauptstadt Amman und die Entwicklung palästinensisch-separatistischer Tendenzen zu vermeiden.[49] Im Januar 1951 schuf Abdallah eine neue religiöse Instanz und ernannte Raghib Naschaschibi zum Wächter des Haram al-Scharif (des Tempelplatzes, auf dem sich der Felsendom und die Al-Aqsa-Moschee befinden) und Kustos aller muslimischen und christlichen heiligen Stätten Jordaniens. Als Kabinettsmitglied hatte er einen höheren Rang als die Oberhäupter der religiösen Gemeinschaften, was auf christlicher Seite als Bedrohung ihrer Rechte empfunden wurde. Die Konsuln der katholischen Staaten nahmen aus Protest nicht an der Amtseinführung Naschaschibis teil.[50]

König Abdallah wurde am 20. Juli 1951 auf dem Haram al-Scharif in Jerusalem ermordet. Presseberichten zufolge war an der Verschwörung gegen Abdallah auch Ibrahim Ayyad, Priester des lateinischen Patriarchats und Präsident des kirchlichen Gerichtshofs, beteiligt, schrieb McMahon in einem Memorandum für Kardinal Spellman.[51] McMahon hielt den Vorwurf nicht für grundlos und befürchtete negative Auswirkungen auf die Situation der christlichen Minderheit in Jordanien. „Es ist ungünstig für die Kirche, daß diese Anklage erhoben wird, da die Muslime den Christen ohnehin nicht sehr gewogen sind. Zum Teil ist es Eifersucht, weil die christlichen Hilfsorganisationen so viel geleistet haben, während von muslimischer Seite keine Hilfe kam. [...] Ich habe gehört, daß die Muslime aus der Priestersoutane derzeit ein regelrechtes Haßobjekt machen"[52], so schilderte McMahon die Lage der Christen.

Abdallahs Nachfolger, König Talal, war sich bewußt, daß die christlichen Palästinenser ein politisches Unruhepotential bedeuteten und bemühte sich verstärkt um gute Beziehungen. Kurz nach seinem Amtsantritt empfing er den lateinischen Patriarchen Gori und versicherte ihm das Wohlwollen der jordanischen Führung gegenüber der christlichen Bevölkerung.[53] Im Januar 1952 trat in Jordanien eine neue Verfassung in Kraft, die den Islam zur Staatsreligion

---

[49] Vgl. PIERACCINI 1997, 497f; RUBINSTEIN 1993, 5.
[50] Vgl. ZANDER 1971, 87f; PIERACCINI 1997, 493; NASHASHIBI 1990, 220f. Naschaschibi starb kurz darauf. Sein Nachfolger Hussein Al-Khalidi trat nach einem Konflikt zwischen Orthodoxen und Lateinern über den Austausch der Öllampen in der Geburtskirche durch elektrisches Licht zurück, und die Aufgaben gingen an den Gouverneur Jerusalems über; vgl. AL-KHALIL 1969, 102f.
[51] Vgl. McMahon, Memorandum für Spellman, 20.8.1951: PMP-Archiv.
[52] McMahon, Memorandum für Spellman, 20.8.1951: PMP-Archiv.
[53] Vgl. POC 2 (1952) 85.

erklärte, zugleich aber die Bürgerrechte Andersgläubiger festschrieb. Christen behielten das Recht auf eigene Schulen und Gerichte. Die Kompetenz der christlichen Gerichte wurde im Vergleich zur Mandatszeit ausgeweitet, so daß sie den muslimischen Gerichten gleichgestellt waren. ‚Proche-Orient Chrétien‘, die Zeitschrift der Weißen Väter von Sainte-Anne, nannte die Verfassung „im Blick auf die Christen die liberalste unter den Verfassungen der arabischen Länder"[54].

3. Der Ausklang der Internationalisierungsdebatte

Nachdem die UN-Generalversammlung 1950 sich nicht auf eine neue Resolution zu Jerusalem hatte einigen können und das Internationalisierungskonzept wirkungslos, aber gültig blieb, zeigte das Staatssekretariat im Vorfeld der folgenden Sitzungsperiode wenig Initiative, die Debatte wieder in Gang zu setzen. Es war in erster Linie McMahon, der einerseits auf politischer Ebene die christlichen Interessen in Palästina vertrat, andererseits den Vatikan drängte, seine Position zu klären und öffentlich darzustellen. Im Juli 1951 sprach er vor dem Außenausschuß des US-Senats und forderte nachdrücklich ein größeres Engagement, um das Flüchtlingsproblem zu lösen. „Es wird nie Frieden geben im Nahen Osten, so lange man den Hunderttausenden nicht die Rechte gewährt, die ihnen sicher zustehen", so McMahon. Er verteidigte vor den Senatoren das Mitspracherecht der Christen in der Palästinafrage und betonte: „Es hat nichts mit Antisemitismus zu tun, wenn man für das Recht der Christen in Palästina eintritt."[55]

Angesichts der nahenden UN-Generalversammlung sorgte McMahon sich um das Profil der Vatikanposition zu Jerusalem. „Ein Beobachter bei der UNO hat mich informiert, daß unter den Delegationen die übliche Verwirrung im Blick auf die Haltung des Vatikans herrscht", schrieb er im September 1951 in einem Memorandum für Spellman. „Bei ähnlichen Gelegenheiten bekräftigte entweder der Heilige Vater selbst oder das halboffizielle Organ ‚L'Osservatore Romano‘ die Position des Vatikans, wenn in der UNO in dieser Hinsicht Unklarheit herrschte. Vielleicht könnten Sie, Eminenz, sich an Mgr. Montini wenden oder den Vatikan auf dieses Thema ansprechen. Ich meine, daß wir noch viel deutlicher für unsere Position

---

[54] POC 2 (1952) 84.
[55] McMahon, vor dem House Committee on Foreign Affairs, 26.7.1951; zit. n. CARROLL 1993, 18.

eintreten müssen, damit die gegnerischen Propagandisten nicht auf die Idee kommen, wir hätten aufgegeben."[56]

Tatsächlich erschien im November 1951 erneut eine ausführliche Stellungnahme zur Palästinafrage im ‚Osservatore Romano', die den Akzent gleichermaßen auf die Situation der Flüchtlinge, „die zu Hunderttausenden ihre Heimat verlassen mußten und zu Nummern in Sammellagern wurden", sowie auf den Status Jerusalems legte. Das Flüchtlingsproblem müsse „gemäß den Kriterien der Gerechtigkeit und dem Gesetz der Menschlichkeit gelöst werden, die auch beschworen wurden, als man sie aus rassistischen Gründen Millionen anderen Unschuldigen verweigerte"[57], schrieb der ‚Osservatore Romano', in offener Anspielung auf die NS-Judenverfolgung. Die Lösung der Jerusalemfrage sei dringend notwendig, hieß es weiter: „Weitere Gewalt kann nur vermieden werden, wenn Jerusalem – eine einzige große heilige Stätte – als ‚corpus separatum' einer internationalen Regierung unterstellt wird [...] und es internationale Garantien für den Schutz und den freien Zugang für die übrigen heiligen Stätten in Palästina gibt."[58] Die Erklärungen mögen dazu beigetragen haben, die Position des Hl. Stuhls zu verdeutlichen; aber die UN-Generalversammlung diskutierte weder in diesem noch in den folgenden Jahren über den Status Jerusalems.

Israel und Jordanien waren sich in der Jerusalemfrage in einem zentralen Punkt einig. Beide hielten die Maßnahmen der eigenen Regierung zum Schutz der heiligen Stätten für ausreichend. Die jordanische Tageszeitung ‚Falastin' schrieb im Juni 1953: „Wir sehen überhaupt keinen Grund für eine Kontrolle der heiligen Stätten durch die Vereinten Nationen, da sie unter der jordanischen Regierung vollkommen in Sicherheit sind [...] und der freie Zugang gewährleistet ist"[59]. Israels Außenminister Mosche Scharett erklärte parallel dazu im Parlament: „Die derzeit geltende Regelung bezüglich der christlichen heiligen Stätten erfüllt alle legitimen Forderungen; es ist absolut keine Änderung erforderlich."[60] Beide Seiten untermauerten ihren jeweiligen Anspruch auch durch politische Akte. Israel verlegte im Juli nach dem Parlament auch das Außenministerium von Tel Aviv nach West-Jerusalem; und das jordanische Parlament und der Ministerrat tagten abwechselnd in Amman und in Ost-Jerusalem.

McMahon bemühte sich weiterhin vergeblich, die Jerusalemfrage auf die Agenda der UN-Generalversammlung setzen zu lassen. Im

---

[56] McMahon, Memorandum für Spellman, 3.9.1951: PMP-Archiv.
[57] OR, 30.11.1951.
[58] OR, 30.11.1951.
[59] POC 3 (1953) 265f.
[60] POC 3 (1953) 265f.

September 1953 schrieb er an UN-Generalsekretär Dag Hammarskjöld, „die UNO möge sich an ihre Verpflichtung erinnern und mit der Umsetzung ihrer Entscheidungen beginnen [...], weder ‚funktionale Internationalisierung' noch ‚indirekte Internationalisierung' dürfen die echte Internationalisierung ersetzen, die niemals unzeitgemäß sein kann"[61]. Er bat den Apostolischen Delegaten in Washington, Amleto Cicognani, eine Kopie seines Schreibens an den Vatikan weiterzuleiten.[62] Dort billigte man McMahons Vorgehen, jedoch ohne ihn in seinem Engagement zu bestärken. „Es wurde beschieden, daß es in Ihrer Position als Sekretär der CNEWA angemessen war, zu diesem Zeitpunkt [bei der UNO] zu intervenieren"[63], teilte ihm die Kongregation für die Orientalische Kirche mit. McMahon versuchte noch, Mitglieder des Ritterordens vom Hl. Grab zu bewegen, sich bei der US-amerikanischen Delegation bei den Vereinten Nationen und US-Außenminister John Foster Dulles einzusetzen, für die Internationalisierung Jerusalems zu stimmen.[64] Anfang Oktober ließ ihn jedoch der UN-Generalsekretär informieren, „dieser Aspekt der Palästinafrage ist nicht auf der Agenda"[65].

Der israelische Außenminister Mosche Scharett sah in McMahon „faktisch den Gesandten des Vatikans im Nahen Osten"[66] und resümierte nach einem Gespräch zwischen McMahon und Jakob Herzog vom israelischen Religionsministerium: „Es gibt überhaupt keine Änderung der Position des Vatikans, im Gegenteil, er ist sogar noch strikter und unversöhnlicher. Der Vatikan insistiert ohne jede Kompromißbereitschaft auf drei miteinander verbundenen Forderungen, hinter die er nicht zurückgeht: die Grenzen von 1947, die Rückkehr der Flüchtlinge und die Internationalisierung Jerusalems."[67] Scharett entging dabei, daß das Kräfteverhältnis umgekehrt war, und die kompromißlose Haltung des Vatikans eher dem Einfluß McMahons zuzuschreiben war als umgekehrt.

Mitte der fünfziger Jahre hatte das katholische Engagement für die Internationalisierung Jerusalems schon Gewohnheitscharakter. Aber auch die entschiedensten Befürworter in New York erkannten, daß die Zahl der Unterstützer immer geringer wurde. „Einige der

---

[61] McMahon an Hammerskjöld, 16.9.1953: PMP-Archiv.
[62] Vgl. McMahon an Cicognani, 25.9.1953: PMP-Archiv.
[63] Coussa, Assessor der Hl. Kongregation für die Ostkirche, an McMahon, 1.10.1953: PMP-Archiv.
[64] Vgl. Georges A. McLaughlin, Kommandant des Ritterordens vom Heiligen Grab, an Henry Cabot Lodge, US-Delegat bei der UNO, John F. Dulles, US-Außenminister, und Mgr. McMahon, 26.10.1953: PMP-Archiv.
[65] Protitch, Direktor der Abteilung für politische Angelegenheiten und Angelegenheiten des Sicherheitsrats, an McMahon, 2.10.1953: PMP-Archiv.
[66] ROKACH 1987, 49.
[67] ROKACH 1987, 49f.

lateinamerikanischen Staaten knicken ein, hinsichtlich unserer Position zur Internationalisierung Jerusalems", stellte Kardinal Spellman im September 1955 in einem Schreiben an Cicognani, den Apostolischen Delegaten in den USA, fest, „Mgr. Tardini möchte doch bitte die Nuntien informieren, damit sie bei den jeweiligen Regierungen vorstellig werden"[68], bat er den Apostolischen Delegaten.

Auch bei den orthodoxen Kirchen nahm das Interesse an der Umsetzung dieses Konzeptes weiter ab, zumal aus ihrer Perspektive die Gefahr bestand, die Katholiken könnten bei einer Neuregelung ihre Rechte an den heiligen Stätten ausweiten. In ‚Pantainos', der Zeitschrift des griechisch-orthodoxen Patriarchats von Alexandrien, hieß es im Dezember 1956: „Die Orthodoxie befürwortet die Internationalisierung unter der Bedingung, daß die aktuelle Regelung an den heiligen Stätten beibehalten wird. Die römisch-katholische Kirche [...] zeigt jedoch eine gewisse Tendenz, diese Ordnung verändern zu wollen. [...] Falls die Internationalisierung sich also nicht realisiert, bevorzugt die Orthodoxie die Araber als Aufsicht über die heiligen Stätten."[69]

4. Konsolidierung der Lage in den letzten Amtsjahren Pius' XII.

Pius XII. ließ sich Anfang 1952 von beiden Seiten aus erster Hand über die Lage im Heiligen Land informieren. Im Januar empfing er den jordanischen König Talal und den designierten Thronfolger Hussein in Audienz. Der Papst empfahl dem neuen Herrscher Jordaniens seine katholischen Untertanen, hieß es im anschließend veröffentlichten Kommuniqué.[70] „Obwohl der Besuch nicht offiziell war, wurde Seine Majestät mit allen Ehren empfangen, die einem nichtkatholischen Staatsoberhaupt zustehen", vermerkte ‚Proche-Orient Chrétien'. „Die Ankündigung dieses Besuchs wurde in der gesamten jordanischen Presse mit Wohlwollen aufgenommen."[71] Wenngleich sich die jordanische Regierung weniger systematisch als die israelische um offizielle Beziehungen zum Vatikan bemühte, war man sich der damit verbundenen Imageverbesserung durchaus bewußt.

Zwei Monate später erschien zum ersten Mal „die israelische Flagge in der Vatikanstadt, und zwar an einer Limousine, die den Außenminister Israels zu einem Höflichkeitsbesuch zu Papst Pius XII. fuhr"[72], berichtete die italienische Tageszeitung ‚Corriere della Sera' im März 1952. Mosche Scharett war bereits sieben Jahre zuvor als

---

[68] Spellman an Cicognani, 23.9.1955: PMP-Archiv.
[69] POC 6 (1956) 364.
[70] Vgl. ASS 1952, 24.
[71] POC 2 (1952) 84f.
[72] Il Corriere della Sera, 28.3.1952; zit. n. LAPIDE 1997, 273; vgl. ASS 1952, 42.

Vertreter der ‚Jewish Agency' mit Papst Pius XII. zusammengetroffen.[73] Mittlerweile war er Außenminister Israels, wurde vom Papst aber lediglich als Privatperson empfangen. Pius XII. habe sich über die Situation der christlichen heiligen Stätten und den freien Zugang für Pilger erkundigen wollen, hieß es in einem Kommuniqué des Vatikans.[74] Für Chouraqui, der die vatikanisch-israelischen Beziehungen ausschließlich in der Perspektive des katholisch-jüdischen Verhältnisses betrachtete, lag der Wert des Treffens „allein in der Tatsache, daß es stattgefunden hat"[75]. Stellvertretend für diejenigen, welche auf die Trennung der politischen von der religiösen Sphäre verzichteten, beklagte er „die Dürftigkeit des Austausches zwischen dem Stellvertreter Christi, dem Erben der Apostel, und diesem Sohn Israels, dem Erben der Propheten"[76].

Zu Beginn der fünfziger Jahre hatte sich die Flüchtlingssituation zwar nicht entspannt, aber die Unterstützung der Flüchtlinge war routinierter geworden. Die Päpstliche Mission für Palästina entwickelte sich von einem Nothilfskomitee zu einer permanenten Koordinierungsstelle. Der Mitarbeiter und spätere Präsident Peter Tuohy bilanzierte in einem Bericht für Kadinal Spellman im November 1952: „Ich kann die ungeheure Arbeit nur bewundern, die Mgr. McMahon vor vier Jahren geleistet hat. [...] Er hatte arge Probleme, und die bestehen in gleichem Maße heute noch. Die lokalen Geistlichen sind bis auf wenige Ausnahmen wenig hilfreich. [...] Sie verdoppeln und verdreifachen weiterhin die Zahl katholischer Flüchtlinge, für die sie angeblich sorgen. [...] Die Päpstliche Mission hat der Sache der Kirche in dieser Region durch die Unterstützung der Flüchtlinge einen großen Dienst erwiesen."[77] Im Blick auf die Jerusalemfrage fügte er hinzu: „Es ist gut für uns, bei allen Gelegenheiten öffentlich die Umsetzung der UN-Resolutionen zu Palästina einzufordern. [...] Bis auf den Heiligen Vater hat sich niemand mehr geäußert und eine glaubhafte Umsetzung eingeklagt."[78]

Im Januar 1953 wechselte in Jordanien erneut die Führung; an die Stelle seines nervenkranken Vaters Talal trat der 17jährige Kronprinz Hussein. Unter seiner Regentschaft wurde Jerusalem weiter

---

[73] Vgl. LAPIDE (1997, 256), der Scharetts Bericht vom 22.4.1945 an die ‚Jewish Agency' zitiert: „Dann sagte er [Pius XII.]: Es sind Araber in Palästina. Ich sagte: Ja, es sind Araber in Palästina. Er sagte: Wie viele? Ich sagte: jetzt ist das Verhältnis 3:2. Er sagte: Sie sind in der Mehrheit. Ich sagte: Ja, aber sie haben große und weiträumige Länder [...] Er sagte: Jaja. Das bedeutet nicht, daß er zustimmte, sondern nur, daß er meine Erklärung hörte – und damit endete das Gespräch."
[74] Vgl. ASS 1952, 42.
[75] CHOURAQUI 1992, 180.
[76] CHOURAQUI 1992, 180.
[77] Tuohy an Spellman, 20.11.1952: PMP-Archiv.
[78] Tuohy an Spellman, 20.11.1952: PMP-Archiv.

zum religiösen Zentrum des Königreichs ausgebaut. Hussein ließ die Al-Aqsa-Moschee und die Kuppel des Felsendoms restaurieren und machte aus dem jährlichen Mi'raj-Pilgerfest ein Großereignis mit Militärparaden in Jerusalem. Die Pilger wurden aufgefordert, in einer speziellen Jerusalem-Kollekte für den Erhalt der heiligen Stätten zu spenden. Im Dezember 1953 wurde der Islamische Kongreß für Jerusalem gegründet, in dessen Charta es hieß: „Die palästinensische Frage ist ein islamisches Thema [...]. Jerusalem, als Essenz der palästinensischen Frage, soll durch die Unterstützung der muslimischen Völker seine islamische Identität, Kultur und Geschichte bewahren."[79] In einer der dort verabschiedeten Resolutionen wurde die Internationalisierung Jerusalems als „Fortsetzung der Kreuzzüge"[80] bezeichnet. Die jordanische Regierung richtete einen speziellen Jerusalem-Fonds ein, um Schulen und Hilfswerke zu unterstützen und den Bau eines Krankenhauses auf dem Ölberg zu finanzieren. Wie sein Großvater Abdallah strebte auch König Hussein mit solchen demonstrativ muslimischen Projekten danach, die Haschemiten in ihrer Rolle als Schützer der heiligen Stätten Jerusalems in den Augen der arabischen Welt zu legitimieren.[81]

Die Christen in Jordanien verfolgten diese Entwicklung kritisch und meldeten sich zu Wort, sobald sie ihre Rechte gefährdet sahen. Anfang 1953 lösten zwei neue Gesetze über die Kontrolle karitativer Einrichtungen und den Grundbesitz religiöser Gemeinschaften Proteste von christlicher Seite aus. Der lateinische Patriarch Gori suchte sowohl König Hussein auf, der ihm ausdrücklich versicherte, ihm liege das Wohl der christlichen Bevölkerung am Herzen, als auch den Premierminister Fauzi Al-Mulki. Auf das Drängen des Patriarchen wurde eine Konferenz mit mehreren Ministern und Oberhäuptern der religiösen Gemeinschaften einberufen, in der die Regierungsvertreter klarstellten, daß die religiösen Institutionen nicht von den neuen Gesetzen betroffen seien. Anlaß zur Sorge gab den Christen außerdem die von Zeit zu Zeit auflebende Kritik am Status der christlich geführten und staatlich unterstützten Privatschulen.[82] König Hussein wurde im Oktober 1953 zum ersten Mal in Audienz von Pius XII. empfangen. Der Papst empfahl ihm, wie zwei Jahre zuvor seinem Vater Talal, die christlichen Untertanen und die christlichen Institutionen in Jordanien.[83]

Insgesamt gesehen war der Umgang der jordanischen Regierung mit den Christen Ende der fünfziger Jahre freundlich. Seit 1954

---

[79] The General Islamic Congress for Jerusalem, Faltblatt, Amman [1953].
[80] COLLIN 1950, 154.
[81] Vgl. PIERACCINI 1995, 500f.
[82] Vgl. POC 3 (1953) 267f.
[83] Vgl. ASS 1953, 105f; J.L. RYAN 1987, 165.

arbeitete eine von König Hussein eingesetzte Kommission an einem Plan zur Restaurierung der Grabeskirche, die die jordanische Regierung auch finanziell unterstützte. Ähnlich wie die Baumaßnahmen an muslimischen Heiligtümern war auch dies ein Akt der Selbstlegitimation als Souverän in Jerusalem.[84] Im Jahr darauf wurde ein Gesetz verabschiedet, das eine antichristliche Spitze enthielt. Alle Schulen, die christlichen inklusive, sollten Freitags und an islamischen Feiertagen frei haben. Die Unterrichtssprache sollte fortan Arabisch sein, obwohl in den christlichen Schulen bislang auf Französisch oder Deutsch unterrichtet wurde, und der Lehrplan mußte ebenso viele Koran- wie Bibelstunden enthalten. Aufgrund von Protesten westlicher Staaten wurden diese Bestimmungen jedoch nicht umgesetzt.[85] Bei den staatlichen Feiertagen kam die jordanische Regierung den Christen jedoch entgegen und erklärte 1956 Weihnachten zum offiziellen Feiertag.[86]

Auch in Israel bedeutete der Status der christlichen Privatschulen ein Konfliktpotential, unter anderem, weil jüdisch-orthodoxe Gruppen missionarische Aktivitäten von christlicher Seite befürchteten. Ein 1953 vorgelegter Gesetzesentwurf, der christlichen Schulen die Aufnahme jüdischer Schüler verbieten sollte, fand im Parlament jedoch keine Mehrheit.[87] Die säkular orientierte Regierung unter Ben Gurion legte Wert auf einen freundlichen und pragmatischen Umgang mit der christlichen Minderheit. Sie veranlaßte den Bau einer neuen Straße zur Kirche auf dem Berg Tabor und bemühte sich um die endgültige Regelung der Kriegsschäden an christlichen Einrichtungen. Patriarchalvikar Vergani, der Ende 1955 den letzten Scheck in dieser Angelegenheit entgegennahm, bedankte sich anschließend bei der israelischen Regierung für „die ständige Hilfe [...], die mir bei allen Angelegenheiten zwischen der römisch-katholischen Kirche und dem Staat Israel auf dessen Gebiet zuteil geworden ist [...] sowie für das Wohlwollen, den Geist der Zusammenarbeit und die dabei bewiesene Tüchtigkeit"[88].

Die guten, quasi offiziellen Beziehungen der katholischen Hierarchie zu staatlichen Behörden in Israel fanden auf der Ebene des Vatikans jedoch keine Entsprechung. Aus Scheu vor allem, was als

---

[84] Vgl. POC 4 (1954) 260f.
[85] Vgl. WILSON 1970, 122; PIERACCINI 1997, 507.
[86] Vgl. POC 6 (1956) 364.
[87] Vgl. FERRARI 1991, 96.
[88] LAPIDE 1997, 277f. FERRARI (1991, 38) schreibt: „Nachdem Vergani heftig die Zerstörungen und Entweihungen christlicher Stätten durch israelische Truppen in den ersten Kriegsmonaten denunziert hatte, knüpfte er recht freundliche Beziehungen zu den Behörden in Tel Aviv und bemühte sich, ein Klima des Vertrauens zwischen diesen und den katholischen Gemeinden in Israel zu schaffen."

öffentliche Anerkennung des Staates Israel hätte aussehen können, wurde in vatikanischen Äußerungen die Bezeichnung Israel im politischen Sinn strikt vermieden. Als das Israelische Philharmonie-Orchester im Mai 1955 von Pius XII. in Audienz empfangen wurde und zu diesem Anlaß ein Stück von Beethoven spielte, schrieb der ‚Osservatore Romano': „Der Hl. Vater hat vormittags einige Besuchergruppen empfangen, darunter die Mitglieder eines Philharmonischen Orchesters mit jüdischen Künstlern aus vierzehn verschiedenen Nationen. Sie haben nachdrücklich gebeten, in Anwesenheit des Papstes ein Stück zu spielen, um erneut ihre Anerkennung und Dankbarkeit für die immensen Hilfeleistungen auszudrücken, durch die der Hl. Vater während des Zweiten Weltkriegs zahlreiche Juden gerettet hat."[89] Diese Episode brüskierte Israel beträchtlich; für die Chronisten der vatikanisch-israelischen Beziehungen bekam sie emblematischen Charakter.[90]

Im griechisch-orthodoxen Patriarchat in Jerusalem brach in dieser Zeit der schon länger schwelende Konflikt zwischen griechischer Hierarchie und arabischen Gemeindemitgliedern offen aus.[91] Der Vorfall verdient Erwähnung, weil das Grundproblem der Arabisierung der lokalen Kirche, wenngleich in geringerem Ausmaß, auch das lateinische Patriarchat betraf. Zudem verdeutlichte er, inwiefern die jordanische Regierung bereit war, bei innerchristlichen Angelegenheiten einzugreifen.

Nachdem im Dezember 1955 der griechisch-orthodoxe Patriarch Timotheos gestorben war, entwarf eine Gruppe von Reformern eine neue Patriarchatsverfassung, die der Gemeinde mehr Mitspracherechte gewähren sollte. Der griechisch-orthodoxe Patriarch sollte künftig jordanischer Staatsbürger sein und Arabisch können. Der Augenblick war günstig, da die jordanische Regierung, die den Entwurf approbieren mußte, darin einen Ausdruck des Protestes gegen Fremdbestimmung sah und das Anliegen der arabischen Gemeinde unterstützte.[92] „Die Hoffnung der arabischen Gemeinde auf ihre arabische Regierung ist größer als je zuvor"[93], stellte ‚Proche-Orient Chrétien' fest. Es stellte sich die Frage, ob der Nachfolger Timotheos' bereits nach der neuen Verfassung gewählt werden sollte, oder, wie es der griechische Klerus forderte, nach der alten Regelung. Die Reformer befürchteten, ein nach der alten Regel gewählter

---

[89] OR, 27.5.1955.
[90] Vgl. LAPIDE 1997, 278; CHOURAQUI 1992, 181 („Mit einem Staat, den man auf keinen Fall anerkennen will, kann man sich alles erlauben, selbst die schlimmsten ‚Versehen', nicht wahr?"); MENDES 1990, 122.
[91] Vgl. Tsimhoni 1982, 281-283.
[92] Vgl. Tsimhoni 1982, 284-286.
[93] POC 7 (1957) 91.

Patriarch könne die Verabschiedung der neuen Verfassung verhindern. ‚Proche-Orient Chrétien' resümierte: „Die Arabophonen forderten: erst die Verfassung, dann die Wahl. Die Hellenen antworteten: erst die Wahl und dann die Diskussion über eine neue Verfassung. Die Regierung löste das Problem auf ihre Weise, indem sie die neue Verfassung am selben Tag verabschiedete, an dem die Wahl stattfand."[94] Ende Januar 1957 approbierte das jordanische Parlament also das ‚Gesetz des Orthodoxen Patriarchats', auf Wunsch der arabischen Gemeinde ohne den Zusatz ‚griechisch' im Titel.[95] Am selben Tag wählte die griechisch-orthodoxe Bruderschaft vom Heiligen Grab den neuen Patriarchen, traditionsgemäß einen Nichtaraber. Patriarch Benediktos I. stammte aus der Türkei, war mit 14 Jahren ins griechisch-orthodoxe Patriarchat nach Jerusalem gekommen, hatte später in Athen Theologie studiert und war seit 1946 wieder in Jerusalem.[96]

Wie von der arabischen Gemeinde befürchtet, protestierte Benediktos I. bei König Hussein – nachdem dieser die Wahl bestätigt hatte – gegen die bereits beschlossene Reform. Nach der Ablösung der nationalistisch orientierten Regierung setzte er 1958 die Verabschiedung eines Gegenentwurfs durch. Nach der neuen Patriarchatsverfassung hatte die Gemeinde das Recht auf Mitbestimmung in Finanzfragen wieder verloren, und die Stellung der griechischen Hierarchie war wieder gestärkt.[97] Benediktos I. griff jedoch einige Anliegen der Reformbewegung auf, indem er 1960 erstmals einen Priester arabischer Herkunft zum Bischof weihte und der Aufnahme eines arabischen Mönches in die Bruderschaft zustimmte. Insgesamt aber bedeutete die neue Verfassung „keine grundlegende Änderung des Charakters und der Struktur des Patriarchats", resümiert Tsimhoni: „Es behielt seine griechische, national-religiöse Ausrichtung und wurde von der griechischen Diaspora weiterhin als Bollwerk der griechischen Nation gesehen."[98]

Diese Begebenheit verdeutlichte zweierlei. Sie zeigte, daß die jordanische Regierung – zum Teil aufgrund der Übernahme von Bestimmungen aus der Mandatszeit – bei christlichen Angelegenheiten durchaus intervenieren konnte, von dieser Einflußmöglichkeit aber zurückhaltend Gebrauch machte.[99] „Eine aufgezwungene Änderung

---

[94] POC 7 (1957) 92.
[95] Vgl. TSIMHONI 1982, 286.
[96] Vgl. POC 7 (1957) 90f.
[97] Vgl. POC 7 (1957) 89-93; TSIMHONI 1982, 287; BOVIS 1971, 98; KHODR 1987; COLBI 1988, 191f; PIERACCINI 1997, 511f.
[98] TSIMHONI 1982, 289.
[99] Ähnlich distanziert reagierten die jordanischen Behörden im Streit um die Wahl des armenischen Patriarchen, der sich von 1949 bis 1961 hinzog. Hier versuchten

der Struktur des Patriarchats, noch dazu von einer muslimischen Regierung, konnte im Westen allzu leicht als Übergriff auf die Rechte der ältesten christlichen Kirche verstanden werden. König Hussein war aufgrund seiner heiklen Position in der innerarabischen Arena und der Abhängigkeit von westlicher Hilfe sensibel für Jordaniens Image im Westen"[100], so Tsimhoni.

Ein Vergleich mit der Situation im lateinischen Patriarchat zeigte einige wesentliche Unterschiede. Da das lateinische Patriarchat 1847 vollständig neu aufgebaut wurde, hat man die einheimische Gemeinde und die Ausbildung einheimischer Priester von Anfang an nach Kräften gefördert. Arabischen Klerikern waren grundsätzlich auch Führungspositionen zugänglich; Anfang der fünfziger Jahre waren Mgr. Mansur Gelat als Auxiliar und Mgr. Nemeh Simaan als Patriarchalvikar für Jordanien die beiden hochrangigsten einheimischen Mitarbeiter. Die oberste Leitung des Patriarchats lag jedoch zunächst in den Händen von Nichtarabern. Gori war der siebte Jerusalemer Patriarch italienischer Herkunft. Anders als im griechisch-orthodoxen Patriarchat herrschte allerdings keine nationale Exklusivität. Das Ziel war vielmehr ein internationaler, im eigenen Seminar ausgebildeter Klerus.[101]

Zwar kam es unter diesen Umständen nicht zum offenen Konflikt zwischen arabischer Gemeinde und ausländischer Führung, doch die Nachteile dieser Konstellation waren auch im lateinischen Patriarchat offensichtlich. Im Nachruf auf den Patriarchen Albert Gori las sich die Kritik dem Anlaß entsprechend dezent: „Mgr. Gori, der ohnehin kein großer Redner war, hatte zudem das Handikap, kein Arabisch zu können. Die einheimischen Priester übersetzten also jeweils seine Ansprachen, gelegentlich, so muß man zugeben, mit geringer Treue zum Original. Sie halfen ihm auch, seine unvermeidlich begrenzte Kenntnis der lokalen Umstände und Persönlichkeiten zu kompensieren."[102]

Im Vatikan änderte sich die Personalsituation insofern, als Pius XII. im November 1952 Tardini und Montini zu gleichgestellten Prostaatssekretären ernannte. Beide setzten ihre Arbeit unverändert

---

die Kandidaten selbst, sich mit Hilfe der jordanischen Justiz durchzusetzen. Obwohl der Oberste Gerichtshof im März 1957 seine Nicht-Zuständigkeit erklärte, verklagten sich dort beide Parteien gegenseitig. Einer der Kandidaten, Tiran Nersoyan, wurde – vermutlich auf Betreiben seines Konkurrenten, Yeghishe Derderian, – zweimal des Landes verwiesen. König Hussein beendete den Konflikt, indem er die Wahl Derderians 1960 formal anerkannte. Vgl. BOVIS 1971, 97f; AL-KHALIL 1969, 104.

[100] TSIMHONI 1982, 289.
[101] Vgl. MÉDEBIELLE 1960a, 32.
[102] MÉDEBIELLE 1970, 6.

fort; die Ernennung war eher die formale Anerkennung ihrer faktischen Funktion. Das Amt des Staatssekretärs blieb weiterhin unbesetzt.[103] Montini wurde zwei Jahre später als Erzbischof nach Mailand gesandt, was einerseits als Entfernung aus dem Staatssekretariat, andererseits als Vorbereitung auf das Papstamt gedeutet wurde.[104]

Für die Apostolischen Delegaten in Jerusalem waren es verhältnismäßig ruhige Jahre. Dem ersten Amtsinhaber, Mgr. Gustavo Testa, war 1953 Mgr. Silvio Oddi gefolgt, der nach drei Jahren zum Internuntius in Kairo ernannt wurde. Als 1956 die Suezkrise den labilen Frieden im Nahen Osten bedrohte, fuhr Oddi nach Ägypten, „um den Schutz der katholischen Einrichtungen zu sichern"[105]. Pius XII. veröffentlichte Anfang November 1956, die Enzyklika ‚Laetemur admodum', in der er angesichts der Unruhen in Polen und Ungarn, aber auch im Blick auf den Nahen Osten, zum Gebet für den Frieden aufrief. Ohne eine politische Wertung erkennen zu lassen, schrieb Pius XII., „was können Wir, die mit väterlicher Liebe alle Völker umarmen, anderes tun, als zum Barmherzigen Vater zu flehen?"[106]. Der ‚Osservatore Romano' erklärte ausdrücklich, man wolle sich „nicht zu den politisch-diplomatischen Aspekten des Konflikts zwischen dem Staat Israel und Ägypten" äußern, sondern nur auf die „großen Risiken für den Frieden, das internationale Recht und die menschliche Freiheit"[107] verweisen.

Von 1957 bis 1961 war Mgr. Giuseppe Sensi Apostolischer Delegat in Jerusalem. Vierzig Jahre später erinnerte er sich vor allem an die palästinensischen Flüchtlingslager. „Ich habe einige der Lager besucht. Es war furchtbar traurig und schmerzhaft", sagte Sensi. Sein Hauptanliegen war in dieser Zeit, „gute Kontakte zum König von Jordanien und nach Zypern zu pflegen". Auch zur israelischen Seite bestanden Beziehungen: „Es gab keine offiziellen Kontakte, aber ich wurde zu ihren Festen eingeladen und bin hingegangen. Ab und zu habe ich den israelischen Bürgermeister Jerusalems besucht, wofür ich jedesmal durch das Mandelbaumtor mußte, dem einzigen Übergang zwischen Ost- und West-Jerusalem."[108]

In den letzten Amtsjahren Pius' XII. war das Engagement des Vatikans in Palästina eher verhalten. Die ‚Pontifical Mission' stellte sich auf eine langwierige Flüchtlingsunterstützung ein, in Israel und Jordanien konsolidierte sich allmählich die Lage der Christen, und Mgr. McMahon und Kardinal Spellman in New York bemühten sich ver-

---

[103] Vgl. GRAHAM 1984, 69-71.
[104] Vgl. RAFFELT 1973, 124-127; GRAHAM 1984, 80; RICCARDI 1990, 222f.
[105] POC 7 (1957) 93.
[106] AAS 48 (1956) 746.
[107] OR, 2.11.1956.
[108] Interview Sensi.

geblich im Vorfeld jeder UN-Generalversammlung, die Jerusalem-Frage wieder auf die Themenliste zu bringen. Der Papst sah jedoch wenig Anlaß, sich öffentlich zur Lage im Nahen Osten zu äußern.[109]

Nachdem Pius XII. im Oktober 1958 gestorben war und die Bilanz seines Pontifikats gezogen wurde, war der Haupttenor in Israel die Kritik an der Zurückhaltung des Papstes angesichts der Judenverfolgung während der nationalsozialistischen Herrschaft. Die Kontroverse, ob und inwiefern Pius XII. hinter seinen Möglichkeiten zurückgeblieben ist, sich für die Juden einzusetzen, wird unvermindert heftig geführt und ist in zahlreichen Publikationen dokumentiert.[110] An dieser Stelle ist ein Urteil aus palästinensischer Sicht hinzuzufügen, daß überraschend ähnlich formuliert ist: „Unter Pius XII. betrachtete der Vatikan Palästina weiterhin als ein Thema von höchster Wichtigkeit für die Kirche. Er versuchte mehrfach, die Politik seiner ‚weltlichen Verbündeten' auf diesem Gebiet zu beeinflussen und bestritt Israels Legitimation und die durch Gewalt geschaffenen Fakten. Es muß aber auch gesagt werden [...], daß der Heilige Stuhl die einzige ihm zur Verfügung stehende Waffe nicht mit ganzer Kraft eingesetzt hat: die heftige Verurteilung der Diskriminierung und Verletzung von Recht und Gerechtigkeit."[111]

5. Papst Johannes XXIII., die Juden und das Heilige Land

Als Angelo Giuseppe Roncalli noch Patriarch von Venedig war, erhielt er die Einladung einer israelischen Schiffahrtsgesellschaft, an der Jungfernfahrt der Linie Venedig – Haifa teilzunehmen. Er lehnte dankend ab, fügte aber hinzu: „Eine Linie Venedig – Haifa ist schon nicht schlecht, aber es wäre noch viel besser, wenn man eine Linie Rom – Jerusalem eröffnen könnte."[112] Wenige Monate später, am 28. Oktober 1958, wurde Roncalli zum Papst gewählt. Johannes XXIII. war ein Übergangspapst im doppelten Sinne. Nach dem autokratisch geprägten Pontifikat Pius' XII., der wenig neue Kardinäle – und damit Kandidaten für das Amt des Papstes – ernannt hatte, sollte eine diskrete Persönlichkeit für ein eher kürzeres Pontifikat gewählt werden.[113] Montini, damals Erzbischof in Mailand, war bereits im

---

[109] Im Juli 1956 empfing Pius XII. den israelischen Schriftsteller André CHOURAQUI (1990, 418), der dem Papst später „ein vollkommenes Unwissen von Israel und dem [zeitgenössischen] Judentum" attestierte.

[110] Vgl. MARCHIONE 1999; CORNWELL 1999; BLET 1997; GRAHAM 1990; PAPELEUX 1980; MORLEY 1980; FRIEDLÄNDER 1966.

[111] ROKACH 1987, 56.

[112] Vgl. CHOURAQUI 1992, 183.

[113] Vgl. ZIZOLA 1973, 313-325; 1997, 82-85; GROOTÆRS 1994, 12-47; HEBBLETHWAITE 1984, 274-284; FISCHER 1997, 87-89; RICCARDI 1990, 176.

Gespräch, hatte aber die notwendige Kardinalswürde noch nicht. Roncalli war zum Zeitpunkt der Wahl 77 Jahre alt. Gewählt in der Erwartung eines schwach profilierten Pontifikats, initiierte Johannes XXIII. mit der Einberufung des Zweiten Vatikanischen Konzils jedoch die wichtigste Kirchenreform des 20. Jahrhunderts. „Der Übergangspapst hat den Übergang der Kirche in die Zukunft ermöglicht"[114], so Kardinal Josef Ratzinger.

Ein Kernelement der von Johannes XXIII. begonnenen Reform war die Neubesinnung der katholischen Kirche auf das jüdisch-christliche Verhältnis, das ihm aufgrund seiner persönlichen Erfahrung besonders am Herzen lag. Während des Zweiten Weltkriegs hatte er sich als Apostolischer Delegat in Istanbul intensiv dafür eingesetzt, Deportationen von Juden aufzuhalten und Juden die Flucht nach Palästina zu ermöglichen; auch wenn ihm zwischendurch Zweifel an der theologischen Bedeutung der Rückkehr der Juden nach Palästina kamen. „Ich gebe zu, daß das Zusammenbringen der Juden in Palästina – ausgerechnet mit Hilfe des Vatikans – quasi zur Wiederherstellung des jüdischen Reichs [...] mich etwas verunsichert. Es scheint mir nicht ganz angemessen, daß ausgerechnet die Hilfsbereitschaft des Vatikans [...] anfänglich und indirekt die Realisierung des messianischen Traums ermöglicht. Aber das sind wohl nur meine persönlichen Skrupel, und es reicht, sie ausgesprochen zu haben, damit sie verschwinden"[115], schrieb Roncalli im September 1943 aus Istanbul an Staatssekretär Luigi Maglione. Roncalli bewog sowohl das Staatssekretariat als auch seine Amtskollegen in der Slowakei, Rumänien und Ungarn mehrfach, bei den jeweiligen Regierungen zu intervenieren. Er stand in regelmäßigem Kontakt zu Vertretern der ‚Jewish Agency', stellte selber Transitvisa aus und sandte Immigrantenvisa, die er in Istanbul von der ‚Jewish Agency' erhalten hatte, an die Vatikanvertretungen in Rumänien und Ungarn weiter.[116] Kurz vor Kriegsende besuchte ihn der aschkenasische Chefrabbiner in Palästina, Isaak Herzog.[117] Ohne den Erfolg beziffern oder die Wirksamkeit seines Einsatzes beurteilen zu wollen, läßt sich aus all dem ablesen, daß Johannes XXIII. persönlich stark von der Katastrophe der europäischen Juden geprägt war.

Die Wahl des neuen Papstes wurde in Israel mit Wohlwollen aufgenommen, um so mehr als der israelische Präsident Jizchak Ben-Zwi offiziell benachrichtigt wurde und der israelische Botschafter in

---

[114] ZIZOLA 1997, 85.
[115] ACTES ET DOCUMENTS ... 9 (1975) 469.
[116] Vgl.; PIERACCINI 1997, 525-527; MELLONI 1992; HEBBLETHWAITE 1984, 166-198; ZIZOLA 1973, 108-114; LAPIDE 1997, 107-111.
[117] Der Sohn des Chefrabbiners, Jakob Herzog, wurde später der Leiter der Abteilung für christliche Angelegenheiten im israelischen Religionsministerium.

Rom, Eliahu Sassoun, als Sondergesandter an der Krönungsfeier teilnahm.[118] Es war eines der größten Anliegen von Johannes XXIII., daß die katholische Kirche ihren Ursprung aus dem Judentum würdigte und sich aufrichtig vom Antijudaismus lossagte. Aufgrund dieses zutiefst theologischen Ansatzes trat die klassische Palästinapolitik im Stil Pius' XII. zunächst in den Hintergrund. Das Pontifikat Johannes XXIII. war indessen gekennzeichnet durch Gesten wiederentdeckter Verbundenheit mit dem Judentum.

Mit einer kleinen, aber vielsagenden Änderung eines liturgischen Textes machte Johannes XXIII. am Karfreitag 1959 deutlich, wie sehr ihm die Erneuerung des Verhältnisses zum Judentum am Herzen lag. ‚Oremus per perfidis Iudaeis (Lasset uns beten für die ungläubigen Juden)', begann die achte der Großen Karfreitagsfürbitten. Antijudaistische Tendenzen verstärkend hatten die Übersetzungen in europäische Sprachen eine negative Konnotation bekommen; es wurde für die ‚perfiden', ‚treulosen' Juden gebetet. Zwar hatte die Ritenkongregation im Juni 1948 auf Initiative einer jüdisch-christlichen Gruppe erklärt, daß Übersetzungen im Sinne von ‚ungläubig' zugelassen seien. Aber Johannes XXIII. ging noch einen Schritt weiter und ordnete spontan während der Liturgie an, das mißverständliche Adjektiv ganz wegzulassen. Es war die erste seiner zahlreichen Gesten gegenüber dem Judentum, die das von ihm angekündigte ‚Aggiornamento' der Kirche unterstrichen und weite Beachtung fanden.[119]

Nachdem die Wahl des neuen Papstes in Jerusalem bekannt geworden war, stellten die Franziskaner der Kustodie in Jerusalem fest, daß der 25jährige Don Roncalli 1906 bereits das Heilige Land besucht hatte. Als Assistent seines Bischofs war er damals einer von 400 Teilnehmern einer knapp dreiwöchigen nationalen Pilgerfahrt.[120] Der letzte Papst, der vor seinem Pontifikat das Heilige Land besucht hatte, war 1271 der spätere Gregor X. gewesen. „Dieses Ereignis, das in seiner Bedeutung von den Biographen wenig beachtet wird, hat

---

[118] Vgl. LAPIDE 1997, 302; CHOURAQUI 1992, 184.

[119] Vgl. BEA 1966, 21; LAPIDE 1997, 282f. Als am Karfreitag 1963 der Lektor im Petersdom versehentlich den alten Text las, bat ihn Johannes XXIII., noch einmal von vorn zu beginnen. Vgl. LAPIDE 1997, 304. Den Verzicht auf die Kniebeuge an dieser Stelle schaffte die Ritenkongregation 1955 ab. Nach mittelalterlicher Interpretation sollte die Spottgeste der Juden während der Geißelung Jesu nicht wiederholt werden; nach den Evangelien waren es indes römische Soldaten, die Jesus auf diese Weise verhöhnten.

[120] Vgl. La Terre Sainte 1963, 252-259. In der Bildunterschrift zu einem Gruppenfoto der Pilgergruppe heißt es: „Der junge Priester Roncalli und andere tragen einen Bart. Das kommt daher, daß im Programm eigens darauf hingewiesen wurde: ‚Die Priester dürfen ihren Bart wachsen lassen; das wird im Orient gern gesehen.'" Vgl. ebd. 253.

das Leben des künftigen Papstes sicher geprägt", schrieb die franziskanische Zeitschrift ‚La Terre Sainte', „schließlich bedeutete diese Reise seinen ersten direkten Kontakt mit der orientalischen Welt."[121] Die Gruppe logierte im Gästehaus der Kustodie und widmete einen Teil des Programms dem Besuch mehrerer franziskanischer Einrichtungen in Jerusalem. Am Ende seiner Pilgerfahrt erhielt Roncalli vom Kustos das Jerusalemkreuz. Später erinnerte er sich, daß die heiligen Stätten in Nazaret einen desolaten Eindruck auf ihn gemacht hatten: „Ich hatte immer einen großen Schmerz im Herzen, wenn ich an den armseligen und beschämenden Zustand des Ortes dachte, ‚in quo Verbum caro factum est', während man auf dem Tabor, in Gethsemane und an anderen Orten prächtige und imposante Basiliken errichtet hat."[122] Er habe immer auf eine Rückkehr gehofft, sagte Roncalli später dem jüdischen Schriftsteller Pinchas Lapide, den er als Patriarch von Venedig 1956 in Audienz empfing: „Ich würde gern die heiligen Stätten wieder besuchen und die Orte sehen, wo der Herr Wunder gewirkt hat"[123].

Über die aktuelle Lage im Heiligen Land konnte sich Johannes XXIII. bald nach seiner Wahl aus erster Hand berichten lassen. Im Juni 1959 empfing er sowohl den griechisch-katholischen Erzbischof von Galiläa, Georges Hakim, als auch den lateinischen Patriarchen von Jerusalem, Albert Gori, in Privataudienz. „Seine Heiligkeit war eifrig interessiert an der Situation in Israel, über die er sehr gut unterrichtet war", sagte Hakim nach seiner Rückkehr vor der israelischen Presse, „er äußerte starke Sympathie für das jüdische Volk und besonders für den in Israel lebenden Teil [...] und sprach die Hoffnung aus, daß die Beziehungen zwischen dem Vatikan und Israel bald verbessert werden können"[124]. Patriarch Gori berichtete von seinem Zusammentreffen mit Johannes XXIII. in einem Brief an Klerus und Gläubige seiner Diözese. Die Botschaft des Papstes an die Christen im Heiligen Land, die Gori auf diese Weise übermittelte, war knapp: Sie sollten „gehorsame Söhne der Kirche sein und niemals den Verlockungen der Sektierer nachgeben"[125]. Die heiligen Stätten, sonst fester Bestandteil päpstlicher Äußerungen zum Heiligen Land, blieben im Bericht des Patriarchen über seinen Papstbesuch unerwähnt. Es mag ein Indiz dafür sein, daß der Zusammenhang zwischen den beiden Komponenten der Palästinafrage, den

---

[121] La Terre Sainte 1963, 252.
[122] La Terre Sainte 1963, 254.
[123] LAPIDE 1997, 299. Im Gespräch mit Lapide erwähnte Roncalli einen zweiten Aufenthalt, „kurz vor dem Krieg – aber da hatte ich viel zu tun", und fügte hinzu: „Wer weiß, wenn es gut ist, wird es mir vielleicht ein drittes Mal erlaubt." (ebd.).
[124] LAPIDE 1997, 305f.
[125] Jérusalem 1959, 120 (dort irrtümlich auf 1956 datiert).

heiligen Stätten und den einheimischen Christen, zu dieser Zeit im Vatikan nicht besonders eng gesehen wurde.

Mit der Warnung vor den ‚Sektierern' reagierte der Papst auf Berichte aus dem Patriarchat, in denen die Ausbreitung protestantischer Gruppen als Bedrohung der katholischen Gemeinde dargestellt war. „Die große Zahl der protestantischen Denominationen, die sich im Heiligen Land dem Proselytismus widmen, das Ausmaß ihrer finanziellen Mittel und die Anziehungskraft ihrer großzügigen Angebote für die vielen Flüchtlinge und Kriegsgeschädigten von 1948 machen es erforderlich, auf die Gefahr dieser immensen protestantischen Aktivitäten hinzuweisen, [...] die anfängt, hier und da die bedürftigsten der Katholiken zu bedrohen"[126], so die Klage aus dem lateinischen Patriarchat in Jerusalem.

6. Konflikte in den katholischen Patriarchaten von Jerusalem

Das lateinische Patriarchat war mittlerweile seit über zehn Jahren durch die Waffenstillstandslinie zwischen Israel und Jordanien geteilt und umfaßte außerdem Zypern und den ägyptisch verwalteten Gazastreifen. Der Patriarch residierte – wie auch der Apostolische Delegat – im arabischen Teil Jerusalems. Ihm standen zwei Generalvikare zur Seite, die für je einen Teil der Diözese zuständig waren: Mgr. Nemeh Simaan für den jordanischen und Mgr. Antonio Vergani für den israelischen. Im September 1959 ernannte Johannes XXIII. den bisherigen Vertreter der Kustodie in Kairo, Mgr. Pier Giorgio Chiappero, zum neuen Generalvikar für Israel. Im Unterschied zu seinem Vorgänger Vergani und seinem jordanischen Amtskollegen Simaan wurde Chiappero zum Bischof geweiht. In Israel sah man darin „ein unverkennbares diplomatisches Rapprochement"[127]: Der Heilige Stuhl vollzieht Änderungen „im Blick auf Jahrhunderte und nicht auf Jahre", schrieb die ‚Jerusalem Post' im Leitartikel. „Deshalb sind auch geringe administrative Änderungen als Grundsatzentscheidungen zu betrachten. [...] Die Ernennung eines Bischofs in Israel bedeutet noch längst keine politische Anerkennung des Landes durch den Vatikan. Aber es ist ein Schritt nach vorn zur Verbesserung der Beziehungen."[128] In Amman sah man diese Entwicklung ähnlich, aber mit Beunruhigung. Die jordanische Regierung fragte daher nach und erklärte anschließend, „daß sie vom Vatikan die Zusage erhalten

---

[126] MÉDEBIELLE 1960a, 20.
[127] LAPIDE 1997, 306.
[128] The Jerusalem Post, 21.9.1959; zit. n. POC 9 (1959) 369.

habe, eine Anerkennung Israels durch den Heiligen Stuhl komme nicht in Frage"[129].

Die Interpretation dieser Bischofsweihe als Zeichen verbesserter Beziehungen zu Israel entsprach sicher dem Anliegen des Papstes. Vor Ort, im lateinischen Patriarchat in Jerusalem, fand man dafür noch eine weitere Erklärung. Unter den Neueinwanderern, die nach den Unruhen in Ungarn und Polen 1956 nach Israel kamen, befanden sich nach Schätzungen des Patriarchats rund 7000 katholische Frauen und Kinder aus jüdisch-christlichen Ehen. „Die Ankunft der neuen christlichen Immigranten, der Frauen und Kinder, deren Glaube in dem neuen Umfeld [des jüdischen Staates] gefährdet ist, hat die schwierigen Aufgaben des lateinischen Patriarchen und seines Klerus noch vermehrt. Unter diesen Umständen versteht man die Entscheidung des Heiligen Stuhls gut, der im September 1959 den Generalvikar des Patriarchen in Israel in den Rang eines Bischofs gehoben hat"[130], schrieb Pierre Médebielle, Chefredakteur der Diözesanzeitschrift ‚Jérusalem'. Die Sorge des Patriarchats um christliche Mitglieder gemischt-religiöser Familien, hebräischsprachige Christen und Konvertiten aus dem Judentum bot orthodoxen Juden, die die Christen in Israel agressiver Missionstätigkeit beschuldigten, häufig eine Angriffsfläche.[131]

Neben den Protestanten und den auf verschiedene Weise mit dem Judentum verbundenen Christen stellten auch die orientalischen Gemeinden Konfliktpotential für das lateinische Patriarchat dar. Anfang der sechziger Jahre brach mit dem melkitischen Patriarchat ein Streit aus, der letztlich um die Frage ging, welches der beiden Patriarchate die authentische und rechtmäßige Vertretung der Katholiken in Palästina sei. „Die lateinischen Katholiken, die sich im Orient unter uns niedergelassen haben, etablieren sich an manchen Orten, als ob wir nicht existierten. Da sie uns nicht unterdrücken können, geben sie vor, uns zu ignorieren"[132], lautete der Vorwurf des griechisch-katholischen Patriarchen Maximos IV. „Sie denken, das,

---

[129] Meldung der Nachrichtenagentur UPI, 27.11.1959.
[130] MÉDEBIELLE 1960a, 10f. ‚Civiltà Cattolica' kritisiert den israelischen Umgang mit konvertierten Juden im Anschluß an die Rezension einer Neuerscheinung über Israel (CHOURAQUI 1958) und nennt u.a. forcierte Beschneidungen von Söhnen jüdisch-christlicher Eltern; Repressionen, wenn Kinder aus religiös gemischten Ehen auf katholische Schulen geschickt werden; jüdische Erziehung von Waisenkindern. Die Buchbesprechung [!] endete mit der Bemerkung: „Obwohl sie selbst Opfer so vieler grausamer Diskriminierung waren, begehen nun viele Juden den gleichen tragischen Fehler, indem sie die unzulässige Gleichsetzung des religiösen und des rassischen Aspektes verfechten." (CC I [1959] 424).
[131] Patriarch Gori hatte zur Betreuung dieser Gruppe im Februar 1955 die Organisation ‚Jakobuswerk' initiiert.
[132] SAYEGH 1960, 294

was man ‚orientalischen Katholizismus' nennt, dürfe in der katholischen Kirche nur eine Ausnahmeerscheinung sein, [...] der es erlaubt sei, zu existieren, keineswegs aber, sich zu entwickeln. Man verbietet ihnen also, [...] wie kürzlich erst in Palästina, jedes Apostolat bei Nichtgläubigen, die, wenn sie konvertieren, nur zur lateinischen Kirche gehören sollen. Und man erleichtert sogar den nichtkatholischen Orthodoxen den Übertritt zu den Lateinern, trotz wiederholter gegenteiliger Anweisungen des Papstes."[133]

Pierre Médebielle antwortete auf diese und andere „böswillige, [...] private und öffentliche Angriffe auf das lateinische Patriarchat von Jerusalem und seine apostolische Tätigkeit" in Form eines Exposés „mit streng vertraulichem Charakter"[134]. Es gibt über die Missionsrivalitäten hinaus einen guten Einblick in die Situation des lateinischen Patriarchats während des Pontifikats Johannes XXIII.

Médebielle beklagte – wie schon zu früheren Gelegenheiten[135] – die finanzielle Lage des Patriarchats, die wesentlich schlechter sei als man gewöhnlich annehme. „Nach einer Untersuchung der drei Aspekte Ausstattung, Schulen und Seminare sieht man, was aus dem Mythos der üppigen Ressourcen des lateinischen Patriarchats wird. Man muß vielmehr feststellen, daß die Ressourcen unzureichend, im Blick auf die Schulen sogar katastrophal sind."[136] Er vertrat aber die Ansicht, daß die Lateiner trotz der geringeren Mittel bessere Resultate vorweisen könnten als die Melkiten, was er an der höheren Zahl der Seminaristen (24 zu 19) festmachte.

Médebielle bestätigte und rechtfertigte zugleich den abstrusen Missionswettstreit zwischen den beiden katholischen Gemeinschaften um die nichtkatholischen Christen. Tatsächlich seien mehr „Dissi-

---

[133] SAYEGH 1960, 294. So auch HAJJAR 1996, 266: „Das lateinische Patriarchat wurde beschuldigt, auf Kosten der Orthodoxen und manchmal sogar der Unierten Proselytismus zu betreiben."

[134] MÉDEBIELLE 1960b, 2. Es war der Beginn einer „heftigen Kontroverse, ausgetragen durch Broschüren und Gegenbroschüren" (DE VRIES 1964, 126). Das melkitische Patriarch warf den Lateinern daraufhin erneut vor, den ihnen zustehenden Platz an den heiligen Stätten zu besetzen. Die Schrift mit dem Titel ‚Catholicisme ou latinisme?' verfaßte der spätere Bischof Néophyte Edelby (vgl. PATRIARCAT GREC-MELCHITE [Hg.] 1961; HAJJAR 1996, 266 FN 25). Die Kustodie wehrte den Vorwurf mit dem Hinweis auf den ‚Status quo' ab: „Der ‚Status quo' und nicht die Franziskaner verweigert den katholischen Priestern des orientalischen Ritus, in der Grabeskirche und in der Betlehemer Geburtskirche Gottesdienst zu feiern" (CUSTODIA DI TERRA SANTA [Hg.] 1961, Titelblatt).

[135] Ein Beitrag für die Diözesanzeitschrift ‚Jérusalem' über die Finanzkrise des lateinischen Patriarchats brachte ihm eine Beschwerde der Kongregation für die Orientalische Kirche bei seinem Ordensoberen ein. Tisserant kritisierte seinen „unangebrachten Angriff auf alle, die sich um das Wohlergehen des lateinischen Patriarchats sorgen". Vgl. Tisserant an McMahon, 21.8.1954: PMP-Archiv.

[136] MEDEBIELLE 1960b, 17.

denten"[137] zur römisch-katholischen als zur melkitischen Kirche übergetreten. Dennoch habe die orientalische Kirche anfangs von der Präsenz der lateinischen profitiert: „Die lateinischen Missionare bereiteten den melkitischen aber den Weg [...], indem sie rivalisierende Stämme [die nicht gemeinsam in die gleiche Gemeinde eintreten wollen] zum Teil an die Melkiten weiterverwiesen."[138] Die dadurch entstandene „kostspielige Verdoppelung des Klerus und der Kirchen [...] ist aber kein Luxus mehr, sondern ein Gewinn. [...] Mittlerweile ist die Aufgabe groß genug, um zwei Riten zu beschäftigen."[139]

Den Grund für den größeren Missionserfolg der Lateiner sah Médebielle im einheimischen, gut ausgebildeten und zölibatären Klerus des lateinischen Patriarchats. „Das eigentliche Hindernis für die Rückkehr der Dissidenten ist die Minderwertigkeit des [orientalischen] Klerus [...]. In den Dörfern gibt es Priester, die zwar jordanisch, aber verheiratet sind und kein Ansehen haben, und in den Städten sind nur Ausländer."[140] Schließlich ging er ausführlich auf den Vorwurf ein, die Melkiten „seien aufgrund ihres Ritus und ihres eher nationalen Charakters heute besser geeignet, die katholische Position in Palästina zu vertreten"[141]. Er verwies – ohne die erst später populäre Vokabel zu benutzen – auf den hohen Grad der Inkulturation des lateinischen Patriarchats, der sich an der Zahl der einheimischen Priester, an der weitgehend arabischen Liturgie und der starken Gemeindebeteiligung ablesen lasse. „Der Priester spricht seinen Part gewöhnlich auf Latein, bis auf das Evangelium und die Predigt. Aber die Gemeinde spricht oder singt alle ihre Teile der Messe sowie die Gemeindelieder auf Arabisch."[142] Die Tatsache, daß der Patriarch selbst Ausländer war, sei durch die jahrhundertelange Präsenz westlicher Christen im Heiligen Land gerechtfertigt. Im übrigen sei ein europäischer Patriarch, dessen Diplomatenstatus von beiden Seiten anerkannt werde, unter den aktuellen politischen Umständen von großem Vorteil.

Médebielle schrieb zwar polemisch, hatte aufgrund seiner langjährigen redaktionellen Arbeit im Patriarchat aber ein fundiertes Hintergrundwissen. Nimmt man seine Darstellungen also als glaubwürdige Situationsbeschreibung des lateinischen Patriarchats am Beginn der sechziger Jahre, so sind zwei Hauptmotive auszumachen: Spannungen gab es eher innerhalb der eigenen Glaubensgemeinschaft als im Verhältnis zu Andersgläubigen oder den jeweiligen Regierungen.

---

[137] MEDEBIELLE 1960b, 21.
[138] MEDEBIELLE 1960b, 19f.
[139] MEDEBIELLE 1960b, 20.
[140] MEDEBIELLE 1960b, 24.
[141] MEDEBIELLE 1960b, 30.
[142] MEDEBIELLE 1960b, 26.

Und das größte Problem des Patriarchats schien das finanzielle zu sein.

Der Hilferuf nach finanzieller Unterstützung erreichte auch den Papst, der ihm ein starkes Echo verschaffte, indem er besonders nachdrücklich zu der von Leo XIII. und Benedikt XV. eingeführten Karfreitagskollekte für die heiligen Stätten aufrief. „Unter den aktuellen Umständen fordern wir insbesondere [zu der Kollekte] auf, da die Not jeden Tag zunimmt und noch freigiebigere Nächstenliebe erfordert. Die zahlreichen katholischen Institutionen und apostolischen Aktivitäten in dieser Region dürfen nicht wegen nachlassender christlicher Großzügigkeit gefährdet werden", schrieb Johannes XXIII. im April 1960. Anlaß des päpstlichen Spendenaufrufes war die 400-Jahrfeier des Franziskanerkonvents St. Saviour in Jerusalem, den der Papst vor über fünfzig Jahren selbst besucht hatte. In der Laudatio auf das Werk der Kustodie klang die Erinnerung an die Pilgerreise des Don Roncalli an: „Wir denken an die apostolischen und karitativen Werke und an zahlreiche weitere Einrichtungen in der ganzen Region, mit deren Hilfe sich heute der Einfluß der Kirche mehr und mehr ausweitet, was für die Erfüllung ihrer Mission notwendig ist."[143]

7. Die Vorgeschichte der Erklärung des Zweiten Vatikanischen Konzils zu den Juden

Im Sommer 1960 fanden die beiden Audienzen statt, die den Prozeß der Neuformulierung des Verhältnisses der Kirche zum Judentum in Gang setzten. Dieser Prozeß, der nach nach fünf konfliktreichen Jahren zur Verabschiedung der Konzilserklärung ‚Nostra aetate' führte, betraf das Verhältnis des Vatikans zur arabischen Welt und zu Palästina weit mehr, als seine Initiatoren es vermuten konnten.

Einer der Auslöser dieser Entwicklung war die Audienz, die Johannes XXIII. dem jüdischen Historiker Jules Isaac im Juni 1960 gewährte. Isaac, der über christliche Wurzeln des Antisemitismus' forschte,[144] hatte bereits 1949 Papst Pius XII. aufgesucht und ihn auf die unglückliche Geste der ausgelassenen Kniebeuge während der Karfreitagsfürbitte für die Juden hingewiesen.[145] Als er von Johannes XXIII. empfangen wurde, überreichte er ihm ein Dossier, das u.a. einen Katalog von Vorschlägen enthielt, wie das Judentum in der christlichen Lehre zutreffender dargestellt werden sollte. Seinem eigenen Bericht zufolge zeigte der Papst „Verständnis und Sympa-

---

[143] AAS 52 (1960) 389.
[144] Vgl. ISAAC 1956; DERS. 1962.
[145] Vgl. LAPIDE 1997, 283.

thie"[146]. Auf die Frage, ob es Hoffnung gebe, diese Anliegen zu berücksichtigen, sagte Johannes XXIII.: „Mehr als eine Hoffnung habt Ihr ein Recht darauf. Ich bin zwar das Oberhaupt, aber ich muß mich mit den kompetenten Autoritäten beraten."[147] Das Dossier Isaacs übergab Johannes XXIII. im September 1960 an Kardinal Augustin Bea, den er als Präsidenten des Sekretariats für christliche Einheit mit der Vorbereitung einer Konzilserklärung zum Judentum beauftragte.[148] „Der Papst [konnte] gewiß nicht einmal entfernt ahnen, welches Ausmaß der Auftrag [...] in der Folgezeit erreichte. Erhebliche Schwierigkeiten kennzeichnen die nachfolgende Geschichte der Erklärung. Sie lagen, wie bekannt, nicht so sehr auf theologischem Gebiet, sondern ergaben sich aus unglücklichen politischen Zeitumständen"[149], schrieb Bea später.

Im Oktober 1960 empfing Johannes' XXIII. eine Delegation der jüdisch-amerikanischen Organisation ‚United Jewish Appeal'. Er begrüßte die Teilnehmer mit den Worten des Abrahamsohns Josef in Ägypten (Gen 45,4): ‚Ich bin Josef, euer Bruder' (Son'io, Giuseppe, il fratello vostro). Indem er sich mit seinem Taufnamen vorstellte und als engsten Familienangehörigen ausgab, machte er deutlich, wie sehr ihm die Wiederentdeckung der Verbundenheit mit dem Judentum persönlich am Herzen lag. „Wir sind alle Söhne des gleichen Vaters", erklärte der Papst mit einer für seine Position bemerkenswerten Offenheit.[150]

Bedeutsam für den Verlauf des Konzils und die Nahostpolitik des Vatikans in dieser Zeit waren einige personelle Änderungen in der Kurie. Im Unterschied zu seinem Amtsvorgänger Pius XII. hatte Johannes XXIII. von Anfang an einen kollegialeren und kommunikativeren Regierungsstil gepflegt. Gleich im ersten Monat nach seiner Wahl besetzte er den seit 1944 vakanten Posten des Staatssekretärs mit Domenico Tardini, der diese Funktion als Prostaatssekretär faktisch längst übernommen hatte. Das Kardinalskollegium, dessen Mitgliederzahl sich unter Pius XII. aufgrund weniger Neuernennungen verringert hatte, erreichte unter Johannes XXIII. einen Höchststand von neunzig Mitgliedern. Privataudienzen entwickelten sich zuneh-

---

[146] IL CONCILIO III, 416.
[147] IL CONCILIO III, 416; vgl. LAURENTIN 1966, 129; OESTERREICHER 1967, 406; LAPIDE 1997, 326-329.
[148] Das Sekretariat für christliche Einheit hatte unter den zehn Vorbereitungskommissionen eine Sonderstellung, da es keiner Kongregation zugeordnet war, sondern ausschließlich für das Konzil eingerichtet wurde. Daß die Judenerklärung gerade dort erarbeitet wurde, lag vor allem an der Person Beas, auf dessen Geschick Johannes XXIII. in dieser Frage vertraute. Vgl. OESTERREICHER 1967, 406.
[149] BEA 1966, 21.
[150] Vgl. OESTERREICHER 1967, 408; HEBBLETHWAITE 1984, 19; LAPIDE 1997, 304f; OR, 19.10.1960.

mend von protokollarischen Pflichten zu wichtigen Instrumenten der Kommunikation und Politik.[151]

Zu einer Schlüsselfigur wurde der ehemalige Apostolische Delegat in Washington, Amleto Cicognani. Johannes XXIII. ernannte ihn 1958 zum Kardinal und übertrug ihm die Leitung der Kongregation für die Orientalische Kirche.[152] Als Staatssekretär Domenico Tardini starb, wurde Cicognani sein Nachfolger. Während Tardini den Verdacht auf sich gezogen hatte, die Konzilsvorbereitungen zu bremsen, unterstützte Cicognani die Reformabsichten Johannes' XXIII., dem er auch persönlich nahestand.[153] Im Unterschied zu Tardini, der wenig über Italien hinausgekommen war, hatte Cicognani viele Jahre im Ausland verbracht.[154] Schon 1931 war Cicognani, damals Assessor der Kongregation für die Orientalische Kirche, als persönlicher Vertreter des Papstes nach New York gereist, um die Neuorganisation der ‚Catholic Near East Welfare Association (CNEWA)' zu betreuen. Zwei Jahre später kehrte er als Apostolischer Delegat in die USA zurück und blieb für fünfundzwanzig Jahre in dieser Position. Während dieser Zeit pflegte er gute Kontakte zur politischen Welt, so zum amerikanischen Präsidenten Harry Truman und zur UNO. Enge Verbindung bestand auch zum New Yorker Erzbischof und CNEWA-Präsidenten Francis Spellman und zum Generalsekretär der ‚Päpstlichen Mission für Palästina' Thomas McMahon. Seiner Stellung entsprechend diente Cicognani ihnen als Bindeglied zum Staatssekretariat, was Spellman und McMahon bei ihren Jerusalem- und Palästina-Initiativen häufig in Anspruch genommen hatten. So entschied sich Johannes XXIII. 1961 für einen Staatssekretär, der seit dreißig Jahren das katholische Engagement im Nahen Osten aufmerksam verfolgte und einige der Hauptakteure persönlich kannte. Cicognanis Nachfolger an der Spitze der Kongregation für die Orientalische Kirche war zum ersten Mal seit ihrer Gründung ein Mitglied einer orientalischen Kirche. Der in Syrien geborene Melkit Acacio Coussa, der vom Papst selbst nach dem byzantinischen Ritus zum Erzbischof geweiht worden war, starb jedoch nach wenigen Monaten im Amt.[155]

---

[151] Vgl. LAPIDE 1997, 293f.

[152] HAJJAR (1996, 264) schreibt: „Johannes XXIII. bat Kardinal Tisserant, den Sekretär der Kongregation für die Orientalische Kirche, seinen Platz einem seiner Vertrauten zu überlassen, der seine neue Politik der ökumenischen Öffnung unterstützte."

[153] Die seit dem 5.6.1960 angekündigten Vorbereitungskommissionen nahmen ihre Arbeit erst am 13.11.1960 auf. „Es wurde vermutet, daß Kardinal Domenico Tardini absichtlich die Vorbereitungen verzögerte [...]. Falls er dachte, Johannes würde nicht mehr lange im Amt bleiben, wurde er selbst Opfer einer göttlicher Ironie, da er selbst am 30. Juli 1961 starb, fast zwei Jahre vor dem Papst," schreibt HEBBLETHWAITE 1984, 370. Zur Biographie Tardinis vgl. WUESTENBERG 1961.

[154] Vgl. im folgenden SANDFUCHS 1962b; DEL RE 1969, 90-92; MCCARTHY 1969, 208.

[155] Vgl. DEL RE 1969, 93-95.

Ihm folgte einer der Hauptakteure vatikanischer Palästinapolitik, Kardinal Gustavo Testa, der seit 1934 in Ägypten und von 1948 bis 1953 Apostolischer Delegat in Palästina war.

In der Apostolischen Delegatur wurde Mgr. Giuseppe Sensi 1962 von Mgr. Lino Zanini abgelöst, der bereits als Sekretär der Nuntiatur in Beirut und als Internuntius im Iran Orienterfahrung gesammelt hatte. Während der Begrüßungszeremonie in der Grabeskirche sprach Zanini von der „großen Spannung auf die Versammlungen des Zweiten Vatikanischen Konzils" und setzte den Akzent auf die Notwendigkeit der ökumenischen Zusammenarbeit „im irdischen Jerusalem, in dem, wie im Haus des Vaters, ‚mansiones multae sunt'"[156]. In Zanini hatte Johannes XXIII. dort, wo eine Änderung des Verhältnisses zu Nichtkatholiken besonders notwendig war und am ehesten spürbar werden würde, einen Repräsentanten, der seinen ökumenischen Ansatz ganz unterstützte.

Vor dem Hintergrund der Spannungen in den katholischen Patriarchaten war die Konzilsteilnahme der katholischen Patriarchen des Nahen Ostens ein heikler Punkt. Im Dezember 1960 berief Johannes XXIII. sie in die zentrale Vorbereitungskommission.[157] Dem lateinischen Patriarchen Albert Gori standen „Mgr. Kaldany, sein Kirchenrechtler, und P. Médebielle, sein Theologe"[158] als Berater zur Seite. Zur Begleitung des melkitischen Patriarchen Maximos IV. Hakim gehörte Bischof Neophytos Edelby, dessen später veröffentlichtes ‚Konzilstagebuch eines arabischen Bischofs' Hintergrundinformationen aus nahöstlicher Perspektive liefert.[159]

Maximos IV. sah die Bestimmung der orientalischen Patriarchen auf dem Konzil darin, die nur als Beobachter teilnehmenden orthodoxen Kirchen zu vertreten.[160] Der ökumenische Patriarch von Konstantinopel Athenagoras bestätigte diese Sicht und sagte später zu

---

[156] Jérusalem 1962, 108.

[157] Am Konzil nahmen folgende katholische Patriarchen teil: der maronitische Patriarch von Antiochien, Paul Pierre Méouchi, der armenische Patriarch von Kilikien, Ignace Pierre XVI. Batanian, der lateinische Patriarch von Jerusalem, Albert Gori, der melkitische Patriarch von Antiochien, Alexandrien und Jerusalem, Maximos IV. Sayegh, der syrisch-katholische Patriarch von Antiochien, Gabriel Ignatios Tappouni, der koptisch-katholische Patriarch von Alexandrien, Stephanos I. Sidarouss und der chaldäische Patriarch von Babylon, Paul II. Cheikho.

[158] MÉDEBIELLE 1970, 19.

[159] Vgl. EDELBY 1996. Edelby war im syrischen Aleppo geboren und „fühlte sich besonders intensiv der arabischen Sache verbunden" (Riccardi, Vorwort: EDELBY 1996, 9).

[160] Vgl. HAJJAR 1996, 277. Die Präsenz orthodoxer Konzilsbeobachter war sowohl auf katholischer wie auf orthodoxer Seite eine sehr kontrovers diskutierte Frage, die erst am Vorabend des Konzils durch die kaum noch erwartete Ankunft zweier russisch-orthodoxer Beobachter entschieden wurde. Vgl. EDELBY 1996, 54-56; WENGER 1963, 204-256.

Maximos IV.: „Ihr habt nicht nur im Namen Eurer Gemeinschaft gesprochen, sondern im Namen des ganzen Orients."[161]

Aus diesem Grund forderte Maximos IV. auch, daß den Patriarchen ein entsprechender Rang zukomme, der sich u.a. in der Sitzordnung in der Konzilsaula ausdrückte. Sein Sekretär Edelby wandte sich mit der Bitte an das Einheitssekretariat, „daß man es zumindest so macht wie [auf dem Konzil] in Florenz: die Patriarchen auf der einen, die Kardinäle auf der anderen Seite"[162]. Kardinal Bea setzte sich persönlich beim Papst dafür ein, und in der zweiten Sitzungsperiode 1963 konnten die Patriarchen des Nahen Ostens ihre neuen Plätze gegenüber den Kardinälen einnehmen.

Klärungsbedürftig war auch das Verhältnis der katholischen Patriarchen zur Kongregation für die Orientalische Kirche. Johannes XXIII. entschied im März 1963, die Patriarchen als ‚membres adjoints' in die Kongregation aufzunehmen, „um sie so zumindest auf eine Stufe mit den Kardinälen zu stellen, auch wenn es sie vorerst nur zur Mitverantwortung in einem Organismus befugte, der sich im Wesentlichen mit ihren eigenen Angelegenheiten beschäftigte"[163].

Patriarch Gori hatte als lateinischer Patriarch unter seinen orientalischen Amtskollegen einen schweren Stand. Im Hintergrund stand die Streitfrage der legitimen Vertretung der katholischen Kirche im Orient sowie die Konkurrenz um Konvertiten und an heiligen Stätten. Dem lateinischen Patriarchat wurde vorgeworfen, als Fremdkörper im Heiligen Land die Einheit der Kirchen zu behindern, zumal der melkitische Patriarch selbst den Titel des Patriarchen von Jerusalem führte. Die melkitische Bischofssynode hatte daher beim Konzil den Antrag auf die Aufhebung des lateinischen Patriarchats gestellt, für den sich jedoch keine Mehrheit fand.[164] Gori trat auf dem Konzil äußerst zurückhaltend auf und meldete sich in den Debatten insgesamt nur fünfmal zu Wort. „Immer gewissenhaft, aber ohne jeden Enthusiasmus begab er sich jeden Tag [zur Kongregation für die Orientalische Kirche, wo die Sitzungen seiner Kommission stattfan-

---

[161] BLANDEEL 1964, 14; vgl. DARBLADE 1964, 125. Athenagoras machte diese Bemerkung, als er im Zusammenhang mit der Palästinaareise des Papstes im Januar 1964 (s.u.) in Jerusalem mit Maximos IV. zusammentraf., und wiederholte sie, als Maximos IV. ihn im Juni 1964 in Istanbul aufsuchte (vgl. EDELBY 1996, 18; HAJJAR 1996, 277). Zur Brückenfunktion der orientalischen Christen vgl. SAYEGH 1960 („unsere ökumenische Bestimmung", ebd. 291); EDELBY 1953 („Keimzellen christlicher Einheit", ebd. 209).

[162] EDELBY 1996, 171. Ein Alternativvorschlag des Staatssekretariats lautete, die Farbe der Sitze von grün zu (kardinals)rot zu wechseln.

[163] DEL RE 1997, 117 FN 25; vgl. ZANANIRI 1964. Bis dahin waren nur zwei Mitglieder orientalischer Kirchen zu Kardinälen ernannt worden, der syrische Patriarch Tappouni und der armenische Patriarch (bis 1962) Agagianian.

[164] Vgl. HEYER 1984, 248f; MÉDEBIELLE 1970, 19f.

den], was er als seinen ‚Löwenkäfig' bezeichnete"[165], schrieb Médebielle auf Gori. Er vermerkte auch, daß Gori „niemals seinen Platz für einen Besuch an der Konzils-Bar verließ"[166].

Dem persönlichen Auftrag des Papstes entsprechend bereitete das Sekretariat für die Einheit der Christen unter Vorsitz von Kardinal Bea seit Februar 1961 eine Erklärung zum Verhältnis der Kirche zum Judentum vor.[167] Sobald die Presse von diesem Vorhaben berichtete, legten die beim Heiligen Stuhl akkreditierten Vertreter arabischer Länder Protest ein. Mgr. Johannes Oesterreicher, federführend bei der Ausarbeitung der Erklärung, beschreibt diese Reaktion als eine Fehldeutung des katholischen Anliegens: „In den Köpfen der arabischen Führer hatte sich die ins Auge gefaßte pastorale und theologische Aussage im Nu in ein politisches Dokument verwandelt. [...] So würde das Konzilsdokument unweigerlich zu einem Vorstoß in den politischen Raum, zu einer die diplomatische Anerkennung des Staates Israel vorbereitenden Maßnahme werden."[168] Der Vatikan sah sich also aufgefordert, Stellung zu beziehen und die Bedenken der Politisierung zu zerstreuen. Die lange, konfliktreiche Geschichte dieses Konzilsdokumentes scheint zu beweisen, daß diese Bedenken legitim waren. Andererseits bleibt zu fragen, inwiefern die arabischen Warnungen nicht erst dazu beigetragen haben, die politischen Implikationen einer Judenerklärung ins allgemeine Bewußtsein zu rücken.

Die Genese der Erklärung dokumentierte eine Akzentverlagerung der vatikanischen Haltung zum Nahostproblem: Die klassische Palästinapolitik trat zugunsten einer erneuerten Israeltheologie in den Hintergrund; die Politik des Vatikans im weiteren Sinn bestand in der Vermeidung von Politik im engeren Sinn.

Die eigentliche Kontroverse brach im Sommer 1962 aus, als der erste Entwurf, ein etwa 40 Zeilen langer, eigenständiger Text mit dem Titel ‚De Iudaeis', der zentralen Vorbereitungskommission vorlag.[169] „Die Meldung erschien unglücklicherweise zu einer Zeit, als ein Vertreter mehrerer jüdischer Organisationen sich im Zusammenhang mit dem Konzil in Rom niederlassen sollte"[170], schrieb Bea im Rückblick. In der Tat hatte der Jüdische Weltkongreß ohne Ab-

---

[165] MEDEBIELLE 1970, 19f.
[166] MÉDEBIELLE 1970, 19f.
[167] Zur Entstehungsgeschichte des Textes vgl. OESTERREICHER 1967; BEA 1966, 21-25; LAURENTIN 1966, 128-138; INGLESSIS 1969, 194-215 (aus der Sicht des melkitischen Patriarchen Maximos IV.); VILLA 1971, 217-245; SCHMIDT 1992, 500-525; PESCH 1993, 294-303.
[168] OESTERREICHER 1967, 415.
[169] Zit. bei CAPRILE (Hg.) 1969, 288; deutsch: OESTERREICHER 1967, 426.
[170] BEA 1966, 22.

sprache mit dem Vatikan im Juni 1962 angekündigt, Chaim Wardi als Vertreter nach Rom zu senden. Offiziell hatte seine Entsendung nichts mit dem Konzil zu tun; als Mitarbeiter der Abteilung für christliche Angelegenheiten im israelischen Religionsministerium, die sich u.a. um die Aufnahme diplomatischer Beziehungen mit dem Hl. Stuhl bemühte, war er jedoch prädestiniert, dieses Ziel vor dem Hintergrund des Konzils weiterzuverfolgen.[171] „In römischen Kreisen fühlte man sich vor den Kopf gestoßen, da diplomatische Vertreter niemals ohne vorhergehende Konsultation ernannt werden[,] und weil keine religiöse Gemeinschaft ihre Beauftragten zum Konzil bestellt hatte, ohne dazu eingeladen worden zu sein. [...] Die arabischen Regierungen sahen sich in ihren ärgsten Befürchtungen bestätigt"[172], so Oesterreicher.

Der Eindruck, jüdische Organisationen hätten Einfluß auf die Arbeit des Konzils, wurde durch mehrere Memoranden verstärkt, die dem Einheitssekretariat in der Vorbereitungsphase u.a. vom ‚American Jewish Committee' und der Weltkonferenz jüdischer Organisationen zugingen. Obwohl sie Oesterreicher zufolge „keinen nennenswerten Einfluß" hatten, da sie „in Unkenntnis der Möglichkeiten eines Konzils abgefaßt waren"[173], sahen politische Beobachter darin Signale einer vatikanischen Annäherung an den Staat Israel. „Es war von Anfang an klar, daß die Beteiligung führender zionistischer Organisationen [...] und einiger israelischer Vertreter in der langen und komplexen Ausarbeitung der Endform der Erklärung politische Wirkung zeigen würde. Und dies war nicht das einzige Anzeichen einer neuen Haltung zu Israel"[174], so Kreutz.

Aus arabischer Perspektive ergab sich folgendes Bild: „Das Hauptproblem war der enorme Druck der zionistischen Interessengruppen, der Text solle einen Hinweis auf die ‚historische Verbindung des jüdischen Volkes und dem Land Israel (d.h. Palästina)' enthalten. Schließlich konnte die bloße Erwähnung einer Beziehung zwischen dem jüdischen Volk und Palästina im Sinne einer ‚göttlichen Verheißung' auch benutzt werden, die zionistische Besatzung des Heiligen Landes zu legitimieren"[175], so Rokach. Insbesondere der

---

[171] Der Weltkongreß erklärte anschließend, sein Ziel sei lediglich, in den wichtigsten Hauptstädten der Welt vertreten zu sein. Vgl. OESTERREICHER 1967, 427.
[172] OESTERREICHER 1967, 427. PESCH (1993, 296) nennt die Entscheidung des Weltkongresses „ein gewaltiges Eigentor".
[173] OESTERREICHER 1967, 414.
[174] KREUTZ 1990a, 119. Auch PIERACCINI (1997, 529) schreibt die Initiative irrtümlich dem Vatikan zu: „Der Präsident des Jüdischen Weltkongresses, Nahum Goldman wurde eingeladen, als Beobachter am Konzil teilzunehmen und ein Memorandum im Namen verschiedener jüdischer Organisationen einzureichen".
[175] ROKACH 1987, 61; Hinzufügung in Klammern von Rokach.

politische Hintergrund der jüdischen Vertreter im Umfeld des Konzils fiel negativ auf. „In der Tat wurden die Gespräche und Hintergrundverhandlungen der kirchlichen Vertreter nicht mit dem Judentum, sondern mit zionistischen Organisationen geführt. Gruppen, die erklärten, das Weltjudentum oder gar die jüdische Religion zu repräsentieren, waren bestenfalls ein Schwindel. Das Judentum, insbesondere das orthodoxe, war in Wirklichkeit nicht im Entferntesten interessiert, sich mit der Kirche zu befassen. [...] Indem der Vatikan sich darauf einließ, mit zionistischen Organisationen wie dem Jüdischen Weltkongreß [...] und sogar Vertretern des Staates Israel über rein religiöse Themen zu konferieren, trug er trotz wiederholter Dementi faktisch zur Politisierung der Angelegenheit bei"[176], schreibt Rokach.

Die zentrale Vorbereitungskommission reagierte mit einem Rückzug: „Aus Gründen der Klugheit und um die Gemüter zu beruhigen, wurde das Schema über die Juden [im Juni 1962] von der Themenliste des Konzils abgesetzt,"[177] schrieb Bea, der von dieser Lösung nur enttäuscht sein konnte. Im Dezember wandte er sich mit einem Memorandum an den Papst, um ihn auf die Notwendigkeit einer solchen Erklärung hinzuweisen.[178] Er erhielt nach wenigen Tagen eine handgeschriebene Antwort, in der es hieß, „nach aufmerksamer Lektüre des Berichts von Kardinal Bea stimmen wir mit ihm völlig überein über den Ernst des Anliegens und die Verantwortung, die auf uns liegt, sich dessen anzunehmen."[179]

In den folgenden Monaten wurde beschlossen, den bislang eigenständigen, auf das Verhältnis zu den Juden konzentrierten Text inhaltlich auszuweiten und ihn dem Dekret über Ökumenismus einzufügen. Dort erschien er als viertes Kapitel unter der Überschrift „Die Haltung der Katholiken zu den Nichtchristen und insbesondere zu den Juden".

Johannes XXIII., der den Impuls zu dieser Erklärung gegeben hatte, erlebte ihre weitere Geschichte nicht mehr. Er starb am 3. Juni 1963. Sein Tod wurde in Jordanien wie in Israel lebhaft bedauert. König Hussein, der kurz zuvor noch ein Telegramm mit Genesungswünschen gesandt hatte, sprach dem Kardinalskollegium sein Beileid aus und ließ sich bei den Trauerfeiern im Vatikan durch seinen Botschafter in Italien vertreten. Eine jordanische Zeitung nannte Johannes XXIII. ein „Symbol des uneigennützigen Friedens, der Menschen aller Art um sich scharte, ohne Rücksicht auf ihre Religion, ihre

---

[176] ROKACH 1987, 63.
[177] Vgl. BEA 1966, 22.
[178] Vgl. BEA 1966, 147.
[179] Zit. n. BEA 1966, 22.

Prinzipien oder ihre Rasse"[180]; eine andere würdigte seinen „Appell zum Frieden durch Barmherzigkeit"[181]. In Israel wurde halbmast geflaggt, Präsident Schasar schrieb in seinem Beileidtelegramm: „Sein energisches Bemühen, den Haß auszulöschen, wird immer in unserem Gedächtnis bleiben."[182] Oberrabbiner Nissim sprach von einem „schweren Verlust, nicht nur für Christen, sondern für alle, die nach Frieden streben"[183], und Religionsminister Wahrhaftig nannte Johannes XXIII. einen Gerechten unter den Völkern"[184].

Im Rückblick auf sein fünfjähriges Pontifikat erscheint die Palästinapolitik des Vatikans während dieser Zeit eher schwach profiliert. Die Sorge seines Vorgängers um die heiligen Stätten und das Schicksal Jerusalems war für Johannes XXIII. aufgrund der politisch ruhigen Lage weniger akut. Das persönliche Engagement des Papstes für ein erneuertes Verhältnis zum Judentum verstärkte die Tendenz zur Entpolitisierung der Palästinafrage.

Auf israelischer Seite wurde die Öffnung gegenüber dem Judentum erfreut zur Kenntnis genommen, aber trotz der theologischen Akzentsetzung häufig politisch interpretiert. Johannes XXIII. „sah kein Hindernis einer [diplomatischen] Anerkennung Israels und hätte sie auf seine Weise verwirklicht, wenn er nicht vorzeitig gestorben wäre"[185], schrieb Chouraqui. Etwas vorsichtiger urteilt Ferrari: „Es ist nicht möglich, zu wissen, ob diese behutsame Öffnung in der Absicht des Papstes Vorzeichen einer radikaleren Revision der vatikanischen Politik sein sollten. Sie sind sicher das erste Anzeichen einer Entspannung im Verhältnis zu Israel, aber sie wecken auch Erwartungen, die die Aufgabe erschweren, die Johannes XXIII. seinem Nachfolger hinterließ."[186]

Palästinensische Beobachter nahmen die Akzentverlagerung während der Amtszeit Johannes' XXIII. als Defizit wahr. „Papst Johannes XXIII. riß die Tore der katholischen Kirche zur Welt weit auf [...]. Es wäre unfair, zu sagen, daß er sie vor der Palästinafrage schloß. Tatsache bleibt jedoch, [...] daß ‚der gute Papst' nur zweimal öffentlich ausdrücklich auf Palästina einging, jeweils in einem rein religiösen Kontext"[187], schrieb Rokach. Rokach erkundigte sich persönlich beim

---

[180] POC 13 (1963) 184.
[181] POC 13 (1963) 184.
[182] POC 13 (1963) 185.
[183] POC 13 (1963) 185.
[184] POC 13 (1963) 186.
[185] CHOURAQUI 1992, 182.
[186] FERRARI 1991, 99.
[187] ROKACH 1987, 57. Rokach nennt den o.g. Brief zum 400. Jahrestag des Franziskanerkonvents St. Saviour in Jerusalem (AAS 52 [1960] 389) sowie eine Pfingstpredigt, in der der Papst beklagt, „Jerusalem [...] und seine Umgebung bleiben

Privatsekretär des Papstes, Mgr. Loris Capovilla, nach den Gründen für den „offensichtlichen Mangel an Interesse an einem Thema, das einige Jahre zuvor im Mittelpunkt der Vatikanaktivitäten gestanden hatte"[188]. Capovilla antwortete, „es ist eindeutig, daß die Palästinafrage auch während der ‚ruhigen' Jahre des Pontifikats Johannes' XXIII. auf der Agenda gestanden hat"[189] und verwies auf die 1963 veröffentlichte Enzyklika ‚Pacem in terris'. Im Blick auf die Situation in Palästina sei der Aufruf zum Respekt der UN-Resolutionen, des internationalen Rechts und der Menschenrechte auch eine kritische Stellungnahme zur israelischen Politik.[190]

---

weitgehend entfremdet von der heiligen Mission, die ihr zuerst verkündet wurde" (OR, 10.6.1962).
[188] ROKACH 1987, 58.
[189] ROKACH 1987, 58.
[190] Vgl. ROKACH 1987, 58. ‚Pacem in terris' (AAS 55 [1963] 257-304) ist die erste Enzyklika, die sich nicht nur an Katholiken, sondern an „alle Menschen guten Willens" wandte. Auf Vorschlag des Jakobuswerks – der Organisation hebräischsprachiger Christen – wurde sie von dem israelischen Komitee für interreligiöse Verständigung als erstes päpstliches Dokument auf Hebräisch veröffentlicht. Vgl. LAPIDE 1997, 313-315; CHOURAQUI 1992, 184 (Chouraqui überreichte dem Papst die hebräische Ausgabe persönlich); VILLA 1971, 228.

III. DIE REISE PAPST PAULS VI. INS HEILIGE LAND UND DIE KONZILSERKLÄRUNG ZU DEN JUDEN (1964-1966)

1. Die Verbindungen von Papst Paul VI. zum Heiligen Land

Die Wahl Giovanni Battista Montinis zum Nachfolger von Papst Johannes XXIII. war keine große Überraschung, da er schon länger als Idealkandidat galt, um das Konzil im Sinne seines Vorgängers fortzusetzen.[1] Die Katholiken im Heiligen Land begrüßten „seine Bereitschaft zum Dialog mit den Ostkirchen, unseren getrennten Brüdern, und der modernen Welt"[2]. Aus Montinis Biographie ließen sich zudem viele Verbindungslinien ins Heilige Land ziehen. Als Substitut im Staatssekretariat war er federführend bei der Gründung der ‚Päpstlichen Mission für Palästina' und der Ausformulierung der Palästinapolitik Pius' XII. gewesen. Nach Angaben der Kustodie hatte Montini noch kurz vor seiner Wahl inkognito eine Pilgerreise ins Heilige Land gemacht.[3]

Paul VI. teilte seine Wahl wie sein Vorgänger auch dem israelischen Staatspräsidenten mit und empfing die israelische Delegation, die an der Krönungsfeier im Juni 1963 teilnahm, anschließend zusammen mit den Vertretern der anderen Staaten in Audienz.[4] In Jerusalem zelebrierte der lateinische Patriarch anläßlich der Papstwahl eine Festmesse in der Grabeskirche, bei der Vertreter der jordanischen Regierung und der orthodoxen Kirchen anwesend waren; sie wurde vom jordanischen Rundfunk direkt übertragen.[5]

Sein anhaltendes Interesse an der Situation palästinensischer Flüchtlinge verdeutlicht ein von Paul VI. handgeschriebener Brief, in dem er stellvertretend dem Präsidenten der ‚Päpstliche Mission für Palästina', Mgr. John T. Ryan, dankt und ihn zur Fortsetzung der Arbeit ermuntert: „Wir schätzen sehr die Anstrengungen und das bewundernswerte Werk dieser Mission, die Wir zu gründen geholfen haben [...]. Wir mahnen alle Hilfsorganisationen, Eure Mission zu unterstützen, damit sie ihre wichtige Arbeit leisten kann."[6]

---

[1] Vgl. ZIZOLA 1997, 85-88; GROOTAERS 1994, 51-65.
[2] La Terre Sainte 1963, 249.
[3] Vgl. La Terre Sainte 1963, 249. „Auf sehr diskrete Weise, als unerkannter pilgernder Priester, in Schwarz gekleidet", sei er gereist. (Ebd.)
[4] Vgl. CHOURAQUI 1992, 185.
[5] Vgl. Jérusalem 1963, 104f.
[6] Paul VI., handgeschriebener Brief an Joseph T. Ryan, 7.10.1963: PMP-Archiv.

2. Die Erklärung zu den Juden in der zweiten Sitzungsperiode des Konzils (1963)

Als im Mai 1963 den Konzilsteilnehmern die Textentwürfe zugesandt wurden, fehlte die Judenerklärung. Obwohl das Einheitssekretariat die Überarbeitung des Textes bereits im März 1963 abgeschlossen hatte, wurde er erst zwei Monate nach Eröffnung der zweiten Sitzungsperiode, im November 1963, ausgehändigt. Oesterreicher erklärte die Verzögerung mit den „in leitenden Kreisen des Konzils herrschenden Bedenken"[7]. Die ursprünglich unabhängige Judenerklärung sollte nun als viertes Kapitel mit dem Titel ‚Die Haltung der Katholiken zu den Nichtchristen und insbesondere zu den Juden' in das Dekret über den Ökumenismus eingeordnet werden. „Der Wahrheit halber müssen wir allerdings zugeben", so Bea, „daß dieses Schema nur drei Zeilen Einführung enthielt, die sich auf die Nichtchristen im allgemeinen bezogen, während der ganze übrige Text über die Juden handelte."[8] Die bedeutendste inhaltliche Änderung war die Feststellung, es sei unrecht, Juden als Gottesmörder zu bezeichnen.[9]

Ein am selben Tag vom Einheitssekretariat herausgegebenes Kommuniqué enthielt die Versicherung, die die Autoren der Erklärung über die Juden auch in allen folgenden Debatten um den Text inhaltlich bekräftigten: „Der Inhalt dieses Dokumentes ist ausschließlich religiös, und seine Intention ist einzig spirituell. Das Konzil interessiert sich für die Juden nicht als Rasse oder Nation, sondern als von Gott erwähltes Volk [...]. Man kann nicht sagen, [das Dokument] sei prozionistisch oder antizionistisch, da diese Termini bereits politische Fragen implizieren, die dem religiösen Zweck dieses Schemas fernliegen. In der Tat wäre jeder partielle Gebrauch des Textes, um die einen zu unterstützen oder die anderen anzugreifen, vollkommen ungerechtfertigt und absolut gegen die Intention derer, die das Schema vorbereitet und dem Konzil vorgestellt haben."[10] Zudem erhielten die Botschafter der arabischen Staaten vorab „eine besonders fein nuancierte Zusammenfassung des Textes für die arabische Presse"[11].

---

[7] OESTERREICHER 1967, 430. Am 18.10.1963 hatte das Einheitssekretariat erklärt, „die Autoritäten des Konzils haben noch nicht über die Verteilung des Dokumentes an die Konzilsväter entschieden" (IL CONCILIO III, 420).

[8] BEA 1966, 22.

[9] „[Nur zu Unrecht kann das auserwählte Volk] ein gottesmörderisches Geschlecht genannt werden [...]" (OESTERREICHER 1967, 429).

[10] Zit. n. IL CONCILIO III, 421. Es wurde außerdem darauf hingewiesen, daß eine Einladung offizieller jüdischer Beobachter zum Konzil zu keiner Zeit in Erwägung gezogen worden sei.

[11] SCHMIDT 1992, 505.

Die Furcht vor einer Politisierung schien gerechtfertigt; die Diskussion um Angemessenheit und Form einer Judenerklärung seitens der katholischen Kirche wurde längst auch außerhalb der Konzilsaula geführt. Zunächst kam es jedoch kaum zu einer Umdeutung in eine positive Aussage zum Staat Israel. Vielmehr bestand die eigentliche Politisierung in der heftigen Kritik an der Erklärung von der arabischen Seite, die einen solchen pro-israelischen Effekt verhindern wollte. Den arabischen Konzilsteilnehmern fiel damit die Vermittlerrolle im Blick auf die Bevölkerung und Regierung ihrer Herkunftsländer zu. Kurz nachdem der neue Textentwurf bekannt geworden war, empfing Paul VI. die melkitischen Bischöfe in Audienz und „forderte die Prälaten, insbesondere aber den ehrenwerten Patriarchen zur Geduld bei Schwierigkeiten auf"[12]. Als Maximos IV. sich am folgenden Tag öffentlich zur Judenerklärung äußerte, betonte er nachdrücklich deren unpolitischen Charakter und bat die arabischen Regierungen um Kooperation: „Wenn interessierte Personen versuchen, die rein religiöse Position des Ökumenischen Konzils zu unrechten politischen Zwecken auszunutzen, sollen sie wissen, daß die arabischen Bischöfe aufpassen, um zu verhindern, daß die Interessen ihrer Länder nicht geschädigt werden. Aber wir verlangen im Gegenzug von unseren arabischen Staaten, uns zu helfen, unsere Aufgabe zu erfüllen. [...] Der Vatikan hat [Israel] aus Rücksicht auf unsere arabischen Länder und zum Schutz der christlichen Interessen nicht anerkannt, während unsere arabischen Staaten [...] hier und da sogar Positionen zum Schaden der Christen einnehmen, wie zum Beispiel in der Schulfrage."[13]

Obwohl die Konzilsordnung für den 18. November 1963 lediglich eine Generaldebatte vorsah, ob das Ökumenismus-Schema insgesamt als Diskussionsgrundlage angenommen werden könne, nutzten die arabischen Konzilsteilnehmer die Möglichkeit, sich grundsätzlich gegen die Verabschiedung einer Judenerklärung auszusprechen. Drei Patriarchen des Nahen Ostens, der syrische, der koptische und der melkitische „standen [...] wie in einer Phalanx gegen das IV. Kapitel auf"[14], so erschien es Oesterreicher, einem der Autoren der Erklärung. Ihre Ablehnung gründete im wesentlichen auf zwei Argumenten, einem inhaltlichen und einem pragmatischen. Zum einen

---

[12] HAJJAR 1996, 274. Der Papst mahnte nicht nur angesichts der bevorstehenden Diskussion über die Judenerklärung, sondern auch aufgrund Maximos' Forderung, das Kardinalskollegium abzuschaffen, da es eine rein römische Einrichtung sei. Als der Patriarch zwei Jahre später selbst, wenngleich unter veränderter Titulatur, die Kardinalswürde annahm, riskierte er damit einen Teil seiner Gaubwürdigkeit; vgl. HAJJAR 1996, 281.284; GROOTÆRS 1994, 182.
[13] INGLESSIS 1969, 197.
[14] OESTERREICHER 1967, 430.

sei eine Erklärung über die Juden im Rahmen eines Dekretes über den Ökumenismus an der falschen Stelle. Zum anderen könne ihr Inhalt in den arabischen Staaten mißverstanden werden und zu antichristlichen Repressionen führen. Darüber hinaus machten sie einen Ergänzungsvorschlag: Wenn das Verhältnis zu den Juden ein Anliegen des Konzils sei, dann müßten auch die anderen nichtchristlichen Religionen erwähnt werden, insbesondere der Islam, da viele Christen als Minderheit in muslimischer Umgebung lebten. In den Worten des melkitischen Patriarchen Maximos: „Kapitel IV hat eindeutig das Thema verfehlt. Der Ökumenismus ist das Streben nach der Wiedervereinigung der ganzen christlichen Familie [...]. Es handelt sich also um eine intime Familienangelegenheit, und die Nichtchristen gehören nicht dazu. Es ist nicht einzusehen, was die Juden mit dem christlichen Ökumenismus zu tun haben sollten."[15]

Diese Einwände stießen bei den Befürwortern der Erklärung durchaus auf Verständnis. Daneben führten die Vertreter der orientalischen Christen jedoch auch Argumente an, die vor allem bei denen, die von der Erfahrung als Zeugen der Judenvernichtung geprägt waren, Empörung auslösten. „Eine kleine Anmerkung, in der sowohl der Antisemitismus als auch die Trennung nach Rassen verurteilt werden, hätte ausgereicht"[16], so Maximos IV. Es sei außerdem „sehr verletzend für unsere getrennten Brüder, daß man sie auf eine Stufe mit den Juden zu stellen scheint"[17]. Sein koptischer Amtskollege Stefanos I. erklärte, die Kirche habe ihre antirassistische Gesinnung zur Zeit der Judenverfolgung deutlich genug gezeigt; eine eigene Konzilserklärung zu diesem Thema sei daher überflüssig.[18] Unterstützt wurden die arabischen Kritiker vom konservativen, tendenziell antijüdischen Flügel der Kurie, was die Polarisierung noch förderte.[19] Eine Sonderstellung zwischen Ost und West nahm der lateinische Patriarch Gori ein. Einerseits konnte er die Sorge der arabischen Christen seiner Diözese nicht ignorieren, andererseits war er als einziger Nichtorientale unter den Patriarchen aus dem Nahen Osten der Vertreter der römisch-katholischen Interessen. In der Debatte um die Judenerklärung warb Gori daher für den Kom-

---

[15] INGLESSIS 1969, 199; vgl. OESTERREICHER 1967, 431.
[16] INGLESSIS 1969, 199f.
[17] INGLESSIS 1969, 199.
[18] Vgl. OESTERREICHER 1967, 430.
[19] Zu den Aktivitäten judenfeindlicher Kreise vgl. LAPIDE 1997, 332f. Die arabischen Bemühungen, „den Vorteil zu begrenzen, den der Zionismus aus der Debatte ziehen konnte, [wurden] schwer beeinträchtigt durch die taktische Allianz mit den ultrakonservativen Gruppen", so ROKACH (1987, 66).

promiß einer Ausweitung auf die anderen Religionen – und damit für eine vorläufige Verschiebung des Problems.[20]

Kardinal Bea antwortete auf diese Bedenken in seiner Relatio, dem Rechenschaftsbericht der Autoren, wiederum, „daß keinerlei Gefahr besteht, daß das Konzil sich in jene brennenden Fragen einmischt, welche die Beziehungen zwischen den arabischen Nationen und dem Staate Israel oder dem sogenannten Zionismus betreffen"[21]. Der Generalsekretär des Konzils, Erzbischof Pericle Felici, kündigte am 21. November die Diskussion und Abstimmung über die Annahme des Textes als Diskussionsgrundlage „in den nächsten Tagen" an. Angesichts des nahen Endes der Sitzungsperiode fürchteten Befürworter der Erklärung eine Vertagung der Entscheidung, denn „nur durch eine solche Abstimmung wären die beiden Kapitel zu einem unabänderlichen Bestandteil der Konzilsberatungen gemacht und damit dem Verfügungsrecht der Koordinierungskommission entzogen worden"[22].

Am 2. Dezember erklärte Bea in der Tat, die Diskussion werde aus Zeitgründen auf die nächste Sitzungsperiode verschoben. Die Konzilsteilnehmer sollten ihre Kommentare schriftlich im Sekretariat für die Einheit der Christen einreichen. War die Verschiebung ein Erfolg derjenigen „die dem Druck der arabischen Regierungen weichen wollten"[23]? Oder war mittlerweile „die weltweite Aufmerksamkeit so groß, daß es nun unmöglich geworden war, einen Rückzieher zu machen"[24]? Bea selbst hatte durch die Vertagung der Abstimmung in erster Linie erreichen wollen, daß sich die Gemüter beruhigten.[25] Daran war auch Paul VI. gelegen, der die Konzilseilnehmer und die Weltöffentlichkeit zwei Tage später, in seiner Ansprache zum Abschluß der zweiten Sitzungsperiode, mit der Ankündigung über-

---

[20] Vgl. MÉDEBIELLE 1970, 21; OESTERREICHER 1967, 431. Bereits in der Debatte um Maximos' radikale Reformvorschläge hatte Gori sich zum Anwalt des päpstlichen Primats gemacht und eine „gesunde Kollegialität, die den Papst nicht ausschließt" (MÉDEBIELLE 1970, 21) gefordert.

[21] BEA 1966, 147.

[22] OESTERREICHER 1967, 433. Es handelte sich um Kapitel IV über Juden und nichtchristliche Religionen und Kapitel V über die Religionsfreiheit, das ebenfalls sehr umstritten war.

[23] OESTERREICHER 1967, 430.

[24] LAURENTIN 1966, 130. Auch OESTERREICHER sah in den arabischen Bemühungen, die Erklärung zu verhindern, den Grund ihrer enormen Popularität: „Hätten die Araber nicht verschiedentlich versucht, die Erklärung zu Fall zu bringen, hätte weiter die Presse nicht immer wieder diese Kabalen entlarvt, ja mit Entrüstung zurückgewiesen, dann wäre die Wirkkraft der Erklärung bedeutend geringer gewesen" (1967, 428).

[25] Vgl. SCHMIDT 1992, 437.507; HELBLING 1981, 44.

raschte, er wolle im Januar eine Pilgerreise ins Heilige Land unternehmen.

3. Die Pilgerreise Papst Pauls VI. ins Heilige Land (1964)

„Nun erlaubt Uns ein letztes Wort, um Euch ein Vorhaben mitzuteilen, das seit langem in unserer Seele reift und das Wir heute vor dieser auserlesenen und bedeutenden Versammlung bekanntgeben möchten", sagte Paul VI. am Ende der letzten Versammlung der zweiten Sitzungsperiode des Zweiten Vatikanischen Konzils, am 4. Dezember 1963. „Wir werden uns tatsächlich, so Gott helfe, im nächsten Januar nach Palästina begeben. [...] Wir werden dieses gesegnete Land sehen, aus dem der heilige Petrus ausgezogen und in das keiner seiner Nachfolger zurückgekehrt ist."[26] Diese Ankündigung war ein Sensation. Seit 1804, als Pius VII. zur Kaiserkrönung Napoleons gereist war, hatte kein Papst mehr die italienische Landesgrenze überschritten, geschweige denn im Flugzeug überquert. Im Heiligen Land war, wie Paul VI. festgestellt hatte, seit dem ersten kein amtierender Papst mehr gewesen. „Diese Pilgerreise wiederholt das Wunder des Engels, der Petrus aus seinem Kerker, dem ‚goldenen Käfig' des Vatikans befreit"[27], so ein zeitgenössischer Kommentator.

Was war der Anlaß dieser Reise? War es eine „Flucht aus dem Konzil"[28], aus Unzufriedenheit über Verlauf und Resultat der zweiten Sitzungsperiode, wie manche Kritiker vermuteten? Dagegen spricht, daß Paul VI., wie erst im Nachhinein bekannt wurde, seinen Entschluß bereits drei Monate nach seiner Wahl zum Papst gefaßt hatte: „Nach langen Überlegungen scheint es, daß man abklären muß, ob und in welcher Form ein Besuch des Papstes an den heiligen Stätten, in Palästina, möglich sei"[29], schrieb Paul VI. im September 1963. „Ein solcher Besuch müßte zum Ziel haben, Jesus Christus, unserem Herrn die Ehre zu erweisen [...]. Jedes andere Motiv, sei es noch so gut und legitim, müßte bei dieser päpstlichen Pilgerreise ausgeschlossen sein, die vor allem religiös sein und erscheinen muß. Diese Pilgerreise soll sehr kurz sein und einen Charakter der Schlichtheit, Barmherzigkeit, Buße und Nächstenliebe haben. Sie soll in aller Stille vorbereitet werden."[30] Da der Reiseplan während der

---

[26] MACCARRONE (Hg.) 1964, 11.
[27] Jérusalem 1964, 115.
[28] HK 18 (1963/64) 307.
[29] MACCARRONE (Hg.) 1964, 9, mit Abbildung des handschriftlichen Originals.
[30] MACCARRONE (Hg.) 1964, 9; Hervorhebung im Original. Ausdrücklich als „untergeordnete Ziele nannte er die moralische Verteidigung der heiligen Stätten, das Wiedererwecken des katholischen Interesses an ihrem Schutz, das Erflehen des

zweiten Sitzungsperiode längst feststand, war also nicht deren Verlauf ein Motiv für die Reise, sondern im Gegenteil die bevorstehende Heilig-Land-Fahrt ein Grund, die brisante Abstimmung über die Judenerklärung noch einmal zu verschieben.[31]

Die Vorbereitungen verliefen so diskret, daß selbst einer der Gastgeber, der Jerusalemer Patriarch Gori, davon erst im selben Moment erfuhr wie die anderen Konzilsteilnehmer auch. „Ein römischer Journalist beschrieb phantasievoll, wie Gori augenblicklich den Petersplatz überquerte und in eine Bar eilte, um zu Hause anzurufen und die Neuigkeit mitzuteilen"[32], so der Biograph des Patriarchen. Im November war Mgr. Jacques Martin aus dem Staatssekretariat zur Vorbereitung der Reise im Heiligen Land gewesen, aber sowohl das israelische Außenministerium wie jordanische Diplomaten erklärten, sie hätten von dem Besuch erst durch die Ansprache des Papstes erfahren.[33]

Von der ersten öffentlichen Ankündigung bis zum Reiseantritt blieb noch genau ein Monat, währenddessen alle Beteiligten versuchten, das Profil der Reise den eigenen Interessen optimal anzupassen. Der Papst selbst hatte seine Ziele bereits in der Konzilsansprache formuliert. Er wollte „im Zeichen des Gebets, der Buße und der Erneuerung" nach Palästina pilgern, „um die getrennten Brüder zur einen, heiligen Kirche zu rufen, und das göttliche Erbarmen für den Frieden unter den Menschen zu erflehen"[34]. Auf die rein religiöse Prägung der Reise unter den drei Aspekten der Umkehr, der Ökumene und des Friedens verwies Paul VI. auch in seinen traditionellen Ansprachen in der Weihnachtszeit im Rundfunk, an die Kurie und an das Diplomatische Korps.[35]

Politische Nebenwirkungen ließen sich bei diesem Vorhaben ebensowenig ausschließen wie bei der Konzilserklärung zu den Juden. Mgr. John T. Ryan, der Präsident der Päpstlichen Mission für Palästina, beschrieb in einem Interview, wie das Problem der Palästinaflüchtlinge auf die Themenliste der Papstreise gesetzt wurde: „Bi-

---

Friedens, den Versuch eines brüderlichen Treffens mit den dort vertretenen getrennten Denominationen sowie eine Form der Annäherung an Judentum und Islam; vgl. ebd. Nach CHIRON (1993, 212) hatte der in Palästina lebende ehemalige Arbeiterpriester Paul Gauthier den Papst im August 1963 eingeladen.

[31] Vgl. OESTERREICHER 1967, 434; HK 18 (1963/64) 218.
[32] Médebielle 1970, 23.
[33] Vgl. Hebrew Press Summary, United Nations Service, 5.12.1963. MARTIN (1984, 318) erklärte später, „das Geheimnis war leicht zu wahren, weil sich niemand auf der Welt eine solche Entscheidung vorstellen konnte".
[34] MACCARRONE (Hg.) 1964, 11.
[35] MACCARRONE (Hg.) 1964, 13-17. Ebenso betonte Civiltà Cattolica nachdrücklich den spirituellen, unpolitischen Charakter der Heilig-Land-Fahrt; vgl. CC 1 (1964) 105-119.

schof [James] Griffith, der Vertreter des Heiligen Stuhls bei den Vereinten Nationen kam auf mich zu und sagte: [...] ‚Gehen Sie zu [dem New Yorker Kardinal Francis] Spellman und erklären Sie ihm, daß Sie einbezogen werden sollten. Es hat bislang niemand den Heiligen Vater darauf aufmerksam gemacht, daß er mit dem Problem der palästinensischen Flüchtlinge konfrontiert werden wird. Kein Mensch hat daran gedacht, daß das passieren könnte, und er sollte darüber unterrichtet werden. [...] Man brachte mich also mit [Staatssekretär Amleto] Cicognani zusammen. Ich erklärte ihm die Probleme der Palästinenser, so gut ich konnte. Ich sagte, daß es dem Heiligen Vater unangenehm sein würde, keine Antworten zu haben, und daß ihn jemand aufklären sollte. [...] Nach einer Stunde sagte Cicognani, ‚Sie reden als seien Sie der Apostolische Delegat in Jerusalem'."[36]

In den israelischen Zeitungen wurde die Reise des Papstes „in Drucktypen angekündigt, die für die bedeutendsten Ereignisse im Leben der Nation reserviert waren, und mit sehr positiven Worten beschrieben"[37]. Da Israel seit fünfzehn Jahren vergeblich auf die diplomatische Anerkennung durch den Hl. Stuhl hoffte, konnte man den Papstbesuch nun leicht als ein Entgegenkommen des Vatikans auffassen. Als in Israel bekannt wurde, daß Paul VI. zwar mit Regierungsvertretern zusammentreffen wollte, dies jedoch nicht im israelisch besetzten West-Jerusalem, brach eine Kontroverse darüber aus, inwiefern die Wünsche des Papstes respektiert werden sollten. „Anstand verlangt, daß der Papst dort empfangen wird, wo immer Seine Heiligkeit Israel zu betreten wünscht", kommentierte die israelische Tageszeitung Ma'ariv, „in Regierungskreisen ist allein die Tatsache dieses Besuchs in Israel so gut wie eine Anerkennung."[38] Nach Ansicht der Oppositionspartei Cherut unter dem Vorsitz von Menachem Begin hätte ein Treffen außerhalb Jerusalems jedoch „ernste politische Folgen, da es die Kapitulation vor Instanzen bedeute, die sich weigern, den Status Jerusalems als Hauptstadt des Landes anzuerkennen"[39].

Zur praktischen Vorbereitung des Besuchs gründete die israelische Regierung ein Ministerialkomitee und einen Sonderfonds. Die Straße zum Zion wurde für den Autoverkehr ausgebaut, in Nazaret richtete man die noch im Bau befindliche Verkündigungsbasilika provisorisch her, und zur Vermeidung von Unruhen durch Geistes-

---

[36] J.T. Ryan, Interview, 1.2.1994: PMP-Archiv.
[37] Hebrew Press Summary, United Nations Service, 5.12.1963.
[38] Hebrew Press Summary, United Nations Service, 18.12.1963. Von einer De-facto-Anerkennung, der in wenigen Monaten die De-iure-Anerkennung folgen werde, sprach auch ‚Le Monde' (11.12.1963).
[39] Hebrew Press Summary, United Nations Service, 18.12.1963.

gestörte „mußten sich alle suspekten Personen während des Papstbesuchs bei ihrem Arzt einfinden"[40].

Die israelische Interpretation des Besuchs erregte Unbehagen auf der arabischen Seite. Auch in Jordanien mischten sich politische Töne in die offiziellen Willkommensäußerungen. „Wir empfangen einen Mann der Gerechtigkeit, der keine Ungerechtigkeit ansehen kann, ohne etwas dagegen zu unternehmen"[41], schrieb die jordanische Zeitung ‚Jerusalem Times'. Die christlichen Parlamentarier des Landes wandten sich in einem Schreiben an den Papst und baten ihn, „nicht unseren Feinden die Möglichkeit zu geben, diesen großzügigen Besuch zum Schaden der Araber und ihrer heiligen Rechte in Palästina auszunutzen"[42]. Von muslimischer Seite kam noch deutlichere Kritik. In einem anonymen Flugblatt wurde die Papstreise als neuer Kreuzzug dargestellt: „An der Spitze dieses Kreuzzugs kommt der Papst, um Jerusalem den Muslimen zu entreißen und es zu internationalisieren [...], so daß nur die heiligen Stätten der Ungläubigen bewahrt werden."[43] König Hussein, der ebenso wie der israelische Regierungschef Levi Eschkol persönlich die Vorbereitungen für den Papstbesuch leitete, war sich dieser Spannungen bewußt und erklärte öffentlich: „Wir hoffen, [...] daß der Besuch des Papstes im Heiligen Land einen neuen Horizont der Verständigung, der Hilfe und der Zusammenarbeit zwischen den beiden Glaubensgemeinschaften eröffnet, um den Geist der Unstimmigkeit und Gleichgültigkeit abzuwehren."[44]

Für die religiöse Seite der Vorbereitung war vor allem das lateinische Patriarchat zuständig, das sofort eine intensive Informationskampagne einleitete. „Wer ist der Papst? Warum kommt er zu uns?", so überschrieb Patriarch Gori seinen Pastoralbrief an Klerus und Gläubige im Dezember 1963, der im wesentlichen eine Apologie des römischen Primats enthielt.[45] An die muslimischen Einwohner Jerusalems wurden 4 000 Broschüren mit dem Titel ‚Worte arabischer Berühmtheiten über den Papst' verteilt. „Die Broschüre hatte großen Erfolg in den muslimischen Milieus, die so durch ihre eigenen Autoren gewonnen wurden"[46], so die Zeitschrift des lateinischen Patriarchats. Außerdem nahm man Gesänge auf, komponierte eine Hymne, verteilte 60 000 kleine Flaggen an Schulkinder, 4 000 Palmzweige

---

[40] Jérusalem 1964, 19.
[41] The Jerusalem Times, 5.12.1963; zit. n. BLONDEEL 1963/64, 2.
[42] BLONDEEL 1963/64, 4.
[43] Anonymes Flugblatt [Jerusalem, Januar 1964]: Archiv Sainte-Anne.
[44] Jérusalem 1964, 14.
[45] Vgl. Albert Gori, Lettre Pastorale au Vénérable Clergé et aux chers Fidèles du Patriarchat Latin, Jerusalem 12.12.1963: Archiv Sainte-Anne.
[46] Jérusalem 1964, 17.

und 5 000 Papstbilder an Gläubige aller Riten, plakatierte die Mauern Jerusalems mit Papstporträts und teerte die Straße zur Apostolischen Delegatur.⁴⁷ Die Aktivität war enorm, zumal es bis dahin keine Vorbilder gab, wie ein Papst im Ausland zu empfangen war.

Das lateinische Patriarchat richtete außerdem ein Vorbereitungskomitee mit Vertretern aller katholischen Gemeinschaften ein. Gerade die ökumenische Gestaltung des Ereignisses bot viel Konfliktstoff, angefangen bei der Zusammensetzung des Komitees, aus dem sich Patriarchalvikar Mgr. Giacomo Beltritti nach Protesten gegen die lateinische Überzahl wieder zurückziehen mußte, über die Frage, in welcher Sprache die Spruchbänder zu schreiben seien, bis zur Präsenz der orientalischen Patriarchen im Willkommenskomitee am Flughafen. „Die Reise des Heiligen Vaters sollte schließlich einen katholischen und keinen lateinischen oder italienischen Charakter bekommen"⁴⁸, so der melkitische Patriarchalvikar Mgr. Abu Saada.

Während es in den innerkatholischen Beziehungen vor Ort in den Wochen vor dem Papstbesuch immer wieder Dissonanzen gab, bahnte sich auf der nächsthöheren ökumenischen Ebene, zwischen der katholischen und der orthodoxen Kirche, ein spektakuläres Ereignis an. Paul VI. hatte als ein Ziel seiner Reise die Einladung an die getrennten Brüder genannt, selbst aber kaum mit einer so schnellen und konkreten Antwort gerechnet, wie sie sich im Dezember 1963 abzeichnete.

Der Ökumenische Patriarch von Konstantinopel Athenagoras I. hatte seit Beginn seiner Amtszeit mehrfach Interesse gezeigt, mit dem Papst zusammenzutreffen.⁴⁹ Aufgrund der komplexen Struktur der Orthodoxie war eine solche Geste jedoch nur möglich und sinnvoll, wenn die Mehrheit der sechzehn autokephalen Kirchen sie mittrug. Im Herbst 1963 hatten sich die orthodoxen Kirchen auf einer Konferenz in Rhodos darauf geeinigt, den Dialog mit den Katholiken aufzunehmen – sofern sie ihn als gleichberechtigte Partner führen konnten. Die Pilgerreise des Papstes ins Heilige Land bot Athenagoras I. eine willkommene Möglichkeit für ein Treffen auf neutralem Boden. „Die wieder auf Jerusalem konzentrierte katholische Kirche wird sich ihres Pilgerdaseins neu bewußt. [...] Der Papst ist nicht mehr allein, sondern kann Wegbegleiter haben"⁵⁰, so Athe-

---

⁴⁷ Vgl. Jérusalem 1964, 17f. Mgr. Ryan berichtete, er habe den Antrag des Apostolischen Delegaten Lino Zanini bei der Päpstlichen Mission für Palästina über 10 000 Dollar für den neuen Straßenbelag zunächst abgelehnt: „Ich hatte doch keine Ahnung, daß sie den Papstbesuch vorbereiten!" (J.T. Ryan, Interview, 1.2.1994: PMP-Archiv).
⁴⁸ BLONDEEL 1963/64, 10.
⁴⁹ Vgl. HK 18 (1963/64) 226; DUPREY 1998, 148.
⁵⁰ CLÉMENT 1976, 360.

nagoras. Zwei Tage nach der Ankündigung des Papstes äußerte er in einer Predigt den bewußt offen formulierten Wunsch, daß „während dieser frommen Pilgerreise alle Führer der Kirchen des Westens und des Ostens sich in der heiligen Stadt Zion treffen könnten"[51]. Der Vatikan reagierte positiv und sandte P. Pierre Duprey vom Sekretariat für die Einheit der Christen nach Istanbul und Jerusalem, um ein Treffen zwischen Athenagoras I. und Paul VI. in die Wege zu leiten.

Dem griechisch-orthodoxen Patriarchen von Jerusalem, Benediktos I., mißfiel es, daß die aufsehenerregende Begegnung, die erste auf dieser Ebene seit dem Konzil von Florenz 1439, auf seinem Gebiet stattfinden sollte.[52] Auch Vertreter anderer orthodoxer Kirchen empfanden die ökumenische Geste als voreilig oder befürchteten eine Aufwertung des Ökumenischen Patriarchen von Konstantinopel.[53] Benediktos I. sandte eigens zwei Vertreter nach Istanbul, um Protest einzulegen. Als Athenagoras I. ihnen mitteilte, er brauche keine Erlaubnis aus Jerusalem, antworteten sie: „Unter diesen Umständen logieren Sie bitte bei den Katholiken"[54]. In Jerusalem waren allerdings auch längst nicht alle Katholiken von dem Treffen ihres Oberhauptes mit dem hochrangigen Vertreter der Orthodoxie begeistert. So erwähnte die Zeitschrift der Kustodie das Vorhaben des Papstes auffallend unauffällig auf einer Seite mit vermischten Notizen zur Papstreise, im Anschluß an den Aufruf an die Einwohner Nazarets, ihre Teppiche zur Dekoration zur Verfügung zu stellen.[55]

Der Papst bestieg am frühen Morgen des 4. Januar 1964 in Rom das Flugzeug nach Amman.[56] Seine Abreise war ein Volksfest und ein Staatsakt, am Flughafen verabschiedeten ihn das italienische Kabi-

---

[51] DARBLADE 1964, 111.
[52] „Nach Ansicht des orthodoxen Patriarchen ist er der einzige, der das Recht hat, den Heiligen Vater zu empfangen, und nicht der Ökumenische Patriarch, da der Papst in sein Gebiet komme und der Titel des Ökumenischen Patriarchen keinen Rechtsanspruch beinhalte", so BLONDEEL (1963/64, 12).
[53] Die Kirche Griechenlands war in dieser Frage gespalten: Der Erzbischof von Athen lehnte das Treffen ab und ließ Protestgebete veranstalten; wichtige Theologen und die griechische Regierung befürworteten die Begegnung jedoch. Der Moskauer Patriarch bezeichnete das Vorhaben als eine Privatangelegenheit Athenagoras' I., ohne jedoch grundsätzlichen Einspruch zu erheben. Die meisten kleineren orthodoxen Kirchen äußerten sich zurückhaltend bis zustimmend. Vgl. DARBLADE 1964, 111-115.
[54] BLONDEEL 1963/64, 11. Als die Vorbereitungen konkret wurden, gab Benediktos seinen Widerstand auf und lud Athenagoras offiziell ein, in seiner Residenz Quartier zu nehmen. Nach PIERACCINI (1997, 539) hat sich Benediktos jedoch bemüht, die Ankunft Athenagoras' um einen Tag zu verschieben, um so zunächst selbst den Papst empfangen zu können.
[55] Vgl. La Terre Sainte 1964, 62f.
[56] Augenzeugenberichte der Papstreise bieten BLONDEEL 1963/64; CLUNY 1964; MANCINI 1964; TOULAT 1964.

nett und Staatspräsident Antonio Segni. Auf die Grußworte Segnis antwortend, bekräftigte Paul VI. noch einmal die dreifache Intention seiner Reise: „Es ist eine Pilgerfahrt des Gebetes und der Buße [...], Wir werden [Christus, den Friedensfürsten] bitten, der Welt dieses kostbare Gut zu schenken [...], Wir werden Christus seine Kirche präsentieren, mit ihrem Vorsatz, dem Gebot der Liebe und Einheit treuzubleiben."[57]

Seine Reisebegleitung bestand, wie er selbst angeordnet hatte, aus „wenigen und bestimmten Personen"[58]. Insgesamt waren es etwa 40, darunter die Kardinäle Eugène Tisserant, Dekan des Kardinalkollegiums, Staatssekretär Amleto Cicognani und der ehemalige Apostolische Delegat in Jerusalem, Gustavo Testa. Tisserant und Cicognani waren beide ehemalige Sekretäre der Kongregation für die Orientalische Kirche, Testa war der derzeitige Amtsinhaber. Zu einem knappen Viertel bestand die Begleitung des Papstes aus Mitarbeitern des Staatssekretariats – ein Hinweis auf die unerwünschte, aber unvermeidliche politische Konnotation der päpstlichen Pilgerreise. Außerdem begleiteten Mgr. Jean Willebrands und P. Pierre Duprey vom Einheitssekretariat und Mgr. John Ryan von der Päpstlichen Mission für Palästina den Papst ins Heilige Land.[59]

Auf dem Flughafen in Amman warteten zusammen mit König Hussein und dem jordanischen Kabinett der lateinische Patriarch von Jerusalem, Mgr. Albert Gori, der Apostolische Delegat von Jerusalem, Mgr. Lino Zanini, die aus Ägypten, Syrien und Libanon angereisten orientalischen Patriarchen sowie orthodoxe, protestantische und muslimische Würdenträger. Nie zuvor hatte es in der Region ein derartiges Medienereignis gegeben. Rund 2 000 Korrespondenten und Fotografen verfolgten die Reise des Papstes vor Ort, allein das französische Magazin ‚Paris-Match' hatte 60 Reporter gesandt. Die italienische Rundfunkanstalt RAI hatte eigens ein Schiff der Marine und mehrere Armeeflugzeuge gechartert. Sowohl der israelische wie der jordanische Rundfunk boten Direktübertragungen mit Übersetzungen in mehrere Sprachen.[60]

Gleich in der ersten Ansprache, mit der sich Paul VI. nach Salutschüssen und Hymnen bei König Hussein für den Empfang bedankte, ging er auf das drängendste politische Problem des Landes ein.

---

[57] MACCARRONE (Hg.) 1964, 25f.
[58] MACCARRONE (Hg.) 1964, 9.
[59] Vgl. Jérusalem 1964, 111. Ryans Teilnahme war Ergebnis seines Gesprächs mit Cicognani über die notwendige Information des Papstes über das Problem der palästinensischen Flüchtlinge; vgl. J.T. RYAN, INTERVIEW, 1.2.1994: PMP-ARCHIV. Für die Sicherheit des Papstes sorgten 60 Agenten des italienischen Geheimdienstes; vgl. CHIRON 1993, 213.
[60] Vgl. ASS 1964, 33f; Jérusalem 1964, 19-21.

Mit väterlich klingenden Worten aus dem Ersten Petrusbrief ermahnte der 66jährige Papst den 28jährigen Monarchen: „Wir wissen, daß Eure Majestät innig den Frieden ersehnt [...]. Wir erinnern als Nachfolger des Petrus an einen Psalmvers, den dieser in seinem ersten Brief zitierte: ,Wer das Leben liebt und gute Tage zu sehen wünscht [...] meide das Böse und tue das Gute; er suche Frieden und jage ihm nach' (Ps 34,13.15)"[61].

Anschließend fuhr der Papst – mit zwei kurzen Unterbrechungen am Ufer des Jordan und in Bethanien – nach Jerusalem weiter. Die Anreise über Amman ermöglichte ihm, Jerusalem von Osten zu betreten und so die diplomatisch heiklere Einreise nach Israel auf den folgenden Tag und an einen neutraleren Ort zu verlegen. König Hussein eskortierte die Wagenkolonne in der Luft, am Steuer seines Hubschraubers. Die Mühen des Vorbereitungskomitees für einen feierlichen Empfang am Damaskustor waren vergeblich gewesen. Als der Wagen des Papstes eintraf, war der für die Zeremonie vorgesehene Platz bereits von der Menschenmenge überlaufen. Erst nach einer Viertelstunde konnte Paul VI. aus dem Auto steigen und sich von jordanischen Polizisten einen Weg bahnen lassen. Dem lateinischen Patriarchen Gori, der ihm ein Holzkreuz für den Kreuzweg entlang der Via Dolorosa überreichen wollte, wurde ebenso der Durchlaß verweigert wie dem päpstlichen Privatsekretär Don Pasquale Macchi, der den an dieser Stelle vorgesehenen Redetext bei sich hatte.[62]

Paul VI. betrat daher unverzüglich die Jerusalemer Altstadt, „bedrängt und gestoßen von der entfesselten Menge, wie seinerzeit Christus"[63], bemerkte einer seiner Begleiter. Auf halbem Weg zur Grabeskirche war der Tumult so groß, daß ein Begleiter des Papstes, der melkitische Priester Adib Badaoui, eine kurze Pause in der Veronika-Kapelle an der VI. Station vorschlug. Der Papst begrüßte die zufällig dort versammelten Ordensschwestern, Geistlichen und Journalisten persönlich und segnete sie. Einen Fotografen, der vor Überraschung seine Arbeit vergaß, ermunterte er, ruhig weiter zu fotografieren. Obwohl er offensichtlich von den Ereignissen mitgenommen und geschwächt war, lehnte er eine spontan angebotene Vitaminspritze aus ganzem Herzen lachend ab. Seine freundliche Gelassenheit angesichts der Unplanmäßigkeiten und seine natürliche Art, mit der er die Anwesenden einlud, unterdessen gemeinsam den

---

[61] MACCARRONE (Hg.) 1964, 34.
[62] Vgl. HEBBLETHWAITE 199, 371; MÉDEBIELLE 1970, 23; ASS 1964, 35f. CREMONA (1991, 210) überliefert die Anekdote, Macchi sei von einem Polizisten aufgehalten worden, der auf die Erklärung, wer er sei, antwortete: „Und ich bin der Sekretär von Nikita Chruschtschow!".
[63] BADAOUI 1964, 16.

Rosenkranz zu beten, prägten das Bild des bescheidenen Pilgers, der Paul VI. allen politischen Umständen zum Trotz sein wollte.[64]

In der Grabeskirche hielt Paul VI. im Anschluß an die Meßfeier eine Bußandacht, deren Gebetstexte er selbst formuliert hatte. Sie knüpfte an die in der Konzilsansprache erstgenannte Intention seiner Reise an, die ein Akt der Umkehr und Erneuerung sein sollte. Lange verharrte er am Grab Christi, schweigend, mit Tränen im Gesicht. Es war der Moment der Reise, der ihn persönlich am tiefsten berührte, sagte Paul VI. später, nach seiner Rückkehr nach Rom.[65]

Am Abend traf Paul VI. nacheinander mit den beiden nichtkatholischen Patriarchen Jerusalems zusammen, zunächst mit dem Armenier Yegische Derderian. In seiner Ansprache lobte Paul VI. die „freundschaftlichen Verbindungen zwischen uns und der armenischen Kirche, die durch die delegierten Beobachter beim Zweiten Vatikanischen Konzil noch verstärkt wurden"[66]. Anschließend suchte ihn der entschiedenste Kritiker seiner ökumenischen Absichten, der griechisch-orthodoxe Patriarch Benediktos, in der Apostolischen Delegatur auf. Der ursprüngliche Vorschlag von P. Duprey, Benediktos I. solle in seiner Rolle als Gastgeber den Papst in der Grabeskirche begrüßen, hatte sich nicht umsetzen lassen, da katholische Würdenträger dort gemäß dem Status quo von den Franziskanern empfangen werden müssen.[67] „Es ist unsere Pflicht, jeden Pilger zu empfangen, der ins Heilige Land kommt"[68], bemerkte Benediktos I. wenig enthusiastisch anschließend in einem Interview. Ein Begleiter des griechisch-orthodoxen Patriarchen bezeichnete das Treffen als „kühl und protokollarisch". Eine Stunde später stellte Paul VI. die Balance der Ehrerweisungen wieder her, indem er Benediktos I. in dessen nahegelegener Residenz seinen Gegenbesuch abstattete. Der Papst zeigte sich in seiner Ansprache erfreut über den ökumenischen „Klimawechsel" und dankte dem Patriarchen für dessen persönlichen Beitrag zur „Atmosphäre der guten Zusammenarbeit"[69] bei der Restaurierung der Grabeskirche. Als Gastgeschenk überreichte er einen Meßkelch, den ersten von mehreren Kelchen, die er während der Reise an ‚getrennte Brüder' als Zeichen seines Wunsches nach eucharistischer Gemeinschaft verschenkte. Benediktos I. war beeindruckt von der „brüderlichen und schlichten Art"[70] des Papstes.

---

[64] Vgl. BADAOUI 1964, 16f.
[65] Vgl. MACCARRONE (Hg.) 1964, 34.
[66] MACCARRONE (Hg.) 1964, 50.
[67] Vgl. BLONDEEL 1963/64, 12.
[68] BADAOUI 1964, 3.
[69] Vgl. MACCARRONE (Hg.) 1964, 52.
[70] BADAOUI 1964, 2.

Mit dem Besuch bei dem griechisch-orthodoxen Patriarchen von Jerusalem, der unprotokollarisch bei arabischem Kaffee und Benedictus-Kräuterlikör endete, schuf Paul VI. „die psychologisch notwendige Voraussetzungen für das Gelingen seines Zusammentreffens mit Patriarch Athenagoras"[71].

Eine Audienz für die eigens angereisten katholischen orientalischen Patriarchen war ursprünglich nicht vorgesehen. Der melkitische Bischof Neophytos Edelby und P. Pierre Duprey vom Sekretariat für die Einheit der Christen hatten jedoch auf diskrete Weise eine Begegnung des Papstes mit Vertretern der orientalischen Christen in Sainte-Anne organisiert.[72] Erst am Tag bevor Paul VI. in Jerusalem eintraf, informierte Duprey den melkitischen Patriarchen Maximos IV. und den Apostolischen Delegaten Zanini. „Seine Eminenz [Maximos IV.] hätte darüber nicht glücklicher sein können", notierte P. Maurice Blondeel, der Prior von Sainte-Anne, „in der Apostolischen Delegatur hingegen war man wesentlich reservierter. [...] Die Debatte dort war sehr heftig, schließlich erklärte der Delegat, daß man ein Telegramm mit der Bitte um weitere Anweisungen nach Rom senden werde."[73] Da bis zur Ankunft des Papstes keine Antwort eingetroffen war, fand die Begegnung mit den Vertretern der orientalischen Kirchen am Abend in Sainte-Anne wie geplant statt.[74]

Paul VI. würdigte in seiner Ansprache dort den Orient als Ursprungsort des Christentums und bezeichnete Jerusalem feinsinnig mit dem alten Ehrentitel „Mutter aller Kirchen"[75], den die Päpste seit dem 7. Jahrhundert zunehmend auf Rom übertragen hatten.[76] Er betonte die Notwendigkeit der Katholizität, die er aber im Sinne einer Einheit in Vielfalt verstanden wissen wollte: „Jede lokale Kirche wuchs mit ihrem eigenen Charakter, mit ihren eigenen Gebräuchen und der je eigenen Weise, dieselben Geheimnisse zu feiern, ohne daß es der Einheit im Glauben geschadet hätte", sagte Paul VI. Einen leisen politischen Unterton hatte seine Mahnung – an die Vertreter

---

[71] HK 18 (1963/64) 227; vgl. HEBBLETHWAITE 1993, 371.
[72] Vgl. Duprey an Blondeel, 31.12.1963: Archiv Sainte-Anne. In Sainte-Anne im muslimischen Viertel der Jerusalemer Altstadt leiteten seit 1882 die Weißen Väter (Afrikamissionare) das melkitische Priesterseminar, in dem auch Patriarch Maximos IV. ausgebildet worden war.
[73] BLONDEEL 1963/64, 20.
[74] Vier Patriarchen – Maximos IV. Sayegh (melkitisch), Stefanos I. Sidarouss (koptisch-katholisch), Paul II. Cheikho und Ignatius Petrus XVI. (chaldäisch) – sowie zahlreiche orientalische Erzbischöfe, Bischöfe und Ordensleute waren in Sainte-Anne versammelt.
[75] MACCARRONE (Hg.) 1964, 55. Auch der griechisch-orthodoxe Patriarch Benediktos hatte diesen Titel in seiner Willkommensansprache für den Papst benutzt; vgl. ebd. 48.
[76] Zur Geschichte dieses Ehrentitels vgl. MACCARONE 1965, 3-12.

einer christlichen Minderheit in muslimischem Umfeld mit jüdischen Nachbarn –, „daß unser Nächster, den wir lieben müssen wie uns selbst, nicht nur unser christlicher Nächster ist"[77]. Den ersten Tag seiner Palästinareise beendete der Papst mit einer Anbetungsstunde in der Kirche der Nationen in Gethsemane.

Am zweiten Tag seiner Reise betrat der Papst zum ersten Mal israelischen Boden. Um einen offiziellen Empfang in der international nicht anerkannten israelischen Hauptstadt Jerusalem zu vermeiden, sollte der Grenzübertritt auf der Fahrt nach Nazaret in Galiläa stattfinden. Am Ende der israelischen Debatte, inwiefern man dem Papst entgegenkommen sollte, obwohl oder gerade weil keine diplomatischen Beziehungen zum Hl. Stuhl bestanden, hatte man sich auf die ad hoc-Öffnung eines Grenzübergangs in der Nähe von Meggido geeinigt. Dort wurde Paul VI. vom israelischen Präsidenten Zalman Schasar, dem israelischen Kabinett und dem Diplomatischen Korps empfangen. Abwesend waren Oberrabbiner Jizchak Nissim und Außenministerin Golda Meir. Meir, die sich aufgrund eines verstauchten Knöchels entschuldigt hatte, erklärte später: „Ich habe es sehr bedauert, daß mir die Ärzte nicht erlaubt haben, [...] an den beeindruckenden und bedeutsamen Zeremonien teilzunehmen, anläßlich des Treffens zwischen dem Oberhaupt der katholischen Kirche und den Vertretern des jüdischen Volkes, das in das Land seiner Väter zurückgekehrt ist."[78] Damit gab sie dem Ereignis eine Deutung, die kaum der Intention des Papstes entsprach, der gerade während seiner Reise darauf bedacht war, rhetorisch keine Verbindung zwischen der Glaubensgemeinschaft der Juden und dem Staat Israel herzustellen. Da er von Beginn an immer wieder auf den rein religiösen Charakter seiner Reise hingewiesen hatte, befand er sich während des Staatsempfangs in Israel in einer paradoxen Situation, die skurrile, für manche verletzende Folgen hatte. In keiner seiner von vielen alttestamentlichen Zitaten geprägten Ansprachen, die Paul VI. auf israelischem Staatsgebiet hielt, benutzte er die Worte ‚Juden', ‚Israel', oder den Titel des israelischen Staatspräsidenten.[79]

Schasar spielte bei seiner Begrüßung auf den ungewöhnlichen Ort für einen Staatsempfang an, indem er betonte, „wir sind aus Jerusa-

---

[77] MACCARRONE (Hg.) 1964, 56.
[78] TOULAT 1964, 21. Der Autor hält Meirs Bedauern für „keineswegs nur diplomatisch", da sie „dem Vatikan immer Verständnis und Sympathie entgegengebracht" habe, was angesichts ihrer heftigen Kritik an der Verlegung der Zeremonie von Jerusalem nach Meggido jedoch zu bezweifeln ist. Nach PIERACCINI (1997, 546) war Golda Meir „polemischerweise abwesend". Das Fernbleiben des Oberrabbiners Nissim erklärt TINCQ (1993, 230) mit der Absage des Papstes, dem Oberrabbiner am Jerusalemer Davidsgrab zu begegnen.
[79] Vgl. CHOURAQUI 1992, 186; HELBLING 1981, 49.

lem, der Hauptstadt, der Stadt Davids, gekommen"[80]. Paul VI. antwortete: „Eure Exzellenz weiß [...], daß Uns bei diesem Besuch kein Gedanke leitet, der nicht rein geistlicher Art wäre. Wir kommen als Pilger; wir kommen zur Verehrung der heiligen Stätten; wir kommen, um zu beten." In sein Gebet wollte er alle Glaubenden und Nichtglaubenden einschließen, auch „die Söhne des ‚Bundesvolks', deren Anteil an der religiösen Geschichte der Menschheit Wir nicht vergessen können". Wie in seiner Ansprache an König Hussein ging Paul VI. indirekt auf die politische Situation ein, indem er mit alttestamentlichen Worten zum Frieden aufrief: „Als Pilger des Friedens erflehen Wir vor allem die Gabe der Versöhnung [...]. Möge Gott unser Gebet erhören, Gott, der, wie der Prophet verkündet, für uns ‚Gedanken des Friedens und nicht des Verderbens' (Jer 29,11) hegt. [...] Wir freuen uns, in ihr unseren Gruß, unser Gebet und unseren Wunsch zusammenzufassen: Schalom, schalom."[81] Bemerkenswert an den Friedensappellen des Papstes war die Tatsache, daß er „es als erster gewagt [hatte], auf beiden Seiten der israelisch-arabischen Grenze vom Frieden zu sprechen"[82]. Die israelische Seite reagierte auf das Bemühen des Papstes um eine politisch korrekte, also eine möglichst unpolitische Form enttäuscht bis spöttisch. „Der Papst betonte, er sei gekommen, um als Pilger die heiligen Stätten zu besuchen. Es war also nicht der Papst, der da war, und folglich traf er auch nicht die Regierung Israels, sondern andere Pilger, die gekommen waren, um ihn zu treffen"[83], so Chouraqui.

In Nazaret wurde Paul VI. anschließend vor der noch im Bau befindlichen Verkündigungsbasilika vom lateinischen Patriarchen Gori begrüßt. Der Empfang, an dem weitere geistliche Würdenträger und Vertreter der israelischen Regierung teilnahmen, verlief aufgrund „exzessiver Sicherheitsmaßnahmen"[84] geordneter als am Tag zuvor am Damaskustor. „Israel überraschte – und enttäuschte – den Papst mit kühlem Desinteresse"[85], berichtete das Magazin ‚Time'. Andererseits hieß es, „die Versicherung Präsident Shazars, Israel sei bestrebt gewesen, den religiösen Charakter der Reise zu wahren und die

---

[80] MACCARRONE (Hg.) 1964, 70.
[81] MACCARRONE (Hg.) 1964, 72f.
[82] OESTERREICHER 1967, 434.
[83] CHOURAQUI 1992, 186. Der in Israel lebende Dominikanerpater Marcel Dubois, der sich insbesondere für die Verbesserung christlich-jüdischer Beziehungen einsetzte, beobachtete „Enttäuschungen, die [...] alte Wunden aufrissen" (DUBOIS 1984, 35).
[84] DUBOIS 1984, 34.
[85] Time, 17.1.1964.

diesbezüglichen Wünsche des Papstes zu respektieren, hätten [sic] nicht glaubwürdiger demonstriert werden können"[86].

In seiner Predigt, die Paul VI. während der Messe in der Krypta der Verkündigungsbasilika hielt, klang vor allem das Thema der Erneuerung, der Rückkehr zu den Quellen des Evangeliums, durch.[87] Von Nazaret aus besuchte der Papst die heiligen Stätten der Umgebung – Kana, Tabgha, Kafarnaum und den Berg Tabor. Zur Überraschung der Betroffenen teilte er Mgr. Jacques Martin, der in erster Linie für die Vorbereitung der Reise verantwortlich gewesen war, und Mgr. Hanna Kaldany, dem Patriarchalvikar für Israel, am Ufer des Sees Genezareth ihre baldige Ernennung zu Bischöfen mit. Mit Bedacht hatte er dafür den Ort ausgewählt, an dem die katholische Kirche der Übergabe der Schließgewalt an Petrus gedenkt.[88] Die Rangerhöhung Kaldanys, der arabischer Herkunft war und zudem in Kirchenrecht über die Internationalisierung Jerusalems promoviert hatte, wurde in Israel reserviert aufgenommen.[89]

Am frühen Abend des 5. Januar betrat Paul VI. zum zweiten Mal Jerusalem, diesmal den israelischen Teil der Stadt. Er wurde vom israelischen Bürgermeister Mordechai Isch-Schalom empfangen und besuchte auf dem Zion den Abendmahlssaal und die Benediktinerabtei Dormitio Mariae. Kardinal Tisserant zündete unterdessen in einer nahegelegenen Holocaust-Gedenkstätte sechs Kerzen zum Gedenken der jüdischen Opfer des Nationalsozialismus an. Diese Geste wiederholte am folgenden Tag der griechisch-orthodoxe Metropolit Theodoros.[90] Am Mandelbaum-Tor, der einzigen Passage zwischen dem israelischen und jordanischen Teil Jerusalems, wurde der Papst vom israelischen Präsidenten Schasar und dem Kabinett offiziell verabschiedet; auch Oberrabbiner Nissim war anwesend. Paul VI. sprach Schasar mit ‚Exzellenz', aber ohne vollständigen Titel an und bedankte sich bei „den Behörden und allen hier Anwesenden"[91], ohne nähere Ortsangaben.

Sein Publikum und viele Kommentatoren befremdend leitete Paul VI. zu einer Apologie Pius' XII. über, dessen Verhalten gegenüber den Juden während des Zweiten Weltkriegs seit dem Erscheinen von Rolf Hochhuths Theaterstück ‚Der Stellvertreter'[92] häufig kritisiert

---

[86] HK 18 (1963/64) 218.
[87] Vgl. MACCARRONE (Hg.) 1964, 74-79.
[88] Hinweis von Vatikankorrespondent Giancarlo Zizola. Der Substitut Mgr. Angelo Dell'Acqua kündigte die Ernennung kurz darauf in der Kirche der Seligpreisungen offiziell an.
[89] Vgl. CHOURAQUI 1992, 185f; KALDANY 1955.
[90] Vgl. HK 18 (1963/64) 219.
[91] MACCARRONE (Hg.) 1964, 85.
[92] Vgl. HOCHHUTH 1963.

worden war. „Wir sind froh, die Gelegenheit zu haben, an diesem Tag und an diesem Ort zu bekräftigen: Nichts ist ungerechter als dieser Angriff gegen ein so ehrenwertes Gedenken. Diejenigen, die wie Wir diese wunderbare Seele aus der Nähe kannten, wissen, wie weit ihre Sensibilität und ihr Mitleid [...] reichte. Und das wissen auch die, die nach dem Ende des Krieges mit Tränen in den Augen zu ihm kamen, um ihm zu danken, daß er ihnen das Leben gerettet hatte,"[93] sagte Paul VI. Das Theaterstück hatte zu diesem Zeitpunkt in Israel allerdings noch keine Aufführungserlaubnis erhalten, und die Kritik an Pius XII. war vor allem in Europa geäußert worden. Möglicherweise entsprang seine Verteidigung in erster Linie „dem Bedürfnis [...], seinem Vorgänger, den er aus nächster Nähe kannte und zu dessen wichtigsten Mitarbeitern er bis 1954 gehörte, Gerechtigkeit widerfahren zu lassen"[94], so die ‚Herder-Korrespondenz'.

Abschließend nannte Paul VI. vor den Vertretern der israelischen Regierung sein größtes Anliegen, indem er die Zuversicht aussprach, „daß Unsere katholischen Söhne, die in diesem Land leben, weiterhin die Rechte und Freiheiten genießen, die heute allgemein allen zuerkannt werden"[95]. Ein israelischer Diplomat sprach anschließend von einem Kreuzchassé: Israel habe akzeptiert, den Papst als religiöse Autorität zu empfangen und sich davon politische Anerkennung versprochen. Der Papst habe seinerseits eingewilligt, die israelische Regierung zu treffen und dabei auf die Bestätigung religiöser Rechte für die Katholiken in Israel gehofft. Am Ende seien beide enttäuscht worden.[96]

Paul VI. verließ Israel, wo er sich insgesamt etwa 14 Stunden aufgehalten und 500 Kilometer zurückgelegt hatte, durch das Mandelbaum-Tor und kehrte in die Apostolische Delegatur zurück. Dort stand die erste der beiden Begegnungen mit dem Ökumenischen Patriarchen von Konstantinopel bevor, die der Reise ihre Prägung gaben und den ursprünglichen Reisewunsch Pauls VI. nach einer ökumenischen Akzentsetzung weit mehr als erfüllten.

---

[93] MACCARRONE (Hg.) 1964, 85f.
[94] HK 18 (1963/64) 221. „Das emphatische Lob auf Pius XII. [...] zeugt von einer Unkenntnis des Judentums nach Auschwitz, enthüllt aber zugleich die bleibende Treue Pauls VI. [zu Pius XII.]", so DELMAIRE 1984, 824. Nach TINCQ (1993, 230) war die Apologie eher ein „cri de cœur" als ein „coup diplomatique". Zu kompliziert scheint die Deutung DUBOIS' (1984, 35): „So erstaunt auch viele Israelis waren, [...] so hat man doch verstanden, daß der Papst, indem er beim Verlassen des Landes diese Frage anschnitt, in seinen Zuhörern de facto die Erben der sechs Millionen Toten anerkannt hat." DUBOIS (ebd. 38) hielt außerdem fest, daß Hochhuths Stück nach dem Papstbesuch vom israelischen Nationaltheater inszeniert wurde und die Verkaufszahlen drastisch anstiegen.
[95] MACCARRONE (Hg.) 1964, 86.
[96] Vgl. DUBOIS 1984, 38.

Patriarch Athenagoras traf gegen halb zehn in Begleitung mehrerer Metropoliten, die zum Teil aus den USA, Großbritannien und Australien angereist waren, in der Apostolischen Delegatur ein. Benediktos, der griechisch-orthodoxe Patriarch von Jerusalem, nahm nicht an der Begegnung teil. Paul VI. erwartete den Gast am Eingang; der Papst und der Patriarch umarmten sich herzlich und tauschten den Friedenskuß aus. Sie zogen sich dann für etwa zwanzig Minuten zum privaten Gespräch in das Empfangszimmer zurück, wobei Paul VI. auf den für ihn vorgesehenen Ehrensitz mit Baldachin verzichtete.[97] Während des anschließenden offiziellen Aktes stand die angestrebte Einheit im Symbol des Kelches im Mittelpunkt. Athenagoras sprach den Wunsch aus, „daß dieses Treffen das Morgenrot eines hellen und gesegneten Tages sei, an dem die künftigen Generationen aus dem gleichen Kelch kommunizieren"[98]. Paul VI. griff die Metapher auf und überreichte dem Patriarchen einen goldenen Meßkelch „als Symbol unserer Bruderschaft"[99]. Zum Abschluß beteten sie griechisch und lateinisch gemeinsam das Vaterunser.

Am 6. Januar feierte die Ostkirche das Weihnachtsfest. Ungeachtet der ökumenischen Sensation am Vortag wurde an den heiligen Stätten keine Ausnahme von den Regeln des Status quo gemacht. Daher mußte die Messe, die Paul VI. in der Geburtskirche in Betlehem feiern wollte, bis halb neun beendet sein. Er konnte außerdem nicht im feierlichen Ornat durch das griechisch-orthodoxe Hauptschiff einziehen, sondern mußte den Umweg durch die angrenzende Franziskanerkirche nehmen und das Meßgewand erst in der Geburtsgrotte anlegen, wo er die Messe zelebrierte.[100] Zur gleichen Zeit wurden in der Kirche – dem Status quo entsprechend – zwei weitere nichtkatholische Gottesdienste gefeiert.[101] Hier wurde Paul VI. so unvermittelt mit dem Skandalon der getrennten Kirchen konfrontiert, wie es nur an den heiligen Stätten im Heiligen Land möglich war.

---

[97] Vgl. DARBLADE 1964, 121-123; DUPREY 1998, 147-150; HK 18 (1963/64) 227f.
[98] MACCARRONE (Hg.) 1964, 90.
[99] HK 18 (1963/64) 228. Dem Bericht der Herder Korrespondenz zufolge hatte Paul VI. das Geschenk mit dem hohen Symbolwert gegen Widerstände aus der Kurie durchgesetzt. Athenagoras sagte später vor Journalisten: „Ich wünsche sehnlichst, daß Papst Paul VI. und ich eines Tages Wasser und Wein in denselben Kelch gießen können" (ebd.).
[100] Der spätere Bürgermeister Teddy Kollek berichtete, der griechisch-orthodoxe Patriarch habe eine schriftliche Anfrage verlangt, ob der Papst durch das Hauptschiff einziehen dürfe, und diese anschließend abgelehnt. „Ich fragte ihn, warum er um diesen Brief gebeten habe, obwohl er schon wußte, was er antworten würde. Er sagte: ‚Ganz einfach. Ich wollte sie wissen lassen, wer hier der Chef ist.'" (SHALOM HARTMAN INSTITUTE [Hg.] 1987, 259).
[101] Vgl. HK 18 (1963/64) 226; BLONDEEL (1963/64) 12.

Die Predigt, die er in Betlehem hielt, hatte programmatischen Charakter. Paul VI. bezog sich wiederum auf die drei Aspekte, die ihm während dieser Reise am Herzen lagen: die Umkehr und Buße, die Einheit der Christen und der Friede der Welt. Dementsprechend adressierte er seine Rede „zuerst an Christus, dann an die Kirche und schließlich an die Welt"[102].

Seine Worte an die Kirche waren nicht nur an die „Katholiken, die schon zum Stall (bercail) Christi gehören" gerichtet, sondern in erster Linie eine Einladung zum Dialog an die „christlichen Brüder, die nicht in voller Gemeinschaft mit uns stehen"[103]. Sie gründete auf der Feststellung, daß die äußere Überzeugungskraft der Kirche ihrer inneren Einheit entspreche. Paul VI. hielt fest: „Auch in dieser ganz besonderen Situation, in der wir uns heute befinden, müssen Wir sagen, daß [die Einheit der Kirche] nicht auf Kosten der Wahrheiten des Glaubens erreicht werden kann. Wir können diesem Erbe Christi nicht untreu werden; es ist nicht unseres, sondern seines; wir sind nur dessen Verwalter und Interpreten. Aber, um es nochmals zu wiederholen, Wir sind bereit, jedes denkbare Mittel in Betrachtung zu ziehen, das geeignet ist, die Wege des Dialogs zu ebnen [...]. Das Tor zum Stall (bercail) steht offen. [...] Wir werden davon absehen, Schritte zu veranlassen, die nicht frei und voller Überzeugung getan werden könnten."[104] Der Papst dankte den „Oberhäuptern der von uns verschiedenen Kirchen [...] für ihre Teilnahme an Unserer Pilgerreise" und würdigte „den Anteil, den sie am authentischen Schatz der christlichen Tradition besitzen"[105].

Verglichen mit der Haltung, die die katholische Kirche unter Pius XII. gegenüber den damals als ‚Dissidenten' bezeichneten nichtkatholischen Kirchen einnahm, kennzeichnen die Gesten und Worte Pauls VI. eine beachtliche Entwicklung. Kritiker sahen im Bild des Stalls jedoch einen „neue[n] ökumenische[n] Führungsanspruch der römisch-katholischen Kirche"[106]: „Orthodoxe Kleriker im Gefolge des Patriarchen waren entrüstet über Pauls Anruf des ‚römischen Christus' und seine Erwähnung des römischen Katholizismus als ‚die eine Kirche Christi'"[107], so das Magazin ‚Time'. In einem Kommentar der

---

[102] MACCARRONE (Hg.) 1964, 99.
[103] MACCARRONE (Hg.) 1964, 101.
[104] MACCARRONE (Hg.) 1964, 101f. Da das Bild des Stalls viel Kritik auslöste, ist festzuhalten, daß Paul VI. nicht notwendig eine Gleichsetzung der Herde mit der katholischen Kirche implizierte. Auch die Formulierung „wir sind Verwalter und Interpreten des Erbes Christi" läßt offen, ob er als Papst, als Katholik oder als Christ spricht. In ‚Attivitá della Santa Sede' ist das ‚wir' an dieser Stelle kleingeschrieben; vgl. ASS 1964, 52.
[105] MACCARRONE (Hg.) 1964, 102.
[106] HK 18 (1963/64) 309.
[107] Time, 17.1.1964.

Zeitung ‚Christ und Welt' hieß es, „die Wiedervereinigung der Christenheit auf föderaler Basis ist damit gescheitert"[108].

Im letzten Teil seiner Predigt in Betlehem wandte sich Paul VI. an „alle, die das Christentum von außen betrachten, ob sie ihm gegenüber Fremde seien oder sich als solche fühlen"[109]. Nachdem er die Mission des Christentums als eine „Sendung der Freundschaft"[110] beschrieben hatte, richtete er sich „in besonderer Weise an alle, die den Monotheismus bekennen und [...] den Gott Abrahams verehren": „Möge auch diese Völker, die den einen Gott anbeten, Unser Wunsch nach Frieden in Gerechtigkeit erreichen."[111] Ursprünglich war dies der Schlußakzent seiner Predigt, die mit einer Grußbotschaft an die Nichtgläubigen und Religionsgegner ausklang. Kurzfristig hatte Paul VI. jedoch noch eine Passage eingeschoben, in der er den Appell zum Frieden verstärkte und ausdrücklich an „die Staatsoberhäupter und alle, die für die Völker Verantwortung tragen"[112] appellierte. Er machte deutlich, daß er es für sein Recht und seine Pflicht hielt, in der Völkergemeinschaft seine Stimme hörbar zu machen und kündigte damit implizit seine Reise in die USA und seinen Besuch der UNO im folgenden Jahr an.[113] Dem gleichen Ziel dienten die 240 Friedenstelegramme, die Paul VI. von Jerusalem aus an Staats- und Kirchenoberhäupter in der ganzen Welt sowie an den UN-Generalsekretär Sithu U Thant gesandt hatte.[114]

Nach seiner Rückkehr nach Jerusalem stattete Paul VI. dem Ökumenischen Patriarchen Athenagoras in der Residenz des griechisch-orthodoxen Patriarchen von Jerusalem seinen Gegenbesuch ab.[115] Benediktos I. war bei der zweiten Begegnung der beiden Kirchenoberhäupter wiederum abwesend.

---

[108] HK 18 (1963/64) 306.
[109] MACCARRONE (Hg.) 1964, 103.
[110] MACCARRONE (Hg.) 1964, 104.
[111] MACCARRONE (Hg.) 1964, 105.
[112] MACCARRONE (Hg.) 1964, 106.
[113] Der Sondergesandte des US-Präsidenten Lyndon Johnson, Sargent Shriver, hatte Paul VI. am Tag zuvor eine Botschaft des amerikanischen Präsidenten übergeben (vgl. MACCARRONE (Hg.) 1964, 91); Shriver und der Apostolische Delegat Zanini begannen schon in Jerusalem mit den Vorbereitungen der Papstreise in den USA; vgl. HEBBLETHWAITE 1993, 374.
[114] Vgl. MACCARRONE (Hg.) 1964, 65.
[115] Vermutlich bewog die symbolische Redeweise von einem Treffen an den heiligen Stätten – „dort wo sich die Christen ohne Gesichtsverlust begegnen können" (Jérusalem 1964, 120) – manche Autoren, die Begegnung in die Grabeskirche zu verlegen (so HEBBLETHWAITE 1993, 372). Andere berichteten von einem dritten, zufälligen Treffen auf offener Straße (so HK 18 [1963/64] 220). DARBLADE (1964, 124) zufolge hat man damit die Verzögerung erklären wollen, die entstand, als der Papst unangekündigt einem gelähmten Mann in der Altstadt einen Krankenbesuch abstattete.

Wie am Tag zuvor begrüßten sich Athenagoras I. und Paul VI. mit dem Friedenskuß und zogen sich dann zum privaten Gespräch zurück, das etwa 40 Minuten dauerte. Anschließend überreichte Athenagoras ein Geschenk, das ebenfalls hohen Symbolwert hatte: ein Brustkreuz, wie es orthodoxe Bischöfe als Zeichen der apostolischen Sukzession tragen. Paul VI. zog in seiner Dankesrede eine erste Bilanz der ökumenischen Annäherung: „Die Unterschiede in dogmatischen, liturgischen und disziplinarischen Belangen werden [...] untersucht werden müssen. Aber das, was von nun an fortschreiten kann und muß, ist die brüderliche Nächstenliebe."[116] Er endete ausdrücklich „nicht mit einem ‚Addio‘, sondern, wenn Ihr erlaubt, mit einem ‚Auf Wiedersehen‘"[117]. Nach der Ansprache des Papstes rezitierten beide gemeinsam, abwechselnd lateinisch und griechisch, das Abschiedsgebet Jesu (Joh 17), das die Bitte enthält ‚alle sollen eins seien‘. Nach dem insgesamt etwa zweistündigen Besuch wurde ein gemeinsames Kommuniqué veröffentlicht, daß gleichermaßen an die Skeptiker und die Ungeduldigen appellierte. Einerseits war das Treffen „nichts anderes als eine brüderliche Geste im Geiste Christi, [...] sich bis zu siebenmal siebzigmal zu verzeihen"; andererseits hofften „die beiden Pilger, [...] daß diese Begegnung Zeichen und Vorspiel künftiger Ereignisse sei"[118].

Anschließend begab sich Paul VI. in die Jerusalemer Altstadt, wo er zunächst das armenische Patriarchat besuchte. Die Begegnung mit Patriarch Derderian fand wie die bisherigen ökumenischen Kontakte seiner Reise in ungezwungener, herzlicher Atmosphäre statt. Das Gespräch war so intensiv, daß keine Zeit mehr blieb, den vorbereiteten Kaffee und Champagner anzubieten. Über die Studenten des armenischen Priesterseminars sagte Paul VI., „sie sind unsere Hoffnung".[119] Der nachfolgende Empfang im lateinischen Patriarchat war erst kurz zuvor arrangiert worden, möglicherweise in Reaktion auf die ebenfalls nachträglich eingeschobene Begegnung mit den orientalischen Patriarchen in Sainte-Anne. Paul VI. hielt vor den Gemeindemitgliedern und Geistlichen in der Kirche des Patriarchats eine improvisierte Ansprache auf italienisch.[120] Beim Verlassen des Patriarchats bat Paul VI., man möge ihn zu einem bedürftigen Gemein-

---

[116] MACCARRONE (Hg.) 1964, 108f.
[117] ASS 1964, 58.
[118] MACCARRONE (Hg.) 1964, 111; DUPREY 1998, 151f.
[119] BADAOUI 1964, 5; DARBLADE 1964, 119f; HK 18 (1963/64) 227.
[120] Vgl. MACCARRONE (Hg.) 1964, 112. Patriarch Gori hatte in seinem Pastoralbrief im Dezember 1963 noch geschrieben: „Man braucht sich nicht zu wundern, wenn der Papst nicht zu Empfängen bitten lassen wird." (Albert Gori, Lettre Pastorale au Vénérable Clergé et aux chers Fidèles du Patriarchat Latin, Jerusalem 12.12.1963: Archiv Sainte-Anne).

demitglied bringen; so betrat er das Haus des 76jährigen, bettlägrigen Mattia Khalil Nahhas in der Jerusalemer Altstadt, segnete ihn und schenkte ihm einen Rosenkranz und 250 Dollar.[121]

Zurück in der Apostolischen Delegatur empfing er zum Abschluß seiner Reise noch zahlreiche Besucher. Als erstes kam die jordanische Delegation, darunter der Bürgermeister Ost-Jerusalems, Ruhi Al-Khatb, der den Papst am ersten Tag aufgrund des Tumults am Damaskustor nicht wie geplant hatte begrüßen können. Paul VI. holte die zu dieser Gelegenheit vorbereitete Ansprache nach, in der er den Bewohnern Jerusalems für ihre Gastfreundschaft dankte, und lud die Christen unter ihnen ein, gemeinsam mit ihm für „die ersehnte Gnade der Einheit" zu beten. Er zitierte aus dem Psalter – „erbittet Frieden für Jerusalem" (Ps 122,6) – und forderte alle auf, über Jerusalem hinaus „Eintracht und Frieden für dieses einzigartige Land, das Gott besucht hat"[122] anzustreben. Paul VI. segnete zwei mitgebrachte Olivenbäume, die für eine nach ihm benannte Pflanzung und für König Hussein bestimmt waren.

Anschließend empfing er Vertreter der äthiopischen, koptischen, syrischen, lutherischen und anglikanischen Kirchen, die später alle die brüderliche Atmosphäre lobten und sich in ihrem Streben nach Einheit bestärkt sahen.[123] Der einheimische anglikanische Bischof Nadschib Kob'ain sagte: „Ich wünsche mir, daß dieser Besuch der Beginn einer konkreten und authentischen Annäherung war. Und das hängt von uns ab, von den Kirchen dieses Landes. [...] Es wäre sehr wünschenswert, wenn wir regelmäßige Treffen veranstalten würden, um allgemeine Fragen zu diskutieren, was zum Wohl der Christen und ihrer Verbundenheit untereinander getan werden könne. [...] Allein die Tatsache, sich zu treffen, wäre schon ein Erfolg."[124] Den christlichen Würdenträgern folgten eine muslimische Delegation, angeführt vom Großmufti Jerusalems, und schließlich der Präsident der Päpstlichen Mission für Palästina, Mgr. John Ryan, der zu den Reisebegleitern des Papstes gehörte. Paul VI. überreichte ihm zur Unterstützung der palästinensischen Flüchtlinge eine Spende von 5 000 Dollar.[125]

Mittags gegen halb eins fuhr Paul VI. aus Jerusalem ab. Auf dem Flughafen in Amman, wo er von König Hussein und dem jordanischen Kabinett verabschiedet wurde, mahnte er ein letztes Mal mit biblischen Worten zum Frieden. Sein Dank für den „warmherzigen Empfang, den Uns die Bewohner dieses Heiligen Landes bereitet

---

[121] MACCARRONE (Hg.) 1964, 122.
[122] MACCARRONE (Hg.) 1964, 38.
[123] Vgl. BADAOUI 1964, 1-14.
[124] BADAOUI 1964, 7f.
[125] Vgl. MACCARRONE (Hg.) 1964, 122.

haben" war geprägt vom Mitgefühl für die Flüchtlinge und Vertriebenen: „Gott möge sie belohnen, ihre Tränen trocknen; er gebe ihnen Frieden, Wohlergehen und wahre Seligkeit"[126].

Die römische Bevölkerung bereitete Paul VI. einen begeisterten Empfang, der „weit über das hinausging, was die Ewige Stadt je für Pius XII. oder Johannes XXIII. veranstaltet hatte"[127]. Drei Stunden dauerte die Fahrt vom Flughafen zum Vatikan, rund eine Million Menschen säumten die Straßen, um den Bischof Roms bei der Rückkehr von seiner ersten Auslandsreise zu begrüßen.[128] Paul VI. war bewegt – von dem Empfang in Rom, von seinem Besuch der heiligen Stätten und von der persönlichen Begegnung mit dem Ökumenischen Patriarchen von Konstantinopel. Davon zeugte die im Programm nicht vorgesehene Ansprache, die er kurz nach seiner Ankunft im Vatikan vom Fenster seines Arbeitszimmers aus hielt. Nicht das Oberhaupt der katholischen Kirche, das in der 1. Person Plural spricht, sondern der Heilig-Land-Pilger Montini wandte sich an die Menschenmenge auf dem Petersplatz: „Danke, danke, meine Kinder, für diesen Empfang, der schon für sich ein erinnernswertes und unvergleichliches Ereignis ist. [...] Ich bringe euch Grüße aus Betlehem, wo ich heute morgen die heilige Messe gefeiert habe [...]. Ihr habt verstanden, daß meine Reise nicht nur ein einzelner und spiritueller Akt war: sie ist ein Ereignis geworden, das große historische Bedeutung haben kann. [...] Ich sage euch heute abend nur soviel, daß ich heute vormittag das große Glück gehabt habe, nach Jahrhunderten und Jahrhunderten, den Ökumenischen Patriarchen von Konstantinopel zu umarmen und mit ihm Worte des Friedens, der Brüderlickeit und des Wunsches nach Einheit [...] auszutauschen."[129]

In den harmonischen Ausklang der päpstlichen Reise mischten sich polemische Töne, als die Gastgeber ihre Danktelegramme erhielten. Eines der Schreiben war ‚An Präsident Schasar, Tel Aviv' adressiert – und nicht, wie es protokollgemäß hätte heißen müssen – ‚An den israelischen Staatspräsidenten, Jerusalem'. Das israelische Ressentiment gab ein Leserbriefschreiber in der Tageszeitung ‚Jediot Achronot' wieder, der dem israelischen Präsidenten vorschlug, die Antwort an den Papst an ‚Seine Hoheit Paul VI., Avignon, Frankreich' zu senden.[130]

---

[126] MACCARRONE (Hg.) 1964, 128.
[127] Time, 17.1.1964.
[128] Vgl. ASS 1964, 6f; Time, 17.1.1964.
[129] MACCARRONE (Hg.) 1964, 137.
[130] Vgl. Der Spiegel 6/1964. „Mit solchen Subtilitäten vergnügte man sich in Rom", schrieb CHOURAQUI (1992, 186). DUBOIS (1984, 36) sprach von einer „Revanche" für die Bemerkung Schasars in Meggido, er sei aus „Jerusalem, unserer Haupt-

Die drei Januartage, die Paul VI. im Heiligen Land verbrachte, bedeuteten die bislang höchste Konzentration vatikanischer Palästinapolitik. Aufgelöst in ihre klassischen Komponenten – Jerusalem und die heiligen Stätten, die lokalen Christen, der Friede im Heiligen Land –, zeichneten sich folgende Entwicklungen ab:

Das in den zurückliegenden Jahrzehnten bestimmende Thema der Besitzrechte an den heiligen Stätten fand im Zusammenhang mit der Reise nahezu keine Beachtung. Für Paul VI. stand deren spirituelle Bedeutung klar im Vordergrund. „Der Moment, in dem ich mich erstickt fühlte vor Rührung und Tränen, war während der Heiligen Messe im Heiligen Grab"[131], sagte er am Abend seiner Rückkehr dem Kardinalskollegium. Die praktischen Folgen der innerchristlichen Konkurrenz um die heiligen Stätten hatte er an mehreren Stellen persönlich erfahren. So konnte der Jerusalemer Patriarch Benediktos I. ihn nicht in der Grabeskirche empfangen, und Paul VI. mußte davon absehen, im Meßgewand das Hauptschiff der Betlehemer Geburtskirche zu durchqueren. Aus den Ansprachen an die beiden nichtkatholischen Patriarchen Jerusalems ging hervor, daß er diesen Zustand als dringend überholbedürftig ansah. Beiden dankte er nachdrücklich für die konfessionelle Zusammenarbeit bei der Restaurierung der Grabeskirche und zeigte sich erfreut über die „Bemühungen auf allen Seiten, Konfliktpunkte zu beseitigen"[132]. Paul VI. leistete seinen eigenen konkreten Beitrag zur Verbesserung des ökumenischen Klimas im Heiligen Land, indem er kurz nach seiner Rückkehr nach Rom die Gründung eines ökumenischen Studienzentrums in Tantur, auf halbem Weg zwischen Jerusalem und Betlehem, in die Wege leitete.[133]

Mit den einheimischen Christen kam Paul VI. während seines Besuchs nur wenig in Kontakt. Die Begegnung mit Vertretern der katholischen Ortsgemeinde im lateinischen Patriarchat war ursprünglich nicht geplant gewesen und vermutlich um der Gerechtigkeit willen organisiert worden, nachdem der Papst bereits den orientalischen Klerus in Sainte-Anne empfangen hatte. In Sainte-Anne würdigte er zwar die Bedeutung des Orients für die Kirche und äußerte sich positiv über den individuellen Charakter der lokalen Kirchen, mahnte aber zugleich, daß die Individualität nicht auf Kosten der Katholizität gehen dürfe. Die einzelnen arabischen Katholiken, mit denen er zusammenkam, waren nicht als Vertreter der Ortsgemeinde, sondern aufgrund ihrer Hilfsbedürftigkeit ausgewählt worden:

---

stadt" gekommen. Der Heilige Stuhl habe Israel „protokollarisch [ge]demütigt", so LABHART (1967, 2).

[131] MACCARRONE (Hg.) 1964, 141.
[132] MACCARRONE (Hg.) 1964, 53.
[133] Vgl. CHIRON 1993, 217.

ein gelähmter Junge und ein ebenfalls gelähmter alter Mann.[134] Die Worte, die für die christlichen Einwohner Jerusalems bestimmt waren, fielen aufgrund des Durcheinanders am Damaskustor zunächst aus. Als Paul VI. die dort vorgesehene Ansprache während der Audienz für die jordanische Delegation nachholte, war es zu spät, die Christen der Stadt einzuladen, geistig an seiner Pilgerfahrt teilzunehmen.

Der Wunsch nach Frieden im Heiligen Land war das einzige der traditionellen Themen vatikanischer Palästinapolitik, das Paul VI. ausdrücklich zu den wichtigsten Aspekten seiner Reise zählte. Es war zudem das mit Abstand heikelste, da er sich physisch auf beiden Seiten des israelisch-arabischen Konfliktes bewegte. Daher bediente er sich weitgehend biblischer Zitate, um seine Botschaft zu vermitteln. Sein Mitgefühl für die palästinensischen Flüchtlinge und Vertriebenen drückte er durch die Spende aus, die er dem Präsidenten der Päpstlichen Mission für Palästina, Mgr. Ryan, persönlich überreichte. Diese Geste verdankte sich allerdings ebenso wie die Teilnahme Ryans an der Reise, der Initiative eben dieser Organisation, die besorgt war, das Flüchtlingsthema könne bei der Reise nicht genügend beachtet werden.

Bei dem Besuch der israelischen Seite war die Trennung zwischen diplomatischer Nichtanerkennung und theologischer Annäherung an das Judentum besonders schwierig. Im Hintergrund stand die am Ende der zweiten Sitzungsperiode verschobene Abstimmung über die umstrittene Judenerklärung des Zweiten Vatikanischen Konzils. Das Bemühen um ein unpolitisches Profil durch die Vermeidung der Einreise in Jerusalem und jeglicher staatlicher Terminologie in den Ansprachen stieß in Israel auf Empörung, Belustigung oder Desinteresse. „Ein orthodoxer Jude zuckte mit den Achseln: ‚Wenn unser Oberrabbiner nach Rom kommen würde, wieviele würden kommen, um ihn zu sehen?'"[135], so beschrieb der ‚Time'-Korrespondent die Stimmung. Die Verteidigung Pius' XII. gegen die Kritik infolge von Hochhuths Theaterstück, die offenbar eher eine persönliche Hommage Pauls VI. an seinen Vorgänger war, empfanden auch nicht-israelische Kommentatoren als fehlplaziert. In Israel wurde der Besuch des Papstes weithin „schon als de facto-Anerkennung des Staates"[136] interpretiert. Formulierungen des Papstes wie „die Patriarchen, unsere Väter im Glauben", der „Gott Abrahams, Isaaks und Jakobs" und das „Volk des Bundes, dessen Anteil an der religiösen

---

[134] Vgl. MACCARRONE (Hg.) 1964, 93.
[135] Time, 17.1.1964.
[136] DUBOIS 1984, 36.

Geschichte der Menschheit wir nicht vergessen können"[137] ließen ein neues Bewußtsein für die Verbundenheit mit der jüdischen Religion erkennen. „Kaum jemals ist das Alte Testament von katholischer Seite so oft zitiert worden wie während der Reise des Papstes durch Israel. [...] Manches aus dem umkämpften Konzilsschema über die Juden wurde hier [...] vorweggenommen"[138], so die ‚Herder-Korrespondenz'.

Im Ganzen betrachtet spielten die klassischen Themen vatikanischer Palästinapolitik ausgerechnet bei der Reise des Papstes nach Palästina eine eher nebengeordnete Rolle. Diese Verschiebung erklärt sich aus den aktuellen Umständen der Reise, genau zur Halbzeit des Zweiten Vatikanischen Konzils. Paul VI. richtete seine Reise an folgenden drei Leitgedanken aus: Sie sollte ein Akt der Umkehr und Erneuerung sein, eine Geste der ökumenischen Öffnung und eine Demonstration des Friedenswillens der Kirche. Von diesen drei Aspekten entwickelte der mittlere, der ökumenische, eine starke Eigendynamik, als der Patriarch von Konstantinopel ihn in einer Weise aufgriff, die die Erwartungen Pauls VI. weit übertraf. Aus diesem Grund war das Heilige Land nicht nur Ziel der Pilgerfahrt, im Sinn einer Rückkehr zum Ursprung des Evangeliums, sondern auch Bühne für eine Begegnung, die an einem möglichst neutralen, beziehungsweise beiden Seiten gleich viel bedeutenden Ort stattfinden mußte. In Konsequenz stand das spezifisch Palästinensische im Gesamtbild der Reise weniger im Vordergrund, als man es zum Zeitpunkt ihrer Ankündigung hätte erwarten können.

Festzuhalten ist zudem die Langzeitwirkung der päpstlichen Reise in das Heilige Land auf die Christen im Westen. Der große mediale Aufwand ermöglichte eine minutiöse, bilderreiche Berichterstattung der Papstreise, die als solche den Charakter einer Jungfernfahrt hatte. Das schärfte bei den Christen im Westen die Wahrnehmung Heiligen Landes, seiner theologischen Bedeutung ebenso wie seiner politischen Probleme, und hatte vor Ort einen Aufschwung des Tourismussektors zur Folge.[139]

4. Die Erklärung zu den Juden in der dritten Sitzungsperiode des Konzils (1964)

Sobald Paul VI. von seiner Pilgerreise zurückgekehrt war, rückte die Konzilserklärung über die Juden wieder in den Mittelpunkt vatikani-

---

[137] MACCARRONE (Hg.) 1964, 72.
[138] HK 19 (1964/65) 221f.
[139] „Als die Welt den Papst unbelästigt, ja sogar von Juden und Arabern begeistert begrüßt durch das Heilige Land ziehen sah, [...] schwoll der Touristenstrom im Gebiet des Jordan um schätzungsweise 40 Prozent an!", so die KNA (20.12.1966).

scher Palästinapolitik. Die Warnungen arabischer Bischöfe, die rechtliche Stellung der Christen in arabischen Ländern könne sich verschlechtern, wurde im Februar 1964 durch die Verabschiedung der ‚Charta der arabischen kulturellen Einheit' mit einem aktuellen Beispiel unterfüttert. Auf einer Konferenz in Bagdad beschlossen die Erziehungsminister der arabischen Staaten, in ihren Ländern die Vereinheitlichung der Schulbildung und die Stärkung der muslimischen arabischen Kultur anzustreben. „Auf der einen Seite wird [die Charta] eine weitere Möglichkeit legitimer Eingriffe in die Angelegenheiten nichtmuslimischer Minderheiten bieten, auf der anderen Seite wird sie für die arabischen Regierungen so unverbindlich bleiben wie alle anderen gemeinsamen arabischen Erklärungen"[140], schrieb die ‚Herder-Korrespondenz'. Wichtiger als die konkrete Umsetzung war in der Tat die Signalwirkung auf die arabischen Kirchenführer.

Ende Februar begann das Einheitssekretariat mit der Überarbeitung des Textes der Judenerklärung, der am Ende nach Meinung einer der Autoren „nur zu deutlich die ihm von seinen Gegnern zugefügten Wunden trug"[141]. „Durch Auslassungen und vielfache Schwächung der belassenen Ausdrücke suchte man die Feinde der Deklaration zu versöhnen [...]. Der Haß der arabischen Machthaber gegen den Staat Israel und die Furcht vor einer Wiederherstellung der Würde des Judentums sitzen zu tief, als daß man ihnen durch kleine Konzessionen beikommen könnte"[142], so Oesterreicher. Befürworter und Gegner der Erklärung sprachen in den folgenden Monaten im Vatikan vor, darunter eine Delegation der jüdischen Vereinigung ‚B'nei B'rit', der ägyptische Botschafter beim Heiligen Stuhl und schließlich auch – als Gegenbesuch nach der Papstreise ins Heilige Land – der jordanische König Hussein.[143] Der Besuch Husseins gab Paul VI. Gelegenheit, sich erneut für den herzlichen Empfang in Jordanien zu bedanken und auf die besondere Stellung der katholischen Bevölkerung hinzuweisen: „Ihre Majestät kann sicher sein, daß die Katholiken Jordaniens in loyaler Weise alles tun werden, was möglich ist, um zum Fortschritt des Landes beizutragen, insbesondere im Bereich der Erziehung und Sozialarbeit, in der Hoffnung, daß sie immer die Bürgerrechte (civil rights) und das Wohlwollen Ihrer Majestät genießen."[144]

---

[140] HK 18 (1963/64) 523. Massive Kritik an der Charta aus den eigenen Reihen kam vor allem aus dem christlich geprägten Libanon.
[141] OESTERREICHER 1967, 436.
[142] OESTERREICHER 1967, 436.
[143] Vgl. IL CONCILIO III, 417.426 FN 24.
[144] AAS 56 (1964) 446.

Als die Konzilsteilnehmer im Mai 1964 die Unterlagen für die nächste Sitzungsperiode erhielten, fehlte der Text über die Juden wiederum. Spekulationen, die Erklärung werde zurückgehalten, weil sie bei konservativen Kreisen im Vatikan auf Ablehnung stoße,[145] wies das Einheitssekretariat Mitte Juni mit der Erklärung zurück, der Text werde noch geprüft: „Wenn Veränderungen vorgenommen werden, dann mit dem Ziel, den Ausdruck mit den übrigen dogmatischen Erklärungen zu harmonisieren."[146] Wie später bekannt wurde, hatte die Koordinierungskommission unter dem Vorsitz des Staatssekretärs Cicognani weitere Textänderungen verlangt, was bei den Mitgliedern des Einheitssekretariats Empörung auslöste.[147]

Am 25. September stellte Kardinal Bea das Ergebnis, mit dem er selbst nicht ganz zufrieden war, in der Konzilsaula vor und erläuterte die Textänderungen.[148] Die knappe einleitende Bemerkung über die Nichtchristen war zu einem eigenen Teil erweitert worden; ein eigener Abschnitt galt den Muslimen.[149] Die gesamte Erklärung firmierte nun nicht mehr als viertes Kapitel des Ökumenismusdekrets, sondern war diesem als eigenständige ‚Erklärung über die Juden und Nichtchristen' angeschlossen.[150] Die einschneidenste inhaltliche Änderung war die auf Wunsch der Koordinierungskommission erfolgte Streichung des Passus, in dem ausdrücklich der Vorwurf des Gottesmordes zurückgewiesen wurde. Bea erklärte, man habe sich dennoch bemüht, zu zeigen, „daß einerseits die Schuld derer bestätigt wird, die den Evangelienberichten zufolge angeordnet haben, Christus ans Kreuz zu schlagen, andererseits aber diese Schuld nicht dem Volk als solchem, und schon gar nicht dem heutigen Volk zuge-

---

[145] Als der US-amerikanische ehemalige Präsident Truman diese Vermutung äußerte, antworteten Oesterreicher und zwei weitere Theologen in einem offenen Brief in der ‚New York Times' am 21.5.1964, daß die Vorbereitung eines „ziemlich weiten und tiefen Dokumentes" viel Zeit brauche. Vgl. IL CONCILIO III, 431.
[146] IL CONCILIO III, 432.
[147] Vgl. OESTERREICHER 1967, 436. Zur Rolle Cicognanis vgl. HK 19 (1964/65) 125f; GROOTAERS 1994, 75.
[148] Mit der Bemerkung, „auch die Mitglieder der Koordinierungskommission [...] wissen, daß dieser Text ihnen nicht wenig Zeit gekostet hat" (BEA 1966, 149), deutete Bea deren Eingriff in die Arbeit des Einheitssekretariats an. Erzbischof John C. Heenan, ebenfalls Mitglied des Einheitssekretariats, erklärte später während der Diskussion: „Der Wortlaut des Dokuments, das Sie in den Händen haben, ist nicht ganz der unsre. Ich habe keine Ahnung, welche Theologen beauftragt wurden, diese letzte Version der Erklärung abzufassen." (OESTERREICHER 1967, 440).
[149] Vgl. zu den Aussagen über die Muslime FARRUGIA 1987, 63-67.
[150] Das Konzil verabschiedete Dokumente in drei Rechtsformen (vier Konstitutionen, neun Dekrete und drei Erklärungen). Die Form der Erklärung wurde gewählt, „wo es indes angezeigt war, sich so vorsichtig und überholbar wie möglich zu äußern" (PESCH 1993, 81).

schrieben werden darf"[151]. Erneut bekräftigte er: „Wir sprechen hier weder vom Zionismus noch vom politischen Staat Israel, sondern von den Anhängern der mosaischen Religion, wo auch immer sie auf der Welt leben. [...] [Die Erneuerung der Kirche] ist von so großer Bedeutung, daß es der Mühe wert ist, uns der Gefahr auszusetzen, daß manche diese Erklärung zu politischen Zwecken mißbrauchen."[152]

Nach dem Wochenende wurde in zwei Generalversammlungen am 28. und 29. September 1964 der Entwurf zu einer Judenerklärung erstmals offiziell diskutiert. Die große Mehrheit der Redner befürwortete die Formulierung eines Konzilstextes zu diesem Thema; zwei Drittel traten dabei für eine Wiederherstellung der vorherigen Textfassung ein.[153] Im Namen der Patriarchen und Bischöfe aus dem Nahen Osten trug der syrisch-katholische Patriarch von Antiochien, Ignatios Gabriel Tappouni, die Bedenken der orientalischen Kirchen vor.[154] Wie im Vorjahr warnte er vor negativen Folgen für die christliche Minderheit in den arabischen Ländern und bat, das Schema aus pastoralen Gründen nicht unter die Konzilstexte aufzunehmen.[155] Der melkitische Bischof Joseph Tawil, Patriarchalvikar in Damaskus, unterstrich diese Forderung mit dem Hinweis auf die Situation in Palästina: „Wird diese Sympathieerklärung für die Juden trotz aller Vorsichtsmaßnahmen nicht ein brenzliges Problem wieder anfachen, das noch nicht gelöscht ist? Besteht nicht das Risiko, daß das Pulverfaß des unglücklichen Palästinas explodiert, wo eine Million Araber ungerechterweise, mit Gewalt von ihrem Land vertrieben wurde, und zwar von denen, auf die das Konzil nun seine Aufmerksamkeit richtet?"[156] Edelby notierte im Anschluß an die Debatte, in sein Konzilstagebuch: „Deklaration über die Juden und Nichtchristen wieder aufgenommen und abgeschlossen. Es handelt sich insgesamt um eine lange Abhandlung zugunsten der Juden. In

---

[151] BEA 1966, 151.
[152] BEA 1966, 155.157.
[153] Vgl. OESTERREICHER 1967, 442-447; WENGER 1965, 327-332; SCHMIDT 1992, 512f.
[154] Seine Stellungnahme hatten der melkitische, der koptisch-katholische, der armenisch-katholische und der chaldäische Patriarch unterschrieben. Der maronitische Patriarch war zu der Zeit nicht in Rom; der lateinische Patriarch Gori hatte nicht unterzeichnet. Vgl. EDELBY 1996, 241f; INGLESSIS 1969, 202; LAURENTIN 1966, 130f. OESTERREICHER (1967, 447) überging diesen Einspruch und nannte als „herausragendste" der negativen Stimmen den Einwand Kardinal Ruffinis, auch die Juden sollten ermahnt werden, die Katholiken nicht zu verletzen.
[155] Vgl. INGLESSIS 1969, 202.
[156] EDELBY 1996, 243. Tawil argumentierte, eine Erklärung zu den Juden sei überflüssig, da niemand die geschichtliche Herkunft der Kirche aus dem Judentum bestreite, eine Kollektivschuld nicht existiere und die Verurteilung rassischer und religiöser Diskriminierung den Antisemitismus bereits miteinschließe.

seiner Mehrheit zeigt sich das Konzil gegenüber den Juden verständnisvoller als gegenüber den Nichtkatholiken! [...] Wir sind niedergeschlagen, als wir hinausgehen."[157]

Die Kritik von arabischer Seite bewog den Staatssekretär und Vorsitzenden der Koordinierungskommission Cicognani zu einer Intervention, die nach Darstellung Oesterreichers „wie eine Bombe" wirkte und die „Oktoberkrise"[158] auslöste. Nicht das Einheitssekretariat sollte den Text weiter redigieren, sondern eine neue Kommission, zur Hälfte aus Mitgliedern der Theologischen Kommission bestehend. Diese sollte die theologischen Aussagen der Erklärung in das Schema über die Kirche eingliedern und die Verurteilung des Antisemitismus in eine allgemeine Verurteilung rassischer und religiöser Diskriminierung umwandeln.[159] „Man wähnte, dadurch die Araber überzeugen zu können, daß die Motive des Konzils rein geistlicher Art seien"[160], so Oesterreicher. Bea wandte sich daraufhin an Paul VI. persönlich, der ihm die Zuständigkeit des Einheitssekretariats und seine persönliche Unterstützung der Judenerklärung zusicherte.

In der zweiten Oktoberhälfte arbeitete das Einheitssekretariat den Text dann unter Berücksichtigung der in der Debatte geäußerten Anregungen erneut um.[161] Er erhielt den Titel „Erklärung über das Verhältnis der Kirche zu den nichtchristlichen Religionen" und wurde der Konstitution ‚Über die Kirche' angefügt. Die Beziehungen zu den nichtchristlichen Religionen nahmen entsprechend mehr Raum ein als zuvor. Der vierte von fünf Abschnitten behandelte die Juden. Der umstrittene Ausdruck ‚Gottesmord' war in einer zurückhaltenderen Formulierung wieder eingefügt worden: „Das jüdische Volk soll niemals [...] als ein verworfenes Volk, als verflucht oder des Gottesmordes schuldig dargestellt werden."[162]

Am 30. Oktober, drei Wochen vor Ende der Sitzungsperiode, war der Text fertig, wurde aber noch nicht an die Konzilsteilnehmer ausgeteilt. „Es war der [...] Widerstand der arabischen Regierungen, der immer wieder einen Aufschub der endgültigen Entscheidungen

---

[157] EDELBY 1996, 242f.
[158] OESTERREICHER 1967, 448f.
[159] Vgl. HK 19 (1964/65) 126; OESTERREICHER 1967, 448f; BULL 1967, 87; SCHMIDT 1992, 512f. Das Dramatische lag in der Mitteilung der Anordnung „in höherem Auftrag", was die Autorschaft des Papstes suggerierte, der nach den Konzilsregeln allein für eine solche Übertragung von Verantwortlichkeit zuständig gewesen wäre. Cicognani veranlaßte im gleichen Zug, offenbar den Wünschen einer konservativen Minderheit entsprechend, eine erneute Prüfung der umstrittenen Erklärung zur Religionsfreiheit.
[160] OESTERREICHER 1967, 449.
[161] Vgl. IL CONCILIO IV (1965) 89.
[162] LAURENTIN 1966, 132.

zur Folge hatte"[163], so Oesterreicher. Tatsächlich gab es im Nahen Osten bereits vor Veröffentlichung des Textes Proteste gegen ihm unterstellte Inhalte und Intentionen, sowohl von politischer als auch von orthodoxer Seite.[164]

Nachdem Paul VI. einen der wichtigsten internen Kritiker, den melkitischen Patriarchen Maximos IV., in Privataudienz empfangen hatte, wurde der überarbeitete Text der Erklärung schließlich am 18. November 1964 ausgeteilt. Die Abstimmung fand am übernächsten Tag statt, dem letztmöglichen in dieser Sitzungsperiode. Kardinal Bea erklärte erneut Charakter und Motive der Änderungen. Die Verbindung mit der Konstitution über die Kirche betone nicht nur ihren rein religiösen Charakter, sondern verleihe ihr zudem mehr Gewicht, da sie nun an eine dogmatische Konstitution angeschlossen sei, so Bea.[165] Die ‚Erklärung über das Verhältnis der Kirche zu den nichtchristlichen Religionen' wurde am 20. November 1964 mit 1 839 Ja-Stimmen (davon 241 mit Einschränkung) zu 99 Gegenstimmen angenommen.

Obwohl dieses Ereignis von dem Eklat über die erneut verschobene Abstimmung über die Erklärung zur Religionsfreiheit überlagert wurde,[166] nahm die Kritik aus den arabischen Staaten sofort erheblich zu.[167] Fehldeutungen mischten sich mit Protesten gegen den Geist der Erklärung, religiöse mit politischen Argumenten – und religiöse mit politischen Kritikern. Bis zum Beginn der vierten und letzten Sitzungsperiode des Konzils im Herbst 1965 fiel dem Einheitssekretariat ungewollt eine Schlüsselrolle vatikanischer Nahostpolitik zu. Dementis, Richtigstellungen sowie Besuche bei politischen und orthodoxen Autoritäten im Nahen Osten zur Vermeidung von Mißverständnissen waren in diesen Monaten die wichtigsten Mittel, um die Beziehungen des Vatikans zum Heiligen Land und zu den arabischen Staaten zu pflegen.

Im Hinblick auf ihre Nähe zum Vatikan lassen sich drei Gruppen von Kritikern im Nahen Osten ausmachen, nämlich die katholischen Christen, die orthodoxen Christen und die Regierungen der arabi-

---

[163] OESTERREICHER 1967, 457.
[164] Sowohl die christlichen Parlamentarier in Jordanien als auch die griechisch-orthodoxe Hierarchie in Syrien und Libanon sandten Botschaften an Paul VI., um gegen die von ihnen als ungerechtfertigte Entschuldung der Juden wahrgenommene Erklärung zu protestieren. Vgl. INGLESSIS 1969, 206.211.
[165] Vgl. BEA 966, 158-162; vgl. WENGER 1964, 172-178.
[166] Vgl. PESCH 1993, 100; OESTERREICHER 1967, 458; LAURENTIN 1966, 131. Die gespannte Atmosphäre war wohl auch ein Grund für die relativ schwache Beteiligung an der Abstimmung über die Judenerklärung.
[167] Vgl. OESTERREICHER 1967, 458-61 („Der ‚heilige Krieg' gegen die Erklärung"); INGLESSIS 1969, 205-207 („Agitations orageuses"); IL CONCILIO V, 276-283; HK 19 (1964/65) 199f.

schen Staaten. Letztere reagierten am heftigsten und gingen durchweg von der Annahme aus, das Konzil leugne aufgrund zionistischer Einflußnahme historische Fakten und unterstütze damit Israel. So hieß es in einem Kommentar im staatlichen syrischen Rundfunk am 18. November 1964: „Kann denn die Kirche keine günstigere Zeit finden, die Juden zu rehabilitieren, als gerade den Zeitpunkt, in dem sie zu Verfolgern der Araber geworden sind? [...] Die zeitliche Koordinierung beweist, daß hinter der Fassade der Religion politische Faktoren am Werk sind."[168] Der politische Direktor des Außenministeriums in Damaskus erklärte, man wolle sich nicht in die religiöse Angelegenheit mischen, verurteile die Konzilserklärung aber in politischer Hinsicht. Dabei versicherte er, daß die Katholiken in der arabischen Welt keine Konsequenzen befürchten müßten, „weil sie Araber und Brüder sind [...] und nichts mit dieser Erklärung zu tun haben"[169]. In Damaskus fanden zudem Studentendemonstrationen statt, die von der Muslimbruderschaft organisiert wurden. Jordanische Abgeordnete forderten im Parlament ein Einreiseverbot für Bischöfe, die die Erklärung unterzeichnet hatten. Der Vorschlag wurde nicht umgesetzt, erregte aufgrund gegenteiliger Presseberichte aber großes Aufsehen.[170]

Auch auf orthodoxer Seite wurde das Konzilsdokument als faktische Anerkennung Israels interpretiert. Mehrere orthodoxe Patriarchen klagten das Konzil der Preisgabe des Evangeliums an und veröffentlichten Erklärungen, deren Schärfe um die im Konzil scheinbar erreichte ökumenische Annäherung fürchten ließen.[171] Auffallend zurückhaltend war jedoch die Stellungnahme des griechisch-orthodoxen Patriarchen Benediktos I. von Jerusalem, der offenbar die während des Papstbesuchs geknüpfte freundschaftliche Beziehung nicht gefährden wollte.[172] Caprile sah hinter der Reaktion von orthodoxen Christen „nicht nur nationalistische Motive, sondern auch ihnen eigene traditionelle doktrinale Elemente"[173].

---

[168] OESTERREICHER 1967, 459; vgl. HK 19 (1964/65) 199.
[169] IL CONCILIO V, 282.
[170] Vgl. IL CONCILIO V, 279.282.
[171] In diesem Sinn äußerten sich u.a. der griechisch-orthodoxe Patriarch von Antiochien, Theodosios VI., („de facto Anerkennung Israels"), der syrisch-orthodoxen Patriarch von Antiochien, Ignatios Jakob III., („Mißbrauch der Heiligen Schrift"), der koptische Patriarch von Alexandrien, Kyrill VI., („imperialistischer Komplott"); vgl. IL CONCILIO V, 277f.
[172] Vgl. INGLESSIS 1969, 211f; IL CONCILIO V, 278.
[173] IL CONCILIO V, 276. „In den orientalischen Liturgien [...] ist der antisemitische Akzent wesentlich stärker als in der lateinischen Liturgie. [...] Man fürchtete, indem man nicht mehr vom Gottesmord spreche, vergesse oder leugne man die Gottheit Christi." (ebd. 277)

Bei den Katholiken im Nahen Osten unterschied sich die Reaktion der Gemeindemitglieder, die das Mißfallen ihrer Umgebung teilten, von der Haltung der katholischen Oberhäupter, die um Vermittlung bemüht waren. Vertreter der lateinischen Gemeinde Jerusalems forderten ihren Patriarchen Gori per Telegramm auf, dem Papst ihre „extreme Bestürzung"[174] mitzuteilen, und baten, um der Einheit der Christen willen, auf die Erklärung zu verzichten. Jordanische und syrische Katholiken sandten Hunderte von Protestschreiben an den Vatikan. Die Verantwortlichen der katholischen Gemeinschaften Jordaniens wiesen in einem gemeinsamen Kommuniqué den Vorwurf der Geschichtsfälschung zurück, betonten den religiösen Charakter des Konzilstextes und verurteilten die antikatholische Pressekampagne. Sie wiesen außerdem darauf hin, daß die Erklärung noch nicht endgültig verabschiedet sei, und verbreiteten die arabische Übersetzung des Textes.[175] Der melkitische Patriarch Maximos IV. ließ in seinen Gemeinden eine Erklärung verlesen, deren populistischer Stil und patriotischer Ton wiederum bei den Fürsprechern der Judenerklärung Empörung hervorrief. Angesichts der Gemütslage der orientalischen Christen, die nicht zuletzt infolge unseriöser Berichterstattung gegen den vermeintlichen Inhalt des Konzilsdokumentes aufgebracht waren, erklärte Maximos IV.: „Der Papst hat keinerlei Absicht [den Staat Israel anzuerkennen], aus Rücksicht auf die arabischen Staaten und aus Liebe zu den arabischen Flüchtlingen. [...] Die christlichen orientalischen Oberhäupter [...] empfinden dasselbe wie ihre Mitbürger, nämlich eine grundsätzliche Ablehnung, nicht der himmlischen jüdischen Religion, sondern des Zionismus in seinem maßlosen kolonialistischen Streben. [...] Wenn die große Mehrheit des Konzils und vor allem die amerikanischen Prälaten für die Erklärung gestimmt haben, dann aufgrund [...] ihres Mitleids angesichts des Massakers an Millionen Juden durch den Nationalsozialismus, und aufgrund der Tatsache, daß eine sehr große Zahl von Amerikanern Geschäftsverbindungen zu Juden unterhält."[176]

Angesichts der heftigen Reaktion von arabischer Seite stellt sich die Frage, ob und inwiefern das Konzilsdokument in Israel überhaupt auf politischer Ebene eine Rolle spielte. Solange das Konzil die Erklärung noch nicht verabschiedet hatte, waren die israelischen

---

[174] INGLESSIS 1969, 206.
[175] Vgl. IL CONCILIO V, 279; INGLESSIS 1969, 206f. Die jordanische Presse druckte die Erklärung jedoch ohne den Hinweis auf den unpolitischen Charakter und die Kritik an der Berichterstattung.
[176] INGLESSIS 1969, 209f. Ein Beispiel für die westliche Rezeption der arabischen Kritik: „Die arabischen Gegner der Erklärung auf dem Konzil – allen voran Maximos – versteigen sich tatsächlich zu der unhaltbaren Wertung, [...] die Konzilsmehrheit ist ‚gekauft'" (PESCH 1993, 300).

Kommentare eher zurückhaltend. Einen politischen Akzent hatte die Erklärung des israelischen Oberrabbiners Isser Unterman, der nach der Abstimmung im November 1964 seine Hoffnung ausdrückte, „daß die Kirche folglich mit Sympathie auf die Entwicklung des Staates Israel blickt"[177].

5. Die Verabschiedung von ‚Nostra aetate' in der vierten Sitzungsperiode des Konzils (1965)

In den Monaten bis zur letzten Sitzungsperiode des Konzils im Herbst 1965 schien sich das von Polemiken, Gerüchten, Gegendarstellungen begleitete Ringen um die Konzilsaussage über das Verhältnis der Kirche zum Judentum zu wiederholen. „Aufgrund der von zionistischer Seite zu erwartenden Ausbeutung der Aussagen über das Judentum ist es denkbar, daß das Konzil diesen Text noch einmal revidiert"[178], schrieb ein libanesischer Kommentator. Die Befürworter der Erklärung verstärkten ihre Aufklärungsbemühungen und Gesten der guten, vor allem unpolitischen Absichten: Der ‚Osservatore Romano' veröffentlichte einen Hintergrundartikel[179], der Papst machte im Dezember 1964 in Form einer Zwischenlandung mit offizieller Begrüßungszeremonie quasi einen Staatsbesuch im Libanon[180], und Kardinal Franz König fuhr im gleichen Monat nach Kairo, um dort den Generalsekretär der Arabischen Liga und muslimische Autoritäten zu treffen.[181] Auch im Hinblick auf die orthodoxen Christen im Nahen Osten bemühte sich der Vatikan um die Verbesserung der Beziehungen. So erhielt das griechisch-orthodoxe Patriarchat von Jerusalem im Februar 1965 die Zusage, die von den Kreuzfahrern nach Venedig gebrachte Reliquie des Heiligen Saba werde an das griechisch-orthodoxe St. Saba-Kloster in der judäischen Wüste zurückgegeben[182]. Mgr. Johannes Willebrands, ein Mitarbeiter Beas, reiste im Mai 1965 in den Nahen Osten und nach

---

[177] Il Concilio V, 273.
[178] Aggiouri 1968, 254.
[179] Vgl. OR, 30.11./1.12.1964. Der Text war als ‚Kommentar, unterzeichnet vom Präsidenten des Sekretariats' vorgestellt. „Das Staatssekretariat hatte darum gebeten, da sich überall im Nahen Osten gefährliche Unruhen abzeichneten", so SCHMIDT (1992, 516).
[180] Vgl. OR, 30.11./1.12.1964; HK 19 (1964/65) 200. Paul VI. landete am 2.12.1964 auf seiner Reise zum Eucharistischen Kongreß in Bombay in Beirut, wo er von einer Regierungsdelegation empfangen wurde.
[181] Vgl. IL CONCILIO V, 284; OESTERREICHER 1967, 466.
[182] Vgl. Rivista diocesana del patriarcato di Venezia 50 (1965) 387-392. Patriarch Benediktos hatte bereits kurz vor der Palästinareise des Papstes im Januar 1964 um die Rückerstattung der Reliquie des Klostergründers gebeten.

Afrika, um Vertretern der orthodoxen Kirchen den Hintergrund der Konzilserklärung zu erklären.[183]

Unterdessen wurde der Text der Erklärung im Einheitssekretariat weiter bearbeitet, um den Änderungsanträgen der Konzilsteilnehmer zu entsprechen. Wieder gab es Gerüchte, die Erklärung solle zurückgezogen werden, als der Text wiederum nicht zusammen mit den anderen Texten im Juni 1965 an die Konzilsteilnehmer ausgeteilt wurde.[184] Kurz bevor die überarbeitete Fassung im Konzil präsentiert wurde, wurden die beiden engsten Mitarbeiter des lateinischen Patriarchen in Jerusalem auf dessen nachdrücklichen Wunsch zu Bischöfen ernannt. „Er wußte um die Notwendigkeit, vor der endgültigen Abstimmung über das Konzilsdokument über die Juden einen angesehenen Stellvertreter in Amman zu haben"[185], so Médebielle. Gori verließ das Konzil für drei Tage, um in Jerusalem seinen engsten Mitarbeiter Mgr. Giacomo Beltritti und den Patriarchalvikar in Amman, Mgr. Neman Simaan, zu Bischöfen zu weihen.[186]

Am 14. Oktober 1965 erläuterte Bea in seiner letzten Konzilsansprache zu dieser Erklärung die redaktionellen Eingriffe, die tiefer gingen, als es bei einem mit großer Mehrheit angenommenen Text zu erwarten gewesen wäre.[187] Die markanteste Änderung war die erneute Streichung der in der letzten Fassung erst wieder eingefügten Gottesmord-Passage. „Wenn dieses Wort in so vielen Gegenden falsch verstanden wird, dieselbe Sache aber mit andern, und sogar besseren Worten klarer ausgedrückt werden kann, verbieten dann nicht die pastorale Klugheit und die christliche Liebe, dieses Wort zu gebrauchen?"[188] gab Bea zu bedenken. Anstelle des Ausdrucks ‚Volk' stand nun ‚die Juden', und das Motiv der Erklärung war klar abgegrenzt worden: „Nicht aus politischen Erwägungen, sondern auf Antrieb der religiösen Liebe des Evangeliums" bedauerte die Kirche „alle Haßausbrüche, Verfolgungen und Manifestationen des Antise-

---

[183] Vgl. IL CONCILIO V, 284.
[184] Vgl. IL CONCILIO IV, 500. Einen ersten Eklat hatte es im April 1964 gegeben, als der Papst bei einer Predigt in einer römischen Gemeinde in vorkonziliare Sprache zurückfiel und sagte, das jüdische Volk habe Jesus getötet (Quel popolo [ebraico], predestinato a ricevere il Messia, [...] non solo non lo riconosce, ma lo combatte [...], e, infine, lo ucciderà [OR, 7.4.1965]); vgl. IL CONCILIO V, 286; OESTERREICHER 1967, 466.
[185] Médebielle 1970, 27.
[186] Beltritti wurde zugleich zum Koadjutor mit Nachfolgerecht ernannt. Auf diese Weise bekräftigte der Papst die Notwendigkeit des Fortbestehens des lateinischen Patriarchats in Jerusalem, das während des Konzils von den orientalischen Patriarchen mehrfach in Frage gestellt worden war. Vgl. MEDEBIELLE 1970, 27f.
[187] Eine schematische Gegenüberstellung der beiden Versionen findet sich bei LAURENTIN 1966, 132.
[188] BEA 1966, 166.

mitismus". Zum ersten Mal wurde der „Antisemitismus" eigens genannt. Die doppelte Mißbilligung „bedauert und verdammt" war auf das Verb „bedauert" reduziert worden. Bea legte in seiner Präsentation jedoch den Akzent darauf, daß der Text „der Sache nach treu gewahrt"[189] worden war.

Der melkitische Bischof Edelby war mit dem Kompromiß grundsätzlich zufrieden: „Die Änderungswünsche, die das Verhältnis der Kirche zu den Juden betreffen, waren von unserem Patriarchat vorgebracht worden. Sie haben das Ziel, den Text abzuschwächen (attenuare), ihn zu präzisieren und so weit wie möglich seine politische Ausnutzung (sfruttamento) von zionistischer Seite zu verhindern. [...] Da wir das Projekt der Erklärung nicht zu Fall bringen konnten, haben wir zumindest erreicht, sie nahezu harmlos (inoffensivo) zu machen."[190]

Am 15. Oktober wurde die Erklärung ‚Über das Verhältnis der Kirche zu den nichtchristlichen Religionen' nach acht Einzelabstimmungen insgesamt mit 1 763 zu 250 Stimmen bei zehn Enthaltungen angenommen. Bei der definitiven Abstimmung am 28. Oktober 1965, dem Tag der feierlichen Promulgation, verringerte sich die Zahl der Neinstimmen noch, und das endgültige Ergebnis lautete 2 221 zu 88 Stimmen bei einer Enthaltung.[191]

Diejenigen, die in erster Linie um die Klärung des Verhältnisses zu den Juden besorgt waren, folgten Beas Anregung, „den heutigen Text zwar als wahr, doch nicht ohne weiteres als beste Fassung anzunehmen"[192]. „Es ließe sich über den ein oder anderen Ausdruck diskutieren, den man gewählt oder wieder gestrichen hat, aber das Wichtigste ist, daß die Richtung festgelegt wurde"[193], urteilte Chouraqui. Im Namen der Weltkonferenz jüdischer Organisationen schrieb Nahum Goldman an Kardinal Bea: „Wir sind mit einigen Änderungen nicht glücklich, [...] aber wir alle, mit wenigen Ausnahme, halten diese Erklärung für höchst bedeutsam und wissen sie zu schätzen."[194] In Israel mischten sich Freude über den „Mut, eine Brücke über alte Gräben zu schlagen und alte Wunden zu heilen", wie Präsident Schasar formulierte, und Entrüstung über die „arabischen Pressionen, die der neue Text verrät"[195]. Es gab jedoch auch

---
[189] BEA 1966, 163.
[190] EDELBY 1996, 314f.
[191] Vgl. WENGER 1966, 405-413. CHOURAQUI (1990, 423) berichtete, der Generalsekretär des Konzils, Mgr. Felici, habe ihn zur Promulgation von ‚Nostra aetate' persönlich eingeladen, nannte aber ein falsches Datum.
[192] BEA 1966, 80.
[193] CHOURAQUI 1990, 424.
[194] SCHMIDT 1992, 524.
[195] IL CONCILIO V, 290.

Stimmen in Israel, laizistische wie ultra-orthodoxe, die das israelische Interesse an der Konzilserklärung kritisierten, da es eine interne Angelegenheit der Kirche sei.[196]

Edelby zog in seinem Konzilstagebuch die lakonische Bilanz, „endlich ist es geschafft, und wir hoffen, daß die arabischen Staaten unsere Anstrengungen zu schätzen wissen und darauf verzichten, lautstark zu protestieren. Letztlich sind die Zionisten die Unzufriedeneren."[197] Die vatikanische Informationskampagne in den arabischen Ländern war erfolgreich gewesen. Im Rückblick hielt Bea fest, daß die Erklärung insgesamt „mit Ruhe aufgenommen und [...] richtig interpretiert worden ist"[198]. Im Heiligen Land trugen die beiden neugeweihten Bischöfe des lateinischen Patriarchats zur Beruhigung bei. „Mgr. Simaan konnte dieses Mal die Behörden und die Presse so gut überzeugen, daß die Abstimmung keinerlei Wirbel auslöste"[199], schrieb Médebielle. Simaan und sein Amtskollege Beltritti reisten anschließend nach Rom, um am feierlichen Abschluß des Konzils teilzunehmen. Zwei Tage später wurden sie zusammen mit Patriarch Gori von Paul VI. in Privataudienz empfangen, der der vierten und letzten Sitzungsperiode des Konzils damit einen palästinensischen Rahmen gab. Dabei erinnerte er an seinen Besuch im Heiligen Land, zu dem er kurz nach dem Ende der dritten Periode aufgebrochen war, und erklärte seine enge Verbundenheit mit dem Heiligen Land, den Christen dort und allen Einwohnern.

---

[196] Vgl. die Zusammenstellung der Reaktionen in: IL CONCILIO V, 290f; Zitate ebd. Ähnlich hatten in früheren Phasen orthodoxe Rabbiner in den USA argumentiert, die das Engagement jüdischer Organisationen für die Erklärung als Verrat an der jüdischen Seele empfanden; vgl. IL CONCILIO III, 432.
[197] EDELBY 1996, 315.
[198] BEA 1966, 25; vgl. SCHMIDT 1992, 523.
[199] MÉDEBIELLE 1970, 27.

IV. INTENSIVIERUNG VATIKANISCHER PALÄSTINAPOLITIK INFOLGE DES ISRAELISCH-ARABISCHEN KRIEGS 1967 (1967-1972)

1. Die Friedensappelle des Papstes während des Juni-Kriegs (1967)

Für Paul VI., der den größten Teil seiner kirchlichen Laufbahn im diplomatischen Dienst zugebracht hatte,[1] war das Streben nach Einfluß in der internationalen politischen Sphäre ein opportunes Mittel, um die Interessen der katholischen Kirche zu vertreten. Das ‚Aggiornamento', die Öffnung der Kirche zur Welt, die sich das Zweite Vatikanische Konzil zum Ziel gesetzt hatte, war Paul VI. ein persönliches Anliegen. „Wir wollen für das Wohl der Welt arbeiten, in ihrem Interesse, für ihr Heil. [...] Das Christentum fühlt sich gegenüber der Welt nicht fremd"[2], hatte Paul VI. in Betlehem verkündet.

Als Israel und die arabischen Staaten im Juni 1967 erneut einen Krieg gegeneinander führten, der die politischen Verhältnisse im Heiligen Land nachhaltig veränderte, hielt Paul VI. es für seine Pflicht, Appelle an die Verantwortlichen zu richten und seine Solidarität mit den Leidenden zu bekunden. Bereits im Dezember 1966 hatte der Papst dem neuen Apostolischen Delegaten in Jerusalem, Erzbischof Agostino Sepinski[3], mitteilen lassen, er habe „die traurigen Ereignisse, die den ihm lieben Bevölkerungsgruppen (popolazioni) des Heiligen Landes neue Schmerzen bereitet haben, mit Sorge verfolgt und [sei] all denen nahe, die leiden"[4]. Ende Mai 1967 war der jordanische König Hussein dem syrisch-ägyptischen Verteidigungsabkommen beigetreten, der ägyptische Präsident Gamal Nasser hatte Truppen an die Grenze zu Israel verlegt und israelischen Schiffen die Durchfahrt zum Hafen Eilat verweigert. Paul VI. warnte beim

---

[1] Montini (1897-1978) war von 1937 bis 1954 als Substitut und Prostaatssekretär ein enger Mitarbeiter Pius' XII. gewesen, bevor er vier Jahre lang Erzbischof in Mailand war.

[2] AAS 56 (1964) 177. Beispielhaft für diese Haltung waren die Friedenstelegramme aus dem Heiligen Land an über zweihundert Staatsoberhäupter, die programmatische Ansprache vor der UNO-Generalversammlung im Oktober 1965 (vgl. AAS 56 [1965] 877-885) sowie die Umwandlung des Pressebüros des Konzils in eine feste Einrichtung im Oktober 1966 (vgl. ZIZOLA 1996, 56-68).

[3] Zanini, der seit 1962 Apostolischer Delegat in Jerusalem war, wurde 1965 zum Pro-Nuntius in Kairo ernannt. Sein Nachfolger Sepinski gehörte nicht dem Staatssekretariat an, sondern war zuvor Generalminister des Franziskanerordens. Als solcher hatte er zuvor zweimal das Heilige Land besucht. Vgl. Jérusalem 1966, 13-16.

[4] ASS 1966, 768.

Angelus, „das Land Jesu droht ein Schauplatz des Krieges zu werden!"⁵ und bat seine Vertreter in Kairo und Jerusalem, den jeweiligen Regierungen die „absolute Notwendigkeit, den Frieden zu erhalten"⁶, nahezulegen. Erzbischof Zanini, Pro-Nuntius in Kairo, wies die katholischen Priester und Ordensleute in Ägypten an, in den Krankenhäusern und Schulen auf ihrem Posten zu bleiben und weitestmöglich mit den Behörden zusammenzuarbeiten.⁷

Angesichts einer möglichen Kriegsbeteiligung Jordaniens wuchs die Sorge des Papstes um Jerusalem. Beim Angelus am 4. Juni 1967 drückte er seine Hoffnung aus, „daß die Gotteshäuser (santuari) verschont werden [...] und die internationalen Instanzen [...] den heiligen Stätten den vorgesehenen, versprochenen und vom Heiligen Stuhl wiederholt erwünschten Schutz zukommen lassen"⁸. Am folgenden Morgen zerstörte die israelische Luftwaffe in einem Präventivangriff einen großen Teil der arabischen Luftwaffe am Boden; die arabischen Befehlshaber gaben umgehend den Einsatzbefehl. Als Paul VI. vom Beginn der Kampfhandlungen erfuhr, sandte er ein Telegramm an UN-Generalsekretär U Thant und bat „im Namen der Christenheit", daß bei einer Ausweitung des Konflikts Jerusalem zu einer „offenen und unverletzlichen Stadt"⁹ erklärt werde. Dazu war es bereits zu spät; König Hussein hatte die Bombardierung West-Jerusalems befohlen, und die israelische Luftwaffe attackierte jordanische Stellungen auf dem Ölberg.

Innerhalb von zwei Tagen nahmen israelische Truppen die Altstadt Jerusalems ein, wobei die heiligen Stätten der drei Religionsgemeinschaften weitgehend unbeschädigt blieben.¹⁰ Für Israel bedeutete die Eroberung der Altstadt die Wiedervereinigung der erklärten Hauptstadt, in deren Westteil seit 1949 die Regierung ihren Sitz hatte, und die Wiederherstellung der Souveränität über die heiligsten Stätten des Judentums, die sich seit 70 n. C. unter nichtjüdischer Herrschaft befanden. Die israelische Regierung war sich bewußt, daß Christen und Muslime weltweit um das Schicksal ihrer ei-

---

⁵ ASS 1967, 460.
⁶ ASS 1967, 500.
⁷ Vgl. Zanini, Pro-Nuntius in Kairo, an Priester und Ordensleute in Ägypten, 27.5.1967: PMP-Archiv.
⁸ ASS 1967, 538.
⁹ ASS 1967, 540. Historisches Vorbild für diesen Vorschlag war die Erklärung Roms zur offenen Stadt 1944. Staatssekretär Cicognani beauftragte die päpstlichen Repräsentanten im Nahen Osten, dieses Anliegen den jeweiligen Regierungen vorzutragen. Vgl. ebd.
¹⁰ Im lateinischen Patriarchat wurden folgende Gebäude beschädigt: zwei Kapellen in der Nähe des Damaskustores, die Kirche und das Priesterseminar von Sainte-Anne, das Pilgerhospiz ‚Knights Palace' und einige Ordenshäuser im Westteil der Stadt. Vgl. Jérusalem 1967, 93f; INSTITUTE FOR PALESTINE STUDIES (Hg.) 1968.

genen heiligen Stätten besorgt waren. Verteidigungsminister Mosche Dayan erklärte am Tag der Einnahme, am 7. Juni 1967: „Unseren christlichen und muslimischen Mitbürgern versprechen wir feierlich religiöse Freiheit und Rechte. Wir sind nicht nach Jerusalem gekommen, um die heiligen Stätten anderer in Besitz zu nehmen."[11] Am selben Tag lud Regierungschef Levi Eschkol die Oberhäupter der religiösen Gemeinschaften zu einem Treffen ein und kündigte an, daß die heiligen Stätten jeweils von Vertretern der entsprechenden Gemeinschaften verwaltet werden sollen.[12]

Unterdessen erneuerte der Papst in der Generalaudienz seinen Appell, Jerusalem zur offenen Stadt zu erklären. Diesmal sprach er nicht nur, wie zu früheren Gelegenheiten, im Namen der ganzen Christenheit, sondern verwies ausdrücklich auf das Interesse „aller geistigen Nachkommen Abrahams, der Juden, Christen und Muslime"[13]. Mit der israelischen Eroberung war das klassische Thema vatikanischer Palästinapolitik – Jerusalem und die heiligen Stätten – wieder akut geworden. Im Gegensatz zu Pius XII. stellte Paul VI. sein Engagement jedoch auf eine breitere Basis, indem er sich als Anwalt der Interessen aller drei monotheistischen Religionen präsentierte. Dieser Ansatz entsprach sowohl dem ökumenischen Geist des Zweiten Vatikanischen Konzils als auch pragmatischen Erwägungen. Einerseits verloren die traditionell christlichen Staaten in der internationalen Gemeinschaft an Gewicht – weil sie selbst zunehmend säkularer wurden und außerdem der Anteil nichtchristlicher Staaten in der UNO größer wurde –, andererseits überschnitten sich christliche Interessen in manchen Bereichen mit denen muslimischer Staaten, deren Einfluß auf internationaler Ebene zunahm. Vor diesem Hintergrund schien es sinnvoll, Appelle an die internationale Gemeinschaft nicht exklusiv auf christliche Anliegen zu gründen.[14]

Die Aufforderung des UN-Sicherheitsrates zum Waffenstillstand unterstrich Paul VI. seinerseits am 8. Juni 1967 mit einer persönlichen Botschaft an die Staatschefs der am Krieg beteiligten Staaten.[15] Ein weiteres Schreiben, verbunden mit einer persönlichen Spende von 25 000 US-Dollar, sandte er an Mgr. Jean Rodhain, den Präsidenten von Caritas International, um die Hilfsmaßnahmen für die

---

[11] ZANDER 1971, 98.
[12] Vgl. COLBI 1969, 27; ZANDER 1971, 101.
[13] ASS 1967, 542.
[14] Vgl. JAEGER 1989, 10.
[15] Vgl. ASS 1967, 540. CHOURAQUI (1992, 189) bemerkte in Anspielung auf das Danktelegramm, das Paul VI. nach seinem Israelbesuch 1964 an den israelischen Präsidenten ‚in Tel Aviv' gesandt hatte, der Papst „erinnerte sich plötzlich, daß [der israelische Präsident] nicht in Tel Aviv, sondern in Jerusalem wohnte".

Kriegsopfer zu unterstützen.[16] Diese Geste markierte die wachsende Bedeutung eines zweiten Aspektes vatikanischer Palästinapolitik, die Sorge um die Geflohenen und Vertriebenen. Als der Krieg am 10. Juni 1967 mit der Annahme eines Waffenstillstands endete, hatte Israel außer Ost-Jerusalem auch das Westjordanland, den Sinai und die Golanhöhen besetzt und eine neue Flüchtlingswelle ausgelöst.

2. Die Neuformulierung der vatikanischen Jerusalem-Position

Die mehrfache Forderung des Papstes, Jerusalem zu einer ‚offenen Stadt' zu erklären, warf die Frage auf, ob und in welcher Form der Vatikan nach der israelischen Eroberung des Ostteils der Stadt weiterhin für die Internationalisierung Jerusalems eintreten würde. Eine erste Antwort gab der Direktor des Pressesaals, Mgr. Fausto Vaillanc, noch vor Kriegsende am 9. Juni 1967. Die Deklaration zur ‚offenen Stadt' sei eine zusätzliche Maßnahme für Kriegszeiten; die UN-Resolution 181 von 1947 entspreche aber nach wie vor den Forderungen des Hl. Stuhls.[17]

Am Tag darauf erinnerte der ‚Osservatore Romano' an den vergeblichen Einsatz Pius' XII. für die Internationalisierung Jerusalems 1948 und 1949: „Jerusalem hätte ein Konvergenzpunkt sein können, ein Ort der Begegnung, der physischen ebenso wie der spirituellen. Ist diese Perspektive (prospettiva) durch die Fakten überholt? Keineswegs, vielmehr stellt sich die Jerusalemfrage jetzt [...] in zugespitzter Weise neu"[18]. Der Kommentar wurde als deutliche Stellungnahme zugunsten der territorialen Internationalisierung gedeutet, was unter Berücksichtigung späterer Äußerungen berechtigt scheint.[19] Der Wortlaut läßt jedoch auch eine offenere Interpretation zu, wenn man die rhetorische Frage nach der Gültigkeit nicht auf die Internationalisierung, sondern auf die ‚Perspektive' Jerusalems als Begegnungsort bezieht.[20] Bekräftigt wird diese Deutung von der folgenden Vision der Stadt als Treffpunkt der Gläubigen aller drei Religionen: „Wenn auch niemand die Kraft der spirituellen und geschichtlichen Bande bestreitet, die Jerusalem mit dem Judentum und dem Islam verbinden, so kann man doch andererseits nicht

---

[16] Vgl. ASS 1967, 540. Caritas International hatte zu diesem Zeitpunkt bereits ein Flugzeug mit Sanitätsmaterial und zwei Tonnen Medikamenten in die Region geschickt.
[17] Vgl. OR, 10.6.1967.
[18] OR, 11.6.1967.
[19] Vgl. FERRARI 1991, 194.
[20] Die KNA übersetzte „Ist ein solcher *Plan* durch die Tatsachen überholt?" (KNA, 12.6.1967, eigene Hervorhebung) und titelte entsprechend „Jerusalem internationalisieren'. ‚Osservatore Romano' wiederholt Vorschläge der Päpste" (ebd.).

vergessen, daß die christliche Welt auf Zion wie auf eine einzigartige, große heilige Stätte blickt. Dort können Israel und Ismael einander treffen und sich versammeln; aber auch die Christen müssen sich dort treffen können, ohne ihre monotheistischen Brüder zu brüskieren."[21] Wichtig war demzufolge vor allem das Ziel, die Anerkennung Jerusalems als heilige Stätte des Christentums, weniger das Instrument, die Internationalisierung der Stadt.

Als Paul VI. sich nach Kriegsende zum ersten Mal öffentlich zu der Situation im Heiligen Land äußerte, erwähnte er weder Jerusalem noch die heiligen Stätten, sondern mahnte zum Frieden, „der auf Gerechtigkeit und nicht auf Gewalt gründe"[22]. Die erste eindeutige Stellungnahme zur Gültigkeit des Internationalisierungskonzeptes war eine diplomatische Note, die der Ständige Beobachter des Hl. Stuhls bei der UNO, Mgr. Alberto Giovannetti, am 24. Juni 1967 den Teilnehmern der seit einer Woche tagenden Generalversammlung zukommen ließ. Die ‚Perspektive' einer Begegnungsstätte, von der im ‚Osservatore Romano' die Rede war, erläuterte Giovannetti in juristischen Termini: „Nach wie vor ist der Heilige Stuhl davon überzeugt, daß die einzige Lösung [...] darin besteht, die Stadt mit ihrer Umgebung einer internationalen Regierung (régime international) zu unterstellen. [...] ‚Internationalisierung' bedeutet im eigentlichen Sinn ein abgetrenntes Gebiet (territoire séparé), ein ‚corpus separatum', das einer internationalen Regierung untersteht. Das Wort ‚Internationalisierung' wird manchmal in einem anderen Sinn gebraucht und gibt Anlaß zu Doppeldeutigkeiten und Mißverständnissen. [...] Eine internationale Kontrolle würde lediglich eine Schutzmacht und eine internationale Aufsicht bedeuten, nicht ihre ‚Internationalisierung' im eigentlichen Sinn des Wortes. Ein solcher Schutz und eine internationale Aufsicht sind nötig und werden ausreichen für die heiligen Stätten außerhalb Jerusalems. Aber in der Stadt ist der Fall anders: In Jerusalem sind die heiligen Stätten so zahlreich über die ganze Stadt verteilt, daß es nicht möglich ist, beide Fragen zu trennen, also Jerusalem und die heiligen Stätten. Nur eine internationale Regierung hätte die Autorität und die ausreichende Macht, Zwischenfälle zu verhindern und vor allem die Bewahrung der heiligen Stätten und den freien Zugang zu ihnen zu überwachen, die ein kulturelles und religiöses Erbe vieler Glaubensgemeinschaften darstellen."[23] Auf Basis dieses Textes erarbeiteten die Delegationen Spaniens und mehrerer lateinamerikanischer Staaten

---

[21] OR, 11.6.1967.
[22] ASS 1967, 552.
[23] COLLIN 1974, 145 (frz. Übersetzung des engl. Originals).

einen Resolutionsentwurf, um erneut die Umsetzung der Internationalisierung einzufordern.

Zwei Tage nach Bekanntwerden der diplomatischen Note Giovannettis bei der UNO ging Paul VI. in seiner Ansprache anläßlich der Kardinalsernennung auf die Situation im Nahen Osten ein. Im Tenor entsprach sein Kommentar zur Jerusalemfrage dem Inhalt der Note an die UN-Delegationen. Eine klare Stellungnahme zugunsten der Internationalisierungslösung war der lateinische Originaltext – im Unterschied zu den meisten Übersetzungen – jedoch nicht.[24] Wörtlich sagte der Papst: „Die heilige Stadt muß für immer das bleiben, was sie wirklich ist: Stadt Gottes, [...] eine Stätte, an der alle Menschen einander begegnen [...]; daher muß sie nach ihren eigenen, von allen Nationen anerkannten Gesetzen regiert werden (propriis legibus regatur oportet agnitis ab omnis nationibus)."[25] Der Verzicht auf das Schlüsselwort ‚corpus separatum' vermerkten die Gegner dieses Konzeptes mit Genugtuung.[26]

Um die neuen Machtverhältnisse festzuschreiben, verabschiedete das israelische Parlament am 27. Juni drei Gesetze, von denen zwei die Ausdehnung der israelischen Verwaltung auf die besetzten Gebiete anordneten.[27] Ein drittes Gesetz betraf eigens die heiligen Stätten, die vor Profanisierung geschützt werden und für Gläubige aller Religionen frei zugänglich sein sollten.[28] Von christlicher Seite wurde kritisiert, daß das Gesetz zum Schutz der heiligen Stätten nicht den Charakter eines Grundgesetzes hatte, sondern veränderlich und aufhebbar war, daß die Regierung für die Definition der heiligen Stätten zuständig war, und daß weder die Kultfreiheit noch der Status quo erwähnt waren.[29] Allerdings war denjenigen, die Israels Sou-

---

[24] Vgl. JAEGER 1989, 17.

[25] AAS 59 (1967) 712. Vgl. CC III (1967) 185 (con proprio statuto internazionalmente garantito); DC 64 (1967) 1299 (avec un statut international propre et garanti); ROKACH 1987, 76 (with its own guaranteed international statute).

[26] So CHOURAQUI (1992, 191f): „Das ‚corpus separatum' wurde nicht mehr erwähnt. [...] Es war offensichtlich für den Hl. Stuhl, daß die Situation Jerusalems, wiedervereinigt und Hauptstadt des Landes, unumkehrbar war".

[27] Außenminister Abba Eban erklärte am 29.6.1967 vor der UN-Generalversammlung, daß Jerusalem nicht annektiert, sondern wiedervereinigt sei. Vgl. BENVENISTI 1976, 122; BOVIS 1971, 104.

[28] Vgl. PASSIA (Hg.) 1996, 99. Am selben Tag bekräftigte der israelische Premierminister Eschkol vor etwa 40 Vertretern der Religionsgemeinschaften die Bereitschaft seiner Regierung, ihnen die interne Verwaltung der heiligen Stätten zu übertragen; vgl. ZANDER 102f.

[29] Vgl. COLLIN 1974, 91-95. BENVENISTI (1976, 263) erklärte den Verzicht auf die Bestätigung des Status quo damit, daß das entsprechende Gesetz der Mandatszeit (Order in Council 1931) auch restriktive Bestimmungen für jüdische heilige Stätten enthielt. Darüber hinaus konnte die Möglichkeit, den Status quo zugunsten der katholischen Kirche zu ändern, auch ein Verhandlungsvorteil im Blick auf eine

veränität in Jerusalem mit dem Hinweis auf den mangelnden Schutz der heiligen Stätten ablehnten, zunächst der Wind aus den Segeln genommen.

Der nach der Vorlage von Mgr. Giovannetti formulierte UN-Resolutionsentwurf, der am Konzept des ‚corpus separatum' festhielt, fand keine Mehrheit; statt dessen erklärte die UN-Generalversammlung in der Resolution 2253 am 4. Juli 1967 alle israelischen Maßnahmen, die den Status Jerusalems änderten, für ungültig. Israel sollte bereits getroffene Vorkehrungen rückgängig machen und in Zukunft davon absehen.[30] Der Text der Resolution wies einige Unschärfen auf. Zunächst fehlte eine Definition des Status'. War damit das weder implementierte noch für ungültig erklärte ‚corpus separatum' gemeint oder die faktisch geteilte Stadt vor Kriegsbeginn? Für den Vatikan war bedeutsam, daß zum ersten Mal in einer UN-Resolution zu Jerusalem die heiligen Stätten nicht erwähnt waren. Die Jerusalemfrage wurde damit zu einem Teilaspekt des israelisch-arabischen Konflikts, die internationale Gemeinschaft fühlte sich nicht mehr für die Verteidigung der christlichen Interessen an Jerusalem zuständig.[31] Diese Entwicklung zwang den Vatikan, der sich bislang hinter die UNO gestellt hatte und für die Umsetzung ihrer Jerusalem-Resolutionen eingetreten war, die eigene Position neu zu formulieren.

Der vom Vatikan zunächst unkorrigierte Eindruck, er halte trotz der veränderten Umstände am Prinzip des ‚corpus separatum' fest, rief nicht nur in Israel, sondern auch unter Katholiken Protest hervor. Kritiker wiesen darauf hin, daß der Vatikan nach dem Abklingen der Jerusalem-Debatte in der UNO Anfang der fünfziger Jahre zu diesem Thema nicht mehr öffentlich Stellung bezogen hatte. Ebenso wenig hatte er in den neunzehn Jahren der Teilung Jerusalems den freien Zugang für Gläubige aller Religionen zu den heiligen Stätten gefordert, obwohl der jordanische Teil der Stadt für

---

diplomatische Anerkennung durch den Hl. Stuhl bedeuten; vgl. FERRARI 1991, 195; BENVENISTI 1976, 266-268.

[30] Vgl. A/RES/2253 (ES-V), 4.7.1967. Die USA enthielten sich bei der Abstimmung mit der Begründung, es sei sinnwidrig, daß die UNO die Rücknahme von etwas fordere, das sie nicht anerkenne; vgl. BOVIS 1971, 105.

[31] Vgl. PASTORELLI 1982, 87. PIERACCINI (1997, 566) begründet dies mit der veränderten Zusammensetzung der UN-Generalversammlung: Die Mitgliederzahl hatte sich in den sechziger Jahren etwa vervierfacht; viele der ehemaligen Kolonien sahen Israel als fremde Besatzungsmacht und sympathisierten daher mit den arabischen Staaten. FERRARI (1991, 193) verweist außerdem auf die zunehmende Säkularisierung der westlichen Staaten: „Der Vorschlag, durch die Internationalisierung die religiöse Besonderheit einer Stadt anzuerkennen, hatte nicht mehr den Zauber wie am Ende der vierziger Jahre, die nach der Katastrophe des Zweiten Weltkriegs von einem Nachholbedarf religiöser Werte geprägt waren."

israelische Juden gar nicht und für israelische Christen und Muslime nur begrenzt zugänglich war. „Unter jordanischer Herrschaft [...] ist eine Straße durch einen der heiligsten jüdischen Friedhöfe gebaut worden, Grabsteine wurden geschändet, alle Synagogen wurden säkular genutzt oder zerstört, und mitten auf dem Ölberg wurde ein Hilton-Hotel gebaut. Und keine Kirche oder Regierung hat Protest oder Sorge geäußert. Warum gerade dann das Geschrei, wenn die religiösen Rechte geachtet und geschützt werden?"[32], schrieb Flammery, Berater der vatikanischen Kommission für jüdisch-christliche Beziehungen.

Tatsächlich hatte es bislang kaum Klagen über den israelischen Umgang mit den heiligen Stätten gegeben. Mehrere christliche Vertreter sprachen sich öffentlich gegen die Wiederaufnahme der Internationalisierungsforderung aus, darunter der griechisch-orthodoxe Patriarch von Jerusalem, Benediktos I., sowie eine in Israel lebende Gruppe von Dominikanern, die sich um den christlich-jüdischen Dialog bemühten.[33] Benediktos I. hatte nach Kriegsende öffentlich erklärt, er sei „glücklich und dankbar, daß die israelische Armee die heiligen Stätten respektiert hat"[34]. Die Dominikaner bestätigten der israelischen Regierung in einem Kommuniqué, sie habe „in seinem Handeln seinen ernsthaften Wunsch bewiesen, die heiligen Stätten zu schützen"[35]. Manche sahen in der Nichtanerkennung der israelischen Souveränität über ganz Jerusalem einen Rückschritt in den katholisch-jüdischen Beziehungen. „Ist diese Forderung theologisch im Sinne der Konzilserklärung durchzuhalten?"[36], so die ‚Herder-Korrespondenz'.

Der israelische Premierminister Eschkol hatte dem Papst nach Verabschiedung des Gesetzes zum Schutz der heiligen Stätten eine Botschaft zukommen lassen, um ihn nach seiner aktuellen Meinung zu einem internationalen Statut zu fragen.[37] Während der ‚Osservatore Romano' am 6. Juli 1967 im Rückgriff auf das Schreiben von Giovannetti zum letzten Mal ausdrücklich das Prinzip des ‚corpus separatum' verteidigte und es gegen eine bloße internationale Aufsicht über die heiligen Stätten abgrenzte,[38] hatte das Staatssekretariat

---

[32] FLAMMERY 1986, 83; vgl. DUBOIS 1984, 100f.
[33] Vgl. COLBI 1969, 26-28; BOVIS 1971, 105f.
[34] ZANDER 1971, 103.
[35] DUBOIS 1984, 101.
[36] HK 21 (1967) 453.
[37] Vgl. FERRARI 1991, 327 FN 24.
[38] Vgl. OR, 6.7.1967; MONTOISY (1982, 121) bezeichnet den Artikel als „Ausdruck des Rückzugsgefechts einer harten aber minoritären Gruppe der vatikanischen Diplomatie". JAEGER (1989, 17 FN 23) zufolge scheint der Autor des Artikels „die Implikationen dieser Resolution [2253] nicht ganz verstanden zu haben".

bereits Sondierungsgespräche auf verschiedenen Ebenen eingeleitet. Mgr. Angelo Felici, Untersekretär für außerordentliche kirchliche Angelegenheiten, war am 5. Juli 1967 für eine Woche nach Israel gereist, um dort Vertreter der Regierung zu treffen. Am selben Tag empfing Paul VI. den in Rom akkreditierten Botschafter Israels, Ehud Avriel, erstmals in Privataudienz. Avriel flog direkt anschließend nach Israel und nahm ebenfalls an den Gesprächen mit Felici teil. Am Ende wurde ein von Eschkol und Felici gemeinsam unterschriebenes Kommuniqué veröffentlicht, woran der israelischen Seite gelegen war. Es hielt mit vielen Worten fest, daß man miteinander gesprochen hatte.[39] Auch den jordanischen König Hussein empfing Paul VI. in diesen Tagen in Privataudienz und signalisierte damit den arabischen Staaten, daß er bereit war, ihre Einschätzung der Situation zu hören.[40] Ein gesuchter Verhandlungspartner in der Jerusalemfrage war der jordanische König nach dem Juni-Krieg 1967 vorerst jedoch nicht mehr.

Es gab Mutmaßungen, die israelische Regierung habe der katholischen Kirche die Vorrangstellung bei der Vertretung christlicher Interessen in Jerusalem angeboten, um die Aufnahme diplomatischer Beziehungen mit dem Vatikan zu erleichtern.[41] Wahrscheinlich aber deckte sich das Angebot an den Vatikan inhaltlich mit Israels Antwort auf die jüngste UN-Resolution, die Außenminister Abba Eban am 10. Juli 1967 an den UN-Generalsekretär sandte. Darin erklärte er wiederum die Bereitschaft seiner Regierung, „Abkommen mit den Religionsgemeinschaften [...] auszuarbeiten, um den universellen Charakter der heiligen Stätten zu erhalten"[42]. Paul VI. suchte den Eindruck zu vermeiden, der Hl. Stuhl sei offen für ein Abkommen zum Nachteil der nichtkatholischen Gemeinschaften, indem er Vertreter der anderen Konfessionen in die Beratungen miteinbezog. Am 15. Juli 1967 kündigte er in seiner Ansprache an das Konsistorium überraschend einen Besuch beim Ökumenischen Patriarchen Athenagoras in Istanbul an. Als Ziel nannte er neben der Verbesserung der ökumenischen Beziehungen auch, „gemeinsam zu prüfen, [...] wie auf solidarische Weise unter den aktuellen Bedingungen

---

[39] „Eine Reihe möglicher Formeln wurden diskutiert, die im Blick auf eine akzeptable Lösung des mit den heiligen Stätten verbundenen gewichtigen Problems in Betracht gezogen werden können." (ZANDER 1971, 105). CHOURAQUI (1973, 269f) zufolge spiegelte das Kommuniqué „eine Atmosphäre der Freundschaft und des gegenseitigen Verständnisses".
[40] Vgl. OR, 7.7.1967.
[41] Vgl. FERRARI 1991, 195; BENVENISTI 1976, 266-268.
[42] Vgl. S/RES/8052, 10.7.1967. Die UN-Generalversammlung reagierte auf die israelische Weigerung, statusändernde Maßnahmen zurückzunehmen, lediglich mit einer bedauernden Bekräftigung der vorherigen Resolution (A/2254 [ES-V], 14.7.1967).

nicht nur die Unversehrtheit, sondern auch der heilige und besondere Charakter der heiligen Stätten im Land gewahrt werden kann"[43]. Obwohl die Jerusalemfrage während der Reise am 25. und 26. Juli 1967 nur ein Nebenaspekt blieb, zählte die Geste. Die innerchristliche Konkurrenz um den Besitz der heiligen Stätten war damit endgültig abgelöst von ökumenischer Kooperation zu ihrem Schutz unter der unerwünschten israelischen Souveränität. Paul VI. bekräftigte diese Haltung Ende Juli 1967 in einem Schreiben an den koptisch-katholischen Patriarchen Stefanos I., der ihn gemeinsam mit seinem koptisch-orthodoxen Amtskollegen Kyrill VI. dringend um eine Stellungnahme gebeten hatte:[44] „Der Heilige Stuhl wird sich immer so für die heiligen Stätten einsetzen, daß die legitimen Interessen der verschiedenen betroffenen Parteien nicht geschädigt werden"[45], so Paul VI. Das ‚corpus separatum' erwähnte er nicht, wohl aber, „daß die heiligen Stätten durch Garantien geschützt werden müssen, die das internationale Recht bietet, um die Rechte aller wirkungsvoll zu schützen"[46].

Das neue Jerusalem-Konzept des Vatikans begann Gestalt anzunehmen. Der weiteren Klärung diente ein Memorandum des Staatssekretariats, das im August 1967 den Vertretungen bei der UNO und den Regierungen im Nahen Osten zuging. Demnach forderte der Hl. Stuhl „ein spezielles Statut für die heiligen Stätten, das Garantien enthält, die sie unter anderem vor den Wechselfällen der Politik bewahren"[47]. Von einem Statut für die ganze Stadt war nicht mehr die Rede; bei der Beschreibung der Garantien fehlte erstmals das Adjektiv ‚international'.

Einen Wendepunkt und ein vorläufiges Ende des Neuformulierungsprozesses markierte die Weihnachtsansprache des Papstes an das Kardinalskollegium am 22. Dezember 1967. Paul VI. verzichtete von da an auf das Skizzieren von Lösungsmodellen und beschränkte sich auf die Formulierung einzelner Aspekte, die seiner Meinung nach berücksichtigt werden müssen: „Der erste betrifft die [jüdischen, christlichen und muslimischen] heiligen Stätten. Notwendig ist die Wahrung der Kultfreiheit, der Respekt vor den heiligen Stät-

---

[43] ASS 1967, 745. Der griechisch-orthodoxe Patriarch von Jerusalem Benediktos erklärte gegenüber der israelischen Regierung, daß er sich an etwaige Abmachungen der beiden Kirchenoberhäupter über die heiligen Stätten nicht gebunden fühlte. „Daß es bei dem Besuch um die Einheit der Kirche ging, scheint den Miniatur-Patriarchen wenig interessiert zu haben", kommentierte die Herder Korrespondenz (HK 21 [1967] 404).
[44] Vgl. ROKACH 1987, 77f; DC 64 (1967) 1553f.
[45] DC 64 (1967) 1547.
[46] DC 64 (1967) 1547.
[47] DC 64 (1967) 1551.

ten, ihr Erhalt und der Zugang zu ihnen; sie sollten durch spezielle Immunitäten aufgrund eines eigenen Statuts geschützt werden; dessen Beachtung sollte eine Institution mit internationalem Charakter garantieren, unter besonderer Berücksichtigung der historischen und religiösen Physiognomie Jerusalems. Der zweite Aspekt bezieht sich auf die freie Ausübung der religiösen und zivilen Rechte, die legitimerweise den Personen, den Niederlassungen und den Aktivitäten aller im Gebiet Palästinas präsenten Gemeinschaften zukommen."[48] Im Vatikan hatte man ein halbes Jahr um diese Aussage gerungen – angesichts des Unwillens der UNO, sich weiterhin für die heiligen Stätten verantwortlich zu fühlen, und der Perspektive, künftig in erster Linie mit der israelischen Regierung über den Status der heiligen Stätten verhandeln zu müssen. Der dicht formulierte Passus der Weihnachtsansprache 1967 wurde zu einem wichtigen Referenzpunkt für künftige vatikanische Stellungnahmen zur Jerusalemfrage. Die Frage, ob der Vatikan damit von seinen bislang vertretenen Prinzipien abrückte oder diese vielmehr konkretisierte und auf die aktuellen Umstände anwandte, ist jedoch nicht eindeutig zu beantworten.[49]

Folgende Änderungen sind im Vergleich mit der Haltung des Vatikans nach dem ersten israelisch-arabischen Krieg 1948 festzuhalten: Die Sorge galt nicht mehr allein den heiligen Stätten der Christen, sondern auch denen der Juden und Muslime. Neben dem Erhalt der heiligen Stätten und dem freien Zugang zu ihnen wurde nun ausdrücklich die Kultfreiheit erwähnt. Von einer territorialen Internationalisierung im Sinne eines ‚corpus separatum' war nicht mehr die Rede. Aus der komplexen Formulierung läßt sich jedoch auch keine Zustimmung zu der von israelischer Seite vorgeschlagenen Internationalisierung allein der heiligen Stätten herauslesen. Der Verweis auf den historischen und religiösen Charakter Jerusalems, auf die Physiognomie der Stadt, sollte eine solche Deutung ausschließen.[50]

---

[48] „Il primo riguarda i Luoghi Santi propriamente detti e tali considerati dalle tre religioni monoteistiche aventi interesse, la ebrea, la cristiana e la musulmana, e intende tutelare la libertà di culto, il rispetto, la conservazione, l'accesso ai Luoghi Santi medesimi, protetti da immunità speciale mediani uno statuto proprio, alla cui osservanza faccia garanzia un'istitutzione di carattere internazionale, con particolare riguardo alla fisionomia storica e religiosa di Gerusalemme. Il secondo aspetto della questione si riferisce al libero godimento dei diritti religiosi e civili, che legittimamente spettano alle persone, alle sedi, alle attività di tutte le comunità presenti nel territorio della Palestina." (AAS 60 [1968] 26).

[49] Während PASTORELLI (1982, 90) das Nicht-Festhalten am ‚corpus separatum' als „Opfer" bezeichnet, deutet JAEGER (1989, 15 FN 20) diese Entwicklung als den „einzig möglichen Weg, die von ihm [dem Papst] aufgestellten Prinzipien zu konkretisieren und zu applizieren".

[50] Vgl. FERRARI 1991, 196.

Im Unterschied zur Situation vor 1967 konnte der Vatikan die christlichen Interessen nicht mehr am unverfänglichsten vertreten, indem er die Umsetzung der UN-Resolutionen einforderte. Folglich war ein internationales Gremium zur Aufsicht über die heiligen Stätten auch unabhängig von UN-Strukturen denkbar.[51]

Der zweite der beiden „wesentlichen und unaufgebbaren Aspekte (aspetti essenziali e impreteribili)", den der Papst nannte, markierte eine deutliche Akzentverschiebung. Erstmals stellte er den Schutz der zivilen und religiösen Rechte der lokalen Bevölkerung, unabhängig von ihrer Religion, auf eine Stufe mit dem Schutz der heiligen Stätten. Dies war eine klare Absage an die Tendenz, die Palästinafrage auf die Jerusalemfrage zu reduzieren und diese wiederum auf das Problem der heiligen Stätten.

Aus der Differenzierung in Personen, Niederlassungen und Aktivitäten sprach die aufkeimende Sorge um eine lebendige christliche Präsenz im Heiligen Land. Die Gemeinden waren nur überlebensfähig, wenn sie auch über kollektive Rechte verfügten und ihre Aktivitäten – wie den Unterhalt christlicher Privatschulen – ohne das Risiko staatlicher Eingriffe fortsetzen konnten. Aber Paul VI. vermied die Festlegung auf das rein christliche Interesse. Das eigentliche Anliegen war eingebettet in die umfassende Forderung, daß diese Rechte „allen Gemeinschaften (comunità)" gewährt werden sollten. Folglich hatte der Vatikan ein Interesse daran, daß Juden die Westmauer und Muslime den Bezirk der Al-Aqsa-Moschee ungehindert aufsuchen konnten. Verglichen mit der Minimalforderung Pius' XII., „daß die [christlichen] Pilger ungehindert die heiligen Stätten besuchen können"[52], war das bereits eine enorme Ausweitung. Paul VI. ging noch darüber hinaus: Nicht nur die religiösen, sondern auch die bürgerlichen Rechte aller Einwohner waren ihm ein Anliegen. Angesichts internationaler Kritik am israelischen Umgang mit den Rechten der palästinensischen Bevölkerung war dies eine deutliche Solidaritätsadresse an die Palästinenser.

Zusammenfassend läßt sich sagen, daß Paul VI. entschlossen war, die religiöse Komponente des Palästinakonflikts wieder zum Thema der internationalen Debatte zu machen. Zu diesem Zweck trennte er die religiöse von der politischen Frage und gab die bisherige Strategie auf, die Umsetzung einer bereits formulierten politischen Formel einzufordern. Statt dessen stellte er einen Katalog von Einzelforderungen auf, welche die Betroffenen bei der Suche nach einer politischen Lösung seiner Meinung nach zu berücksichtigen hätten. Be-

---

[51] Vgl. JAEGER 22f. Anders PASTORELLI (1982, 89): „Der Heilige Stuhl forderte für Jerusalem [...] also ein eigenes, von den Vereinten Nationen garantiertes Statut."
[52] AAS 41 (1949) 163.

merkenswert ist der Einschluß der religiösen Rechte der Juden und Muslime sowie der Bürgerrechte aller Bewohner Palästinas. Der Einsatz für Interessen nichtchristlicher Beteiligter mag auf die veränderte Realitätswahrnehmung des Vatikans im Zuge des Zweiten Vatikanischen Konzils zurückzuführen sein. Darüber hinaus diente sie aber auch der Legitimierung des Papstes in den Augen der internationalen Gemeinschaft, die immer weniger bereit war, sich mit der religiösen Seite des Palästinakonflikts zu befassen.[53] Anders gesagt, auf die Reduzierung seines Einflusses in der Jerusalemfrage reagierte der Vatikan mit der Universalisierung seiner Forderungen.

3. Die humanitäre Hilfe des Vatikans für die Kriegsopfer

Das Resultat des Krieges war neben der Änderung der politischen Grenzen eine zweite Welle palästinensischer Flüchtlinge und Vertriebener, die auf Hilfe von außen angewiesen waren.[54] Für die katholische Kirche war die Sorge für die Kriegsopfer im Nahen Osten Teil ihrer Mission, sich für die Armen und Verfolgten einzusetzen. Darüber hinaus war es eine Bewährungsprobe für das Ansehen der Kirche in den arabischen Staaten, in denen christliche Minderheiten lebten. Und schließlich konnte die Kirche durch ihren Beitrag im humanitärem Bereich ihre Mitsprachemöglichkeit auf politischer Ebene erweitern.

Der Vatikan hätte in der Päpstlichen Mission für Palästina eine geeignete Struktur vor Ort gehabt, um von Kriegsbeginn an eigene Spenden sowie Beiträge anderer katholischer Organisationen zu bündeln und effizient einzusetzen. Dennoch floß die Hilfe des Vatikans zunächst durch andere Kanäle. Bereits in den ersten Kriegstagen hatte Caritas International einen Hilfsflug mit Sanitätsmaterial und zwei Tonnen Medikamenten organisiert und in Jerusalem ein Lazarett eingerichtet. Als Paul VI. am 8. Juni 1967, drei Tage nach Kriegsbeginn, seinen ersten persönlichen Beitrag zur Nothilfe für die Kriegsopfer leistete, wandte er sich daher nicht an die Päpstliche Mission, sondern an Caritas International. In einem Telegramm an deren Präsidenten, Mgr. Jean Rodhain, lobte er das Engagement der

---

[53] Vgl. JAEGER 1989, 14-16.18-25. „Um die Interessen der Christenheit zu schützen und sie auf der internationalen Agenda zu halten, mußte der Hl. Stuhl selbst die Initiative ergreifen, die internationale Gemeinschaft erneut mit dem religiösen Problem des Heiligen Lands zu konfrontieren" (ebd. 14).

[54] Anfang Juli 1967 schätzte UNRWA, daß etwa 150 000 Personen aus dem West- ins Ostjordanland geflohen waren, von denen ein großer Teil bereits zuvor in UNRWA-Lagern gewohnt hatte, die nach 1948 eingerichtet worden waren. Aus dem Gaza-Streifen flohen etwa 6 000 in den Sinai und aus dem Gebiet der Golanhöhen etwa 97 000 nach Syrien.

Organisation und ermunterte sie zur Fortsetzung der Hilfsmaßnahmen, die er mit 25 000 Dollar unterstützen wollte.[55] Rodhain fuhr zwei Tage später nach Jerusalem, um die Hilfe vor Ort zu organisieren.

Die Arbeit der Päpstlichen Mission für Palästina setzte erst mit Verspätung ein. Die Leiterin des Jerusalemer Büros, Carol Hunnybun, hatte Ende Mai das Land verlassen und keinerlei Vorbereitungen für den Notfall getroffen. Das Lagerhaus war leer, bis auf wenige Decken und Kleidungsstücke.[56] Die Hilfsaktionen der Päpstlichen Mission wurden zunächst von den Mitarbeitern im Beiruter Büro geplant, die von der dortigen Apostolischen Nuntiatur Diplomatenpässe erhielten. Sie konzipierten den Aufbau eines Verteilungszentrums in Amman und sandten Spendenaufrufe an 24 europäische Hilfsorganisationen. Der eigentliche Impuls für die Arbeit der Päpstlichen Mission kam jedoch aus der New Yorker Zentrale. Am 12. Juni, zwei Tage nach Waffenstillstand, erklärte ihr Mitarbeiter F. Edward Foster bei einem Treffen mit Vertretern des US-Außenministeriums, die Päpstliche Mission habe eine Spendenkampagne eingeleitet, um 2,5 Millionen Dollar für die Kriegsopfer im Nahen Osten zu sammeln. Der Papst habe persönlich 25 000 Dollar beigesteuert, und der Hl. Stuhl habe die gleiche Summe hinzugefügt.[57] Die Päpstliche Mission bot sich an, die Koordination verschiedener Hilfsorganisationen zu übernehmen: „Wir haben die Strukturen für den sofortigen Einsatz. Die ‚Pontifical Mission' würde ihre Dienste den anderen Organisationen zur Verfügung stellen"[58], so Foster.

Noch bevor die Päpstliche Mission vor Ort aktiv wurde, traf Caritas-Präsident Rodhain in Jerusalem den Apostolischen Delegaten Sepinski und den lateinischen Patriarchen Gori und besprach mit ihnen die Gründung eines lokalen Caritas-Komitees. „Allen erschien

---

[55] Vgl. ASS 1967, 544.
[56] Vgl. Barbara Priest, Assistentin der PMP Jerusalem, streng vertraulicher Bericht an John Nolan, undatiert [Juni 1967]: PMP-Archiv. „[Beltritti:] Frau Hunnybun hat vor ihrer Abreise doch sicher zumindest einige Vorbereitungen getroffen – Geld, Nahrungsmittel, Trockenmilch etc. für die Armen und Flüchtlinge, deren Betreuung in Notsituationen einer der Gründe für die Existenz der Pontifical Mission ist? [Priest:] Ich konnte nur sagen, daß nichts dergleichen geschehen war" (ebd.). Vgl. OXTOBY (1968, 183): „Als der Krieg ausbrach, waren die kirchlichen Organisationen offenbar vor allem um die Sicherheit ihres Personals in den arabischen Ländern besorgt. Aufgrund der Evakuierung dieser Personen war es den Kirchen kaum möglich, umfassende Hilfsmaßnahmen durchzuführen."
[57] Vgl. ASS 1967, 554. Die Spende wurde von einem Telegramm des Staatssekretärs Cicognani begleitet, mit dem der Papst seine Zufriedenheit über die lancierte Hilfskampagne ausdrückte (vgl. ebd.).
[58] Foster an Nolan, Memorandum, State Department Meeting, 12.6.1967: PMP-Archiv.

es notwendig, sich zu vereinen, um die Hilfe zu organisieren, die der Papst durch Caritas International in den Nahen Osten sandte"[59], so hieß es im Protokoll der Gründungssitzung von Caritas Jerusalem, deren Vorsitz der melkitische Bischof Hilarion Capucci und als Stellvertreter der lateinische Patriarchalvikar Beltritti übernahmen. Sie stellten Kontakt zu den anderen christlichen Hilfsorganisationen her und teilten die Stadt gemeinsam in Betreuungsbezirke auf. Es sei erstaunlich, „daß erst ein Krieg in der Heiligen Stadt die Kirchen zu Gemeinschaft und Zusammenarbeit bringt"[60], bemerkte die ‚Herder-Korrespondenz'.

Mgr. John Nolan, der Präsident der Päpstlichen Mission, ergriff schließlich selbst die Initiative und flog nach Rom, um das Profil seiner Organisation als Koordinatorin katholischer Hilfsmaßnahmen zu schärfen. Am 16. Juni empfing Paul VI. ihn in Audienz und beauftragte ihn offiziell, die Verteilung von Spenden katholischer Hilfswerke in Amman zu organisieren. Nolan zeigte sich in einem Brief an den New Yorker Kardinal Spellman mit dem Ergebnis seines Rom-Besuchs zufrieden: „Ich handle nun im Auftrag des Hl. Stuhls, in meiner Funktion als Präsident der Päpstlichen Mission für Palästina. Der Hl. Stuhl ist sich endlich der Bedeutung der Päpstlichen Mission und ihrer Arbeit hier seit 1949 bewußt."[61] Nolan flog anschließend mit dem ersten vom Vatikan organisierten Hilfsflug nach Beirut, von wo die Medikamente und Lebensmittel per LKW nach Damaskus und Amman weitertransportiert wurden.

In Amman begann Nolan mit dem Aufbau einer lokalen Hilfseinrichtung, die zwei Ziele verfolgen sollte: „(1) so effizient und effektiv wie möglich den Opfern des Krieges, ihren Familien und grundsätzlich den Armen helfen, (2) dabei so nachdrücklich wie möglich – in einem Teil der Welt, wo die Christen so wenige sind – die ernsthafte Sorge des Heiligen Vaters und des Hl. Stuhls demonstrieren"[62]. Diese Ziele seien am besten zu erreichen, „wenn alle interessierten Personen und Institutionen ihre Hilfe über die Päpstliche Mission

---

[59] Procès verbal de la Fondation de ‚Caritas-Jérusalem', 14.6.1967: PMP-Archiv.
[60] HK 21 (1967) 360.
[61] Nolan an Spellman, vertraulicher Brief, 19.6.1967: PMP-Archiv.
[62] Nolan an Dell'Acqua, 23.6.1967: PMP-Archiv. Auch die Mitarbeiter des Beiruter Büros sahen die Notwendigkeit, „die katholische Hilfe durch unsere Organisation (der einzig katholischen in der Region) zu koordinieren [...] und die kirchliche Aktivität in diesem Bereich deutlich zu zeigen." Sie erwogen den Aufbau eines Informationsbüros, das Nachrichten aus den von Israel besetzten Gebieten wietergeben sollte: „Wir hatten den Eindruck, durch einen solchen Dienst würde die Kirche einen guten Eindruck auf das arabische Volk machen" (Pontifical Mission for Palestine, Beirut, Notes for the Record – Middle East Emergency June 1967: PMP-Archiv).

für Palästina laufen lassen"[63], erklärte Nolan in seinem Bericht an das Staatssekretariat. Er verwies auf die Erfahrung seit 1949, das vorhandene Personal, den Bekanntheitsgrad, die nationale Neutralität und die Integration einheimischer Mitarbeiter. Lediglich die Kooperation mit den anderen Hilfswerken, darunter auch Caritas International, müsse noch organisiert werden, so Nolan. Er betonte aber die positiven Reaktionen der Bevölkerung angesichts der Hilfsleistungen des Vatikans. „Dankbarkeit gegenüber dem Heiligen Vater höchst offensichtlich"[64], telegrafierte er nach Ankunft der ersten Hilfsladungen. Nolan leistete professionelle Pressearbeit: Die arabischen Zeitungen würdigten ausführlich den Einsatz des Papstes. Zu seiner Begleitung zählten außerdem Federico Alessandrini, Vizechefredakteur des ‚Osservatore Romano'[65] sowie mehrere Korrespondenten des italienischen Rundfunks RAI und der katholischen Nachrichtenagentur NC News Service.

Paul VI. bezeichnete die Kriegsopfer in seiner Ansprache an das Konsistorium am 24. Juni zum erstem Mal öffentlich als „palästinensische Flüchtlinge"[66] und nannte ihre Situation als erstes der „schweren Probleme, die zu lösen bleiben"[67]. Die Lösung der Flüchtlingsfrage müsse angemessen und großzügig sein, und der Friede solle auf der Anerkennung der Rechte des anderen, auf Gerechtigkeit und Wahrheit gründen, so Paul VI.[68]

Folgende Informationen über die Situation der Flüchtlinge erhielt der Vatikan kurz darauf von Nolan, der sich vom 25. bis 29. Juni in Jerusalem und den von Israel besetzen Gebieten aufhielt: „Jordanier in den neu von Israel besetzten Gebieten emigrieren weiterhin ins Ostjordanland, wenn auch in abnehmender Zahl, mit israelischer Reisebegleitung (travel assistance) bis zum Jordan. Es sind Christen unter den Emigranten, mindestens der gleiche Anteil wie an der Gesamtbevölkerung. Da diese Menschen, sobald sie aufgebrochen sind, von den Israelis nicht mehr die Erlaubnis erhalten, in ihre Häuser im Westjordanland zurückzukehren, nimmt die Bevölkerung im Westjordanland immer weiter ab."[69] Nolan berichtete weiterhin, daß die Kommunikation zwischen Jerusalem und dem Ostjordanland

---

[63] Nolan an Dell'Acqua, 23.6.1967: PMP-Archiv.
[64] Nolan, Telegramm an Dell'Acqua, 21.6.1967. PMP-Archiv. In den arabischen Zeitungen wurde der vatikanische Einsatz ausführlich gewürdigt.
[65] Alessandrinis Kommentare wurden in Syrien positiv aufgenommen und mehrfach von Radio Damaskus gesendet; vgl. Nolan an Dell'Acqua, 23.6.1967: PMP-Archiv.
[66] AAS 59 (1967) 712 (videlicet conditioni profugorum Palaestinensium, quae singolari ratione Nos aaffligit et excruciat).
[67] AAS 59 (1967) 712.
[68] Vgl. AAS 59 (1967) 712f.
[69] Nolan an Dell'Acqua, 29.6.1967: PMP-Archiv.

nicht möglich war, daß die vom Tourismusgeschäft abhängigen Familien im Westjordanland und Ost-Jerusalem ohne Einkommen seien, und daß die religiösen Institute keinen Zugang zu ihren in Amman geführten Konten hatten.

Schließlich traf Nolan auch Vertreter von Caritas Jerusalem, um die Zuständigkeiten beider Hilfsorganisationen zu klären. Man einigte sich, daß die Päpstliche Mission die eigentliche Dachorganisation sein sollte, Caritas Jerusalem hingegen ein Nothilfskomitee, für etwa zwei bis drei Monate. Die neue Aufgabenverteilung manifestierte sich in der Überweisung einer Spende von 10 000 US-Dollar von der Päpstlichen Mission an Caritas Jerusalem.

Warum die Päpstliche Mission die Gründung einer lokalen Dachorganisation mit Skepsis betrachtete, ging aus dem Bericht Nolans an das Staatssekretariat über die Situation in Ägypten hervor. In Kairo war Ende Juni ebenfalls ein eigenes Caritas-Komitee gegründet worden, dem der dortige Pro-Nuntius Lino Zanini vorstand. Das Problem war: „Weder Caritas-Jerusalem noch Caritas-Ägypten [...] haben eigene finanzielle Ressourcen, [...] noch können sie lokale Mitarbeiter so ausbilden, daß nichts gestohlen, verkauft oder verschwendet wird"[70], so Nolan. Unter Berufung auf den lateinischen Patriarchen und den Pro-Nuntius in Kairo riet er dringend, „daß katholische Hilfsorganisationen *im Namen des Heiligen Vaters* und im Wissen der lokalen kirchlichen Hierarchie handeln sollten."[71] Seine Unterstreichung machte deutlich, daß Nolan hier eine wichtige Aufgabe für die Päpstliche Mission für Palästina sah. Seiner Ansicht nach werde „die Leistung der Kirche richtig gewürdigt (receive its proper credit)"[72]. Er nannte als negatives Beispiel, daß sogar Pro-Nuntius Zanini von einer umfangreichen Hilfslieferung einer katholischen Organisation – sieben Tonnen Milchpulver und Zucker – erst durch die lokale Presse erfahren hatte.[73]

Aus der Sicht der Päpstlichen Mission für Palästina hatte die vatikanische Flüchtlingshilfe letztlich eine kirchenpolitische Funktion: Sie sollte so publikumswirksam wie möglich organisiert werden, um in den arabischen Ländern die Bedeutung der Kirche und die Stellung der christlichen Minderheiten zu stärken. So begründete Nolan die Entscheidung für ein Hilfsprojekt im israelisch besetzten Dorf El-Arisch im Gazastreifen mit dem Argument: „Die Zahl der Einwohner ist klein, es sind Muslime, und in der Nähe gibt es einen Flughafen.

---

[70] Nolan an Dell'Acqua, 6.7.1967: PMP-Archiv.
[71] Nolan an Dell'Acqua, 6.7.1967: PMP-Archiv (Hervorhebung im Original).
[72] Nolan an Dell'Acqua, 6.7.1967: PMP-Archiv.
[73] Vgl. Nolan an Dell'Acqua, 6.7.1967: PMP-Archiv.

Wenn El-Arisch schnell geholfen werden kann, werden die ägyptischen Behörden zufrieden und sehr beeindruckt sein."

Nolan gab in seinem Bericht an das Staatssekretariat einen dringenden Appell der ägyptischen Regierung weiter, „wichtiger als die materielle Unterstützung sei die moralische Unterstützung des Heiligen Vaters, indem er sich gegen Ungerechtigkeit ausspreche"[74]. Aus Amman, wo die Päpstliche Mission seit Anfang Juli 1967 ein neues Hilfszentrum aufbaute, berichtete Carol Hunnybun: „Es gibt eine Bewegung, antichristliche Stimmung anzuheizen. Sogar von Christen bin ich gefragt worden, warum der Papst keine Stellung bezieht, und warum er immer von Frieden und nie von Gerechtigkeit spricht."[75] Genau dies hatte Paul VI. in seinen Ansprachen seit Kriegsbeginn mehrfach getan; aber der Bericht aus Amman gibt Zeugnis davon, wie wenig Eindruck seine diplomatischen Worte vor Ort gemacht hatten. Seine Weihnachtsansprache 1967 vor dem Kardinalskollegium reflektierte die Appelle, die den Papst in den Monaten zuvor erreicht hatten: „Wie man sich leicht vorstellen kann, sind Wir von verschiedenen Seiten nachdrücklich gebeten worden, uns einzusetzen, daß der Konflikt nicht in einem Waffenstillstand ohne Frieden endet [...] vor allem im Blick auf die Frage der Territorien [...]. Besondere Beachtung verdienen die Flüchtlinge, die alten wie die neuen [...]. Ihnen, den armen und ohnmächtige Opfern, gilt Unsere Sympathie und Hilfe, die nie reduziert, sondern vor allem in dieser Periode der erhöhten Notwendigkeit immer intensiviert worden ist. Erst kürzlich haben Wir den Einsatz der katholischen Organisationen zugunsten der Flüchtlinge gelobt und ermutigt und eingeladen, diese großzügig zu unterstützen."[76]

Im Rückblick ist festzuhalten, daß der Papst von Beginn an lebhaft um die vom Krieg betroffene Bevölkerung besorgt war. Seine erste Spende zugunsten der Notleidenden an die Caritas – ohne Rücksicht auf die Existenz eines eigenen päpstlichen Hilfswerks für genau diese Personengruppe – machte deutlich, daß die persönliche Betroffenheit zunächst stärker war als kirchenpolitische Erwägungen. Die Rolle der Päpstlichen Mission für Palästina als Dachorganisation wurde nicht im Vatikan, sondern in New York definiert. Ihr Präsident, John Nolan, verfolgte dieses Ziel beharrlich, auch als die Gründung zweier lokaler Caritas-Organisationen mit ähnlichem Profil

---

[74] Vgl. Nolan an Dell'Acqua, 6.7.1967: PMP-Archiv.
[75] Hunnybun, General Note for Monsignor Nolan, 3.7.1967: PMP-Archiv.
[76] AAS 60 (1967) 26f. Paul VI. erinnerte damit an seine jüngste Spende von 50 000 Dollar an Caritas International, „in Zusammenarbeit mit der Päpstlichen Mission für Palästina". „Der Heilige Vater, der sich zum Sprecher dieser Unglücklichen macht, lädt alle ein, die die Mittel haben, sich ihrer armen Brüder zu erinnern", so Staatssekretär Cicognani im Begleitbrief am 27.11.1967: ASS 1967, 1078f.

deren Notwendigkeit in Frage zu stellen schien. Für ihn war die Sorge des Papstes um die Flüchtlinge, über deren Situation er selbst dem Vatikan Bericht erstattete, nicht zuletzt eine Chance, die Stellung der Kirche im Nahen Osten zu kräftigen, indem sie sich den arabischen Regierungen durch ihre humanitären Hilfeleistungen nützlich erwies.[77]

4. Die Kritik des Vatikans an Gewaltakten und Vergeltungsschlägen

Gegen Ende des Kriegsjahres 1967 zeichnete sich ab, daß die zu Israels Gunsten veränderten Machtverhältnisse Bestand haben würden. Die Resolution 242, die der UN-Sicherheitsrat am 22. November 1967 verabschiedete, erwähnte Jerusalem nicht mehr als Einzelaspekt der Palästinafrage. Sie enthielt die zweideutige Forderung, Israel solle sich „aus den während des jüngsten Konflikts besetzten Gebieten zurückziehen (from territories occupied in the recent conflict)"[78]. Im englischen Original läßt die Formulierung ohne bestimmten Artikel offen, ob damit alle besetzten Gebiete inklusive Jerusalems gemeint waren oder – nach israelischer Deutung – nur Teile davon. Während das Engagement der internationalen Gemeinschaft für eine Lösung des Palästinakonflikts nachließ, radikalisierten sich die Kontrahenten vor Ort. Die israelische Regierung bemühte sich in den folgenden Jahren, durch Wohnungsbau, neue Siedlungen, Enteignungen und administrative Maßnahmen ihre Souveränität über die besetzten Gebiete, vor allem über ganz Jerusalem zu festigen. Eine Folge der Besetzung des Westjordanlands war die beschleunigte Entwicklung des palästinensischen Nationalbewußtseins und die Entstehung neuer Widerstandsgruppen, die mit Gewaltakten auf sich aufmerksam machten.[79]

Im Blick auf die Interessen des Vatikans bedeuteten diese Änderungen: Jerusalem und die heiligen Stätten befanden sich auf unab-

---

[77] ROKACH (1987, 84) sieht darüber hinaus einen Zusammenhang mit der Jerusalemfrage: „Indem der Vatikan auf das Recht der Flüchtlinge auf Rückkehr beharrte, hoffte er zweifellos auch, arabische Unterstützung für seine internationalen Pläne für Jerusalem zu gewinnen."
[78] S/RES/242. Zur Entstehung der Resolution vgl. CARADON 1981; BAILEY 1985.
[79] Die Palästinensische Befreiungsorganisation PLO (Palestinian Liberation Organization) war 1964 in Jerusalem gegründet worden. Als Exekutivorgan diente der Palästinensische Nationalrat PNC (Palestinian National Council), dem sich 1968/69 die meisten der palästinensischen Gruppierungen anschlossen, darunter die 1957 gegründete Fatah (Palästinensische Nationale Befreiungsbewegung) unter Leitung Jassir Arafats, die 1967 gegründete marxistisch-leninistische PFLP (Popular Front for the Liberation of Palestine) und die 1969 davon abgespaltene DFLP (Democratic Front for the Liberation of Palestine). Vgl. LIVINGSTONE / HALEY 1991; GRESH 1993; COBBAN 1984.

sehbare Zeit unter israelischer Verwaltung. Da Israel weiterhin an diplomatischen Beziehungen zum Hl. Stuhl gelegen war, zeigte sich die Regierung kontaktbereit und entgegenkommend, sofern die infolge des Juni-Kriegs ausgeweitete Souveränität nicht in Frage gestellt wurde. Von den palästinensischen Christen war erneut ein Teil geflüchtet oder vertrieben worden; diejenigen, die das Westjordanland und Ost-Jerusalem nicht verlassen hatten, lebten unter israelischer Besatzung. Viele, darunter auch führende kirchliche Persönlichkeiten, engagierten sich in der palästinensischen Befreiungsbewegung.[80] Die zahlreichen terroristischen Widerstandsakte und die israelischen Vergeltungsmaßnahmen nötigten den Papst weiterhin, immer wieder seine Vision von einem gerechten Frieden zu propagieren.

Das erste Nachkriegsjahr war von der Anpassung an die neuen Umstände bestimmt. Als bis Ende August 1967 von 150 000 rückkehrwilligen Flüchtlingen lediglich 14 000 die israelische Grenze überquert hatten, stellten sich die Hilfswerke auf die Fortdauer ihrer Arbeit ein. Staatssekretär Cicognani teilte Mgr. John Nolan, dem Präsidenten der Päpstlichen Mission für Palästina, ein dreiviertel Jahr später offiziell den Wunsch des Papstes mit, „daß Seine Mission weiterarbeite und ihre Aktivitäten zugunsten der Flüchtlinge in Palästina verstärke"[81].

Allmählich änderte sich die vatikanische Terminologie zur Bezeichnung der Bewohner des Heiligen Landes. Während Paul VI. in einem Friedensappell im März 1968 noch von „allen Bevölkerungen (tutte le popolazioni) der Region"[82] sprach, verwandte er in seinen Ansprachen an das Kardinalskollegium anläßlich seines Namenstages im Juni und zu Weihnachten 1968 Schlüsselwörter wie Völker (popoli), Vaterland, Anerkennung der Würde, der Unabhängigkeit, des Lebensrechtes und der legitimen Ansprüche, die auf eine zunehmende Sensibilisierung für die Situation der Palästinenser schließen ließen.[83] In der Weihnachtsansprache kritisierte er außerdem die israelischen Waffenkäufe in den USA und forderte eine „gerechte und endgültige Ordnung für die alten und neuen Flüchtlinge."[84] Im

---

[80] So z.B. Ibrahim Ayyad, Priester im lateinischen Patriarchat und Mitglied im Palästinensischen Nationalrat; Elias Khoury, anglikanischer Priester, später Erzbischof, Mitglied des PLO-Exekutiv-Komitees; George Habasch und Naif Hawatmeh, beide Mitglieder der griechisch-orthodoxen Gemeinde, respektive Gründer der PFLP und DFLP. Die herausragendste Rolle in dieser Hinsicht spielte der melkitische Erzbischof Hilarion Cappucci. Vgl. BETTS 1978, 215-218.

[81] Cicognani an Nolan, 8.4.1968: PMP-Archiv.

[82] Cicognani an Sepinski, 22.3.1968: ASS 1968, 234.

[83] Vgl. ASS 1968, 559.1153.

[84] ASS 1968, 1152. Die im Juli 1968 verabschiedete Palästinensische Nationalcharta definierte Palästinenser als „Araber, die bis 1947 in Palästina [in den Grenzen des

Blick auf die Jerusalemfrage beschränkte sich Paul VI. auf die Bekräftigung seiner früheren Aussagen und forderte eine „international garantierte Regelung"[85].

Während die israelische Regierung sich durch Verwaltungs- und Baumaßnahmen kurzerhand über die UN-Resolutionen hinwegsetzte, zeigte sie sich – ähnlich wie nach der Staatsgründung 1948 – im Blick auf den christlichen Westen besonders rücksichtsvoll gegenüber den Christen und den heiligen Stätten vor Ort.[86] Ein 1969 veröffentlichter Bericht des Leiters der Abteilung für christliche Angelegenheiten, Saul P. Colbi, zeichnete die Situation der Christen und ihr Verhältnis zu den israelischen Behörden ausnehmend positiv: „Der Empfang in der Residenz des Staatspräsidenten für die Oberhäupter der Kirchen anläßlich des christlichen Neujahrs ist eine Tradition geworden. [...] Die Anwesenheit offizieller israelischer Vertreter in den Kirchen Ost-Jerusalems und Betlehems zu Weihnachten und Ostern ist – ‚noblesse oblige' – in der neuen Situation seit 1967 zur Pflicht geworden."[87] Gerade die Weihnachtsfeierlichkeiten in Betlehem waren ein „Test für Israels Verwaltung der heiligen Stätten [...] unter den Augen der ganzen Welt"[88]; sie wurden sorgfältig organisiert und streng überwacht, so daß es nicht zu Zwischenfällen kam.[89] Bis zum Sommer 1968 hatte die israelische Regierung Abkommen über die Entschädigung für Kriegsschäden – „die nur

---

Britischen Mandatgebiets] lebten" und „jeden, der von einem palästinensischen Vater abstammt, unabhängig, ob innerhalb oder außerhalb Palästinas" (LAQUEUR/ RUBIN (Hg.) 1984, 366). Die UN-Generalversammlung sprach erstmals im Dezember 1969 von den „unveräußerlichen (inalienable) Rechten des Volks von Palästina" (A/RES/2535 [10.12.1969]); vgl. MALLISON 1982, 23.

[85] ASS 1968, 1153. Im Mai 1968 hatte der UN-Sicherheitsrat eine eigene Jerusalem-Resolution verabschiedet und von Israel gefordert, alle Maßnahmen, die zu Statusänderungen „tendieren", rückgängig zu machen und künftig zu unterlassen (SR/RES/252, 21.5.1968). Sie verstärkte die Formulierungen der Generalversammlung (A/RES/2253 [ES-V], 4.7.1967; A/RES/2254 [ES-V], 14.7.1967) und ergänzte die Resolution 242 vom November 1967, in der Jerusalem nicht erwähnt war.
[86] Vgl. HK 22 (1968) 404. In der ersten größeren Auseinandersetzung an den heiligen Stätten standen sich im übrigen nicht Christen und israelische Behörden gegenüber, sondern vielmehr orthodoxe und reformerische jüdische Gruppen; vgl. ebd.
[87] COLBI 1969, 24f. In seiner 1988 veröffentlichten Monographie über die Christen im Heiligen Land schrieb COLBI (1988, 203): „Nach der Wiedervereinigung der Heiligen Stadt waren die kirchlichen Würdenträger einstimmig der Meinung, daß die Weihnachts- und Osterfeierlichkeiten in der Vergangenheit nie feierlicher und würdiger waren."
[88] PIERACCINI 1997, 607.
[89] Vgl. La Terre Sainte 1968, 54-56; Jérusalem 1967, 177f; ZANDER 1971, 106-108.

zum Teil durch die israelische Armee verursacht worden waren"[90] – mit fünfzehn kirchlichen Institutionen ausgehandelt.

Das israelisch-vatikanische Verhältnis verschlechterte sich jedoch Ende 1968 beträchtlich, als Paul VI. sich angesichts neuer Gewaltakte über die Situation im Nahen Osten äußerte und dabei aus israelischer Perspektive einseitig Stellung bezog. Als Vergeltungschlag für einen palästinensischen Angriff auf ein israelisches Flugzeug in Athen hatte eine israelische Einheit am 28. Dezember 1968 dreizehn zivile Maschinen auf dem Flughafen in Beirut zerstört. Paul VI. sandte dem libanesischen Präsidenten Charles Helou zwei Tage später ein Telegramm, das in Israel als parteiergreifende Beileidsadresse interpretiert wurde. Aus vatikanischer Sicht war es jedoch in erster Linie Ausdruck der Sorge, ausgerechnet der Libanon könne nun in den israelisch-palästinensischen Konflikt hineingezogen werden. In dem bislang friedlichen gemischt-konfessionellen Land sah der Papst ein Modell des Zusammenlebens für den Nahen Osten. „Wir bedauern lebhaft die gewalttätigen Akte, gleich von welcher Seite sie kommen"[91], schrieb Paul VI. und schloß damit auch die palästinensische Terroraktion als Auslöser des israelischen Angriffs in seine Kritik ein. Er wünschte, „daß der Libanon, treu seiner noblen Tradition, nicht auf den Weg der Gewalt gezogen werde"[92]. Auch wenn der Wortlaut des Telegramms unparteiisch war und in erster Linie ein Aufruf zur Zurückhaltung, so blieb der Anlaß doch der israelische Angriff.[93] Zu vorangegangenen Gewaltakten von palästinensischer Seite hatte der Papst sich nicht öffentlich geäußert, was die ‚Jerusalem Post' als eine Fortsetzung des „seltsamen Schweigens Roms während des Nazi-Holocausts"[94] beschrieb. Den Eindruck der

---

[90] COLBI 1969, 28. Nach Angaben von COLBI (1988, 204) zahlte die israelische Regierung 1 715 000 US-Dollar Entschädigung.

[91] ASS 1968, 1174.

[92] ASS 1968, 1174. „Der Hl. Stuhl hat immer die besondere Rolle unterstrichen, die Ihr Land im Nahen Osten spielte und weiter spielen wird. Es gibt ein erfreuliches Beispiel durch das friedliche Zusammenleben und der brüderlichen Zusammenarbeit zweier verschiedener religiöser Gemeinschaften, der christlichen und muslimischen, auf dem selben Territorium", hatte Paul VI. dem libanesischen Außenminister Fuad Butros erklärt, als er ihn am 11.6.1968 in Audienz empfing; ASS 1968, 505. Zum christlich-muslimischen Verhältnis im Libanon vgl. MOUBARAC 1987.

[93] „Dies ist einer der seltenen Fälle, in denen Papst Paul sich öffentlich nur an eine der beiden Parteien in einem Konflikt gewandt hat", so die International Herald Tribune, 31.12.1968.

[94] The Jerusalem Post, 3.1.1969; zit. n. IRANI 1986, 35. Der sefardische Oberrabbiner Nissim war durch seine öffentlichen Stellungnahmen mitverantwortlich für die Interpretation des Telegramms als einseitige Beileidsbekundung. Nissim sah die seiner Meinung nach antiisraelische Haltung des Vatikans durch einen Artikel im ‚Osservatore Romano' (31.12.1968) bestätigt, der von der Ablösung der Beschneidung durch die Taufe sprach; vgl. POC 19 (1969) 88-92; IRANI 35f.

Voreingenommenheit glich Paul VI. zum Teil wieder aus, als er im Januar 1969 den Vorsitzenden des Jüdischen Weltkongresses, Nahum Goldman, in Privataudienz empfing. Goldman erklärte anschließend, der Papst habe bedauert, daß die Botschaft an den libanesischen Präsidenten falsch interpretiert worden sei.[95]

Der Schutz der heiligen Stätten wurde zum dringlichen Thema, als am 21. August 1969 ein australischer Anhänger einer protestantischen Sekte in der Al-Aqsa-Moschee Feuer legte. Die Beschädigung der wichtigsten muslimischen Stätte in Jerusalem fachte den Protest der arabischen Staaten gegen die israelische Besetzung Ost-Jerusalems und des Westjordanlands erneut an. In Jerusalem gab es gewaltsame Zusammenstöße zwischen muslimischen Demonstranten und israelischer Polizei. Der israelisch-palästinensische Konflikt erhielt in den Äußerungen arabischer Politiker die Dimension eines Heiligen Krieges. Es gab Aufrufe, Jerusalem und die heiligen Stätten des Islam aus den Händen der Ungläubigen zu befreien.[96] „Die Rolle der Schutzmacht der heiligen Stätten, zu der sich Israel erst zwei Jahre zuvor selbst erklärt hatte, drohte ernsthaft in Frage gestellt zu werden"[97], so Pieraccini.

Paul VI. war stark beunruhigt. In einer Ansprache vor dem Angelus, zehn Tage nach dem Brandanschlag, zog er einen Vergleich mit den „unheilvollen Symptomen, die vor genau dreißig Jahren dem Ausbruch des Zweiten Weltkriegs vorausgingen"[98]. Er äußerte Mitgefühl mit den Muslimen, deren religiöse Gefühle verletzt worden waren. „Wir verstehen ihre Bitterkeit, aber wir wünschen uns, daß sie die Lage im Nahen Osten nicht weiter verschlimmert. [...] Die Religion darf kein Anlaß zu noch tieferen Spaltungen und noch bitterer Rache sein! Der Glaube an Gott, der allen beteiligten Parteien gemeinsam ist, muß ein Element der Mäßigung und ein Anlaß zum Verständnis sein"[99], so Paul VI. Der Appell an die gemeinsame Grundlage war indirekt eine Botschaft an das panislamische Gipfeltreffen, zu dem König Hassan II. von Marokko für Ende September 1969 nach Rabat eingeladen hatte. Durch die Betonung der religiösen Komponente des Nahostkonflikts sollte die Unterstützung der nichtarabischen muslimischen Staaten in der Palästinafrage gewon-

---

[95] Vgl. ROKACH 1987, 86.
[96] Vgl. HK 23 (1969) 459. In den arabischen Staaten verbreitete sich die Version, der Australier, der seit einigen Monaten in Israel lebte und anschließend in eine psychiatrische Klinik eingewiesen wurde, sei von der israelischen Regierung beauftragt worden (vgl. ebd.). ROKACH (1987, 86) bezeichnet ihn als „israelischen Juden australischer Herkunft, der zum ‚geistesgestörten Touristen' erklärt wurde".
[97] PIERACCINI 1997, 589.
[98] ASS 1969, 376.
[99] ASS 1969, 376.

nen werden. Aus Sorge, ein muslimisches Bündnis für Jerusalem könne den christlichen Interessen entgegenstehen, trat Paul VI. für eine Allianz aller aus religiösen Gründen an Jerusalem Interessierten ein, um gemeinsam den heiligen Charakter Jerusalems zu verteidigen. König Hassan II. versicherte dem Papst schriftlich, daß die Sorge der Konferenz allen heiligen Stätten aller in Jerusalem vertretenen Religionen gelte. Paul VI. antwortete mit einer Grußbotschaft an die Konferenzteilnehmer und wiederholte seinen Wunsch nach interreligiöser Zusammenarbeit zum Schutz der heiligen Stätten.[100]

Mit diesem Konzept schien sich der Vatikan dem israelischen Angebot zu nähern, die interne Verwaltung der heiligen Stätten den Vertretern der verschiedenen Religionsgemeinschaften zu überlassen. Zwei Jahre nach Kriegsende schien der Moment gekommen, den Kontakten zu Israel eine offiziellere Note zu geben. Am 6. Oktober 1969 empfing Paul VI. den israelischen Außenminister Abba Eban offiziell in Privataudienz. Sein Amtsvorgänger Mosche Scharett war 1952 lediglich als Privatperson mit Pius XII. zusammengetroffen.

Die Themen des etwa einstündigen Gesprächs zwischen Paul VI. und Abba Eban waren nach Mitteilung des Vatikans „die Versöhnung der Völker (popoli) in dieser Region [...], die Flüchtlinge, die heiligen Stätten und der heilige und einzigartige Charakter Jerusalems"[101]. Eban hatte noch am Vorabend der Audienz öffentlich erklärt, Israel bestehe „nicht auf einer einseitigen Jurisdiktion über die heiligen Stätten"[102]. Offiziell gab es jedoch keine Verhandlungen; Paul VI. wollte indessen „persönlich die Haltung des Heiligen Stuhls bekräftigen und verdeutlichen" und für einen gerechten Frieden werben, der die „Anerkennung der Rechte aller, der religiösen und bürgerlichen"[103], bedeutete.

Obgleich die Audienz keine praktischen Folgen hatte, wurde sie im Nahen Osten als diplomatischer Erfolg für Israel gewertet, auf israelischer Seite ebenso wie auf arabischer. Zur Vermeidung diplomatischer Verstimmungen erklärten die Repräsentanten des Hl. Stuhls in den arabischen Ländern öffentlich, der Hl. Stuhl habe seine Haltung zur Jerusalemfrage und zur diplomatischen Anerkennung Israels nicht geändert.[104] Der libanesische Außenminister Jussuf

---

[100] Vgl. OR, 2.10.1969; HK 23 (1969) 511-513.
[101] ASS 1969, 444.
[102] KNA, 6.10.1969.
[103] ASS 1969, 444.
[104] Vgl. KNA, 7.10.1969. „Die Audienz, die das Kirchenoberhaupt einem israelischen Außenminister gewährte, ist ein Beispiel mehr für den politischen Erfolg Israels durch seine Politik der Gewalt und des Faktenschaffens. Der Vatikan hat gezeigt, daß er dieser Logik nicht weniger verhaftet ist als die säkularen Mächte", so ROKACH (1987, 213 FN 22).

Salem drängte seinerseits auf eine baldige Audienz bei Paul VI., um „das diplomatische Gleichgewicht wiederherzustellen"[105]. Eban selbst schrieb später, die Atmosphäre sei von „großem Respekt für unsere Souveränität und unsere historische Entwicklung"[106] geprägt gewesen.

5. Verstärkte Aufmerksamkeit für die palästinensischen Christen

Als sich abzeichnete, daß die Besetzung des Westjordanlands von Dauer sein würde, gewann neben dem Flüchtlingsproblem das Emigrationsproblem wieder an Bedeutung. Wie bei den vorhergehenden Ausreisewellen war der Anteil der christlichen Palästinenser an den Emigranten höher als ihr Anteil an der palästinensischen Bevölkerung.[107] Ende der sechziger, Anfang der siebziger Jahre nahm die Ausreisebereitschaft so stark zu, daß der Vatikan um den Fortbestand der christlichen Gemeinden im Heiligen Land zu fürchten begann. „Die Reihen der Christusgläubigen sind gelichtet und lichten sich weiter in dem Land, das durch seine Predigt und sein Opfer gesegnet ist"[108], bemerkter Paul VI. in seiner Weihnachtsansprache an die Kurie im Dezember 1969. Er stellte die „ernste Frage": „Werden die Gotteshäuser, die an das Leben Christi erinnern, eines Tages der lebendigen Präsenz ihrer kirchlichen Gemeinschaften beraubt sein?"[109].

Der Vatikan entwickelte eine doppelte Strategie, um die Emigrationsrate christlicher Palästinenser zu reduzieren. Auf internationaler Ebene forderte der Papst weiterhin, nach einer gerechten und dauerhaften Lösung des Flüchtlingproblems zu suchen. So mahnte Paul VI. anläßlich des Weltfriedenstages am 1. Januar 1970 – eines Gedenktags, den er selbst im Jahr zuvor eingeführt hatte – zur „Anerkennung des berechtigten Wunsches [aller Flüchtlinge] nach Gerechtigkeit und Menschlichkeit"[110]. Vor Ort hingegen nahm sich die Päpstliche Mission für Palästina zunehmend der Aufgabe an, potentiellen Emigranten die Entscheidung für das Bleiben zu erleichtern. Ein wichtiges Instrument waren Ausbildungsprojekte, die gemäß der Leitlinie der Mission, keine Rücksicht auf die Religionszugehörigkeit zu nehmen (,need not creed'), auch der muslimischen

---

[105] Vgl. KNA, 8.10.1069.
[106] MINERBI / HERSCHLER 1971, 1184.
[107] TSIMHONI 1983, 59f.
[108] AAS 62 (1969) 47.
[109] AAS 62 (1969) 47.
[110] OR, 2/3.1.1970.

Bevölkerung zugute kamen.[111] Dies bedeutete einen Bruch mit der bisherigen Praxis, die stärker auf individuelle Fälle ausgerichtet war. Bislang hatten Mitarbeiter der Päpstlichen Mission denen, die das Land verlassen wollten, sogar bei der Erledigung der Formalitäten geholfen. Im Jerusalemer Büro konnten Visa-Anträge für die USA, Kanada und Australien abgeholt werden.[112] „Viele Personen emigrierten durch unser Büro", berichtete Eileen Nesnas, die von 1958 bis 1993 in Jerusalem für die Päpstliche Mission arbeitete, „später war es jedoch gegen die politische Linie, Christen aus dem Heiligen Land zu lassen, und wir haben damit aufgehört."[113] Diese Kurskorrektur war zweifellos auch Thema der Papstaudienz, zu der Mgr. Nolan, der Präsident der Päpstlichen Mission, und mehrere seiner Mitarbeiter im Januar 1970 empfangen wurden.[114]

Die Sorge um den Sympathieverlust der Palästinenser aufgrund der Gewaltakte palästinensischer Widerstandsgruppen war das Motiv einer ‚Weltkonferenz der Christen über Palästina', die auf Initiative der französischen Zeitung ‚Témoignage Chrétien' im Mai 1970 in Beirut stattfand. Rund vierhundert Katholiken, Protestanten und Orthodoxe aus 37 Ländern setzten sich auf diese Weise aus christlichen Beweggründen für das Recht des palästinensischen Volks auf Selbstbestimmung ein und forderten die Gründung eines freien und demokratischen palästinensischen Staates.[115] Ziel der Konferenz war zunächst, den Christen im Westen das Palästinaproblem aus der Perspektive der Betroffenen näherzubringen. Daneben sollten die Palästinenser die Solidarität westlicher Christen erfahren, „denen sie bislang mißtrauten und vorwarfen, sich nur um die heiligen Stätten zu sorgen"[116], so ‚Témoignage Chrétien'. Die Palästinenser sollten wissen, „daß diese auch ein politisches Gewissen haben und bereit sind, ihnen zu helfen"[117].

In Jerusalem machte der neue Apostolische Delegat, Erzbischof Pio Laghi, die Verringerung der Auswanderungsrate von Christen zum zentralen Thema. Laghi, der im August 1969 Agostino Sepinski

---

[111] Im Oktober 1969 hatte die Päpstliche Mission für Palästina im Namen des Papstes zwanzig Kindern aus Flüchtlingslagern ein Schulstipendium zukommen lassen. Die Kinder waren „wahrscheinlich alle Muslime, aber man weiß es nicht genau, weil diese Hilfen ohne Unterscheidung der Religion verteilt werden" (ASS 1969, 502).
[112] Vgl. Eileen Nesnas, 1958-1993 PMP-Mitarbeiterin in Jerusalem, Interview, 8.5.1994: PMP-Archiv. Nesnas zufolge wurden die Archive aus dieser Zeit vernichtet.
[113] Nesnas, Interview, 8.5.1994: PMP-Archiv.
[114] Vgl. ASS 1970, 34.
[115] Vgl. HK 24 (1970) 292; CONFERENCE MONDIALE... (Hg.) 1972; MOUBARAC 1970; BOUMAN 1974, 616; CAPUCCI 1975; LELONG 1982, 131-134;
[116] Témoignage Chrétien, 14.5.1970.
[117] Témoignage Chrétien, 14.5.1970.

abgelöst hatte,[118] wies bereits in seiner ersten Ansprache darauf hin, daß die heiligen Stätten „nicht nur durch Steine oder Gebäude repräsentiert werden: daneben sind – und müssen dort weiterhin bleiben und gedeihen – unsere christlichen Gemeinden, die ‚lebendigen Steine der Kirche', die lebendige Gegenwart des Christentums im Heiligen Land"[119]. Ein alarmierender Bericht von Laghi über die fortdauernde Abwanderung palästinensischer Christen und ein Appell der lokalen Bischöfe im März 1970 gaben den Impuls, in Jerusalem eine lokale Sektion der Päpstlichen Kommission Iustitia et Pax zu gründen.[120] Staatssekretär Jean Villot beauftragte Mgr. Joseph Gremillion, den Sekretär von Iustitia et Pax, in die Region zu reisen, „um ein Konzept zu entwickeln, wie durch soziale Förderung und wirtschaftliche Entwicklung die christliche Gemeinschaft in Palästina gestärkt werden kann"[121]. Im folgenden Jahr wurde in Jerusalem ein Iustitia-et-Pax-Sekretariat eingerichtet und der lokalen Bischofsversammlung unterstellt. Ziel war es, „durch religiöse, kulturelle und soziale Initiativen das Gemeinschaftsgefühl [der Christen] zu stärken [...] und weltweit die katholische Öffentlichkeit durch fundierte Information für die Situation im Heiligen Land zu sensibilisieren", so die Patriarchatszeitschrift ‚Jérusalem'[122]. P. Frans Bouwen, von Beginn an Mitarbeiter und seit 1984 Präsident von Iustitia et Pax in Jerusalem, beschrieb die Arbeit der neugegründeten Organisation als „Formation und Information"[123]: In Gesprächsgruppen diskutierten palästinensische Christen ihre Rolle in der Gesellschaft, das Verhältnis von Glaube und Politik, die Existenz im muslimischen Umfeld. Daneben informierten die etwa 15 bis 20 Mitarbeiter durch Bulletins, Briefe und die Betreuung ausländischer Besucher über die Situation der palästinensischen Bevölkerung. „In den ersten Jahren war das besonders wichtig: Niemand kannte die Palästinenser; sie existierten nur als Terroristen, nicht als Volk"[124], so Bouwen. Die Berichte von Iustitia et Pax in Jerusalem wurden außerdem zu einer wichtigen Informationsquelle für den Vatikan.

---

[118] Zur Biographie vgl. Jérusalem 1969, 135-138. Zuvor war Laghi im diplomatischen Dienst des Hl. Stuhls in Nicaragua, Washington und Neu Delhi gewesen.
[119] Jérusalem 1969, 137.
[120] Zur Päpstlichen Kommission Iustitia et Pax vgl. DEL RE 1998, 255-257.
[121] Joseph Gremillion, Report on ‚Investigative Visit' in the Holy Land, 6.8.1970: PMP-Archiv.
[122] Jérusalem 1972, 43.
[123] Interview Bouwen.
[124] Interview Bouwen.

6. Die Aktivitäten des Vatikans auf politischer Ebene

Die palästinensischen Widerstandsgruppen hatten sich vor allem in Jordanien organisiert und brachten das Königreich damit in die Gefahr israelischer Vergeltungsschläge. Als Anfang September 1970 die Palästinensische Befreiungsfront PFLP drei Flugzeuge in die jordanische Wüste nahe Zarka entführte, um die Freilassung palästinensischer Gefangener aus israelischen Gefängnissen zu erpressen, schien die Toleranzgrenze König Husseins erreicht.

Angesichts drohender Repressalien gegen die palästinensische Bevölkerung in Jordanien mahnte Paul VI. den jordanischen König zur Zurückhaltung und forderte erneut zur Suche nach einer politischen Lösung für das Palästinenserproblem auf.[125] Dem Internationalen Komitee des Roten Kreuzes, das sich um die Freilassung der Geiseln bemühte, versicherte er in einem Telegramm seine Bereitschaft, „alles Uns Mögliche zu tun, um ihnen zur Hilfe zu kommen"[126]. Am folgenden Tag flog Mgr. Jean Rodhain, Präsident von Caritas International, als Sondergesandter des Papstes nach Jordanien. Offiziell sollte er sich gemeinsam mit dem Roten Kreuz für eine friedliche Lösung der Geiselnahme einsetzen. Darüber hinaus war es für den Vatikan von Vorteil, einen eigenen Delegierten in der Region zu haben, wo der Palästinakonflikt neu aufzuflammen drohte. Der Papst selbst sah in den zahlreichen Anschlägen „Exzesse, [...] die den Frieden verhindern und Vorzeichen ungeheurer Katastrophen sind"[127].

Tatsächlich war diese Geiselnahme der Auslöser für einen zehntägigen Bürgerkrieg, in dem die jordanische Armee gewaltsam gegen die palästinensischen Widerstandsgruppen vorging. Der sogenannte ‚Schwarze September' bedeutete das Ende der geduldeten Existenz der PLO in Jordanien; die gesamte Führungsschicht wurde vertrieben und fand zum großen Teil in Beirut Zuflucht. Paul VI. verzichtete angesichts der heftigen Kämpfe erstmals auf seine vorbereitete Ansprache zur Generalaudienz und sagte, daß die bedrohliche Entwicklung im Nahen Osten es ihm nicht erlaube, ruhigen Herzen über anderes zu sprechen. „Wir denken an die Tausende von Toten und Verletzten, an die Geiseln [...] an die unerträglichen Leiden der Bevölkerungsgruppen (popolazioni)"[128], so Paul VI. Seinem Sondergesandten in der Region, Mgr. Rodhain, ließ er einen Scheck über 50 000 US-Dollar zukommen, um die Opfer des Krieges zu unterstützen.

---

[125] Vgl. ASS 1969, 392.
[126] ASS 1969, 393.
[127] ASS 1969, 394.
[128] ASS 1969, 408.

Um Kritik an seinen politischen Interventionen entgegenzutreten, erklärte Paul VI. am folgenden Sonntag vor dem Angelus, es sei seine Pflicht, sich einzumischen, da eine Ausweitung dieses Konfliktes den Frieden aller gefährden könne. Zudem sei das Heilige Land betroffen, das den Christen besonders wichtig sei. Er betonte, daß er keine politischen Interessen verfolge, sondern in erster Linie die Menschenrechte der Schwächsten, vor allem der Flüchtlinge, verteidigen wolle.[129] Eine politische Rolle als Richter oder Vermittler schloß er aus; er wolle lediglich versuchen, „allen ein Ratgeber zu sein"[130].

Im lateinischen Patriarch von Jerusalem hatte Ende 1970 der bisherige Koadjutor, Bischof Giacomo Beltritti, die Nachfolge des verstorbenen Patriarchen Albert Gori übernommen. Im Unterschied zu Gori, der sich kaum zur politischen Situation öffentlich geäußert hatte, tat Beltritti sein Möglichstes, auf die Situation der palästinensischen Christen vor Ort und die politischen Entwicklungen in Jerusalem aufmerksam zu machen. Als Wahlpalästinenser, der sechzehnjährig in das Priesterseminar in Bet Dschala eingetreten war und fließend Arabisch sprach, galt er den einheimischen Christen als einer der Ihren. Im Januar 1971 kam Beltritti nach Rom, um als Zeichen seines Amtes das Pallium in Empfang zu nehmen und den Papst und das Staatssekretariat über die Lage in Jerusalem zu informieren.[131]

Angesichts scheinbar bevorstehender Friedensverhandlungen auf Initiative des US-Außenministers William Rogers hatte die israelische Regierung die Umsetzung von Bauprojekten in Ost-Jerusalem beschleunigt, die den israelischen Souveränitätsanspruch über die gesamte Stadt bekräftigen sollten. Der seit Anfang 1970 bekannte Jerusalem-Plan sah umfangreiche Enteignungen und Neubauten für jüdische Einwanderer vor, die auch nach der Eingliederung des arabischen Teils eine jüdische Bevölkerungsmehrheit sicherstellen würden.[132] Der Vatikan reagierte hochempfindlich auf diese Entwicklungen. In den folgenden Monaten mehrten sich zum Teil ungewöhn-

---

[129] Vgl. ASS 1969, 424f.
[130] ASS 1969, 424f. Als Berater trat Paul VI. Anfang November 1970 erneut auf, indem er den jordanischen König Hussein, den israelischen Präsidenten Schasar und den neuen ägyptischen Präsidenten Anwar Sadat in persönlichen Botschaften mahnte, den auslaufenden Waffenstillstand zu verlängern; vgl. ASS 1969, 484.
[131] Vgl. Patriarchat Latin de Jérusalem (Hg.) 1993, 50f.
[132] Vgl. AL-KHATIB 1970. Auch Befürworter dieses Ziels kritisierten, daß die geplanten Bauvorhaben den Charakter der Stadt stark verändern würden. Im Dezember 1970 äußerten Stadtplaner und Architekten des internationalen ‚Jerusalem Committee' aus ästhetischen Gründen starke Bedenken gegen das Projekt. Unstimmigkeiten gab es auch zwischen der Regierung und dem Jerusalemer Bürgermeister Teddy Kollek. Vgl. THE MIDDLE EAST ... 1999, 98; CC II (1971) 543.

lich offene und konkrete Stellungnahmen in Form von Papstansprachen, Leitartikeln im ‚Osservatore Romano' und einer Artikelserie in ‚Civiltà Cattolica'. Alle Kommentare hielten die klassische Forderung einer internationalen Regelung für Jerusalem aufrecht, stellten sie aber angesichts der forcierten Emigration der arabischen Einwohner auf eine breitere Basis. Nicht allein der Schutz der heiligen Stätten, sondern auch der Schutz der Christen und darüber hinaus aller Minderheiten erforderten ein internationales Garantiesystem, argumentierte nun der Vatikan.

Paul VI. äußerte sich erstmals Mitte März 1971 in einer Ansprache vor dem Angelus zu den Jerusalem-Plänen. Kurz zuvor hatte der israelische Außenminister Abba Eban in einem Interview mit der italienischen Tageszeitung ‚Corriere della Sera' erneut eine international geprägte Verwaltung Jerusalems ausgeschlossen.[133] In seiner Forderung nach einem eigenen Statut für die Stadt benutzte Paul VI. nicht das Adjektiv ‚international', verwies aber auf das „einzigartige Zusammentreffen einer Vielzahl historischer und religiöser Rechte"[134]. Ausdrücklich sprach er nicht nur als Oberhaupt der katholischen Kirche, sondern „im Namen der ganzen Christenheit"[135], und stellte die kontinuierliche Präsenz christlicher Gemeinden im Heiligen Land auf eine Stufe mit dem Schutz der heiligen Stätten.

In einem Hintergrundartikel im ‚Osservatore Romano' wurden kurz darauf die Konsequenzen der israelischen Stadtplanungen für die nichtjüdischen Einwohner scharf kritisiert.[136] Die Besetzung Ost-Jerusalems, die „faktische Annexion unter dem Vorwand der Wiedervereinigung", gefährde sowohl den universalen Charakter Jerusalems als auch die Existenz der christlichen und muslimischen Minderheiten. Diese werde durch die städtische Expansion gezwungen, sich auf immer geringeren Raum zurückzuziehen und sich schließlich anderswo eine Zukunft zu suchen, die sie in ihrem eigenen Land nicht finden könne. Der Autor kritisierte die Politik, „die scheinbar die langsame Erstickung [der Minderheiten] zum Ziel hat" und hielt fest, „daß auf illegale Weise, gemäß der Logik der ‚faits accomplis', ein sehr bedenklicher Zustand geschaffen wurde". „Diese Projekte dienen nicht dem Frieden [...], sondern bestätigen die Notwendigkeit einer internationalen Instanz, die Jerusalem tatsächlich seinen universalen Charakter und die Rechte seiner Minderheiten-Gemein-

---

[133] Vgl. Corriere della Sera, 3.3.1971. „Der internationale Aspekt betrifft nur das, was in der Stadt tatsächlich internationalen oder universalen Charakter hat, nicht das alltägliche Leben der Bevölkerung." (zit. n. CC II [1971] 540).

[134] ASS 1971, 102 (la convergenza specialissima d'un pluralismo di diritti storici e religiosi).

[135] ASS 1971, 102.

[136] Vgl. im folgenden OR, 22./23.3.1971.

schaften garantieren kann", so der ‚Osservatore Romano'. In Israel löste dieser Kommentar heftigen Protest aus – „beinahe als ob man versuchen wollte, die zwischen dem Heiligen Stuhl und Israel bestehenden guten Beziehungen zu stören"[137], schrieb ‚Civiltà Cattolica'. Paul VI. bekräftigte jedoch in seiner Karfreitagsansprache im April 1971, daß die „akute moralische und finanzielle Hilfsbedürftigkeit der Christen im Heiligen Land"[138] ein zusätzliches und gleichwertiges Argument für einen international geschützten Sonderstatus Jerusalems sei.[139]

Ende April 1971 erklärte König Hussein in einem Schreiben an Paul VI. und die Oberhäupter der nichtkatholischen Kirchen seine Sorge über die Judaisierung Jerusalems. Angesichts der Manifestationen israelischer Souveränität zeigte sich Hussein erstmals bereit, der Internationalisierung zuzustimmen, sofern auch die zweite Forderung der Resolution 181 erfüllt werde, nämlich die Teilung des Landes: „Die äußerste Grenze des Akzeptablen ist für uns die Internationalisierung der gesamten Stadt [...], unter der Bedingung, daß alle Artikel jener Resolution berücksichtigt werden"[140].

Die hohe Priorität, die der Vatikan der Palästinafrage einräumte, belegte eine Folge von Artikeln in ‚Civiltà Cattolica' im Sommer 1971, die der für Außenpolitik zuständige Redakteur, Giovanni Rulli nach einer Reise in die Region schrieb.[141] Die Beiträge hatten einen starken, aber nicht ausschließlich israelkritischen Akzent.[142] Die Darstellung der politischen Situation war nüchtern und mit vielen Fakten unterlegt. Allerdings verzichtete Rulli auf die im Vatikan gewöhnlich scharf gezogene Grenze zwischen dem biblischen ‚erwählten Volk' und dem modernen Staat Israel. Daher stellte er die – theologisch heikle und politisch unangemessene – These auf, Israel (als Staat) solle das Privileg der Erwählung (als Religionsgemeinschaft) nun durch seinen Respekt nichtjüdischer Gemeinschaften in

---

[137] CC III (1971) 116; vgl. ROKACH 1987, 95f.
[138] ASS 1971, 147. Paul VI. wies darauf hin, daß die Karfreitagskollekte für das Heilige Land nicht nur dem Erhalt von Gebäuden, sondern auch den katholischen Gemeinden dort, den „Nachfolgern der Urkirche", zugute kommen sollte.
[139] In seiner Ansprache an das Kardinalskollegium im Juni 1971 verwandte er die Formel eines „Sonderstatus, der durch internationalen Rechtsschutz garantiert wird (statuto speciale, garantito da presidio giuridico internazionale)" (ASS 1971, 261).
[140] GOICHON 1972, 964.
[141] Vgl. CC II (1971) 429-439 (Antichi e nuovi problemi in Terra Santa); ebd. 548-549 (Nuove mura intorno a Gerusalemme); CC III (1971) 110-121 (Proposte per i Luoghi Santi).
[142] Rulli erwähnte auch die Situation jüdischer Minderheiten in arabischen Ländern, die Zerstörung des jüdischen Friedhofs und den Bau des arabischen Krankenhauses auf dem Ölberg sowie die antiisraelischen Gewalttaten; vgl. CC II (1971) 434f.

Palästina bezeugen.¹⁴³ Rullis Darstellung des Staates Israel als theologische Größe entsprach nicht der offiziellen vatikanischen Linie, deutete – im Rahmen eines Aufsatzes in ‚Civiltà Cattolica' – aber darauf hin, daß diese Wahrnehmung im Vatikan noch durchaus verbreitet war.

Die beiden politischen Hauptaspekte der Artikelserie waren die palästinensische Auswanderung im allgemeinen und die Judaisierungsmaßnahmen in Jerusalem im besonderen. Rulli räumte ein, daß es unabhängig von der israelischen Besatzung immer schon gute Gründe für die Emigration gegeben habe. Nun aber setze Israel politische, psychologische und administrative Druckmittel ein, um den Exodus der Araber zu beschleunigen.¹⁴⁴ „Die Gründung des Staates Israel, dessen Expansionsdrang und die militärische Besetzung im Juni 1967 haben auf die arabische Bevölkerung – und insbesondere auf die Christen – entscheidenden Druck zur Auswanderung ausgeübt"¹⁴⁵, so Rulli. Vom israelischen Umgang mit der palästinensischen Bevölkerung schlug er einen Bogen zum Holocaust, was bei verkürzter Wiedergabe leicht als Relativierung der Judenvernichtung mißdeutet werden konnte: „So wie das Gewissen der Menschheit die Verfolgung eines Volkes verurteilt und abzuwenden versucht hat – und es muß hinzugefügt werden, daß die Abscheu angesichts der Vernichtung der Juden nie zu groß sein kann – so kann die Welt heute nicht akzeptieren, daß andere Völker (popoli) mit sanften Methoden oder mit Gewalt von ihrer Heimat entfernt werden; insbesondere wenn diese Entfernung das Verlassen der heiligen Stätten der Religionen dieser Völker bedeutet."¹⁴⁶

Rulli berichtete detailliert über den israelischen ‚Jerusalem-Plan', der die nichtjüdischen Minderheiten von der Stadtentwicklung faktisch ausgeschlossen habe, und kritisierte die Enteignungen arabischer Grundstücke: „Wie kann man annehmen, ein Araber könnte in einem Haus wohnen, das auf dem Boden gebaut ist, den man ihm weggenommen hat? [...] Auch die verlassenen Grundstücke haben nach wie vor einen Eigentümer, selbst wenn dieser weit weg und möglicherweise in einem feindlichen Land ist."¹⁴⁷ Der letzte der drei Beiträge entfaltete die von Paul VI. und im ‚Osservatore Romano' skizzierte Argumentation zugunsten eines international garantierten Sonderstatuts, der gleichermaßen die heiligen Stätten und die Rechte aller Minderheiten schützen sollte.¹⁴⁸

---

¹⁴³ Vgl. CC II (1971) 435f.
¹⁴⁴ Vgl. CC II (1971) 436.
¹⁴⁵ CC II (1971) 437.
¹⁴⁶ CC II (1971) 439.
¹⁴⁷ CC II (1971) 544.
¹⁴⁸ Vgl. CC III (1971) 110-121.

Ergänzt und aktualisiert wurden Rullis Berichte über die Situation im Heiligen Land durch einen Bericht der Konferenz der lateinischen Bischöfe in der arabischen Region (CELRA).[149] Beltritti, als Patriarch von Jerusalem zugleich Vorsitzender der Bischofskonferenz, präsentierte das Schreiben im Herbst 1971 in Rom, im Rahmen der Bischofssynode zum Thema ‚Gerechtigkeit in der Welt'.[150]

Ende 1971 hatte der Vatikan seine Jerusalem-Position ausformuliert. In der Weihnachtsansprache erklärte Paul VI., daß er den bisher geäußerten Gedanken nichts mehr hinzufügen wolle. Er brachte seine Forderung auf die von da an im vatikanischen Sprachgebrauch fest verankerte Kurzformel eines „international garantierten Sonderstatus"[151], der den pluralen Charakter Jerusalems und die Rechte aller Gemeinschaften sichern sollte.

Wie schwer sich in der Praxis die Sorge um die einheimischen Christen und die Nichtanerkennung der israelischen Souveränität in Jerusalem verbinden ließen, verdeutlichte die Episode um das Notre-Dame-Gebäude in Jerusalem, das zwischen Oktober 1970 und Februar 1972 mehrfach den Besitzer wechselte.[152] Das 1885 erbaute Pilgerhospiz ‚Notre-Dame de France' gehörte dem Assumptionisten-Orden. Aufgrund seiner Lage gegenüber der Altstadt diente es in beiden Kriegen als Stützpunkt der israelischen Armee und wurde schwer beschädigt. Im Oktober 1970 verkauften die Assumptionisten das aus finanziellen Gründen nie restaurierte Gebäude auf diskrete Weise für etwa 600 000 US-Dollar an eine Tochtergesellschaft des Jüdischen Nationalfonds. Nach Kirchenrecht hätte dieser Verkauf vom Hl. Stuhl genehmigt werden müssen.[153] Der Verkaufsvertrag wurde jedoch im israelischen Konsulat in New York unterzeichnet, ohne daß die Apostolische Delegatur in Jerusalem informiert worden war. Das Gebäude sollte zu einem Studentenwohnheim der Hebräischen Universität umgebaut werden.[154]

---

[149] Die CELRA (Conférence des Evêques latins dans les regions arabes) wurde während des Zweiten Vatikanischen Konzils gegründet und erhielt 1967 von der Kongregation für die Ostkirchen ein eigenes Statut. Vgl. ANNUAIRE ... 1997, 16.

[150] Vgl. ROKACH 1987, 99f. Die katholischen Bischöfe des Heiligen Landes und Ägyptens apellierten zudem dringend an die Bischöfe in den USA, öffentlich gegen die „erzwungene Umsiedlung von Menschen und Stadtplanungen, die das ethnische und religöse Gleichgewicht der Stadt gefährden" (J.T. RYAN 1972, 24-28) zu protestieren.

[151] ASS 1971, 517. JAEGER (1989, 25) nennt sie die „berühmte Formel, knapp und dennoch sehr umfassend".

[152] Zur Geschichte von Notre Dame vgl. COLBI 199; CHALENDARD 1984; GELIN 1971.

[153] Vgl. CIC 1917 c. 534 § 1. Die Wertgrenze, deren Überschreitung die Genehmigung des Hl. Stuhls erforderlich macht, wird regional festgesetzt; in diesem Fall lag sie bei 5 000 US-Dollar.

[154] Interview Laghi.

Der Verkauf wurde von palästinensischer und insbesondere von christlicher Seite stark kritisiert.[155] Der Apostolische Delegat Laghi war empört über den heimlichen Verkauf des „Gebäudes, das im Herzen Jerusalems die Kirche repräsentierte". „Während wir alles taten, um den Exodus der Christen zu bremsen, wurde so der Eindruck erweckt, auch die Kirche habe begonnen, die Koffer zu packen"[156], so Laghi. Er erhielt vom Papst die Anweisung, vor einem israelischen Gericht die Annullierung des Verkaufs anzustreben, der nach Ansicht des Hl. Stuhls ohne die kirchenrechtlich notwendige Genehmigung nicht rechtskräftig war.[157] Stellvertretend für den Hl. Stuhl klagte Patriarchalvikar Kaldany, der in Kirchenrecht promoviert hatte und hebräisch sprach, mit Hilfe eines israelischen Anwalts vor dem Jerusalemer Zivilgericht.

Die Eröffnung eines gerichtlichen Verfahrens war für den Vatikan juristisch und diplomatisch gewagt. Der Hl. Stuhl, der zum Staat Israel keine diplomatischen Beziehungen unterhielt, nahm nun zur Durchsetzung seiner Interessen die israelische staatliche Justiz in Anspruch. Das Gericht hatte seinen Sitz in der von Israel reklamierten und vom Hl. Stuhl nicht anerkannten Hauptstadt; und schließlich forderte der Hl. Stuhl noch, der israelische Staat solle dem katholischen Kirchenrecht Vorrang vor dem israelischen Recht einräumen. Diese Umstände konnten auf gegensätzliche Weise interpretiert werden, entweder als Zeichen vertiefter Beziehungen zum Staat Israel[158] oder aber als widerstrebend akzeptiertes Mittel zum Zweck, die physische und moralische Präsenz der Kirche in Jerusalem zu demonstrieren.[159] Israel hatte seinerseits die Möglichkeit, in der Hoffnung auf die baldige diplomatische Anerkennung den Forderungen des Hl. Stuhls nachzugeben. Um dabei einen innenpolitischen Ansehensverlust zu vermeiden, plädierten der Jerusalemer

---

[155] „Die Statue der Jungfrau mit dem Kind, die das Gebäude dominiert, wird verschwinden und mit ihr ein Stück christlichen Bodens im Land Israel, was sehr zu bedauern ist", kommentierte ‚La Terre Sainte' (1971, 20). Das Generalat der Assumptionisten rechtfertigte den Verkauf mit dem Hinweis auf die Nutzlosigkeit des Gebäudes und der Verwendung des Erlöses für das Apostolat im Heiligen Land. Vgl. ebd. 21.193-196.
[156] Interview Laghi.
[157] HIERONYMUS (1973, 211f) deutet die Episode irrtümlich als ein Beispiel „wie schwer es dem Staatssekretär fällt, überkommene antijüdische Positionen zu verlassen". Man habe nach dem Grundsatz gehandelt, „Christengut, noch dazu sakrales, darf nicht an Juden verkauft werden".
[158] Nach COLBI (1991, 34) war es ein Beweis des „Vertrauen, das die christlichen Kirchen in die vollkommene Unabhängigkeit der israelischen Gerichte setzten".
[159] IRANI (1986, 94) deutet das Vorgehen als einen Versuch, „die Befürchtungen der lokalen, insbesondere der palästinensischen Christen zu zerstreuen: Rom wollte einen konkreten Beweis liefern, daß es die arabischen Christen nicht ihrem Schicksal überließ, indem es sich den israelischen Autoritäten beugte".

Bürgermeister Teddy Kollek und sein Stellvertreter André Chouraqui dafür, das Entgegenkommen als freiwillige, „unilaterale Geste"[160] darzustellen. Premierministerin Golda Meir, die während des Papstbesuchs 1964 deutlich gemacht hatte, daß sie wenig bereit war, auf die Wünsche des Vatikans einzugehen, gab dieses Mal nach. Sie bat den Apostolischen Delegaten zu einem inoffiziellen Treffen an einem Schabbat in ihr Jerusalemer Büro und einigte sich mit ihm auf eine außergerichtliche Regelung. Da eine bloße Annullierung des Verkaufs die finanziellen Probleme des Assumptionisten-Ordens nicht gelöst hätte, kaufte der Hl. Stuhl selbst das Gebäude zurück.[161]

Wenige Tage später kam der Substitut des Staatssekretariats, Erzbischof Giovanni Benelli nach Israel. In Begleitung des Apostolischen Delegaten traf er mit dem israelischen Justizminister Jakob Schapiro sowie mit Vertretern des Außenministeriums zusammen. Der Vatikan gab diese Reise nicht öffentlich bekannt. Die israelische Presse berichtete, nach Einschätzungen aus Regierungskreisen sei Benelli gekommen, um über den Status Jerusalems und der heiligen Stätten zu verhandeln, was Vatikansprecher Alessandrini auf Nachfrage von Journalisten jedoch dementierte.[162]

Aus Benellis Besuchsprogramm ließ sich das Ziel der Reise leicht herauslesen. Der Rückkauf von Notre Dame und die künftige Verwendung des Gebäudes waren der eigentliche Anlaß der Reise. Benelli hatte zuvor vom Jerusalemer Vize-Bürgermeister Chouraqui den Text eines Grundsatzabkommens erhalten.[163] Der Kaufvertrag über 960 000 US-Dollar, 360 000 über dem ursprünglichen Verkaufspreis, wurde jedoch erst im März 1972 unterzeichnet.[164] Gemeinsam mit Laghi und dem amerikanischen Architekten Frank Montana entwarf Benelli den Plan, Notre Dame zu einem internationalen Pilger- und Kulturzentrum umzubauen. Die katholische Kirche sollte durch das ‚Notre Dame of Jerusalem Center' in einer Form präsent bleiben, die sowohl den Besuchern der heiligen Stätten als auch der örtlichen Gemeinde diente. Zudem besuchte Benelli die beiden

---

[160] CHOURAQUI 1992, 222.
[161] Interview Laghi.
[162] Vgl. KNA, 18.2.1972. Das lateinische Patriarchat bemühte sich wenig überzeugend, die Reise als eine spontane, unpolitische Pilgerfahrt zu präsentieren: „Als der Papst am 4. Januar in Anwesenheit des Substituts in dem Notre-Dame-Dossier blätterte, erinnerte er sich an seine Jerusalem-Reise 1964 am selben Datum; und er lud Benelli ein, ebenfalls eine Pilgerfahrt zu machen. Sobald Benelli etwas Zeit fand, fuhr er nach Jerusalem." (Jérusalem 1972, 46).
[163] Vgl. CHOURAQUI 1992, 222. Chouraqui deutet Benellis Besuch als Dankesgeste für die israelische Großzügigkeit.
[164] Vgl. KNA, 4.3.1972; LAURENTIN 1973, 72. Jérusalem (1972, 47) erklärte die Differenz mit Zinsen, Inflationsausgleich und der Entschädigung bereits dort wohnender Studenten der Hebräischen Universität.

Einrichtungen, deren Gründung Paul VI. auf seiner Heilig-Land-Reise angeregt hatte – das 1965 gegründete ökumenische Institut Tantur und die 1970 eröffnete Taubstummenschule Effeta – sowie das im Jahr zuvor gegründete Iustitia et Pax-Sekretariat.[165]

Die Gespräche mit den israelischen Regierungsvertretern waren folglich weder unpolitische Höflichkeitsbesuche noch Verhandlungen über die Jerusalemfrage, in welcher der Hl. Stuhl seine Position zu dem Zeitpunkt längst festgelegt hatte. Vielmehr dienten sie dem Ziel, nach der fast fünfjährigen Besetzung des Westjordanlands und Ost-Jerusalems die juristische Stellung der katholischen Kirche und ihrer Institutionen unter der israelischen Verwaltung zu klären.[166] Eine faktische Annäherung an den Staat Israel war daher unvermeidbar. Im Fall von Notre Dame rückte der Hl. Stuhl kurzfristig von dem Prinzip ab, keine Beziehungen zu Institutionen des israelischen Staates aufzunehmen – mit dem Ziel, gegen dessen Interessen die eigenen zu verteidigen. Diese überschnitten sich faktisch mit den Interessen der Palästinenser, die Immobilienhandel mit israelischen Käufern als Verrat an ihrem Volk betrachteten.

Die Zahl und Brutalität palästinensischer Attacken und israelischer Vergeltungsschläge erreichte 1972 einen neuen Höhepunkt. An den Attentaten waren auch christliche Palästinenser beteiligt, wie Therese Halassa und Rima Issa Tannuz, die im Mai 1972 eine Sabena-Maschine entführten.[167] Paul VI. äußerte sich zu diesen Ereignissen mit Bestürzung, aber mahnte auch, auf die Ursachen der Gewaltspirale zu blicken. Einer der aufsehenerregendsten Anschläge war die Geiselnahme und Ermordung von elf israelischen Sportlern während der Olympischen Spiele in München im September 1972. Paul VI. sprach dem israelischen Staatspräsidenten sein Mitgefühl aus und verurteilte die Tat während der Generalaudienz. Seine Warnung vor den „Rückwirkungen dieses Zwischenfalls auf die Welt"[168] war indirekt ein Appell an Israel, seinerseits auf Gewaltakte zu verzichten. Darüber hinaus stellte Paul VI. die Frage nach dem Hintergrund der Anschläge: „Denken wir einen Schritt weiter. Warum? Was sind die Ursachen? Denn auch diese können uns nur traurig stimmen. Wenn eine solche Raserei existiert, die sich in derartigen Vorkommnissen entlädt, ist das ein Zeichen für ein großes Leid, einen großen Schmerz in den Menschen, die blind werden und sich

---

[165] Vgl. Jérusalem 1972, 47.
[166] So auch Jérusalem (1972, 47): „Diese schnelle Pilgerreise ermöglichte es dem Substitut des Staatssekretariats dennoch, die lebhafte Sorge des Hl. Stuhls um die katholischen Interessen im Heiligen Land in Erinnerung zu rufen".
[167] Vgl. BETTS 1978, 216.
[168] ASS 1972, 309.

einen Ausbruch von Rache und Ressentiments erlauben."[169] In Israel empfanden viele diese Bemerkungen als unangebracht.

Die israelischen Vergeltungsschläge gegen palästinensische Ziele blieben nicht aus; sie trafen in Form von Luft- und Bodenangriffen den Libanon, wo sich die Anhänger der aus Jordanien vertriebenen palästinensischen Befreiungsbewegung neu organisiert hatten. Alessandrini bedauerte in einem Kommentar im ‚Osservatore della Domenica', daß die Angriffe „keine ernsthaften internationalen Komplikationen" zur Folge gehabt hätten, und bezweifelte, daß der „ohnmächtige Haß der Palästinenser, die aus ihrer Heimat vertrieben wurden"[170] bald nachlassen würde. Der polemisch formulierte Kommentar gab Alessandrinis persönliche Meinung wieder, die aber zu berücksichtigen war, da die Präsentation der vatikanischen Haltung zur Palästinafrage häufig durch spontane Antworten Alessandrinis auf Journalistenfragen mitbestimmt wurde. Ein eklatantes Beispiel für den Einfluß Alessandrinis auf die Akzentuierung der Vatikan-Position war der Verlauf der ersten Privataudienz eines israelischen Regierungschefs beim Papst im Januar 1973.

---

[169] ASS 1972, 309.
[170] L'Osservatore della Domenica, 17.9.1972; KNA, 22.9.1972.

V. DIE LETZTEN JAHRE DES POLITISCH GEPRÄGTEN PONTIFIKATS PAPST PAULS VI. (1973-1978)

1. Die Akzeptanz der Palästinenser als Volk und die Audienz für Golda Meir

Die Empörung über Manifestationen israelischer Souveränität in Ost-Jerusalem und die anhaltend hohe Auswanderungsquote einheimischer Christen schärften im Vatikan die Wahrnehmung für die Situation der Palästinenser. In seiner Weihnachtsansprache 1972 verzichtete Paul VI. auf den bislang verwendeten Ausdruck ‚Bevölkerungsgruppen der Region (popolazioni della regione)', der gleichermaßen auf Israel und die Palästinenser bezogen werden konnte, und verband erstmals das Schlüsselwort ‚Volk' mit dem Adjektiv ‚palästinensisch'. Er sprach von den „Söhnen des palästinensischen Volkes (popolo palestinese), die seit so vielen Jahren eine angemessene Anerkennung ihrer Ansprüche erwarten und erbitten, nicht im Kontrast zu den Rechten der anderen Völker, sondern in der notwendigen Harmonie mit ihnen"[1]. Damit erkannte Paul VI. den Palästinensern ausdrücklich den Status eines Volks zu, zwei Jahre nach der entsprechenden UN-Resolution[2], aber noch bevor die PLO als Vertreterin der Palästinenser einen Beobachterstatus bei den Vereinten Nationen erhielt. Er ging außerdem auf die Situation der Christen in Jerusalem ein und erklärte, sie sollten sich dort „vollkommen als ‚Bürger' (cittadini)"[3] fühlen können. Bereits 1967 hatte Paul VI. neben der Anerkennung der religiösen Rechte auch die Anerkennung der Bürgerrechte (diritti civili) aller Personen und Gemeinschaften Palästinas eingefordert.[4] Hier bezog er sich jedoch ausschließlich auf die christlichen Einwohner Jerusalems, die in Ost-Jerusalem besonders von Enteignungen und Umsiedlungen betroffen waren.

Diese beiden hochpolitischen Aussagen wurden international erstaunlich wenig beachtet.[5] Um so mehr Aufsehen erregte wenig spä-

---

[1] ASS 1972, 465f. Der ‚Osservatore Romano' hatte sich dieser Terminologie bereits angenähert und einen Artikel über die palästinensischen Flüchtlinge mit der Überschrift versehen „Ein Volk, das leidet" (OR, 21.7.1971). Im Text kam der Ausdruck ‚palästinensisches Volk' jedoch nicht vor.
[2] A/RES/2535 (10.12.1969) über die „unveräußerlichen Rechte des Volks von Palästina"; vgl. MALLISON 1982, 23.
[3] ASS 1972, 465f (Hervorhebung im Original).
[4] Vgl. AAS 60 (1968) 26.
[5] Vgl. KREUTZ 1990a, 137. Die KNA erwähnte diese Passage in ihrer Zusammenfassung der Ansprache gar nicht. ROKACH (1987, 112) datiert die erstmalige Verwendung der Bezeichnung ‚palästinensisches Volk' zwei Jahre später (Paul VI. an John

ter die Audienz für die israelische Premierministerin Golda Meir. Israels Botschafter in Rom, Amiel Najjar, hatte im Staatssekretariat zunächst informell angefragt, ob Paul VI. bereit sei, die israelische Premierministerin zu empfangen. Im Januar 1973 erhielt er, dem üblichen Procedere entsprechend, die Mitteilung, daß eine offizielle Bitte um eine Audienz positiv beantwortet werden würde. Den Ablauf des Besuchs und den Text des anschließend zu veröffentlichenden Kommuniqués stimmte Najjar im voraus mit dem Staatssekretariat ab. Obwohl der Vatikan um Zurückhaltung gebeten hatte, um Proteste von arabischer Seite zu vermeiden, wurde der bevorstehende Papstbesuch der Premierministerin am Vortag in der Knesset bekanntgegeben. Vizeregierungschef Jigal Allon erklärte, Golda Meir sei offiziell in den Vatikan eingeladen worden, und die israelische Presse stellte das Ereignis als diplomatischen Erfolg dar.[6] Das Staatssekretariat hatte nicht einmal den Apostolischen Delegaten in Jerusalem unterrichtet, möglicherweise eher aus Gründen der Organisation als der Diskretion. Der Apostolische Delegat Laghi war auf Reisen in Griechenland, als Journalisten sich in der Delegatur die Nachricht bestätigen lassen wollten, so daß sein Sekretär Pietro Sambi ihn per Telegramm über die Ereignisse informieren mußte. Einer Anekdote zufolge lautete der verschlüsselte Text: La nonna andra a Paolina – Großmutter fährt nach Paolina.[7]

Golda Meir befand sich zu diesem Zeitpunkt bereits in Paris, wo sie an einer Konferenz der Sozialistischen Internationale teilnahm, und flog von dort am 15. Januar 1973 nach Rom. Paul VI. empfing sie zu einer etwa einstündigen Audienz mit offiziellem Charakter. Golda Meir traf in Begleitung des israelischen Botschafters in Rom, Amiel Najjar, in einem Diplomatenwagen mit israelischer Flagge im Vatikan ein. Sie wurde explizit als Premierministerin Israels bezeichnet, und der Besuch wurde nicht als Privataudienz deklariert.[8] Die Audienz bekam im nachhinein jedoch den Charakter eines Skandals, als der Pressesaal an Stelle des beiderseits autorisierten Kommuniqués zunächst den Text einer ‚Mündlichen Erklärung des Dircktors des Pressesaals' herausgab. Der scharfe Ton dieser Erklärung, die Alessandrini kurz darauf auch verlas, verriet den Ärger des Staats-

---

Nolan, Schreiben zum 25. Geburtstages der Päpstlichen Mission für Palästina, 16.7.1974: AAS 66 [1974] 441f).
[6] Vgl. HK 27 (1973) 120; Le Monde, 15.1.1973 (Une rencontre d'une portée historique, estiment les Israéliens). Zur Audienz vgl. außerdem LAURENTIN 1973, 73-82; RAFFALT 1973, 186-189; IRANI 1986, 37-41; ROKACH 1987, 105-107; KREUTZ 1990a, 129f; CHOURAQUI 1992, 193-195 (Paul VI devant Golda Meir [16 janvier 1973] [sic]).
[7] Interviews LAGHI, SAMBI.
[8] Vgl. LAURENTIN 1973, 80f.

sekretariats über die israelische Deutung der Audienz. Die Adressaten der Erklärung waren offenbar die arabischen Regierungen, die über ihre Botschafter am Hl. Stuhl ihren Protest gegen die Audienz für die israelische Premierministerin geäußert hatten.[9]

Alessandrini, der in der ersten Person sprach, machte darauf aufmerksam, daß dies keine exklusive Geste der Bevorzugung gewesen sei. Der Papst habe auch schon König Hussein und andere arabische Persönlichkeiten empfangen, und der Heilige Stuhl pflege gute, in vielen Fällen auch offizielle diplomatische Beziehungen zu den arabischen Ländern. „Die Audienz wurde von Frau Golda Meir erbeten, die den Umstand ihrer Reise nach Paris nutzen wollte, und war nicht Gegenstand vorheriger Absprachen oder ‚Programmplanungen'", so Alessandrini, „sie bedeutet oder impliziert nicht die geringste Änderung – die es tatsächlich nie gegeben hat, und wofür es auch keinen Grund gäbe – der Haltung des Heiligen Stuhls zu den Problemen des Heiligen Landes, wie sie der Heilige Vater in seiner Ansprache an die Kardinäle am 22. Dezember 1972 bekräftigt hat. [...] Der Papst hat der Bitte von Frau Golda Meir entsprochen, weil er es für seine Pflicht hält, keine Gelegenheit zu versäumen, sich für den Frieden und die Verteidigung der Rechte der einzelnen, der Gemeinschaften und der religiösen Interessen aller einzusetzen und den Schwächsten und Wehrlosen zu helfen, in erster Linie den Flüchtlingen aus Palästina (profughi della Palestina)."[10] Er endete mit einem Hinweis auf die „angestammten und unveräußerlichen Rechte der drei monotheistischen Religionsgemeinschaften, die mit dem universalen und pluralistischen Charakter von Jerusalem verbunden sind"[11]. War diese Erklärung eine spontane Stellungnahme Alessandrinis, möglicherweise bereits in Reaktion auf den Verlauf der Audienz? Dagegen sprach, daß Kopien des Textes ausgeteilt wurden, als Golda Meir den Vatikan kaum verlassen hatte. Die Erklärung wurde zudem in ‚Civiltà Cattolica' veröffentlicht und dort mit den Worten eingeleitet, sie beschreibe „die Bedeutung und die wahre Tragweite dieser Begegnung"[12].

---

[9] Letztlich teilten die arabischen Staaten die israelische Auffassung, allein das Zustandekommen dieser Audienz sei ein Triumph für die israelische Diplomatie; vgl. IRANI 1986, 39; ROKACH 1987, 107.

[10] Dichiarazione verbale, 15.1.1973 (Im Original ist erkennbar, daß ‚profughi palestinesi' nachträglich in ‚profughi della Palestina' geändert wurde.); vgl. CC I (1973) 278.

[11] Dichiarazione verbale, 15.1.1973; vgl. CC I (1973) 278.

[12] CC I (1973) 278. Alessandrini dementierte, daß es eine persönliche Meinungsäußerung gewesen sei (vgl. DC 70 [1973] 115; The Tablet, 24.3.1973), und die katholische Zeitung ‚La Croix' berichtete, Paul VI. habe den Text zuvor gekannt und gebilligt (23.1.1973).

Das mit dem israelischen Vertreter abgestimmte Kommuniqué, das etwas später zusammen mit den übrigen Pressemitteilungen im ‚bollettino' veröffentlicht und im ‚Osservatore Romano' abgedruckt wurde, war im Tonfall wesentlich diplomatischer. Inhaltlich wich es jedoch nicht wesentlich von Alessandrinis schriftlich-mündlicher Erklärung ab: „Seine Heiligkeit erinnerte zunächst an die Geschichte und die Leiden des jüdischen Volkes und stellte dann die Haltung des Heiligen Stuhls zu Fragen dar, die eng mit seiner humanitären Mission verbunden sind – nämlich das Problem der Flüchtlinge und die Situation der verschiedenen Gemeinschaften, die im Heiligen Land leben – und zu den Fragen, die seine religiöse Sendung betreffen – nämlich die heiligen Stätten und den heiligen und universalen Charakter Jerusalems. [...] Seine Heiligkeit äußerte schließlich den dringenden Wunsch, daß Gerechtigkeit und Recht zum Frieden führen und das Zusammenleben aller Völker (popoli) des Nahen Ostens ermöglichen, und er bekräftigte die Absicht des Heiligen Stuhls, für dieses Ziel alles in seinen Kräften Stehende zu tun."[13] Golda Meir verwies dem Kommuniqué zufolge auf den Friedenswillen Israels und dessen Verhandlungsbereitschaft, auch im Blick auf die vom Papst erwähnten Probleme. Sie erwähnte außerdem das „Problem des Terrorismus" und die „besondere Situation jüdischer Gemeinden in manchen Teilen der Erde"[14].

Golda Meir erfuhr von der außerprotokollarischen Erklärung Alessandrinis erst nach ihrem Besuch beim italienischen Premierminister Giulio Andreotti und wurde in der anschließenden Pressekonferenz sofort gefragt, ob sie diese als diplomatische Ohrfeige empfinde. Sie antwortete ausweichend, reagierte aber wenige Tage später ebenfalls mit einem Verstoß gegen die Etikette, indem sie in einem Interview mit der israelischen Zeitung ‚Ma'ariv' detailliert von ihrer Audienz beim Papst berichtete.[15] Meirs Äußerungen vermitteln nicht nur einen Eindruck von der Atmosphäre der Begegnung der beiden 75jährigen, sondern ergänzen auch das diplomatisch formulierte Kommuniqué. Die Bemerkung des Papstes über die Leidensgeschichte der Juden zu Beginn der Audienz gab Golda Meir folgendermaßen wieder: „Die Präliminarien gefielen mir ganz und gar nicht. Der Papst sagte mir gleich zu Anfang, er könne nur schwer verstehen, warum gerade das jüdische Volk, das doch barm-

---

[13] OR, 15./16.1.1973.
[14] OR, 15./16.1.1973.
[15] „Internationale Höflichkeit verlangt, daß ein Staatsmann, der vom Papst empfangen wurde, sich über den Verlauf der Unterhaltung bedeckt hält. [...] Man erinnert sich an keinen Fall, in dem Paul VI. persönlich von einem Staatschef oder einer Regierung angegriffen wurde", so die Agentur Kipa, 21.1.1973; zit. n. DC 70 (1973) 186.

herzig sein sollte, sich in seinem Land so rigoros benehme. Ich kann es nicht ertragen, wenn man so über uns spricht. [...] Ich habe dem Papst geantwortet: ‚Eure Heiligkeit [...], wissen Sie, was die erste Erinnerung meines Lebens ist? Das Pogrom von Kiew! Als wir barmherzig waren, hatten wir kein Land und waren schwach, und so hat man uns in die Gaskammern geführt."[16] Meir sagte in dem Interview außerdem, daß ihr die ganze Zeit über bewußt war, dem Oberhaupt der Kirche gegenüber zu sitzen, „dem Mann des Kreuzes, unter dessen Symbol Juden aller Generationen umgebracht wurden"[17].

Diese Äußerungen wurden in der westlichen Presse zu Skandalmeldungen.[18] Aus vatikanischer Perspektive war die Audienz für Golda Meir letztlich ein Mißerfolg in mehrerer Hinsicht. Erst waren durch die Bereitschaft zum Empfang Golda Meirs die Beziehungen zu den arabischen Staaten gefährdet worden, dann erregte die Erklärung Alessandrinis zur Beschwichtigung arabischer Proteste den Unmut Israels. Schließlich hatte Paul VI. Golda Meir mit seinem Appell an die Barmherzigkeit Israels aufgrund der Leidenserfahrungen des jüdischen Volkes provoziert. Damit implizierte er ebenfalls eine Kontinuität von der verfolgten Religionsgemeinschaft zum Staat Israel, die in offiziellen vatikanischen Äußerungen bislang dementiert wurde.[19] Die emotionale Antwort Golda Meirs und ihre öffentlich geäußerten Eindrücke von der Audienz konnten außerdem dazu beitragen, vatikanische Kritik an israelischer Politik als antijudaistisch motiviert aufzufassen.[20]

Die Tatsache, daß Paul VI. sich, nach Aussage von Meir, mehrfach für den israelischen Umgang mit den heiligen Stätten bedankte, und das erneute Angebot von Golda Meir, jede Religionsgemeinschaft solle die ihnen heiligen Stätten autonom verwalten, blieben vor diesem Hintergrund relativ unbeachtet und ohne praktische Folgen.

---

[16] Ma'ariv, 19.1.1973; zit. n. DC 70 (1973) 186f; Golda Meir beschrieb die Audienz später auch in ihrer Autobiographie, wo sie Paul VI. mit den Worten zitierte, „die Juden [sollten] von allen Völkern am ehesten in der Lage sein, anderen gegenüber barmherzig zu sein, da sie selbst so schrecklich gelitten haben" (MEIR 1975, 342).

[17] Ma'ariv, 19.1.1973; zit. n. DC 70 (1973) 187.

[18] LAURENTIN (1973, 78) zitiert aus der italienischen Presse: „Besuch bei Paul VI. erinnerte Golda Meir an die Pogrome ihrer Kindheit"; Bild (20.1.1973) titelte: „Golda Meir stritt sich mit dem Papst. Israels Premierministerin erklärte dem Heiligen Vater, was sie unter Barmherzigkeit versteht".

[19] CHOURAQUI (1991, 193) deutet die Begegnung ausschließlich unter diesem Aspekt: „Bewegt beschränkte Paul VI. sich darauf, lange in die Augen dieser Frau zu blicken, die im Namen des Israels aller Zeiten zu dem Papst sprach, der seine Tür und vielleicht sein Herz halb geöffnet hatte für das Zeugnis eines auferstandenen Volkes."

[20] ‚Il Giorno' (22.1.1973) kommentierte, Meir habe versucht, „von den eigentlichen Motiven der Kritik des Papstes an der israelischen Politik abzulenken, indem sie die Erinnerung des Antisemitismus hervorrief".

Die arabische Kritik klang allmählich aus, nachdem die PLO den Papst in einem Telegramm gebeten hatte, „auf der Seite der Gerechtigkeit Stellung zu nehmen"[21]. Die Ankündigung einer bevorstehenden Papstaudienz für eine PLO-Delegation in der libanesischen Zeitung ‚An-Nahar' wurde von Alessandrini dementiert.[22]

2. Die Gründung der Betlehem-Universität (1973)

Der Apostolische Delegat Pio Laghi verfolgte seit Beginn seiner Zeit in Jerusalem den Plan, durch die Gründung einer akademischen Bildungseinrichtung langfristig die Tendenz zur Auswanderung abzuschwächen. Paul VI. hatte dieses Anliegen erstmals während seiner Reise ins Heilige Land 1964 geäußert. Die Betlehem-Universität ist neben dem Ökumenischen Institut Tantur und dem Gehörlosenzentrum Effeta die dritte Institution im Heiligen Land, deren Gründung mit der päpstlichen Reise verbunden ist.

„Eine wichtige Aufgabe war es, die Menschenrechte [der Palästinenser] auf Wohnung und Ausbildung zu verteidigen. Daher entstand die Idee, eine Universität für sie zu gründen"[23], so Laghi im Rückblick. Zunächst hatte man an eine Lehrerausbildung gedacht, um die Versorgung der christlichen Schulen mit Lehrpersonal zu sichern. Da viele junge Palästinenser das Land verließen, um im Ausland zu studieren und anschließend häufig dort Arbeit fanden, schien eine akademische Ausbildungsstätte sinnvoller. Alternativen im Land gab es kaum: In Ramallah war seit langem eine arabische Universität geplant, aber noch längst nicht realisiert. In Bir Zeit gab es außerdem ein protestantisches College, das von katholischer Seite jedoch eher als Konkurrenz denn als Beitrag zur Bildung der palästinensischen Gesellschaft betrachtet wurde.[24] Laghi nannte in einem Memorandum für John Nolan, den Präsidenten der Päpstlichen Mission für Palästina, deren Finanzierungshilfe benötigt wurde, zwei konkrete Ziele: Zum einen sollte die Abwanderung der Elite verhindert werden, so daß sich im gesellschaftlichen wie im kirchlichen Bereich neue Führungsschichten entwickeln konnten. Zum anderen wollte man auf diese Weise die christliche Präsenz festigen und ein

---

[21] Zit. n. FAZ, 23.1.1973.
[22] Vgl. KNA, 25.1.1973.
[23] Interview Laghi. Als Laghi später Präfekt der Kongregation für das katholische Bildungswesen wurde, war er für alle katholischen Universitäten weltweit zuständig – mit Ausnahme der Betlehem-Universität, die der Kongregation für die Ostkirchen unterstellt ist.
[24] Jérusalem (1973, 118) nannte die Existenz des anglikanischen Bir Zeit College sogar als Grund, warum die Gründung einer katholischen Universität besonders wünschenswert sei.

konkretes Beispiel geben, daß sich die katholische Kirche nicht nur für Steine und Kirchen, sondern auch für die Menschen, insbesondere die Jugendlichen, interessierte.[25]

In Betlehem bot sich das ehemalige Mutterhaus des Ordens der Schulbrüder als Universitätsgebäude an, wenngleich dies die Schließung einer dort untergebrachten christlichen Schule für etwa 300 Schüler unter Protest der Einwohner Betlehems bedeutete. Am 1. Oktober 1973 begann der Studienbetrieb, zunächst mit etwa 80 Studierenden. Die Universität stand Christen und Muslimen, Männern und Frauen gleichermaßen offen. Nach wenigen Jahren waren die muslimischen Studierenden in der Mehrzahl. Die Betlehem-Universität erwarb sich schnell einen guten Ruf, und viele muslimische Familien schickten vor allem ihre Töchter zur Ausbildung an die katholische Ausbildungsstätte.[26] Das Lehrangebot der Universität war den lokalen Bedürfnissen, insbesondere den möglichen Berufsperspektiven angepaßt. So lange es keine Arbeit für Universitätsabsolventen gab, würde die Ausbildung das Problem der Auswanderung begabter junger Leute nur um ein paar Jahre verschieben. Im Blick auf die wachsende Tourismusbranche und die traditionellen Familienunternehmen wurden daher neben den geistes- und naturwissenschaftlichen Abteilungen auch die Fachbereiche Hotelwesen und Betriebswirtschaft eingerichtet. Die Unterrichtssprache war Arabisch, zum Teil auch Englisch. Die Leitung übernahmen drei US-amerikanische Schulbrüder, Kanzler der Universität war der Apostolische Delegat in Jerusalem. Mehrere Hilfswerke, vor allem die Päpstliche Mission für Palästina, finanzierten die Gründung und den Unterhalt der neuen Institution.[27]

War der wachsende Anteil muslimischer Studierender, die schon bald nach der Eröffnung die Mehrheit bildeten, aus der Perspektive des Vatikans nur ein nicht zu vermeidender, vielleicht auch überraschender Nebeneffekt? Nach Ansicht von F. Ronald Gallaghan, der 1993 bis 1997 die Universität leitete, lag es durchaus im Interesse des Heiligen Stuhls, eine katholische Universität zu gründen, die mehrheitlich von Muslimen besucht werden würde. Wichtig war in

---

[25] Vgl. Laghi, Memorandum an Nolan, 26.12.1972; zit. n. IRANI 1986, 32f (Nolan ist dort irrtümlich als Apostolischer Delegat tituliert). Gallaghan nannte die Initiative des Vatikans „eine Investition in die kulturelle Entwicklung der palästinensischen Gesellschaft" (Interview Gallaghan), und IRANI (1986, 34) zufolge wirkt der Vatikan auf diese Weise indirekt an der Grundlegung eines palästinensischen Staates mit.
[26] Interview Cooney.
[27] Vgl. Jérusalem 1973, 118f.153. In den ersten Jahren hatte die Institution den Status eines ‚College' und konnte den akademischen Grad eines ‚Bachelor' (BA) verleihen. Der arabische Name war jedoch von Anfang an ‚Betlehem Universität'; vgl. ebd.

erster Linie, daß die Christen im Heiligen Land Zugang zu höherer Bildung hatten. Aber nahezu ebenso wichtig war es, daß sie ein akzeptierter Teil der palästinensischen Gesellschaft blieben. Eine exklusiv katholische Universität hätte Mißgunst der muslimischen Bevölkerung auslösen können. Durch eine Einrichtung zum Wohle aller, zur Förderung der palästinensischen Elite, verbesserte der Heilige Stuhl hingegen das Ansehen der katholischen Kirche in den arabischen Ländern.[28] Auf lange Sicht hatten die palästinensischen Christen davon mehr Vorteile als von einer rein katholischen Bildungseinrichtung.

3. Der Oktoberkrieg 1973 und der Jerusalem-Gipfel mit afrikanischen Politikern

In seiner Osterbotschaft 1973 hatte Paul VI. einen speziellen Friedensgruß in das Heilige Land gesandt, „dorthin, wo leider immer noch kein Friede herrscht"[29]. Ein halbes Jahr später, am 6. Oktober 1973, begann der dritte israelisch-arabische Krieg mit einem syrisch-ägyptischen Überraschungsangriff am höchsten jüdischen Feiertag Jom Kippur. Am Ende der dreiwöchigen Kampfhandlungen hatte Israel seine anfängliche Niederlage militärisch wettgemacht und war weiter als je zuvor auf syrisches und ägyptisches Gebiet vorgedrungen. Der politische Erfolg lag dennoch auf der arabischen Seite: Der Mythos der israelischen Unbesiegbarkeit war zerstört, und den westlichen Staaten war durch das Öl-Embargo der Golfstaaten die Bedeutung der Beziehungen zu den arabischen Staaten bewußt geworden. Vor diesem Hintergrund wuchs im Westen die Sympathie für die Palästinenser, die sich mit der innerarabischen Anerkennung der PLO als rechtmäßige Vertreterin weiter zu einer autonomen politischen Größe entwickelten.

Da die Kampfhandlungen des Oktoberkriegs 1973 hauptsächlich in den Grenzgebieten im Golan und am Suez-Kanal stattfanden – also Jerusalem nicht unmittelbar gefährdet war –, war die Anteilnahme des Vatikans weitaus schwächer als während des Juni-Kriegs 1967.[30] Am Tag nach Kriegsbeginn erwähnte Paul VI. in der Ansprache vor dem Angelus „das plötzliche Wiederaufflammen des Krieges

---

[28] Auf dieser Argumentation basierte auch die Richtlinie der Päpstlichen Mission für Palästina, Hilfe unabhängig von der Zugehörigkeit zu einer Religionsgemeinschaft zu leisten („need not creed').

[29] AAS 65 (1973) 253.

[30] Vgl. JAEGER 1989, 26 FN 42. ROKACH (1987, 107) vermutet hinter den „extrem allgemein" gehaltenen Kommentaren Differenzen innerhalb der Kurie und das Bewußtsein der eigenen Einflußlosigkeit.

im Nahen Osten"³¹ in einer Reihe mit weiteren Konflikten. Später trat er für einen Waffenstillstand durch internationale Vermittlung ein und mahnte zur Einhaltung internationaler Regeln zum Schutz der Zivilbevölkerung.³² Als die UNO die Unterzeichnung eines Waffenstillstandsabkommens erreicht hatte, zeigte sich Paul VI. skeptisch, daß damit schon Friede im Nahen Osten geschaffen sei.³³ Seiner Ansicht nach sollten alle Beteiligten die Situation nutzen, um eine Gesamtlösung zu erarbeiten, die auch die Palästinenserfrage einschloß. Das Ziel müsse ein Friede sein, der von einer Gruppe von Völkern geschaffen werde, „mit Israel im Zentrum, umgeben von der Reihe der arabischen Staaten"³⁴, so Paul VI. Demzufolge sollten die Palästinenser, denen in der Terminologie des Vatikans der Status eines Volkes zuerkannt wurde, an der Suche nach einer Friedenslösung beteiligt werden. Ob Paul VI. in der Reihe der arabischen Staaten auch einen unabhängigen palästinensischen Staat sah, ließ sich seinen Worten nicht entnehmen.

Für Mitte Dezember 1973 hatte UN-Generalsekretär Kurt Waldheim zu einer internationalen Nahost-Friedenskonferenz nach Genf eingeladen. An den zahlreichen diplomatischen Aktivitäten im Vorfeld beteiligte sich auch der Vatikan, in der Hoffnung die internationale Diskussion über den Status Jerusalems wieder aufleben zu lassen. Im November 1973 erkannten die arabischen Staaten auf einem Gipfeltreffen in Algier die PLO als einzige und rechtmäßige Vertreterin der Palästinenser an und stärkten so deren Stellung im Blick auf die Genfer Konferenz. Der US-amerikanische Außenminister Henry Kissinger begann eine intensive Reisediplomatie, um zwischen Israel, Ägypten und Syrien Rückzugsabkommen auszuhandeln. Sein Begleiter, der Nahostbeauftragte Joseph Sisco, traf nach seiner Rückkehr aus Jerusalem Mitte November mit Erzbischof Agostino Casaroli, dem Sekretär des Rats für Öffentliche Angelegenheiten, zu einem einstündigen Gespräch zusammen.³⁵ Wenige Tage später lobte Paul VI. in seiner Ansprache während der Generalaudienz alle, die sich für die internationale Friedenskonferenz engagierten, und erwähnte sein „besonders intensives Interesse und Wohlwollen"³⁶ für Jerusalem. Eine neue Interessengemeinschaft zeichnete sich ab, als Paul VI. eine Woche vor Konferenzbeginn den muslimischen Präsidenten Tunesiens, Habib Bourgiba, zu einem inoffiziellen Gespräch empfing, das nach Aussage Bourgibas die

---

[31] ASS 1973, 343.
[32] Vgl. ASS 1973, 347f.354.
[33] Vgl. ASS 1973, 367f.
[34] ASS 1973, 368.
[35] Vgl. KNA, 13.11.1973.
[36] ASS 1973, 394.

Zukunft Jerusalems zum Thema hatte. In diesen Tagen wurde außerdem ein Vertreter der PLO, Jussuf Khasko, im Staatssekretariat empfangen, was der Pressesaal nach mehreren Dementis Wochen später bestätigte.[37]

Die Weihnachtsansprache Pauls VI. am 21.12.1973 fiel mit dem Beginn der von ihm erhofften Nahost-Friedenskonferenz zusammen. Paul VI. begrüßte das Engagement der internationalen Gemeinschaft, kritisierte aber die unvollständige Teilnehmerliste. Obwohl die Palästinenser seit kurzem in der PLO eine zumindest innerarabisch anerkannte Vertretung hatten, waren sie nicht an der Konferenz beteiligt. Wie in den Jahren zuvor rief Paul VI. zur Anerkennung der Rechte der Palästinenser auf. Seine Worte reflektierten jedoch die Bestürzung über einen palästinensischen Anschlag auf dem römischen Flughafen Fiumincino, bei dem zwei Tage zuvor etwa 30 Menschen getötet worden waren. Paul VI. sprach von den legitimen Erwartungen der „Zehntausenden, die aus ihrem Land geflüchtet sind (profughe dalla loro terra) [...], auch wenn ihre Sache durch Akte kompromittiert wird, die gegen das zivile Gewissen der Völker verstoßen und in keinem Fall zu rechtfertigen sind"[38]. Da sein Einsatz zugunsten Jerusalems nicht nur sein Recht, sondern seine Pflicht sei, wolle er seine Stimme hörbar machen, wenn über diese Fragen konkret verhandelt werde.[39] Anstatt konkrete Forderungen zu stellen, verwies er lediglich auf den einzigartigen Charakter der Stadt und die berechtigten Erwartungen der Anhänger der drei monotheistischen Religionen.

Während die Teilnehmer an der Genfer Konferenz sich vornehmlich auf militärische Themen konzentrierten, verstärkte der Vatikan die Kontakte zu Staaten, denen ebenfalls der religiöse Aspekt Jerusalems wichtig war. Am 22. Dezember wurde eine Delegation der Organisation für afrikanische Einheit von Paul VI. in Privataudienz empfangen. Ihr gehörten der sudanesische Präsident Gaafar Al-Numeiri, der äthiopische Kaiser Haile Selassie, der Vizepräsident Liberias, James E. Greene, und der Außenminister Sambias, Vernon J. Mwaanga an – ein Muslim, ein äthiopischer Christ, zwei Protestanten. Der Pressesaal erklärte, es handle sich um einen inoffiziellen Besuch, veröffentlichte aber anschließend ein Kommuniqué, das die Positionen beider Seiten darstellte. Nach Ansicht der afrikanischen Politiker sollte eine Friedenslösung für den Nahen Osten ausschließen, daß Jerusalem von einer einzigen Religionsgemeinschaft kontrolliert werde. Der Status der Stadt müsse „auf der Grundlage der

---

[37] Vgl. KNA, 15.12.1973; HK, 28 (1974) 108.
[38] ASS 1973, 454.
[39] Vgl. ASS 1973, 454.

UN-Resolutionen"⁴⁰ definiert werden, was auch als ein Abrücken von der territorialen Internationalisierung verstanden werden konnte. Der Papst beschränkte sich dem Kommuniqué zufolge darauf, diese Positionen aufmerksam zur Kenntnis zu nehmen, seine Bereitschaft zum Einsatz für eine gerechte Lösung zu bekräftigen und die Haltung des Hl. Stuhls zu Jerusalem zu bestätigen.⁴¹ Es war also keine „gemeinsame Erklärung"⁴², denn der Hl. Stuhl war in öffentlichen Äußerungen nie von der uneingeschränkten Gültigkeit der UN-Resolutionen zu Jerusalem abgerückt. Eine Lösung, die nur „auf der Grundlage" dieser Resolutionen entwickelt wurde, widersprach der offiziellen Linie, auch wenn der Vatikan seit 1967 nicht mehr explizit die wortgetreue Umsetzung und die Schaffung eines ‚corpus separatum' gefordert hatte.

Die Differenzierung der Positionen wurde nicht überall wahrgenommen. So warf die israelische Zeitung ‚Davar' dem Papst vor, durch heimliche Absprachen mit Regierungen und anderen Kirchenoberhäuptern die Umsetzung der Internationalisierung anzustreben.⁴³ ‚Ha'aretz' hingegen veröffentlichte ein Interview mit Alessandrini und zog daraus den Schluß, der Hl. Stuhl habe das Konzept der Internationalisierung längst aufgegeben. Alessandrini dementierte umgehend, ohne aber in seiner Gegendarstellung die Internationalisierung zu erwähnen.⁴⁴

Welches Resultat hatten schließlich die verschiedenen inoffiziellen Begegnungen des Papstes mit den Vertretern Tunesiens, der PLO, Äthiopiens, des Sudans, Liberias und Sambias parallel zur Genfer Nahostkonferenz? Konnte Paul VI. auf diese Weise tatsächlich seine Stimme hörbar machen, wie er es in seiner Weihnachtsansprache gewünscht hatte?⁴⁵ Die Audienzen erregten trotz oder gerade wegen des privaten Charakters und der spärlichen Informationen aus dem Vatikan internationales Aufsehen. Da den jeweiligen Besuchern hingegen daran gelegen war, ihren Papstbesuch publik zu machen, konnte der Vatikan auf diese Weise indirekt einer breiten internationalen Öffentlichkeit seine Sorge um Jerusalem mitteilen, ohne selbst offiziell diplomatisch aktiv zu werden. Einerseits gelang es

---

⁴⁰ DC 71 (1974) 90.
⁴¹ Vgl. DC 71 (1974) 90.
⁴² So IRANI (1986, 82); im Original war der Text als ‚Informativnote' deklariert.
⁴³ Vgl. KNA, 26.12.1973.
⁴⁴ Vgl. KNA, 8.2.1974; ROKACH 1987, 113f. Auch der melkitische Patriarch Maximos V. berichtete nach einer Papstaudienz im März 1974, „im Unterschied zu früher insistiert der Papst nicht auf der Internationalisierung, sondern wartet auf eine Ersatzlösung der UNO, um dann dazu Stellung zu nehmen" (Al Montada 62 (1974) 18).
⁴⁵ Vgl. ASS 1973, 454.

also, Interesse an einer Wiederaufnahme der Jerusalemdebatte zu zeigen und sich durch den Verzicht auf konkrete Forderung als kompromißbereiter Gesprächspartner zu präsentieren. Andererseits stellte sich bald heraus, daß die Erwartungen an die Genfer Konferenz unerfüllbar waren. Bis zum Juni 1974 erreichte US-Außenminister Kissinger nach mehreren Besuchen in der Region lediglich die Unterzeichnung zweier Rückzugsabkommen; zu der vom Vatikan erhofften internationalen Debatte über eine Gesamtlösung inklusive einer Regelung der Palästinenser- und der Jerusalemfrage kam es gar nicht erst.

4. Das Apostolische Schreiben ‚Nobis in animo' über die Notlage der Kirche im Heiligen Land (1974)

Je weniger Aussicht auf eine solche Friedenslösung bestand, desto größer wurde die Sorge des Papstes um die Christen im Heiligen Land. Da die verstärkte Auswanderung von Christen in jüngerer Zeit seiner Ansicht nach die Substanz der lokalen Gemeinden bedrohte,[46] schrieb er an den Episkopat, den Klerus und die Gläubigen der ganzen Welt, um sie – so der Titel des Schreibens – auf „die erhöhte Notlage der Kirche im Heiligen Land"[47] aufmerksam zu machen. Das Schreiben war mehr als ein moralischer Appell; Paul VI. führte damit die bereits neutestamentlich belegte Tradition der Jerusalemkollekte in abgewandelter Form kirchenrechtlich verbindlich wieder ein.[48] Im Unterschied zu seinen Vorgängern, die häufig Kollekten zugunsten der heiligen Stätten veranstaltet hatten, ordnete Paul VI. an, daß in allen Kirchen am Karfreitag oder einem anderen Tag im Jahr „für unsere Brüder der Kirche des Heiligen Landes" gebetet und gesammelt werde: „Die Gläubigen sollen rechtzeitig darauf hingewiesen werden, daß diese Kollekte nicht allein für den Erhalt der heiligen Stätten verwendet wird, sondern zuallererst für die pastorale, karitative, erzieherische und soziale Arbeit, welche die katholische Kirche im Heiligen Land zum Wohl der christlichen Brüder

---

[46] Paul VI. beschrieb nicht das Phänomen der Auswanderung, sondern lediglich das große Ausmaß als Entwicklung der jüngeren Zeit. Die Formulierung trug ihm dennoch den Vorwurf ein, die Abnahme des christlichen Bevölkerungsanteils in der jordanischen Zeit verschwiegen zu haben; vgl. DELMAIRE 1984, 832.
[47] Vgl. im folgenden AAS 66 (1974) 177-188.
[48] Vgl. Apg 11,29; 24,17; Röm 15,25-31; 1Kor 16,1-4; 2Kor 8,1-9; Gal 2,10. Der Apostel Paulus regte – als einheitstiftende Geste – unter den Heidenchristen in Griechenland eine Kollekte für die Armen der Jerusalemer Gemeinde an, die er persönlich überbrachte.

und der lokalen Bevölkerungen (ceterisque incolis loci) leistet."[49] Die Kustodie sollte, ausdrücklich in Zusammenarbeit mit der lokalen Hierarchie, der Päpstlichen Mission für Palästina und den anderen Hilfswerken, für den effizienten Einsatz der Spenden sorgen.

Die Beschreibung der Kirche im Heiligen Land als „Nachfolgerin der Urkirche"[50] und der Hinweis, daß es neben der „Heilsgeschichte" auch eine „Heilsgeographie"[51] gebe, waren keineswegs neue Motive im päpstlichen Denken. Zum ersten Mal aber behandelte Paul VI. sie so ausführlich, in einem Schreiben mit weltweiter Verbreitung. Eindringlich warnte er vor den Konsequenzen der Auswanderung der Christen aus dem Heiligen Land: „Wenn sie dort nicht mehr anwesend wären, würde das Feuer ihres lebendigen Zeugnisses bei den verehrten Gotteshäusern erlöschen, und die christlichen heiligen Stätten Jerusalems und des gesamten Heiligen Landes glichen Museen. Wir haben schon früher offen unsere Sorge bekannt, daß die Zahl der Christen geringer werde, in jenen Gegenden, welche die Wiege unseres Glaubens waren."[52] Durch eine historische Skizze von der Urkirche über die Mönchsbewegung und das Pilgerwesen veranschaulichte Paul VI. die ungebrochene Verbindung der Kirche zum Heiligen Land, dem „geistigen Erbe der Christen in aller Welt"[53].

Im Blick auf Jerusalem wiederholte er seine Forderung, Christen sollten sich dort genau wie Juden und Muslime voll und ganz als Bürger fühlen. Erstmals nannte Paul VI. die interreligiöse Begegnung in der „Hauptstadt des Monotheismus"[54] als einen aktiven Friedensfaktor. Er sprach den Wunsch aus, diese Kontakte mögen sich verstärken und „zu gegenseitigem Respekt und zur Annäherung zwischen Brüdern führen, [...] sowie zu einer tieferen Einsicht in das elementare Bedürfnis nach Frieden zwischen den Völkern"[55]. Die

---

[49] AAS 66 (1974) 186. Paul VI. hatte bereits am Karfreitag 1971 zu einer Heilig-Land-Kollekte aufgerufen, die ausdrücklich nicht allein dem Erhalt von Gebäuden, sondern der Aktivierung des Gemeindelebens dienen sollte; vgl. OR, 11.4.1971.

[50] AAS 66 (1974) 180 (fratres nostri [...] qui circum ipsa Loca Sacra successerunt primae illi et priscae Ecclesiae, quae cunctas post se peperit Ecclesias); Paul VI. griff hier wiederum auf seine Karfreitagsansprache 1971 zurück; vgl. OR, 11.4.1971.

[51] AAS 61 (1974) 81.

[52] AAS 66 (1974) 180f; Paul VI. bezog sich auf seine Weihnachtsansprache 1969; vgl. AAS 62 (1970) 47.

[53] AAS 66 (1974) 180 (spirituale patrimonium totius orbis christianorum). JAEGER (1989, 36) sieht hier eine Legitimation der aktuellen „umfassenden christlichen und kirchlichen Präsenz" im Heiligen Land, also der Ortskirche und internationaler katholischer Institutionen, unabhängig von jeder staatlichen Macht.

[54] AAS 66 (1974) 178.

[55] AAS 66 (1974) 178.

gemeinsame Präsenz der christlichen, jüdischen und muslimischen Gemeinschaften könne viel zur Eintracht und zum Frieden beitragen.[56] Vor dem Hintergrund der schwindenden Unterstützung für christliche Anliegen in der internationalen Gemeinschaft und der zunehmenden Betonung der Bedeutung Jerusalems für Muslime bekräftigte Paul VI. hier seine Bereitschaft zu einer Allianz aller aus religiösen Motiven an Jerusalem Interessierten.[57]

Obwohl Paul VI. erklärte, nicht auf die politische Situation eingehen zu wollen, wiederholte er seine Warnung, die Situation im Nahen Osten könne den Frieden der gesamten Welt bedrohen. Er wies darauf hin, daß „das Andauern einer Situation, die eines klaren juristischen Fundaments entbehrt, das international anerkannt und garantiert ist, einen angemessenen und annehmbaren Ausgleich mit Rücksicht auf die Rechte aller Beteiligten nur weiter erschwert"[58]. Paul VI. sah demnach – im genauen Gegensatz zu den Teilnehmern an der Genfer Konferenz – in der Lösung der Jerusalemfrage eine Vorbedingung für eine Nahost-Friedensregelung.

5. Der Prozeß gegen Erzbischof Capucci und der libanesische Bürgerkrieg

Paul VI. war dazu übergegangen, die palästinensische Bevölkerung auf eine Ebene mit den anderen Bevölkerungen des Nahen Ostens zu stellen, die er gewöhnlich als Völker (popoli, genti) bezeichnete. So betonte er in seiner Ansprache an das Kardinalskollegium im Juni 1974 seine Freundschaft mit allen Völkern (genti) der Region, seine Sensibilität für die Rechte jedes einzelnen von ihnen und seine unterschiedslose Anteilnahme am Leid der einen oder anderen Seite.[59] Kurz darauf bot das 25jährige Bestehen der Päpstlichen Mission für Palästina Anlaß zu einer grundsätzlichen Verhältnisbestimmung. In einem Brief an Mgr. John G. Nolan, den Präsidenten des Hilfswerks, schrieb Paul VI.: „Die Palästinenser (the Palestinians) liegen uns besonders am Herzen, weil sie das Volk des Heiligen Landes (the people of the Holy Land) sind, weil unter ihnen Nachfolger Christi sind, weil sie in der Vergangenheit gelitten haben und immer noch

---

[56] Vgl. AAS 66 (1974) 185f (commixta in Terra Sancta Christianorum, Hebraeorum et Muslimorum praesentia multum conferre potest ad concordiam et pacem).
[57] Nach JAEGER (1989, 33) war die ökumenische Öffnung in erster Linie ein Mittel, um die Rechte der Christen gegenüber denen der Juden und Muslime zu behaupten. Laurentius Klein hingegen verweist – als Protagonist der ökumenischen Bewegung im Heiligen Land – auf den Einfluß ökumenischer Basisgruppen auf das Denken des Papstes; vgl. KLEIN 1979.
[58] AAS 66 (1974) 178.
[59] Vgl. ASS 1974, 194.

leiden."⁶⁰ Die unmenschlichen Bedingungen, unter denen die Flüchtlinge seit Jahren lebten, hätten manche Palästinenser aus Verzweiflung zu gewalttätigen Protestaktionen getrieben, die er nur verurteilen könne. Im Blick auf die seiner Meinung nach bevorstehende Friedensregelung hoffte er, daß die Palästinenser sich konstruktiv, friedlich und verantwortlich verhielten. Da Paul VI. offenbar davon ausging, daß das Flüchtlingsproblem bald gelöst werden könne, erweiterte er das Mandat der Päpstlichen Mission für Palästina: „Sie soll nicht nur weiterhin ohne Rücksicht auf Nationalität oder Religion denen helfen, die in Folge der wiederholten Konflikte, die diese Region verwüstet haben, gelitten haben oder immer noch leiden, sondern sie soll auch in der sich entwickelnden Situation einen Beitrag zu Ausbildungs-, Wiedereingliederungs- und Entwicklungsprojekten für die palästinensische Bevölkerung leisten."⁶¹ Der Brief schloß mit dem Auftrag, sich zur Stimme der Leidenden zu machen und die Christen in aller Welt zur Großzügigkeit gegenüber ihren palästinensischen Brüdern im Heiligen Land aufzurufen.

Dieses persönliche Schreiben verdeutlichte die Haltung Pauls VI., die in seinen amtlichen Ansprachen oft nur angedeutet war.⁶² Der politische Optimismus gründete in dem neuen, kompromißbereiteren israelischen Premierminister Jizchak Rabin, vor allem aber in den Vermittlungsbemühungen des US-Außenministers Kissinger, von denen ihm dieser in einer Audienz Anfang Juli 1974 persönlich berichtete.⁶³

Der Papst hatte immer wieder bedauert, daß die berechtigten Erwartungen der Palästinenser durch die Terrorakte der Widerstandsgruppen kompromittiert wurden, zumal seine eigenen Stellungnahmen zugunsten des palästinensischen Volkes dadurch häufig Kritik auslösten. Im August 1974 begann eine Episode mit dem Charakter eines Schurkenstücks, die den Vatikan mehrfach in eine äußerst mißliche Lage brachte. Erzbischof Hilarion Capucci⁶⁴, gebürtig in Aleppo und seit 1965 melkitischer Patriarchalvikar für Jerusalem, wurde am 18. August 1974 von israelischen Sicherheitsbeamten festgenommen und beschuldigt, Waffen für die palästinensische Widerstandsgruppe Fatah aus dem Libanon nach Israel geschmuggelt zu haben. Zehn Tage zuvor hatte man nach der Rückkehr Capuccis aus

---

⁶⁰ AAS 66 (1974) 441.
⁶¹ AAS 66 (1974) 442.
⁶² KREUTZ (1990, 138) überschätzt die Bedeutung dieses Briefes jedoch, wenn er ihn als „Durchbruch vatikanischer Palästinapolitik" bezeichnet.
⁶³ Vgl. ASS 1974, 209; KNA, 8.7.974.
⁶⁴ Der Name Capucci geht auf die Verbindungen seines Großvaters zu französischen Vertretern des Kapuzinerordens zurück, der sich zu seiner Zeit in Syrien niedergelassen hatte; vgl. RUDLOFF 1981, 7.

dem Libanon sein Auto durchsucht. Nach Aussage Capuccis war er selbst bei der Durchsuchung nicht anwesend, und man habe ihm anschließend eine große Menge Waffen und Sprengstoff präsentiert. Capucci gab zu Protokoll, er wisse nicht, wer diese Waffen in sein Auto gepackt habe.[65]

Diese Informationen lassen zwei Hypothesen zu. Einerseits könnte Capucci tatsächlich Waffen für die Fatah transportiert haben: Im Libanon war das Hauptquartier der palästinensischen Widerstandsbewegung, und Capucci konnte aufgrund seiner diplomatischen Immunität als Erzbischof unbehelligt die Grenze passieren. Es ist auch denkbar, daß er nicht gewußt hat, wer genau die Waffen in seinem Auto untergebracht hatte. Andererseits könnte der israelische Geheimdienst den Waffenfund inszeniert haben, um die Aktivitäten eines politischen Unruhestifters für eine Weile zu blockieren. Capuccis Eifer für den palästinensischen Nationalismus und seine engen Verbindungen zu arabischen Politikern waren bekannt. Bevor er nach Jerusalem kam, war er ein enger Mitarbeiter des Patriarchen Maximos IV. in Damaskus gewesen, wo er gute Kontakte zur syrischen Führung pflegte. Als Patriarchalvikar war er immer wieder in populistischen, zum Teil stark antiisraelischen Predigten und Ansprachen, durch seine Teilnahme an Protestmärschen und die Unterzeichnung von Protestschreiben für die Rechte des palästinensischen Volkes eingetreten. Capucci galt als eine schillernde Persönlichkeit mit mondänem Auftreten, rhetorischem Talent und einem Hang zur Theatralik, die seine Mitmenschen begeisterte oder abstieß, mindestens aber faszinierte.[66]

Seine Festnahme löste eine große öffentliche Anteilnahme aus. Das Ereignis bot eine Gelegenheit, die arabischen Christen in den Augen der muslimischen Mehrheit als loyale Mitstreiter für die palästinensische Unabhängigkeit zu präsentieren. In zahlreichen Kommuniqués wurde Capucci als palästinensischer Nationalheld dargestellt. Der melkitische Patriarchen Maximos V. sprach bereits am Tag der Festnahme öffentlich von einem israelischen Komplott und einer Kampagne gegen religiöse Autoritäten und erinnerte an die „bekannten politischen Stellungnahmen Papst Pauls' VI. zugunsten des palästinensischen Volkes"[67].

---

[65] Vgl. CONFERENCE MONDIALE ... (Hg.) 1975, 3f.
[66] Vgl. SEGUILLON 1974, 22; CONFERENCE MONDIALE ... (Hg.) 1975, 1f.
[67] POC 24 (1974) 337. Im November 1967 war der ehemalige Erzbischof von Akko, George Hakim, zum Patriarchen gewählt worden. Während Hakim zuvor gute Beziehungen zu den israelischen Behörden pflegte und seine Gemeinde zur Loyalität gegenüber dem Staat Israel aufrief, vertrat er als Patriarch von Antiochien mit Sitz in Damaskus häufig stark israelkritische Positionen; vgl. RUDLOFF 1981, 7.

Dem Papst, der immer seine rein religiöse Motivation im Blick auf die Palästinafrage betont hatte, konnte die Angelegenheit nur sehr unangenehm sein. Die Gefahr politischer Nutzbarmachung päpstlicher Aussagen, die sonst eher auf israelischer Seite zu bestehen schien, drohte nun unerwartet von palästinensischer Seite. Am Tag nach der Festnahme veröffentlichte der Vatikan eine kurze Note des Bedauerns und erklärte, selbst noch auf Informationen zu warten, die über die Presseberichte hinausgingen.[68] In den Wochen bis zum Prozeßbeginn veranstalteten Anhänger Capuccis in Jerusalem zahlreiche Demonstrationen und Gebetstreffen. Patriarch Maximos V., der Ende August zur Bischofssynode in Rom eintraf, verteidigte mehrfach öffentlich das Verhalten Capuccis: „Wenn dieser Bischof es als seine Pflicht empfunden haben sollte, Waffen zu transportieren oder den palästinensischen Widerstandskämpfern zu helfen [...], wäre das verwerflich? In der Geschichte hat es andere Bischöfe gegeben, die Waffen geschmuggelt haben [...] um Juden vor der Nazi-Besatzung zu retten"[69], erklärte Maximos V. in einem Interview. In der Generalversammlung der Bischofssynode wies er darauf hin, daß das persönliche Engagement Capuccis dazu beitrage, in den muslimischen Staaten den Respekt vor dem Christentum zu vergrößern. Diese Passage seiner Ansprache wurde im ‚Osservatore Romano' nicht abgedruckt. Solidaritätsadressen kamen auch aus dem politischen Bereich; PLO-Präsident Jassir Arafat bezeichnete Capucci als Symbol des kämpferischen Widerstands. Es gab einige wenige kritische Stimmen von christlicher Seite, insbesondere die des melkitischen Erzbischofs von Galiläa, Josef Raya, der aus Protest gegen das Verhalten Capuccis sein Amt niederlegte. Auch griechisch-orthodoxe Kleriker und Christen ausländischer Herkunft empörten sich über Capuccis Verbindung zur palästinensischen Widerstandsbewegung.[70]

Der Prozeß begann im September 1974 vor dem Jerusalemer Distriktgericht. Die Hauptanklagepunkte lauteten: Kontakt zu einem feindlichen Agenten, Aufbewahrung und Transport von Waffen und Sprengstoff und Unterstützung einer illegalen Organisation. Capucci gab zu Protokoll, er sei unschuldig und habe ein reines Gewissen. Seine Verteidigung übernahm ein arabischer Rechtsanwalt aus Ramallah, Aziz Schehade. Dieser stellte zunächst aufgrund des international ungeklärten Status von Jerusalem die Kompetenz des israeli-

---

[68] Vgl. POC 24 (1974) 338.
[69] POC 24 (1974) 338.
[70] Vgl. POC 24 (1974) 339f; KNA, 27.9.1974. Der ehemalige Abt der Benediktinerabtei Dormitio, Leo Rudloff, veröffentlichte später in einer Reihe der ‚Anti Defamation League of B'nai B'rith' eine sehr kritische Darstellung dieser Episode (RUDLOFF, Archbishop Capucci and Terrorism, 1981).

schen Gerichtes in Frage und machte die diplomatische Immunität Capuccis geltend; beide Einwände wurden abgelehnt. Nach siebzehn Prozeßtagen wurde Capucci am 9. Dezember 1974 zu zwölf Jahren Gefängnis verurteilt. Seine letzte Redezeit vor Gericht nutzte Capucci für ein patriotisch-pathetisch formuliertes Gebet, in dem er sich als Märtyrer für die palästinensische Sache darstellte.[71]

Die Stellungnahme des Vatikans war erwartungsgemäß extrem zurückhaltend. Der Heilige Stuhl habe das Urteil mit tiefem Schmerz und Bedauern aufgenommen, zumal eine bedeutende katholische Gemeinschaft im Heiligen Land betroffen sei. Es sei zu befürchten, daß der Vorfall die Spannung in dieser Region weiter erhöhe. Der Heilige Stuhl werde die Angelegenheit weiter aufmerksam verfolgen und hoffe auf einen Ausgang, der zur Versöhnung der Geister im Heiligen Land beitrage. Zum Inhalt der Anklage äußerte der Vatikan sich nicht, was von israelischer Seite kritisiert wurde.[72] Die Verurteilung des griechisch-katholischen Patriarchalvikars für Jerusalem mit der Begründung, er habe Waffen für palästinensische Widerstandskämpfer nach Israel gebracht, machte den öffentlichen Einsatz des Vatikans für die Rechte der Palästinenser noch heikler als zuvor. Diese hatten unterdessen auf internationaler Ebene weiter an Profil gewonnen. Im September 1974 hatte die UN-Generalversammlung erstmals seit 1948 wieder die Palästinafrage in ihre Agenda aufgenommen, und im Oktober hatte die Konferenz der arabischen Staatsoberhäupter in Rabat die Anerkennung der PLO als einzige rechtmäßige Vertreterin der Palästinenser offiziell bestätigt. Am 13. November hielt PLO-Präsident Arafat eine Rede vor der UN-Generalversammlung, in der er sein Projekt eines unabhängigen, demokratischen Staates in Palästina skizzierte. Er betonte den muslimischen und christlichen Charakter Jerusalems, das ein friedliches Gotteshaus aller Religionen werden sollte, und sandte einen Gruß an Erzbischof Capucci, der gehandelt habe, damit alle in Frieden in diesem Land leben können.[73] Drei Tage nach Arafats Rede vor der UN-Generalversammlung, während in Jerusalem noch die Urteilsverkündung im Prozeß gegen Capucci ausstand, empfing Paul VI. erstmals einen Vertreter der PLO, Gibril Deeb, in Privataudienz. Alessandrini erklärte, die Audienz habe keinen offiziellen Charakter gehabt und bedeute keine Anerkennung der PLO seitens des Heiligen Stuhls. Aus palästinensischer Sicht war das Zustandekommen

---

[71] Vgl. POC 24 (1974) 343f; CONFERENCE MONDIALE ... (Hg.) 1975, 8-18.
[72] Vgl. POC 24 (1974) 345f; CHOURAQUI 1992, 220. ROKACH (1987, 215 FN 12) zitiert einen Protestbrief des französischen Oberrabbiners Jacob Kaplan an Staatssekretär Villot, in dem Kaplan bemerkt, daß der Vatikan offenbar eher die Verurteilung Capuccis als dessen Verhalten bedaure.
[73] Vgl. LAQUEUR / RUBIN (Hg.) 1984, 511.517.

dieser Audienz wichtiger als die Tatsache, daß die Weihnachtsansprache 1974 im Blick auf den Nahen Osten wesentlich allgemeiner formuliert war als in den Jahren zuvor.[74]

Im folgenden Jahr stand die vatikanische Palästinapolitik unter dem Einfluß des Bürgerkriegs im Libanon, der den Vatikan in einen internen Interessenkonflikt führte. Aufgrund seines hohen christlichen Bevölkerungsanteils hatte der Libanon für den Vatikan immer schon eine Sonderstellung im Nahen Osten. Die ausbalancierte Machtverteilung zwischen Christen und Muslimen schien eine nachahmenswerte Form des Zusammenlebens zu ermöglichen. Schätzungen zufolge machten die Muslime jedoch längst mehr als die offiziell angenommenen fünfzig Prozent der libanesischen Bevölkerung aus. Die Christen entwickelten sich aufgrund ihres überdurchschnittlichen Anteils an gesellschaftlichen Schlüsselpositionen tendenziell zu einer elitären, von den Muslimen angefeindeten Minderheit.[75] Seit Anfang der siebziger Jahre wurde das gesellschaftliche Gleichgewicht des Libanons zusätzlich durch die Präsenz der Palästinenser stark bedroht. Zum einen gab es seit 1948 eine beständig wachsende Zahl palästinensischer Flüchtlinge, die nach wie vor in Lagern lebten. Insbesondere christliche Politiker schlossen ihre Einbürgerung in den Libanon nach jordanischem Vorbild aus, da die mehrheitlich muslimischen Palästinenser den Bevölkerungsanteil der Christen weiter verringern würden. Zum anderen hatten palästinensische Widerstandsgruppen sich nach ihrer Vertreibung aus Jordanien 1970 im Libanon neu organisiert und provozierten durch ihre Gewaltakte in Israel Vergeltungsschläge Israels gegen den Libanon. Aus diesem Grund wollten die Phalangisten, die größte christliche Partei im Libanon, ihrerseits die Palästinenser aus dem Libanon vertreiben. Bewaffnete Auseinandersetzungen zwischen Palästinensern und Phalangisten weiteten sich im April 1975 zu einem Bürgerkrieg aus, der zunächst bis Oktober 1976 dauerte.

Der Papst trat während des Krieges mehrfach für die Wiederherstellung einer friedlichen gemischt-religiösen Gesellschaft ein und enttäuschte damit Erwartungen libanesischer Christen, die sich mehr öffentliche Unterstützung für ihre Anliegen erhofft hatten. Separatistische Tendenzen sowie die zunehmende Kooperation der Phalangisten mit der israelischen Armee durchkreuzten jedoch die Linie

---

[74] Vgl. ASS 1974, 424. Jerusalem solle ein „Symbol des Friedens für die Völker (genti) des Heiligen Landes und alle Völker (popoli) des Nahen Ostens" werden, hieß es dort wenig spektakulär. DELMAIRE (1984, 832) hingegen nennt die Verwendung des Wortes ‚gente' eine „ziemliche Kühnheit".

[75] Zur Stellung der Christen im Libanon vgl. VOCKE 1980; INTERNATIONAL DOCUMENTATION ... (Hg.) 1980; KUDERNA 1983; MOUBARAC 1987; LABAKI 1988; KATHOLISCHE AKADEMIE HAMBURG (Hg.) 1990; PHARES 1995.

des Vatikans, dessen Ziel das Wohlergehen aller christlichen Minderheiten in den arabischen Ländern war. Hätte der Vatikan die Maximalforderungen libanesischer Christen zum Nachteil der muslimischen Bevölkerung unterstützt, hätte dies den christlichen Minderheiten im Nahen Osten auf lange Sicht eher geschadet.[76]

Von Kriegsbeginn an hatte Paul VI. auf die enge Verflechtung mit dem Problem der palästinensischen Flüchtlinge hingewiesen.[77] Als Kardinal Paolo Bertoli, ehemaliger Nuntius im Libanon, mit zwei Vertretern der Ostkirchenkongregation im Auftrag des Papstes im November 1975 eine Sondierungsreise in den Libanon unternahm, traf er in Beirut auch mit PLO-Präsident Jassir Arafat zusammen.[78] Es war das erste Treffen Arafats mit einem hochrangigen Vertreter des Hl. Stuhls. In der Weihnachtsansprache 1975 erklärte Paul VI., daß der Gewaltausbruch in der bislang friedlichen pluralistischen Gesellschaft des Libanons am ehesten durch äußere Einflüsse zu erklären sei. Er machte deutlich, daß er in der Lösung des Palästinenserproblems die Grundvoraussetzung für die Befriedung der ganzen Region sehe, den Libanon eingeschlossen.[79] So deutlich wie nie zuvor verwies Paul VI. in dieser Ansprache auch auf das Existenzrecht Israels, allerdings mit dem gleichen Appell verbunden, mit dem er drei Jahre zuvor die israelische Premierministerin Golda Meir zu einer wenig diplomatischen Reaktion provoziert hatte: „Auch wenn wir uns der immer noch sehr nah zurückliegenden Tragödien bewußt sind, die das jüdische Volk (Popolo Ebraico) dazu brachten, Schutz in einem eigenen souveränen Staat zu suchen – in der Tat, eben weil wir uns dessen bewußt sind –, möchten wir die Söhne dieses Volks einladen, die Rechte und legitimen Erwartungen eines anderen Volkes (un altro Popolo) anzuerkennen, das ebenfalls lange Zeit gelitten hat: das palästinensische Volk (la gente Palestinese)."[80] Aus israelischer Perspektive war die Verwendung des Ausdrucks ‚souveräner Staat' zwar begrüßenswert, aber die gedankliche Verbindung vom Leiden des jüdischen Volkes zum Leiden der Palästinenser konnte auch als Relativierung des Holocaust aufgefaßt werden.

---

[76] Vgl. IRANI 1986, 118; zur Haltung des Hl. Stuhls während des libanesischen Bürgerkriegs vgl. KUDERNA 1983, 164-173; MOUBARAC 1987, 226-230; KREUTZ 1989, 140-142; ROKACH 1987, 146-156; IRANI 1986, 116-134.
[77] „Während der Hl. Stuhl alle Bemühungen [...] unterstützt, die dem palästinensischen Volk Gerechtigkeit bringen, wünscht er dem Libanon Sicherheit unter Rücksicht auf dessen Souveränität und Freiheit von äußeren Einmischungen" (AAS 67 [1975] 694), schrieb Paul VI. im November 1975 in einer Botschaft an den libanesischen Präsidenten Suleiman Frangi.
[78] Vgl. KNA, 17.11.1975; IRANI 1986, 129.
[79] Vgl. AAS 68 (1976) 134.
[80] AAS 68 (1976) 134.

6. Die christlich-muslimische Konferenz in Tripolis (1976)

Die Erwartung des Vatikans, die Verknüpfung christlicher und muslimischer Interessen werde die Jerusalemfrage wieder zu einem international verhandelten Thema machen und ihre Reduzierung auf eine exklusiv israelisch-arabische Angelegenheit verhindern, schien sich Mitte der siebziger Jahre zu bestätigen.

Im Oktober 1974 war im Rahmen des Sekretariats für die Nichtchristen eine eigene Kommission für die religiösen Beziehungen zum Islam eingerichtet worden.[81] P. François Abou Mokh, gebürtiger Syrer und in den ersten vier Jahren Sekretär dieser Kommission, beschrieb seine Arbeit als Kontaktpflege zu politischen und religiösen Autoritäten muslimischer Staaten. So schlug er den am Hl. Stuhl akkreditierten Botschaftern muslimischer Staaten vor, Vatikanbesuche von Regierungsmitgliedern oder die Ausrichtung einer christlich-muslimischen Konferenz im Heimatland anzuregen. Nach Abou Mokh verfolgte die Kommission letztlich ein politisches Ziel, nämlich die Position des Vatikans besser verständlich zu machen und die Stellung der Christen in den muslimischen Ländern zu stärken. Er sagte, die Tatsache, daß er selbst Araber sei, habe ihm viele Türen geöffnet.[82]

Im Januar 1975 hatte in Kairo am Sitz der Arabischen Liga bereits ein ‚Islamisch-Christliches Treffen für Jerusalem' stattgefunden, an dem neben dem Imam der Al-Azhar-Universität und dem koptischen Papst Schenuda III. von katholischer Seite der melkitische Patriarch Maximos V. teilnahm. Obgleich die Konferenz einen starken politischen, antiisraelischen Akzent hatte, entsprach der Appell an die Gläubigen aller drei monotheistischen Religionen zum Einsatz für Jerusalem durchaus dem Anliegen des Vatikans.[83] Im folgenden Jahr endete eine weitere Veranstaltung zur Förderung des christlich-muslimischen Dialogs im libyschen Tripolis für den Vatikan jedoch in einem diplomatischen Debakel. Die Initiative zu der Konferenz war von libyscher Seite ausgegangen. Kardinal Sergio Pignedoli, Präsident des Sekretariats für die Nichtchristen, akzeptierte den Vorschlag unter der Bedingung, daß nicht über politische Themen diskutiert werden würde. Aus vatikanischer Sicht war zu befürchten, daß Oberst Muammar Gaddafi in erster Linie Interesse hatte, sich

---

[81] Die gleichzeitig gegründete Kommission für die religiösen Beziehungen zum Judentum war aus pragmatischen Gründen dem Sekretariat für die Einheit der Christen angegliedert worden, das seit der Konzilszeit in diesem Bereich aktiv war.

[82] Vgl. ABOU MOKH 1991, 133.

[83] Vgl. LEAGUE OF ARAB STATES (Hg.) 1977, 47. In der entsprechenden Resolution hieß es allerdings, Jerusalem solle vor der zionistischen Besatzung gerettet werden; vgl. ebd.; HK 29 (1975) 179.

als Schlüsselfigur unter den muslimischen Staatsoberhäuptern und als privilegierter Gesprächspartner des Vatikans zu präsentieren.[84] Im Oktober 1975 reiste Abou Mokh mit einer Delegation der Kommission für religiöse Beziehungen zum Islam zur Vorbereitung nach Tripolis. Es wurde abgesprochen, daß zwei Delegationen mit je zwölf Mitgliedern und eine unbestimmte Zahl von Beobachtern ohne Rederecht teilnehmen sollten. Die libysche Regierung übernahm als Gastgeberin alle Kosten. Die Listen der Delegationsmitglieder und die Manuskripte der Redebeiträge sollten im voraus ausgetauscht werden.

Den Vorsitz der christlichen Delegation hatte Kardinal Pignedoli, assistiert von Abou Mokh. Vertreter der protestantischen und orthodoxen Kirchen hatten ihre Teilnahme abgelehnt. Die Zusammensetzung der muslimischen Gruppe wurde erst am Vortag der Konferenz bekanntgegeben. Ihr gehörten vornehmlich Intellektuelle und Politiker an; eine offizielle muslimische Organisation war nicht vertreten. Delegationsleiter war der libysche Erziehungsminister Muhammad Scharif, der in dieser Funktion zeitweise von Gaddafi persönlich abgelöst wurde. Die Zahl der von der libyschen Regierung eingeladenen Beobachter war wesentlich höher als die christliche Delegation erwartet hatte. Mehr als 400 christliche und muslimische Autoritäten aus etwa 60 Staaten, zahlreiche arabische Politiker und Vertreter der internationalen Presse waren nach Tripolis gekommen. „So wurde aus dem geplanten ruhigen Dialog der Experten ein internationales Treffen, ein muslimisch-christliches Festival"[85], schrieb P. Michael Fitzgerald, Präsident des Päpstlichen Instituts für Arabische Studien, der selbst als Beobachter an der Konferenz teilnahm. Die Konferenz selbst verlief mit zahlreichen Unplanmäßigkeiten. Die Redebeiträge der Delegationsmitglieder und die anschließenden Diskussionen vermittelten häufig den Eindruck grundverschiedener Ansätze und Ziele. Die Beiträge der muslimischen Seite waren bis zu dreimal so lang wie die der christlichen und wichen zum Teil weit von den vorgesehenen, religiös akzentuierten Themen ab.[86] Das aufsehenerregende Auftreten Gaddafis, ausgedehnte Stellungnahmen von Beobachtern und das Verlesen zahlreicher Grußbotschaften verzögerten zusätzlich den geplanten Programmablauf.[87]

Die Arbeit am Text der gemeinsamen Resolutionen begann wenige Stunden vor der Abschlußsitzung der Konferenz. Obwohl die Entwürfe der muslimischen und der christlichen Delegation mitein-

---

[84] Vgl. ABOU MOKH 1991, 135f.
[85] FITZGERALD 1976, 1; vgl. LELONG 1976.
[86] Vgl. BORRMANS 1976, 149 FN 23; ABOU MOKH 1991, 140.
[87] Vgl. BORRMANS 1976, 144.

ander kombiniert werden sollten, begann die Diskussion bereits nach der Präsentation des auf arabisch verfaßten Textes der muslimischen Delegation. Der Entwurf der christlichen Delegation, der wesentlich kürzer, auf französisch und ohne jede politische Referenz war, wurde gar nicht mehr vorgestellt. Von christlicher Seite war an der Schlußredaktion nur Abou Mokh beteiligt, da man sich aus Zeitgründen auf arabisch als einzige Arbeitssprache geeinigt hatte und Pignedoli kein arabisch sprach. Die Abschlußveranstaltung begann mit einstündiger Verspätung, da der Text der Resolutionen nicht eher fertig war. Als die Resolutionen schließlich offiziell verlesen und simultan übersetzt wurden, waren sie weder von den Delegationsleitern unterzeichnet worden, noch gab es Kopien oder schriftliche Übersetzungen. Zwei der insgesamt vierundzwanzig Paragraphen standen im offenen Widerspruch zur bisherigen Haltung des Vatikans in der Palästinafrage: Zum einen wurde der Zionismus als aggressiv rassistische Bewegung bezeichnet, die in Palästina fremd sei. Zum anderen hieß es, Jerusalem sei eine arabische Stadt, und beide Parteien lehnten alle Pläne zu ihrer Judaisierung, Teilung oder Internationalisierung ab.[88]

Die Verabschiedung dieser beiden, scheinbar vom Hl. Stuhl unterstützen Resolutionen wurde von dem stark politisch geprägten Publikum als Sensation aufgenommen und von den Vertretern der internationalen Presse schnell als solche verbreitet. Der Eindruck verbreitete sich, der Hl. Stuhl habe seine Position in der Jerusalemfrage erheblich den Vorstellungen der arabischen Staaten angeglichen.[89] Kardinal Pignedoli, der die Resolutionen in der Simultanübersetzung während der Abschlußsitzung zum ersten Mal hörte, war höchst unangenehm überrascht. Er bereitete ein Kommuniqué für die anschließend geplante Pressekonferenz vor, die von den Veranstaltern jedoch wegen technischer Schwierigkeiten kurzfristig abgesagt wurde.[90]

Wie aber kam es zu diesen beiden Resolutionen, deren Brisanz jedem Kenner der vatikanischen Position hätte klar sein müssen? Abou Mokh, der als einziger Vertreter der christlichen Delegation an der Redaktion des Textes beteiligt war, beschrieb den Ablauf folgendermaßen: „Fast am Ende der Arbeit an der Schlußredaktion schlug ein libanesischer Scheich zwei Paragraphen zu Palästina und Jerusalem vor. Vielleicht weil wir alle sehr erschöpft waren, vielleicht auch, weil ich Araber bin, habe ich in dem Moment die Tragweite

---

[88] Vgl. BORRMANS 1976, 156-158; FITZGERALD 1976, 5f.
[89] „Vatikandelegation unterschreibt in Tripolis antijüdische Erklärung", titelte ‚Corriere della Sera' (8.2.1976; zit. n. BORRMANS 1976, 136 FN 2).
[90] Vgl. BORRMANS 1976, 159 FN 40.

dieser Vorschläge nicht erkannt, die der Hl. Stuhl nicht akzeptieren konnte."[91] Auch P. Maurice Borrmans, Professor am Päpstlichen Institut für Arabische Studien und Mitglied der christlichen Delegation, machte die Eile und die Müdigkeit geltend und wies außerdem darauf hin, daß der Text im arabischen Original weniger gravierend klinge als in seinen Übersetzungen.[92] Von außen betrachtet schien die christliche Delegation „mitten in eine Falle geraten"[93] zu sein und „die Ansichten Gaddafis zu Palästina geschluckt"[94] zu haben. Andere sahen in Abou Mokh einen Kollaborateur der arabischen Seite, der dem nichtsahnenden Kardinal einen hochpolitischen Text untergeschoben hatte.[95]

Der Vatikan bemühte sich um diplomatische Schadensbegrenzung, möglichst ohne die eigene Delegation zu desavouieren. Pignedoli erklärte nach seiner Rückkehr nach Rom, über die Anerkennung der beiden Paragraphen zur Palästinafrage hätten allein die dafür zuständigen Autoritäten des Hl. Stuhls zu entscheiden.[96] Wenige Tage später gab der ‚Osservatore Romano' das Ergebnis bekannt: „Der Hl. Stuhl erklärt, daß er [diese Resolutionen] nicht akzeptieren kann, da ihr Inhalt in wesentlichen Punkten nicht mit der wohlbekannten Position des Hl. Stuhls übereinstimmt."[97] Die ‚Attività della Santa Sede' resümierten die Ergebnisse der Konferenz in der Bemerkung, daß der Dialog mit den Muslimen erstens dringend notwendig und zweitens schwierig sei, daß aber die persönliche freundschaftliche Begegnung bereits ein erfreuliches Ergebnis sei.[98] Abou Mokh wurde nach eigener Aussage nur aufgrund einer persönlichen Intervention Pignedolis beim Papst nicht aus seinem Amt als Sekretär der Kommission für die religiösen Beziehungen mit dem Islam entlassen.[99]

Die christlich-muslimische Konferenz von Tripolis bietet aufgrund der guten Quellenlage ein hervorragendes Beispiel, wie sehr ‚vatikanische Palästinapolitik' durch aktuelle Umstände und einzelne Per-

---

[91] ABOU MOKH 1991, 140.
[92] Vgl. BORRMANS 1976, 160f; so auch FITZGERALD (1976, 6f), der als Beobachter an der Konferenz teilgenommen hatte.
[93] CHOURAQUI 1992, 222.
[94] Le Monde, 8./9.2.1976; zit. n. BORRMANS 1976, 135.
[95] Vgl. POTIN 1995, 222.
[96] Vgl. BORRMANS 1976, 161.
[97] OR, 12.2.1976. Die Übersetzung der Resolutionen, die der OR im Anschluß an die Konferenz abgedruckt hatte, war im Vergleich zu der von der muslimischen Delegation herausgegebenen Version bereits wesentlich diplomatischer formuliert. An Stelle der Aussage, Jerusalem sei eine ‚arabische Stadt' stand dort, ‚der arabische Charakter Jerusalems' sei bekräftigt worden; vgl. OR 9./10.2.1976.
[98] Vgl. ASS 1976, 561.
[99] Vgl. ABOU MOKH 1991, 141f.

sonen bedingt sein kann, wo Außenstehende nach subtilen Konzepten suchen. Sicher war die vatikanische Delegation das Risiko der Politisierung bewußt eingegangen. Letztlich hatte der christlich-muslimische Dialog auch für den Vatikan ein politisches Ziel, nämlich die Existenzsicherung christlicher Gemeinden in muslimischen Staaten. Möglicherweise war es auch eher die arabische Identität als die Erschöpfung, die Abou Mokh nicht gegen die beiden Palästina-Resolutionen des Entwurfs der muslimischen Delegation hat protestieren lassen. Die Episode der christlich-muslimischen Konferenz in Tripolis macht besonders anschaulich, wie viele verschiedene Instanzen ineinandergreifen, die am Ende das Gesamtbild ‚Vatikan' ausmachen. In der Öffentlichkeit prägte sie das Gesamtbild der vatikanischen Palästinapolitik zu ihrem Nachteil.

7. Die Freilassung Capuccis und die Friedensinitiative Sadats

Im März 1976, einen Monat nach der christlich-muslimischen Konferenz unter der Schirmherrschaft Gaddafis, empfing Paul VI. den neuen Hoffnungsträger im Nahen Osten, den ägyptischen Präsidenten Anwar Sadat, in Privataudienz. In seiner Ansprache machte der Papst wiederum deutlich, daß er in einer gerechten Regelung des Flüchtlingsproblems und in einer Lösung für Jerusalem „mit Rücksicht auf die Millionen Gläubigen der drei monotheistischen Religionen"[100] eine notwendige Voraussetzung für den Frieden im Nahen Osten sah. Im folgenden Jahr sollte sich zeigen, daß Sadat die richtige Adresse gewesen war, um für die vatikanischen Vorstellungen einer Gesamtlösung für den Nahen Osten zu werben. Zuvor aber war die vatikanische Palästinapolitik noch mit der Lösung eines individuellen Falls beschäftigt, der vorzeitigen Entlassung des melkitischen Patriarchalvikars von Jerusalem, Erzbischof Hilarion Capucci, aus israelischer Haft.

Seinem Aktivitätsdrang und seinem Hang zur Theatralik entsprechend hatte Capucci in seiner Zeit im israelischen Gefängnis immer wieder für weite öffentliche Anteilnahme gesorgt. Zu Beginn seiner Haftzeit trat er in einen zehntägigen Hungerstreik und beklagte sich häufig über unzumutbare Haftbedingungen. Nach dem Bericht des Abtes der Benediktinerabtei Dormitio, Leo Rudloff, war der Hungerstreik aufgrund der Einnahme hochkonzentrierter Flüssignahrung jedoch kaum gesundheitsgefährdend, und Capucci hatte freiwillig darauf verzichtet, seine Privatzelle zu verlassen.[101] Capucci schrieb an Paul VI. und den Patriarchen Maximos V. und bat sie,

---

[100] ASS 1976, 88.
[101] Vgl. RUDLOFF 1981, 9.

sich für seine Entlassung einzusetzen. In Briefen an die Gläubigen des Jerusalemer Patriarchats rühmte sich Capucci mit paulinischem Enthusiasmus seines „Leidens für den Frieden"[102] und stellte sich als glühenden Patrioten dar, der Jerusalem niemals verlassen würde. Seine Aussichten auf ein vorzeitiges Ende seines publikumswirksamen Aufenthalts in israelischer Haft waren nicht schlecht. Auch die israelische Regierung war daran interessiert, zumal Capuccis Name bereits mehrfach auf Listen palästinensischer Terroristen erschienen war, die durch Geiselnahmen Häftlinge aus israelischen Gefängnissen freipressen wollten. Ähnlich wie im Fall Notre Dame bot sich außerdem die Gelegenheit, dem Anliegen des Hl. Stuhls entgegenzukommen und ihn zu einem weiteren Schritt in Richtung einer Anerkennung israelischer Souveränität zu bewegen. Auf palästinensischer Seite bemühte man sich auf oberster Ebene um Capuccis Freilassung. Arafat selbst beauftragte im April 1977 den PLO-Vertreter in Rom, Nemer Hammad, ein Treffen von Capuccis Anwalt „mit einer wichtigen Persönlichkeit im Vatikan, am besten mit dem Außenminister"[103] zu arrangieren. Ob der Vatikan auch ohne das Drängen Capuccis und der PLO die Initiative ergriffen hätte, bleibt offen. Ende Oktober 1977 erklärte der israelische Außenminister Mosche Dayan, Capucci könne aus der Haft entlassen werden, wenn der Papst ein Gnadengesuch an den israelischen Präsidenten richtete.[104] In diplomatischer Hinsicht war eine solche Geste das Eingeständnis einer Niederlage, da der Hl. Stuhl zur Erreichung eines konkreten Ziels auf die Gefälligkeit des israelischen Staates angewiesen war, zu dem er bislang keine diplomatischen Beziehungen hatte aufnehmen wollen. Am folgenden Tag bestätigte der Pressesaal, daß es Kontakte zwischen dem Hl. Stuhl und der israelischen Regierung gebe, um die Freilassung Capuccis zu erreichen. Anfang November 1977 traf das Gnadengesuch des Papstes für Capucci beim israelischen Präsidenten Efraim Katzir ein. Paul VI. gründete seine Bitte auf Capuccis schlechten Gesundheitszustand und versicherte, „daß diese Freilassung nicht zum Schaden Israels sein werde"[105]. Weder die israelische noch die

---

[102] Capucci an die Gläubigen des melkitischen Patriarchts von Jerusalem, Gefängnis von Ramle, 29.6.1975: Privatarchiv Vandrisse.
[103] Telex von Abu Ja'far, politische Abteilung der PLO, Beirut, an Nimer Hammad, PLO-Vertreter in Rom, 22.4.1976: Archiv der PLO-Generaldelegation, Rom. Der Originaltext lautet: „According [...] to Brother Abu Ammar [Arafat] instructions, please fix an appointment to [Capucci's lawyer] with a great personality in ‚Vatican', the Foreign Minister is the preferable one. The leadership here is greatly concerned in this matter."
[104] Vgl. KNA, 1.11.1977.
[105] RUDLOFF 1981, 11.

vatikanische Seite äußerten sich offiziell zu der Frage, ob weitere Bedingungen für die vorzeitige Haftentlassung gestellt worden seien, insbesondere ob Capucci sein Amt als Patriarchalvikar in Jerusalem wieder aufnehmen werde.[106]

Am 6. November 1977 traf Capucci in Rom ein und wurde in die Klinik Salvator Mundi gebracht. Sein Gesundheitszustand sei relativ zufriedenstellend, aber man habe ihm eine längere Ruhepause verordnet, erklärte ein Sprecher der Klinik. Der Pressesaal erklärte, der Hl. Stuhl habe die Entlassung Capuccis mit tiefer Befriedigung aufgenommen und sei überzeugt, daß auch die melkitische Gemeinde im Heiligen Land die Geste des israelischen Präsidenten zu schätzen wisse.[107] Vermutungen, Capucci solle nach seiner Genesung ein Amt in Lateinamerika übernehmen, blieben zunächst unbestätigt.[108] Zwei Tage nach der Entlassung Capuccis kam Faruk Kaddumi, der Leiter der politischen Abteilung der PLO, nach Rom, um ihn zu treffen. Capucci wußte offenbar von den Überlegungen, daß er in Lateinamerika eingesetzt werden sollte, denn er bat Kaddumi, die PLO solle eine Kampagne veranstalten, um zu verhindern, daß der Papst ihn nach Brasilien sende. Er selber dürfe auf Anweisung des Hl. Stuhls keine öffentlichen Erklärungen abgeben.[109] Sechs Wochen später, Mitte Dezember 1977, empfing Paul VI. ihn in Privataudienz und beauftragte ihn zum Visitator der melkitischen Gemeinden in Lateinamerika. In einem Interview im Anschluß an die Audienz sagte Capucci, er habe nicht geahnt, daß man ihm die Rückkehr nach Jerusalem verwehren würde. Er betrachte diese Aufgabe als ein Provisorium und führe weiter den Titel des Patriarchalvikars für Jerusalem.[110] „Hätte ich gewußt, daß dies die Bedingung für meine Freilassung war, wäre ich lieber im israelischen Gefängnis geblieben"[111], versicherte Capucci noch Jahre später.

Indessen hatte sich der Schwerpunkt vatikanischer Nahostpolitik vom Einzelfall längst wieder auf die internationale Ebene verlagert. In Israel war im Mai 1977 erstmals die rechtsgerichtete Likud-Partei unter Menachem Begin an die Regierung gekommen. US-Präsident Jimmy Carter warb für eine Wiederaufnahme der Genfer Friedensgespräche unter Beteiligung der Palästinenser und mit der Perspek-

---

[106] Der melkitische Patriarch Maximos V., der sich im Anschluß an die Bischofssynode noch in Rom aufhielt, sagte in einem Interview, Israel habe zwar Forderungen gestellt, aber der Papst sei keinen Kompromiß eingegangen; vgl. KNA, 4.11.1977.
[107] Kommuniqué des Direktors des Pressesaals, 7.11.1977: Privatarchiv Vandrisse.
[108] Vgl. KNA, 8.11.1977.
[109] Vgl. Telex von Nimer Hammad an die palästinensische Nachrichtenagentur Wafa, 8.11.1977: Archiv der PLO-Generaldelegation, Rom.
[110] Vgl. KNA, 17.12.1977.
[111] Interview Capucci.

tive einer palästinensischen Heimstätte (homeland). Beide Forderungen lehnte Begin entschieden ab. Angesichts des politischen Stillstands erklärte der ägyptische Präsident Anwar Sadat in einer Ansprache vor dem Parlament, er sei bereit, persönlich nach Jerusalem zu fahren, um mit den Verhandlungen zu beginnen. Knapp zwei Wochen später, am 20. November 1977, hielt der ägyptische Präsident im israelischen Parlament eine Rede, in der er zu einer Friedenslösung für die ganze Region aufrief. Die meisten arabischen Staaten kritisierten Sadats Initiative; mehrere von ihnen brachen die diplomatischen Beziehungen zu Ägypten ab. Die israelische Regierung und die westlichen Staaten hingegen reagierten begeistert und begrüßten die Aussicht auf den Neubeginn der Verhandlungen, ebenso der Vatikan.

Im ‚Osservatore Romano' erschien eine Laudatio auf die mutige Geste des ägyptischen Präsidenten, dem aufrichtig Erfolg zu wünschen sei.[112] Paul VI. nannte den Besuch Sadats in Jerusalem ein erstes Anzeichen für den Frieden im Nahen Osten und rief zu Gebet und Hoffnung auf.[113] Nicht zuletzt aufgrund der guten Beziehungen des Papstes zum ägyptischen Präsidenten war der Hl. Stuhl im Blick auf die bevorstehenden Verhandlungen diesmal in einer besseren Position, um für seine Ansichten zu werben, als während der letzten Nahostkonferenz Ende 1973.[114] Als im Dezember 1977 in Kairo eine Vorbereitungskonferenz für die Wiederaufnahme der Genfer Friedensverhandlungen stattfand, war der Hl. Stuhl durch eine offizielle Beobachterdelegation vertreten. Der Sondergesandte des Hl. Stuhls, Mgr. Francesco Monterisi, übermittelte den Konferenzteilnehmern ein Schreiben des Papstes, in dem dieser seine Anliegen vorbrachte. Zum Beginn der Konferenz druckte der ‚Osservatore Romano' den Wortlaut der beiden Reden Sadats und Begins vom 20. November 1977 in Jerusalem und würdigte noch einmal „den weitsichtigen und verheißungsvollen Versuch, die friedliche Beilegung des 30jährigen Konfliktes in die Wege zu leiten"[115]. Kurz darauf bot der Antrittsbesuch des neuen syrischen Botschafters, Dia Allah El-Fattal, am Hl. Stuhl dem Papst die Möglichkeit, zur Lage im Nahen Osten Stellung zu nehmen. Paul VI. kritisierte mit diplomatischen Worten, daß Syrien die Teilnahme an der Friedenskonferenz ablehnte, und betonte die dringende Notwendigkeit, baldmöglichst eine Lösung für das Palästinenserproblem zu finden. Er sprach von seiner besonderen Sorge und seiner tiefen Sympathie für das palästinensische Volk, das

---

[112] Vgl. OR, 20.11.1977.
[113] Vgl. OR, 21./22.11.1977.
[114] Vgl. KNA, 15.12.1977.
[115] OR, 12./13.12.1977.

unter den Völkern im Nahen Osten besonders stark gelitten habe und immer noch leide.[116] „Wir sind der Meinung, daß sein Anliegen trotz der zu verurteilenden Gewaltakte, mit denen zuweilen die Welt darauf aufmerksam gemacht wird, ernsthaft und großzügig bedacht werden sollte"[117], betonte Paul VI., während in Kairo über die Themen für die Genfer Nahostkonferenz diskutiert wurde.

Tatsächlich war die Frage, ob und in welcher Form es in Zukunft einen palästinensischen Staat geben sollte, einer der Hauptkonfliktpunkte. Da weder Begin noch die PLO zu Zugeständnissen bereit waren, schien sich das Projekt einer Gesamtlösung für den Nahen Osten erneut auf bilaterale Verhandlungen zwischen Israel und Ägypten zu reduzieren. Paul VI. mahnte die Konferenzteilnehmer in seiner Weihnachtsansprache 1977 zu Gerechtigkeit, politischer Weitsicht und menschlichem Mitgefühl. Zur Rolle des Heiligen Stuhls bemerkte er, daß dieser unparteiisch sei und sich nur zu Aspekten äußere, die seine Sendung der Barmherzigkeit und die legitimen Interessen der Christenheit berührten.[118] Die Christenheit habe am Heiligen Land einen geistigen Besitzanspruch, ergänzte Paul VI. kurz darauf in der Urbi et Orbi-Botschaft.[119] Indem Paul VI. sich als Interessenvertreter der gesamten Christenheit darstellte, verbreiterte er einerseits die Basis, auf der er ein Mitspracherecht bei den internationalen Verhandlungen einklagte. Andererseits aber löste dieser Anspruch Mißtrauen bei den nichtkatholischen Kirchen aus, insbesondere bei den orthodoxen, die eine Änderung des Status quo zu ihrem Nachteil befürchteten.[120]

8. Die Audienzen für Dayan, Sadat und Hussein am Ende des Pontifikats Papst Pauls VI.

In seinen letzten Lebensmonaten verwandte der inzwischen achtzigjährige Paul VI. noch einen großen Teil seiner Energie auf die vatikanische Palästinapolitik. Anfang 1978 empfing er in kurzen Abständen drei Protagonisten aus dem Nahen Osten in Privataudienz, um sich über den Verlauf der Verhandlungen zu informieren, vor allem aber, um immer wieder die Interessen des Hl. Stuhls zu erläutern

---

[116] Vgl. AAS 70 (1978) 127.
[117] AAS 70 (1978) 127.
[118] AAS 70 (1978) 48.
[119] Vgl. AAS 70 (1978) 17. Paul VI. wünschte den Bewohnern des Heiligen Landes Frieden und Gerechtigkeit „in ihrem Land, daß spirituell auch das unsere ist".
[120] Der griechisch-orthodoxe Patriarch von Jerusalem Benediktos hatte bereits die Teilnahme des päpstlichen Sondergesandten Monterisi an der Konferenz in Kairo in dieser Weise interpretiert und daher stark kritisiert; vgl. POC 27 (1977) 341; JAEGER 1989, 41 FN 87.

und zu verteidigen. Im Januar 1978, einen Tag nach Beginn der israelisch-ägyptischen Gespräche über militärische Fragen in Kairo, traf Israels Außenminister Mosche Dayan mit Paul VI. zusammen. Es war die erste Audienz für einen israelischen Politiker nach der Begegnung mit der Premierministerin Golda Meir im Januar 1973, die den Beziehungen des Hl. Stuhls zu Israel eher geschadet hatte. Dieses Mal gab es jedoch keine diplomatischen Unstimmigkeiten. Casaroli, der Sekretär des Rats für öffentliche Angelegenheiten, hatte den israelischen Außenminister zuvor eigens in dessen Hotel in Rom zu einem Vorgespräch aufgesucht.[121] Paul VI. nannte in seiner Ansprache an Dayan drei Aspekte, die seiner Ansicht nach bei den Verhandlungen berücksichtigt werden sollten: die Teilnahme aller interessierten Parteien, die beiden Grundkriterien Sicherheit und Gerechtigkeit für alle Völker der Region und den religiösen Charakter Jerusalems. Die Forderung nach einer Beteiligung aller Interessierten konnte ebenso gut auf die PLO als Vertreterin der Palästinenser wie auf den Hl. Stuhl als Anwalt christlicher Interessen bezogen werden, die beide nicht offiziell an der Konferenz beteiligt waren.[122] Ein neues Leitmotiv in der vatikanischen Nahost-Terminologie war das Begriffspaar Sicherheit und Gerechtigkeit. Wenngleich beide Konditionen für alle Völker des Nahen Ostens erfüllt werden sollten, war es vor allem Israel, das um seine Sicherheit besorgt war, und die Palästinenser, die Gerechtigkeit einforderten. Implizit hatte der Papst damit zum ersten Mal das israelische Sicherheitsbedürfnis nicht nur anerkannt, sondern auch zu den Anliegen des Hl. Stuhls im Nahen Osten gezählt. Vor allem aber lag Paul VI. daran, die Jerusalemfrage auf die Agenda der Friedenskonferenz zu setzen, die zum Zeitpunkt der Audienz bereits an einer Kontroverse über die israelischen Siedlungen im Sinai zu scheitern drohte. Er hoffe, daß die mehrfach geäußerten Vorschläge des Hl. Stuhls zu Jerusalem ein positiver Lösungsbeitrag sein könnten, sagte Paul VI. dem israelischen Außenminister[123]. Diese Ausdrucksweise erlaubte es Dayan zwar, im Anschluß an die Audienz zu erklären, der Papst habe „nicht den Wunsch nach einem Sonderstatus für Jerusalem ausgesprochen"[124]. Aber möglicherweise hatte die israelische Regierung – nach der Begnadigung Capuccis – auf eine größere Bereitschaft des Vatikans gehofft, israelische Schutzgarantien für die heiligen Stätten als hinreichend zu akzeptieren.[125]

---

[121] Vgl. KNA, 12.1.1978.
[122] ROKACH (1987, 16) sieht hier vor allem einen Appell, die Palästinenser zu beteiligen.
[123] Vgl. AAS 70 (1978) 166f.
[124] NC News Service, 12.1.1978.
[125] Vgl. ROKACH 1987, 163.

Einen Monat später beendete der ägyptische Präsident Sadat eine zweiwöchige Reise, auf der er weltweit für die Unterstützung der Nahost-Friedensverhandlungen geworben hatte, mit einem Besuch im Vatikan. Paul VI. empfing Sadat zum zweiten Mal innerhalb von zwei Jahren. Er würdigte den intensiven Einsatz des ägyptischen Präsidenten für den Frieden im Nahen Osten, insbesondere seinen interreligiösen Ansatz. Sadat hatte sich während seiner Reise nicht nur als Staatsoberhaupt präsentiert, sondern auch als Glaubender an Glaubende gerichtet und auf dieser Basis zur Versöhnung im Nahen Osten aufgerufen. Paul VI. verband in seiner Ansprache an Sadat den Gedanken der interreligiösen Zusammenarbeit mit der Jerusalemfrage. Jerusalem solle seiner Berufung entsprechend ein religiöses Zentrum des Friedens sein, wo die lokalen Gemeinschaften der drei monotheistischen Religionen friedlich und gleichberechtigt zusammenleben, Juden, Christen und Muslime aus der Region und aus der ganzen Welt sich treffen und brüderlichen Dialog miteinander führen könnten, sagte Paul VI. dem ägyptischen Präsidenten.[126]

Die Friedensinitiative Sadats, in die Paul VI. große Hoffnungen gesetzt hatte, schien im März 1978 gescheitert, als bei einem palästinensischen Terroranschlag in der Nähe von Tel Aviv 36 Israelis starben und die israelische Armee massiv den Südlibanon angriff, wo die palästinensischen Widerstandsgruppen ihre Basis hatten. Paul VI. beklagte in einem Telegramm an den Apostolischen Nuntius in Beirut die enorme Anzahl der Opfer, selbst unter den wehrlosen Bewohnern der Flüchtlingslager, aufgrund der flächendeckenden israelischen Bombardierung.[127] Arafat bedankte sich für die Stellungnahme des Papstes und nannte ihn die „Stimme des Gewissens, welche die internationale Gemeinschaft [...] zur Verurteilung der israelischen Aggression bewegen werde"[128].

Ende April 1978, als die israelische Armee gerade mit dem Rückzug aus dem Libanon begann, empfing Paul VI. den jordanischen König Hussein in Audienz. Hussein war neben Sadat weiterhin eine Schlüsselfigur im Blick auf eine Friedensregelung, nicht zuletzt weil eine jordanisch-palästinensische Konföderation als ein mögliches Lösungsmodell der Palästinenserfrage galt. Hussein hatte Paul VI. als noch nicht dreißigjähriger Monarch 1964 bei seiner Pilgerreise ins Heilige Land willkommen geheißen. Er war anschließend von Paul VI. zweimal in Privataudienz empfangen worden, zuletzt kurz nachdem er im Juni-Krieg 1967 die Souveränität über Ost-Jerusalem verloren hatte. Dieses Mal wiederholte Paul VI. nur, was er zuvor

---

[126] Vgl. AAS 70 (1978) 253f.
[127] Vgl. ASS 1978, 79.
[128] KNA, 19.3.1978.

schon Mosche Dayan und Anwar Sadat anempfohlen hatte: die traurige Situation der Palästinenser müsse bald ein gerechtes Ende finden, und Jerusalem solle ein Ort der Begegnung der drei Weltreligionen werden.[129]

Vier Monate später starb Paul VI. Während seines Pontifikats hatte die katholische Kirche sich im Sinne seines Vorgängers Johannes XXIII. weiter der Welt geöffnet. Für Paul VI., der seine kirchliche Laufbahn im Staatssekretariat begonnen hatte, war die Beteiligung an internationaler Politik die Fortsetzung der Mission der Kirche mit anderen Mitteln gewesen. Seit Giovanni Battista Montini 1949 als Substitut unter Pius XII. an der Gründung der Päpstlichen Mission für Palästina beteiligt gewesen war, hatte sein persönliches Interesse am Heiligen Land nie nachgelassen. Seine Pilgerreise 1964, die auf seine persönliche Initiative gegründeten Institutionen – das Gehörlosenzentrum Effeta, das Ökumenische Institut Tantur, das Pilgerzentrum Notre Dame und die Betlehem-Universität –, die Neuformulierung der Jerusalem-Position nach dem Krieg von 1967, ohne die ursprünglichen Prinzipien aufzugeben, die Institution der Heilig-Land-Kollekte zur Unterstützung der lokalen Gemeinden durch das Apostolische Schreiben ‚Nobis in animo‘ 1974 und schließlich die zahlreichen Audienzen für Persönlichkeiten aus dem Nahen Osten und Stellungnahmen zur politischen Entwicklung zeugten von dieser Verbundenheit. Im Nachruf der Kustodie wurde Paul VI. daher der „Papst des Heiligen Landes"[130] genannt.

Im Blick auf den israelisch-palästinensischen Konflikt bemühte sich Paul VI. in seinen öffentlichen Äußerungen grundsätzlich um Äquidistanz. Parallel zur wachsenden Anerkennung der Rechte der Palästinenser in der internationalen Gemeinschaft änderte sich auch die Terminologie des Papstes. Hatte Paul VI. anfangs von den ‚Flüchtlingen des Heiligen Landes‘ gesprochen, so benutzte er seit Anfang der siebziger Jahre den Ausdruck ‚palästinensisches Volk‘. „Mehr als jeder vorhergehende Papst war Giovanni Battista Montini der ‚Papst der Palästinenser‘"[131], schrieb Rokach im Rückblick auf sein Pontifikat.

Das Verhältnis des Hl. Stuhl zum Staat Israel war für Paul VI. immer eine rein politische Frage gewesen. Er hatte keinen Anlaß gesehen, Israel diplomatisch anzuerkennen, solange die christlichen Interessen im Nahen Osten nicht auf Dauer zufriedenstellend gesichert waren. Während seines Pontifikats kam es mehrfach zu diplomatischen Unstimmigkeiten, angefangen bei dem kompromiß-

---

[129] Vgl. AAS 70 (1978) 335f.
[130] La Terre Sainte 1978, 205.
[131] ROKACH 1987, 169.

haften Staatsempfang während der Heiliglandreise 1964, über die Kritik an der schrittweisen Annexion Ost-Jerusalems von 1967 an bis zur wenig taktvollen Präsentation der Audienz für die israelische Premierministerin Golda Meir 1973. Als die Nachricht vom Tod Pauls VI. in Israel bekannt wurde, sprach ein Vertreter des Religionsministeriums im Namen der Regierung den Katholiken in aller Welt und in Israel sein Beileid aus. Anders als beim Tod Johannes XXIII. wurde nicht Halbmast geflaggt, da diese besondere Geste dem Papst gegolten habe, der das Verhältnis der Kirche zum Judentum auf eine neue Basis gestellt habe.[132]

Die Ansprachen, die Paul VI. in seinen letzten Lebensmonaten an die Vertreter Israels, Ägyptens und Jordaniens gerichtet hatte, waren zu seinem politischen Testament geworden. Kein Friedensabkommen ohne eine Lösung der Palästinenser- und der Jerusalemfrage, lautete seine Botschaft, sowohl an die Beteiligten als auch an seinen eigenen Nachfolger.

9. Das Pontifikat Papst Johannes Pauls I. (1978)

Die Wahl Albino Lucianos am 26. August 1978, der als Papst den Namen Johannes Paul I. annahm, wurde in Israel mit Zufriedenheit aufgenommen. Als Luciano noch Patriarch von Venedig war, hatte die israelische Zeitung ‚Ma'ariv' ein Interview mit ihm veröffentlicht und ihn mit den Worten zitiert: „Natürlich sehe ich die Rückkehr der Juden nach Palästina mit Wohlwollen und glaube, daß sie nach Jahren der Zerstreuung ein gutes Recht auf einen eigenen Staat haben."[133] Sowohl der israelische Staatspräsident Jizchak Navon als auch PLO-Präsident Jassir Arafat gratulieren Johannes Paul I. zur Wahl und baten, er möge sich für den Frieden im Nahen Osten einsetzen.

Im Unterschied zu Paul VI. hatte Johannes Paul I. wenig Erfahrung auf diplomatischem Gebiet und war kaum mit der Arbeitsweise des Staatssekretariats vertraut. Sein kurzes Pontifikat fiel mit der spektakulären Wiederaufnahme der israelisch-ägyptischen Friedensverhandlungen im August 1978 in Camp David zusammen, wo Begin und Sadat auf Initiative von US-Präsident Carter zusammengekommen waren. In seinen beiden öffentlichen Stellungnahmen zu diesem Ereignis blieb Johannes Paul I. der politischen Linie Paul VI.

---

[132] Vgl. KNA, 8.8.1978. DELMAIRE (1984, Titel) bezeichnet das Verhältnis Pauls VI. zu Israel als eine „vorsichtige Öffnung" und betont, daß Paul VI. wenig Zugang zum zeitgenössischen Judentum hatte. Die Institutionalisierung des katholisch-jüdischen Dialogs während seines Pontifikats verdanke sich in erster Linie der Initiativen einzelner Bischofskonferenzen; vgl. ebd. 826.834.

[133] Ma'ariv, 8.12.1972; zit. n. NC News Service, 7.9.1978.

treu, drückte sich aber wesentlich weniger diplomatisch aus. Kurz vor der Konferenz rief er zum Gebet für einen gerechten und vollständigen Frieden auf. Erklärend fügte er hinzu: „Gerecht, das heißt, zur Zufriedenheit aller am Konflikt beteiligten Parteien. Vollständig heißt, ohne eine Frage ungelöst zu lassen: das Problem der Palästinenser, die Sicherheit Israels, die heilige Stadt Jerusalem."[134] Damit sprach Johannes Paul I. aus, was Paul VI. nur angedeutet hatte: Die Sicherheit Israels zählte zu den Anliegen des Hl. Stuhls im Nahen Osten.[135] Noch deutlicher zeigte sich der Stilwechsel in Ansprache vor dem Angelus wenige Tage später. Johannes Paul I. benutzte nicht das formale ‚Wir', sondern sprach von sich in der 3. Person (il papa) oder schlicht in der Ichform. Anstatt politische Forderungen zu nennen, gab er seinen persönlichen Eindruck von dem Ereignis wieder: „Auch der Papst hat gebetet, zum Gebet aufgerufen und betet weiter, daß der Herr die Politiker in ihren Bemühungen unterstütze. Ich war sehr bewegt von der Tatsache, daß die drei Präsidenten öffentlich ihre Hoffnung auf den Herrn im Gebet ausgedrückt haben [...] und lade Euch ein, gemeinsam mit dem Papst [...] für den Nahen Osten zu beten."[136]

Die Abkommen, die am 17. September 1978 in Camp David unterzeichnet wurden, berücksichtigen die Interessen des Vatikans nur minimal. Über Jerusalem war gar nicht verhandelt worden, und die Entscheidung über die Zukunft der Palästinenser war auf das Ende einer fünfjährigen teilautonomen Übergangsphase verschoben worden, was die PLO nicht akzeptierte. Die Palästinenser und die meisten arabischen Staaten sahen in dieser Lösung einen Verrat Sadats am palästinensischen Volk, um den Rückzug Israels aus dem Sinai zu erreichen.

Johannes Paul I. starb zwei Wochen nach der Unterzeichnung der Camp David-Abkommen, kaum mehr als einen Monat nach seinem Amtsantritt. Die Palästinapolitik des Vatikans hatte er in dieser kurzen Zeit kaum prägen können. Seinen beiden öffentlichen Äußerungen zur Situation im Nahen Osten kommt daher eher eine formale als eine inhaltliche Bedeutung zu. Sie beeinflußten für kurze Zeit die Atmosphäre, nicht aber die Ausrichtung der vatikanischen Nahostpolitik. Durch seinen pastoral-spirituellen Stil und den Verzicht auf die von Paul VI. geprägten diplomatischen Formulierungen, gab Johannes Paul I. der vom Staatssekretariat bestimmten Grundlinie eine bislang ungekannte persönliche Note. Seine Direktheit weckte auf israelischer wie auf palästinensischer Seite die Hoffnung, daß ein

---

[134] OR, 7.9.1978.
[135] Vgl. NC News Service, 7.9.1978.
[136] ASS 1978, 264.

Papst ohne langjährige Erfahrung im diplomatischen Dienst die Palästinapolitik des Hl. Stuhls grundlegend umgestalten könnte.

VI. STABILERE KONTAKTE ZU ISRAEL UND DEN PALÄSTINENSERN WÄHREND DES PONTIFIKATS PAPST JOHANNES PAULS II. (1978-1987)

1. Johannes Pauls II. anfängliche Zurückhaltung gegenüber den Palästinensern

Karol Wojtyła, der am 16. Oktober 1978 zum Papst gewählt wurde und den Namen Johannes Paul II. annahm, war der erste Nichtitaliener in diesem Amt seit über vierhundert Jahren. Ein Vergleich mit seinen Vorgängern ergab einige biographische Übereinstimmungen, die Auswirkungen auf die Palästinapolitik während des Pontifikats Johannes Pauls II. erwarten ließen. Wie Johannes Paul I. hatte Wojtyła vor seiner Wahl zum Papst nie zuvor ein Amt in der Kurie innegehabt. Während ihn mit Paul VI. die Überzeugung verband, daß politische Einflußnahme ein angemessenes Mittel sei, die Mission der Kirche zu erfüllen, teilte er mit Johannes XXIII. die Erfahrung, Judenverfolgungen in seiner nächsten Umgebung miterlebt zu haben.[1] Wojtyła hatte zahlreiche Kontakte zu Juden, in seinem Heimatort Wadowice war vor dem Zweiten Weltkrieg etwa ein Viertel der Bevölkerung jüdisch. „Selbst das Haus, in dem wir wohnten, gehörte einer jüdischen Familie", erinnerte sich Johannes Paul II. später; diese Erfahrung habe ihm ein „Gefühl der Gemeinsamkeit, der Zusammengehörigkeit mit den Juden"[2] vermittelt. Jerzy Kluger, ein jüdischer Klassenkamerad Wojtyłas, ist bis heute einer seiner engsten Freunde.[3]

---

[1] Die Frage, inwiefern Wojtyła sich persönlich für verfolgte Juden eingesetzt hat, wird unterschiedlich beantwortet. Der ebenfalls aus Krakau stammende KREUTZ (1990, 164 FN 3) schreibt, „ich kenne persönlich viele Beispiele seines Engagements zugunsten der jüdischen Bevölkerung in Polen", und verweist auf nicht näher genannte polnische Literatur. SZULC, der Wojtyła als Biograph persönlich gut kennt, betont dessen freundschaftlichen Umgang mit Juden seit seiner Kindheit und nennt es „von Belang, [...] daß Karol Wojtyła immer bereit gewesen war, für das jüdische Team [beim Schulfußball] zu spielen", berichtet aber nicht von Aktivitäten, um Juden vor Verfolgungen zu schützen. O'BRIEN (1998) legt den Akzent eher auf das gemeinsame Leiden der Juden und Christen unter der Nazi-Besatzung Polens.

[2] SZULC 1996, 35.

[3] Vgl. SVIDERCOSCHI 1995; Nach O'BRIEN (1998) hatte die Freundschaft zwischen Wojtyła und Kluger großen Einfluß auf die christlich-jüdischen Beziehungen und das Verhältnis des Hl. Stuhls zum Staat Israel während des Pontifikats Johannes Pauls II.

Als Johannes Paul II. Anfang Dezember 1978 zum ersten Mal in einer öffentlichen Ansprache das Heilige Land erwähnte, wurden zwei Aspekte deutlich – zum einen seine Distanz zur Linie des Staatssekretariats, mit dessen Arbeitsweise er wenig vertraut war, und zum anderen sein beschränkter Zugang zum Nahostkonflikt, von dem er sprach, ohne auf die Palästinenserfrage hinzuweisen. Das Hauptthema dieser Ansprache war sein Wunsch, wie Paul VI. in den ersten Monaten seines Pontifikats das Heilige Land zu besuchen. Als Weihbischof hatte Wojtyła im Anschluß an die zweite Sitzungsperiode des Zweiten Vatikanischen Konzils, im Dezember 1963, eine zehntägige Pilgerreise mit einer Gruppe von Bischöfen ins Heilige Land unternommen.[4] Mit einer Pilgerreise zu den religiösen Ursprungsorten hätte sich Johannes Paul II. gleich zu Beginn seiner Amtszeit weltweit als zentraler Vertreter des Christentums präsentiert.[5] Es sollte sich bald zeigen, daß seine Neigung zu symbolischen und spektakulären Gesten weitaus stärker ausgeprägt war als die seines Vorgängers. Eine Einladung nach Israel hatte er bereits am Tag seiner Amtsübernahme von der israelischen Delegation erhalten, die an den Feierlichkeiten teilnahm.[6]

Aus der Sicht des Staatssekretariats sprachen die politischen Umstände jedoch klar gegen eine solche Reise. Die beiden Grundbedingungen für eine Änderung der vatikanischen Haltung gegenüber dem Staate Israel, die Paul VI. beharrlich wiederholt hatte, waren längst nicht erfüllt. Die im September 1978 von Israel und Ägypten unterzeichneten Camp-David-Abkommen hatten weder die Jerusalem- noch die Palästinenserfrage einer Lösung nähergebracht. Ein Papstbesuch im Heiligen Land unter diesen Umständen wäre sowohl von Israel als auch von den arabischen Staaten als De-facto-Anerkennung der israelischen Souveränität über das Westjordanland und Ost-Jerusalem interpretiert worden. Johannes Paul II. sah sich daher verpflichtet, seinem persönlichen Reisewunsch einen bedauernden Hinweis auf die faktische Unmöglichkeit hinzuzufügen: „Wie sehr wünsche ich mir, ich könnte in das Land meines Herrn und Erlösers fahren. [...] Wie sehr wünsche ich mir, entlang der Straßen zwischen Jerusalem, Betlehem und dem See Genezareth zu reisen. [...] Dies war und ist mein größter Wunsch seit Beginn meines Pontifikats. Ich bin dankbar für die Anfragen und Vorschläge, die mir in dieser Hinsicht gemacht wurden. Aber mit Bedauern muß ich, zumindest vor-

---

[4] Vgl. SZULC 1996, 187f.
[5] Vgl. ROKACH 1987, 172 („Der Gedanke einer Pilgerreise an die Geburtsstätte des Christentums paßte zu seiner Selbstdarstellung als neuer religiöser Herrscher").
[6] Vgl. MENDES 1990, 169.

läufig, auf diese Pilgerfahrt verzichten."⁷ Anschließend rief Johannes Paul II. zum Gebet für den Frieden im Nahen Osten, insbesondere für den Libanon auf. Auf den Status Jerusalems und die Situation der Palästinenser ging er in dieser ersten öffentlichen Äußerung zum Heiligen Land nicht ein.

Wesentlich stärker als seine Vorgänger setzte Johannes Paul II. den Akzent auf persönliche Begegnungen und Gespräche, um sich in ihm bislang fremde Themen einzuarbeiten.⁸ Unter diesem Aspekt war auch die Begegnung mit dem jordanischen König Hussein zu sehen, den er als ersten Vertreter eines arabischen Staates im Dezember 1978 in Audienz empfing. Da sie in erster Linie dem Kennenlernen der Person und der jordanischen Interessen galt, wurde anschließend kein Kommuniqué veröffentlicht.⁹

In seiner ersten Ansprache an das Diplomatische Korps im Januar 1979 behandelte Johannes Paul II. den Nahostkonflikt verglichen mit den Ansprachen Pauls VI. eher oberflächlich. Er beklagte die Situation im Libanon und rief anschließend allgemein zur Versöhnung auf, „zwischen Christen und Muslimen, Libanesen und Palästinensern"¹⁰. Damit stellte er die Palästinenser auf eine Ebene mit den andern Konfliktparteien, ohne einen kausalen Zusammenhang herzustellen. Paul VI. hingegen hatte stets betont, daß die Palästinenserfrage ein Grundproblem des Libanons und der ganzen Region sei, und war daher immer wieder für die Erfüllung der berechtigten Erwartungen der Palästinenser eingetreten.¹¹

Wenige Wochen später stellte sich Johannes Paul II. im Blick auf das Heilige Land und Jerusalem ausdrücklich in die Tradition seines Vorgängers. Einer Gruppe von Vertretern jüdischer Organisationen sagte er im März 1979: „Den Schritten Pauls VI. folgend möchte ich zum spirituellen Dialog ermutigen und alles tun, was in meiner Macht steht, für den Frieden dieses Landes, das Ihnen ebenso heilig ist wie uns, in der Hoffnung, daß Jerusalem als Zentrum der Har-

---

⁷ ASS 1978, 423. Beim jährlichen Empfang für die Vertreter der christlichen Kirchen, Ende Dezember 1978, erklärte der israelische Präsident Jizchak Navon, wenn der Papst nach Israel kommen wolle, würden „seine Regierung und das israelische Volk" sich sehr freuen und ihn mit gebührender Ehre empfangen; vgl. KNA, 29.12.1978.
⁸ Vgl. REESE 1996, 193.
⁹ Vgl. ASS 1978, 436; J.L. RYAN 1987, 174.
¹⁰ AAS 71 (1979) 356. Im Dezember 1978 war unter Leitung von Kardinal Paolo Bertoli zum dritten Mal seit 1975 eine Sonderdelegation des Hl. Stuhls im Libanon gewesen, um zwischen den verfeindeten Parteien zu vermitteln; vgl. IRANI 1986, 126-138.
¹¹ Vgl. KREUTZ 1990a, 152 („Die eigentliche Palästinafrage wurde nicht erwähnt."); ROKACH 1987, 174 („Der Papst war noch weit davon entfernt, das Hauptproblem der Region zu verstehen").

monie für die Anhänger der drei großen monotheistischen Religionen des Judentums, Islams und Christentums effektiv garantiert wird (effectively guaranteed)."[12] Er griff damit zwei Aspekte auf, welche die Haltung Pauls VI. vor allem in den letzten Jahren seines Pontifikats bestimmt hatten: zum einen den Appell, eine interreligiöse Interessengemeinschaft für Jerusalem zu bilden, zum anderen die Tendenz, die vatikanischen Forderungen hinsichtlich Jerusalems zunehmend unpräzise zu formulieren. Welche Institution nach Ansicht des Hl. Stuhls qualifiziert war, wirksame Garantien zu leisten, ließ Johannes Paul II. offen. In seiner Ansprache an die Vertreter jüdischer Organisationen stellte er nicht einmal die Bedingung, daß sie international geprägt sein müsse.[13] Die israelische Regierung konnte darin eine Einladung sehen, dem neuen Papst ihre Position darzustellen.

Kurz darauf unterzeichneten Israel und Ägypten den in den Camp-David-Abkommen vorgesehenen Friedensvertrag, den ersten zwischen Israel und einem seiner Nachbarstaaten. Die übrigen arabischen Staaten kritisierten, daß das Recht der Palästinenser auf Selbstbestimmung darin nicht berücksichtigt sei, und belegten Ägypten mit einem politischen und wirtschaftlichen Boykott. Johannes Paul II. machte deutlich, daß dieses Abkommen notwendig, aber keineswegs hinreichend für eine Befriedung der Region im Sinne des Hl. Stuhls sei. Es solle ein Impuls sein, weiter nach einer Lösung zu suchen, welche die Rechte aller Bevölkerungen (popolazioni) in der Region berücksichtige, sagte er, ohne diese näher zu bestimmen.[14] Ein über Radio Vatikan verbreiteter Kommentar ergänzte, daß in erster Linie eine gerechte und angemessene Lösung für die palästinensische Bevölkerung notwendig sei: „Kein Volk [...] darf dem Vorteil anderer geopfert werden"[15], hieß es dort.

Die israelische Regierung nahm den Beginn des neuen Pontifikats zum Anlaß, erneut die Aufnahme diplomatischer Beziehungen vorzuschlagen. Im April 1979 empfing Johannes Paul II. den Generaldirektor des israelischen Außenministeriums, Joseph Ciechanover, den Botschafter Israels in Italien, Mosche Allon, und Botschaftsrat Meir Mendes, der seit 1967 für die Beziehungen Israels zum Hl. Stuhl zuständig war. Sie überbrachten eine Botschaft des Staatspräsidenten Navon, deren Inhalt der passiven Formulierung des vatikanischen Kommuniqués zu entnehmen war: „Es wurde der Wunsch geäußert, den Dialog zu fördern und die Kontakte zwischen dem Heiligen

---

[12] OR, 12./13.3.1979.
[13] Vertreter des Staatssekretariats wiesen jedoch darauf hin, daß ‚effektive Garantien' nur internationale sein können, da ein israelisches Gesetz wieder geändert werden könne, zumal Israel keine Verfassung besitze; vgl. J.L. RYAN 1980, 69.
[14] Vgl. ASS 1979, 205.
[15] OR dt., 30.3.1979.

Stuhl und Israel zu intensivieren."¹⁶ Die Zukunft Jerusalems war in dem Kommuniqué nicht als Gesprächsthema aufgeführt, wohl aber „Probleme im Blick auf den Respekt der Menschenrechte"¹⁷. In dieser unspezifischen Formulierung ließ sich das ebenso auf die Situation jüdischer Minderheiten in der Diaspora beziehen wie auf Menschenrechtsverletzungen in den israelisch besetzten Gebieten.¹⁸ Johannes Paul II. antwortete auf die Anfrage des israelischen Präsidenten Navon im Juli 1979 mit dem Hinweis, daß angesichts der politischen Situation im Nahen Osten die Beziehungen zwischen dem Hl. Stuhl und Israel in ihrer bisherigen Form fortgesetzt werden sollten, die häufige Kontakte und gegenseitige Konsultationen ermöglichten.¹⁹

Die nächsten Audienzgäste aus dem Nahen Osten machten Johannes Paul II. mit einem Sonderfall vatikanischer Palästinapolitik vertraut. Erzbischof Hilarion Capucci, der ehemalige melkitische Patriarchalvikar für Jerusalem, hatte im Januar 1979 als Ehrenmitglied an einer Sitzung des Palästinensischen Nationalrats in Damaskus teilgenommen. In seiner Ansprache vor den Nationalratsmitgliedern kritisierte er die Camp-David-Abkommen und erklärte sich bereit, bis zum letzten Tropfen Blut für die Befreiung Palästinas zu kämpfen.²⁰ Der israelische Botschafter in Rom wies das Staatssekretariat darauf hin, daß die politische Aktivität Capuccis im Nahen Osten der Abmachung widersprach, auf deren Basis Capucci vorzeitig aus israelischer Haft entlassen worden war.²¹ P. Romeo Panciroli, der

---

[16] ASS 1979, 278.

[17] ASS 1979, 278.

[18] Eine ähnliche Aussage enthielt das Kommuniqué, das im Monat zuvor nach der Audienz für die Vertreter der jüdischen Organisationen veröffentlicht wurde. Dort hieß es, Johannes Paul II. fordere die Achtung der Menschenrechte „auf der ganzen Welt" (OR, 12./13.3.1979). Durch diesen Zusatz sollten Irritationen auf israelischer Seite vermieden werden, schreibt ROKACH (1987, 177) unter Bezug auf ein Gespräch mit Mgr. Monterisi im Staatssekretariat.

[19] Vgl. MENDES 1990, 171. Mendes, der von 1967 bis 1980 in der israelischen Botschaft in Rom für die Kontakte zum Hl. Stuhl zuständig war, berichtete in seinen Erinnerungen mit dem Titel ‚Der Vatikan und Israel' von häufigen informellen Kontakten, u.a. von privaten Empfängen, an denen Kardinäle teilnahmen (vgl. ebd. 177).

[20] Capucci stand während seines Aufenthalts in Lateinamerika in engem Kontakt zur Führung der PLO. Auf Anweisung Arafats übernahm die PLO auch die Flugkosten, wenn Capucci an politischen Treffen teilnahm; vgl. Telegramm von Nemer Hammad, PLO-Repräsentant in Rom, an Abu Lutuf (Faruk Kaddumi), Rom, 15.6.1978: Archiv der PLO-Generaldelegation, Rom („Chairman Arafat agreed on the travel of Mons. Cappucio to Lima [...] would you kindly solve for us his ticket from Tunis, since we don't have enough money in our office.")

[21] Der konkrete Inhalt dieser Abmachungen war nicht veröffentlicht worden. Paul VI. hatte dem israelischen Präsidenten Katzir in seinem Gnadengesuch lediglich zugesichert, die Freilassung Capuccis werde nicht zum Schaden Israels sein (vgl.

1976 Federico Pro-Nuntius Zanini Alessandrini als Direktor des Pressesaals abgelöst hatte, dementierte Presseberichte, nach denen Capucci mit Erlaubnis des Vatikans nach Syrien gereist sei. Im Mai 1979 wurde Capucci gemeinsam mit dem melkitischen Patriarchen Maximos V. erstmals von Johannes Paul II. in Audienz empfangen. Capucci hatte die Visitation der melkitischen Gemeinden in Lateinamerika beendet, die Paul VI. ihm im Anschluß an seine Haftentlassung Ende 1977 aufgetragen hatte, und erwartete eine neue Aufgabe. Seine Wiedereinsetzung als Patriarchalvikar in Jerusalem war aufgrund seiner fortgesetzten politischen Aktivitäten ausgeschlossen. Johannes Paul II. ernannte ihn statt dessen zum Visitator der melkitischen Gemeinden Westeuropas mit Sitz in Rom – möglicherweise von der Überlegung geleitet, daß Capuccis Kontakte in der arabischen Welt zur Verteidigung katholischer Interessen noch nützlich sein könnten. Die israelische Botschaft protestierte gegen die Ernennung und verwies erneut auf die Vereinbarung, die zu seiner Freilassung geführt hatte.[22]

Am selben Tag, als der Papst die beiden Repräsentanten der melkitischen Kirche in Audienz empfing, traf der jordanische Außenminister Hasan Ibrahim mit Casaroli zusammen, um ihn über die Ergebnisse eines arabischen Gipfeltreffens in Fez zu informieren.[23] Casaroli war kurz zuvor zum neuen Staatssekretär ernannt worden.[24] Als ehemaliger Sekretär des Rats für öffentliche Angelegenheiten war er mit internationaler Diplomatie seit langem vertraut. Casaroli hatte insbesondere die vatikanische Ostpolitik, die Beziehungen des Hl. Stuhls zu den kommunistischen Staaten, geprägt.[25] Mgr. Achille Silvestrini, seit 1953 im Staatssekretariat tätig, übernahm seine Nachfolge als Sekretär des Rats für öffentliche Angelegenheiten.

Möglicherweise stand der israelische Protest gegen die Ernennung Capuccis im Hintergrund der kurzfristigen Absage einer Audienz für einen Vertreter der palästinensischen Seite, den Betlehemer Bürgermeister Elias Freij. Die PLO bemühte sich ebenso wie die israelische Regierung seit Amtsantritt des neuen Papstes verstärkt um engere Beziehungen zum Vatikan. So hatte der PLO-Vertreter in Rom,

---

RUDLOFF 1981, 11). Dem Bericht von NC News Service zufolge hatte der Vatikan garantiert, daß Capucci nicht mehr in den Nahen Osten zurückkehrt und sich nicht mehr öffentlich zur politischen Lage dort äußert. Capucci selbst erklärte, die einzige Bedingung sei sein Verzicht auf einen dauerhaften Wohnsitz im Nahen Osten gewesen (vgl. NC News Service, 7.5.1979).

[22] Vgl. NC News Service, 7.5.1979.
[23] Vgl. J.L. RYAN 1987, 174f.
[24] Von April 1979 bis zu seiner Ernennung zum Kardinal im Juni 1979 übte Casaroli das Amt des Prostaatssekretärs aus.
[25] Vgl. STEHLE 1993.

Nemer Hammad, dem Papst kurz nach seiner Wahl ein Glückwunschtelegramm „zum Fest Eures Namenspatrons Karl Borromäus, dem Verteidiger der Freiheit der Völker" gesandt. Ungeachtet der Tatsache, daß dieser den Namenspatron mittlerweile geändert hatte, wünschte er Johannes Paul II. im Namen der PLO ein langes Leben „voller Erfolge im Blick auf den Einsatz der Kirche für die Gerechtigkeit und die Freiheit der unterdrückten Völker"[26]. Da eine Papstaudienz für einen offiziellen Vertreter der PLO diplomatisch heikel war, schien Elias Freij – der christliche Bürgermeister des für Christen bedeutsamen Ortes – ein idealer Kandidat für den ersten offiziellen Kontakt des Papstes zur palästinensischen Seite zu sein. Der Apostolische Delegat in Jerusalem, Mgr. William Carew, seit 1974 Nachfolger von Pio Laghi, hatte die Begegnung vorbereitet und Freij im Juni 1979 die positive Antwort des Papstes mitgeteilt. Als Freij in Rom eintraf, wurde die Audienz jedoch wegen Terminschwierigkeiten abgesagt, was Freij als „feindselige Geste" und eine „Beleidigung für die gesamte Bevölkerung von Betlehem"[27] auffaßte. Ibrahim Ayyad, Priester des lateinischen Patriarchats und Mitglied des PLO-Exekutivkomitees, deutete die Absage vor dem Hintergrund der vatikanisch-palästinensischen Beziehungen und sagte in einem Interview, der Papst habe die Palästinenser offenbar vergessen.[28] In einem Protestbrief an Johannes Paul II. schrieb er: „Wahrscheinlich haben einige Berater im Staatssekretariat diese Begegnung verhindert, und das kann bei den palästinensischen und arabischen Christen den Eindruck der Einseitigkeit wecken. Seine Heiligkeit kann sich die tiefen Emotionen bis hin zur Empörung vorstellen, die diese Ablehnung [in ihnen] ausgelöst hat."[29] Einige Monate später traf Ayyad mit Mgr. Monterisi im Staatssekretariat zusammen, der ihm die Umstände der ausgefallenen Audienz für Elias Freij schilderte. Der Papst habe vermeiden wollen, daß eine negative Berichterstattung über die Audienz der verdeckten Arbeit (undercover work) schade, die der Hl. Stuhl mit dem Ziel einer gerechten Lösung der Palästinenserfrage leiste.[30] Faktisch hatte Johannes Paul II. auf diese Weise aber das Verhältnis zu den Palästinensern beschädigt.

---

[26] Telegramm von Nemer Hammad, PLO-Repräsentant in Rom, an Seine Heiligkeit Papst Johannes Paul II., Rom, 4.11.1979: Archiv der PLO-Generaldelegation, Rom.
[27] ANSA, 27.6.1979.
[28] Vgl. REUVER 1980, 12.
[29] Ibrahim Ayyad, Priester des lateinischen Patriarchats von Jerusalem, an Seine Heiligkeit Papst Johannes Paul II., Beirut, 29.6.1979: Archiv der PLO-Generaldelegation, Rom.
[30] Vgl. ROKACH 1987, 178.

Aus ihrer Sicht hatte der Vatikan dem Druck von israelischer Seite nachgegeben und dadurch an Glaubwürdigkeit verloren.[31]

Johannes Paul II. hatte verzichten müssen, wie Paul VI. am Beginn seines Pontifikats eine Pilgerreise ins Heilige Land zu unternehmen. Er folgte seinem Vorgänger aber in dem Beispiel, sich mit einer Rede vor der UN-Generalversammlung an die internationale Gemeinschaft zu wenden. Sobald sein Vorhaben bekannt geworden war, versuchte die PLO, die Aufmerksamkeit des Papstes auf ihre Anliegen zu lenken. Faruk Kaddumi, zuständig für die Außenbeziehungen der PLO, wies alle PLO-Vertreter in Europa an, den Papst durch Briefkampagnen aufzufordern, in seiner Rede vor der UNO zur Palästinenserfrage Stellung zu nehmen.[32] Auch Capucci appellierte an Johannes Paul II., an „die Leiden und die mit Füßen getretenen Rechte des palästinensischen Volkes" zu erinnern. „Wer anders als Eure Heiligkeit [...] kann die Anliegen dieses zerstreuten und verbannten Volkes, sein Recht auf Rückkehr in sein eigenes Land, auf Selbstbestimmung und auf die Gründung eines eigenen unabhängigen Staates verteidigen?"[33], so Capucci in seinem Schreiben an Johannes Paul II.

Am 2. Oktober 1979 wiederholte Johannes Paul II. vor der Generalversammlung der Vereinten Nationen die Worte, die Paul VI. vierzehn Jahre zuvor ebendort gesprochen hatte: „Niemals wieder Krieg! Niemals ‚die einen gegen die anderen' oder ‚der eine über den anderen', sondern immer nur ‚die einen mit den anderen'!"[34], sagte er und fügte hinzu, daß er das Friedenswerk Pauls VI. fortsetzen wolle. Die Situation im Nahen Osten war das einzige politische Thema, auf das er näher einging. Zum ersten Mal nannte Johannes Paul II. ausdrücklich die Lösung des Palästinenserproblems als Grundbedingung für den Frieden in der Region. Insgesamt blieben seine Aussagen zum Nahostkonflikt jedoch wesentlich unpräziser als die Pauls VI. Die gegenwärtigen Schritte zur Konfliktlösung, womit er auf die israelisch-ägyptischen Abkommen anspielte, hätten ihren eigentlichen Wert nur als „'Grundstein' eines allgemeinen und umfassenden Friedens in der Region"[35], betonte Johannes Paul II.

---

[31] Vgl. ROKACH 1987, 178f; KREUTZ 1990a, 153 („Die Absage rief große Enttäuschung bei den Palästinensern hervor und markiert einen der tiefsten Punkte der palästinensisch-vatikanischen Beziehungen"). Ayyad zufolge war Arafat dennoch weiterhin überzeugt, daß der Vatikan eines Tages seine positive Rolle spielen werde; vgl. REUVER 1980, 12.

[32] Abu Lutuf (Faruk Kadumi), Telex an alle PLO-Repräsentanten in Europa, Beirut, 7.8.1978: Archiv der PLO-Generaldelegation, Rom.

[33] Hilarion Capucci, Apostolischer Visitator, an Seine Heiligkeit Papst Johannes Paul II., Rom, 12.9.1970: Archiv der PLO-Generaldelegation, Rom.

[34] AAS 71 (1979) 1150.

[35] AAS 71 (1979) 1150.

„Dieser Friede [...] kann die Beachtung und die gerechte Lösung der Palästinafrage nicht ausschließen." Die von Paul VI. allmählich in die vatikanische Terminologie eingeführten Schlüsselwörter wie ‚Volk', ‚Rechte' und ‚legitime Erwartungen' übernahm Johannes Paul II. vorerst nicht. Er forderte auch nicht, wie Paul VI. kurz vor Beginn der Genfer Konferenz 1973, die Palästinenser an den Friedensverhandlungen zu beteiligen. Seine Stellungnahme war so zurückhaltend formuliert, daß die Betroffenen im Nahen Osten darauf nur mit Enttäuschung oder vollkommener Gleichgültigkeit reagieren konnten, kommentierte ‚Le Monde'.[36]

Hinsichtlich der Jerusalemfrage berief Johannes Paul II. sich in seiner Ansprache vor der UN-Generalversammlung ausdrücklich auf Paul VI. Er wünschte ein „besonderes Statut, das durch internationale Garantien [...] den Respekt des besonderen Charakters Jerusalems gewährt, des heiligen Erbguts, das von Millionen Gläubigen der drei großen monotheistischen Religionen verehrt wird"[37]. Bemerkenswert war lediglich, daß er in diesem Zusammenhang das Adjektiv ‚international' wieder benutzte, das er wenige Monate zuvor in einer Ansprache an Vertreter jüdischer Organisationen durch ‚wirksam' ersetzt hatte.[38] Pastorelli zufolge schien der Hl. Stuhl noch auf den geeigneten Moment zu warten, um dieses Statut näher zu definieren. „Es handelte sich jedoch nicht um ein passives Abwarten, sondern um ein tätiges Warten, [...] um im Moment der Endverhandlungen gut vorbereitet zu sein"[39], so Pastorelli. Johannes Paul II. behielt offenbar die Strategie bei, die Position des Hl. Stuhls möglichst offen zu formulieren, um sich nicht durch schwer annehmbare Forderungen als Teilnehmer oder Berater künftiger Friedensverhandlungen zu disqualifizieren.

Im Sinne einer Vorarbeit im Blick auf die Endverhandlungen konnte auch die Erklärung aufgefaßt werden, die der Ständige Beobachter des Hl. Stuhls bei der UNO, Mgr. Giovanni Cheli, im Dezember 1979 den übrigen Delegationen zukommen ließ.[40] Gut ein Jahr nach dem Amtsantritt Johannes Pauls II. gab der Hl. Stuhl damit ein Grundsatzdokument heraus, das alle folgenden Stellungnahmen zur Jerusalemfrage während dieses Pontifikats prägen sollte.

---

[36] Vgl. Le Monde, 4.10.1979; zit. n. ROKACH 1987, 179. Patriarch Maximos VI. dankte dem Papst anschließend für sein Interesse an der arabischen Welt, wies ihn aber zugleich auf das Problem der hohen Auswanderungsrate christlicher Palästinenser hin; vgl. KNA, 5.10.1979.
[37] AAS 71 (1979) 1150 (I also hope for a special statute that, under international guarantees [...] would respect the particular nature of Jerusalem).
[38] Vgl. OR, 12./13.3.1979.
[39] PASTORELLI 1982, 96.
[40] Vgl. FARHAT (Hg.) 1987, 214-216.

Deutlicher als je zuvor trat der Hl. Stuhl demnach für die Anerkennung des „historischen und religiösen Pluralismus" und die vollkommene „Parität der drei Religionsgemeinschaften"[41] ein. Vor allem griff das Dokument die Frage auf, wie der Vatikan zwölf Jahre nach der Besetzung Ost-Jerusalems zur faktischen Souveränität Israels und zu dem nie aufgegebenen Konzept der Internationalisierung stand. Anstelle einer Antwort hieß es jedoch, die Frage sei verfehlt. Die Frage der politischen Macht über Jerusalem spiele nur eine untergeordnete Rolle; es komme in erster Linie darauf an, daß die Identität Jerusalems als religiöses Zentrum der drei monotheistischen Religionen gewahrt bleibe. „Was immer für eine Lösung für die Frage der Souveränität über Jerusalem gefunden wird (wobei die Hypothese der ‚Internationalisierung' nicht ausgeschlossen ist), so muß vor allem die Erfüllung der genannten Forderungen gesichert sein"[42], hieß es in dem Text. Die israelische Souveränität über Jerusalem war damit grundsätzlich akzeptabel geworden, sofern sie auf einer umfassenden, gerechten Regelung basierte und sich mit einem international garantierten Statut vereinbaren ließ.[43] Die juristische Form der internationalen Garantien müsse noch definiert werden, hieß es weiter. Während der Hl. Stuhl 1967 als Garantiemacht „eine Institution mit internationalem Charakter"[44], also vermutlich ein UN-Gremium favorisierte, schien er nun ein eigenständiges Bündnis von Staaten zu bevorzugen, die ein besonderes Interesse an der Wahrung des religiösen Charakters Jerusalems hatten.[45] Bedeutsam war schließlich der Hinweis, daß auch das Territorium, für den das Statut gelten sollte, erst noch festgelegt werden müsse.[46]

2. Das israelische Hauptstadtgesetz (1980)

Die Notwendigkeit eines besonderen Schutzes der heiligen Stätten Jerusalems schien sich Anfang Januar 1980 zu bestätigen, als jüdische Extremisten eine Serie von Anschlägen gegen christliche Institutio-

---

[41] FARHAT (Hg.) 1987, 215.
[42] FARHAT (Hg.) 1987, 215. Die Einfügung in Klammern ist Bestandteil des Textes.
[43] Nach MENDES (1990, 175) waren die Positionen „nicht mehr vollkommen entgegengesetzt", seit der Hl. Stuhl die ‚Internationalisierung' durch ein ‚international garantiertes Statut' ersetzt hatte. Er kritisierte jedoch, daß manche keinen Unterschied zwischen den beiden Konzepten machten, und daß die Internationalisierung nicht explizit ausgeschlossen wurde.
[44] AAS 60 (1968) 25 (Ansprache Pauls VI. an das Kardinalskollegium, 22.12.1967).
[45] Vgl. PASTORELLI 1982, 97.
[46] Vgl. FERRARI 1985, 330 („Dieser Hinweis [...] konnte auch so gedeutet werden, daß der Vatikan darauf verzichte, das Statut auf die gesamte Stadt auszudehnen").

nen verübten.⁴⁷ Johannes Paul II. versuchte nun, die Unterstützung der muslimischen Staaten für seine Vorstellungen von der Zukunft Jerusalems zu gewinnen. Im April 1980 empfing er den marokkanischen König Hassan II. in Audienz, der als Präsident des Jerusalem-Komitees der Organisation der Islamischen Konferenz mehr als vierzig muslimische Staaten vertrat. Johannes Paul II. bezog sich in seiner Ansprache auf einen Brief des marokkanischen Königs, in dem dieser ihn zum gemeinsamen Engagement für Jerusalem eingeladen hatte. Er rief zu neuem Elan und zu einem neuen Ansatz auf, „um eine vielleicht originelle, aber baldige, definitive und garantierte Lösung zu finden, welche die Rechte aller achtet"⁴⁸. König Hassan II. zeigte sich nach der Audienz „sehr zufrieden"⁴⁹, da der Papst seinem Anliegen großes Verständnis entgegengebracht habe. Die palästinensische Seite hingegen war enttäuscht, daß in den veröffentlichten Redetexten weder die Palästinenser erwähnt waren noch die Kritik, die König Hassan nach eigener Aussage während der Audienz an der israelischen Politik in Jerusalem geäußert hatte.⁵⁰

Obwohl der Hl. Stuhl sich in seinen beiden wichtigsten Aussagen zu Jerusalem am Beginn des neuen Pontifikats – die Ansprache des Papstes vor der UN-Generalversammlung und die Erklärung des Ständigen Beobachters – den israelischen Vorstellungen deutlich angenähert hatten, verschlechterte sich das vatikanisch-israelische Verhältnis Anfang der achtziger Jahre beträchtlich. Zum einen fühlte sich die israelische Regierung brüskiert, als Capucci in der iranischen Geiselaffäre im Frühjahr 1980 als Vermittler auftrat und mehrfach die in der US-amerikanischen Botschaft in Teheran festgehaltenen Personen besuchte.⁵¹ Zum anderen war der Vatikan unge-

---

⁴⁷ Jérusalem (1980, 39) zählte auf: Graffiti am Abendmahlssaal und an einer russisch-orthodoxen Kirche, Vandalismus im ‚Christian Information Center' und in der Kirche Dormitio Mariae, ein Bombenanschlag auf den Franziskanerkonvent von Gethsemane und die Ermordung eines orthodoxen Mönchs in Nablus. Vertreter der betroffenen Institutionen beschuldigten die israelische Regierung, nicht entschieden genug gegen die antichristlichen Aktionen vorgegangen zu sein. Premierminister Begin wies die Vorwürfe zurück und erklärte, daß nach israelischem Gesetz die heiligen Stätten aller Religionsgemeinschaften gleichermaßen geschützt seien; vgl. NC News Service, 5.2.1980.
⁴⁸ AAS 72 (1980) 371.
⁴⁹ NC News Service, 3.4.1980.
⁵⁰ Vgl. ROKACH 1987, 180; Middle East International 122 (1980) 3.
⁵¹ Vgl. HANSON 1987, 238f. Hanson zufolge spielte Capucci „die ambivalente diplomatische Rolle, für den Vatikan den Kontakt zu den radikalen islamischen Führern zu halten, wobei er dem Vatikan die Möglichkeit gab, sich von möglicherweise unangenehmen Initiativen zu distanzieren". RUDLOFF (1981, 16f) hingegen meint, der Vatikan mißbilligte Capuccis Aktivitäten, konnte ihn aber nicht unter Kontrolle halten. „Es scheint, daß der Vatikan machtlos ist, seine Priester von

halten über einen Gesetzesvorschlag, den die ultranationalistische Abgeordnete Geula Cohen im Mai 1980 im israelischen Parlament präsentierte, um den Status Jerusalem als ungeteilte Hauptstadt Israels festzuschreiben. Die ägyptische Regierung brach daraufhin die Friedensgespräche mit Israel ab. Der Vatikan war außerdem beunruhigt über die Situation in den besetzten Gebieten, wo insbesondere Übergriffe auf palästinensische Führungskräfte zunahmen. Nachdem bereits zwei palästinensische Bürgermeister von den israelischen Behörden ausgewiesen worden waren, griffen israelische Attentäter im Juni 1980 drei weitere Bürgermeister aus dem Westjordanland mit Autobomben an. Zwei von ihnen wurden schwer verletzt, darunter der christliche Bürgermeister von Ramallah. Am selben Tag lud Premierminister Begin den Papst erneut offiziell zu einem Israelbesuch ein, da Johannes Paul II. in einer Begegnung mit französischen Juden von seinem Wunsch einer Pilgerfahrt gesprochen hatte. Der Vatikan empfand die Einladung unter diesen Umständen als „höchst provokativ"[52] und äußerte sich nicht öffentlich dazu. Arafat sagte dazu in einem Interview, der Papst beginge einen großen Fehler, während der zionistischen Besatzung ins Heilige Land zu reisen. Er solle statt dessen die palästinensischen Flüchtlingslager besuchen, um zu sehen, daß auch die Palästinenser ihr Kreuz zum Kalvarienberg tragen.[53]

Die im israelischen Parlament eingebrachte Gesetzesvorlage machte eine Lösung der Jerusalemfrage auf der Basis einer interreligiösen Interessengemeinschaft aus vatikanischer Sicht noch dringender notwendig. Das gab Johannes Paul II. auch dem US-amerikanischen Präsidenten Jimmy Carter zu verstehen, den er im Juni 1980 in Audienz empfing. Die Jerusalemfrage sei der Angelpunkt des Friedens im Nahen Osten, sagte der Papst. Er hoffe, daß die gemeinsame monotheistische Glaubenstradition helfen werde, diesen Frieden zu ermöglichen.[54] Mit dieser Auffassung stand er ganz in der Tradition Pauls VI. Im Unterschied zu diesem sah Johannes Paul II. das Palästinenserproblem jedoch nach wie vor abgelöst von der Jerusalemfrage.[55] „Ich möchte meine ernsthafte Bitte erneuern, den Themen, die den Libanon und das gesamte palästinensische Problem (the whole Palestinian problem) betreffen, die angemessene Auf-

---

unerwünschten Tätigkeiten abzuhalten, sobald weitergehende politische Interessen auf dem Spiel stehen", so COLBI (1988, 217).

[52] ROKACH (1987, 182) zitiert einen nicht namentlich genannten Vertreter des Vatikans.
[53] Vgl. NC News Service, 16.7.1980.
[54] Vgl. AAS 72 (1980) 637.
[55] Vgl. ROKACH 1987, 185 („These issues were not a kind of ‚package‘, as they had been for his predecessors Pius XII and Paul VI").

merksamkeit zu widmen"⁵⁶, fügte er hinzu, ohne die Fragen miteinander zu verknüpfen.

Am 30. Juni 1980, als das israelische Parlament den Gesetzesvorschlag in erster Lesung beriet und der UN-Sicherheitsrat die „Besatzungsmacht Israel"⁵⁷ dringend aufforderte, den Status der Stadt nicht zu ändern, veröffentlichte der ‚Osservatore Romano' eine detaillierte Stellungnahme des Hl. Stuhls.⁵⁸ Der Text war eine erweiterte Fassung der Erklärung des Ständigen Beobachters des Hl. Stuhls bei der UNO vom Dezember 1979, die damals nicht veröffentlicht worden war. Die Kernsätze lauteten: „Die drei Religionsgemeinschaften in Jerusalem [...] sind die ersten, die an der Wahrung des heiligen Charakters der Stadt interessiert sind und müssen an ihrer eigenen Zukunft mitbeteiligt werden. [...] Der Universalismus der drei monotheistischen Religionen [...] fordert eine Verantwortung, die weit über die Grenzen der Staaten dieser Region hinausgeht. [...] Die ‚territoriale Internationalisierung' Jerusalems wurde bekanntlich nicht verwirklicht [...]. Der Hl. Stuhl hält die Wahrung des heiligen und universalen Charakters von Jerusalem für so erstrangig wichtig, daß, gleich welche Macht die Souveränität über die Heilige Stadt ausübt, [...] sie die Verpflichtung übernehmen muß, den besonderen Charakter der Stadt und die Rechte hinsichtlich der heiligen Stätten und den jeweiligen Gemeinschaften zu schützen, auf der Basis eines angemessenen Rechtssystems, das von einer höheren internationalen Instanz gewährleistet wird."⁵⁹ Wie in der Erklärung des Ständigen Beobachters signalisierte der Hinweis auf eine beliebige Souveränität einerseits eine gewachsene Kompromißbereitschaft; andererseits deutete die neutrale Erwähnung der Internationalisierung – ohne sie einzufordern oder für überholt zu erklären – darauf hin, daß der Hl. Stuhl die israelische Souveränität keineswegs bereits implizit anerkannte. Hinsichtlich der aktuellen Situation erinnerte der ‚Osservatore Romano' an die zahlreichen UN-Resolutionen, die alle statusändernden Maßnahmen verurteilten, und warnte vor den schwerwiegenden Folgen „jedes einseitigen Aktes, der darauf zielt, den ‚Status' der Heiligen Stadt zu ändern"⁶⁰.

Einen Monat später, am 30. Juli 1980, approbierte das israelische Parlament ungeachtet der internationalen Kritik ein Gesetz mit Ver-

---

⁵⁶ AAS 72 (1980) 637.
⁵⁷ S/RES/476, 30.6.1980.
⁵⁸ Vgl. OR, 30.6./1.7.1980 (Gerusalemme). Die deutsche Ausgabe (OR dt., 1.8.1980) titelte ‚Wem gehört Jerusalem? Freier Zugang aller zu den heiligen Stätten genügt nicht'. Die Stellungnahme war im Blick auf die Debatte im UN-Sicherheitsrat zuvor an die Delegationen bei der UNO verteilt worden.
⁵⁹ OR, 30.6./1.7.1980.
⁶⁰ OR, 30.6./1.7.1980.

fassungscharakter (Basic Law), das Jerusalem „vollständig und vereint" zur Hauptstadt Israels erklärte.[61] Die seit 1967 geltende Bestimmung zum Schutz der heiligen Stätten aller Religionsgemeinschaften war darin wörtlich aufgenommen. Der UN-Sicherheitsrat bezeichnet das Hauptstadtgesetz als Völkerrechtsverletzung und forderte, alle diplomatischen Vertretungen aus Jerusalem zurückziehen.[62] Aus vatikanischer Perspektive war bemerkenswert, daß in dieser wie in der vorhergehenden Resolution des Sicherheitsrats ausdrücklich der ‚Charakter der Heiligen Stadt' erwähnt war, also die religiöse Bedeutung Jerusalems wieder stärker in den Vordergrund trat.[63]

3. Kontakte des Vatikans zu den Palästinensern

Nach der von Israel gesetzlich vollzogenen Annexion Ost-Jerusalems zeigte sich Johannes Paul II. weniger bereit, israelische Anliegen zu berücksichtigen, und wurde empfänglicher für die Bedürfnisse der palästinensischen Seite. Im Sommer 1980 mißachtete er die Verpflichtung, die er nach israelischer Auffassung im Zusammenhang mit Capuccis Haftentlassung eingegangen war, und sandte Capucci mit einem politischen Auftrag in den Nahen Osten. Er sollte dem iranischen Präsidenten Bani Sadr eine Botschaft des Papstes überbringen und ihn bewegen, mehrere auf staatliche Anweisung geschlossene christliche Schulen wieder zu öffnen. Capucci reiste mehrfach in den Iran und wurde von Johannes Paul II. innerhalb von vier Monaten drei Mal in Privataudienz empfangen.[64]

Im September 1980 traf Johannes Paul II. am Ende einer Folge von Audienzen für Vertreter der Hauptparteien des Nahostkonflikts erstmals mit einem offiziellen Vertreter der PLO zusammen. Zunächst empfing der Papst in seiner Sommerresidenz in Castelgandolfo den jordanischen König Hussein und kurz darauf den ägyptischen Vizepräsidenten Hosni Mubarak, der ihm eine persönliche Botschaft des ägyptischen Präsidenten Sadat überbrachte.[65] In beiden Fällen wurde anschließend kein Kommuniqué veröffentlicht; vor dem Hintergrund der Stellungnahme im ‚Osservatore Romano' und der Verabschiedung des israelischen Hauptstadtgesetzes war der

---

[61] PASSIA (Hg.) 1996, 110. Der Staat Israel besitzt keine geschriebene Verfassung, sondern eine Reihe von Gesetzen mit konstitutionellem Charakter.
[62] Vgl. S/RES/476, 30.6.1980 und S/RES/478, 20.8.1980.
[63] Vgl. PASTORELLI 1982, 98. FERRARI (1980, 663f) schließt aus dieser Formulierung außerdem auf ein neues Interesse der arabischen Staaten am Konzept der Internationalisierung.
[64] Vgl. POC 30 (1980) 350-357; RUDLOFF 1981, 16-18; NICHOLS 1981, 212.
[65] Vgl. KNA, 3.9.1980; 8.9.1980; NC News Service, 8.9.1980.

Inhalt der Gespräche aber zweifellos die Jerusalemfrage. Ebenfalls in Castelgandolfo fand die Audienz für den israelischen Botschaftsrat Meir Mendes und seine Ehefrau statt, die eher privaten als politischen Charakter hatte. Mendes war seit 1967 in der israelischen Botschaft in Rom für den Kontakt zum Hl. Stuhl zuständig gewesen und schied nun aus dem diplomatischen Dienst aus. Johannes Paul II. sei aufrichtig an seiner persönlichen Einschätzung der politischen Probleme im Nahen Osten interessiert gewesen sei, berichtete Mendes später. Als seine Frau erwähnte, daß ein Teil ihrer Familie im Holocaust umgekommen sei, habe Johannes Paul II. geantwortet: „Ich weiß, ich war Zeuge schrecklicher Ereignisse in Polen während des Krieges und der Zerstörung des Judentums in diesem Land."[66] Am Ende dankte der Papst dem israelischen Diplomaten für alles, was er für die Kontakte zwischen dem Hl. Stuhl und Israel getan hatte.[67]

Großes Aufsehen erregte kurz darauf die erste Begegnung des Papstes mit einem Vertreter der PLO. Die PLO hatte ihre Stellung als politische Vertreterin des palästinensischen Volks in den vergangenen zwei Jahren weiter gefestigt. Im November 1979 war sie von der italienischen Regierung politisch anerkannt worden. Am 13. Juni 1980 hatten die Mitglieder der Europäischen Gemeinschaft in ihrer ‚Erklärung von Venedig' erstmals gemeinsam das Recht des palästinensischen Volks auf Selbstbestimmung eingeklagt und die Beteiligung der PLO an den Friedensverhandlungen gefordert. Aus palästinensischer Perspektive war eine Papstaudienz für Arafat oder zumindest einen offiziellen Vertreter der PLO daher das nächste diplomatische Ziel. Arafat war bereits 1975 und 1976 in Beirut mit Kardinal Paolo Bertoli und Mgr. Mario Brini zusammengetroffen, die im Auftrag des Papstes zwischen den Bürgerkriegsparteien im Libanon zu vermitteln versuchten. Während der beiden folgenden Sondermissionen des Hl. Stuhls, im Pontifikat Johannes Pauls II., hatten mit Rücksicht auf die christliche Partei der Phalangisten keine Begegnungen mit Vertretern der palästinensischen Seite stattgefunden.[68]

Afif Safieh, der erste Vertreter der PLO, der mit Johannes Paul II. zusammentraf, war in Jerusalem geboren und römisch-katholisch. Er hatte an der katholischen Universität in Löwen Politikwissenschaft studiert und 1967 wegen seines Auslandsaufenthalts das Recht auf Rückkehr nach Jerusalem verloren. Seit 1978 war er in der PLO-Zentrale in Beirut für die Beziehungen zu den europäischen Staaten

---

[66] MENDES 1990, 179.
[67] Vgl. MENDES 1990, 178-180.
[68] Vgl. IRANI 1986, 126-141.

und zu den UN-Organisationen zuständig.[69] Die Begegnung mit dem Papst war keine Audienz im üblichen Sinn. Safieh hatte einen Platz in der ersten Reihe während der wöchentlichen Generalaudienz auf dem Petersplatz zugewiesen bekommen. Dort wurden häufig Personen plaziert, die vergeblich um eine Audienz gebeten hatten. Im Anschluß an die Audienz hielt Johannes Paul II. sich gewöhnlich noch etwa eine halbe Stunde in diesem Bereich auf, schüttelte Hände und wechselte Worte mit den dort Anwesenden. Während des kurzen Gesprächs, das Safieh in diesem Rahmen mit dem Papst führte, überreichte er ihm eine persönliche Botschaft von Arafat. Die Begegnung verdankte ihren audienzähnlichen Charakter vor allem der Tatsache, daß sie offiziell im Pressesaal bekanntgegeben wurde. Zuvor war Safieh außerdem zweimal mit Silvestrini, dem Sekretär des Rats für öffentliche Angelegenheiten, zusammengetroffen. „Indem er öffentlich einen Gesandten Arafats empfangen hat, wollte Seine Heiligkeit vor den Augen der Welt seine Sympathie für die Palästinenser bezeugen"[70], sagte Safieh anschließend vor Journalisten. Johannes Paul II. habe ihm versichert, Palästina, die Palästinenser und Jerusalem lägen ihm besonders am Herzen. Die Botschaft Arafats enthielt die erneute Einladung an den Papst, die palästinensischen Flüchtlingslager zu besuchen, und die Bitte, „sich an die Spitze des friedlichen Zuges der Palästinenser zu stellen, die in ihre Heimat zurückkehren"[71]. Der eigentliche diplomatische Erfolg dieser Begegnung lag für die PLO in der Zusicherung, daß die Kontakte in Zukunft fortgesetzt werden sollten.[72]

Johannes Paul II. äußerte sich das nächste Mal Anfang Oktober 1980 in einer Predigt bei einem Besuch der süditalienischen Hafenstadt Otranto zur Situation im Nahen Osten. In zwei vielbeachteten Sätzen faßte er den historischen Ursprung des Konflikts zusammen: „Das jüdische Volk hat nach tragischen Erfahrungen der Vernichtung so vieler Söhne und Töchter, getrieben von dem Verlangen nach Sicherheit, den Staat Israel ins Leben gerufen. Zur gleichen Zeit wurde eine schmerzliche Situation für das palästinensische Volk geschaffen, das zum großen Teil von seiner Heimat ausgeschlossen wurde."[73] Schlagzeilen machte die erstmalige Verwendung des Ausdrucks ‚der Staat Israel', was kaum anders als ein Zeichen vertiefter

---

[69] Vgl. SAFIEH 1997.
[70] Il Giorno, 19.9.1980.
[71] Il Giorno, 19.9.1980; vgl. KNA, 20.9.1980.
[72] Vgl. NC News Service, 19.9.1980.
[73] AAS 72 (1980) 1017 (Il Popolo Ebraico, dopo esperienze tragiche, legate allo sterminio di tanti figli e figlie, spinto dall'ansia di sicurezza, ha dato vita allo Stato di Israele; nello stesso tempo si è creata la condizione dolorosa del Popolo Palestinese, in conspicua parte escluso della sua terra.).

Beziehungen auf diplomatischer Ebene aufgefaßt werden konnte.[74] Die Aussage über das palästinensische Volk hingegen wurde unterschiedlich interpretiert. Irani zufolge war kein Papst je so weit gegangen, öffentlich die israelische Mitverantwortung für das Schicksal der Palästinenser zu konstatieren.[75] Johannes Paul II. stellte die Staatsgründung Israels und den Heimatverlust vieler Palästinenser jedoch nicht in einen ursächlichen, sondern in einen zeitlichen Zusammenhang (‚zur gleichen Zeit'). Die Formulierung im Passiv (‚es wurde geschaffen') und die neutrale Darstellung von Flucht und Vertreibung (‚wurde ausgeschlossen') verstärkten den Eindruck der Unverbundenheit beider Geschehnisse.[76] Das Motiv zweier leidender Völker im Heiligen Land war nicht neu in päpstlichen Stellungnahmen zur Situation im Nahen Osten. Fünfzehn Jahre zuvor hatte Paul VI. eine gedankliche Verbindung hergestellt und an das jüdische Volk appelliert, aufgrund der eigenen Leidenserfahrung die Rechte des palästinensischen Volks anzuerkennen, „das ebenfalls lange gelitten hat"[77]. Weder Paul VI. noch Johannes Paul II. hatten in diesem Zusammenhang mögliche Ursachen für dieses Leiden genannt. Während Paul VI. die beiden Leidensgeschichten miteinander verknüpfte, um den Respekt der Rechte des palästinensischen Volks anzumahnen, zog Johannes Paul II. zunächst keine Konsequenzen aus seiner Feststellung. Insgesamt gesehen signalisierten die Aussagen der Predigt in Otranto vor allem ein gewachsenes Interesse des Papstes am Nahen Osten. Johannes Paul II. war im ersten Jahr seines Pontifikats deutlich sensibler geworden für die Anliegen der Palästinenser, ohne jedoch die politische Einsicht Pauls VI. in den Nahostkonflikt zu erreichen. Sein Ziel war es, mit beiden Seiten im Gespräch zu bleiben, um die Gestaltung des Friedens und die Zukunft Jerusalems zu beeinflussen.

4. Audienzen für Kaddumi und Schamir

Infolge der intensiveren Kontakte zur palästinensischen Seite riskierte der Hl. Stuhl, daß die Beziehungen zu Israel sich verschlechterten. Anfang März 1981 hatte das vatikanisch-israelische Verhältnis einen solchen Tiefstand erreicht, daß der israelische Außenminister Jizchak Schamir eine geplante Audienz bei Johannes Paul II. kurzfristig absagte. Die offizielle Begründung lautete, Schamir sei mit so

---

[74] La Stampa (7.10.1980) titelte ‚Zum ersten Mal spricht ein Papst vom ‚Staat Israel'".
[75] Vgl. IRANI 1986, 29. Irani vertritt die Ansicht, diese Ansprache sei „die deutlichste (the most explicite) päpstliche Stellungnahme zugunsten der Palästinenser" (ebd.).
[76] Vgl. KREUTZ 1990a, 156; FISHER (1987, 207) bemerkt, „diese Verbindung ist eindeutig temporal und nicht kausal, wie manche es darzustellen versucht haben".
[77] AAS 68 (1976) 134.

großer Verspätung aus New York in Rom eingetroffen, daß der Besuch im Vatikan nicht mehr vor Beginn des Schabbats möglich gewesen sei.[78] Über die Schabbatruhe hinaus gab es auf beiden Seiten Motive, zu diesem Zeitpunkt auf eine Begegnung zu verzichten. Die israelische Regierung mißbilligte die halboffizielle Audienz für einen Vertreter der PLO und die Ankündigung, die Kontakte fortsetzen zu wollen. Tatsächlich hatte Staatssekretär Casaroli Anfang Februar 1981 anläßlich des muslimischen Festes des Prophetengeburtstags eine Grußbotschaft an Arafat gesandt und damit Arafats Glückwünsche zum Weihnachtsfest beantwortet. Die palästinensische Nachrichtenagentur ‚Wafa' berichtete, der Papst habe Arafat und dem ganzen palästinensischen Volk gratuliert.[79] Auch Capucci war erneut zum Gegenstand israelisch-vatikanischer Spannungen geworden. Nach der Freilassung der Geiseln aus der US-amerikanischen Botschaft in Teheran, die Capucci selbst mehrfach besucht hatte, bat er den amerikanischen Präsidenten Ronald Reagan in einem offenen Brief, sich nun „der anderen Geiseln zu erinnern, [...] der über fünftausend palästinensischen Häftlinge, die in israelischen Gefängnissen leiden"[80]. Der Brief, der von der palästinensischen Beobachterdelegation bei der UNO veröffentlicht wurde, war mit dem kirchenrechtlich inkorrekten Titel ‚Erzbischof von Jerusalem im Exil' unterzeichnet.[81] Der Hl. Stuhl kritisierte seinerseits neben den zahlreichen Enteignungen und Baumaßnahmen in Jerusalem vor allem die kontinuierliche Militärpräsenz Israels im Libanon.[82] Anfang 1981 schien der Konflikt zwischen den von Israel unterstützten christlichen Mili-

---

[78] Die Audienz wurde so spät abgesagt, daß die Meldung am folgenden Tag dennoch in der Zeitung stand; vgl. FAZ, 7.3.1981 (Papst Johannes Paul II. hat im Vatikan den israelischen Außenminister Schamir in Privataudienz empfangen).
[79] Vgl. KNA, 6.2.1981.
[80] Hilarion Capucci, Offener Brief an US-Präsident Ronald Reagan, [Rom], 27.1.1981: Archiv der PLO-Generaldelegation, Rom.
[81] Tatsächlich war Capucci Titularbischof von Caesarea in Palästina und bis zu seiner Inhaftierung Patriarchalvikar von Jerusalem. In der Zeit seines Gefängnisaufenthalts waren weder Capucci noch der Bischofssitz Caesarea im ‚Annuario Pontificio' aufgeführt. Nach seiner Entlassung ernannte Johannes Paul II. ihn zum Visitator der Melkiten in Westeuropa. Seinen Titel als Patriarchalvikar für Jerusalem hatte er nicht aufgegeben; die melkitische Bischofssynode hatte zusätzlich P. Lutfi Laham zum Patriarchalvikar für Jerusalem bestimmt, der jedoch nicht den Rang eines Bischofs hatte. Als Laham im Oktober 1981 zum Titularbischof von Tarsus ernannt werden sollte, gab es massive Proteste von palästinensischer Seite, weil dies als definitive Nachfolgeregelung für Capucci und damit als Kapitulation vor der israelischen Regierung aufgefaßt wurde. Die Ordination mußte aufgrund der Unruhen um einen Monat verschoben werden; vgl. NC News Service, 13.11.1981; KIPA, 12.10.1981; HEYER 1984, 251f.
[82] Vgl. ROKACH 1987, 191f; KREUTZ 1990a, 157.

zen und den palästinensischen und syrischen Kampfgruppen erneut zu eskalieren.

Zwei Wochen nach der Absage des israelischen Außenministers fand eine zweite vatikanisch-palästinensische Begegnung statt, die deutlich politischeren Charakter hatte als der kurze Gesprächskontakt zwischen Afif Safieh und Johannes Paul II. Von Capucci vermittelt, empfing Staatssekretär Casaroli im März 1981 den Direktor der politischen Abteilung der PLO, Faruk Kaddumi, der als zweitwichtigster Mann in der PLO nach Arafat galt. Der Direktor des Pressesaals Panciroli erklärte, Casaroli sei der Bitte um ein Treffen nachgekommen, „um aus erster Hand die Ansichten der PLO [...] kennenzulernen, so wie der Hl. Stuhl es immer mit allen Parteien gehalten hat und auch weiter tun wird"[83]. Kaddumi sagte seinerseits in einem Interview, der Hl. Stuhl habe sich mit dem palästinensischen Volk und dessen Kampf für sein Land solidarisiert. Auch wenn die PLO und der Hl. Stuhl unterschiedlicher Meinung über den künftigen Status Jerusalems seien, lehnten sie jedoch gleichermaßen die israelische Annexion ab, so Kaddumi.[84] Die israelische Regierung reagierte empört; ein Sprecher des Außenministeriums verwies auf den terroristischen Charakter der PLO und ihr erklärtes Ziel, den israelischen Staat zu vernichten. Der Empfang Kaddumis im Staatssekretariat werde den Friedensbemühungen im Nahen Osten eher schaden als nutzen, hieß es in der Stellungnahme.[85]

Die Audienz für den israelischen Außenminister Jizchak Schamir wurde knapp ein Jahr später, im Januar 1982, nachgeholt, obwohl die israelische Politik aus vatikanischer Sicht zu dem Zeitpunkt kaum positiver zu beurteilen war. Die israelische Luftwaffe hatte im Juli 1981 zahlreiche Ziele im Libanon angegriffen, darunter auch Wohnviertel in Beirut. Im Dezember 1981, als die internationale Gemeinschaft in erster Linie über die Verhängung des Kriegsrechts in Polen beunruhigt war, hatte die israelische Regierung die syrischen Golan-

---

[83] Comunicazione del Direttore circa incontro tra Card. Casaroli e membro dell'Organizzazione per la Liberazione della Palestina, 18.3.1981: Archiv des Pressesaals. Im Archiv des Pressesaals ist als Herkunft Kaddumis ‚Palästina' und als Nation ‚Terra Santa' angegeben.

[84] Vgl. NC News Service, 30.3.1981; SZ, 23.3.1981 (PLO lobt ‚Solidarität des Vatikans' mit den Palästinensern).

[85] Vgl. KNA, 21.3.1981; FAZ, 21.3.1981; La Croix, 21.3.1981. Auch zahlreiche jüdische und christliche Organisationen, darunter Anti Defamation League of B'nei B'rith, American Jewish Congress, das Zentralkomitee der Katholiken, die Gesellschaften für christlich-jüdische Zusammenarbeit, protestierten gegen „die Anerkennung der PLO durch den Vatikan" (Resolution des Deutschen Koordinierungsrats der Gesellschaften für christlich-jüdische Zusammenarbeit, Frankfurt, 31.3.1981); vgl. ebd.

höhen annektiert.⁸⁶ Da Schamir wie Johannes Paul II. in Polen geboren war, konnte er sich mit dem Papst in der gemeinsamen Muttersprache unterhalten, was sicher zu der „Atmosphäre der Herzlichkeit und des Verständnisses"⁸⁷ beitrug, die das Kommuniqué erwähnte. Johannes Paul II. forderte, alle Parteien am Friedensprozeß zu beteiligen und internationale Vereinbarungen einzuhalten, und kritisierte damit sowohl den Ausschluß der Palästinenser von den Verhandlungen als auch die gegen das Völkerrecht verstoßende Annexion der Golanhöhen. Während der Papst in seiner Ansprache an Jimmy Carter im Juni 1981 allgemein eine Lösung für „das ganze palästinensische Problem"⁸⁸ gefordert hatte, sprach er nun präziser von dem „Problem der Palästinenser, sowohl derer, die im Heiligen Land wohnen, als auch derer, die Flüchtlinge in den Nachbarländern sind (Palestinesi, siano residenti in Terra Santa che profughi nei Paesi vicini)"⁸⁹. Ausdrücklich wünschte er, „daß die Palästinenser des Westjordanlands und des Gazastreifens unter friedlichen Bedingungen und unter voller Achtung aller Rechte leben können"⁹⁰. Das Anliegen seines Gesprächspartners aufgreifend, nannte er als Grundbedingung für einen gerechten Frieden auch die „Sicherheit des Staates Israels"⁹¹, zum ersten Mal in dieser ausführlichen Formulierung. Auf syntaktischer Ebene war sie der Regelung der Palästinenserfrage nachgeordnet: „Ein entschiedener Einsatz für eine gerechte und angemessene Lösung dieser Frage, wobei auch dem Problem der Sicherheit des Staates Israel Rechnung getragen werden muß, würde dem Friedensprozeß einen neuen und entscheidenden Impuls geben."⁹² Hinsichtlich Jerusalems verwies der Papst auf die bekannte Position des Hl. Stuhls, und Schamir wiederholte die Selbstverpflichtung der israelischen Regierung. Insgesamt hinterließ die Audienz den Eindruck, Schamir und Johannes Paul II. hätten einmütig bleibende Differenzen festgestellt.⁹³ In einer Ansprache beim Angelus im April 1982 zog Johannes Paul II. seine Bilanz in Form einer offenen Frage: „Ist es unrealistisch, nach so vielen Ent-

---

⁸⁶ Der Osservatore Romano (19.12.1981) nannte die Annexion einen „neuen Spannungsfaktor im Nahen Osten".
⁸⁷ OR, 7./8.1.1982.
⁸⁸ AAS 72 (1980) 637.
⁸⁹ OR, 7./8.1.1982.
⁹⁰ OR, 7./8.1.1982.
⁹¹ OR, 7./8.1.1982. Johannes Paul I. hatte zuvor erstmals von der „Sicherheit Israels" (OR, 7.9.1978) gesprochen, Johannes Paul II. vom „Staat Israel" (AAS 72 (1980) 1017).
⁹² OR, 7./8.1.1982.
⁹³ Vgl. KREUTZ 1990a, 157; ROKACH 1987, 192; CHOURAQUI (1992, 223) bilanziert, „die gleichen Reden, die gleichen Hoffnungen, das gleiche Unvermögen und dazu eine Spur von Herzlichkeit aufgrund der gemeinsamen polnischen Herkunft".

täuschungen zu wünschen, daß jedes dieser beiden Völker eines Tages die Existenz und Realität des anderen anerkennt [...] und sie in Frieden und Freiheit ihrer Würde entsprechend leben können?"[94]

5. Die erste Papstaudienz für Arafat (1982)

Am 6. Juni 1982 rückten israelische Truppen in den Libanon ein, um die PLO zur Aufgabe ihrer Basis im Libanon zu zwingen. Zwei Monate lang war Beirut militärisch abgeriegelt und stand kontinuierlich unter Beschuß. Während der israelischen Invasion wurden mehrere Tausend Zivilisten getötet. Die libanesischen Christen sahen in der PLO die Hauptverantwortliche für den anhaltenden libanesischen Bürgerkrieg und befürworteten daher die israelische Offensive.[95] Johannes Paul II. war so bestürzt über die Ereignisse und die zu befürchtenden Auswirkungen auf die ganze Region, daß er in seiner Ansprache an das Kardinalskollegium im Juni 1982 den Gedanken äußerte, selbst als Friedensstifter in den Libanon zu reisen.[96] Von diesem Vorhaben distanzierte er sich kurz darauf, ohne den Grund dafür näher zu erläutern.[97] Indessen sandte er dem israelischen Präsidenten Navon eine persönliche Botschaft und bat um die ehrenhafte Behandlung der Besiegten.[98] Ende Juni 1982, im Rahmen einer Friedensmesse für den Libanon, nannte Johannes Paul II. die beiden Elemente, die nach Ansicht des Hl. Stuhls für eine Konfliktlösung entscheidend waren: die Bewahrung der muslimisch-christlichen Koexistenz im Libanon und eine gerechte Regelung für die Palästinenser. Gerade weil er um die Zukunft der libanesischen Christen – und aller christlichen Minderheiten in muslimischen Ländern – besorgt war, konnte er deren separatistische Tendenzen nicht unterstützen. Folglich rief er zum Gebet für das ganze libanesische Volk auf, „damit es erneut seiner besonderen Berufung gerecht werden kann, ein Beispiel des Zusammenlebens verschiedener Gemeinschaften zu bieten"[99]. Seine anschließende Aussage über die Palästinenser belegte seine vertiefte Einsicht in den Nahostkonflikt. „Ein anderes Volk leidet auf libanesischem Boden: das palästinensische Volk (Popolo Palestine), das mir nicht weniger lieb ist als

---

[94] OR, 5./6.4.1982.
[95] Die PLO zerstörte im Libanon zudem über hundert christliche Kirchen, Klöster und Schulen und griff christliche Zivilisten an; vgl. VOCKE 1980.
[96] Vgl. AAS 74 (1982) 1035 (Affermo qui pubblicamente che sarei disposto a recarmi senza indugio anche nella martoriata terra del Libano, se ciò fosse possibile, per la causa della pace, mantenendo una linea di preghiera.)
[97] Vgl. B 337/1982, 29.6.1982.
[98] Vgl. KNA, 12.7.1982.
[99] B 337/82, 29.6.1982.

andere. Beten wir, daß seine berechtigten Erwartungen anerkannt werden – vor allem, eine eigene Heimat haben zu können (una sua patria) –, damit es in Ruhe mit allen Völkern der Region zusammenleben kann"[100], sagte Johannes Paul II. Deutlicher als zuvor verwies er auf die Heimatlosigkeit der Palästinenser als ein Kernproblem des Libanons und der gesamten Region. Seine Sympathieerklärung war zugleich ein Appell an die libanesischen Christen, den Grund der unfreiwilligen Präsenz der Palästinenser im Libanon zu berücksichtigen – auch wenn sie für den Ausbruch des libanesischen Bürgerkriegs und die israelische Invasion mitverantwortlich waren. Es war das erste Mal, daß Johannes Paul II. die Erwartungen der Palästinenser konkretisierte und in diesem Zusammenhang das Wort ‚patria' benutzte.

Weder bei den libanesischen Christen noch bei den Palästinensern kam seine Botschaft an. So erklärte Baschir Gemayel, zu dem Zeitpunkt der einflußreichste christliche Politiker im Libanon und Kommandant der christlichen Miliz ‚Lebanese Forces', „der Vatikan sollte einsehen, daß die Christen im Libanon nicht die Versuchskaninchen für den christlich-muslimischen Dialog in der Welt sind"[101]. Nemer Hammad, Vertreter der PLO in Rom, sandte Johannes Paul II. kurz vor Ende der zweimonatigen Belagerung Beiruts durch israelische Truppen ein dramatisch formuliertes Telegramm: „Warum verdient das palästinensische Volk nicht Eure tägliche Aufmerksamkeit, wenn es in jeder Stunde stirbt? Warum werden in Euren öffentlichen Audienzen die Mörder und die Opfer nicht ausdrücklich genannt? Die Kinder im belagerten Beirut und Tausende unschuldiger Opfer bitten Euch, vor Gott und der Welt für das palästinensische Volk und dessen Recht auf einen souveränen Staat einzutreten."[102] Wenige Tage später gab sich die PLO geschlagen; bis Ende August 1982 hatten alle palästinensischen Einheiten die Stadt verlassen. Im selben Monat wurde Baschir Gemayel zum libanesischen Staatspräsidenten gewählt. Anfang September 1982 schienen auch die israelisch-arabischen Friedensverhandlungen wieder in Gang zu kommen, als zwei neue Friedenspläne vorgestellt wurden. Der US-amerikanische Präsident Ronald Reagan forderte erstmals eindeutig den Rückzug Israels aus den besetzten Gebieten und sprach sich für eine palästinensisch-jordanische Föderation aus. Die arabischen Staaten hingegen traten auf ihrem Gipfeltreffen in Fez

---

[100] B 337/82, 29.6.1982.
[101] IRANI 1986, 142.
[102] Telegramm von Nemer Hammad, PLO-Vertreter in Rom, an Seine Heiligkeit Papst Johannes Paul II., Rom, 3.8.1982: Archiv der PLO-Generaldelegation, Rom.

für einen palästinensischen Staat im Westjordanland ein, wobei sie zum ersten Mal indirekt das Existenzrecht Israels anerkannten.[103]

Vor diesem Hintergrund war Johannes Paul II. „bereit, Jassir Arafat zu empfangen, [...] auch als Zeichen der Achtung gegenüber dem palästinensischen Volk"[104]. Mit diesen Worten, ohne Arafat mit einem Titel zu nennen, bestätigte Panciroli am 11. September 1982, was die PLO-Vertretung in Rom bereits am Tag zuvor angekündigt hatte. Die Audienz sollte am 15. September 1982 stattfinden, wenn Arafat anläßlich einer Konferenz der Interparlamentarischen Union in Rom eintreffen würde. Erwartungsgemäß löste die Ankündigung einer Papstaudienz für den PLO-Vorsitzenden in Israel starken Protest aus. Die Stellungnahme der israelischen Regierung und die Reaktion des Hl. Stuhls waren polemischer formuliert als je zuvor eine öffentliche Äußerung, die das israelisch-vatikanische Verhältnis betraf. Bemerkenswert war dabei, daß die Argumentation für oder gegen ein Treffen mit Arafat verdrängt wurde von einem Disput über das Verhalten der katholischen Kirche während des Holocausts.

Am 12. September veröffentlichte das israelische Außenministerium folgendes Kommuniqué: „Dieselbe Kirche, die über das sechs Jahre dauernde Massaker an Juden in Europa kein Wort verloren hat, und die sieben Jahre lang nicht viel zu den Morden an Christen im Libanon gesagt hat, ist bereit, den Mann zu treffen, der das Verbrechen im Libanon verübt hat, und auf die Vernichtung Israels aus ist, was die Vollendung des Werks der Nazis in Deutschland bedeutet. Wenn der Papst Arafat trifft, dann zeigt das etwas über den moralischen Stand der Kirche."[105] In der Stellungnahme des Vatikans am folgenden Tag hieß es: „Die Erklärung, die ein ‚hochrangiger Regierungsbeamter' Israels gestern in Jerusalem abgegeben hat, enthält Worte, die mehr als überraschend, geradezu unglaublich sind. Sie lassen vermuten, daß er vergessen hat – vielleicht in einem emotionalen Kontext, der objektiv jedoch kaum gerechtfertigt ist – wieviel der Papst, der Hl. Stuhl, die katholische Kirche mit ihren Priestern und ihren Organisationen in verschiedenen Ländern getan haben [...] um Tausende und Tausende Juden zu schützen und zu retten. [...] Ohne sich dessen rühmen zu wollen, muß man die Vergeßlichen daran erinnern, weil eine solche Verfälschung der Wahrheit nicht ohne Antwort bleiben kann."[106] Es wurde außerdem auf den Besuch Johannes Pauls II. in Auschwitz hingewiesen sowie auf

---

[103] Das in Fez verabschiedete Konzept basierte im wesentlichen auf einem Friedensplan des saudischen Kronprinzen Fahd vom August 1981, der damals von mehreren arabischen Staaten abgelehnt wurde.
[104] KNA, 13..9.1982.
[105] The Jerusalem Post, 14.9.1982; zit. n. ROKACH 1987, 198.
[106] B 426, 13.9.1982.

seine häufigen Verurteilungen „des Völkermords der Nazis am jüdischen Volk (und nicht nur an diesem)"[107].

Mit dieser Erklärung offenbarte der Vatikan ein gravierendes Kommunikationsproblem im Blick auf Israel. Die geplante Audienz für Arafat war lediglich in der Formulierung „vielleicht in einem emotionalen Kontext" angedeutet. Anstatt die Entscheidung für ein Treffen mit Arafat positiv zu begründen, so wie es im Anschluß an den Empfang Kaddumis im Staatssekretariat geschehen war, übernahm der Vatikan die israelische Argumentationsstruktur. Diese basierte auf der Annahme, das Recht des Hl. Stuhls, die aktuelle Politik Israels zu kritisieren, sei abhängig von seinem Verhalten während der Judenvernichtung. Indem der Hl. Stuhl sich in seiner Reaktion energisch gegen den Pauschalvorwurf verteidigte, schien er die zugrundeliegende Logik zu akzeptieren. Durch die emphatische Aufzählung positiver Beispiele manövrierte er sich aus der Sicht der Kritiker zudem in die Lage dessen, der sich anklagt, indem er sich verteidigt. Der Hl. Stuhl äußerte sich nicht zu der Frage, inwiefern der unterschiedlich wahrgenommene Einsatz für die Rettung von Juden mit der geplanten Audienz für den PLO-Präsidenten in Verbindung stehe.

Die Kritik infolge der offiziellen Bestätigung der geplanten Audienz beschränkte sich keineswegs auf Israel. Ein Dozent der katholischen Universität in Beirut, P. Jean Aucagne SJ, nannte es einen „ernsten Skandal für die libanesischen Christen, die ihr Land gegen Terroristen verteidigt haben [...], die es zu einem muslimischen Land unter palästinensischer Herrschaft machen wollten"[108]. In Deutschland baten Vertreter des Zentralrats der Juden und der Deutsch-Israelischen Gesellschaft den Vorsitzenden der Deutschen Bischofskonferenz, Kardinal Joseph Höffner, sich im Vatikan für die Absage der Audienz einzusetzen.[109] Das Hauptargument gegen eine Audienz für Arafat war, daß es den Anführer einer Organisation politisch aufwerten würde, die für zahlreiche Morde an Juden und libanesischen Christen verantwortlich war. Einige Vatikankorrespondenten erhielten von ihren Redaktionen die Anweisung, die Bedeutung des Treffens in ihrer Berichterstattung möglichst herunterzuspielen.[110] Nach dem polemischen Wortwechsel zwischen der israelischen Regierung und dem Hl. Stuhl verbreitete sich die Überzeugung, die Audienz werde – ähnlich wie der Termin für den Betlehemer Bür-

---

[107] B 426, 13.9.1982.
[108] P. Jean Aucagne SJ, Note sur la réception d'Arafat par le Pape, Beirut, 13.9.1982: Privatarchiv Joseph Vandrisse.
[109] Vgl. FAZ, 14.9.1982; Die Welt, 14.9.1982; Frankfurter Rundschau, 14.9.1982; KNA, 15..9.1982.
[110] Interview Vandrisse.

germeister Elias Freij – unter einem formalen Vorwand kurzfristig abgesagt.[111] Indessen gewann das Treffen des Papstes mit Arafat durch einen gravierenden Vorfall im Libanon unerwartet an Profil. Am Vorabend der Audienz wurde der designierte christliche Staatspräsident Baschir Gemayel bei einem Bombenanschlag auf die Parteizentrale der Phalangisten getötet. Kurz darauf rückte die israelische Armee in den muslimischen Teil Beiruts ein, den die internationalen Schutztruppen bereits wieder verlassen hatten. Trotz der Evakuierung der PLO schien die Situation im Libanon erneut zu eskalieren.

Johannes Paul II. empfing Jassir Arafat am 15. September 1982, am Nachmittag vor der wöchentlichen Generalaudienz, in einem Nebenraum der Audienzhalle. Vom Flughafen hatte Capucci ihn abgeholt; der Pressesaal dementierte jedoch, daß Capucci als Vertreter des Hl. Stuhls gehandelt habe.[112] Arafat trug seine übliche Uniform und Kopfbedeckung, jedoch keine Waffe. Die Audienz dauerte eine knappe halbe Stunde, und es gab ein offizielles Foto. Das Kommuniqué des Pressesaals betonte die ständige Sorge des Papstes, den schwierigen Friedensprozeß im Nahen Osten zu fördern. Johannes Paul II. erklärte Arafat stellvertretend seine tiefe Sympathie für das palästinensische Volk und verurteilte zugleich alle Arten von Gewaltanwendung.[113] Eine Lösung für den Nahen Osten sollte dem Papst zufolge „den Rückgriff auf Waffen und Gewalt in jeder Form ausschließen, insbesondere Terrorismus und Vergeltungsmaßnahmen, und zur Anerkennung der Rechte aller Völker führen, insbesondere des Rechts des palästinensischen Volkes auf ein eigenes Heimatland (quello del Popolo Palestinese ad una propria patria) und des Rechts Israels auf seine Sicherheit (e di Israele alla sua sicurezza)"[114]. Das Kommuniqué nannte Jassir Arafat ohne Titel und machte keine Angaben über den Inhalt seiner Ansprache an den Papst.

Direkt anschließend hielt Johannes Paul II. seine wöchentliche Generalaudienz auf dem Petersplatz. Ohne die Begegnung mit Arafat zu erwähnen, ging er auf die Rolle des Hl. Stuhls im Nahost-Friedensprozeß ein. Es sei seine Pflicht, auf moralische Prinzipien hinzuweisen, die seiner Ansicht nach bei der Suche nach friedlichen

---

[111] Dies war einer der seltenen Fälle, in denen das für fundierte Recherchen bekannte und berüchtigte französische Satireblatt ‚Le Canard enchaîné' irrte. Am Tag der Audienz machte es mit der Schlagzeile auf ‚Pas d'Arafat au Vatican – un évité de marque' (Le Canard enchaîné, 15.9.1982).
[112] Risposta verbale, 14.9.1982: Archiv des Pressesaals. Im Archiveintrag ist das Feld ‚provenienza' nicht ausgefüllt, und als ‚nazione' ist ‚Palestina' angegeben.
[113] Vgl. B 431, 15.9.1982.
[114] B 431, 15.9.1982.

Lösungen zu beachten seien. Konkret nannte er das „Recht auf Leben und Sicherheit in einem eigenen Territorium unter Berücksichtigung der Identität jedes einzelnen"[115]. Der Papst und die katholische Kirche blicken „mit Sympathie und Achtung auf beide Völker"[116], sagte Johannes Paul II. Er griff die Frage auf, die er im Anschluß an die Begegnungen mit dem israelischen Außenminister Schamir und dem PLO-Führer Kaddumi gestellt und unbeantwortet gelassen hatte, nämlich ob es unrealistisch sei, auf die gegenseitige Anerkennung der beiden Konfliktparteien zu hoffen. „Heute wiederhole ich diese Frage [...] auch mit dem Vertrauen, daß die schmerzvolle Erfahrung dieser Monate die positive Antwort auf beiden Seiten beschleunigt"[117], sagte Johannes Paul II.

Insgesamt sprachen aus vatikanischer Perspektive folgende Motive für einen Empfang Arafats beim Papst, trotz internationaler Kritik. Grundsätzlich hatte der Vatikan Interesse, mit allen Seiten im Gespräch zu bleiben, und die Hoffnung, dadurch aktiv zum Frieden im Nahen Osten beizutragen. Die politischen Umstände schienen besonders günstig: Die PLO war nach ihrer Evakuierung aus Beirut an einem Punkt des Neubeginns, ihr internationales Ansehen war schlechter denn je. Sie mußte ihre Struktur, vor allem aber ihre politischen Ziele und Mittel neu definieren. Indem der Papst dem palästinensischen Volk in dieser Situation seine Sympathie erklärte, hoffte er auf eine größere Aufnahmebereitschaft für sein Anliegen. Anstatt öffentlich Appelle zu formulieren, welche die wenigsten Palästinenser erreichten, konnte er auf diese Weise Arafat persönlich zum Gewaltverzicht und zur Anerkennung des Existenzrechts Israels mahnen.[118] Diese Aspekte schienen auch die absehbare Verschlechterung der Beziehungen zu Israel aufzuwiegen.[119] Die Proteste im Anschluß an die Audienz basierten auf den bereits zuvor genannten Argumenten, vor allem auf der Tatsache, daß die Charta der PLO die Vernichtung Israels als Hauptziel der Organisation nannte.[120]

---

[115] ASS 1982, 660.
[116] ASS 1982, 660.
[117] ASS 1982, 660.
[118] Im Rheinischen Merkur (24.9.1982) wurde das Verhalten des Vatikans als macchiavellistisch charakterisiert, da er nach der Devise gehandelt habe ‚die Terroristen von heute sind die Staatsmänner von morgen'.
[119] Vgl. IRANI 1986, 47 („Johannes Paul II. entschied sich, die Wut der Juden und Israelis zu riskieren, um seine Sorge für eine gerechte und friedliche Lösung des Nahostkonflikts zu äußern. [Er] hatte den Eindruck, daß etwaige Störungen der interreligiösen Beziehungen zwischen der katholischen Kirche und dem Judentum leicht wieder zu beheben seien").
[120] In der Erklärung des israelischen Außenministeriums hieß es, „der spirituelle Führer von Millionen von Gläubigen auf der ganzen Welt, scheute sich nicht, den Vorsitzenden einer Orgnisation zu empfangen, die in ihre Verfassung die Ver-

Für die Palästinenser war der Empfang Arafats beim Papst ein wichtiger diplomatischer Erfolg. Wie von den Kritikern befürchtet, bedeutete die Geste des Papstes eine Aufwertung der PLO. Da die PLO in der kommenden Zeit jedoch mit ihrer Neuorganisation und den daraus resultierenden Richtungsstreitigkeiten beschäftigt war, hatte sie weder Interesse noch Kapazitäten, die Kontakte zum Hl. Stuhl zu vertiefen Die Hoffnung Johannes Pauls II., die Audienz für Arafat stehe am Beginn einer entscheidenden Etappe des Friedensprozesses, schwand bereits am folgenden Tag, als christliche Milizen im Libanon die palästinensischen Flüchtlingslager Sabra und Schatila angriffen. Auf der Suche nach zurückgebliebenen Kampfeinheiten der PLO töteten sie innerhalb weniger Tage mindestens zweitausend Zivilisten. Das israelische Militär war über das Vorgehen der libanesischen Miliz nicht nur informiert, sondern leistete auch logistische Hilfe.

6. Das Apostolische Schreiben ‚Redemptionis Anno' (1984)

In den Monaten nach den aufsehenerregenden Audienzen für Faruk Kaddumi, Jizchak Schamir und Jassir Arafat betrieb der Hl. Stuhl seine Palästinapolitik in diskreter Form. Das Interesse des Papstes war in erster Linie auf den Libanon konzentriert, wo sich die Konfliktparteien weiter aufspalteten und der Abzug der israelischen Armee sich immer wieder verzögerte.

Der Hl. Stuhl gab 1983 und 1984 zwei umfassende Stellungnahmen zur Palästinafrage ab, einmal in Form eines Diskussionsbeitrags auf einer internationalen Konferenz, einmal in Form eines päpstlichen Schreibens an alle Katholiken weltweit. Im September 1983 waren auf Initiative der UN-Generalversammlung Delegierte aus über hundert Staaten in Genf zu einer Nahost-Friedenskonferenz zusammengekommen. Da diese Konferenz jedoch von Israel, den USA und den meisten europäischen Staaten boykottiert wurde, hatte sie letztlich den Charakter einer Solidaritätsveranstaltung für die Palästinenser ohne praktische Konsequenzen. Der Hl. Stuhl war durch eine Beobachterdelegation vertreten, deren Leiter, P. Raymond Roch, in einer Ansprache an die Konferenzteilnehmer die Position des Hl. Stuhls darstellte. Er erläuterte das vatikanische Interesse an der Palästinafrage, faßte die bisherigen päpstlichen Stel-

---

nichtung des jüdischen Staates als Hauptziel geschrieben hat" (The Jerusalem Post, 16.9.1982; zit. n. ROKACH 1987, 199). Heftige Kritik kam auch von deutscher Seite: „Man mag an das Jahr 1938 denken, als Hitler Rom besuchte, und klerofaschistische Kreise ihren ganzen Einfluß ausübten, um eine Begegnung zwischen dem Papst und dem ‚Führer' zu erreichen", so ein Kommentar in ‚Christ in der Gegenwart' (9/1982); vgl. CHOURAQUI 1992, 221; KREUTZ 1990a, 159.

lungnahme zusammen, kritisierte die Lebensbedingungen der Palästinenser in den besetzten Gebieten und klagte das Recht der Flüchtlinge auf Rückkehr in ihre Heimat ein.[121] ‚Civiltà Cattolica' nannte das Resultat der Konferenz „bescheiden aber achtenswert"[122], da so viele Delegationen öffentlich ihre Sympathien für die Palästinenser geäußert hatten und Arafat sich gegenüber Rivalen innerhalb der PLO als Vertreter der Palästinenser auf internationalem Feld profilieren konnte.[123] Kurz darauf setzte Johannes Paul II. ein für ihn chrakteristisches Zeichen der Unterstützung der christlichen Palästinenser und sprach die palästinensische Karmeliterin Maria vom Kreuz Jesu selig. Die 1846 in Galiläa geborene Mariam Baouardy hatte den Karmel-Konvent in Betlehem gegründet, wo sie mit 32 Jahren starb.[124] In seiner Ansprache anläßlich der Seligsprechung versicherte er allen Palästinensern die Solidarität des Hl. Stuhls und würdigte mit ungewöhnlich deutlichen Worten ihr Verhältnis zu ihrer Heimat. „Ich ermutige euch, eure unzerstörbare Bindung an dieses Land, das eures ist, wo eure Wurzeln sind, zu bewahren und zu zeigen [...]. Das erfordert eine ganz besondere Anstrengung: Ihr müßt in erster Linie Architekten des Friedens werden"[125], mahnte er die palästinensischen Christen.

Im sechsten Jahr seines Pontifikats, am Karfreitag, dem 20. April 1984, veröffentlichte Johannes Paul II. mit dem Apostolischen Schreiben ‚Redemptionis Anno' seine Grundsatzerklärung zur Jerusalem- und Palästinafrage.[126] In formaler Hinsicht erinnerte es an das Apostolische Schreiben ‚Nobis in animo', in dem Paul VI. 1974 ebenfalls alle Katholiken weltweit auf die Situation im Heiligen Land aufmerksam machte, und inhaltlich war es eng mit dem Jerusalem-Artikel des ‚Osservatore Romano' vom Juli 1980 verbunden, der kurz vor der Verabschiedung des israelischen Hauptstadtgesetzes erschien. Im ersten Teil des Schreibens skizzierte Johannes Paul II., angelehnt an den Artikel des ‚Osservatore Romano', die Bedeutung Jerusalems für die drei Religionen. In zwei Aspekten wich er dabei von der Vorlage ab. Zum einen beschrieb er die Bedeutung Jerusalems für die Christen nicht mehr als Objekt des – wenn auch geistlichen – Besitztums, sondern als Gegenstand liebevoller Betrachtung. Zum anderen charakterisierte er den Bezug des Judentums zu Jerusalem als bleibende Realität. Der ‚Osservatore Romano' hatte den

---

[121] Vgl. OR, 8.9.1983.
[122] CC IV (1983) 396.
[123] Vgl. CC IV (1983) 391-402; RULLI 1996, 173-181; KREUTZ 1990a, 160.
[124] Vgl. OR, 13.11.1983.
[125] OR, 14./15.11.1983; vgl. BILLIOUD 1995, 211.
[126] KREUTZ (1990, 160) nennt es „das umfassendste und ausgereifteste offizielle Dokument, das der Vatikan je zur Palästinafrage herausgegeben hat".

Akzent stärker auf die historische Verbindung der Juden zu ihrer Heiligen Stadt gesetzt. In Jerusalem „spielte sich ein Großteil ihrer Geschichte ab, und auf sie richtete sich in all den Jahrhunderten das Sinnen"[127], hieß es dort. Johannes Paul II. hingegen formulierte in ‚Redemptionis Anno' im Präsens: „Seit damals blicken sie jeden Tag auf Jerusalem"[128]. Darüber hinaus bemerkte er, Jerusalem sei für die Juden das „Symbol ihrer Nation"[129]. Zwar bedeutet das lateinische ‚natio' zunächst schlicht ‚Volk', aber da der Wortstamm in den Übersetzungen beibehalten wurde, hatte die Aussage durchaus eine politische Konnotation.[130] Der Aufruf an die Anhänger aller drei Religionen, durch ihre gemeinsame monotheistische Glaubenstradition den Weg zum Frieden zu ebnen, war ebenso wie die Forderung eines international geschützten Statuts die Bekräftigung der bekannten Position. Indes grenzte Johannes Paul II. erstmals das Gebiet, für welches das Statut gelten sollte, näher ein und sprach vom „ganzen historischen Jerusalem"[131], womit am ehesten die Altstadt und die umliegenden Gebiete mit christlichen heiligen Stätten gemeint waren.[132] Er warnte davor, die Lösung der Jerusalemfrage weiter zu verschieben, da dies dem Friedensprozeß beträchtlich schaden werde. Tatsächlich war in der internationalen Gemeinschaft die Bereitschaft gewachsen, Jerusalem inklusive des annektierten Ostteils als israelische Hauptstadt zu akzeptieren. Im Februar 1984 forderten zahlreiche US amerikanische Abgeordnete und Senatoren, die Botschaft der USA von Tel Aviv nach Jerusalem zu verlegen; Präsident Reagan begründete seine Ablehnung stärker mit der negativen Reaktion der arabischen Staaten als mit dem Verweis auf die entsprechenden UN-Resolutionen.

Im Blick auf die Anliegen Israels und der Palästinenser unterstützte Johannes Paul II. weiterhin die beiden Basisforderungen, Sicherheit für Israel und eine Heimat für die Palästinenser. „Für das

---

[127] OR, 30.6./1.7.1980.
[128] AAS 76 (1984) 626 (Exinde ad eandem animos dirigunt, licet affirmare, cotidie.).
[129] AAS 76 (1984) 626 (eam tamquam nationis suae indicant signum).
[130] OR dt. 4.5.1984 (Symbol ihrer Nation); Insegnamenti di Giovanni Paolo II, VII, 1 (1984) 1074 (simbolo della loro nazione). Zur Verwendung des Ausdrucks ‚natio' vgl. folgendes Beispiel: Als Paul VI. den israelischen Botschafsrat Meir Mendes 1963 mit dem Orden St. Gregors des Großen auszeichnete, stand auf der Urkunde „Meir Mendes, ex Israeliana natione". MENDES (1990, 177f) weist selbst darauf hin, daß der Ausdruck ‚natio' im Französischen mit ‚communauté' wiederzugeben sei und keine Anerkennung des Staates Israel impliziere. FISHER (1987, 209) hingegen versteht die Aussage als eine politische („Man beachte [...] die starke Formulierung ‚ihrer Nation").
[131] AAS 76 (1984) 627 (non sola monumenta vel loca sancta, sed tota Ierusalem historica).
[132] Vgl. FERRARI 1991, 204f.

jüdische Volk, das im Staat Israel lebt und in dieser Region wertvolle Zeugnisse seiner Geschichte und seines Glaubens bewahrt, erbitten wir die erwünschte Sicherheit und die gerechte Ruhe, die Vorrecht jeder Nation sind und Voraussetzung für die Existenz und die Entwicklung jeder Gesellschaft. Das palästinensische Volk, das in dieser Region seine Wurzeln hat und seit Jahrzehnten zerstreut lebt, hat das natürliche Recht, um der Gerechtigkeit willen, wieder eine Heimat zu finden, und in Frieden und Ruhe mit den anderen Völkern der Region zusammenleben zu können"[133], schrieb Johannes Paul II. Die Häufung der Schlüsselworte Volk, Staat und Nation in einem einzigen Satz über Israel konnte durchaus als Zeichen einer größeren Annäherung auf diplomatischer Ebene aufgefaßt werden. Eugene Fisher, Berater der vatikanischen Kommission für die religiösen Beziehungen zum Judentum, nannte die Aussage eine „vollkommen unzweideutige Erklärung der Anerkennung des Staates Israel seitens des Hl. Stuhls"[134]. Aus der Bemerkung über das palästinensische Volk ließ sich keine Präferenz für ein politisches Modell herauslesen. Für den Vatikan war die Gründung eines palästinensischen Staates in den besetzten Gebieten ebenso annehmbar wie eine jordanisch-palästinensische Föderation, an der Hussein und Arafat zunehmend Interesse zeigten, solange das jeweilige Modell eine gerechte Lösung für die palästinensischen Flüchtlinge umfaßte.[135]

Die israelische Antwort auf die Forderung eines international garantierten Statuts für Jerusalem war ebenfalls unverändert. Das Außenministerium wies den Vorschlag umgehend zurück und betonte, die israelische Regierung sei die erste, die tatsächlich Gläubigen aller Religionen freien Zugang zu ihren heiligen Stätten gewähre.[136] Jerusalems Bürgermeister Teddy Kollek fügte hinzu, es sei Zeit, „daß die christliche Welt die von Israel unternommenen Schritte erkennt,

---

[133] AAS 76 (1984) 628 (Pro *populo Hebraico* qui vitam degit in *Natione Israelitica* quique eadem in regione custodit tam pretiosa testimonia suae historiae suaeque fidei, imploramus optatam *securitatem* atque iustam *tranquillitatem* quae est praecipua uniuscuiusque *nationis* atque vitae profectusque condicio pro quacum societate. *Palaestinus populus*, qui illa in regione invenit historicam suam originem et intra decennia vivit vagus, ius habet naturale, ex iustitia, inveniendi *patriam* atque aetatem agendi concorditer et aequo animo cum ceteris populis eiusdem regionis. [eigene Hervorhebung])

[134] FISHER 1987, 208.

[135] Während KREUTZ (1990, 160) der Ansicht ist, „man kann mit einiger Sicherheit annehmen, daß der Papst an das Westjordanland und den Gazastreifen dachte", betont FISHER (1987, 208), daß diese Formulierung die Gründung eines weiteren Staates zwar nicht ausschließe, aber die Perspektive auf eine Fülle kreativer Lösungen eröffne, die von den betroffenen Parteien ausgehandelt werden müßten.

[136] Vgl. KNA, 23.4.1984.

mit denen die Rechte aller in Jerusalem vertretenen Religionen gewahrt werden"[137].

7. Audienzen für Peres und eine jordanisch-palästinensische Delegation

Nach der Veröffentlichung von ‚Redemptionis Anno' zeichneten sich zu Beginn der zweiten Hälfte der achtziger Jahre zunächst keine bedeutenden Entwicklungen der vatikanischen Palästinapolitik ab. In Israel regierte nach dem Rücktritt Begins eine große Koalition unter Premierminister Schimon Peres, dem Vorsitzenden der Arbeitspartei. Der Leitlinie des Hl. Stuhls entsprechend, mit allen Seiten im Gespräch zu bleiben, empfing Johannes Paul II. den neuen israelischen Premierminister im Februar 1985 in Privataudienz. Die Tatsache, daß im Anschluß an die Audienz kein Kommuniqué veröffentlicht wurde, machte deutlich, wie selbstverständlich Kontakte zwischen dem Hl. Stuhl und Vertretern Israel mittlerweile geworden waren. Peres erklärte anschließend, er habe den Papst nicht um die Aufnahme diplomatischer Beziehungen gebeten, wohl aber zum Besuch in Israel eingeladen. Hinsichtlich des Status Jerusalems bekräftigten beide Seiten ihre Positionen.[138]

Die Audienz für den israelischen Premierminister hatte dennoch praktische Folgen: Sie hatte das Interesse der Palästinenser an den Beziehungen zum Vatikan wieder geweckt. Kaum zwei Wochen später betonte Arafat in einem Interview, die PLO habe lange schon regelmäßige Kontakte zum Hl. Stuhl, und er sei überzeugt, der Papst könne aufgrund seiner großen moralischen Autorität zu einer Friedenslösung im Nahen Osten beitragen. „Für uns Palästinenser ist die Haltung Johannes Pauls II. zur Jerusalemfrage ein Grund zum Stolzsein"[139], so Arafat. Den Journalisten, die daraufhin im Vatikan nachfragten, bestätigte der Vizedirektor des Pressesaals, Mgr. Giulio Nicolini: „Es ist kein Geheimnis, daß Arafat und die PLO seit langem Kontakt zum Hl. Stuhl haben. Diese Kontakte waren immer von der Sorge des Hl. Stuhls für den Frieden im Nahen Osten bestimmt."[140]

Im Juli 1985 trafen erstmals seit der Audienz für Arafat drei Jahre zuvor wieder Vertreter der palästinensischen Seite mit dem Papst zusammen. Jawid Ghussein und Khaled Al-Hassan, beide führende PLO-Mitglieder, wurden gemeinsam mit Jordaniens Vize-Premierminister Abdul Wahab Madschali und Außenminister Taher Masri von Johannes Paul II. in Audienz empfangen.[141] Die gemeinsame jorda-

---

[137] KNA, 27.4.1984.
[138] Vgl. KNA, 21.2.1985.
[139] KNA, 4.3.1985.
[140] Risposta verbale, 4.3.1985: Archiv des Pressesaals.
[141] Vgl. J.L. RYAN 1987, 176f.

nisch-palästinensische Delegation war Ausdruck der Friedensinitiative des jordanischen Königs Hussein. Im Februar 1985 hatten Hussein und Arafat sich öffentlich für die Teilnahme einer gemischten Delegation an den Friedensverhandlungen ausgesprochen und die Gründung einer jordanisch-palästinensischen Föderation zum gemeinsamen Ziel erklärt. Mit der Audienz für die palästinensischen und jordanischen Politiker unterstützte Johannes Paul II. diese gemeinsame Initiative, die jedoch wenige Monate später scheiterte, da die PLO nicht bereit war, gemäß der UN-Resolution 242 die Existenz Israels in den Grenzen von 1967 anzuerkennen.

8. Papst Johannes Paul II. und der interreligiöse Dialog

Der Hl. Stuhl war immer bestrebt, den katholisch-jüdischen Dialog und die Beziehungen zwischen dem Hl. Stuhl und dem Staat Israel voneinander zu trennen. So hatte die vatikanische Kommission für die religiösen Beziehungen zum Judentum die Frage, ob die Staatsgründung Israels für Christen eine theologische Bedeutung habe, eindeutig negativ beantwortet. In den im Juni 1985 veröffentlichten ‚Anmerkungen zur korrekten Präsentation der Juden und des Judentums in Predigt und Katechese der katholischen Kirche' hieß es über die Bindung der Juden an das Land Israel: „Christen sind eingeladen, die religiöse Verbindung zu verstehen, die in den biblischen Überlieferungen gründet, ohne sich jedoch eine bestimmte religiöse Deutung dieser Beziehung zu eigen zu machen. Die Existenz des Staates Israel und seine politischen Entscheidungen sollten nicht in einer religiösen Perspektive betrachtet werden, sondern im Bezug auf die allgemeinen Grundlagen des Völkerrechts."[142] Diese Aussage war zurückhaltender formuliert, als einige Stellungnahmen auf Bischofsebene, die der Staatsgründung Israels durchaus eine religiöse Bedeutung für das Christentum zuerkannten.[143] Da Johannes Paul II. sich im Vergleich mit Paul VI. mehr als spirituelle Autorität und weniger als Diplomat im Dienst der Kirche verstand, wirkte sich sein Interesse am interreligiösen Dialog auch stärker auf das vatikanisch-

---

[142] COMMISSIONE PER I RAPPORTI ... (Hg.) 1985. In den 1974 veröffentlichten Orientierungen zur Umsetzung der Konzilserklärung ‚Nostra aetate' (COMMISSIONE PER I RAPPORTI ... (Hg.) 1974) hatte sich die Kommission nicht zur möglichen theologischen Bedeutung der Staatsgründung Israels geäußert; vgl. KENNY 1991, 94-126. Eine Übersicht der Aussagen von Johannes Paul II. zum Judentum bieten FISHER / KLENICKI (Hg.) 1987; DIES. (Hg.) 1987; weitere offizielle Texte zum jüdisch-christlichen Verhältnis bei CRONER (Hg.), 1987; DIES. (Hg.) 1977; HOCH / DUPUY (Hg.) 1980.

[143] Vgl. die Erklärung des französischen Bischofskomitees 1973, wo es heißt, „[Christen] müssen die Interpretation der Juden berücksichtigen, die im Namen ihres Glaubens ihre Sammlung um Jerusalem als Segen betrachten" (DC 70 [1973] 421).

israelische Verhältnis aus. Durch spektakuläre Gesten präsentierte er sich weltweit als Vertreter des Christentums, der angesichts des schwindenden Einflusses der Religion auf die Gesellschaft alle Juden, Christen und Muslime zum Zusammenhalt aufrief.[144]

So nahm er im August 1985 die Einladung Königs Hassan II. von Marokko an und reiste zum ersten Mal in ein arabisches Land, dessen Staatsoberhaupt zugleich religiöses Oberhaupt der muslimischen Bevölkerung war.[145] Auf dem Hinflug sagte er im Gespräch mit Journalisten, König Hassan II., der Präsident des Jerusalem-Komitees der Islamischen Konferenz, teile grundsätzlich die Auffassung des Hl. Stuhls, „daß Jerusalem nicht nur die Hauptstadt Israels sein solle, sondern eine religiöse Hauptstadt der drei monotheistischen Religionen"[146]. Die spontane Bemerkung des Papstes verdeutlichte dreierlei: zum einen sein Festhalten am Konzept Jerusalems als eines multireligiösen Zentrums, zum anderen seine sehr positive Einschätzung der Nähe der muslimischen Position zu der des Hl. Stuhls,[147] und schließlich die implizite Anerkennung Jerusalems als israelische Hauptstadt, die in den offiziellen Stellungnahmen des Hl. Stuhls sorgfältig vermieden wurde.

Als Johannes Paul II. im April 1986 als erster Papst die Synagoge in Rom besuchte, war die geographische Distanz ungleich geringer, die symbolische Bedeutung aber mindestens ebenso hoch.[148] In seiner Ansprache an den Oberrabbiner Elio Toaff und die jüdische Gemeinde erinnerte der Papst an Johannes' XXIII., der sich jüdischen Besuchern mit den Worten vorgestellt hatte ‚Ich bin Joseph, euer Bruder'. „Wir haben [zum Judentum] eine Beziehung, wie zu keiner anderen Religion. [...] Ihr seid unsere geliebten Brüder, und, in einem gewissen Sinn, könnte man sagen, unsere älteren Brüder"[149], sagte Johannes Paul II. André Chouraqui bezeichnete die

---

[144] Vgl. BERNSTEIN / POLITI 1997, 525-533.
[145] Vgl. BORRMANS 1989, 282; Islamochristiana 11 (1985) 225.228-230; BERNSTEIN / POLITI 1997, 526f.
[146] Q-A [Question-Answer] on papal trip to Africa, 19.8.1985, maschinenschriftliche Notiz: Archiv des Christian News Service, Rom.
[147] Das Jerusalem-Komitee hatte im Januar 1984 in Casablanca bekräftigt, daß es „nur unter arabisch-palästinensischer Souveränität möglich ist, die Heiligkeit Jerusalems für den Islam und die anderen Religionen zu wahren, den muslimischen Charakter zu schützen und das Recht auf Religionsausübung zu garantieren" (PASSIA [Hrsg.] 1996, 154). Der Vorsitzende des American Jewish Congress sagte nach der Veröffentlichung der Bemerkungen Johannes Pauls II., der Papst sei entweder uninformiert über die muslimische Position, oder er leugne die traditionelle Haltung des Vatikans; vgl. NC News Service, 5.9.1985.
[148] Vgl. BERNSTEIN / POLITI 1997, 528-530; CHOURAQUI 1992, 205f; MARGIOTTA BROGLIO 1986; WIGODER 1988, 98-101.
[149] AAS 78 (1986) 1120.

erste Begegnung zwischen einem Papst und einem Rabbiner als einen „Brückenschlag über achtzehn Jahrhunderte der Mißverständnisse und Feindschaft"[150] und würdigte das Klima der Gleichberechtigung und gegenseitigen Anerkennung. Einschränkend fügte er hinzu: „Im Grunde war es ein Vorwand, um nicht das größere Risiko einer Reise nach Jerusalem einzugehen [...]. Hätte der Papst seine Ansprache nicht am Tiber, sondern auf den Hügeln Judäas, in Jerusalem gehalten, hätte sie erst ihre eigentliche Bedeutung bekommen."[151] Die in Rom akkreditierten Botschafter der arabischen Staaten bezeugten ihren „Respekt vor den edlen Beweggründen des Papstes"[152]. In einer gemeinsamen Erklärung äußerten sie jedoch auch die Befürchtung, der Synagogenbesuch sei ein „Vorspiel für einen Verzicht auf jene Prinzipien, die stets die Haltung des Vatikans gegenüber dem [arabisch-israelischen] Konflikt gekennzeichnet haben"[153].

Ebenso symbolisch wie publikumswirksam war auch das interreligiöse Friedenstreffen, zu dem Johannes Paul II. im Oktober 1986 nach Assisi einlud. Um den Eindruck einer synkretistischen Veranstaltung zu vermeiden, betonte Johannes Paul II., daß man nicht gemeinsam, aber zumindest zur gleichen Zeit und am gleichen Ort beten wolle. Vertreter von über 60 Religionen kamen in Assisi zusammen, während zahlreiche Kriegsparteien kurzfristig die Waffen niederlegten und weltweit Schweigeminuten gehalten wurden. Auch Juden und Muslime nahmen an dem Gebetstreffen teil, obwohl die Idee bei beiden Religionsgemeinschaften keineswegs auf ungeteilte Zustimmung gestoßen war.[154]

9. Kardinal O'Connor in Israel und die Ansprache des Papstes an amerikanische Juden in Miami

Der interreligiöse Dialog mit dem Judentum war aus vatikanischer Perspektive wesentlich weniger problematisch als die Beziehungen zum Staat Israel. Die Israelreisen zweier Kardinäle Mitte der 80er Jahre verdeutlichten den unterschiedlichen Stand der religiösen und der politischen Beziehungen. Im Dezember 1985 fuhr Kardinal Roger Etchegaray, Präsident der Päpstlichen Kommission Iustitia et Pax, in Begleitung des französischen Oberrabbiners René Sirat nach Israel. Anlaß seines Besuchs war die Verleihung eines internatio-

---

[150] CHOURAQUI 1992, 205.
[151] CHOURAQUI 1990, 432.
[152] KNA, 14.4.1986.
[153] KNA, 14.4.1986.
[154] Vgl. BERNSTEIN / POLITI 1997, 531-533; RICCARDI 1996, 103f. Zur Reaktion auf muslimischer Seite vgl. Islamochristiana 13 (1987) 200-208.

len Ökumene-Preises in der Universität Beer Schewa, mit dem Etchegaray für seinen Beitrag zur Verbesserung der jüdisch-christlichen Beziehungen ausgezeichnet wurde. Der Besuch verlief störungsfrei und wurde in Israel als Anzeichen für engere Beziehungen auf politischer Ebene aufgenommen.[155]

Dies erwies sich spätestens bei der Reise des New Yorker Erzbischofs, Kardinal John O'Connor, im Januar 1987 als Fehldeutung, da das Staatssekretariat dessen Bemühen um eine Annäherung auf politischer Ebene weitgehend verhinderte. O'Connor hatte gute Beziehungen zur jüdischen Gemeinde in New York, wo annähernd so viele Juden leben wie in ganz Israel. In Ansprachen vor jüdischem Auditorium war er immer wieder für das Recht Israels auf Existenz in Sicherheit und anerkannten Grenzen eingetreten. Es war bekannt, daß er die Aufnahme diplomatischer Beziehungen des Hl. Stuhls zu Israel befürwortete, ohne sie öffentlich zu propagieren. Den Hintergrund seines Israelbesuchs bildete eine Reise des Kardinals im Juni 1986 in den Libanon, wo er sich für die Freilassung amerikanischer Geiseln eingesetzt hatte. Unter dem Eindruck eines Besuchs der palästinensischen Flüchtlingslager forderte er nach seiner Rückkehr erstmals öffentlich, es müsse dringend eine Heimat (homeland) für die Palästinenser geschaffen werden.[156] Die Äußerung rief ein starkes Echo in den USA und Israel hervor; Rabbiner Marc Tanenbaum vom ‚American Jewish Committee' forderte, der Kardinal solle nun auch Israel besuchen, um die andere Seite kennenzulernen. Kurz darauf erhielt O'Connor eine offizielle Einladung des israelischen Premierministers Schimon Peres. „Der israelische Botschafter bei der UNO, Benjamin Netanjahu, und der israelische Generalkonsul in New York, Mosche Yegar, trafen informell mit dem Kardinal zusammen, um ihn zu überzeugen, daß die israelische Regierung seinen Besuch wünsche und ihm den roten Teppich ausrollen würde"[157], berichtete die ‚Jerusalem Post'. Aus israelischer Perspektive konnte sich der Besuch des New Yorker Kardinals sowohl auf die Beziehungen zum Hl. Stuhl als auch auf den amerikanischen Tourismus ins Heilige Land durchaus positiv auswirken.

O'Connor informierte das Staatssekretariat über die Einladung und erhielt von Casaroli die Antwort, es gebe keine Einwände, solange er die üblichen Richtlinien befolge. Wie O'Connor selbst später einräumte, habe er den Hinweis auf die üblichen Richtlinien nicht gebührend beachtet. Mit dem Ziel, als politischer Vermittler

---

[155] Vgl. KNA, 18.12.1985; HK 40 (1986) 101.
[156] Vgl. The New York Times, 18.6.1986 (O'Connor calls for a Homeland for the Palestinians).
[157] The Jerusalem Post, 1.1.1987.

wirken zu wollen, vervollständigte er sein Reiseprogramm durch offizielle Gesprächstermine mit Premierminister Jizchak Schamir, Außenminister Schimon Peres und Staatspräsident Chaim Herzog.[158] Eine Woche vor Reisebeginn erhielt O'Connor einen Anruf des päpstlichen Pro-Nuntius in Washington, Erzbischof Pio Laghi, der ihm sagte, er müsse die geplanten Begegnungen mit Schamir, Peres und Herzog absagen.[159] Es ist denkbar, daß Laghi selbst, der als ehemaliger Apostolischer Delegat für Jerusalem besonders feinfühlig für vatikanisch-israelische Beziehungen war, das Staatssekretariat auf den allzu offiziellen Charakter des Besuchsprogramms hingewiesen hatte. O'Connor sagte die offiziellen Termine in Israel umgehend mit der Begründung ab, daß er als Mann der Kirche und nicht als Diplomat komme. Mit der kurzfristigen Absage brüskierte er die israelische Regierung, zumal in seinem Reiseprogramm weiterhin eine Begegnung mit dem jordanischen König Hussein vorgesehen war.[160] Als O'Connor bereits in Amman war, deutete sich jedoch ein Kompromiß an. Der Hl. Stuhl gestattete die Treffen mit den israelischen Politikern unter der Bedingung, daß sie nicht in Jerusalem, sondern auf neutralem Boden stattfänden. Der Kardinal selbst erklärte sich zu Gesprächen in privatem Rahmen bereit.[161] Schließlich wurde ein Besuchsprotokoll ausgearbeitet, das – ähnlich wie bei der Reise Pauls VI. – einige diplomatische Paradoxien enthielt.

O'Connor traf sowohl mit Staatspräsident Herzog als auch mit Außenminister Peres zusammen – zwar in Jerusalem, nicht aber in deren Amtssitz, betonte O'Connor. Da der Amtssitz des Präsidenten zugleich seine Residenz ist, betrat der Kardinal das Gebäude durch einen Seiteneingang, der jedoch auf Hebräisch als Eingang zum Präsidialamt gekennzeichnet war. Er besuchte Herzog und Peres nicht als Kardinal von New York, sondern als Präsident der ‚Catholic Near East Welfare Association' (CNEWA), trug folglich auch kein Kardinalsgewand, sondern einen schwarzen Anzug.[162] Der Direktor des Pressesaals, seit 1984 der Spanier Joaquín Navarro-Valls, nannte den Israelbesuch Pauls VI. und die Papstaudienzen für die israelischen Premierminister Meir und Peres als Beispiele, daß der Hl. Stuhl

---

[158] Schamir und Peres hatten gemäß den Koalitionsvereinbarungen im Oktober 1986 ihre Ämter getauscht.

[159] Vgl. KUTTAB 1987 (mit dem Titel ‚Cardinal Sins'); Neue Zürcher Zeitung, 31.12.1986.

[160] Vgl. KNA, 30.12.1986; 8.1.1987; KIPA, 30.12.1987. Der KNA (8.1.1987) zufolge „machten findige Protokollbeamte des Vatikan[s] dem Kardinal buchstäblich in letzter Sekunde einen Strich durch dessen Besuchsprogramm"; Rabbiner Marc Tanenbaum vom ‚American Jewish Committee' erklärte O'Connor zum „Opfer der vatikanischen Außenpolitik" (The Jerusalem Post, 1.1.1987).

[161] Vgl. KNA, 30.12.1987; KIPA, 3.1.1987.

[162] Vgl. KNA, 8.1.1987; Allgemeine Jüdische Zeitung, 9.1.1987; HK 41 (1987) 58.

keineswegs den Staat Israel ablehne. „Weder der Staat Israel noch seine Souveränität werden in Frage gestellt. [...] Problematisch sind der Status Jerusalems, die besetzten Gebiete und die Palästinenserfrage. Ich denke, daß die Höflichkeitsgesten Kardinal O'Connors diese Probleme nicht berühren", sagte Navarro-Valls. O'Connor besuchte außer den Politikern und den wichtigsten heiligen Stätten auch zwei palästinensische Flüchtlingslager in Jordanien und im Gazastreifen. Seine Rückreise führte über Rom, wo er an einer Bischofsweihe teilnehmen sollte. Obwohl er bei seiner Ankunft sagte, es sei kein Termin für eine Audienz beim Papst vorgesehen, empfing Johannes Paul II. ihn direkt am nächsten Tag, um sich aus erster Hand über die Reise informieren zu lassen.[163]

Die Frage, ob und wann der Hl. Stuhl Israel diplomatisch anerkennen würde, gewann im Sommer 1986 an Aktualität. Die Audienz für den österreichischen Bundespräsidenten Kurt Waldheim am 24. Juni 1986, dem die Beteiligung an nationalsozialistischen Kriegsverbrechen vorgeworfen wurde, hatte in Israel und bei jüdischen Organisationen starken Protest ausgelöst. Das Simon-Wiesenthal-Zentrum in Los Angeles, das von etwa 400 000 amerikanischen Juden unterstützt wurde, forderte den Hl. Stuhl auf, als Wiedergutmachung für den Empfang Waldheims diplomatische Beziehungen zu Israel aufzunehmen. Eine Unterschriftensammlung sollte Johannes Paul II. bewegen, noch vor seinem geplanten USA-Besuch im September 1986 entsprechende Schritte zu unternehmen. In dem Appell, der auch in deutschen Zeitungen veröffentlicht wurde, hieß es: „Der Vatikan unterhält diplomatische Beziehungen zu 116 Nationen, darunter Demokratien, kommunistische Regime sowie totalitäre Staaten. [...] Heute ist es zu spät für den Hl. Stuhl, sich für die im Holocaust umgekommenen Juden einzusetzen. Aber es liegt in der Macht der Kirche, sich klar und unwiderruflich zu dem jüdischen Staat zu bekennen."[164]

Johannes Paul II. antwortete indirekt auf diese Kampagne, als er während seiner USA-Reise in Miami mit Vertretern jüdischer Organisationen zusammentraf. In seiner Ansprache stellte er das Existenzrecht Israels in einen engen Zusammenhang mit dem Massenmord an den europäischen Juden: „Nach der tragischen Vernichtung der Schoa begann für das jüdische Volk eine neuer Abschnitt seiner Geschichte. Sie haben Recht auf ein Heimatland, so wie jede zivile Nation, gemäß dem internationalen Recht."[165] Johannes Paul II. be-

---

[163] Vgl. KIPA, 7.1.1987.
[164] Die Welt, 9.9.1987.
[165] AAS 80 (1988) 753f (They have a *right to a homeland*, as does any civil nation, according to international law. [Hervorhebung im Original])

nutzte das hebräische Wort ‚Schoa' (Katastrophe), das seit dem gleichnamigen Dokumentarfilm von Claude Lanzman allmählich den sachlich unzutreffenden Ausdruck ‚Holocaust' (griechisch: Ganzopfer) ersetzte. Die beiden historischen Ereignisse Schoa und Staatsgründung Israels stellte er in einen zeitlichen Zusammenhang, ohne den Massenmord an den europäischen Juden als Auslöser oder Rechtfertigung der Staatsgründung Israels zu nennen. Mit einem Zitat aus seinem Apostolischen Schreiben ‚Redemptionis Anno' bekräftigte er das Recht Israels auf Sicherheit. Er fügte hinzu: „Das, was über das Recht auf ein Heimatland gesagt wurde, gilt auch für das palästinensische Volk, unter dem viele Obdachlose und Flüchtlinge sind. Während alle Interessierten aufrichtig über die Vergangenheit nachdenken müssen – die Muslime nicht weniger als die Christen und Juden – ist es an der Zeit, jene Lösungen zu finden, die zu einem gerechten, vollständigen und dauerhaften Frieden in dieser Region führen."[166] Anstatt auch den folgenden Abschnitt aus ‚Redemptionis Anno' zu zitieren, in dem die Bindung der Palästinenser an ihre Heimat erwähnt wird, beschränkte sich Johannes Paul II. darauf, allgemein ihr Recht auf ein Heimatland zu konstatieren. Er nannte auch keinen Grund für die vielen Flüchtlinge unter den Palästinensern. Mit der doppelten Aufforderung, sowohl die Vergangenheit zu reflektieren als auch nach Friedenslösungen zu suchen, wandte Johannes Paul II. sich an zwei Adressaten zugleich. Seinem reellen Auditorium, den Vertretern der amerikanischen Juden, galt vor allem der zweite Teil des Aufrufs, sich auf das aktuelle Problem einer Lösung des Nahostkonflikts zu konzentrieren. Daneben mahnte Johannes Paul II. in betonter Form die Muslime, über die Vergangenheit, also die zuvor erwähnte Schoa, nachzudenken.

Insgesamt zeigte die Ansprache in Miami, daß Johannes Paul II. weniger als Paul VI. darauf bedacht war, die religiösen und politischen Aspekte des Nahostkonflikts voneinander zu trennen. Seine politischen Appelle richtete er nicht an die Konfliktparteien, sondern an die Vertreter der beiden betroffenen Religionsgemeinschaften. Er betonte das Existenzrecht Israels, ging aber nicht auf die Frage ein, warum der Hl. Stuhl bislang keine diplomatischen Beziehungen zum Staat Israel aufgenommen hatte.

Auf diese Weise erreichte Johannes Paul II. zumindest, daß seine Stellungnahme von beiden Konfliktparteien positiv aufgenommen wurde. Der Präsident des Komitees amerikanischer Juden, Theodore Ellenoff, zeigte sich zufrieden, daß der Papst nicht gesagt habe, das

---

[166] ASS 80 (1988) 754 (What has been said about the right to a homeland also applies to the Palestinian people, so many of whom remain homeless and refugees.).

palästinensische Heimatland befinde sich auf israelischem Boden. Ahmad Abderrahman, ein Sprecher der PLO, hingegen begrüßte das Bekenntnis Johannes Pauls II. zum Heimatrecht der Palästinenser. Es beweise die „politische Kontinuität des Vatikans im Blick auf das tragische Schicksal des palästinensischen Volkes"[167], so der Vertreter der PLO.

[167] KNA, 14.9.1987.

VII. DIE UNTERSTÜTZUNG DER PALÄSTINENSER WÄHREND DER INTIFADA UND DIE ANNÄHERUNG AN ISRAEL NACH BEGINN DES FRIEDENSPROZESSES (1988-1993)

1. Die Ernennung von Patriarch Sabbah und der Beginn der Intifada (1988)

Der lateinische Patriarch von Jerusalem Giacomo Beltritti hatte bereits kurz nach seinem 75. Geburtstag im Dezember 1985 sein Rücktrittsgesuch eingereicht. Es vergingen jedoch noch zwei Jahre, bevor ein Nachfolger ernannt wurde. Die Hauptfrage war, ob der nächste Patriarch ein einheimischer oder wie bisher ein ausländischer sein sollte. Einerseits hatte sich das lateinische Patriarchat seit seiner Wiedereinrichtung um die Ausbildung eines lokalen Klerus bemüht: Seit Ende der vierziger Jahre war der Großteil der Priester einheimisch, vier von ihnen waren zu Bischöfen ernannt worden und hatten entscheidende Positionen im Patriarchat eingenommen. Vor diesem Hintergrund schien die Ernennung eines palästinensischen Patriarchen nur eine Frage der Zeit zu sein.[1] Auf der anderen Seite betonten insbesondere die Franziskaner der Kustodie und andere Ordensleute westlicher Herkunft, daß der lateinische Patriarch als Repräsentant der Universalkirche in Jerusalem politisch möglichst neutral sein sollte. Die Unterscheidung einheimischer und ausländischer Christen sei außerdem unangemessen, da die Jerusalemer Kirche von Anfang an einen internationalen Charakter gehabt habe, so die Argumentation.[2]

Im Dezember 1987 ernannte Johannes Paul II. schließlich den aus Nazaret stammenden Michel Sabbah zum Nachfolger Beltrittis. Nach sieben Patriarchen italienischer Herkunft war er der erste palästinensische Patriarch, der jedoch einen Teil seiner Ausbildung in Europa erhalten hatte. Sabbah hatte das Priesterseminar in Bet Dschala besucht, studierte später arabische Philologie in Beirut und

---

[1] Vgl. TSIMHONI 1993, 123. Die Bischöfe Vincent Gelat (ernannt 1949), Hanna Kaldany und Nemeh Simaan (beide 1964 ernannt) dienten jeweils als Patriarchalvikar.

[2] Vgl. BUX / CARDINI 1997, 155f. „Es macht keinen Sinn, in Palästina von fremden Christen zu sprechen; der Begriff ist ideologisch und theologisch haltlos. [...] Heute ist fast der gesamte Klerus arabisch, aber dies wird durch die beachtliche Präsenz der mehrheitlich ausländischen Ordensleute ausgeglichen", so BUX (ebd. 154.160).

promovierte an der Sorbonne in Paris. Seit 1980 leitete er als Vizekanzler die Universität Betlehem.[3]

Die Ernennung fiel fast auf den Tag genau mit den spontanen Protestaktionen zusammen, die sich – für alle Seiten überraschend – zu einer Jahre andauernden organisierten Widerstandsbewegung entwickelten. Am 9. Dezember begann im Gazastreifen und Westjordanland der palästinensische Aufstand, arabisch: Intifada, der gerade aufgrund der drastischen israelischen Unterdrückungsmaßnahmen schnell zu einer Massenbewegung wurde. Johannes Paul II. unterzeichnete die Ernennungsurkunde von Michel Sabbah am 11. Dezember 1987, am 29. Dezember wurde die Ernennung offiziell bekanntgegeben, und am 6. Januar 1988 fand im Petersdom die Bischofsweihe statt. Bis Ende 1987 waren bei den gewalttätigen Auseinandersetzungen in den besetzten Gebieten über zwanzig Palästinenser getötet worden. Während des sonntäglichen Angelusgebets am 20. Dezember 1987 hatten sich auf dem Petersplatz die Botschafter der arabischen Staaten, PLO-Vertreter Hammad, Erzbischof Capucci und etwa fünfzig arabische Studenten versammelt. Sie trugen mehrere Spruchbänder, unter anderem mit der Aufschrift „Stoppt den Völkermord am palästinensischen Volk!"[4]. Johannes Paul II. rief dringend zum Gewaltverzicht auf: „Dieses Land darf kein Schauplatz der Gewalt, der Konfrontation und der Ungerechtigkeit bleiben, worunter die Bevölkerungsgruppen (popolazioni) leiden, denen ich mich besonders nahe fühle"[5]. Am Tag darauf begann in den besetzten Gebieten ein Generalstreik; die Weihnachtsfeierlichkeiten fanden in einem schlichteren Rahmen statt als üblich, die gegenseitigen Festtagsbesuche von Würdenträgern der verschiedenen christlichen Gemeinschaften wurden abgesagt.[6]

Vor diesem Hintergrund wurde die Einsetzung eines palästinensischen Patriarchen in Jerusalem weithin als Reaktion auf die aktuelle politische Situation verstanden. Der Papst habe Sabbah „symbolisch mitten während der Intifada ernannt"[7], schreibt Billioud. Der Direktor des Pressesaals betonte jedoch, die Entscheidung sei allein von religiösen und pastoralen Aspekten bestimmt gewesen und berücksichtige die lokalen Gegebenheiten.[8] Zur Bischofsweihe im Petersdom waren die Botschafter arabischer Staaten, der Generaldelegierte

---

[3] Vgl. TSIMHONI 1993, 124. „Wegen seiner europäischen Ausbildung galt Sabbah im Vatikan als geeigneter Kandidat, während arabische Nationalisten kritisierten, er sei zu sehr europäisiert" (ebd.); DIES. 1992, 127.
[4] NC News Service, 2.12.1987.
[5] ASS 1987, 1055.
[6] Vgl. ATEEK 1990, 70.
[7] Billioud 1995, 49; vgl. Kreutz 1990a, 162.
[8] Vgl. POC 38 (1988) 398f.

der PLO in Rom, Nemer Hammad und der für die Verbindung zum Hl. Stuhl zuständige israelische Diplomat, Miron Gordon, eingeladen worden. Mit der Teilnahme von Vertretern beider Konfliktparteien an der Zeremonie wollte der Papst ein Zeichen des Friedens setzen.[9] In seiner Predigt über das Evangelium des Dreikönigsfests kritisierte er deutlich den israelischen Souveränitätsanspruch über Jerusalem. Die Ankunft der Weisen aus dem Orient mache deutlich, daß das Licht, das Jerusalem in sich trägt, nicht nur Israel gelte, sondern allen Völkern und Nationen der Erde, betonte er.[10] Am folgenden Tag empfing Johannes Paul II. den neuen Patriarchen und seine Begleiter in Audienz. Aus seiner Ansprache ging hervor, daß er in Sabbah vor allem einen Vertreter der Christen des Heiligen Landes sah. Der neue Patriarch sei durch sein kulturelles Erbe besonders gut für seine schwierige pastorale Aufgabe vorbereitet, sagte Johannes Paul II. Ohne konkret auf die politische Situation einzugehen, sagte er den palästinensischen Audienzgästen seine besondere Anteilnahme im Gebet zu und forderte sie auf, als Friedensstifter zu wirken.[11]

Im Detail betrachtet erweist sich die Ernennung des ersten palästinensischen Patriarchen nach zweijähriger Wartezeit, genau zwei Tage nach dem Beginn der Intifada, keineswegs als Reaktion auf tagespolitische Ereignisse. Weder war die Entscheidung für Sabbah erst am Tag seiner offiziellen Ernennung gefallen, noch ließ sich Mitte Dezember 1987 absehen, daß aus dem spontanen Aufruhr in den besetzten Gebieten eine wirkungsvolle politische Bewegung werden würde. In erster Linie war die Ernennung von Sabbah als Ausdruck des wachsenden Respekts vor der Lokalkirche zu verstehen. Die Ernennungsurkunde würdigte ausdrücklich seine „Lebenserfahrung unter den Bedingungen dieses Landes"[12]. Andererseits konnte dem Hl. Stuhl die Tatsache, daß seine Wahl weithin als Geste der Solidarität mit den Palästinensern wahrgenommen wurde, unter den aktuellen politischen Umständen nur recht sein. So schrieb ‚Civiltà Cattolica': „Wie sehr sich der Hl. Stuhl für eine gerechte Lösung des arabisch-israelischen Konflikts einsetzte, konnte man am 6. Januar 1988, dem Weihedatum von Michel Sabbah, geradezu physisch begreifen."[13]

---

[9] Vgl. NC News Service, 6.1.1988. Issa (1996, 153) sieht darin eine erste, inoffizielle palästinensisch-israelische Begegnung im Vorfeld der Madrider Friedenskonferenz 1993.
[10] Vgl. ASS 1988, 17.
[11] Vgl. OR, 7./8.1.1988.
[12] Issa 1996, 152; vgl. Ferrari 1991, 172.
[13] CC I (1988) 606.

Johannes Paul II. war besonders bestürzt, als Mitte Januar 1988 israelische Sicherheitskräfte erstmals das Innere heiliger Stätten betraten und in der Al-Aqsa-Moschee Tränengas gegen die dort Versammelten einsetzten. Es sei auf keinen Fall hinzunehmen, daß betende Personen angegriffen werden, sagte der Papst bei einer Ansprache an die Mitglieder der Vereinigung der Auslandspresse in Rom. Bei dieser Gelegenheit entwickelte sich ein informelles Gespräch mit den Journalisten, in dem Johannes Paul II. ausführlicher als üblich seine persönliche Ansicht der Situation im Heiligen Land schilderte. Er ging dabei von seiner eigenen Erfahrung als Zeuge der Judenvernichtung in Polen aus: „Ich empfinde diese Wirklichkeit, die Holocaust, Schoa, genannt wird, sehr tief. Ich komme aus einem Land, in dem diese Dinge auf brutale Weise in die Tat umgesetzt wurden [...]. Also empfinden wir sehr tief, daß dieses Volk ein Recht hat; aber da sind auch die Rechte der anderen Völker, weil es dort auch andere Völker gibt, zum Beispiel das palästinensische Volk"[14], so Johannes Paul II. Er erinnerte an seine Ansprache vor Vertretern der jüdischen Gemeinde in Miami im Jahr zuvor, in der er ausdrücklich das Recht auf ein Heimatland für Israel und für die Palästinenser bekräftigt hatte. Wie in Miami richtete er seinen Appell, eine gerechte Lösung zu suchen, nicht an die beiden politischen Gegner, sondern an die betroffenen Religionsgemeinschaften. „Die Beteiligung der jüdischen Seite ist mindestens ebenso wichtig wie die der muslimischen, arabischen. Diese beiden Seiten sind moralisch eingeladen, und zwar dringend, dieses Problem wieder aufzunehmen, um diese so schmerzvolle Angelegenheit zu regeln"[15], fügte er hinzu.

Indem er nicht die palästinensische, sondern die muslimische Seite zur Friedenssuche ermahnte, schien er den Anteil der Christen an der palästinensischen Bevölkerung zu übersehen und den Nahostkonflikt auf eine Konfrontation zweier Religionsgemeinschaften zu reduzieren. Sein Aufruf hatte zudem nur wenig Bezug zur Wirklichkeit, denn es war weder auf jüdischer noch auf muslimischer Seite ein Gremium erkennbar, das zu dieser Form der Konfliktlösung bereit und kompetent gewesen wäre. Diese spontane Äußerung des Papstes machte einmal mehr deutlich, wie sehr seine Sichtweise der Palästinafrage von seiner eigenen Beobachtung der Judenverfolgung in Polen geprägt war. Auf die Frage eines jüdischen Journalisten, „ob die ständige Erinnerung an die Schoa [...] nicht eine gewisse Tendenz zur Verflachung, zur Reduktion des Ausmaßes der

---

[14] OR, 18./18.1.1988.
[15] OR, 18./18.1.1988.

Schoa berge"[16] antwortete Johannes Paul II., er wundere sich, wie ihm diese Frage gestellt werden könne.

Der Vorwurf des Holocaust-Relativismus bekam kurz darauf in Form einer Zusammenfassung der ersten Intifada-Monate in ‚Civiltà Cattolica' einen konkreten Bezugspunkt. Angesichts der israelischen Unterdrückungsmaßnahmen könne man nicht anders, als an die schlimmsten Verbrechen zu denken, „an die gleichen Verbrechen, die das jüdische Volk erlitt, das ebenfalls in den härtesten Momenten der Verfolgung revoltierte, als es seinerseits zum Verschwinden, zur ‚Endlösung' bestimmt schien"[17]. Hier waren die Schoa und der israelische Umgang mit den Palästinensern sprachlich eindeutig auf eine Ebene gestellt. In dieser Schärfe entsprach die Aussage in ‚Civiltà Cattolica' vermutlich kaum der Denkweise des Papstes. Für eine Bewertung der Palästinapolitik des Vatikans ist es jedoch von Belang, daß das Staatssekretariat solche Inhalte bei der Kontrolle der Zeitschrift vor dem Erscheinen nicht beanstandete.

2. Diplomatische Initiativen: Gespräche mit Hussein, Kaddumi, Mubarak, Shultz

Als sich abzeichnete, daß der palästinensische Aufstand in eine politische Bewegung überging, wurde die Frage einer Gesamtregelung des Palästinenserproblems und damit auch der Zukunft Jerusalems wieder aktuell. Der Hl. Stuhl bemühte sich weiterhin, engen Kontakt zu den muslimischen Staaten zu halten, um bei möglichen internationalen Verhandlungen einen Verbündeten zur Verteidigung der Interessen der Religionsgemeinschaften zu haben.[18] Die muslimischen Staaten hatten aus dem gleichen Grund auf dem Gipfeltreffen der Arabischen Liga in Amman im November 1987 den jordanischen König Hussein beauftragt, den Kontakt zu Johannes Paul II. zu pflegen.[19] Anfang Februar 1988 wurden innerhalb einer Woche König Hussein, der ägyptische Präsident Hosni Mubarak und der Politische Direktor der PLO, Kaddumi, im Vatikan empfangen;

---

[16] OR, 18./18.1.1988.
[17] CC I (1988) 601.
[18] CORLEY (1993, 18f) spricht von einer „Muslimpolitik" des Vatikans: „In bemerkenswerter Parallelität zu seiner ‚Ostpolitik' verfolgt der Papst einen doppelten Ansatz im Blick auf die muslimische Welt: Einerseits fordert er unverhüllt die Rechte der lokalen Christen [...] andererseits bemüht er sich um den Dialog mit islamischen Führern." Vgl. MAGISTER 1991.
[19] Vgl. Revue d'études palestiniennes 1988, 155; vgl. die Resolutionen des Gipfeltreffens in Casablanca 1984, „mit dem Vatikan [...] Kontakt zu halten, um eine gemeinsame christlich-islamische Position zu erreichen, so daß der historische und heilige religiöse Charakter von Jerusalem gewahrt bleibe" (PASSIA [Hrsg.] 1996, 154).

ersterer von Johannes Paul II., letzterer im Staatssekretariat von Casaroli und Silvestrini. Alle drei arabischen Politiker befanden sich unabhängig voneinander auf Reisen durch die USA und Europa, um Unterstützung für eine internationale Nahostkonferenz zu gewinnen. Der Direktor des Pressesaals, Navarro-Valls, betonte erwartungsgemäß das Interesse des Hl. Stuhls an Informationen aus erster Hand, die bekannte Haltung zur Jerusalemfrage, das Recht Israels auf seine Existenz und Sicherheit und insbesondere die Sorge des Papstes über das Drama des palästinensischen Volkes.[20] Der Hl. Stuhl betrachte das Problem des palästinensischen Volkes als „eine Frage der internationalen Gerechtigkeit, nicht geringer als die der Existenz und Sicherheit Israels und aller Staaten der Region"[21], sagte Navarro-Valls nach der Papstaudienz für Hussein. Angesichts der besorgniserregenden Geschehnisse für die Bevölkerung in den besetzten Gebieten könne der Hl. Stuhl nicht gleichgültig bleiben, fügte er nach dem Treffen Kaddumis mit Casaroli und Silvestrini hinzu. Dem ägyptischen Präsidenten Mubarak dankte Johannes Paul II. für sein Bemühen, eine internationale Friedenskonferenz zu arrangieren. Vermutlich wurde bei dieser Begegnung auch über eine Teilnahme des Hl. Stuhls, zumindest in Form einer offiziellen Beobachterdelegation, gesprochen.

Zehn Tage nach der Audienz für Mubarak kam auch der israelische Premierminister Jizchak Schamir nach Rom, ohne jedoch mit dem Papst zusammenzutreffen. Die jüngsten Stellungnahmen des Hl. Stuhls zum Nahen Osten hätten die Unvereinbarkeit der israelischen und der vatikanischen Position verdeutlicht, sagte Miron Gordon, der in der israelischen Botschaft in Rom für die Kontakte zum Vatikan zuständig war. Da Schamir überzeugt sei, daß der Konflikt nicht durch die Vermittlung des Hl. Stuhls zu lösen sei, habe er sich entschieden, nicht um eine Audienz bei Johannes Paul II. zu bitten oder Kontakt mit dem Staatssekretariat aufzunehmen, so Gordon.[22]

3. Die Situation der palästinensischen Christen während der Intifada

Von den Auswirkungen des Palästinenseraufstands waren auch die christlichen Institutionen betroffen. Die Betlehem-Universität war bereits Ende Oktober 1987 auf militärische Anweisung geschlossen worden, nachdem bei gewalttätigen Zusammenstößen mit israelischen Soldaten zwei Studenten durch Schüsse getötet worden waren. Am 1. Februar 1988 öffnete die Universität und wurde am selben

---

[20] Vgl. CC I (1988) 604.
[21] CC I (1988) 604.
[22] Vgl. NC News Service, 9.2.1988; vgl. POC 38 (1988) 328f.

Tag nach einer militärischen Durchsuchung erneut geschlossen. Je länger der palästinensische Widerstand gegen die Besatzung anhielt und je härter die israelische Regierung darauf reagierte, desto mehr wuchs das Gefühl der Zusammengehörigkeit unter den Palästinensern, unter den politischen Fraktionen ebenso wie unter den religiösen Gemeinschaften.

Angesichts der bisherigen zwischenkirchlichen Beziehungen war der Brief, den die Oberhäupter aller christlicher Gemeinschaften im Januar 1988 an die Gläubigen im Heiligen Land verfaßten, eine ökumenische Sensation. Die Kirchenführer erklärten ihre Solidarität mit allen Unterdrückten und riefen die Christen zu einer Fasten- und Spendenaktion auf, „um uns mit unseren Brüdern und Schwestern in den Lagern im Westjordanland und im Gazastreifen zu identifizieren"[23]. Wie bereits zu Weihnachten 1987 einigten sie sich außerdem, die Feier der Kar- und Ostertage auf die Gottesdienste zu beschränken und jede äußere Festlichkeit zu vermeiden.

Im Juni 1988 veröffentlichte die Jerusalemer Iustitia-et-Pax-Kommission eine Dokumentation des seit sechs Monaten andauernden Aufstands.[24] Sie charakterisierte die Intifada als einen spontanen Ausbruch angestauten Unmuts nach zwanzigjähriger Besatzung, auf den die israelische Armee unvorbereitet, panisch und daher unangemessen gewalttätig reagiert habe. Eine positive Folge des Aufstands sei die Stärkung des politischen Bewußtseins, der Einheit und Solidarität auf palästinensischer Seite; dem stehe jedoch die nachhaltige Schädigung der Gesellschaft gegenüber. Iustitia et Pax nannte eine lange Liste von Menschenrechtsverletzungen in den besetzten Gebieten, darunter Strafmaßnahmen mit langfristiger Wirkung wie die Schließung von Schulen und Universitäten und die Behinderung des kulturellen Lebens. Die Dokumentation endete mit einem Appell an Israel und die Palästinenser, sich gegenseitig als Gesprächspartner anzuerkennen. „Man muß akzeptieren, mit den tatsächlichen Vertretern des anderen Volkes zu verhandeln. Für den Frieden im Nahen Osten heißt das konkret, Israel muß akzeptieren, mit der PLO zu verhandeln und die PLO muß akzeptieren, mit Israel zu verhandeln"[25], so Iustitia et Pax. In Israel wurde die Jerusalemer Organisation gewöhnlich als Stimme des Vatikans wahrgenommen, was diesem grundsätzlich recht war. Lediglich im Fall expliziter politischer Stellungnahmen legte der Hl. Stuhl Wert auf die Feststellung,

---

[23] POC 38 (1988) 391. Nach WAGNER (199, 48) durfte die israelische Presse das Schreiben nicht veröffentlichen; es wurde über das Büro des MECC (Middle East Council of Churches) auf Zypern verteilt. Zur Situation der christlichen Gemeinschaften in Jerusalem am Beginn der Intifada vgl. BOUWEN 1989.

[24] Vgl. POC 38 (1988) 393f.

[25] POC 38 (1988) 394.

daß die Jerusalemer Kommission unabhängig sei: „Es ist keine Filiale der Päpstlichen Kommission. Der Bericht zeugt von der Sensibilität und Teilnahme der katholischen Kirchen des Heiligen Landes am Drama und Leiden dessen Bevölkerung"[26], sagte der Vizedirektor des Pressesaals, Giovanni D'Ercole, nach Veröffentlichung der Intifada-Dokumentation. Der Bericht wurde indessen – bis auf die Empfehlung, die PLO als Verhandlungspartner anzuerkennen – ausführlich im ‚Osservatore Romano' wiedergegeben und durch Kurienmitglieder der Presse zugänglich gemacht.[27]

Auch der neue Patriarch Michel Sabbah rief in seinem ersten Pastoralbrief Mitte August 1988 zur Solidarität mit den Leidenden auf. Zur Rolle der Christen in der aktuellen Situation schrieb er: „Es geht um den Menschen, seine Rechte und seine verhöhnte Würde, sowohl die des Starken wie die des Schwachen. [...] Die Kirche kann nicht schweigen, der Gläubige hat nicht das Recht, sich hinter seine Riten zurückzuziehen. [...] Die Rolle der Kirche ist es, für die höheren Prinzipien einzutreten, Prinzipien des Heils und der Befreiung [...]. Es ist nicht ihre Aufgabe, politische Formeln zu präsentieren [...], aber es ist ihre Pflicht, jeder Ungerechtigkeit und jedem Angriff auf die Würde des Menschen entgegenzutreten, von welcher Seite auch immer."[28]

Der Aufruf des Patriarchen zum gesellschaftlichen Engagement war auch vor dem Hintergrund des wachsenden Einflusses der islamistischen Widerstandsbewegung Hamas zu sehen, die der PLO ihren Führungsanspruch streitig machte und die Gründung eines islamischen Staates Palästina anstrebte. Die Charta der Hamas schreibt den Respekt vor Andersgläubigen nur bedingt fest: „Die ‚Islamische Widerstandsbewegung' gewährt im Blick auf Personen anderen Glaubens die Toleranz des Islam. Sie wird sie niemals angreifen, ausgenommen diejenigen, die sich der Bewegung gegenüber feindlich zeigen oder ihr im Weg stehen."[29] Palästina ist im Gründungsdokument der Hamas als islamisches Stiftungsgut (Waqf) bezeichnet.[30] Kleinere Gruppen wie der ‚Dschihad al-Islami' forderten ausdrücklich die gesellschaftliche Trennung von muslimischen und christlichen Palästinensern. Aufgrund des dichten Sozialnetzes und der Unzufriedenheit über die politische Situation hatte die islami-

---

[26] Dichiarazione verbale, 12.8.1988: Archiv des Pressesaals.
[27] Interview Bouwen; vgl. OR, 12.8.1988; NC News Service, 15.8.988.
[28] POC 38 (1988) 395.
[29] AHMAD 1994, 154.
[30] Vgl. AHMAD 1994, 154.

sche Bewegung starken Zulauf in der palästinensischen Bevölkerung, was die Vertreter der Christen beunruhigte.[31]

4. Die positive Reaktion des Vatikans auf die palästinensische Unabhängigkeitserklärung

In der zweiten Jahreshälfte 1988 spiegelte sich die gewachsene politische Rolle und Verantwortung der Palästinenser in zwei entscheidenden Ereignissen. Zunächst löste der jordanische König Hussein im Juli 1988 die administrativen und rechtlichen Verbindungen Jordaniens mit dem Westjordanland und schloß damit die Gründung eines jordanisch-palästinensischen Staates auf beiden Seiten des Jordans definitiv aus. Auf seine Rolle als Hüter der muslimischen heiligen Stätten Jerusalems verzichtete er jedoch nicht. Der Vatikan aktivierte unverzüglich den Kontakt zur palästinensischen Seite, für die der jordanische Rückzug eine historische Chance zur Staatsgründung bedeutete. Zwei Wochen nach Husseins Ankündigung traf der PLO-Delegierte in Rom, Nemer Hammad, mit Vertretern des Staatssekretariats zusammen. Der Hl. Stuhl wolle die Position der Konfliktparteien besser verstehen und sie „zu Haltungen ermutigen, die von Mäßigung und Realismus geprägt sind"[32], sagte der Vizedirektor des Pressesaals.

Der Palästinensische Nationalkongreß rief schließlich am Ende seiner Vollversammlung in Algier am 15. November 1988 den unabhängigen Staat Palästina aus. Am selben Tag hatte der Ständige Beobachter des Hl. Stuhls bei der UNO, Erzbischof Renato Martino, anläßlich der Debatte des Speziellen Politischen Komitees über die Arbeit des Flüchtlingshilfswerks UNRWA Gelegenheit zur Stellungnahme. Zwar war die palästinensische Unabhängigkeitserklärung erwartet worden, aber aufgrund des mangelnden zeitlichen Abstands ging Martino nicht konkret auf dieses Ereignis ein. Statt dessen kommentierte er die allgemeine Situation, indem er grundsätzliche Aussagen des Papstes mit aktuellen Fakten in Verbindung brachte. „Wie Johannes Paul II. zu Vertretern jüdischer Gemeinden sagte: ‚[...] Die Erinnerung an die Schoa bedeutet auch, jeden Keim von Gewalt zu ersticken'. [...] Die Kirche leidet mit den Palästinensern, die zwei Generationen in Flüchtlingslagern großgezogen haben und gebrochene Knochen, Haft ohne Prozeß oder formale Anklage und sogar den Tod mehrerer hundert Menschen erlitten haben. Die Kir-

---

[31] Zur islamistischen Bewegung vgl. ABU AMR 1993; DERS. 1994; SCHULZE 1994, 313f; BARGHOUTI 1995; HUNZIKER 1995, 188-190;.
[32] Dichiarazione verbale, 12.8.1988: Archiv des Pressesaals.

che leidet auch mit den Juden [...]. Sie bedauert die Spannung, unter der sie leben, und den Terrorismus, der nur scheinbar eine Lösung bietet, weil er die Spirale der Gewalt fortsetzt und Unschuldige trifft"[33], sagte Martino vor dem Speziellen Politischen Komitee. Insbesondere die anhaltende Schließung der Schulen und Universitäten müsse jeden beunruhigen, der Bildung als Menschenrecht betrachte. Er rief beide Seiten zum Dialog und zu mutiger Kreativität auf und würdigte „die Anzeichen guten Willens, die sich jüngst gezeigt haben"[34]. Dies war offenbar ein Hinweis auf das Bestreben Arafats, im Palästinensischen Nationalkongreß in Algier eine neue Politik der Kompromißbereitschaft durchzusetzen. Auch Johannes Paul II. würdigte die politische Richtungsänderung der PLO und machte in seiner Ansprache zum Angelus deutlich, daß es nun an Israel sei, sich davon zu einer entsprechenden Geste inspirieren zu lassen.[35]

‚Civiltà Cattolica' nannte die Gründung des palästinensischen Staates ein „Ereignis von historischer Bedeutung" und beschrieb die Unabhängigkeitserklärung als „reale Friedensbemühung, quasi eine Herausforderung an Israel, ein Dokument, mit dem man zu arbeiten anfangen kann, wenn nur ein Minimum an gutem Willen vorhanden wäre, wie ihn Arafat bewiesen hat"[36]. Der Text der palästinensischen Unabhängigkeitserklärung enthielt aufgrund der internen Opposition große Interpretationsspielräume hinsichtlich der Anerkennung des Staates Israel und der Abkehr vom Terrorismus sowie der Grenzen des Staatsgebiets und der Hauptstadt. Arafat präzisierte die palästinensische Position jedoch in den folgenden Wochen, in denen er zahlreiche Staaten besuchte, um deren Unterstützung für den neugegründeten Staat zu gewinnen. Im Dezember 1988 sprach sich Arafat vor der UN-Generalversammlung deutlicher als zuvor für das Existenzrecht Israels aus und verurteilte jede Form von Terrorismus. Die Generalversammlung war eigens nach Genf verlegt worden, um Arafat die Möglichkeit zu dieser Stellungnahme zu geben, da ihm auf Anweisung von US-Außenminister George Shultz die Einreiseerlaubnis in die USA verweigert worden war. Zehn Tage später traf Arafat zum zweiten Mal mit Johannes Paul II. zusammen, dieses Mal nicht in einem Nebenraum der Audienzhalle, sondern in der Privatbibliothek des Papstes, wo gewöhnlich Staatsoberhäupter empfangen werden. Der PLO-Präsident war vom Pressesaal ohne Titel, jedoch als ‚Seine Exzellenz Herr Arafat' angekündigt worden. Johannes Paul

---

[33] Statement of H.E. Archbishop Renato Martino in the Special Political Committee, 15.11.1988: PMP-Archiv.
[34] Statement of H.E. Archbishop Renato Martino in the Special Political Committee, 15.11.1988: PMP-Archiv.
[35] Vgl. ASS 1988, 1076f.
[36] CC I (1989) 194f.

II. differenzierte in seiner Ansprache nicht wie bisher zwischen dem israelischen Recht auf Sicherheit und dem palästinensischen Recht auf ein Vaterland, sondern sprach von einem „identischen, fundamentalen Recht auf ein Vaterland, in dem man in Freiheit, Würde und Sicherheit, in Harmonie mit den Nachbarvölkern leben kann"[37].

Mit einigen Monaten Abstand zur palästinensischen Unabhängigkeitserklärung gab der Ständige Beobachter des Hl. Stuhls bei der UNO, Renato Martino, im April 1989 einen aktualisierten Überblick über die vatikanische Haltung zur Palästinafrage. Sein Forum war ein von der katholischen Hilfsorganisation CNEWA gesponsertes Seminar an der New Yorker Fordham University zum Thema ‚Der Hl. Stuhl und der Nahe Osten'; im Auditorium waren etwa zwanzig Mitglieder diplomatischer Vertretungen bei der UNO. Die Rede war zuvor mit dem Staatssekretariat abgestimmt worden.[38] „Sie haben nur wenige Änderungen vorgeschlagen, aber jeweils stärkere Formulierungen"[39], bemerkte Mgr. Robert Stern, der Generalsekretär der CNEWA und Präsident der Päpstlichen Mission für Palästina. Um so bemerkenswerter waren Martinos Äußerungen zum Status Jerusalems, in denen er sich ausdrücklich auf die Proklamation Jerusalems zur Hauptstadt des palästinensischen Staates bezog. Genauer als je zuvor in einer vatikanischen Aussage definierte er die Grenzen des Gebietes, für welches das vom Hl. Stuhl geforderte Statut gelten sollte: „Mit Jerusalem meine ich die Altstadt [...]. Ihre heiligen Stätten, die in der ganzen Altstadt verteilt sind, können nicht von ihr getrennt werden." Im Blick auf die politische Souveränität über die Stadt hielt er fest, daß die Aussagen des 1984 veröffentlichten Apostolischen Schreibens ‚Redemptionis Anno' auch unter den veränderten Umständen ihre Geltung behielten. „Der Hl. Stuhl ist fest überzeugt, daß das Jerusalemproblem nicht ausschließlich und primär angegangen werden kann und darf, indem man die Frage nach der Souveränität beantwortet, wie es Israel, die arabischen Staaten und die PLO durch die Proklamation des palästinensischen Staates bislang getan haben. [...] Was immer für eine konkrete Lösung gefunden wird, muß sie mit den Prinzipien der Gerechtigkeit übereinstimmen und durch ein friedliches Abkommen erreicht werden"[40],

---

[37] Dichiarazione del direttore della Sala Stampa della Santa Sede, 23.11.1988: Archiv des Pressesaals.
[38] Vgl. Robert Stern, Präsident der PMP, an Ann Marriott, Direktorin der PMP in Jerusalem, New York, 11.4.1989: PMP-Archiv.
[39] Robert Stern, Präsident der PMP, an Ann Marriott, Direktorin der PMP in Jerusalem, New York, 11.4.1989: PMP-Archiv.
[40] Address by Archbishop Renato R. Martino, Permanent Observer of the Holy See to the United Nations at the Middle East Colloquium, Fordham University, New York, 10.4.1989: PMP-Archiv.

sagte Martino. Demzufolge war für den Hl. Stuhl grundsätzlich auch ein palästinensisch verwaltetes Jerusalem als Hauptstadt eines palästinensischen Staates akzeptabel – sofern sie von Israel gebilligt und mit den gewünschten internationalen Garantien ausgestattet war.

5. Die Entwicklung einer ‚palästinensischen Befreiungstheologie'

Die Hoffnung des Hl. Stuhls, die Richtungsänderung der palästinensischen Politik werde die Intifada beenden und Friedensverhandlungen möglich machen, erfüllte sich vorerst nicht. Im darauffolgenden Jahr verschlimmerte sich die Situation weiter. Die kirchlichen Oberhäupter Jerusalems veröffentlichten im April 1989 erneut eine gemeinsame Erklärung, die wesentlich schärfer formuliert war als die vorhergehenden. Sie verurteilten die „andauernden Verletzungen von Grundrechten durch das willkürliche Vorgehen der Behörden"[41] und nannten ausdrücklich den ungerechtfertigten Waffengebrauch, den Einsatz von Schußwaffen in der Nähe heiliger Stätten, massenhaft angewandte Verwaltungshaft sowie Kollektivstrafmaßnahmen wie Häuserzerstörungen und die Unterbrechung der Wasser- und Stromversorgung. Die Erklärung war erstmals namentlich unterzeichnet, auch vom griechisch-orthodoxen Patriarchen Diodoros, der sich bislang in politischen Fragen zurückgehalten und gute Beziehungen zur israelischen Regierung gepflegt hatte.[42] Die politischen Stellungnahmen der Vertreter der christlichen Kirchen mögen von der Sorge mitbestimmt gewesen sein, sich nicht innerhalb der palästinensischen Gesellschaft zu isolieren oder der Kollaboration verdächtig zu machen. Sie waren aber auch Ausdruck des gewachsenen Selbstbewußtseins der Christen im Heiligen Land, das sich insbesondere im vertieften theologischen Nachdenken über ihre Situation widerspiegelte.

Unter der Bezeichnung ‚palästinensische Befreiungstheologie' entwickelte sich eine kontextbezogene Theologie, welche die besondere Situation der Christen – im Ursprungsland ihrer Religion unter israelischer Besatzung – berücksichtigte und die Einheit der lokalen Kirche zum vorrangigen Ziel erklärte. Eine zentrale theologische Frage war die Bedeutung der biblischen Landverheißung an Israel, mit der religiös-nationale Juden die Vertreibung der Palästinenser rechtfertigten. Ein gewisser Widerspruch lag in der Tatsache, daß die Initiatoren dieser Bewegung, die einen starken Akzent auf Authenti-

---

[41] POC 39 (1989) 413f.
[42] Vgl. DUMPER 1995, 284f. DUMPER zufolge kennzeichnete die Unterschrift des griechisch-orthodoxen Patriarchen den „Mißerfolg der israelischen Regierung, die kirchliche Führung auf ihre Seite zu ziehen" (ebd. 285).

zität und Identität der einheimischen Kirche setzten, selbst zumeist längere Zeit im Ausland verbracht hatten. Sie gehörten überwiegend den westlichen Kirchen an und veröffentlichten ihre Schriften zur palästinensischen Theologie erst im Ausland, bevor sie ins Arabische übersetzt wurden. Als Hauptvertreter dieser Richtung sind Naim Ateek (anglikanisch), Mitri Raheb (evangelisch-lutherisch), Geries Khoury (melkitisch) und Rafik Khoury (lateinisch) zu nennen.[43] Die Entwicklung einer kontextuellen palästinensischen Theologie hatte bereits vor der Intifada eingesetzt, war durch die politischen Ereignisse aber deutlich vorangetrieben worden. Ende der achtziger Jahre entstanden mehrere Studienzentren und Konferenzen, die dem neuen Ansatz verpflichtet waren, so das Al-Liqa-Zentrum in Betlehem,[44] das Ost-Jerusalemer Sabeel-Zentrum für Befreiungstheologie und die Konferenz für Theologie und Kirche im Heiligen Land.[45]

Die gewachsene Solidarität der christlichen Gemeinschaften im Heiligen Land ermöglichte über die gemeinsamen Stellungnahmen hinaus auch gemeinsamen aktiven Protest der kirchlichen Oberhäupter. Im September 1989 hatte das israelische Militär das fast ausschließlich christliche Dorf Bet Sahur bei Betlehem sechs Wochen lang fast vollständig von der Außenwelt abgeriegelt, da die Einwohner sich weigerten, Steuern zu zahlen. Die drei Patriarchen von Jerusalem, der melkitische Patriarchalvikar und der Kustos machten sich gemeinsam auf den Weg nach Bet Sahur, begleitet von zwei Lastwagen voller Lebensmittelspenden, wurden aber von der israelischen Armee am Zugang gehindert. Statt dessen gingen sie in die Betlehemer Geburtskirche, wo sie gemeinsam schweigend beteten – eine Geste, die vor der Intifada aufgrund der komplizierten ökumenischen Beziehungen undenkbar gewesen wäre.[46] Während die Einwohner von Bet Sahur noch unter der Abriegelung litten, rief Johannes Paul II. in einer Ansprache zum Angelus zur Solidarität mit den Bewohnern des Westjordanlands und des Gazastreifens auf. Der Hilfeschrei eines ganzen Volks aus dem Heiligen Land beunruhige ihn, sagte der Papst. Er mache sich weiterhin ihre legitime Forderung zu eigen, in Frieden in einem eigenen Heimatland zu leben.[47]

---

[43] Vgl. ATEEK u.a. (Hg.) 1997, 94-106; ATEEK 1990; ATEEK u.a. (Hg.) 1992; G. KHOURY 1992; DERS. 1993; R. KHOURY 1993; RAHEB 1994; ABBOUSHI 1992, 57f; CHACOUR 1990; CRAGG 1992, 237-243.

[44] Vgl. Bechmann 1995.

[45] Der palästinensisch-theologische Ansatz ist unter dem Einduck der Intifada auch von Christen im Westen viel beachtet worden; vgl. RÖSCH-METZLER 1995; BRÄUER 1992; CLARKE / FLOHR 1992; HOFFMANN 1992; DAMM 1993; OFFERGELD 1994; SUERMANN 1994; KRUPP 1995; BECHMANN / RAHEB (Hg.) 1995; MÄNNCHEN 1995; LÖFFLER 1996; GOETZE 1996.

[46] Vgl. POC 39 (1989) 415f.

[47] Vgl. ASS 1989, 823.

Ein israelisches Kabinettsmitglied warf Johannes Paul II. daraufhin einseitiges Mitgefühl mit den Palästinensern und Gleichgültigkeit gegenüber Israel vor. Avi Pazner, der Berater des Premierministers Jizchak Schamir, sagte, es sei befremdlich, daß jemand, der sich so sehr für ein Heimatland für die Palästinenser einsetze, nach über vierzig Jahren immer noch nicht den Staat Israel anerkannt habe.[48]

Die harte Reaktion auf den gewaltfreien Widerstand der Einwohner von Bet Sahur und die Verhinderung des Besuchs der Kirchenoberhäupter kritisierte auch Martino, der Ständige Beobachter des Hl. Stuhls bei der UNO, in seiner Stellungnahme vor dem Speziellen Politischen Komitee im Oktober 1989. Sein Aufruf zum Gewaltverzicht richtete sich ausdrücklich an beide Seiten: „Der Hl. Stuhl trauert mit den palästinensischen Familien, die mehr als siebenhundert Personen während der Intifada beerdigt haben, darunter so viele Kinder und Jugendliche! Er lehnt die gewaltsamen Angriffe auf Israelis ab, die den Tod unschuldiger Zivilisten verursacht haben. Er protestiert gleichermaßen gegen die wachsende Zahl brutaler Vergeltungsmaßnahmen gegen angebliche palästinensische Kollaborateure unter den Palästinensern selbst. Darüber hinaus beklagt der Hl. Stuhl die psychologische Gewalt, die Todesrate der Seelen, die beide Seiten trifft, vor allem die jungen Menschen"[49], so Martino. Johannes Paul II. betonte seinerseits in der Weihnachtsansprache an die Kurie, die Palästinenser dürften nicht der Versuchung der blinden Gewalt nachgeben, und Israel solle seiner Pflicht nachkommen, die Gerechtigkeit zu respektieren, und sich dem Dialog zu öffnen.[50]

Nachdem im März 1990 in Israel die große Koalition unter Premierminister Schamir gescheitert war, wuchs die Hoffnung auf palästinensisch-israelische Friedensgespräche. Johannes Paul II. empfing im April 1990 zum dritten Mal PLO-Präsident Jassir Arafat in Audienz und mahnte zum Verzicht auf den Einsatz terroristischer Mittel und Unterdrückungsmaßnahmen. Der Direktor des Pressesaals erklärte, der Papst halte es für ein wesentliches Element seines Amtes, „jede positive Haltung in der Suche nach dem Frieden zu ermutigen und den Willen zum Dialog zu stärken"[51].

In der Kar- und Osterwoche, die in diesem Jahr für die westlichen und östlichen Kirchen zusammenfiel, kam es in Jerusalem zu heftigen Auseinandersetzungen zwischen Christen und israelischen Sicherheitskräften. Etwa 150 jüdische Siedler hatten im christlichen Viertel, in der Nähe der Grabeskirche, unter Polizeischutz das ehe-

---

[48] Vgl. The Jerusalem Post, 23.10.1989; 26.10.1989; KNA, 26.10.1989; 27.10.1989.
[49] Statement by Archbishop Renato R. Martino, Permanent Observer of the Holy See to the United Nations, 21.11.1989: PMP-Archiv.
[50] Vgl. AAS 82 (1990) 791.
[51] Dichiarazione del Direttore, 6.4.1990: Archiv des Pressesaals.

malige Johannes-Hospiz besetzt. Sie gaben vor, das leerstehende Gebäude rechtmäßig gekauft zu haben, und planten die Einrichtung einer jüdischen Religionsschule. Am folgenden Tag, dem Gründonnerstag, versammelte sich die griechisch-orthodoxe Gemeinde im Anschluß an den Gottesdienst zum Zeichen des Protests vor dem Eingang des Johannes-Hospizes. Das israelische Militär setzte zur Auflösung der Manifestation Tränengas ein; in dem Gedränge stürzte Patriarch Diodoros zu Boden. Später stellte sich heraus, daß der armenische Mieter das Gebäude über eine Scheinfirma in Panama ohne Wissen des griechischen Patriarchats verkauft hatte, und daß das israelische Bauministerium unter David Levi der religiös-nationalistischen Siedlergruppe etwa vierzig Prozent des Kaufpreises zur Verfügung gestellt hatte.[52]

Der Vorfall belastete einerseits das Verhältnis der israelischen Behörden zu den christlichen Gemeinschaften und stärkte andererseits die Solidarität der Christen untereinander und ihre Stellung in der palästinensischen Gesellschaft. Die kirchlichen Oberhäupter entschlossen sich zu einer bislang beispiellosen gemeinsamen Protestaktion und ordneten eine eintägige Schließung aller christlichen heiligen Stätten in Jerusalem, Nazaret und Betlehem an. Sie kritisierten gleichermaßen die provokative Anwesenheit jüdischer Siedler im christlichen Viertel Jerusalems und die Beteiligung der israelischen Regierung an diesem Immobilienhandel.[53] Johannes Paul II. erwähnte die „schlimmen Ereignisse, [...] die zu der schmerzlichen Entscheidung geführt haben, zeitweise die heiligen Stätten zu schließen" in seiner Ansprache zum Angelus. Er rief dazu auf, „unsere Brüder in Ost-Jerusalem, insbesondere die Verantwortlichen der christlichen Kirchen"[54] spirituell zu unterstützen. Der Vorfall hatte einen konkreten positiven Effekt: Jerusalems Bürgermeister Teddy Kollek, der die Unterstützung der Siedler durch die israelische Regierung scharf kritisiert hatte, setzte sich erfolgreich dafür ein, als Geste der Versöhnung die Betlehem-Universität nach fast dreijähriger Schließung wieder zu öffnen.[55]

In einem 36seitigen Pastoralbrief mit dem Titel ‚Erbittet Frieden für Jerusalem', der Pfingsten 1990 veröffentlicht wurde, erörterte

---

[52] Vgl. POC 40 (1990) 385-388; HK 44 (1990) 263f; MECC (Hg.) 1990; WAGNER 1992, 45; DUMPER 1995, 286; PIERACCINI 1997, 668-670.
[53] Vgl. POC 40 (1990) 387f.
[54] ASS 1990, 316.
[55] Vgl. The Jerusalem Post, 15.5.1990 („Kollek told Shamir that it would be wise to make the first gesture to the Christian community, given the tension over the St. John's Hospice affair"). Die Betlehem-Universität wurde als erste der Hochschulen in den besetzten Gebieten nach fast genau dreijähriger Schließung am 2. Oktober 1990 wieder geöffnet; vgl. The Jerusalem Post, 2.10.1990.

der lateinische Patriarch Michel Sabbah ausführlich Ursachen und Wirkungen der Intifada und skizzierte die Rolle der Christen in dem Konflikt.[56] Ein besetztes Volk habe das Recht und die Pflicht, seine Forderungen hörbar zu machen, und sich politisch nach eigenem Willen zu organisieren, schrieb Sabbah. Die Kirche schließe jedoch jede Form von Gewalt aus, wozu Waffengebrauch ebenso zähle wie die Manipulation der Medien. Sabbah mahnte die Christen, sich ihrer doppelten Identität als integraler Bestandteil der palästinensischen Gesellschaft und als Christen der Kirche Jerusalems bewußt zu sein: „Ihr müßt Euch mehr und mehr in allen Bereichen des öffentlichen Lebens engagieren, um die Gesellschaft von morgen zu entwerfen und Brüderlichkeit und Freiheit gemeinsam mit den Gläubigen der anderen Religionen zu verwirklichen". Auf politischer Ebene forderte er konkret „direkte Verhandlungen zwischen beiden Gegnern, die ihre Vertreter jeweils selbst bestimmen". „Die beiden Gegner sind Israel und die PLO", fügte er hinzu.

Es ist nicht auszuschließen, daß dem Vatikan derart politische Aussagen des Jerusalemer Patriarchen zu weit gingen. „In Jerusalem bestand jedoch nicht der Eindruck, daß der Patriarch vom Vatikan gebremst wurde", sagt P. Frans Bouwen, Vorsitzender der Jerusalemer Iustitia-et-Pax-Kommission. Grundsätzlich begrüßte der Vatikan die wachsende Selbständigkeit der lokalen Kirche und unterstützte diese Entwicklung. Die Christen in den arabischen Ländern sollten keine Hilfsempfänger sein, sondern „Akteure des kirchlichen Lebens", „Wegbereiter des interreligiösen Dialogs" und „Treibmittel der Versöhnung in der Gesellschaft, in der sie leben"[57]. Das sagte Johannes Paul II. den Mitgliedern der Konferenz der lateinischen Bischöfe in den arabischen Ländern (CELRA), die er im Oktober 1990 in Audienz empfing.

6. Die Forderung der diplomatischen Anerkennung Israels infolge des Golfkriegs (1991)

Die irakische Besetzung Kuweits Anfang Oktober 1990, die anfangs auch von der PLO verurteilt wurde, bekam eine neue Bedeutung, als der irakische Präsident Saddam Hussein seinen Rückzug aus Kuweit von einem Rückzug Israels aus dem Westjordanland abhängig machte. In dem Maß, in dem die USA die Unterstützung weiterer Staaten für einen bewaffneten Angriff gegen den Irak gewann, bekam der irakisch-kuweitische Konflikt den Charakter einer symboli-

---

[56] Vgl. Michel Sabbah, ‚Pray for peace in Jerusalem', Pastoral Letter, Jerusalem, 3.6.1990, folgende Zitate ebd.
[57] B 376/90, 1.10.1990.

schen Konfrontation zwischen den westlichen und den arabischen Staaten. Ende August sagte Arafat öffentlich, das palästinensische Volk unterstütze den Irak im Kampf gegen die israelische Besetzung und die amerikanische Militärpräsenz im Persischen Golf. Der lateinische Patriarch Michel Sabbah zeigte Verständnis für die Haltung der Palästinenser zur Golfkrise. „Die Leute hier fragen sich: ‚Wenn die Welt so sehr um Gerechtigkeit bemüht ist, warum muß es in Kuweit dann so schnell gehen, während wir hier immer noch unter Besatzung leben?'"[58], erklärte Sabbah in einem Interview im September 1990. Falls die Krise im Golf der Welt die Situation der Palästinenser bewußt machen sollte, hätten sie Grund, sich bei Saddam Hussein zu bedanken, sagte der Patriarch.[59]

Der Hl. Stuhl lehnte den geplanten Militäreinsatz entschieden ab. Neben der prinzipiellen Begründung, Gewalt sei weder ein akzeptables noch ein wirksames Mittel der Konfliktlösung, stand die kontinuierliche Sorge um die Zukunft der christlichen Gemeinden in den arabischen Staaten. Aus diesem Grund vertrat der Hl. Stuhl in einem zentralen Punkt die gleiche Position wie Saddam Hussein und die PLO: Die Lösung des Kuweit-Konflikts sollte eingebunden werden in eine Friedensregelung für die gesamte Region.[60] In seiner ersten öffentlichen Stellungnahme zur Golfkrise – gut drei Wochen nach der Besetzung Kuweits – setzte Johannes Paul II. bereits die drei Hauptprobleme im Nahen Osten miteinander in Verbindung und rief zum Friedensgebet „für die leidende Bevölkerung in der Golfregion und für alle Völker im Nahen Osten, insbesondere die im Libanon und in Palästina"[61], auf.

Ein gewaltsamer Zusammenstoß in der Jerusalemer Altstadt brachte im Oktober 1990 die Intifada wieder in den Mittelpunkt des internationalen Interesses. Eine Gruppe jüdischer Extremisten hatte angekündigt, symbolisch den Grundstein für die Wiedererrichtung des Jerusalemer Tempels auf dem Areal des Felsendoms und der Al-Aqsa-Moschee legen zu wollen. Bei den darauffolgenden gewaltsamen Auseinandersetzungen in der Jerusalemer Altstadt wurden siebzehn Palästinenser von israelischen Sicherheitskräften erschossen. Es war der Tag mit der höchsten Todesrate seit Beginn der Intifada. Johannes Paul II. bekundete in der Generalaudienz seinen großen Schmerz über die Gewaltakte, „der noch verstärkt wird durch die

---

[58] CNS, 14.9.1990.
[59] Vgl. CNS, 14.9.1990.
[60] Vgl. ARBOIT 1996, 34-41; CALIARI 1992; DEL RIO 1991. ARBOIT stellt die Haltung des Hl. Stuhls jedoch als Reaktion auf den irakischen Vorschlag dar: „Johannes Paul II. war der einzige westliche Staatschef, wenn man ihn so nennen kann, der die irakischen Bedingungen akzeptierte" (ebd. 34).
[61] ASS 1990, 580.

Tatsache, daß sie sich an den [...] heiligen Stätten ereigneten"[62]. Er verurteilte (condannare) ausdrücklich „die Situation der Ungerechtigkeit, die schon viel zu lange andauert" und bekräftigte das Recht beider Völker auf ein eigenes Heimatland, und zwar konkret „in jenem Land, das ihnen und den Gläubigen der ganzen Welt so lieb ist"[63]. Der ‚Osservatore Romano' verknüpfte die Ereignisse in Jerusalem mit denen in der Golfregion und verstärkte damit das vatikanische Plädoyer für eine internationale Nahost-Konferenz. „Ob man es zugibt oder nicht, es gibt objektiv eine Verbindung zwischen den dauerhaften und den jüngsten Ungerechtigkeiten in dieser geopolitischen Region; und die Glaubwürdigkeit der internationalen Institutionen gründet in der Fähigkeit, Probleme nach den Prinzipien der Gleichheit und Gerechtigkeit zu regeln, ohne den Eindruck zu vermitteln, mit zweierlei Maß zu messen. [...] Kuweit, das palästinensische Problem und der Libanon müssen an derselben Politik der Versöhnung, auf der Basis der Menschenrechte und der gleichen Würde der Nationen, teilhaben"[64], so der ‚Osservatore Romano'. Im November 1990 billigte der UN-Sicherheitsrat auf Initiative der USA den Einsatz militärischer Gewalt, wenn der Irak nicht bis zum 15. Januar seine Truppen aus Kuweit abgezogen haben sollte. Zwei Tage vor Ablauf des Ultimatums appellierte Johannes Paul II. an Saddam Hussein, sich zu einer Geste des Friedens zu entschließen. Im Gegenzug sollten die übrigen beteiligten Staaten eine Friedenskonferenz einberufen, „die zur Lösung aller Probleme hinsichtlich einer friedlichen Koexistenz im Nahen Osten beitragen werde"[65].

Die Idee einer internationalen Nahostkonferenz fand in der internationalen Gemeinschaft zunächst kaum Beachtung. Die Palästinafrage wurde wenig später dennoch zum Bestandteil der Golfkrise, da der Irak die militärische Offensive mit Raketenangriffen auf Israel beantwortete. Am Tag nach der ersten irakischen Attacke auf Tel Aviv und Haifa sagte Johannes Paul II. in seiner Ansprache vor dem Angelus, es sei zu befürchten, „der Konflikt könne sich durch den ganzen Nahen Osten ausbreiten und auf Länder übergreifen, die bislang, Gott sei Dank, davon abgesehen haben, sich direkt an den Kämpfen zu beteiligen"[66]. Näher ging er auf die Angriffe auf Israel jedoch nicht ein, was international und insbesondere von jüdischer Seite scharf kritisiert wurde. Die israelische Bevölkerung war enttäuscht und empört, daß der Papst das irakische Vorgehen nicht

---

[62] ASS 1990, 759.
[63] ASS 1990, 760.
[64] OR, 14.10.1990.
[65] ASS 1991, 45.
[66] ASS 1991, 67.

eindeutig verurteilte.⁶⁷ Das Ressentiment gegen die katholische Kirche verstärkte sich angesichts freudiger Reaktionen palästinensischer Christen auf die irakischen Angriffe.⁶⁸

Vor diesem Hintergrund gewann das Thema der fehlenden diplomatischen Beziehungen des Heiligen Stuhls zu Israel erneut an Aktualität. Die jüdische Gemeinde Roms beklagte die Distanziertheit des Papstes in einem offenen Brief, den auch der Oberrabbiner Elio Toaff unterschrieben hatte: „Wir hatten klare Worte zu den Bombenangriffen auf Tel Aviv und Haifa erwartet. Leider hat der Papst wiederum nicht einmal den Namen des Landes ausgesprochen, dessen Recht auf eine friedliche Existenz verletzt wurde"⁶⁹, hieß es darin. Knapp fünfzig Jahre nach dem nationalsozialistischen Massenmord an den Juden und dreißig Jahre nach dem Zweiten Vatikanischen Konzil scheine die Haltung des Heiligen Stuhls, den Staat Israel nicht anzuerkennen, „politisch untragbar und moralisch ungerechtfertigt". Viele Juden seien überzeugt, daß die Nichtanerkennung auf theologischen Vorbehalten gründe. Die römischen Juden fühlten sich zudem daran erinnert, daß ihre Väter vergeblich auf eine klare Stellungnahme des Vatikans gegen die Vertreibung der italienischen Juden gewartet hatten, schrieben die Vertreter der jüdischen Gemeinde in Rom. Im Rückgriff auf das Wort Johannes Pauls II. von den Juden als den älteren Brüdern der Christen endete der Brief mit einem dringenden Appell: „Als Brüder in Abraham [...] halten wir heute den Moment für den Papst gekommen, den Staat Israel formal anzuerkennen, als Beitrag des Hl. Stuhls zum Frieden."

Die beiden Hauptvorwürfe von israelischer Seite an den Vatikan – das sogenannte Schweigen während des Holocausts und die vermeintlich theologischen Gründe hinter der fehlenden staatlichen Anerkennung – waren diskret formuliert, zeigten aber Wirkung. Am folgenden Tag bekundete Johannes Paul II. sein Mitgefühl erstmals seit Beginn des Golfkriegs offen „mit allen, die im Staat Israel aufgrund der verabscheuungswürdigen Bombenangriffe leiden", und zugleich „mit der Bevölkerung des Irak und aller beteiligten Staaten,

---

⁶⁷ Vgl. ARBOIT 1996, 81f.

⁶⁸ CHOURAQUIS Darstellung (1992, 226) ist nicht belegt, reflektiert aber vermutlich eine in Israel verbreitete Wahrnehmung: „In Israel haben christliche Kirchen, der Klerus – vor allem der katholische – an der Spitze, für den Sieg des Irak im Krieg gegen die ganze Welt gebetet. [...] In Jerusalem hat ein archaischer Bund verknöcherter christlicher Patriarchen seine Pfarrkinder gemeinsam mit den ‚Helden der Intifada' vor Freude auf den Dächern tanzen lassen, jedesmal wenn eine Rakete mit dem Ziel Tel Aviv den Himmel durchschnitt."

⁶⁹ Oberrabbiner Elio Toaff und der Rat der jüdischen Gemeinde von Rom, Offener Brief an Papst Johannes Paul II., Rom, 22.1.1991: Il Regno-Attualità 4 (1991) 118; folgende Zitate ebd.

die ebenfalls schweres Leid ertragen"[70]. Noch in derselben Woche antwortete Navarro-Valls auf den Appell der jüdischen Gemeinde Roms mit einer vierseitigen Erklärung im Stil einer energischen Rechtfertigung zum vatikanisch-israelischen Verhältnis.[71] Er wies darauf hin, daß die Abwesenheit diplomatischer Beziehungen ausschließlich juristische und keinesfalls theologische Gründe habe. Konkret nannte er folgende drei: „die israelische Präsenz in den besetzten Gebieten und das Verhältnis zu den Palästinensern, die Annexion der Heiligen Stadt Jerusalem sowie die Situation der katholischen Kirche in Israel und den von ihm verwalteten Gebieten". Daneben traf Navarro-Valls einige begriffliche Unterscheidungen, die nach Ansicht des Hl. Stuhls in der öffentlichen Diskussion nicht ausreichend berücksichtigt wurden. Zunächst differenzierte er zwischen der Anerkennung eines Staates und der Aufnahme diplomatischer Beziehungen und hielt fest: „Die Tatsache, daß zwischen dem Hl. Stuhl und dem Staat Israel keine diplomatischen Beziehungen bestehen, bedeutet nicht, daß der Hl. Stuhl den Staat Israel nicht anerkenne." Es folgte ein Überblick über die wichtigsten Momente der indirekten Anerkennung Israels, angefangen bei der Anwesenheit israelischer Delegationen bei Papstbegräbnissen, der Begegnung Pauls VI. mit dem israelischen Staatschef in Meggido, den Audienzen für Abba Eban, Golda Meir, Mosche Dayan, Jizchak Schamir und Schimon Peres, über die regelmäßigen Kontakte durch die israelische Botschaft in Rom und den Apostolischen Delegaten in Jerusalem, bis zum öffentlichen Eintreten des Papstes für Israels Existenz in Sicherheit. Als weiteren Beleg führte Navarro-Valls mehrere Staaten auf, die der Hl. Stuhl zweifellos anerkannte, ohne diplomatische Beziehungen zu unterhalten, namentlich Südafrika, Jordanien, Mexiko, die Sowjetunion und, bis vor einiger Zeit, Polen und die USA. Schließlich grenzte er die religiöse Dimension gegen die politische ab, also das Verhältnis des Hl. Stuhls einerseits zum Judentum, andererseits zum Staat Israel. Er endete mit einem Zitat der 1985 verabschiedeten Richtlinien zur korrekten Präsentation des Judentums in Predigt und Katechese, wo es heißt, der Hl. Stuhl respektiere die Bindung der Juden in aller Welt an den Staat Israel, unterscheide aber klar zwischen der Ebene des interreligiösen Dialogs und der politische Ebene.

---

[70] ASS 1991, 82.
[71] Vgl. Dichiarazione del Direttore della Sala Stampa, 25.1.1991: Archiv des Pressesaals; folgende Zitate ebd. Die Erklärung beginnt mit der Feststellung, „Schon früher, aber vor allem in den letzten Tagen zeigte sich eine gewisse Verwirrung der öffentlichen Meinung hinsichtlich der Frage der Beziehungen zwischen dem Heiligen Stuhl und dem Staat Israel".

Der Text hatte den Wert einer lange fälligen Bestandsaufnahme der vatikanisch-israelischen Beziehungen und enthielt mehrere, durch die emotional geführte öffentliche Diskussion notwendig gewordene begriffliche Präzisierungen. Zugleich wies er jedoch einige Schwachstellen auf. Insbesondere fehlte neben den juristischen Einzelbegründungen – der ungeklärte Status der Palästinenser, Jerusalems und der katholischen Kirche in Israel – der Hinweis auf die fundamentale Sorge des Papstes, die Aufnahme diplomatischer Beziehungen zu Israel werde das Verhältnis des Hl. Stuhls zu den arabischen Staaten belasten und folglich die Situation der Christen in diesen Ländern verschlechtern. Dem Anspruch, die religiöse von der politischen Ebene zu trennen, war Johannes Paul II. selbst in der Vergangenheit häufig nicht gerecht geworden, u.a. indem er seine politisch akzentuierten Appelle nicht an die verantwortlichen Politiker, sondern an die Vertreter der Religionsgemeinschaften gerichtet hatte.[72] Die Frage der diplomatischen Beziehungen hatte außerdem längst eine so hohe symbolische Bedeutung gewonnen, daß eine juristische Argumentation kaum überzeugen konnte.[73]

Am folgenden Sonntag demonstrierten mehrere Hundert Mitglieder der jüdischen Gemeinde Roms während des Angelus-Gebets auf dem Petersplatz und forderten auf Spruchbändern die diplomatische Anerkennung Israels. Johannes Paul II. sagte am Ende seiner Ansprache, in der er erneut aufrief, für den Frieden in der Golfregion zu beten: „Ich sehe ein Transparent mit dem Wort ‚Schalom‘, was Frieden heißt. Diesen Frieden wünsche ich eurem Volk und dem Staat Israel."[74] Der ‚Spiegel‘ nannte diese Geste eine „matte Improvisation"[75]. Trotz oder wegen der ausführlichen Stellungnahme wurde der Hl. Stuhl zunehmend von verschiedenen Seiten gedrängt, offizielle Beziehungen zu Israel aufzunehmen. Der Vatikan könne sein Verhältnis zum jüdischen Volk nicht normalisieren, solange er seine Beziehungen zum jüdischen Staat nicht normalisiert habe, sagte ein Sprecher des Jüdischen Weltkongresses in New York. Die jüngste Erklärung des Hl. Stuhls sei ein „Schlag ins Gesicht der Juden auf der ganzen Welt"[76] gewesen, setzte er hinzu. Auch der italienische Premierminister Giulio Andreotti äußerte seinen Unmut über die Abwesenheit diplomatischer Beziehungen zwischen dem Hl. Stuhl und Israel. Häufig wurde in dieser Debatte auf die diploma-

---

[72] Vgl. z.B. die häufig zitierte Ansprache in Miami an Vertreter der US-amerikanischen Juden, in der Johannes Paul II. das Recht Israels und der Palästinenser auf ein Heimatland bekräftigte (ASS 80 (1988) 754).
[73] Vgl. HK 45 (1991) 108, unter der treffenden Überschrift ‚Gerechtfertigt?‘.
[74] KNA, 29.1.1991; vgl. ASS 1991, 99.
[75] Der Spiegel, 11.2.1991.
[76] The Jerusalem Post, 1.2.1991.

schen Beziehungen des Hl. Stuhls zu zahlreichen arabischen und muslimischen Staaten verwiesen. Zum Zeitpunkt des Golfkriegs waren 36 arabische und muslimisch geprägte Staaten – 9 von 22 Migliedern der Arabischen Liga; 24 von 45 Mitgliedern der Organisation der islamischen Konferenz (OIC) – durch einen Botschafter beim Hl. Stuhl vertreten, der seinerseits 26 Nuntien und Pro-Nuntien in diese Länder entsandt hatte, die zum Teil für mehrere Staaten gleichzeitig zuständig waren.[77]

Ein erstes, vages Anzeichen größerer Offenheit seitens des Vatikans ließ sich dem ergänzenden Kommentar von P. Giovanni Caprile SJ in ‚Civiltà Cattolica' entnehmen, obwohl er im Tonfall noch apologetischer war als die Erklärung selbst. Caprile führte die von Navarro-Valls genannten juristischen Aspekte weiter aus und kritisierte dabei besonders scharf die Situation der Christen in Israel. Die Behandlung der christlichen Gemeinschaften und Institutionen in Israel sei „besorgniserregend und unverständlich in einem modernen Staat"[78], da sie den Prinzipien der Religionsfreiheit und der Gleichheit aller Bürger vor dem Gesetz widerspreche. Nach Aussage von Mgr. Richard Mathes, dem Direktor des Jerusalemer Notre-Dame-Zentrums, standen die Abriegelung von Bet Sahur, die Besetzung des Johannes-Hospizes und der Konflikt über die Besteuerung kirchlicher Einrichtungen im Hintergrund.[79] Caprile nannte außerdem das Argument, das in der Erklärung von Navarro-Valls nicht erwähnt worden war: die Furcht vor der Reaktion der arabischen Staaten. Die Aufnahme diplomatischer Beziehungen zu Israel, schrieb Caprile, „erschiene der arabischen Welt wie eine Parteinahme für eine der Konfliktparteien und nähme dem Hl. Stuhl die Möglichkeit, sich mit seinem Ansehen für den Frieden einzusetzen, das ihm gerade wegen seiner Unparteilichkeit zukommt; ganz zu schweigen von den denkbaren Rückwirkungen auf die Christen in den arabischen Ländern"[80].

Dennoch war diese Absage keine endgültige. Caprile fuhr fort: „Es ist natürlich der Wunsch des Hl. Stuhls, daß diese Schwierigkeiten schnellstmöglich beseitigt werden, oder daß zumindest auf israeli-

---

[77] Vgl. BORRMANS 1989, 275-279; DERS. 1991, 433f; CHOURAQUI 1992, 217f;. Im Nahen Osten hatten folgende Staaten diplomatische Beziehungen zum Hl. Stuhl: Libanon (seit 1947), Ägypten (1947; vgl. BASHEER 1987), Syrien (1953), Iran (1953), Türkei (1960), Irak (1966), Kuwait (1968).
[78] CC I (1991) 357.
[79] Vgl. The Jerusalem Post, 8.3.1991.
[80] CC I (1991) 359. „Der Vatikan konnte sich nicht mehr mit seinem traditionellen Argument begnügen, die Anerkennung Israels mit dessen Grenzen zu verknüpfen; er mußte die Maske fallen lassen und zugeben, Angst vor den Folgen einer solchen Geste für die Christen m Orient zu haben", schreibt MARIAN (1991, 269).

scher Seite die klare Bereitwilligkeit und der konkrete Wille bestehen, einen Prozeß zur Lösung zu beginnen"[81]. In dieser Formulierung waren die Bedingungen des Vatikans für die diplomatische Anerkennung weiter reduziert als je zuvor. Trotz der scharfen Kritik an Israel deutete sich in diesem Kommentar in ‚Civiltà Cattolica' erstmals eine gewachsene Kompromißbereitschaft des Hl. Stuhls im Blick auf die staatliche Anerkennung an. Wenn die Absicht, mit der Lösungssuche überhaupt zu beginnen, bereits ein hinreichendes Kriterium war, schien der Zeitpunkt der Aufnahme diplomatischer Beziehungen offenbar nähergerückt.[82]

7. Die außerordentliche Bischofssynode im Vorfeld der Madrider Friedenskonferenz

Die anfängliche Forderung Saddam Husseins und – davon unabhängig – Johannes Pauls II., die Lösung des irakisch-kuweitischen Konflikts mit einer Regelung der übrigen Nahostprobleme zu verbinden, hatte sich Anfang 1991 auch der US-amerikanische Präsident George Bush zu eigen gemacht. Zufrieden, daß die internationale Gemeinschaft sich erneut um eine Lösung des Palästinakonflikts bemühen wollte, und besorgt, daß die christlichen Interessen dabei nicht genügend berücksichtigt werden könnten, entschloß der Hl. Stuhl sich zu einer ungewöhnlichen Initiative. Im Februar 1991, während in der Golfregion noch gekämpft wurde, lud Johannes Paul II. alle Patriarchen und Vertreter der Bischofskonferenzen der am Golfkrieg beteiligten Staaten zu einer außerordentlichen Synode für Anfang März nach Rom ein. In der offiziellen Ankündigung hieß es, der Papst wolle „den Informations- und Meinungsaustausch über die Folgen des Krieges für die Völker im Nahen Osten, für die Christen in der Region und für die interreligiösen Beziehungen fördern"[83]. Es war das erste Mal, daß so kurzfristig eine Bischofskonferenz einberufen wurde, um über aktuelle politische Probleme zu beraten.[84]

Das verstärkte politische Engagement des Hl. Stuhls hing unter anderem auch von der personellen Situation im Staatssekretariat ab. Im Dezember 1990 war Staatssekretär Agostino Casaroli in den Ruhestand getreten, und Johannes Paul II. hatte Mgr. Angelo Sodano zu seinem Nachfolger ernannt. Sodano war zuvor Nuntius in Chile gewesen, wo er durch seine Vermittlung im chilenisch-argentinischen Konflikt über die Beagle-Inseln einen Präzedenzfall aktiver Vatikan-

---

[81] CC I (1991) 358.
[82] Vgl. PIERACCINI 1997, 707.
[83] JOHN PAUL II FOR PEACE IN THE MIDDLE EAST 1991, 107
[84] Vgl. CC II (1991) 65-74.

diplomatie geschaffen hatte.⁸⁵ Johannes Paul II. berief ihn 1988 zum Sekretär des Rats für öffentliche Angelegenheiten, dessen Aufgaben mit der Reform des Staatssekretariats an die Zweite Sektion für die Beziehung zu den Staaten übergingen. Sein Amtsvorgänger Mgr. Achille Silvestrini verließ zum Bedauern vieler liberal gesonnener Kurienmitglieder das Staatssekretariat. Als Sodano zwei Jahre später Staatssekretär wurde, folgte ihm als Sekretär der Zweiten Sektion der 47jährige Franzose Mgr. Jean-Louis Tauran. Die Wahl Taurans wurde intern kritisiert, weil er nur begrenzte internationale Erfahrung hatte. Mit dem Nahostkonflikt war er jedoch vertraut, da er Anfang der achtziger Jahre, also in der Zeit der israelischen Libanon-Invasion, seinen Dienst in der Nuntiatur in Beirut geleistet hatte.⁸⁶

Vier Tage vor Beginn der außerordentlichen Synode erklärte US-Präsident Bush, daß der Krieg zur Befreiung Kuweits erfolgreich beendet sei. Die Bischofsversammlung, an der sieben katholische Patriarchen aus dem Irak, Jerusalem, Libanon, Syrien und Ägypten sowie Vertreter der Bischofskonferenzen aus den USA, Großbritannien, Frankreich, Italien, Belgien und Nordafrika teilnahmen, wurde auf diese Weise ungeplant zur ersten internationalen Nachkriegskonferenz, die sich mit den Problemen der gesamten Region befaßte.⁸⁷ Dem Hl. Stuhl war an größtmöglicher öffentlicher Aufmerksamkeit gelegen, um die christlichen Interessen im Blick auf eine Neuordnung im Nahen Osten bekannt zu machen. Zu Beginn der Konferenz sandte der Sekretär der Organisation der Konferenz Islamischer Staaten, Hamid Algabid, eine Grußbotschaft, in der er dem Papst für seine Friedensinitiave dankte und zu einer Intensivierung des christlich-islamischen Dialogs einlud.⁸⁸

In seiner Eröffnungsansprache, die vorab in mehreren Sprachen gleichzeitig veröffentlicht wurde, skizzierte Johannes Paul II. die Leitlinien für die Gespräche der Bischofsversammlung, die seiner Ansicht nach auch den politischen Verhandlungen der internationalen Gemeinschaft zugrundegelegt werden sollten: „Wenn die Probleme von gestern nicht gelöst werden [...], werden die Armen des Nahen Ostens – ich denke besonders an das palästinensische und an das libanesische Volk – noch stärker bedroht sein."⁸⁹ Er betonte, daß der Golfkrieg nicht als Konfrontation zweier Religionsgemeinschaften betrachtet werden könne; es sei vielmehr die Aufgabe aller Gläubigen, zum Dialog zu ermutigen. Die muslimischen Staaten, namentlich Saudi-Arabien, mahnte Johannes Paul II., den christli-

---

[85] Vgl. MARTINO 1990, 75.
[86] Vgl. ZIZOLA 1997, 119-121; ARBOIT 1996, 58f.
[87] Vgl. MARIAN 1991, 263.
[88] Vgl. KNA, 7.3.1991.
[89] B 87/91, 4.3.1991.

chen Minderheiten die Verwirklichung ihrer christlichen Identität zu ermöglichen. Die katholischen Gemeinschaften in dieser Region hingegen rief er auf, unabhängig von ihrer Größe und ihren beschränkten Mitteln ihren Beitrag zum Aufbau einer brüderlichen Gesellschaft zu leisten. Den Status Jerusalems, der ihm unter diesen Umständen besonders wichtig sein mußte, erwähnte er in seiner Eröffnungsansprache zur Golfkriegs-Synode nicht, vermutlich aus Rücksicht auf das angegriffene Verhältnis zu Israel.[90]

Die Patriarchen und Bischöfe antworteten auf den Appell des Papstes, indem sie sich verpflichteten, „die Christen im Nahen Osten zu ermutigen, daß sie sich nicht als Fremde in diesem Teil der Welt empfinden; unseren jüdischen und muslimischen Brüder und Schwestern zu versichern, daß wir einen echten, tiefen und beständigen Dialog mit ihnen führen wollen [...]; jede religiöse Begründung oder Deutung des Golfkriegs zurückzuweisen, da dieser keineswegs als Konflikt [...] zwischen dem Islam und dem Christentum gesehen werden kann"[91]. Sie teilten die Überzeugung Johannes Pauls II., daß eine Friedenslösung nur möglich sei, wenn bei den Verhandlungen auch die älteren Konflikte wie die Libanon- und die Palästinafrage berücksichtigt würden. Im Unterschied zum Papst gingen sie explizit auf die Jerusalemfrage ein und äußerten ihre Sorge, „die erwarteten politischen Initiativen zu einer Lösung der Nahostprobleme könnten dem besonderen und heiligen Charakter der Stadt Jerusalem sowie den Eigenheiten der religiösen Gemeinschaften, die in ihr leben, und den heiligen Stätten [...] nicht gerecht werden"[92].

Den Abschluß der Sondersynode, die weniger eine interne Beratung als vielmehr eine Form der öffentlichen Meinungsbildung war, hatte Johannes Paul II. mit der Generalaudienz zusammengelegt. Dies gab ihm Gelegenheit zu einer weiteren Stellungnahme zum Nahostkonflikt, die schon aufgrund der Anwesenheit der Patriarchen und Bischöfe aus der politisch brisanten Region in den Medien viel beachtet wurde. Etwa ein Viertel seiner Ansprache war der Palästinafrage gewidmet. „Die Ungerechtigkeit, deren Opfer das palästinensische Volk ist, erfordert den Einsatz aller, insbesondere der Verantwortlichen der Staaten und der internationalen Gemeinschaft [...], damit es endlich in seiner Würde anerkannt werde und so zum Garanten der Sicherheit aller werde"[93], sagte der Papst. Die Formulierung enthielt den indirekten Vorwurf, Israel sei als Täter dieser Un-

---

[90] Vgl. B 87/91, 4.3.1991.
[91] ASS 1991, 189.
[92] ASS 1991, 190.
[93] B 88/91, 6.3.1991.

gerechtigkeit selbst mitverantwortlich für die Bedrohung seiner Sicherheit.

Wenige Sätze weiter glich Johannes Paul II. den israelkritischen Unterton durch die überraschende Äußerung seines Besuchswunsches aus. Er hoffe sehr, daß die Umstände es eines Tages erlaubten, sich als Pilger nach Jerusalem zu begeben und von dort gemeinsam mit Juden, Christen und Muslimen – wie 1986 in Assisi – eine Botschaft des Friedens auszusenden, sagte er.[94] Noch am selben Tag antwortete der israelische Religionsminister Avner Schaki, sein Land freue sich, den Papst zu empfangen, zumal es die Gelegenheit sei, Israel offiziell anzuerkennen.[95] Tatsächlich war ein Papstbesuch in Jerusalem ohne die vorherige diplomatische Anerkennung Israels durch den Hl. Stuhl unwahrscheinlich. Der Sekretär für die Beziehungen zu den Staaten, Tauran, verstärkte in der anschließenden Pressekonferenz den Eindruck vatikanischen Entgegenkommens, als er erstmals zwischen dem überholten Konzept des ‚corpus separatum' und der aktuellen Forderung internationaler Garantien unterschied: „Wir sprechen nicht mehr von einem ‚corpus separatum': Es hat eine Entwicklung gegeben. Heute verlangen wir von der internationalen Gemeinschaft, sich dafür einzusetzen, daß diese Stadt Garantien erhält, die es ihr ermöglichen, dauerhaft ihre besondere Rolle wiederzufinden."[96] Nachdem er intern für den Verstoß gegen die bisherige Sprachregelung kritisiert worden war, betonte er kurz darauf in einem Interview, die Haltung des Hl. Stuhls zum Status Jerusalems sei trotz der geänderten Ausdrucksweise unverändert.[97] Inhaltlich neu war indessen Taurans Hinweis, der Papst mache seinen Besuch auch von der Einladung der Lokalkirche abhängig. Auf diese Weise bekam der lateinische Patriarch Sabbah ein Mitspracherecht über den angemessenen Zeitpunkt – verglichen mit der Nichtbeteiligung seines Amtsvorgängers Gori beim Besuch Pauls VI. war dies eine Geste des Respekts vor der einheimischen Gemeinde. Allerdings war Sabbah dadurch auch stärker dem Druck derjenigen ausgesetzt, die auf die diplomatische Anerkennung Israels durch den Hl. Stuhl drängten.

Johannes Paul II. hatte den Bischöfen aus dem Nahen Osten zugesagt, der Hl. Stuhl werde sich auf diplomatischer Ebene um ein verstärktes Engagement der internationalen Gemeinschaft im Nahen Osten bemühen. Tauran machte anschließend deutlich, daß der Hl. Stuhl eine internationale Nahost-Konferenz nicht nur für dringend

---

[94] Vgl. B 88/91, 6.3.1991.
[95] Vgl. KNA, 7.3.1991.
[96] OR, 8.3.1991.
[97] Vgl. ADISTA, 23.3.1991.

notwendig hielt, sondern es auch für selbstverständlich hielt, mit einer eigenen Delegation vertreten zu sein. „Ich denke, daß der Hl. Stuhl einen Platz haben sollte, wenn man beispielsweise die Probleme Jerusalems bespricht", sagte Tauran, „es wäre kaum denkbar, daß der Hl. Stuhl an diesen möglichen Verhandlungen nicht teilnehmen würde."[98] Die Anwesenheit einer vatikanischen Delegation auf einer internationalen Konferenz hing jedoch davon ab, wer sie ausrichtete. Zwei Wochen nach der außerordentlichen Synode schrieb Johannes Paul II. an UN-Generalsekretär Javier Perez de Cuellar, um ihn über die Ergebnisse des Bischofstreffens zu informieren. Im Hintergrund stand der Wunsch, die UNO solle die Schirmherrschaft über die künftigen Nahost-Verhandlungen übernehmen.[99] Indessen hatte jedoch US-Präsident George Bush bereits die Initiative übernommen und berief gemeinsam mit seinem russischen Amtskollegen Michail Gorbatschow für den 30. Oktober 1991 in Madrid eine internationale Friedenskonferenz ein. Der Hl. Stuhl, der das Vorgehen der USA gegen den Irak häufig kritisiert hatte, erhielt keine Einladung. Der Direktor des Pressesaals, Navarro-Valls, dementierte, daß der Hl. Stuhl sich um die Beteiligung an der Konferenz bemüht habe. Tauran sei von einer möglichen Konferenz unter der Schirmherrschaft der UNO oder KSZE ausgegangen, bei welcher der Hl. Stuhl aufgrund seines Beobachterstatus bei der ausrichtenden Organisation automatisch auch auf der Konferenz vertreten gewesen sei, so Navarro-Valls.[100] Er fügte hinzu: „Die Präsenz des Hl. Stuhl ist in dieser Phase durch das Gewicht, die Konsistenz und die Häufigkeit der päpstlichen Stellungnahmen gesichert."[101]

8. Annäherung an Israel: Die bilaterale Arbeitskommission

Angesichts der Abwesenheit des Hl. Stuhls bei den internationalen Nahostverhandlungen boten sich zwei Vorgehensweisen an, um seine Interessen zu vertreten. Zunächst konnte der Vatikan sein gesamtes Instrumentarium öffentlicher Stellungnahmen nutzen, um seine Position darzustellen und zu erläutern. Der Ankündigung von Navarro-Valls entsprechend tat er dies mit Beharrlichkeit, inhaltlich waren dabei keine Änderungen festzustellen. Am Tag vor Konferenzbeginn trug Johannes Paul II. seine Anliegen den beiden Schirmherren, George Bush und Michail Gorbatschow, in einem per-

---

[98] OR, 8.3.1991; VALENTE 1991, 34.
[99] Vgl. ASS 1991, 251.
[100] Vgl. ASS 1991, 900; VALENTE 1991, 35; The Jerusalem Post, 27.10.1991 (Vatican denies it was refused role in parley).
[101] VALENTE 1991, 35; vgl. ASS 1991, 900.

sönlichen Schreiben vor.[102] Parallel zur Konferenz in Madrid fand im Vatikan außerdem eine dreitägige Sonderberatung der Apostolischen Nuntien und Delegaten im Nahen Osten statt.[103] Das offizielle Thema war die Zukunft der christlichen Gemeinschaften im Nahen Osten. Faktisch war es „eine weitere Gelegenheit, den Teilnehmern der Madrider Konferenz die Position des Hl. Stuhls in Erinnerung zu bringen"[104], schreibt Arboit. Demselben Zweck diente auch die Audienz, zu der Johannes Paul II. den US-amerikanischen Präsidenten Bush wenige Tage später empfing.[105] Erzbischof Martino, der Ständige Beobachter bei den Vereinten Nationen, nutzte seinerseits die Sitzung des Speziellen Politischen Komitees zur Arbeit des Flüchtlingshilfswerks UNRWA, um die Haltung des Hl. Stuhls zur Jerusalemfrage darzulegen. Zur Forderung der Internationalisierung sagte er: „Im Sinne (in the general spirit) der frühesten UN-Resolutionen [...] – die offiziell nie zurückgenommen wurden – hält der Hl. Stuhl daran fest, daß die Stadt einen besonderen, privilegierten Status mit internationalen Garantien erhalten muß."[106] Parallel zur zweiten Runde der Friedensverhandlungen in Washington fand Mitte Dezember 1991 in Bari ein Kongreß katholischer Experten zur Jerusalemfrage statt, auf dem konkrete Modelle für ein internationales Garantiesystem erörtert wurden. Neben dem Redakteur für Außenpolitik von ‚Civiltà Cattolica', P. Giovanni Rulli SJ, und dem Kirchenjuristen P. David Jaeger OFM war auch Mgr. Luigi Gatti eingeladen, der im Staatssekretariat für die Nahostregion zuständig war.[107]

Eine gewagtere, aber erfolgversprechende Alternative, um die Abwesenheit bei internationalen Nahost-Gesprächen in Zukunft zu vermeiden, bestand für den Hl. Stuhl schließlich in der Anbahnung diplomatischer Beziehungen zu Israel. Dieser Schritt bedeutete jedoch, die bisher genannten Voraussetzungen zu reduzieren und den eigenen öffentlichen Stellungnahmen zuwiderzuhandeln. Es bestand das Risiko, daß der Hl. Stuhl sich zwar als Teilnehmer oder Beobachter künftiger Verhandlungen qualifizieren könnte, daß aber sein Einfluß aufgrund des Glaubwürdigkeitsverlusts stark reduziert sein würde.

---

[102] Vgl. ASS 1991, 912f.
[103] Vgl. RULLI 1998, 398f.
[104] ARBOIT 1996, 129.
[105] Vgl. ASS 1991, 937.
[106] Statement by H.E. Archbishop Renato R. Martino in the Special Political Committee, 19.11.1991: PMP-Archiv.
[107] Vgl. JAEGER 1993; VALENTE 1991, 36; CNS, 18.12.1991. Das ‚Bari-Kolloquium' wurde im Mai 1992 in Bari und im Januar 1993 in Otranto fortgesetzt; zu den Umsetzungsvorschlägen vgl. JAEGER 1993, 20-25.

Der Konflikt zwischen beiden Strategien spiegelte sich im Verhältnis der zwei Protagonisten im Heiligen Land, dem Patriarchen Michel Sabbah und dem seit April 1990 amtierenden Apostolischen Delegaten, Erzbischof Andrea Cordero Lanza di Montezemolo. Michel Sabbah war während der Intifada über die Konfessionsgrenzen hinweg zum anerkannten Sprecher der palästinensischen Christen geworden, der nachdrücklich für die Rechte seines Volks eintrat. Er war politisch wachsam, nahm Anteil am Leiden der Bevölkerung und rief wiederholt zum Gewaltverzicht auf. Kurz nach Abschluß der Golfkriegs-Synode traf er als Leiter einer christlich-muslimischen Delegation des Betlehemer Al-Liqa-Zentrums mit Johannes Paul II. in Audienz zusammen.[108] Auch auf politischer Ebene wurde Sabbah als Repräsentant der palästinensischen Christen wahrgenommen; wenige Wochen vor der Madrider Friedenskonferenz sicherten ihm Mitarbeiter des US-Außenministeriums persönlich die Beteiligung kirchlicher Vertreter in einer späteren Phase des Friedensprozesses zu.[109]

Der Apostolische Delegat Montezemolo war zuvor Nuntius in Uruguay und Nicaragua gewesen, wo er ein eher gespanntes Verhältnis zur Lokalkirche hatte, die der marxistisch orientierten Regierung nahestand.[110] Er stammt aus einer alten italienischen Adelsfamilie, sein Bruder ist Präsident der Ferrari-Werke, und er gilt als Diplomat der alten Schule, für den sich persönliche Beziehungen schwer mit seiner diplomatischen Mission vereinbaren lassen. Er habe den Akzent seiner Zeit in Jerusalem von Beginn an auf die Normalisierung der Beziehungen zwischen Staat und Kirche gesetzt, sagt Montezemolo im Rückblick. Die Anbahnung diplomatischer Beziehungen zu Israel sei in dieser Perspektive ein Mittel zum Zweck gewesen, den Status der katholischen Kirche im Staat Israel rechtlich festzuschreiben.[111] Montezemolo intensivierte bald nach seiner Ankunft die offiziellen Kontakte zur israelischen Seite. Nach dem sogenannten Höflichkeitsbesuch beim israelischen Präsidenten Chaim Herzog, der auch schon unter seinen Amtsvorgängern üblich war, nahm Montezemolo im April 1991 als erster päpstlicher Gesandter die Einladung des Präsidenten zum Empfang anläßlich des israelischen Unabhängigkeitstages an.[112]

Auf kirchlicher Seite initiierte er die Gründung einer katholischen Bischofsversammlung unter dem Vorsitz des lateinischen Patriarchen, an der Vertreter der melkitischen, maronitischen, syrisch- und

---

[108] CNS, 15.3.1991; KNA, 15.3.1991.
[109] Vgl. VALENTE 1991, 35; ARBOIT 1996, 129.
[110] Vgl. TINCQ 1993, 252.
[111] Interview Montezemolo.
[112] Vgl. The Jerusalem Post, 21.4.1991.

armenisch-katholischen Kirche und der Kustos beteiligt waren. Im August 1991 verabschiedete die ‚Assemblée d'Ordinaires catholiques de Terre Sainte' ihre Satzung, die Johannes Paul II. einige Monate später approbierte. Die Einrichtung eines ritenübergreifenden katholischen Gremiums war dringend erforderlich gewesen, um die Einheit der lokalen Kirche zu stärken. Nicht zuletzt in den Beziehungen zu den israelischen Behörden war es hilfreich, wenn sich zumindest die katholischen Gemeinschaften auf eine gemeinsame Haltung verständigen konnten.[113] Nach Einschätzung von Beobachtern betrachtete Patriarch Sabbah diese Initiative jedoch als unangemessene Einmischung des Diplomaten in die Angelegenheiten der Ortskirche. Ihre Charaktere passen nicht zusammen, hieß es in Jerusalem. Der Patriarch mißbilligte die Strategie der Annäherung an Israel, ohne jedoch in der Öffentlichkeit seine Distanz zum Apostolischen Delegaten erkennen zu lassen.[114]

Parallel zu Montezemolos Initiative vor Ort begannen in Rom Gespräche zwischen Vertretern des Staatssekretariats und dem neuen israelischen Botschafter in Italien, Avi Pazner, der zuvor ein enger Berater des Premierministers Schamir gewesen war. Das erste Treffen fand in der Residenz des italienischen Botschafters beim Hl. Stuhl statt, der Pazner gleich nach dessen Ankunft zu einem gemeinsamen Essen mit Mgr. Luigi Gatti vom Staatssekretariat eingeladen hatte. Auf die Frage, ob Israel zu ‚offiziellen Gesprächen' mit dem Hl. Stuhl bereit sei, entgegnete Pazner, seine Regierung könne ohne diplomatische Beziehungen auch keine offiziellen Gespräche führen. Gatti verwies auf den klassischen Hinderungsgrund des ungesicherten Grenzverlaufs, aber man einigte sich, das informelle Gespräch fortzusetzen.[115]

Anfang Januar 1992 besuchte der New Yorker Kardinal John O'Connor erneut den Nahen Osten und hielt sich außer in Ägypten, Jordanien und Libanon auch drei Tage in Israel auf. Ein Vergleich mit seinem Besuch fünf Jahre zuvor, als er alle offiziellen Termine auf Weisung des Vatikans kurzfristig absagen bzw. in informelle Treffen umwandeln mußte, zeigte deutlich, wie sehr sich die Atmosphäre geändert hatte. Die israelische Tageszeitung ‚Jerusalem Post' schrieb – ungeachtet der Erklärung O'Connors, er reise als Präsident des katholischen Hilfswerks CNEWA und nicht als offizieller Gesandter des Papstes –, der Kardinal komme nach Israel, „um dem Papst entscheiden zu helfen, ob der Vatikan mit Israel diplomatische

---

[113] Vgl. POC 41 (1991) 381f.
[114] Hintergrundgespräche in Jerusalem.
[115] Vgl. SZULC 1996, 393f.

Beziehungen aufnehmen könne"[116]. Im Unterschied zu seinem früheren Besuch traf der New Yorker Kardinal dieses Mal ungehindert mit den wichtigsten israelischen Politikern zusammen, darunter Staatspräsident Chaim Herzog, Premierminister Jizchak Schamir und Jerusalems Bürgermeister Teddy Kollek. Die Gespräche fanden jeweils am Amtssitz statt, und O'Connor trug seine Kardinalsrobe. Die ‚Jerusalem Post' berichtete sehr ausführlich über den Besuch und stellte ihn als wichtigen Schritt zur Aufnahme diplomatischer Beziehungen dar. O'Connor traf außerdem mit mehreren palästinensischen Vertretern zusammen, darunter Faisal Husseini, und fuhr zum Flüchtlingslager Dehesche bei Betlehem, das er aufgrund der vom israelischen Militär verhängten Ausgangssperre jedoch nur von außen ansehen konnte.[117] Seine Stellungnahmen zur Entwicklung des vatikanisch-israelischen Verhältnisses verstärkten in Israel den Eindruck einer fortschreitenden Annäherung. „Die Beziehungen werden wärmer [...]. Der Heilige Vater ist bereit, eine hilfreiche Rolle zu spielen. Ich spekuliere jetzt nur, aber wenn eine hilfreiche Rolle zu spielen engere Beziehungen zu Israel bedeutet, ohne dabei die Palästinenser zu verraten, dann glaube ich, daß dies Teil der wärmeren Beziehungen sein könnte."[118] Seine Rückreise führte wie beim letzten Mal über Rom, wo er Johannes Paul II. persönlich Bericht erstattete. Navarro-Valls betonte im Blick auf die Gegner dieser Annäherung, der Kardinal habe bei den israelischen Behörden ein neues Bewußtsein dafür festgestellt, daß Frieden nur durch Gerechtigkeit zu erreichen sei. „Falls sich die Situation ändert, wird der Hl. Stuhl die neuen Elemente selbstverständlich neu bewerten – wie gesagt: falls"[119], fügte er hinzu.

In seiner Neujahrsansprache an das Diplomatische Korps 1992 zog Johannes Paul II. eine erste Zwischenbilanz seit Beginn des Friedensprozesses, der seiner Ansicht nach „den Völkern der Region, insbesondere den hilfsbedürftigsten, wie den Palästinensern und den Libanesen, ermöglicht, mit mehr Vertrauen in die Zukunft zu sehen"[120]. Die ganze internationale Gemeinschaft müsse sich engagieren, um die Völker des Nahen Ostens auf dem Weg des Friedens zu begleiten, so der Papst. Insbesondere die Gläubigen seien berufen, zu verzeihen und auf der Basis des interreligiösen Dialogs zu „Architekten des Friedens"[121] im Nahen Osten zu werden. Im April 1992 empfing er Avi Pazner, den israelischen Botschafter in Italien, in Pri-

---

[116] The Jerusalem Post, 27.12.1991.
[117] Vgl. The Jerusalem Post, 7.1.1992; Al-Fajr, 13.1.1992.
[118] CNS, 7.1.1992.
[119] CNS, 9.11.1992'.
[120] AAS 85 (1993) 67.
[121] AAS 85 (1993) 68.

vataudienz. Nach dessen Plädoyer für die Aufnahme diplomatischer Beziehungen sagte Johannes Paul II. nach Aussage Pazners: „Sie meinen also, daß wir zu den ganz Schlimmen gehören, weil wir Israel noch nicht anerkannt haben? [...] In unserem Glauben heißt es: Die Letzten werden die Ersten sein!"[122] Dies habe er als Hinweis verstanden, daß der Papst die Angelegenheit vorantreiben wollte, so Pazner.[123]

Die Aufnahme diplomatischer Beziehungen war Anfang der neunziger Jahre sowohl für den Hl. Stuhl als auch für Israel grundsätzlich ein wichtiges Thema. Der Heilige Stuhl nahm allein 1992 zu etwa fünfzehn Staaten diplomatische Beziehungen auf. Als einer der ersten erkannte der Hl. Stuhl die neuen, katholisch geprägten Staaten Slowenien und Kroatien offiziell an, wodurch der Israel gegenüber wiederholt vorgetragene Einwand des ungeklärten Grenzverlaufs erheblich an Gewicht verlor.[124] Israel tauschte in dieser Zeit Botschafter mit China, Indien, der Russischen Föderation und mehreren Nachfolgestaaten der Sowjetunion aus. Die Beziehungen zum Hl. Stuhl wurden in Israel weithin in der Perspektive des jüdisch-christlichen Verhältnisses wahrgenommen. „Die Anerkennung durch den Vatikan würde eine theologische Wasserscheide bedeuten, von der Wahrnehmung der Juden als ewige Wanderer zu einem Volk, das berechtigt ist, in sein biblisches Heimatland zurückzukehren und dort zu leben, befreit von dem Fluch des Paria-Status der Missetäter Gottes"[125], hieß es in einem Kommentar der ‚Jerusalem Post'. Daneben gab es kritische Stimmen, die offizielle Beziehungen zum Hl. Stuhl ablehnten, „bis die Kirche das Ausmaß ihrer Verbrechen gegen das jüdische Volk anerkennt und seine Schuld eingesteht"[126]. Auch das Verhalten des lateinischen Patriarchen wurde als Argument gegen die israelisch-vatikanische Annäherung genannt. Nachdem Sabbah in einem Interview mit einer arabischen Zeitung gesagt hatte, die Friedensverhandlungen seien ein Ergebnis der Intifada, und die Intifada werde die Verhandelnden auch weiterhin an das Leiden der Palästinenser erinnern, mahnte ein Vertreter des israelischen Religionsministeriums: „Bevor der Vatikan irgend etwas von uns erwartet, erwarten wir zumindest, daß er Patriarch Sabbah auf seinen Platz verweist und ihn auffordert, sich als Geistlicher und nicht als Politiker zu verhalten."[127]

---

[122] SZULC 1996, 395.
[123] Vgl. SZULC 1996, 395.
[124] Vgl. ZIZOLA 1997, 121; ARBOIT 1996, 166; TINCQ 1993, 254f.
[125] The Jerusalem Post, 30.1.1992.
[126] The Jerusalem Post, 14.2.1992.
[127] The Jerusalem Post, 31.1.1992.

9. Die Vorgeschichte des vatikanisch-israelischen Grundlagenabkommens (1993)

Der israelische Regierungswechsel im Juni 1992 von der Likud- zur Arbeitspartei und die Entschlossenheit des neuen Regierungschefs Jizchak Rabin, die Friedensverhandlungen voranzutreiben, bestärkten den Hl. Stuhl in seiner Entscheidung, sich Israel auf diplomatischer Ebene anzunähern.[128] Nach mehreren Treffen Montezemolos mit Mosche Gilboa, dem Berater des Außenministers in Kirchenfragen, einigte man sich Ende Juli 1992 auf die Gründung einer offiziellen bilateralen Arbeitskommission. In vergleichbaren Kommissionen war auch die Aufnahme diplomatischer Beziehungen zu Polen und mehreren osteuropäischen Staaten vorbereitet worden. Dem gemeinsamen Kommuniqué zufolge sollten im Blick auf eine Normalisierung der Beziehungen die Themen beiderseitigen Interesses festgelegt werden. Die israelische Delegation umfaßte unter der Leitung von Josef Haddas, dem Generaldirektor des Außenministeriums, neben anderen Mosche Gilboa und den israelischen Botschafter in Rom, Avi Pazner. Die Delegation des Hl. Stuhls leitete Unterstaatssekretär Mgr. Mario Celli. Ihr gehörten der Apostolische Delegat Montezemolo, P. Marco Brogi von der Ostkirchenkongregation, Mgr. Luigi Gatti vom Staatssekretariat, der Kirchenjurist P. David Jaeger OFM und Florent Arnaud, Leiter des Christlichen Pilgerbüros in Jerusalem, der Kommission an.[129] Außer David Jaeger, einem zum Katholizismus übergetretenen israelischen Juden, waren keine Vertreter der Ortskirche an der bilateralen Kommission beteiligt.

„Warum jetzt? Warum nicht eher?", fragte die ‚Jerusalem Post'. „Was ist mit den Punkten der vatikanischen Agenda – feste Grenzen, ein Heimatland für die Palästinenser, Sicherheit für die christlichen Minderheiten und Jerusalem?"[130]. Der Schlüssel zum Verständnis des vatikanischen Vorgehens lag in dem in Madrid begonnenen Friedensprozeß. Israel hatte vor Beginn der Verhandlungen durchgesetzt, daß als Vermittler nur Staaten in Frage kämen, die Israel offiziell anerkannten. Diese Regelung beschleunigte auch die Aufnahme diplomatischer Beziehungen mit der Russischen Föderation im Januar 1992. Die juristischen Probleme, die den Hl. Stuhl nach eigener Aussage bislang von diesem Schritt abgehalten hatten, waren durch die Madrider Konferenz noch keineswegs gelöst. Der Sekretär für die Beziehungen zu den Staaten, Tauran, wies jedoch darauf hin, daß in Madrid die Konfliktparteien und die internationale Gemeinschaft zumindest wieder die Verantwortung für deren Lösung über-

---

[128] Vgl. ARBOIT 1996, 165; SZULC 1996, 395.
[129] Vgl. ASS 1992, 559.
[130] The Jerusalem Post, 31.7.1992.

nommen hatten. „Die Tatsache, daß Araber und Israelis sich gemeinsam an einen Tisch gesetzt haben, hat eine offiziellere Zusammenarbeit zwischen dem Hl. Stuhl und Israel ermöglicht"[131], so Tauran. Da die Palästinenser selbst mit der israelischen Delegation verhandelten, hätten sie auch keinen Grund, gegen die Gespräche des Hl. Stuhls mit Israel zu protestieren, fügte der Direktor des Pressesaals hinzu.[132]

In Israel wurde die Gründung der gemeinsamen Kommission mit Zufriedenheit aufgenommen; Regierungsvertreter sprachen von einem Wendepunkt der vatikanisch-israelischen Beziehungen. Die Aufnahme diplomatischer Beziehungen werde sich außerdem gut auf den Tourismus auswirken, da sie Israel in den Augen der katholischen Welt legitimiere, sagte Tourismusminister Uzi Baram. Sein Ministerium werde in Zukunft den Akzent auf den wichtigen Markt der katholischen Pilger setzen. Er bat Außenminister Schimon Peres, den Papst offiziell nach Israel einzuladen.[133]

Die palästinensische Seite reagierte auf den offiziellen Beginn des Normalisierungsprozesses skeptisch. Insbesondere der lateinische Patriarch Sabbah befand sich in einer heiklen Situation. Einerseits war es gut für ihn, nicht an den Verhandlungen beteiligt zu sein, da dies sein Verhältnis zur palästinensischen Ortsgemeinde belastet hätte. Andererseits konnte er sich als Patriarch von Jerusalem übergangen fühlen, wenn eine vatikanisch-israelische Kommission die Stellung der Kirche im Staat Israel ohne einen Vertreter der lokalen Gemeinde neu definieren wollte. Vor Ort mußte er das Vorgehen des Hl. Stuhls sowohl den eigenen Gemeindemitgliedern als auch den anderen christlichen Gemeinschaften und den muslimischen Palästinensern erklären. Deren Unverständnis und Sorge, die er persönlich in mancher Hinsicht teilte, hatte er wiederum dem Hl. Stuhl verständlich zu machen, möglichst ohne dabei den Eindruck einer Spaltung zwischen Vatikan und Ortskirche aufkommen zu lassen. Wenige Tage nach der Gründung der bilateralen Kommission baten die Mitglieder des ‚Arabischen Muslimisch-Christlichen Rats von Jerusalem' den Apostolischen Delegaten Montezemolo in einem gemeinsamen Schreiben, dem Papst ihre große Sorge um die Zukunft Jerusalems mitzuteilen. Sie würdigten die Haltung des Vatikans zur Palästinafrage und baten, in allen Gesprächen über Jerusalem „die historische arabische Souveränität über die Stadt"[134] zu be-

---

[131] Actualité religieuse dans le monde 103 (1992) 19; vgl. Tauran, Ansprache an Mitglieder des Ritterordens vom Hl. Grab, Manhattan, 26.9.1992: Catholic New York, 5.10.1992.
[132] Vgl. The Tablet, 8.8.1992; The Jerusalem Post, 31.7.1992.
[133] Vgl. The Jerusalem Post, 3.8.1992.
[134] Al-Fajr, 10.8.1992.

rücksichtigen. „Wir hoffen, daß die Gespräche [Israels] mit dem Vatikan nicht zu einer Politik führen, die den künftigen Status der Heiligen Stadt ernsthaft verletzen wird"[135], hieß es in dem Brief, den Sabbah gemeinsam mit dem Jerusalemer Mufti, Saad Al-Din Alami, dem Bischof der Anglikanischen Kirche, Samir Kafity, und dem melkitischen Patriarchalvikar Lutfi Laham unterzeichnet hatte. Der Text wurde in den Ost-Jerusalemer Zeitungen veröffentlicht, aber weder vom lateinischen Patriarchat noch vom Hl. Stuhl bekanntgegeben.[136] Ein Vertreter des israelischen Religionsministeriums nannte das Schreiben eine grobe Einmischung der kirchlichen Oberhäupter in eindeutig politische Angelegenheiten.[137] Afif Safieh, der 1980 als erstes PLO-Mitglied persönlich mit Johannes Paul II. gesprochen hatte und mittlerweile Repräsentant der PLO in Großbritannien war, wandte sich an den Londoner Kardinal Basil Hume, um die Gründung einer parallelen vatikanisch-palästinensischen Kommission anzuregen. Die Annäherung des Hl. Stuhls an Israel sei zu begrüßen, solange sie als Beschleunigung des Friedensprozesses wirke, nicht aber eine vorzeitige, unverdiente Belohnung sei, schrieb Safieh.[138]

Die Vermutung der Palästinenser, die vatikanisch-israelischen Gespräche behandelten den Status Jerusalems, war falsch, da die bilaterale Kommission auf folgender Vereinbarung gründete: Israel hatte akzeptiert, zunächst nur offizielle Gespräche zu führen, ohne zuvor diplomatische Beziehungen aufgenommen zu haben; der Hl. Stuhl hatte im Gegenzug die Liste seiner Anliegen auf die Fragen reduziert, die ausschließlich die Stellung der Kirche in Israel und den besetzten Gebieten betrafen. „Die Agenda ist offen. [Die Kommission] wird rein bilaterale Probleme behandeln, darunter den Austausch von Botschaftern. Der Status Jerusalems hingegen kann natürlich nicht Thema rein bilateraler Gespräche sein; der Hl. Stuhl kann sich allenfalls – nach der Aufnahme formaler Beziehungen – um ein Mitspracherecht bei den bereits begonnenen multilateralen Verhandlungen bemühen"[139], so faßte die ‚Jerusalem Post' die israelische Position zusammen. Die nächste Vollversammlung der Kommission war für November 1992 angesetzt; bis dahin sollte eine Expertengruppe eine entsprechende Themenliste erarbeiten.

Mitte Oktober 1992 empfing Johannes Paul II. den israelischen Außenminister Schimon Peres in Audienz, der wie erwartet die Einladung der israelischen Regierung an den Papst erneuerte. Nach

---

[135] Al-Fajr, 10.8.1992.
[136] Vgl. Al-Fajr, 10.8.1992; CNS, 13.8.1992.
[137] Vgl. The Jerusalem Post, 3.18.1992.
[138] Afif Safieh, Direktor des PLO-Vertretungsbüros in London, an Kardinal Basil Hume, London, 25.9.1992: Archiv der PLO-Generaldelegation, Rom.
[139] The Jerusalem Post, 31.7.1992.

Aussage von Peres war Johannes Paul II. zu Tränen gerührt und habe die Einladung angenommen. Es sei jedoch nicht über einen Termin gesprochen worden.[140] Im Kommuniqué des Pressesaals hieß es lediglich, der Papst habe seinen lebhaften Wunsch wiederholt, sich eines Tages als Pilger ins Heilige Land zu begeben und vor allem Jerusalem zu besuchen.[141] Vor dem Hintergrund der engeren vatikanisch-israelischen Beziehungen schien ein Papstbesuch im Hl. Land bereits in naher Zukunft möglich. Parallel zur Annäherung an Israel bemühte sich der Hl. Stuhl, mit der palästinensischen Seite im Kontakt zu bleiben. Am Tag der Papstaudienz für Peres traf der Vertreter der PLO in Jerusalem, Faisal Husseini, mit dem Sekretär für die Beziehungen zu den Staaten, Tauran, zusammen, um – wie von Afif Safieh angeregt – die Möglichkeit offizieller Gespräche des Hl. Stuhls mit der PLO zu erörtern.[142]

Anfang November 1992 gab die Debatte über die palästinensischen Flüchtlinge im Speziellen Politischen Komitee der UNO erneut eine Gelegenheit zur Akzentsetzung. Die Madrid-Konferenz habe das Klima geschaffen, in dem die Gründung der bilateralen Kommission möglich wurde, sagte der Ständige Beobachter des Hl. Stuhls, Renato Martino. Aber es bestehe keinerlei Verbindung zwischen diesen politischen Verhandlungen und den Gesprächen über das Verhältnis zwischen Staat und Kirche in Israel.[143] Die vage Aufgabenbeschreibung der Kommission erlaubte es offenbar, nach Bedarf entweder den religiösen oder den politischen Charakter zu betonen. So konnte einerseits Israel die Kritik des Patriarchen als Einmischung in politische Angelegenheiten abweisen und andererseits der Vatikan auf die Unabhängigkeit der Gespräche von der Madrider Konferenz und die Konzentration auf kirchenrelevante Themen verweisen.

Kurz bevor die bilaterale Kommission im November erneut zusammentraf, reagierte der Hl. Stuhl auf den Vorwurf, den lateinischen Patriarchen nicht genügend in die Verhandlungen miteinbezogen zu haben. Nach Berichten der ‚Jerusalem Post' erhielten alle Priester des lateinischen Patriarchats ein Informationsschreiben, demzufolge der Hl. Stuhl die lokale kirchliche Führung konsultiert habe und die Verhandlungen mit Israel in ihrem Interesse führe.[144] Die katholische Bischofsversammlung unter Vorsitz des lateinischen Patriarchen veröffentlichte ihrerseits eine klärende Stellungnahme,

---

[140] Vgl. The Jerusalem Post, 25.10.1992; TINCQ 1993, 258; SZULC 1996, 396.
[141] Vgl. Dichiarazione del Vicedirettore, 23.10.1992: Archiv des Pressesaals.
[142] Vgl. KNA, 25.10.1992.
[143] Vgl. Statement by H.E. Archbishop Renato R. Martino before the Special Political Committee, 3.11.1992: PMP-Archiv.
[144] Vgl. The Jerusalem Post, 30.10.1992.

in der sie ausführlich auf die Befürchtungen der Palästinenser aufgrund der vatikanisch-israelischen Gespräche einging: „Wir wissen und verstehen, daß die Palästinenser aus folgenden Gründen ernsthafte Sorgen haben: (a) Informationsmangel [...] (b) das Gefühl, der Hl. Stuhl habe die Palästinenser verraten oder werde dies tun [...] (c) der Wunsch Israels nach diplomatischen Beziehungen war ein wichtiges Druckmittel, um Israel zu veranlassen, den Palästinensern Gerechtigkeit zu gewähren. Der Hl. Stuhl war für sehr viele Palästinenser der letzte Verfechter der Gerechtigkeit. Wird er nun ebenfalls diplomatische Beziehungen mit Israel aufnehmen und die Akte schließen, bevor den Palästinensern Gerechtigkeit getan wird?"[145] Die Bischöfe betonten daran anschließend, daß der Hl. Stuhl seine Haltung hinsichtlich der legitimen Rechte der Palästinenser nicht geändert habe. Auch ein mögliches Abkommen über den Status der katholischen Kirche werde den Hl. Stuhl nicht abhalten, sich für eine gerechte Gesamtlösung einzusetzen. Im Blick auf Jerusalem habe der Hl. Stuhl zwar keine direkte Mitsprachemöglichkeit, wohl aber das Recht, die Definition der Souveränität kritisch zu beurteilen.[146]

Die Verhandlungen mit Israel gingen langsamer voran, als der Vatikan erwartet hatte. Die Expertengruppe wurde anläßlich der ersten Vollversammlung der Kommission nach ihrer Gründung, die im November 1992 im Jerusalemer Außenministerium stattfand, ausdrücklich zur Beschleunigung ihrer Arbeit aufgefordert.[147] Nach Berichten der ‚Jerusalem Post' war man sich schnell einig geworden über grundsätzliche Selbstverpflichtungen zur Religionsfreiheit, zur Bekämpfung von Antisemitismus und zur Förderung von Pilgerfahrten ins Heilige Land. Problematischer waren praktische Fragen, die häufig einen finanziellen Hintergrund hatten. Mgr. Richard Mathes, Direktor des Jerusalemer Pilgerzentrums Notre Dame, nannte den Rechtsstatus der Klöster und christlichen Schulen, die bislang geltende Steuerbefreiung kirchlicher Einrichtungen und die Akzeptanz christlicher Touristenführer ohne staatliche Lizenz als Beispiele. Notre Dame selbst war ein Dauerstreitobjekt, da die israelischen Behörden das Pilgerzentrum als Hotelbetrieb besteuern wollten, der Hl. Stuhl als Eigentümer aber betonte, daß es als kirchliche Institution von den Steuern befreit sei.[148] Im Anschluß an die Sitzung in Jerusalem reiste die vatikanische Delegation nach Jordanien weiter,

---

[145] Erklärung des lateinischen Patriarchen und der katholischen Bischöfe des Heiligen Landes, Jerusalem, 26.11.1992.
[146] Vgl. Erklärung des lateinischen Patriarchen und der katholischen Bischöfe des Heiligen Landes, Jerusalem, 26.11.1992.
[147] Vgl. B 436/92, 18.11.1992 („i ritmi non sono sempre stati del tutto corrispondenti alle aspettative della Santa Sede"); B 438/92, 19.11.1992.
[148] Vgl. The Jerusalem Post, 11.11.1992; 12.11.1992.

um dort – ohne zuvor eine gemeinsame Arbeitskommission einzurichten – mit Regierungsvertretern die Aufnahme diplomatischer Beziehungen zu besprechen.[149]

PLO-Präsident Jassir Arafat reagierte gelassen auf die veränderten vatikanisch-israelischen Beziehungen. In einem Interview mit der katholischen Zeitschrift ‚30Giorni' sagte er, die Palästinenser seien im voraus vom Hl. Stuhl informiert worden. Ohnehin habe die Kommission nur geringe Bedeutung, da nicht über Jerusalem gesprochen werde. Die Initiative von Afif Safieh und Faisal Husseini, eine parallele vatikanisch-palästinensische Kommission einzurichten, hielt er für überflüssig. „Wir haben bereits unseren Gesprächskanal nach Rom, wir brauchen absolut keine bilaterale Kommission. Wenn darum gebeten wurde, dann war es ein Fehler. Ich glaube nicht, daß der Hl. Stuhl es ablehnen würde, [...] aber wir haben keine offenen Streitigkeiten mit dem Vatikan, im Gegenteil"[150], so Arafat.

Kurz darauf traf Faruk Kaddumi, der Direktor der Politischen Abteilung der PLO, mit dem Sekretär für die Beziehungen zu den Staaten, Tauran, zusammen. Die Begegnung bestätigte zum einen Arafats Annahme, daß der Hl. Stuhl auf die Bitte von palästinensischer Seite positiv reagieren würde, und offenbarte zugleich die mangelnde Abstimmung der PLO-Führung. Der Direktor des Pressesaals sagte, man sei übereingekommen, „die Kontakte zwischen Vertretern des Hl. Stuhls und palästinensischen Persönlichkeiten aus den Gebieten und der Diaspora (personalità palestinesi dei territori e della diaspora) zu intensivieren"[151]. Im Januar 1993 übermittelte Kaddumi die Liste einer zehnköpfigen Delegation unter der Leitung von Mahmud Darwisch, Mitglied des PLO-Exekutivrats und Schriftsteller, die mit den Beziehungen zum Hl. Stuhl betraut war. Sie umfaßte u.a. den Jerusalemer PLO-Vertreter Faisal Husseini, den Betlehemer Bürgermeister Elias Freij und die beiden PLO-Vertreter in Rom und London, Nemer Hammad und Afif Safieh.[152] In seiner Neujahrsansprache 1993 an das Diplomatische Korps sagte Johannes Paul II., er hoffe, die Liste der 145 diplomatischen Vertretungen beim Hl. Stuhl werde im kommenden Jahr um Israel und um Jordanien erweitert werden. Im Unterschied zu den Ansprachen der vergangenen Jahre erwähnte er erstmals nicht ausdrücklich das Recht der Palästinenser auf Heimat.[153]

---

[149] Vgl. B 436/92, 18.11.1992.
[150] 30 Giorni 12 (1992) 18.
[151] Dichiarazione del direttore della Sala Stampa, 23.12.1992: Archiv des Pressesaals.
[152] Faruk Kaddumi an Jean-Louis Tauran, Tunis, 29.1.1993: Archiv der PLO-Generaldelegation, Rom.
[153] Vgl. AAS 85 (1993) 1238.

Die Entwicklung der folgenden Monate legte nahe, daß die vatikanisch-israelischen Gespräche trotz gegenteiliger Behauptungen eng mit dem Verlauf des in Madrid begonnenen Friedensprozesses verknüpft waren. Anfang 1993 wurden die Verhandlungen der Expertengruppe für mehrere Wochen suspendiert; nach Berichten der ‚Jerusalem Post' protestierte der Vatikan auf diese Weise gegen die Ausweisung von etwa vierhundert Hamas-Aktivisten aus Israel.[154] Der Sekretär für die Beziehungen zu den Staaten, Tauran, und sein Amtsvorgänger Achille Silvestrini, der inzwischen zum Präfekten der Kongregation für die Ostkirchen ernannt worden war, bereisten im Frühjahr 1993 beide den Nahen Osten, um den arabischen Regierungen die Position des Hl. Stuhls im Nahostkonflikt verständlich zu machen. Die arabische Zeitung ‚A-Schark al-Ausat' berichtete nach dem Besuch Taurans in Kairo im April 1993, der Vatikan habe ein deutliches Zeichen gegeben, Israel erst dann diplomatisch anzuerkennen, wenn es die Souveränität über Jerusalem aufgegeben habe.[155] Silvestrini, der dem Staatssekretariat nicht mehr angehörte und daher unauffälliger auftreten konnte, traf Mitte Mai 1993 auch in Jerusalem ein. Dort waren es weniger die Politiker, denen er die Gründe für die Annäherung des Vatikans an Israel erläuterte, als vielmehr die kirchlichen Oberhäupter. Er eröffnete die Frühjahrsvollversammlung der katholischen Bischöfe und suchte außerdem die Vertreter der nichtkatholischen Kirchen auf.[156] Die während der Intifada verbesserten ökumenischen Beziehungen waren seit der überraschenden Ankündigung der bilateralen Kommission wieder problematischer geworden. Obwohl der Apostolische Delegat Montezemolo nach eigener Aussage die anderen Kirchen hinlänglich informiert hatte,[157] war der Eindruck entstanden, der Hl. Stuhl setze sich über ihre Anliegen hinweg. Zudem bestand die Furcht, der Hl. Stuhl nutze seine Stellung als Völkerrechtssubjekt, einen international anerkannten Vertrag zum Vorteil der katholischen Kirche im Hl. Land abzuschließen.[158]

Die politische Situation änderte sich plötzlich und grundlegend, als Israels Regierungschef Rabin und PLO-Präsident Arafat – nach israelisch-palästinensischen Geheimverhandlungen unter norwegischer Vermittlung, parallel zu den Gesprächsrunden in Washington – am 13. September 1993 eine Prinzipienerklärung über eine befristete Selbstverwaltung der Palästinenser unterzeichneten. Johannes Paul II. reagierte darauf ähnlich wie Paul VI. auf das Camp-David-

---

[154] Vgl. The Jerusalem Post, 29.3.1992.
[155] A-Schark al-Ausat, 16.4.1993, zit. n. The Jerusalem Post, 21.4.1993.
[156] Vgl. KNA, 12.5.1993.
[157] Interview Montezemolo.
[158] Interview Bouwen.

Abkommen 1978 – froh über die Annäherung der Konfliktparteien, besorgt über die Zukunft Jerusalems. Er müsse bei dieser hoffnungsvollen Entwicklung insbesondere an Jerusalem denken, das zur Wegkreuzung des Friedens und der Brüderlichkeit werden solle, sagte Johannes Paul II. in seiner Ansprache zum Angelus am Tag vor der Unterzeichnung des Abkommens.[159] Der Direktor des Pressesaals nannte die Prinzipienerklärung einen „mutigen und notwendigen Akt, [...] einen Durchgang, der es ermöglicht, auf der Straße weiterzugehen, die zum Frieden führt"[160]. Vor diesem Hintergrund bekam die kurz zuvor geäußerte Mahnung des US-amerikanischen Präsidenten Bill Clinton, der Hl. Stuhl möge durch die baldige Anerkennung Israels zum Nahost-Frieden beitragen, eine andere Qualität. Clinton, der über den Stand der Geheimverhandlungen in Oslo informiert war, war Mitte August 1993 in Denver erstmals mit Johannes Paul II. zusammengetroffen.[161]

Wenige Tage nach der Unterzeichnung der Prinzipienerklärung kündigte die vatikanisch-israelische Expertengruppe in Jerusalem den Abschluß der Vorbereitungen eines Grundlagenabkommens an.[162] Ende September 1993 empfing Johannes Paul II. den aschkenasischen Oberrabbiner Israels, Meir Lau, in Audienz in Castelgandolfo. Diese erste Begegnung eines religiösen Oberhauptes aus Israel mit dem Papst war seit langem geplant gewesen, wurde durch die geänderte politische Situation aber zum Bestandteil des beschleunigten Annäherungsprozesses. Das Treffen habe in erster Linie religiösen Charakter, biete aber zugleich eine Möglichkeit, die verantwortlichen Politiker im Nahen Osten moralisch zu unterstützen, sagte Navarro-Valls. Johannes Paul II. habe seinen Wunsch wiederholt, „eines Tages wieder als Pilger das Heilige Land zu besuchen"[163]. Dem israelischen Oberrabbiner Meir Lau zufolge versicherte ihm der Papst, der Termin seiner Reise rücke immer näher.[164]

Die für Ende Oktober 1993 geplante Vollversammlung der vatikanisch-israelischen Kommission mußte noch einmal verschoben werden, da Israel den Vorschlag des Hl. Stuhls ablehnte, zunächst nur Gesandte ohne Botschafterrang auszutauschen.[165] Uneinigkeit bestand auch über den Titel des gemeinsamen Dokumentes, das nach israelischem Vorschlag parallel zu dem israelisch-palästinensischen

---

[159] Vgl. ASS 1993, 766f.
[160] ASS 1993, 769.
[161] Vgl. ASS 1993, 659f.
[162] Vgl. The Jerusalem Post, 19.9.1992; 20.9.1999.
[163] B 390/1993, 21.9.1993.
[164] Vgl. The Jerusalem Post, 22.9.1992 (Visit ‚is approaching', Pope tells Lau); SZULC 1996, 396.
[165] Vgl. KNA, 28.10.1993.

Abkommen eine ‚Prinzipienerklärung' (Declaration of principles) sein sollte. Die vatikanische Delegation hingegen plädierte für einen Titel, der weniger stark politisch konnotiert war. Mitte Dezember kündigte Navarro-Valls die Unterzeichnung eines ‚Grundlagenabkommens' (Fundamental agreement) für den 30. Dezember 1993 an.

VIII. DIE OFFIZIALISIERUNG DER BEZIEHUNGEN ZU ISRAEL UND ZUR PLO PARALLEL ZUM FRIEDENSPROZESS (1994-1997)

1. Das Grundlagenabkommen mit Israel: Inhalt und Reaktionen

Innerhalb der vatikanischen Delegation war es vor allem der Kirchenjurist P. David Jaeger OFM, der entscheidenden Anteil daran hatte, daß die Verhandlungen, die nach der Ausweisung der vierhundert Hamas-Mitglieder aus Israel im Januar 1993 unterbrochen worden waren, wieder aufgenommen wurden. Aufgrund seines persönlichen Hintergrunds – Jaeger war als Sohn einer jüdisch-orthodoxen Familie in Israel aufgewachsen und später zum Katholizismus übergetreten – konnte er besonders gut als Vermittler zwischen beiden Seiten wirken. Nach einem Bericht des ,Jerusalem Report' trafen Jaeger und der israelische Delegationsleiter, Vize-Außenminister Jossi Beilin, das ganze Jahr über etwa ein Dutzend Mal informell zusammen. Auf die Endfassung des Textes einigte man sich im November 1993 bei einem Treffen in New York, in der Residenz des Ständigen Beobachters des Hl. Stuhls bei der UNO, Renato Martino, an dem auch Tauran und Montezemolo teilnahmen.[1]

Gemessen an den beiden Hauptzielen, die der Vatikan in den Verhandlungen verfolgte, nämlich den juristischen Status der Kirche und ihrer Institutionen sowie ihre finanziellen Rechte und Pflichten gegenüber dem Staat Israel festzuschreiben, war das Ergebnis kaum mehr als eine weitere Absichtserklärung. Die enorme Aufmerksamkeit, die ihm zuteil wurde, erklärte sich aus der Tatsache, daß es das erste Dokument überhaupt war, das ein Vertreter des Hl. Stuhls und ein Vertreter Israels gemeinsam unterzeichneten.[2] Aus den Ansprachen anläßlich der Unterzeichnung ging hervor, daß Israel das Grundlagenabkommen als einen mit der Konzilserklärung ,Nostra aetate' vergleichbaren Wendepunkt der katholisch-jüdischen Beziehungen betrachtete, der Vatikan darin hingegen eine erste Zwischenvereinbarung im Rahmen des Staat-Kirche-Verhältnisses sah.[3] Die Präambel betont daher gleichermaßen den interreligiösen und den juristischen, vorläufigen Charakter des Abkommens: „Im Be-

---

[1] Vgl. The Jerusalem Report, 13.1.1994; 21.4.1994.
[2] Vgl. AAS 86 (1994) 716-729 (englischer und hebräischer Text des Grundlagenabkommens); vgl. PIERACCINI 1997, 710-712; WILDE 1996; NWACHUKU 1996; POTIN 1995, 232f; CC I (1994) 288-297; DC 1994, 116-123; HK 48 (1994) 62-64.
[3] Vgl. Joint Press Conference, Jerusalem, 30.12.1993, unveröffentlichte Mitschrift: Israelische Botschaft, Bonn.

wußtsein der einzigartigen Natur des Verhältnisses zwischen der katholischen Kirche und dem jüdischen Volk und des historischen Prozesses der Versöhnung [...] zwischen Katholiken und Juden" einigten sich der Hl. Stuhl und Israel auf ein „erstes und fundamentales Abkommen, [das] eine solide und dauerhafte Basis für die [...] Fortsetzung der Arbeit der Kommission bildet"[4].

Ein Hauptanliegen Israels in den Verhandlungen war eine umfassende Erklärung des Hl. Stuhls zum Antisemitismus gewesen. Der Vatikan entsprach diesem Wunsch, machte aber deutlich, daß diese Erklärung nicht eigentlich Gegenstand des Abkommens war, und daß es nicht das erste Mal war, daß er den Antisemitismus öffentlich verurteilte. Der Hl. Stuhl „nutzt die Gelegenheit, seine Verurteilung [...] aller Äußerungen des Antisemitismus [...] zu jeder Zeit, von jeglicher Seite zu wiederholen"[5], heißt es. Die Interessen des Vatikans spiegeln sich in einer Themenliste für weitere Verhandlungen und in der Überantwortung an zwei Unterausschüsse für juristische und für wirtschaftliche Fragen: „Der Hl. Stuhl und Israel werden [...] auf Basis des Berichts einer Experten-Unterkommission weiter verhandeln, um [der katholischen Rechtspersönlichkeit nach Kirchenrecht] volle Wirksamkeit im israelischen Recht zu gewährleisten. [...] Der Hl. Stuhl und Israel werden in gutem Glauben ein umfassendes Abkommen aushandeln, das für beide Seiten akzeptable Lösungen für [...] Eigentums-, Wirtschafts- und Steuerangelegenheiten enthält"[6]. Israel erkannte dem Grundlagenvertrag zufolge das Recht der Kirche auf die Ausübung ihrer religiösen, moralischen, erzieherischen und wohltätigen Funktionen grundsätzlich an, sofern es „in Übereinstimmung mit den Rechten des Staates" geschehe. Der Hl. Stuhl hatte es abgelehnt, das Kirchenrecht in diesen Bereichen dem israelischen Recht unterzuordnen.[7] Hinsichtlich der heiligen Stätten verpflichtet sich Israel erstmals vertraglich, den ‚Status quo' zu wahren. Zudem erklärten beide Seiten, die christlichen Pilgerfahrten ins Heilige Land fördern zu wollen.

Jerusalem wird lediglich als Ort der Vertragsunterzeichnung genannt. Die Jerusalemfrage steht jedoch ungenannt im Hintergrund

---

[4] AAS 86 (1994) 716. Folgende Zitate ebd.
[5] Art. 2 § 2 (AAS 86 [1994] 718). Als Beispiel wird u.a. die Schändung von Gedenkstätten genannt, worin der Streit um die Einrichtung eines Karmel-Konvents auf dem Gelände des ehemaligen Konzentrationslagers Auschwitz nachklang.
[6] Art. 3 § 3 (AAS 86 [1994] 720); Art. 10 § 2a (AAS 86 [1994] 722). POTIN (1995, 236) bemerkt „amüsiert", der Vatikan habe noch 1992 erklärt, die De-facto-Anerkennung Israels mache eine De-iure-Anerkennung eigentlich überflüssig; nun aber fordere er von Israel, den Schutz der heiligen Stätten etc. ‚de iure' festzuschreiben, obwohl er einräume, daß er ‚de facto' gewährleistet sei.
[7] Vgl. The Jerusalem Report, 21.4.1994.

von Art. 11 § 2: „Der Hl. Stuhl hält es bei Aufrechterhaltung seines Rechts, in jedem Fall sein moralisch-geistiges Lehramt auszuüben, für angemessen zu wiederholen, daß er aufgrund seines eigenen Charakters feierlich verpflichtet ist, sich allen ausschließlich weltlichen Konflikten fernzuhalten; dies gilt insbesondere für umstrittene Gebiete und ungeklärte Grenzfragen."[8] Der Vorschlag Montezemolos, an dieser Stelle einen Hinweis auf die unveränderte Haltung des Hl. Stuhls zur Jerusalemfrage einzufügen, wurde von israelischer Seite abgelehnt.[9] Der Vatikan gab nach und verzichtete auf den Zusatz; er sah sein Mitspracherecht jedoch dadurch gewahrt, daß er die Jerusalemfrage nicht als ‚ausschließlich weltlichen Konflikt' auffaßte. Bezeichnenderweise legte Mgr. Celli in seiner Ansprache anläßlich der Unterzeichnung den Akzent stärker auf das Recht zur Einflußnahme in moralischen Fragen: „Aufgrund seines unaufgebbaren moralischen und geistigen Lehramts sieht sich der Hl. Stuhl verpflichtet – während er sich bei territorialen Fragen auf technischer Ebene heraushält – [...] solche Aspekte anzusprechen, die moralische Themen wie Frieden und Gerechtigkeit betreffen."[10] Als er bei der anschließenden Pressekonferenz zur Haltung des Hl. Stuhls zu Jerusalem gefragt wurde, benutzte er nicht die üblichen juristischen Formulierungen, sondern sprach bildhaft von einem „internationalen Schirm (umbrella), der die Besonderheit der heiligen Stadt schützen kann"[11].

Schließlich legt das Grundlagenabkommen fest, daß die Aufnahme voller diplomatischer Beziehungen inklusive der Einrichtung einer Nuntiatur in Israel und einer israelischen Botschaft am Hl. Stuhl „nach Inkrafttreten und sofort nach Beginn der Umsetzung des Grundlagenabkommens"[12] geschehen sollte. Konkret hieß das: nach der beiderseitigen Ratifizierung und nach der Einsetzung der beiden Unterkommissionen, wofür informell vier Monate vorgesehen waren. Für die Übergangszeit sollten Sondervertreter (special representatives) ausgetauscht werden, die bereits alle Rechte und Pflichten eines Nuntius bzw. eines Botschafters hatten, aber noch nicht den Titel trugen.

---

[8] „The Holy See, while maintaining in every case the right to exercise its moral and spiritual teaching-office, deems it opportune to recall that, owing to its own character, it is solemnly committed to remaining a *stranger to all merely temporal conflicts*, which principle applies specifically to disputed territories and unsettled borders." (Art. 11 § 2 [AAS 86 (1994) 724]; eigene Hervorhebung).

[9] Interview Montezemolo.

[10] Joint Press Conference, Jerusalem, 30.12.1993, unveröffentlichte Mitschrift: Israelische Botschaft, Bonn.

[11] Joint Press Conference, Jerusalem, 30.12.1993, unveröffentlichte Mitschrift: Israelische Botschaft, Bonn.

[12] Art. 14 § 2 (AAS 86 [1994] 726).

Die Variationsbreite der Reaktionen in Israel, bei den Palästinensern und den christlichen Gemeinschaften im Heiligen Land deutete einerseits auf die Vielschichtigkeit der Beziehungen zwischen beiden Parteien, andererseits auf den enormen Interpretationsspielraum, den das Grundlagenabkommen ließ. Sein religiöser und sein politischer Charakter wurden grundsätzlich sehr unterschiedlich gewichtet. Der israelische Vize-Außenminister Beilin unterstrich in seiner Ansprache anläßlich der Unterzeichnung des Abkommens vor allem seine Bedeutung im Rahmen des jüdisch-christlichen Verhältnisses.[13] „Formal betrachtet ist es ein Abkommen zwischen einem kleinen und einem noch kleineren Staat, aber seine Auswirkungen [...] berühren die Herzen von Millionen Juden und mehr als einer Milliarde Christen in der ganzen Welt", sagte Beilin. „Hinter dem Abkommen liegen Tausende von Jahren voller Haß, Furcht und Unwissenheit [...]. Haben wir das Recht zur Versöhnung? Es ist nicht an uns, dies zu entscheiden."[14] Beilin nannte das Grundlagenabkommen den „zweiten historischen Durchbruch"[15] nach der israelisch-palästinensischen Prinzipienerklärung vom September 1993. Genau wie damals habe es Warnungen gegeben, daß ein solcher Schritt verfrüht sei: „Man sagte uns: [...] Ihr habt 2000 Jahre Spannungen zwischen der katholischen Kirche und dem jüdischen Volk ausgehalten. Wartet noch, übereilt nichts! Wir antworteten, daß es unsere Pflicht sei, die Gelegenheit zu nutzen, Friede und Normalisierung zu erreichen und unseren Traum als Juden und Zionisten zu erfüllen. Die Unterzeichnung des Abkommens mit dem Hl. Stuhl heute in Jerusalem [...] ist ein Sieg für das jüdische Volk und für den Staat Israel."[16] Die Präsentation des Abkommens als Triumph für die jüdische Seite war auch eine Antwort auf interne Kritiker, welche die Beziehungen zum Vatikan von dessen Schuldgeständnis hinsichtlich seines Verhaltens während der NS-Judenverfolgung abhängig machen wollten. Während der Zeremonie demonstrierten unter dem Motto ‚Keine Reue – Keine Beziehungen' mehrere Jeschiwa-Studenten vor dem israelischen Außenministerium.[17]

---

[13] Auch einige christliche Kommentatoren sahen das Abkommen in erster Linie als eine Annäherung an das Judentum; vgl. GELDBACH 1994, 21f.
[14] Joint Press Conference, Jerusalem, 30.12.1993, unveröffentlichte Mitschrift: Israelische Botschaft, Bonn.
[15] Joint Press Conference, Jerusalem, 30.12.1993, unveröffentlichte Mitschrift: Israelische Botschaft, Bonn.
[16] Joint Press Conference, Jerusalem, 30.12.1993, unveröffentlichte Mitschrift: Israelische Botschaft, Bonn.
[17] Vgl. The Jerusalem Post, 31.12.1993. Die orthodox-jüdische Seite sah das Abkommen kritisch, begrüßte aber die Verpflichtung des Vatikans zur Bekämpfung von Antisemitismus; vgl. DAVID 1994.

Die Mehrheit der Kommentatoren betonte jedoch die politischen Konsequenzen des Abkommens, insbesondere im Blick auf die Mitsprachemöglichkeit des Hl. Stuhls im Nahost-Friedensprozeß. Mgr. Celli hatte in seiner Ansprache angedeutet, daß der Vatikan damit rechnete, auf die kommenden Friedensgespräche größeren Einfluß zu nehmen als bisher. Der Hl. Stuhl hoffe, „daß diese neue Ebene der Beziehungen ihm ermöglicht, einen spezifischen Beitrag zum Friedensprozeß zu leisten, [...] und auf eine neue Weise präsent zu sein"[18], so Celli. Die ‚Jerusalem Post' schrieb, die Wahl des Zeitpunkts für den Vertrag mit Israel sei „ein Eingeständnis, daß der Vatikan seine Einflußsphäre insbesondere bei den Verhandlungen über Jerusalem vergrößern möchte"[19]. Angesichts einer möglichen Beilegung des Nahostkonflikts wolle der Vatikan „als letzter europäischer Staat noch schnell auf den Zug springen"[20], hieß es. Nathan Ben Horin, der bis 1986 in der israelischen Botschaft in Rom für die Kontakte zum Vatikan zuständig war, verwies außerdem auf die große Zahl der Staaten, die Israel seit Anfang der neunziger Jahre anerkannt hatten, darunter China und Indien. „Der Hl. Stuhl riskierte, sich allein in Gesellschaft der größten Feinde Israels zu finden"[21], so Ben Horin.

Andererseits hieß es, der Vatikan habe durch das Grundlagenabkommen das Gegenteil dessen erreicht, was er sich erwartet hatte. Letztlich habe er seinen Einfluß reduziert, weil er mit der festen Zusage der diplomatischen Beziehungen vorzeitig seine höchste Karte ausgespielt habe.[22] Von arabischer und palästinensischer Seite wurde vor allem der Verzicht auf eine Aussage zur Jerusalemfrage kritisiert. Der Vatikan habe Jerusalem aufgegeben und die Hoffnungen der arabischen Muslime und Christen enttäuscht, schrieb die syrische Zeitung ‚Tischrin'.[23] Der Leiter der Politischen Abteilung der PLO, Faruk Kaddumi, und der Generalsekretär der Arabischen Liga, Ismat Abdel Megid, äußerten sich besorgt, das Abkommen könne als Anerkennung israelischen Herrschaft über Jerusalem ausgelegt werden.[24] Insbesondere der Zeitpunkt des Vertragsabschlusses schien

---

[18] Joint Press Conference, Jerusalem, 30.12.1993, unveröffentlichte Mitschrift: Israelische Botschaft, Bonn.
[19] The Jerusalem Post, 31.12.1993.
[20] Neue Zürcher Zeitung, 1.1.1994.
[21] BEN HORIN 1992, 508.
[22] Vgl. DUMPER 1995, 281. („Die Prinzipienerklärung drängte den Vatikan weiter an den Rand, so daß er nun isoliert war und propalästinensischer schien als die PLO. Im Januar 1994 [sic] wurde schnell ein Abkommen unterzeichnet mit dem Ergebnis, daß das letzte Druckmittel der diplomatischen Anerkennung nun auch noch verloren war.")
[23] Vgl. The Jerusalem Report, 27.1.1994.
[24] Vgl. KNA, 4.1.1994.

den arabischen Kritikern unangemessen: Das in der israelisch-palästinensischen Prinzipienerklärung vorgesehene Abkommen über den Truppenabzug aus Gaza und Jericho war bereits seit zwei Wochen überfällig.[25] Die Christen unter den Palästinensern beklagten, daß sie nur unzureichend über den Verhandlungsprozeß informiert bzw. daran beteiligt gewesen seien. Bei den orthodoxen und protestantischen Kirchen bestand trotz der ausdrücklichen Festschreibung des ‚Status quo' weiterhin das Mißtrauen, der Hl. Stuhl könne aufgrund seiner Stellung als Völkerrechtssubjekt auf Dauer die Bevorteilung der katholischen Kirche in Israel durchsetzen.[26]

Nach Aussage des Apostolischen Delegaten Montezemolo war der Vorwurf von arabischer Seite, der Hl. Stuhl habe Abstriche an seiner Haltung zu Jerusalem gemacht, unbegründet. Die Tatsache, daß die Unterzeichnung im israelischen Außenministerium in Jerusalem stattgefunden habe, sei „bedeutungslos"[27], da der Hl. Stuhl nach wie vor Tel Aviv als Hauptstadt Israels betrachte. „Wenn wir ein internationales Abkommen dort abschließen, wo die Regierung ihren Sitz hat, bedeutet das nicht, daß wir diesen Sitz anerkennen"[28], sagte auch Mgr. Luigi Gatti, der im Staatssekretariat für die Nahostregion zuständig war. Gatti hielt die Kritik am Zeitpunkt des Vertragsabschlusses für nachvollziehbar, sah darin jedoch in erster Linie ein psychologisches Problem, da die Palästinenser durch das vatikanisch-israelische Abkommen keineswegs benachteiligt würden. „Außerdem hat auch der Hl. Stuhl sein ‚timing' und muß bestimmte Rücksichten nehmen. In diesem Fall war es vor allem wichtig, die Situation der Kirche in Israel zu retten"[29], so Gatti.

Die Bedenken der nichtkatholischen Kirchen wies der Vatikan ebenfalls als gegenstandslos ab. Der Hl. Stuhl wolle „nicht den geringsten Eindruck erwecken, auch in ihrem Namen zu verhandeln"[30], betonte der Direktor des Pressesaals am Tag nach der Unterzeichnung. Zwar profitiere die katholische Kirche davon, daß der Hl. Stuhl völkerrechtlich wirksame Verträge abschließen könne, aber er sei weder befugt noch willens, sich den anderen christlichen Gemeinschaften gegenüber Vorteile zu verschaffen, sagte Montezemolo. „Im Gegenteil, wir wären sehr froh, wenn die anderen aus dem, was wir

---

[25] Vgl. KNA, 30.12.1994; CNS, 6.1.1994.
[26] Hintergrundgespräche in Jerusalem; vgl. KNA, 3.1.1994; HELDT 1996; ARBOIT 1996, 174f.
[27] Interview Montezemolo.
[28] Interview Gatti.
[29] Interview Gatti.
[30] Dichiarazione del Direttore della Sala Stampa, 31.12.1993: Archiv des Pressesaals.

mit Israel ausgehandelt haben, ebenfalls ihren Nutzen ziehen könnten"[31], so Montezemolo.

2. Diplomatische Beziehungen zu Jordanien und Israel (1994)

Der Vatikan begegnete der Kritik von arabischer Seite nicht nur durch Klärung und Beschwichtigung, sondern auch durch die Intensivierung der Kontakte. „Wir werden selbstverständlich für einen offeneren Dialog zur Verfügung stehen"[32], hatte Mgr. Celli am Tag der Unterzeichnung auf die Frage nach den Beziehungen zu den Palästinensern und zu Jordanien geantwortet. Bereits an den folgenden beiden Tagen traf Celli mit palästinensischen Vertretern im ‚Orient House', der inoffiziellen Vertretung der PLO in Ost-Jerusalem, zusammen, und Jordanien und der Hl. Stuhl tauschten Memoranden über die baldige Aufnahme diplomatischer Beziehungen aus.[33] Montezemolo sagte im Rückblick, auf palästinensischer Seite sei bei jeder sichtbaren Annäherung des Hl. Stuhls an Israel das Verlangen nach einer Intensivierung der vatikanisch-palästinensischen Beziehungen besonders groß gewesen. Die Bitte um die Aufnahme diplomatischer Beziehungen habe er jedoch immer wieder mit der Erklärung zurückgewiesen, daß dies nur mit einem souveränen Staat möglich sei. Mitte Januar 1994 empfing der Sekretär für die Beziehungen zu den Staaten, Mgr. Tauran, eine Delegation der PLO im Staatssekretariat, und der Vatikan kündigte den „Beginn einer Phase häufigerer Kontakte und eines offizielleren Dialogs"[34] an. Beide Seiten hatten sich auf die Einrichtung zweier Gesprächskanäle geeinigt, zum einen zwischen palästinensischen Vertretern und der Apostolischen Delegation in Jerusalem, zum anderen zwischen dem Staatssekretariat und dem PLO-Büro für Außenbeziehungen unter der Leitung von Faruk Kaddumi in Tunis.[35]

Kurz darauf tauschten Israel und der Hl. Stuhl ihre Sondergesandten aus. Das israelische Außenministerium hatte den in Argentinien geborenen Schmuel Hadas zum ersten Vertreter Israels beim Hl. Stuhl ernannt. Die Wahl eines spanischsprechenden Diplomaten hatte den Vorteil, daß er einen direkteren Zugang zu seinen Amtskollegen aus Lateinamerika hatte, da sich die Haltung des Vatikans in der UN-Generalversammlung häufig im Stimmverhalten dieser

---

[31] Interview Montezemolo.
[32] Joint Press Conference, Jerusalem, 30.12.1993, unveröffentlichte Mitschrift: Israelische Botschaft, Bonn.
[33] Vgl. KNA, 3.1.1994.
[34] CNS, 17.1.1994.
[35] Interview Montezemolo.

Staaten widerspiegelte.[36] In Israel waren noch zwei Mitglieder der bilateralen Kommission als Kandidaten genannt worden – Miriam Ziv, die bislang an der israelischen Botschaft in Rom für die Kontakte zum Hl. Stuhl zuständig war, und der im christlich-jüdischen Dialog engagierte Rabbiner David Rosen. Der ‚Jerusalem Post' zufolge hatte der Hl. Stuhl weder eine Frau noch einen Rabbiner akzeptieren wollen, was jedoch von P. David Jaeger dementiert wurde.[37] Der Hl. Stuhl ernannte den Apostolischen Delegaten Montezemolo zusätzlich zum Sondergesandten für Israel. Da Montezemolo von seinem bisherigen Amtssitz in Jerusalem aus vatikanischer Sicht unmöglich Amtsgeschäfte mit der israelischen Regierung führen konnte, kündigte der Hl. Stuhl mit seiner Ernennung zugleich die Einrichtung einer Nuntiatur in Jaffa bei Tel Aviv an.[38]

Parallel zur Annäherung auf politischer Ebene intensivierte der Hl. Stuhl, dem Leitmotiv Johannes Pauls II. folgend, den interreligiösen Dialog mit Vertretern des Judentums und des Islams. Mitte Januar 1994 organisierte der Päpstliche Rat für den interreligiösen Dialog gemeinsam mit der jordanischen Königlichen Akademie für islamische Kultur in Amman eine christlich-muslimische Tagung zum Thema Religion und Nationalismus.[39] In Jerusalem fand Anfang Februar auf Initiative des Rabbiners David Rosen eine christlich-jüdische Konferenz mit etwa 500 Teilnehmern aus mehr als 90 Ländern statt, an der von vatikanischer Seite der Präfekt der Glaubenskongregation, Kardinal Joseph Ratzinger, und der Mailänder Kardinal Carlo Maria Martini teilnahmen. Orthodoxe Juden in Israel protestierten gegen die Veranstaltung, und die israelischen Oberrabbiner lehnten die Teilnahme ab. Nach einem Bericht der katholischen Nachrichtenagentur KNA wurde die Tagung mit etwa 1,2 Millionen Mark vom israelischen Tourismusministerium gesponsert, das die Entwicklung der vatikanisch-israelischen Beziehungen mit großem Interesse verfolgte.[40] Die im Grundlagenabkommen erwähnte Förderung der Pilgerfahrten, vor allem aber die Erwartung eines Papstbesuchs verbesserten die Aussichten des Tourismussektors in Israel. „Wir rech-

---

[36] Interview Carroll.
[37] Vgl. The Jerusalem Post, 3.1.1994; KNA, 4.1.1994; The Jerusalem Report, 13.1. 1994. In einem Leserbrief an die ‚Jerusalem Post' (11.2.1994) hieß es: „Ich habe durch Ihre Berichte den Eindruck gewonnen, der Vatikan wolle keinen Rabbiner als Botschafter Israels. Ist dies der Fall, sollte Israel vielleicht darauf bestehen, daß der Gesandte des Hl. Stuhls kein Priester sein solle." Frauen werden grundsätzlich als Botschafterinnen am Hl. Stuhl akzeptiert; Bernadette Owo ist 1975 als Botschafterin Ugandas als erste Frau in das Diplomatische Korps am Hl. Stuhl aufgenommen worden.
[38] Vgl. KNA, 19.1.1994; The Jerusalem Post, 26.1.1994; Le Figaro, 1./2.1.1994.
[39] Vgl. KNA, 18.1.1994.
[40] Vgl. KNA, 4.2.1994; The Jerusalem Post, 18.1., 1.2., 9.2.1994.

nen auf dem katholischen Markt mit einem echten Aufschwung, wenn der Papst in diesem Jahr Israel besucht"[41], sagte der Generaldirektor des Tourismusministeriums, Eli Gonen.

Die Beziehungen des Vatikans zu Israel und zu den Palästinensern entwickelten sich in den folgenden Monaten gleichermaßen zügig. Das Attentat des jüdischen Extremisten Baruch Goldstein, der am 25. Februar 1994 in der Moschee am Patriarchengrab in Hebron etwa dreißig Palästinenser erschoß, hatte erneut deutlich gemacht, wie fragil die Situation trotz des begonnenen Friedensprozesses noch war. Johannes Paul II. verurteilte das Verbrechen und nannte es „besonders schlimm, weil es an einem heiligen Ort verübt wurde, sich gegen betende Menschen richtete, und da es zu einer sehr wichtigen und heiklen Zeit geschah, in der um Frieden und Gerechtigkeit gerungen wird"[42]. Es bestärkte den Vatikan in der Auffassung, daß die heiligen Stätten einer besonderen Schutzregelung bedürfen.

Wie am Tag nach der Unterzeichnung des Grundlagenabkommens mit Israel angekündigt, nahm der Hl. Stuhl Anfang März 1994 diplomatische Beziehungen zum Königreich Jordanien auf. Die Beziehungen zu König Hussein waren immer schon – angefangen beim Besuch Pauls VI. in Jordanien 1964 – eng und ungetrübt gewesen; allein der ungeklärte Grenzverlauf zu Israel hatte diesen Schritt bislang verhindert. Die offizielle Anerkennung Jordaniens war daher eine logische Folge der Annäherung an Israel und diente dem Zweck, „die bereits bestehenden, von Respekt und Freundschaft geprägten Beziehungen zu verstärken"[43], wie es im Kommuniqué des Pressesaals hieß. Mitte März 1994 reiste der Sekretär der Sektion für die Beziehungen zu den Staaten, Mgr. Tauran, nach Tunesien, wo er mit PLO-Präsident Jassir Arafat und dem Leiter der Politischen Abteilung der PLO, Faruk Kaddumi, zusammentraf. Das Treffen war ursprünglich geplant, um die Art und Weise der angekündigten offizielleren Kontakte zu besprechen. Vor dem Hintergrund des Attentats in Hebron bot es Tauran die Gelegenheit, Arafat persönlich zur Wiederaufnahme der Gespräche mit Israel zuzureden.

Zwei Tage nach der Zusammenkunft Taurans mit den beiden Spitzenvertretern der PLO, die der Direktor des Pressesaals eine „nützliche Begegnung"[44] nannte, empfing Johannes Paul II. den israelischen Premierminister Jizchak Rabin in Audienz. Es war die erste Begegnung Rabins mit dem Papst und der erste Empfang eines israelischen Politikers im Vatikan seit der Unterzeichnung des

---

[41] The Jerusalem Report, 27.1.1994
[42] ASS 1994, 152.
[43] B 80/94, 3.3.1994.
[44] Dichiarazione del Direttore della Sala Stampa, 22.3.1994.

Grundlagenabkommens. Rabin befand sich auf der Rückreise aus den USA, wo er mit Präsident Bill Clinton über Möglichkeiten zur Fortsetzung der seit Ende Februar blockierten Friedensverhandlungen gesprochen hatte. Im Kontrast zum bisherigen Streben der israelischen Regierung, das Mitspracherecht des Hl. Stuhls in dieser Hinsicht möglichst gering zu halten, bat Rabin den Papst dieses Mal ausdrücklich um seine moralische Unterstützung. „Der israelische Premierminister hat den positiven Einfluß anerkannt und gewürdigt, den der Hl. Stuhl derzeit ausübt, indem er die fundamentalen Werte [...] in Erinnerung ruft. In diesem Sinne hat Seine Exzellenz Herr Jizchak Rabin gewünscht, daß die Rolle des Hl. Stuhls im Friedensprozeß in Zukunft eine immer größere Bedeutung haben werde"[45], hieß es in der Erklärung des Direktors des Pressesaals. Nach Aussage von Schmuel Hadas, Israels Sondergesandtem beim Hl. Stuhl, erwartete die israelische Regierung nicht, daß der Vatikan eine Vermittlerfunktion übernahm, wohl aber, daß er „aufgrund seines enormen spirituellen Einflusses und seiner moralischen Autorität zum Friedensprozeß beiträgt, indem er die Parteien ermutigt, die Gespräche wieder aufzunehmen"[46].

Rabin wiederholte die Einladung nach Israel, die in den beiden Vorjahren auch sein Amtsvorgänger Schimon Peres und der israelische Oberrabbiner Meir Lau ausgesprochen hatten. Navarro-Valls bestätigte erstmals offiziell, daß der Papst die Einladung angenommen hatte, „in der Hoffnung, daß ihm die Umstände es erlauben, die ersehnte Reise durchzuführen"[47]. Die Reisepläne Johannes Pauls II. hatten im Blick auf das Jahr 2000 mittlerweile eine neue Dimension angenommen. Im Januar 1994 hatte Johannes Paul II. bei einem Besuch des Pressesaals vor den Journalisten den Gedanken geäußert, zur Vorbereitung auf das Heilige Jahr die wichtigsten heiligen Stätten des Alten und des Neuen Testaments aufzusuchen. „Die Idee ist, den Spuren des Gottesvolks des Alten Testaments zu folgen, dann natürlich in Nazaret, Betlehem und vor allem Jerusalem anzukommen, und schließlich auf den Spuren der Apostel auch Antiochien und Damaskus zu besuchen. Wir hoffen, auch in der Perspektive eines Abkommens mit Israel, daß sich diese Reise verwirklichen läßt. Ich glaube, daß diese Reise sehr nützlich sein kann, um viele Dinge zu klären, vor allem aber, um zu beten. [...] Paul VI. hat sein Amt in Jerusalem begonnen. Ich habe die ganze Welt bereist, aber am Ende

---

[45] B 100/94, 17.3.1994.
[46] Mitschrift eines Interviews mit Schmuel Hadas, [Rom] 16.3.1994: Archiv Joseph Vandrisse. Vgl. The Jerusalem Report, 21.4.1994 („The leader of the Jewish state seeking a boost from the Holy See was unprecedented tacit recognition of the pope's universal moral standing").
[47] B 100/94, 17.3.1994.

muß man an den heiligen Stätten ankommen, im Land Jesu"[48], so Johannes Paul II. Die seit Amtsbeginn erhoffte Reise ins Heilige Land wurde damit zum Teil eines großangelegten Pilgerprogramms, das auch Ägypten, Jordanien, Syrien und die Türkei miteinschloß. Es spiegelte den Wunsch des Papstes, kurz vor der Jahrtausendwende ein spektakuläres Zeichen der inneren Erneuerung der Kirche durch die Rückkehr zu ihren Ursprungsorten zu setzen. Der lateinische Patriarch Michel Sabbah, der als Gastgeber ein Mitspracherecht über den angemessenen Zeitpunkt des Besuchs hatte, sagte angesichts der Schwierigkeiten für Christen aus dem Westjordanland, an den Osterfeierlichkeiten in Jerusalem teilzunehmen: „Wenn die Christen aus Betlehem ohne die Erlaubnis eines Militärgouverneurs nach Jerusalem kommen können und alle Einwohner der besetzten Gebiete frei sind und keinen strengen Sicherheitsbestimmungen unterliegen – dann können wir über einen Papstbesuch nachdenken."[49]

Im April 1994 wurde im Vatikan erstmals der internationale Holocaust-Tag mit einer feierlichen Gedenkveranstaltung begangen, bei der Johannes Paul II. nachdrücklich zur Abwehr von Fremdenfeindlichkeit und Rassismus aufrief. Die Gedenkfeier war auch Ausdruck der im Grundlagenabkommen festgehaltenen Selbstverpflichtung des Hl. Stuhls, allen Formen des Antisemitismus entgegenzuwirken und Toleranz zu fördern.[50] Vor mehr als siebentausend Gästen, darunter der römische Oberrabbiner Elio Toaff, der italienische Staatspräsident Oscar Luigi Scalfaro und eine Gruppe ehemaliger KZ-Häftlinge, gaben das Londoner Philharmonie-Orchester und die vatikanische Capella Giulia gemeinsam ein Konzert zum Andenken der Opfer der Schoa.

Der Abschluß des ersten Folgeabkommens der israelisch-palästinensischen Prinzipienerklärung über den israelischen Rückzug aus Gaza und Jericho, das am 4. Mai 1994 in Kairo unterzeichnet wurde, beschleunigte wiederum den Ausbau der Beziehungen des Vatikans zu beiden Seiten. Bereits eine Woche später übermittelte Faruk Kaddumi dem Staatssekretariat den förmlichen Antrag der PLO, baldmöglichst „offizielle bilaterale Beziehungen mit dem Hl. Stuhl aufzunehmen und eine beim Hl. Stuhl akkreditierte PLO-Vertretung (mission) einzurichten [...] um mit den Entwicklungen des Friedensprozesses mitzuhalten"[51]. Dem beigefügten Memorandum zufolge hoffte die PLO, der Vatikan möge eine „aktive und positive Rolle im

---

[48] ASS 1994, 78; KNA, 24.1.1994.
[49] The Jerusalem Post, 3.4.1994.
[50] Vgl. ASS 1994, 298-300; KNA, 8.4.1994; The Jerusalem Report, 5.5.1994.
[51] Kaddumi an Tauran, Tunis, 16.5.1994: Archiv der PLO-Generaldelegation, Rom.

Friedensprozeß"⁵² spielen, und bekannte sich ausdrücklich zur Religionsfreiheit, zur Demokratie und zur Respektierung internationaler Bestimmungen.⁵³ Die Antwort des Staatssekretariats war positiv; die PLO wurde gebeten, den Direktor des Verbindungsbüros zu bestimmen und einen Termin vorzuschlagen, um die ‚offiziellen Beziehungen' gemeinsam anzukündigen. Der Hl. Stuhl erhoffe sich von diesem Schritt, „der katholischen Kirche alle Freiheiten zu sichern, damit sie ihre geistigen, erzieherischen und sozialen Aufgaben zugunsten der katholischen Palästinenser und des ganzen palästinensischen Volks wahrnehmen kann"⁵⁴, schrieb Mgr. Tauran an Faruk Kaddumi. Außerdem wolle der Hl. Stuhl seine Arbeit für den Frieden im Nahen Osten fortsetzen und verstärken.⁵⁵

Mittlerweile war das vatikanisch-israelische Grundlagenabkommen von beiden Seiten ratifiziert worden, und die beiden Unterkommissionen hatten ihre Arbeit begonnen, so daß wie vorgesehen die vollen diplomatischen Beziehungen aufgenommen werden konnten. Nachdem Montezemolo, bis dahin Sondergesandter des Hl. Stuhls in Israel, und der israelische Vize-Außenminister Beilin in Jerusalem eine entsprechende Vereinbarung unterzeichnet hatten, wurde das Ereignis ohne weitere Zeremonie am 15. Juni 1994 gleichzeitig durch ein Kommuniqué des Pressesaals und in einer Pressekonferenz im israelischen Außenministerium angekündigt. Welche Grenzen hatte nun der Staat Israel, den der Hl. Stuhl 46 Jahre nach dessen Gründung diplomatisch anerkannte? Im Kommuniqué des Vatikans hieß es: „Der Staat Israel, welcher dem Staat für die Juden entspricht (corrisponde), der von den Vereinten Nationen in der Resolution 181 (II) der Generalversammlung vorgesehen wurde, begann seine unabhängige und souveräne Existenz am 15. Mai 1948"⁵⁶. Damit hatte der Hl. Stuhl deutlich gemacht, daß er Israel in den Grenzen von 1948 anerkannte, in der Form, in der es auch Mitglied der Vereinten Nationen war, zugleich aber die UN-Resolution ins Gedächtnis gerufen, in der die Internationalisierung Jerusalems festgeschrieben war. Nach einem Überblick über die Struktur der katholischen Kirche in Israel nannte das Kommuniqué die Gründe, die den Hl. Stuhl zur Annäherung an Israel bewogen hatten: „Das Grundlagenabkommen war angesichts der Hoffnungen unterzeichnet worden,

---

⁵² Département Politique del'OLP, Memorandum, Tunis, 16.5.1994: Archiv der PLO-Generaldelegation, Rom.
⁵³ Vgl. Département Politique de l'OLP, Memorandum, Tunis, 16.5.1994: Archiv der PLO-Generaldelegation, Rom.
⁵⁴ Tauran an Kaddumi, Vatikan, 30.5.1994: Archiv der PLO-Generaldelegation, Rom.
⁵⁵ Vgl. Tauran an Kaddumi, Vatikan, 30.5.1994: Archiv der PLO-Generaldelegation, Rom.
⁵⁶ B 232/94, 15.6.1994.

die der Friedensprozeß geweckt hatte, in der Absicht, seitens des Vatikans dazu einen wertvollen Beitrag zu leisten. Es garantiert der Kirche in Israel die Freiheit, ihre eigenen Funktionen auszuüben."[57] Diese beiden Motive – die Mitsprachemöglichkeit im Friedensprozeß und die Garantie der kirchlichen Aktivität – hatte das Staatssekretariat auch in seiner Antwort an die PLO angeführt. Darüber hinaus hieß es: „Die diplomatischen Beziehungen werden ein weiteres Instrument und ein bevorzugter Kanal für den Dialog zwischen dem Hl. Stuhl und Israel sein [...] insbesondere für die Verteidigung des einzigartigen historischen, kulturellen und religiösen Erbes, das sich im Hl. Land und vor allem in Jerusalem befindet."[58] Israel war folglich ein wichtiger Dialogpartner für den Hl. Stuhl, faktisch aber zugleich derjenige, gegen den das Erbe Jerusalems verteidigt werden sollte.

Bei der Pressekonferenz im israelischen Außenministerium verneinte Vize-Außenminister Beilin die Frage, ob Israel nun eine Rolle des Vatikans bei den Verhandlungen über die Zukunft Jerusalems anerkenne. Er fügte hinzu: „Wir können allenfalls sagen, daß wir den Wunsch des Vatikans registriert haben, an den Gesprächen über die Zukunft der heiligen Stätten teilzunehmen."[59] Der Rabbiner David Rosen, der als Mitglied der bilateralen Kommission an den Verhandlungen beteiligt gewesen war, stellte den Botschafteraustausch wie schon zuvor den Grundlagenvertrag in den Kontext der katholisch-jüdischen Beziehungen. „So lange es noch keine vollständige Normalisierung mit dem Staat Israel gab, blieb immer ein Fragezeichen, wie aufrichtig die [in Nostra aetate ausgedrückte] Umkehr wirklich war. [...] Die Normalisierung [...] hat für die jüdische Welt insgesamt eine große Bedeutung. Es wird die Weise ändern, wie Juden innerhalb der katholischen Welt betrachtet werden"[60], so Rosen.

Beilin erwähnte in seiner Ansprache zwei Aspekte, die bereits eine erste Belastungsprobe für die soeben stabilisierten Beziehungen zwischen dem Hl. Stuhl und Israel bedeuteten. Zum einen gab es auf israelischer Seite Verstimmung über ein angeblich vom Vatikan erarbeitetes und dann zurückgehaltenes Dokument zur Schoa, das ein Schuldbekenntnis der katholischen Kirche enthalten sollte. Im Hintergrund stand die Ankündigung Johannes Pauls II. bei seinem Treffen mit Vertretern der jüdischen Gemeinde 1987 in Miami, daß im Vatikan ein Dokument über die Schoa erarbeitet werden sollte. Die

---

[57] B 232/94, 15.6.1994.
[58] B 232/94, 15.6.1994.
[59] Press Briefing by Deputy Foreign Minister Yossi Beilin, Jerusalem, 15.6.1994, unveröffentlichte Mitschrift: Israelische Botschaft, Bonn.
[60] Press Briefing by Deputy Foreign Minister Yossi Beilin, Jerusalem, 15.6.1994, unveröffentlichte Mitschrift: Israelische Botschaft, Bonn.

israelische Delegation hatte im Lauf der Verhandlungen wiederholt eine Stellungnahme des Vatikans zum Verhalten der Kirche während des Holocausts eingefordert, auch um der Kritik orthodox-jüdischer Kreise zu begegnen, welche die Beziehungen zum Hl. Stuhl von einem Schuldbekenntnis abhängig machen wollten. Johannes Paul II. hatte die Kommission für die Beziehungen zum Judentum beauftragt, die wiederum den Direktor der bischöflichen Akademie des Bistums Aachen, Hans Hermann Henrix, um eine Arbeitsvorlage bat. Henrix hatte Ende Mai 1994 bei einer Sitzung des jüdisch-vatikanischen Verbindungskomitees in Jerusalem einen Textentwurf vorgestellt, in dem es hieß, daß die Kirche „dem nazistischen Völkermord keinen realen Widerstand entgegengesetzt"[61] habe. Rabbiner David Rosen kündigte daraufhin im israelischen Rundfunk die bevorstehende Veröffentlichung eines „historischen Dokumentes"[62] des Vatikans über die Mitschuld der katholischen Kirche am Holocaust an. Der Vatikan war von dieser Ankündigung selbst überrascht und betonte in einer Gegendarstellung, daß es sich lediglich um den Entwurf einer Arbeitsvorlage handle. Daraufhin berichtete die ‚Jerusalem Post', der Vatikan mache einen „Rückzieher"[63] und distanziere sich inhaltlich von dem in Jerusalem vorgestellten Dokument. Kardinal Edward Cassidy, der Vorsitzende der Kommission für die Beziehungen zum Judentum, zeigte sich enttäuscht über die durch David Rosen ausgelöste Polemik. Der von Henrix vorgestellte Entwurf spiegele „verständliche Gefühle von Schuld und Leid"[64] in dem Teil Europas, in dem der Holocaust stattgefunden habe. Dies gelte jedoch nicht für die Weltkirche – und auch nicht für die Kirche in Palästina, die den Staat Israel als Unterdrücker empfinde. Jetzt müsse man sich erneut vor den palästinensischen Christen rechtfertigen, die „uns anklagen, ihre Position wieder einmal schwieriger gemacht zu haben"[65], sagte Cassidy in einem Interview mit dem ‚Corriere della Sera'.

Die zweite Angelegenheit, die Beilin ansprach, war hingegen ein Grund zur Klage für die vatikanische Seite. Im Oktober 1993 hatte der israelische Außenminister Schimon Peres in einem Schreiben an seinen norwegischen Amtskollegen Johan Holst angedeutet, daß die Palästinenser die Oberhoheit über die christlichen und muslimischen heiligen Stätten in Ost-Jerusalem haben sollten.[66] Dieser Brief

---

[61] KNA, 26.5.1994.
[62] Vgl. The Jerusalem Post, 26.5.1994; KNA, 2.6.1994.
[63] The Jerusalem Post, 27.5.1994.
[64] KNA, 2.6.1994.
[65] KNA, 2.6.1994.
[66] „Die palästinensischen Institutionen in Ost-Jerusalem, darunter [...] die christlichen und muslimischen heiligen Stätten, erfüllen eine wichtige Funktion für die palä-

war Anfang Juni 1994 auf palästinensisches Drängen von der israelischen Regierung veröffentlicht worden; der Hl. Stuhl erfuhr davon dennoch erst nach der Aufnahme diplomatischer Beziehungen zu Israel.[67] Nach Aussage von Beilin implizierte der Brief von Peres jedoch nicht, daß die israelische Regierung die Frage der heiligen Stätten allein mit den Palästinensern verhandeln wolle. „Vertreter aller Religionen werden [an diesen Verhandlungen] teilnehmen"[68], sagte Beilin. Über die Form ihrer Teilnahme gab es zu diesem Zeitpunkt noch keine konkreten Abmachungen.

Infolge der Veröffentlichung des Briefs von Peres und des sich anbahnenden Friedensabkommens zwischen Israel und Jordanien rückte die Jerusalemfrage im Juli 1994 wieder in den Vordergrund. König Hussein hatte deutlich gemacht, daß Jordanien zur Normalisierung der Beziehungen zu Israel nur bereit war, wenn seine nie aufgegebene Rolle als Hüter der muslimischen heiligen Stätten Jerusalem davon unberührt bliebe. Da dieses Anliegen nur schwer mit der Position des Hl. Stuhls zu vereinbaren war, reiste Mgr. Tauran nach Jordanien, um über die Möglichkeit einer gemeinsamen Strategie zu sprechen. Seinen Vorschlag, sobald wie möglich Gespräche über ein internationales Garantiesystem für Jerusalem zu beginnen, bezeichnete Kronprinz Hassan jedoch als frühreif und schädlich für den Friedensprozeß. Er legte den Akzent hingegen auf die „religiöse Verantwortung Jordaniens"[69] für Jerusalem, die auch von der internationalen Gemeinschaft der Muslime anerkannt sei. Die israelische Regierung nahm diese Äußerungen Jordaniens wohlwollend auf, da sie die politische Souveränität Israels nicht bedrohten. Außenminister Peres antwortete mit der Formel, „Jerusalem ist politisch geschlossen und religiös offen"[70]. Unter der Voraussetzung, daß Jerusalem ungeteilt und ausschließlich Israels Hauptstadt bleibe, sei Israel hinsichtlich der Rechte der Religionsgemeinschaften offen für Vorschläge. „So wie wir ein Abkommen mit dem Vatikan erreicht haben [...], werden wir auch Abkommen mit anderen Religionsgemeinschaften schließen können"[71], sagte Peres. Am 25. Juli 1994 erklärten König Hussein und Israels Premierminister Rabin in Washington den Kriegszustand zwischen Jordanien und Israel offiziell

---

stinensische Bevölkerung. Wir werden ihre Aktivität keinesfalls behindern." (Peres an Holst, 11.10.1993: PASSIA [Hrsg.] 1996, 120).
[67] Vgl. Press Briefing by Deputy Foreign Minister Yossi Beilin, Jerusalem, 15.6.1994, unveröffentlichte Mitschrift: Israelische Botschaft, Bonn.
[68] Press Briefing by Deputy Foreign Minister Yossi Beilin, Jerusalem, 15.6.1994, unveröffentlichte Mitschrift: Israelische Botschaft, Bonn.
[69] The Jerusalem Post, 17.7.1994.
[70] The Jerusalem Post, 13.7.1994.
[71] The Jerusalem Post, 13.7.1994.

für beendet und nannten fünf Grundelemente des noch auszuhandelnden Friedensvertrags. Unter Punkt drei hieß es: „Israel respektiert die derzeitige besondere Rolle des Haschemitischen Königreichs Jordanien hinsichtlich der muslimischen heiligen Stätten in Jerusalem. In den Verhandlungen über den Endstatus wird Israel der historischen Rolle Jordaniens bezüglich dieser heiligen Stätten hohe Priorität einräumen."[72]

3. Die Aufnahme offizieller Beziehungen zur PLO (1994)

Der Vatikan verfolgte weiterhin das Ziel, seine Beziehungen zu allen Hauptbetroffenen der Jerusalemfrage vertraglich zu untermauern. Beim Ad-Limina-Besuch der Bischöfe aus der arabischen Region (CELRA) zeigte Johannes Paul II. sich erfreut über die diplomatischen Beziehungen zu Israel und Jordanien und kündigte die baldige Aufnahme „offizieller Beziehungen mit den Vertretern des palästinensischen Volks"[73] an. Bei dieser Gelegenheit ging er auch auf die Erneuerungsbewegung innerhalb des lateinischen Patriarchats ein und mahnte die Mitglieder der religiösen Gemeinschaften, stärker am Leben der Lokalkirche teilzunehmen.[74]

Da die palästinensische Autonomiebehörde den israelisch-palästinensischen Vereinbarungen gemäß nicht berechtigt war, diplomatische Beziehungen aufzunehmen, hatte der Apostolische Delegat Montezemolo die Formel „ständige offizielle Kontakte zur PLO als Vertreterin des palästinensischen Volks"[75] vorgeschlagen. Der Entwurf für ein gemeinsames Kommuniqué auf der Basis der Korrespondenz zwischen Mgr. Tauran und Faruk Kaddumi lag bereits Ende Juli 1994 vor.[76] Möglicherweise wollte der Vatikan mit der öffentlichen Bekanntgabe jedoch noch bis zum faktischen Austausch der Botschafter mit Israel im Spätsommer 1994 warten. Beide Seiten hatten ihre bisherigen Sondergesandten zum Nuntius bzw. zum Botschafter ernannt. Montezemolo erfüllte nun eine Doppelfunktion als Apostolischer Delegat für Jerusalem, Palästina, Jordanien und Zypern mit Sitz in Jerusalem und als erster Apostolischer Nuntius mit Sitz in Jaffa im Staat Israel. Als er im August 1994 seinen Antrittsbesuch beim israelischen Präsidenten Eser Weizman machte, reagierte er indirekt auf die Kritik von nichtkatholischer Seite und betonte, daß bei den Gesprächen über Jerusalem künftig Vertreter aller

---

[72] PASSIA (Hg.) 1996, 122.
[73] B 320/94, 3.9.1994.
[74] Vgl. B 320/94, 3.9.1994.
[75] Interview Montezemolo.
[76] Vgl. Comunicato congiunto, Vatikan, 28.7.1994: Archiv der PLO-Generaldelegation, Rom.

christlichen Gemeinschaften teilnehmen sollten, da der Hl. Stuhl ausschließlich die Katholiken vertrete.[77] Der erste israelische Botschafter am Hl. Stuhl, Schmuel Hadas, überreichte Johannes Paul II. im September 1994 sein Beglaubigungsschreiben. Der Papst sprach von seiner großen persönlichen Freude über dieses Ereignis und dankte der bilateralen Kommission für ihre Anstrengungen, wies aber auch darauf hin, daß die diplomatischen Beziehungen kein Ziel in sich selbst darstellten, sondern einen „Ausgangspunkt für eine besondere Zusammenarbeit"[78].

Am 25. Oktober 1994 traf eine Delegation der PLO unter der Leitung des Generaldirektors der politischen Abteilung, Abdul Lateef Abu Hijleh, mit dem Sekretär für die Beziehungen zu den Staaten, Mgr. Tauran, zusammen. In einem gemeinsamen Kommuniqué kündigten sie anschließend die diplomatische Aufwertung der vatikanisch-palästinensischen Beziehungen an: „Das Treffen beschloß eine Reihe von Gesprächen, die vor einigen Monaten aufgenommen wurden, um die Zusammenarbeit des Hl. Stuhls mit der PLO in ihrer Eigenschaft als Repräsentantin des palästinensischen Volks zu stärken. Es wurde beschlossen, den bereits seit langem bestehenden und fruchtbaren Arbeitskontakten einen permanenten und offiziellen Charakter zu geben"[79], hieß es dort. Konkret bedeutete dies die Eröffnung eines PLO-Vertretungsbüros beim Hl. Stuhl und die Ernennung des Pro-Nuntius in Tunesien, des libanesischen Erzbischofs Edmond Farhat, zum Ansprechpartner der in Tunis ansässigen Führung der PLO. Als Ziel der Kontakte wurden erneut die Freiheit für die katholische Kirche, der Einsatz des Hl. Stuhls für einen gerechten Frieden und der Schutz der kulturellen und religiösen Werte Jerusalems genannt. Der bereits im Juli 1994 vorliegende Entwurf des Kommuniqués war um zwei Bemerkungen ergänzt worden, in denen sich die Enttäuschung über den stockenden Friedensprozeß und die israelische Jerusalempolitik widerspiegelte. Der Hl. Stuhl machte deutlich, daß er die Palästinenser durch die engeren Beziehungen in einer besonders schwierigen Zeit ermutigen wollte, „in ihren Bemühungen, in Unabhängigkeit und Freiheit ihre unveräußerlichen Rechte zu erlangen"[80]. Das Kommuniqué wies außerdem darauf hin, daß die Zusammenarbeit zum Schutz Jerusalems ausdrücklich „im Einklang mit dem Völkerrecht und den entspre-

---

[77] Vgl. The Jerusalem Post, 13.7.1994.
[78] ASS 1994, 670-676. BERNSTEIN / POLITI (1997, 529f) stellen die Aufnahme diplomatischer Beziehungen zu Israel als persönliche Leistung des Papstes gegen den Willen des Staatssekretariats dar.
[79] B 400/94, 25.10.1994.
[80] B 400/94, 25.10.1994.

den Resolutionen der Vereinten Nationen, insbesondere des Sicherheitsrats und der UNESCO"[81] geschehen sollte.

Der Ankündigung der offiziellen Kontakte zwischen dem Hl. Stuhl und der PLO ging wenige Tage zuvor ein Bombenanschlag der radikalislamischen Hamas auf einen israelischen Bus voraus, bei dem etwa zwanzig Menschen getötet wurden. Es war der schlimmste Ausdruck einer weit verbreiteten Enttäuschung unter den Palästinensern über die geringen konkreten Ergebnisse ein Jahr nach dem Beginn des Friedensprozesses in Madrid. Die Stabilisierung der Kontakte wurde daher in erster Linie als eine vatikanische Anerkennungsgeste der angefochtenen Führung der PLO und als Ermutigung zur Fortsetzung des Friedensprozesses wahrgenommen.[82] Angesichts der aktuellen Ereignisse bediente sich der Vatikan einer schriftlich veröffentlichten ‚mündlichen Erklärung' des Direktors des Pressesaals – anstelle einer italienischen Übersetzung des gemeinsamen Kommuniqués –, um Akzente zu setzen und Mißverständnisse zu verhindern. „Es handelt sich nicht um echte und eigentliche diplomatische Beziehungen, [...] sondern um einen dauerhaften, offiziellen Kanal. [...] Der Hl. Stuhl hat seine Haltung hinsichtlich der nahöstlichen Gegebenheiten, für die bislang keine Lösung gefunden wurde, nicht geändert: die Situation des palästinensischen Volks, die Frage eines angemessenen Statuts für die heilige Stadt Jerusalem, die Situation im Libanon, eine gerechte Lösung der noch bestehenden territorialen Fragen"[83], hieß es dort. Angesichts des wachsenden Einflusses extremistischer und islamistischer Parteien auf die palästinensische Gesellschaft betonte Navarro-Valls, daß die „Unterstützung des Friedensprozesses [...] und der Verantwortlichen, die ihn vorantreiben, und die gemäßigte Positionen vertreten"[84], ein wichtiges Ziel der vertieften Zusammenarbeit mit der PLO sei.

Die Aufnahme der ‚offiziellen und permanenten Kontakte' zur PLO in Form zweier Verbindungsstellen am Hl. Stuhl und in Tunis beschloß die diplomatische Offensive, die in der Gründung der vatikanisch-israelischen Kommission im Juli 1992 ihren Ausgangspunkt hatte. Es folgten im Dezember 1993 das Grundlagenabkommen mit Israel, im März 1994 die Aufnahme diplomatischer Beziehungen mit Jordanien, drei Monate später mit Israel und schließlich im Oktober 1994 die offiziellen Beziehungen zu den Palästinensern. „Das Jahr 1994 wird als Bannerjahr in die Geschichte der Vatikandiplomatie eingehen", schrieb die katholische Nachrichtenagentur CNS, „der

---

[81] B 400/94, 25.10.1994.
[82] Vgl. CNS, 26.10.1994.
[83] Dichiarazione verbale, 25.10.1994 [Hervorbehung im Original]: Archiv des Pressesaals.
[84] Dichiarazione verbale, 25.10.1994: Archiv des Pressesaals.

Vatikan hat nun offizielle Beziehungen zu den wichtigsten nahöstlichen Staaten und zu allen Schlüsselfiguren in den heiklen Friedensverhandlungen"[85]. Der Hl. Stuhl hatte sich durch einen diplomatischen Kraftakt den vielzitierten Platz am Verhandlungstisch so gut wie gesichert. Die Frage war nun, ob die Hauptbetroffenen willens und in der Lage waren, weiterhin an diesem Tisch zu sitzen und miteinander über eine Lösung des Palästinaproblems zu verhandeln.

4. Vorbereitungen im Blick auf das Jubiläumsjahr 2000

Das kommende dritte Jahrtausend wurde in der zweiten Hälfte der neunziger Jahre zu einem Leitmotiv Johannes Pauls II. In dem am 14. November 1994 veröffentlichten Apostolischen Schreiben ‚Tertio millennio adveniente' entwarf er sein Projekt einer sich durch Umkehr und Buße auf ein neues Zeitalter vorbereitenden Kirche.[86] Im Blick auf die Palästinapolitik waren mehrere Aspekte von Bedeutung. Das Jahr 2000, das dem traditionellen Rhythmus entsprechend ein Heiliges Jahr sein würde, sollte zum ersten Mal in der Geschichte der Heiligen Jahre an zwei Orten gleichzeitig seinen Schwerpunkt haben, nämlich in Rom und im Heiligen Land.[87] Zu diesem Anlaß – was auch bedeuten konnte, in Vorbereitung auf das Jubiläum – wollte Johannes Paul II. seinen lange bestehenden Wunsch erfüllen und eine Pilgerreise ins Heilige Land unternehmen. Dabei griff er den Anfang des Jahres bereits geäußerten Gedanken auf, den Besuch des Heiligen Landes in ein erweitertes Pilgerprogramm einzubinden und in der Nachfolge von Abraham, Moses, Jesus und Paulus die wichtigsten Stätten auf dem „Weg des Gottesvolks"[88] aufzusuchen. Zudem sah Johannes Paul II. im Heiligen Jahr eine Gelegenheit, den Dialog mit Juden und Muslimen zu vertiefen und Begegnungen an religiös bedeutsamen Orten wie dem Sinai, Betlehem und Jerusalem zu arrangieren.[89]

Die Stabilisierung der Beziehungen zwischen dem Vatikan und den Hauptakteuren im Nahen Osten und die Aussicht auf den Besuch des Papstes und zahlreicher Pilger zum Jahr 2000 trugen zu einer Entspannung der vatikanischen Nahostpolitik in den folgenden Monaten bei. Auch die ökumenischen Beziehungen im Heiligen Land hatten sich ein Jahr nach Abschluß des Grundlagenabkommens wieder gebessert, nachdem deutlich geworden war, daß die katholische Kirche keine spürbaren Vorteile gewonnen hatte. Im

---

[85] CNS, 26.10.1994.
[86] Vgl. AAS 87 (1995) 5-41.
[87] Vgl. AAS 87 (1995) 37f.
[88] AAS 87 (1995) 20.
[89] Vgl. AAS 87 (1995) 37.

November 1994 verabschiedeten die Oberhäupter der christlichen Gemeinschaften in Jerusalem eine bemerkenswerte gemeinsame Erklärung zur Bedeutung Jerusalems für die Christen. Zur Zufriedenheit des Hl. Stuhls übernahmen sie geschlossen dessen Position zu Jerusalem und forderten ein international garantiertes Statut für die Stadt: „Aufgrund der universellen Bedeutung Jerusalems sollte die internationale Gemeinschaft sich für die Stabilität und Dauer seines Statuts engagieren. Jerusalem ist zu wertvoll, um allein von städtischen oder nationalen politischen Behörden abzuhängen, wer immer sie sein mögen. Erfahrung lehrt, [...] daß es nötig ist, Jerusalem ein spezielles Statut zuzuerkennen, damit es nicht Opfer von Gesetzen wird, die infolge von Feindseligkeiten oder Kriegen verabschiedet werden, sondern jenseits der lokalen, regionalen und weltpolitischen Probleme eine offene Stadt sein kann. Dieses Statut sollte auch von der internationalen Gemeinschaft garantiert werden"[90], schrieben die Jerusalemer Kirchenführer. Sie führten damit außerdem den Begriff der ‚offenen Stadt' wieder in die Diskussion ein, den Paul VI. in seinen Friedensappellen während des Juni-Kriegs 1967 benutzt hatte, um nach dem Vorbild Roms im Zweiten Weltkrieg die Bombardierung Jerusalems zu verhindern.[91] Nun diente er als Kurzform der beiden Hauptanliegen der christlichen Vertreter, nämlich die Religionsfreiheit und die Bewegungsfreiheit für alle in Jerusalem zu garantieren.

Der israelische Außenminister Schimon Peres hatte zwei Wochen später Gelegenheit, Johannes Paul II. während einer Audienz persönlich zu versichern, daß Israel den religiösen Pluralismus in Jerusalem auch in Zukunft gewährleisten wolle, jedoch ohne die Garantien der internationalen Gemeinschaft. Nach seiner Audienz beim Papst wiederholte er vor Journalisten die Formel, Jerusalem sei „politisch geschlossen und religiös offen"[92]. Im Blick auf den im Apostolischen Schreiben ‚Tertio millennio adveniente' geäußerten Reisewunsch des Papstes bekräftigte Peres, daß die israelische Regierung den Papst gerne willkommen heiße. Kurz darauf wurde Johannes Paul II. auch vom Vorsitzenden der palästinensischen Autonomiebehörde, Jassir Arafat, eingeladen, das palästinensisch verwaltete Gaza zu besuchen.[93] Arafat hatte Weihnachten zum palästinensischen Feiertag erklären lassen und lud im Januar 1995 nach dem Vorbild des israe-

---

[90] Memorandum of their Beatitudes the Patriarchs and of the Heads of the Christian Communities in Jerusalem on the significance of Jerusalem for Christians, Jerusalem, 14.11.1994; vgl. AL-SYRIANI 1997, 219f.
[91] Vgl. ASS 1967, 542.
[92] CNS, 2.12.1994.
[93] Vgl. KNA, 23.12.1994.

lischen Staatspräsidenten alle kirchlichen Oberhäupter zum Empfang in seine Residenz in Gaza ein.[94]

Im Juni 1995 wurde der erste Jahrestag der Aufnahme diplomatischer Beziehungen zu Israel mit mehreren symbolischen Akten begangen. Schmuel Hadas, Israels Botschafter beim Hl. Stuhl, pflanzte im Rahmen einer Feierstunde einen Olivenbaum in die vatikanischen Gärten. In seiner Ansprache wies er darauf hin, daß der Baum im selben Jahr gesät worden war, in dem das Zweite Vatikanische Konzil die Erklärung über die Juden verabschiedet hatte. „Damit begann der historische Prozeß der Versöhnung zwischen Juden und Christen [...], der den Weg zur Normalisierung zwischen dem Hl. Stuhl und Israel eröffnet hat"[95], sagte Hadas. Die israelische Regierung benannte ihrerseits zum Zeichen der Freundschaft mit dem Vatikan ein Waldstück bei Nazaret nach Johannes Paul II. und lud den Papst ein, bald zu kommen und dort ebenfalls einen Baum zu pflanzen.[96] Ende August 1995 organisierte die römische Laienbewegung Sant'Egidio ein jüdisch-christlich-muslimisches Symposium mit etwa vierhundert Teilnehmern in Jerusalem, auf dem der Vatikan durch Kardinal Roger Etchegaray, den Präsidenten des Päpstlichen Rats für Frieden und Gerechtigkeit vertreten war.[97]

Im Kontrast zu den Freundschaftsbekundungen mit interreligiösem Schwerpunkt gingen die Verhandlungen der israelisch-vatikanischen Unterausschüsse für Rechts- und Wirtschaftsfragen nur schleppend voran. Christen im Heiligen Land klagten zudem, daß ihre Situation sich seit dem Abschluß des Grundlagenabkommens kaum verändert habe. Insbesondere das darin verbriefte Recht auf freie Religionsausübung werde nach wie vor durch die Abriegelungsmaßnahmen behindert, hieß es.[98] Unter den Verantwortlichen der christlichen Gemeinschaften in Jerusalem verbreitete sich der Eindruck, der Hl. Stuhl habe mit der diplomatischen Anerkennung Israels seinen „letzten Trumpf aus der Hand gegeben". Die israelische Regierung habe ihr Ziel erreicht, sei aber nicht bereit, ihren im Grundlagenabkommen festgehaltenen Verpflichtungen nachzukommen, sagten mehrere führende Mitglieder christlicher Gemeinschaften.[99]

Allein hinsichtlich des Jubiläumsjahres machte die israelisch-vatikanische Zusammenarbeit Fortschritte. Im Juli 1995 war eine weitere

---

[94] Vgl. The Jerusalem Times, 13.1.1995.
[95] CNS, 16.6.1995.
[96] Vgl. CNS, 22.6.1995.
[97] Vgl. CNS, 31.8.1995; WILDE 1996, 53-58. Zur Arbeit von Sant'Egidio vgl. OSCHWALD 1998b; RICCARDI 1997.
[98] Vgl. KNA, 13.6., 11.7.1995.
[99] Hintergrundgespräche in Jerusalem.

Unterkommission eingerichtet worden, um die Vorbereitungen zu koordinieren. Die israelische Botschaft organisierte gemeinsam mit dem vatikanischen Pilgerwerk ‚Opera romana pellegrinaggi' eine Ausstellung mit Luftaufnahmen Jerusalems in den Räumen des Pilgerwerks, in unmittelbarer Nähe zum Petersdom. Obwohl politische Themen nicht berührt werden sollten, stellte die in Israel konzipierte Begleitbroschüre Jerusalem als 3000jährige Hauptstadt Israels dar.[100] Tatsächlich begann im September 1995 die von der israelischen Regierung arrangierte 3000-Jahrfeier Jerusalems, die aufgrund ihrer politischen Implikationen international weithin kritisiert wurde. Sowohl die Europäische Union als auch der Vatikan lehnten ihre Teilnahme ab, da sie in den Feierlichkeiten eine Manifestation israelischer Ansprüche auf Jerusalem sahen.[101]

Die palästinensische Seite suchte ihrerseits, ihre Rolle bei der Feier des christlichen Heiligen Jahres auszubauen, wofür sie ein gewichtiges Argument hatte: Die Geburt Christi, deren 2000jähriges Jubiläum gefeiert wurde, hatte schließlich in Betlehem stattgefunden. Als Jassir Arafat im September 1995 zum vierten Mal von Johannes Paul II. in Audienz empfangen wurde, sagte er vor Journalisten: „Dieses Jubiläum sollte in Betlehem und Jerusalem gefeiert werden, von Rom ausgehend und mit Rom als Schwerpunkt. Ich bin extra hergekommen, um den Papst darum zu bitten."[102] Im lateinischen Patriarchat fand als Vorbereitung auf das neue Jahrtausend erstmals eine Diözesan-Synode statt, die innerhalb von vier Jahren zur geistigen Erneuerung und Einheit der katholischen Gemeinden im Heiligen Land beitragen sollte.[103]

5. Die Ausdehnung der palästinensischen Autonomie

Am 28. September 1995 unterzeichneten Israel und die PLO wie in der Prinzipienerklärung vorgesehen ein Interimsabkommen über die schrittweise Ausdehnung der palästinensischen Autonomie. Für sechs Städte im Westjordanland, darunter Betlehem, war fortan ausschließlich die palästinensische Autonomiebehörde zuständig. Die übrigen besetzten Gebiete waren in zwei Autonomiestufen unterteilt, in denen weiterhin israelische Sicherheitskräfte im Einsatz blieben. Zu den Bereichen, die der palästinensischen Autonomiebehörde

---

[100] Vgl. The Jerusalem Post, 24.8.1995.
[101] Als Gründungsdatum galt die Eroberung der jebusitischen Stadt durch David, etwa um 1004 v. Chr. Jerusalems ehemaliger Bürgermeister Teddy Kollek hatte bereits 1990 angeregt, eine 3000-Jahrfeier zur Förderung des Tourismus zu veranstalten. Vgl. The Jerusalem Post, 1.9.1995; KNA, 26.9.1995.
[102] CNS, 5.9.1995.
[103] Vgl. POC 45 (1995) 166-169.

übertragen wurden, zählte auch die Verwaltung der christlichen und muslimischen heiligen Stätten im Westjordanland. Der israelische Premierminister Jizchak Rabin, der das Abkommen mit den Palästinensern gegen den Widerstand der Likud-Partei durchgesetzt hatte, wurde am 4. November 1995 in Tel Aviv von einem extremistischen Juden erschossen. Johannes Paul II. reihte sich unter diejenigen ein, die an die verantwortlichen Politiker im Nahen Osten appellierten, diese Tat nicht zum Anlaß für die Unterbrechung des Friedensprozesses zu nehmen, sondern sie als Beweis seiner Notwendigkeit und als einen weiteren Impuls zu betrachten.[104]

Tatsächlich wurde der im Interimsabkommen festgelegte Rückzug der israelischen Armee unter Rabins Amtsnachfolger, Schimon Peres, bald darauf fortgesetzt. Auch der Vatikan verfolgte weiterhin seine Nahostpolitik der Annäherung an beide Seiten. Im September 1995 war Afif Safieh, der mittlerweile Generaldelegierter der PLO in Großbritannien war, zusätzlich zum Direktor des PLO-Verbindungsbüros beim Hl. Stuhl ernannt worden.[105] Johannes Paul II. empfing ihn im November 1995 in Audienz und erörterte mit ihm die Perspektiven der Friedensverhandlungen nach dem Abschluß des Interimsabkommens und dem Mord an Jizchak Rabin.[106] Eine Woche später traf in Jerusalem zum ersten Mal seit Aufnahme der diplomatischen Beziehungen zu Israel die bilaterale Arbeitskommission zu einer Vollversammlung zusammen. Während die Verhandlungen über Wirtschafts- und Steuerfragen wenig fortgeschritten waren, hatte die juristische Unterkommission bereits einen Vertragsentwurf über den Rechtsstatus der katholischen Kirche in Israel erarbeitet. Mgr. Celli, der Untersekretär für die Beziehungen zu den Staaten, traf bei dieser Gelegenheit auch mit dem Jerusalemer PLO-Vertreter Faisal Husseini im ‚Orient House', dem von der Schließung bedrohten Sitz der PLO in Ost-Jerusalem, zusammen.[107]

Um die politische und kirchliche Situation unter den neuen Umständen kennenzulernen und die Kontakte zu Schlüsselfiguren in beiden Bereichen auszubauen, reiste Mgr. Tauran, der Sekretär für die Beziehungen zu den Staaten, in Begleitung von Mgr. Luigi Gatti, dem Experten für Nahostfragen, im Dezember 1995 zu einem viertägigen Besuch nach Israel. Es war der erste offizielle Besuch eines ranghohen Vertreters des Staatssekretariats in Israel. In den Tagen vor seiner Ankunft war es erneut zu Spannungen im israelisch-vatikanischen Verhältnis gekommen. Zunächst hatten israelische

---

[104] Vgl. ASS 1995, 555f.
[105] Abu Hijleh an Tauran, Tunis, 6.9.1995; Tauran an Abu Hijleh, Vatikan, 28.9.1995: Archiv der PLO-Generaldirektion, Rom.
[106] Vgl. KNA, 6.11.1995.
[107] Vgl. POC 6 (1996) 198.

Sicherheitskräfte eine Tagung von Vertretern der UN-Organisation für industrielle Entwicklung (UNIDO) mit palästinensischen Geschäftsleuten im Jerusalemer Notre-Dame-Zentrum verhindert. Es sei offenbar ein Treffen hochrangiger Vertreter der palästinensischen Autonomiebehörde geplant gewesen, was gemäß den israelisch-palästinensischen Abkommen in Jerusalem untersagt sei, lautete die Begründung des Ministeriums für innere Sicherheit. Mgr. Mathes, der Direktor des vatikaneigenen Notre-Dame-Zentrums, legte eine förmliche Beschwerde beim Außenministerium ein und informierte das Staatssekretariat.[108] Nach Ansicht eines Vertreters der israelischen Regierung benutzte die palästinensische Autonomiebehörde den Vatikan, um die Oslo-Abkommen zu umgehen und einen Präzedenzfall für politische Aktivität der Palästinenser in Jerusalem zu schaffen.[109] Kurz darauf trug Lea Rabin, die Witwe des ermordeten Premierministers, zur weiteren Verstimmung des Vatikans bei. Nachdem Johannes Paul II. sie in Audienz empfangen hatte, berichtete sie der Presse, der Papst habe ihr bestätigt, daß er Jerusalem als Hauptstadt betrachte. Jerusalem habe zwei verschiedene Rollen, einmal als Hauptstadt der drei Religionen und einmal als Hauptstadt Israels, so gab Lea Rabin die Aussage Johannes Pauls II. wieder.[110]

Dieses Mißverständnis klärte Mgr. Tauran gleich nach seiner Ankunft in Israel. Der Papst habe ihm persönlich gesagt, er habe Lea Rabin lediglich auf die zweifache Dimension Jerusalems hingewiesen, nämlich die religiöse und die politische. In einer Ansprache vor dem Israelischen Rat für Außenpolitik bekräftigte Tauran, daß der Hl. Stuhl weder kompetent noch berechtigt sei, in die Debatte über Jerusalems politischen Status einzutreten.[111] Tauran traf auf der israelischen Seite mit Staatspräsident Eser Weizman, Premierminister Schimon Peres, Außenminister Ehud Barak, Religionsminister Schimon Schitrit, dem Jerusalemer Bürgermeister Ehud Olmert und den beiden Oberrabbinern zusammen. Er besuchte außerdem – was in Israel besonders positiv vermerkt wurde – die Holocaust-Gedenkstätte Jad va Schem und das Grab Jizchak Rabins. Zu seinen palästinensischen Gesprächspartnern zählten der Vorsitzende der Autonomiebehörde, Jassir Arafat, Religionsminister Hassan Tahbub, Planungsminister Nabil Schas, der PLO-Vertreter in Jerusalem, Faisal Husseini und Mitglieder der muslimischen Gemeinde Jerusalems. Sowohl den israelischen als auch den palästinensischen Politikern gegenüber betonte Tauran, daß sich die Haltung des Vatikans zur Jerusalem-

---

[108] Vgl. KNA, 11.12., 12.12.1995.
[109] Vgl. The Jerusalem Post, 12.12.1995.
[110] Vgl. ASS 1995, [14.12.]; KNA, 14.12.1995; The Jerusalem Post, 17.2.1995.
[111] Vgl. CNS, 19.12.1995.

frage trotz gegenteiliger Aussagen Lea Rabins nicht geändert habe. Ein Termin für den Besuch des Papstes wurde noch nicht festgelegt. In jedem Fall sei der Besuch ausschließlich als eine unpolitische Pilgerreise zu verstehen, sagte Tauran.

Einen Tag seines Aufenthalts widmete Tauran der katholischen Gemeinschaft im Heiligen Land. Vormittags besprach er mit den Mitgliedern der lokalen Bischofskonferenz den von der bilateralen Kommission erarbeiteten Entwurf über den Rechtsstatus der katholischen Kirche in Israel. Die Bischöfe äußerten den Wunsch, grundsätzlich in die Beziehungen zwischen dem Hl. Stuhl und Israel stärker einbezogen zu werden. Die bisherigen Ergebnisse der Verhandlungen mit Israel hätten die Situation der Christen bislang nicht spürbar verbessert. Es bestehe im Gegenteil Anlaß zur Sorge, daß die christlichen Einwohner Jerusalems allmählich aus der Stadt herausgedrängt würden, sagten sie im Gespräch mit Tauran.[112] Nach einem Mittagessen im lateinischen Patriarchat besuchte Tauran die Betlehem-Universität, wo er Gelegenheit zu einem informellen Gespräch mit Universitätsangehörigen hatte. „Es war äußerst wichtig, daß er Zeit hatte, mit den Christen hier über ihren Alltag zu sprechen", sagte P. Ronald Gallaghan FSC, der die Universität zu der Zeit als Vizekanzler leitete. „Er fragte sie nach ihren Erwartungen an Rom und bekam zur Antwort: ‚Bitte unternehmt etwas, schreitet ein, und sagt etwas zu dem Unrecht, unter dem wir hier leben!'"[113] Nach Taurans Rückkehr resümierte der Direktor des Pressesaals, Navarro-Valls, durch den offiziellen Besuch des hochrangigen Diplomaten in Israel habe der Hl. Stuhl sein Interesse an der Fortsetzung des Friedensprozesses gezeigt. Es sei zu wünschen, daß in den folgenden Phasen, insbesondere im Blick auf Jerusalem, auch die religiösen Führer an den Verhandlungen beteiligt seien. In diesem Kontext käme der lokalen Kirche eine entscheidende Aufgabe zu, hieß es in der Erklärung.[114]

Weihnachten 1995 in Betlehem hatte den Charakter einer palästinensischen Nationalfeier. Am 21. Dezember hatte die israelische Armee ihren Rückzug aus der Stadt beendet, Betlehem war eine autonome palästinensische Stadt. Jassir Arafat wurde zwei Tage später von den städtischen Würdenträgern, den Oberhäuptern der christlichen Gemeinschaften und einer begeisterten Menge empfangen. Der griechisch-orthodoxe Patriarch Diodoros verglich das Ereignis mit der legendenhaften Begegnung zwischen Bischof Sophronios und dem Kalifen Omar im 7. Jahrhundert, die als Symbol für den

---
[112] Vgl. KNA, 20.12.1995.
[113] Interview Gallaghan.
[114] Vgl. ASS 1995, 653f.

Respekt eines muslimischen Herrschers vor den christlichen Untertanen galt. Er kündigte außerdem die Übergabe der Schlüssel zur Geburts- und zur Grabeskirche an Arafat an, was viele als unangemessene Unterwerfungsgeste auffaßten.[115] Als der lateinische Patriarch Michel Sabbah am 24. Dezember in Betlehem einzog, wurde er von palästinensischer berittener Polizei eskortiert; von mehreren Kirchtürmen hingen palästinensische Flaggen. Arafat und seine Frau Suha, die nach der Heirat vom Christentum zum Islam übergetreten war, nahmen während der Mitternachtsmesse in der Katharinenkirche dieselben Plätze ein, die in den Jahren zuvor für die Vertreter der israelischen Militärverwaltung reserviert waren. Der lateinische Patriarch Sabbah mahnte in seiner Predigt angesichts der geänderten politischen Umstände zur Solidarität unter den Palästinensern und zur Versöhnung mit Israel: „Herr Präsident [Arafat], wir wünschen Ihnen und allen, die die neue Verantwortung der palästinensischen Freiheit tragen, den Segen und die Hilfe Gottes. [...] Wir laden unsere Kinder und unsere Brüder, Christen und Muslime, ein, sich als Söhne desselben Volkes zu verstehen [...]. Die Organisation der neuen Freiheit bedarf der Zusammenarbeit aller und nicht der Verschwendung der Mühen durch Konfessionalismus. [...] Der Beginn der palästinensischen Freiheit ist zugleich der Beginn der Versöhnung zwischen zwei Völkern, dem palästinensischen und dem jüdischen."[116]

Die zusammenfallenden Weihnachts- und Unabhängigkeitsfeierlichkeiten in Betlehem hatten das Thema der christlich-muslimischen Beziehungen innerhalb der palästinensischen Gesellschaft in den Vordergrund gebracht. Da Israel insbesondere während der Intifada daran gelegen war, Spaltungen auf palästinensischer Seite zu vertiefen, tendierten christliche und muslimische Palästinenser dazu, ihre guten Beziehungen untereinander herauszustellen und etwaige Konflikte in der Öffentlichkeit abzustreiten. Im Januar 1996 richtete Arafat nach israelischem Vorbild innerhalb des Religionsministeriums ein Büro für christliche Angelegenheiten ein. Die öffentlichen Stellungnahmen des Büroleiters, Ibrahim Kandalaft, spiegelten das Bemühen christlicher Palästinenser wider, nicht als Minderheit mit elitären Zügen in Erscheinung zu treten. „Palästinensische Christen sehen sich selbst ganz und gar als Palästinenser; sie haben Schulter an Schulter mit ihren muslimischen Brüdern gekämpft. Zwischen uns gibt es keine Diskriminierung – das sind falsche Unterstellungen von Israelis"[117], betonte Kandalaft immer wieder. Diese Einstellung

---

[115] Vgl. FAZ, 27.12.1995.
[116] POC 46 (1996) 200.
[117] The Jerusalem Times, 7.7.1996.

prägte auch die Diskussion über die ‚Christenquote', die Reservierung von fünf Sitzen für christliche Abgeordnete, bei den ersten palästinensischen Parlamentswahlen im Januar 1996. Die besondere Berücksichtigung des christlichen Bevölkerungsanteils konnte auch als Geste gegenüber den westlichen Staaten aufgefaßt werden, auf deren Finanzhilfe die autonomen Gebiete zunehmend angewiesen waren. Rafik Khoury, ein Mitarbeiter des lateinischen Patriarchen Sabbah, kritisierte, daß die Quote die konfessionelle Spaltung der Gesellschaft vertiefe. „Es wäre besser, als Palästinenser gewählt zu werden, und nicht als Christ"[118], sagte Khoury. Am 20. Januar 1996 wurde Jassir Arafat mit etwa 85 Prozent der Stimmen zum Vorsitzenden des Autonomierats gewählt. Radio Vatikan nannte das Ergebnis „ein echtes Plebiszit"[119] für Arafats Einsatz für den Frieden.

6. Stillstand der vatikanisch-israelischen Verhandlungen und des Friedensprozesses

In seiner Neujahrsansprache 1996 an das Diplomatische Korps begrüßte Johannes Paul II. ausdrücklich den erstmals anwesenden „Vertreter des palästinensischen Volks"[120], Afif Safieh. Er appellierte erneut an die internationale Gemeinschaft, sich für den Schutz des besonderen Charakters Jerusalems einzusetzen, um so mehr als 1996 die Frist für den Beginn der Endstatus-Verhandlungen ablief, in denen auch die Jerusalemfrage geregelt werden sollte. Aus demselben Grund veranstaltete das Jerusalemer ‚Sabeel-Zentrum für palästinensische Befreiungstheologie' Ende Januar 1996 eine internationale, ökumenische Tagung zur Bedeutung Jerusalems für Christen. Inhaltliche Basis des Treffens war die von den Jerusalemer Kirchenführern im November 1994 veröffentlichte gemeinsame Erklärung, die durch die etwa 250 Teilnehmer aus 25 Nationen ein starkes Echo fand.[121]

Neben der Erwartung der Verhandlungen über Jerusalem bestimmten weiterhin die Vorbereitung auf das Jahr 2000 und der Reisewunsch des Papstes die vatikanische Nahostpolitik. Der israelische Regierungsminister Schimon Schitrit, den Johannes Paul II. im Januar 1996 in Audienz empfing, legte dem Papst nahe, seine Reise ins Heilige Land nicht vom Verlauf des Friedensprozesses abhängig zu machen, sondern sie im Gegenteil als ermutigenden Impuls zu gestalten. Die Audienz fand einige öffentliche Beachtung, da Schitrit

---

[118] Interview Khoury.
[119] KNA, 22.1.1996.
[120] AAS 88 (1996) 763f.
[121] Vgl. Courrier Œcuménique 28 (1996) 26f.

den Vatikan bat, bei der Suche nach dem siebenarmigen Leuchter aus dem Jerusalemer Tempel zu helfen, den der römische Feldherr und spätere Kaiser Titus infolge der Eroberung Jerusalems 70 n. Chr. nach Rom gebracht hatte.[122] Kurz darauf reisten Mgr. Sergio Sebastiano, Generalsekretär des Komitees für das Jubiläumsjahr, und Mgr. Michael Fitzgerald, Sekretär des Päpstlichen Rats für interreligiösen Dialog, nach Israel und in die Autonomiegebiete, um mit den lokalen Behörden die für das Jubiläumsjahr geplanten Feierlichkeiten zu besprechen. Mgr. Fitzgerald erkundete insbesondere die Möglichkeit, eine von Johannes Paul II. gewünschte Begegnung mit Vertretern des Judentums und des Islams zu arrangieren.[123]

Im Frühjahr 1996 änderten sich die politischen Gegebenheiten erneut grundlegend. Eine Serie palästinensischer Selbstmordattentate, die der Vatikan und die kirchlichen Oberhäupter Jerusalems nachdrücklich verurteilten,[124] trug dazu bei, daß die Neuwahlen in Israel zu einem Regierungswechsel führten. Der neue Premierminister der rechtsgerichteten Likud-Partei, Benjamin Netanjahu, zögerte sowohl den Friedensprozeß mit den Palästinensern als auch die Verhandlungen mit dem Hl. Stuhl deutlich hinaus. Zwei Wochen nach seiner Amtsübernahme lief die Zweijahresfrist ab, in der die beiden Folgeverträge mit dem Hl. Stuhl über Rechts- und Wirtschaftsfragen unterzeichnet werden sollten. Obwohl der Text des Abkommens über den Rechtsstatus der katholischen Kirche in Israel seit November 1995 vorlag und im März 1996 paraphiert worden war, wurde vorerst jedoch kein Termin zur Unterzeichnung angesetzt.[125]

Der Vatikan reagierte auf die politische Kursänderung Israels, indem er die internationale Gemeinschaft auf ihre bleibende Pflicht hinwies, sich für den Schutz Jerusalems einzusetzen, und sich bemühte, Fehldeutungen seiner eigenen Jerusalemposition zu korrigieren.[126] In einem umfassenden Artikel zur Jerusalemfrage betonte ‚Civiltà Cattolica', daß die internationale Gemeinschaft weder die jordanische noch die israelische Annexion Jerusalems je anerkannt hatte. Die Präsenz der unabhängigen Konsulate in Jerusalem sei ein weiteres Indiz dafür, daß die internationale Gemeinschaft weiterhin von der besonderen Stellung der Stadt überzeugt sei und sich für sie

---

[122] Es gebe Hinweise, daß der Leuchter sich in den Lagerräumen des Vatikans befinde, sagte Schitrit im Anschluß an die Audienz. Hinter der unwahrscheinlichen, aber aufsehenerregenden Vermutung verbarg sich der Vorwurf von israelischer Seite, der Vatikan habe unberechtigterweise zahlreiche jüdische Kunstgegenstände und Manuskripte in seinen Sammlungen. Vgl. CNS, 17.1.1996.
[123] Vgl. POC 46 (1996) 424.
[124] Vgl. ASS 1996, 91; POC 46 (1996) 411.
[125] Vgl. FAZ, 27.1.1998.
[126] Vgl. im folgenden CC II (1996) 547-561.

verantwortlich fühle. Im folgenden ging der Artikel auf drei Aspekte der vatikanischen Position ein, hinter denen sich Vorwürfe von palästinensischer bzw. palästinensisch-christlicher Seite erkennen ließen.

Der erste Punkt betraf die politische Souveränität über Jerusalem. Nachdem der Hl. Stuhl 1980 diese Frage für nebensächlich erklärt und den Akzent fortan auf den religiösen Charakter der Stadt und ein internationales Garantiesystem gesetzt hatte,[127] war der Eindruck entstanden, der Hl. Stuhl habe sich stillschweigend mit der faktischen israelischen Souveränität abgefunden. ‚Civiltà Cattolica' hielt dem entgegen: „Da es zu diesem Zeitpunkt keine Aussicht auf politische Verhandlungen gab, war ein internationales Engagement notwendig, um wenigstens die langsame, aber offensichtliche Verschlechterung der Situation zu verhindern. Das bedeutete nicht, daß der Hl. Stuhl das palästinensische Problem nicht klar gesehen oder eindeutig beurteilt hätte, das mit dem politischen Aspekt Jerusalems eng verbunden war und ist."[128] Der Jesuitenzeitschrift zufolge war sich der Hl. Stuhl bewußt, daß die religiöse und die politische Dimension nicht zu trennen seien. Gerade um der religiösen Dimension willen müsse die politische Lösung ein spezielles Statut für Jerusalem umfassen, schrieb ‚Civiltà Cattolica'. Der Artikel verwies ausdrücklich auf die gemeinsame Stellungnahme der kirchlichen Oberhäupter Jerusalems vom November 1994 und griff deren Wunsch auf, daß bei den Verhandlungen über Jerusalem auch Vertreter der lokalen christlichen Gemeinschaften beteiligt werden sollten.

Ein zweites „Motiv für Mißverständnisse"[129] war der Verzicht auf eine klare Aussage, welche Grenzen Jerusalem aus vatikanischer Sicht hatte. ‚Civiltà Cattolica' zufolge strebte der Hl. Stuhl ein mehrstufiges System an: ein international garantiertes Statut für die Altstadt, eine analoge Regelung für die übrigen heiligen Stätten auf dem 1947 als ‚corpus separatum' vorgesehenen Gebiet (also inklusive Betlehem) und ein Konzept einer ‚offenen Stadt' für ganz Jerusalem, so daß Bewegungsfreiheit für alle gewährleistet ist.[130]

Der dritte Punkt betraf das internationale Gremium, das nach Ansicht des Hl. Stuhls die Garantien übernehmen sollte, sowie deren konkrete juristische Form. ‚Civiltà Cattolica' betonte, daß der Hl. Stuhl aus Kompetenzgründen mit Absicht auf detaillierte politische Vorschläge verzichtet habe. Es sei jedoch denkbar, im Rahmen der Friedensverhandlungen eine weitere multilaterale Arbeitsgruppe zur

---

[127] Vgl. OR, 30.6./1.7.1980.
[128] CC II (1996) 552.
[129] CC II (1996) 551.
[130] Vgl. CC II (1996) 554f.

Jerusalemfrage zu bilden, die in Kooperation mit Israel und den Palästinensern ein Garantiesystem entwickle, das am Ende von der UN-Generalversammlung in irgendeiner Form bestätigt werden müßte. Zusätzlich sollte jeder, der in Jerusalem politische Souveränität ausübt – was einer oder mehrere sein können – sich freiwillig und völkerrechtlich bindend auf die Einhaltung der Menschenrechte und der Religionsfreiheit verpflichten.[131]

So wie die Jerusalemer Kirchenführer in ihrer gemeinsamen Erklärung vom November 1994 das vom Hl. Stuhl formulierte Konzept des international garantierten Statuts übernommen hatten, bezog sich der Vatikan nun seinerseits auf den dort erwähnten Ausdruck der ‚offenen Stadt'. Dieser Rückgriff ermöglichte es, der arabischen Seite gegenüber das Festhalten an den alten Forderungen zu signalisieren, ohne das mit Israel geschlossene Grundlagenabkommen zu verletzen, demzufolge der Hl. Stuhl sich zu konkreten politischen Fragen nicht zu äußern hatte. Als der Generalsekretär der Arabischen Liga, Ismat Abdel Megid, dem Papst in einem Schreiben im Juni 1996 die Sorge der arabischen Staaten um die Zukunft Jerusalems mitteilte, versicherte Staatssekretär Angelo Sodano ihm die unveränderte Haltung des Hl. Stuhls. Er fügte hinzu: „Der Hl. Stuhl hat sich erst kürzlich [...] auf die Position der Patriarchen und christlichen Oberhäupter Jerusalems vom November 1994 bezogen, die fordern, daß Jerusalem den Status einer ‚offenen Stadt' bewahren müsse"[132].

Auch die palästinensische Seite suchte nach dem Regierungswechsel in Israel die Unterstützung des Vatikans. „Präsident Jassir Arafat wünscht dringend, Eure Heiligkeit zu sprechen. [...] Die explosive Situation erfordert dringend eine Einwirkung von außen. Niemand wäre eher in der Lage, weise und lenkende Worte zu sagen, als Eure Heiligkeit"[133], schrieb Afif Safieh, der Vertreter der PLO beim Hl. Stuhl, Ende August 1996 an Johannes Paul II. Eine Woche später traf Arafat im Vatikan ein, einen Tag nach seiner ersten Begegnung mit dem israelischen Premierminister Benjamin Netanjahu. Da der Papst sich zu dieser Zeit in Castelgandolfo befand und aus gesundheitlichen Gründen auf Besucher verzichten mußte, wurde Arafat in Begleitung von Safieh mit Sodano und Tauran im Staatssekretariat empfangen. Dem Anliegen Safiehs entsprechend, verwies der Vatikan im Kommuniqué mahnend auf die „Schwierigkeiten bei [...] der Umsetzung und Fortführung der Oslo-Abkommen [...], die wirt-

---

[131] Vgl. CC II (1996) 556f.
[132] Sodano an Megid, Vatikan, 24.6.1996: Archiv der PLO-Generaldelegation, Rom.
[133] Safieh an Johannes Paul II., London, 29.8.1996: Archiv der PLO-Generaldelegation, Rom.

schaftlichen Probleme und die Unmöglichkeit für viele, sich nach Israel oder Jerusalem zu begeben"[134]. Arafat wiederholte außerdem seine Bitte, daß der Vatikan bei den Jubiläumsfeiern im Jahr 2000 den Akzent im Heiligen Land nicht allein auf Jerusalem setzen, sondern auch Betlehem – als eigentlichen Ursprungsort des Christentums – miteinbeziehen möge.[135]

Im September 1996 kündigte die israelische Regierung die Öffnung eines Tunnels in der Nähe des Bezirks der Al-Aqsa-Moschee an, worin viele Palästinenser – verstärkt durch islamistische Propaganda – einen Übergriff auf die muslimischen heiligen Stätten sahen. Es kam zu den schwersten Zusammenstößen seit 1967, bei denen innerhalb von drei Tagen etwa siebzig Menschen getötet wurden. Vor dem Hintergrund der neuen Gewaltausbrüche wurde ein Papstbesuch im Heiligen Land immer unwahrscheinlicher. Auch die erwartete hohe Zahl christlicher Pilger im Jubiläumsjahr müsse stark nach unten korrigiert werden, wenn die politische Situation bis dahin weiterhin unruhig bliebe. Das sagte Kardinal Roger Etchegaray, der Präsident der vatikanischen Vorbereitungskommission für das Jahr 2000, dem Generaldirektor des israelischen Tourismusministeriums, Schabtai Schai, der Anfang November 1996 zu einer gemeinsamen Beratung nach Rom gekommen war. „Wir haben erneut um Details zum geplanten Papstbesuch gebeten", sagte Schai, „aber es hieß nur, sein Kommen hänge von den [politischen] Umständen ab."[136] Etchegaray bat die israelische Seite im Blick auf die christlichen Pilger, die im Jahr 2000 das Heilige Land besuchen würden, um eine Neuregelung für die Zulassung christlicher Reiseführer. Diese durften – ohne eine staatlich lizenzierte Ausbildung – ausschließlich an christlichen heiligen Stätten führen, so daß christliche Pilgergruppen gezwungen waren, zusätzlich einen israelischen, zumeist jüdischen Reiseleiter zu engagieren.

Jassir Arafat holte im Dezember 1996 den im Herbst aus Gesundheitsgründen verschobenen Papstbesuch nach. Hauptthema ihres Gesprächs waren die Vorbereitungen Betlehems auf das Jahr 2000. Er äußerte den Wunsch, Johannes Paul II. möge Weihnachten 1999 in Betlehem feiern und dort das Heilige Jahr eröffnen.[137] Arafat war außerdem nach Rom gekommen, um an einer ersten Sponsorenkonferenz zu ‚Betlehem 2000' unter der Schirmherrschaft des römischen Bürgermeisters, Francesco Rutelli, und des Generaldirektors der UNESCO, Federico Mayor, teilzunehmen. Seine Ansprache zur

---

[134] B 327/96, 5.9.1996.
[135] Vgl. B 327/96, 5.9.1996.
[136] CNS, 7.11.1996.
[137] Vgl. B 482/96, 19.12.1996; CNS, 20.12.1996.

Eröffnung einer damit verbundenen Wanderausstellung über Betlehem bewies gleichermaßen seine Hochschätzung der vatikanisch-palästinensischen Beziehungen wie seine Unvertrautheit mit Christentum und katholischer Kirche. „Während Betlehem Zeuge der Geburt des ersten Palästinensers, Jesus, war, ist Rom der Ort, wo Petrus, der zweite Palästinenser, der Botschafter, der Gründer der vatikanischen Kirche hinging, um sein Kloster zu errichten. [...] Die Ankündigung seiner Heiligkeit Johannes Pauls II., das Jahr 2000 zum Heiligen Jahr zu erklären, veranlaßt uns, von Rom aus das palästinensisch-internationale Projekt ‚Betlehem 2000' zu starten, in Zusammenarbeit mit der UNESCO, dem Vatikan, allen christlichen Kirchen und der internationalen Gemeinschaft. Wir meinen, daß Betlehem gemeinsam mit Jerusalem [...] das Hauptzentrum und der Startpunkt der Feierlichkeiten werden soll"[138], sagte Arafat vor einem Auditorium, in dem neben dem italienischen Staatspräsidenten Romano Prodi auch Mgr. Tauran, der Sekretär für die Beziehungen zu den Staaten saß.

7. Zunehmender Druck des Vatikans auf Israel – Der Papstbesuch im Libanon (1997)

Der israelische Premierminister Benjamin Netanjahu wurde im Februar 1997 erstmals von Johannes Paul II. in Audienz empfangen. Das Kommuniqué verzichtete auf eine Aussage zu Jerusalem, betonte aber, daß Netanjahu zugesagt habe, den unter seinem Vorgänger begonnenen Normalisierungprozeß mit dem Hl. Stuhl fortzusetzen.[139] Tatsächlich waren die beiden Unterkommissionen seit dem israelischen Regierungswechsel im Juni 1996 nicht mehr zusammengekommen.

Drei Wochen nach der Audienz löste die Baugenehmigung für eine jüdische Siedlung auf einem Hügel zwischen Jerusalem und Betlehem – arabisch: Dschebel Abu Ghneim, hebräisch: Har Homa – eine intensive Jerusalem-Debatte in der UNO aus, auf die der Hl. Stuhl indirekt großen Einfluß nahm. In einer Notstandssondersitzung der UN-Generalversammlung wurde am 25. April 1997 die Resolution ES-10/2 verabschiedet, die nicht nur die israelische Siedlungstätigkeit in Ost-Jerusalem verurteilte, sondern erstmals „das legitime Interesse der internationalen Gemeinschaft [...] am Schutz der einzigartigen spirituellen und religiösen Dimension"[140] der Stadt erwähnte. Die Generalversammlung empfahl, daß eine Lösung, „die im

---

[138] Arafat, Ansprache zur Eröffnung der Betlehem-Ausstellung, Rom, 19.12.1996: Archiv der PLO-Generaldelegation, Rom.
[139] Vgl. ASS 1997, 76f; CNS, 3.2.1997; KNA, 3.2.1997.
[140] A/RES/ES-10/2, 25.4.1997. Die Resolution wurde mit 134 zu 3 Stimmen (Israel, USA, Mikronesien) und 11 Enthaltungen (u.a. Deutschland) verabschiedet.

Rahmen von Verhandlungen zwischen den Parteien über ihren ständigen Status erzielt werden sollte, auch international garantierte Bestimmungen enthalten sollte, um die Religions- und Gewissensfreiheit ihrer Bewohner sowie den ständigen, freien und ungehinderten Zugang der Gläubigen aller Religionen und Nationalitäten zu den Heiligen Stätten sicherzustellen"[141]. Diese Formulierungen gaben exakt die vatikanische Position wieder. Nach Aussage des Ständigen Beobachters des Hl. Stuhls bei der UNO, Erzbischof Renato Martino, hatte die vatikanische Mission den stimmberechtigten Delegationen Informationsmaterial zur Verfügung gestellt, das bei der Erarbeitung der Resolution berücksichtigt worden war. Der Hl. Stuhl sei sehr zufrieden mit dem Ergebnis, sagte Martino. „Es ist das erste Mal seit vielen Jahren, daß die UNO diese Position so deutlich definiert hat"[142], fügte er hinzu.

Auch ‚Civiltà Cattolica' begrüßte, „daß die internationale Gemeinschaft sich betroffen und verpflichtet fühlt, und – wie schon 1947 – sich zum Garanten eines ‚Schutzes' machen will"[143]. Die Jesuitenzeitschrift beklagte die faktische Beschränkung des Zugangs zu den hl. Stätten in Jerusalem für palästinensische Christen und Muslime. Im Blick auf die Praxis der israelischen Regierung, Palästinensern aus Jerusalem, die dort nicht ihren Lebensmittelpunkt hatten, die Wohnberechtigung zu entziehen, bemerkte ‚Civiltà Cattolica', das Recht auf Religionsfreiheit setze auch das Recht voraus, „sich nicht als Fremder in der eigenen Stadt zu fühlen, oder schlimmer noch, als solcher betrachtet zu werden"[144].

In diese Zeit der verstärkten Sorge um die Situation in Israel und den palästinensischen Gebieten fiel der zweitägige Libanonbesuch Johannes Pauls II., der ursprünglich für 1994 geplant und aus Sicherheitsgründen kurzfristig abgesagt worden war. Für den Papst bedeutete die Reise eine teilweise Erfüllung seines Wunsches, das Heilige Land zu besuchen, da zumindest die südlibanesischen Orte Tyrus und Sidon im Neuen Testament eine Rolle spielen. Offizieller Anlaß des Besuchs war die Veröffentlichung der Apostolischen Adhortation ‚Eine neue Hoffnung für den Libanon' zum Abschluß der Libanonsynode, die Ende 1995 im Vatikan stattgefunden hatte.[145] Darin appellierte Johannes Paul II. an alle Libanesen, den Libanon nach dem Ende des sechzehnjährigen Bürgerkriegs wieder zu einem Modell des friedlichen Zusammenlebens der Religionsgemeinschaften zu machen. Ohne die militärische Kontrolle des Landes durch

---

[141] A/RES/ES-10/2, 25.4.1997.
[142] CNS, 28.4.1997.
[143] CC II (1997) 610.
[144] CC II (1997) 613.
[145] Vgl. AAS 89 (1997) 313-416; vgl. SCHÖPSDAU 1996.

Syrien und die israelische Besetzung des Südlibanons konkret zu erwähnen, sprach Johannes Paul II. sich erneut für die völlige Unabhängigkeit des Libanons und die Respektierung seiner Staatsgrenzen aus. Viele libanesische Christen empfanden den Papstbesuch als eine Geste der Solidarität, auf die sie während der Kriegsjahre vergeblich gewartet hatten.[146] Der Hl. Stuhl, für den der Libanonkonflikt neben der Palästinenserfrage und dem Status Jerusalems eines der wichtigsten Probleme im Nahen Osten war, hatte in seinen zahlreichen Stellungnahmen großen Wert auf Unparteilichkeit gelegt, um den separatistischen Tendenzen mancher christlicher Gruppen im Libanon keinen Vorschub zu leisten.[147] Seine Empfehlungen an die libanesischen Katholiken galten indirekt allen christlichen Gemeinschaften im Nahen Osten: Sie sollten nach innerer, konfessionsübergreifender Einheit streben, sich in die Gesellschaft integrieren und in ihr Verantwortung übernehmen und insbesondere den Dialog mit den Muslimen suchen und pflegen.

Die Hintergrundarbeit der vatikanischen Mission bei der Formulierung der israelkritischen UN-Resolution ES-10/2 war ein Signal gewesen, daß der Vatikan seine Verpflichtung „sich allen ausschließlich weltlichen Konflikten fern[zu]halten (committed to remaining a stranger to all merely temporal conflicts)"[148] fortan großzügiger auslegte. Die israelischen Enteignungen und Siedlungen im arabischen Teil Jerusalems und das Leiden der israelischen und palästinensischen Bevölkerung waren aus vatikanischer Sicht keine ‚ausschließlich weltlichen Konflikte', sondern hatten eine moralische Dimension, die den Einsatz des Hl. Stuhls sogar nötig machte. Kurz nach seiner Rückkehr aus dem Libanon ergriff Johannes Paul II. die Initiative und schrieb dem israelischen Premierminister, Benjamin Netanjahu, und dem Vorsitzenden der palästinensischen Autonomiebehörde, Jassir Arafat, je einen persönlichen Brief. Beiden teilte er seine große Sorge über die „faktische Unterbrechung des Dialogs"[149] mit und mahnte zu neuen Friedensanstrengungen, insbesondere im Blick auf das Jubiläumsjahr 2000. In seinem Schreiben an Netanjahu betonte er den unpolitischen Charakter seiner Stellungnahme und warnte vor möglichen zerstörerischen Folgen des blockierten Friedensprozesses: „Meine Intervention ist nicht von politischen Interessen geleitet [...]. Mein Appell ist vor allem ein moralischer. [...] Die

---

[146] Zum Libanonbesuch des Papstes vgl. ASS 1997, 313-327. Zum Selbstverständnis der libanesischen Christen und ihrer gesellschaftlichen Rolle vgl. CENTRE DE THÉOLOGIE ... (Hg.) 1988; DASS. (Hg.) 1991; BUSTROS 1988; LABAKI 1988; MITRI 1988; SAMIR 1988; SLEIMAN 1991.
[147] Zur Haltung des Hl. Stuhls zum Libanonkonflikt vgl. LIBANO 1990; RULLI 1996.
[148] Art. 11 § 2 (AAS 86 [1994] 724).
[149] Vgl. B 247/97, 26.6.1997; ASS 1997, 423.

Geschichte, vor allem im Heiligen Land, lehrt uns, daß große Hoffnungen, die lange Zeit unerfüllt bleiben, weitere unvorhersehbare Provokationen und unkontrollierbare Gewaltausbrüche verursachen können. Das israelische und das palästinensische Volk tragen schon jetzt eine allzu schwere Last des Leidens: Diese Last darf nicht noch erschwert werden; es sind vielmehr größte Anstrengungen nötig, um Wege zu den erforderlichen und mutigen Kompromissen zu finden. Diese Anstrengungen werden Ihnen die Dankbarkeit der zukünftigen Generationen und der ganzen Menschheit eintragen. Denn nur, wenn Frieden im Heiligen Land herrscht, wird es die Tausende von Pilgern, die während des Großen Jubiläums im Jahr 2000 kommen wollen, angemessen empfangen können."[150] Der Brief an Arafat spiegelte stärkere persönliche Zuneigung und Verständnis für dessen schwierige Situation. „Ich weiß, daß Versuche und Anstrengungen [für den Frieden im Heiligen Land] unternommen wurden, aber leider scheinen sie bislang vergeblich gewesen zu sein. [...] Ich bin tief besorgt und teile den Schmerz derer – vor allem Palästinenser und Israelis –, die sich im Stich gelassen und frustriert fühlen, aber trotzdem nicht der schrecklichen Versuchung nachgeben, den Konflikt wieder anzufachen. [...] Ich bin mir der praktischen und technischen Schwierigkeiten bewußt, die bei jedem Schritt dieses Weges entstehen, aber ich glaube, daß sie mit Mut und Entschlossenheit angegangen werden müssen"[151], schrieb Johannes Paul II. Beiden Politikern versicherte der Papst die Bereitschaft, „palästinensische und israelische Vertreter auf der Suche nach Frieden willkommen zu heißen"[152].

Netanjahu dankte Johannes Paul II. für seinen „eloquenten und aufrichtigen, jedoch nicht einmischenden (non-intrusive) Appell"[153] und wies darauf hin, daß seine Regierung sich weiterhin um den Dialog mit den palästinensischen Vertretern bemühe. Die Antwort von Arafat überbrachte eine palästinensische Delegation, die im September 1997 mit Kardinal Roger Etchegaray, dem Präsidenten der vatikanischen Kommission für das Jubiläumsjahr, zusammentraf und anschließend von Johannes Paul II. in Audienz empfangen wurde. Unterdessen war eine israelisch-palästinensische Vereinbarung vom Juli 1997 über die Wiederaufnahme der Verhandlungen durch eine Serie palästinensischer Selbstmordattentate hinfällig geworden. Arafat beklagte in seinem Schreiben an den Papst die israelischen Abriegelungsmaßnahmen infolge der Attentate, welche die

---

[150] B 247/97, 26.6.1997.
[151] B 247/97, 26.6.1997.
[152] B 247/97, 26.6.1997.
[153] Netanjahu an Johannes Paul II., Jerusalem, 6.7.1997: Pressemitteilung der israelischen Botschaft beim Hl. Stuhl.

Bewegungsfreiheit aller Palästinenser einschränkten und schwere wirtschaftliche Schäden in den Autonomiegebieten verursachten. Die Mitglieder der palästinensischen Delegation, darunter Emil Jarjoui, Mitglied des Palästinensischen Legislativrats, Betlehems Bürgermeister Hanna Nasser und der PLO-Vertreter beim Hl. Stuhl, Afif Safieh, berichteten dem Papst zudem über die Emigration von Christen aus Betlehem.[154]

8. Das Abkommen über den Rechtsstatus der katholischen Kirche in Israel (1997)

Ende 1997 war der Verhandlungsstillstand zwischen Palästinensern und Israelis noch nicht überwunden; aber die vatikanisch-israelischen Beziehungen entwickelten sich weiter. Ende September 1997 fand im Vatikan ein internationales Symposium über ‚Die christlichen Wurzeln des Antijudaismus' statt, an dem etwa sechzig christliche Theologen und Historiker teilnahmen. Johannes Paul II. betonte in seiner Ansprache an die Teilnehmer die Aufgabe der Gewissenserforschung vor der Wende zum neuen Jahrtausend. Die Veranstaltung wurde einerseits in Israel von denjenigen kritisiert, die ein umfassendes Schuldbekenntnis der katholischen Kirche zu ihrem Verhalten während des Holocausts erwartet hatten.[155] Auf der anderen Seite machte der PLO-Vertreter beim Hl. Stuhl, Afif Safieh, in einem persönlichen Schreiben an Johannes Paul II. geltend, daß nicht nur die Juden eine Bitte um Verzeihung verdienten: „Heiliger Vater, wir Palästinenser, die Opfer der Opfer der europäischen Geschichte, die Juden der Juden, fragen uns, ob uns nicht auch jemand, möglichst bald eine historische Rechtfertigung schuldig ist"[156], schrieb Safieh kurz vor Beginn des Symposiums.

Die öffentliche Erforschung christlicher Wurzeln des Antijudaismus im Vatikan trug zu dem Klima bei, in dem es schließlich möglich war, einen Termin zu finden, um das seit anderthalb Jahren fertiggestellte Abkommen über den Rechtsstatus der katholischen Kirche in Israel zu unterzeichnen. Am 10. November 1997 setzten der Apostolische Nuntius in Israel, Andrea di Montezemolo, und der israelische Außenminister David Levi im Jerusalemer Außenministerium ihre Unterschrift unter das erste vatikanisch-israelische Folgeabkommen. Der Direktor des Pressesaals, Navarro-Valls, äußerte deutlich den Unmut des Hl. Stuhls über die Verzögerung des Termins; bei zahlreichen Gelegenheiten hätten Vertreter des Hl. Stuhls

---

[154] Vgl. CNS, 22.9.1997.
[155] Vgl. KNA, 30.10., 5.11.1997.
[156] CNS, 7.10.1997.

„öffentlich Unverständnis und wachsende Sorge über das Zögern vor der Unterzeichnung und über die faktische Unterbrechung der Gespräche über andere Fragen geäußert"[157]. Es sei zu hoffen, daß dieser Schritt nun die Verhandlungen über die ausstehenden wirtschaftlichen und steuerrechtlichen Fragen beschleunige, sagte Navarro-Valls.

Das Abkommen bestimmte die Rechtspersönlichkeit der katholischen Kirche und ihrer Institutionen.[158] Demnach galten die katholischen Patriarchate, die Diözesen, die Bischofsversammlung, die Kustodie, die Ordenshäuser und weitere offizielle Einrichtungen als juristische Personen gemäß israelischem Recht. Als solche konnten sie beispielsweise Eigentum erwerben oder verkaufen und vor einem israelischem Gericht auftreten.[159] Zugleich hielt das Abkommen fest, daß die Regelung aller internen Konflikte dem katholischen Kirchenrecht unterlag. Während die juristische Stellung der katholischen Kirche bislang durch teilweise überlappende und widersprüchliche Bestimmungen osmanischer und britischer Herkunft bestimmt war, galten fortan sowohl das israelische als auch das kanonische Recht in jeweils eindeutig definierten Bereichen. Aus vatikanischer Perspektive war dies eine Bestätigung traditioneller Errungenschaften: „Der [israelische] Staat verpflichtet sich, in der eigenen Rechtsprechung die kirchlichen Einrichtungen anzuerkennen, so wie sie sind, das heißt als juristische Personen, entstanden und verwaltet gemäß kanonischen Bestimmungen"[160], erklärte Navarro-Valls. Die israelische Seite betonte ihrerseits, daß ihre Regierung die erste sei, die der Kirche im Heiligen Land einen eigenen juristischen Status zuerkenne, der darüber hinaus die Geltung des kanonischen Rechts in internen Angelegenheiten ausdrücklich anerkannte.[161] Der Vertragstext wurde anschließend beiden Seiten zur Ratifikation übergeben. Die Unterzeichnung war auch für Montezemolo persönlich ein erfreuliches Ergebnis, da er mit dem Auftrag nach Jerusalem

---

[157] B 423/97, 10.11.1997.
[158] Vgl. AAS 91 (1999) 491-567 (Agreement between the Holy See and the State of Israel Pursuant to Article 3 § 3 of the Fundamental Agreement between the Holy See and the State of Israel [also referred to as the „Legal Personality Agreement"]).
[159] In dem Zusatz, „einige Transaktionen einer juristischen Person, die Immobilien oder bestimmtes anderes Eigentum betreffen, bedürfen einer vorherigen schriftlichen Erlaubnis des Hl. Stuhls" (Art. 6 § 2c [AAS 91 (1999) 497]), klingt der Konflikt um den ungenehmigten Verkauf und anschließenden Rückkauf des Notre-Dame-Gebäudes Anfang der siebziger Jahre nach.
[160] B 423/97, 10.11.1997.
[161] Rabbiner David Rosen, Rome and Jerusalem: The latest landmark, Jerusalem, 10.11.1997, unveröffentlichtes Redemanuskript: Israelische Botschaft Bonn. Rosen nannte das Abkommen aus diesem Grund einen „beredten Beweis der Reife der israelischen Demokratie" (ebd.).

gekommen war, die Normalisierung der vatikanisch-israelischen Beziehungen voranzutreiben.

Den dreizehn Artikeln des Abkommens war in einem Annex eine Liste von etwa hundertdreißig Einrichtungen beigefügt, die als juristische Personen anerkannt waren, sobald das Abkommen in Kraft trat.[162] Die Tatsache, daß dort Institutionen mit Sitz in Ost-Jerusalem aufgeführt waren, warf die Frage nach dem Geltungsbereich des Abkommens auf. Auf palästinensischer Seite verbreitete sich der Eindruck, der Hl. Stuhl ignoriere die palästinensische Autonomiebehörde und erkenne indirekt die israelische Souveränität über ganz Jerusalem an. Hassan Tahbub, der palästinensische Religionsminister, bezeichnete das neue vatikanisch-israelische Abkommen als einen „Dolchstoß in den Rücken des Friedensprozesses"[163]. Die palästinensische Autonomiebehörde sei überrascht von der Ankündigung und kenne den genauen Inhalt nicht, sagte Tahbub. Er betrachte das Abkommen jedoch als Ausdruck des israelischen Strebens, ungeachtet der palästinensisch-israelischen Vereinbarungen von Oslo Fakten zu schaffen, die den Ausgang der Endstatus-Verhandlungen über Jerusalem beeinflussen würden.[164]

Nach Aussage des Apostolischen Nuntius Montezemolo im Anschluß an die Unterzeichnung galt das Abkommen „überall, wo israelisches Recht gilt"[165]. Der Text selbst enthielt die Einschränkung, daß die Frage der Rechtspersönlichkeit im Falle „neuer, grenzüberschreitender Diözesen"[166] noch offen sei. Die Kritik von palästinensischer Seite bezeichnete die Apostolische Delegatur in Jerusalem als „alarmistische und negative Reaktion"[167] und gab folgende Erklärung an die Presse: „Das Abkommen hat juristischen Charakter und hat keinerlei territoriale Implikationen [...]. Die Tatsache, daß einige juristische Personen [...] mit ihrer Postadresse in den palästinensischen Gebieten oder in Ost-Jerusalem, oder in Rom, oder in anderen arabischen oder europäischen Staaten aufgeführt sind, bedeutet nicht, daß Israel über die in den Adressen genannten Orte eine Souveränität erworben habe, sondern daß die im Abkommen genannten juristischen Personen die Fähigkeit erlangen, gegenüber dem israelischen Recht zu handeln, also zu besitzen, vor Gericht zu stehen, zu verkaufen, zu erwerben, etc."[168] Tatsächlich sind die Adressen im Ausland und die Adressen in Ost-Jerusalem jedoch in

---

[162] Vgl. AAS 91 (1999) 503-559.
[163] Al-Ayyam, 12.11.1997; zit. n. TJT News Service, 12.11.1997.
[164] Vgl. TJT News Service, 12.11.1997.
[165] CNS, 21.11.1997.
[166] Art. 3 § 3 (AAS 91 [1999] 493).
[167] Apostolische Delegation für Jerusalem, Presseerklärung [17.11.1997].
[168] Apostolische Delegation für Jerusalem, Presseerklärung [17.11.1997].

zwei verschiedenen Kategorien aufgeführt, nämlich als ‚Hauptsitz' und ‚lokale Adresse'.

Eine Woche nach der Unterzeichnung traf Montezemolo mit dem palästinensischen Religionsminister, Hassan Tahbub, und dem Beauftragten für christliche Angelegenheiten, Ibrahim Kandalaft, in Ost-Jerusalem zu einem klärenden Gespräch zusammen. Bei dieser Gelegenheit gab Montezemolo dem Religionsminister eine Kopie des Abkommens und bat ihn, den Text zusammen mit dem Protokoll ihres Treffens an Präsident Arafat weiterzureichen. Er versicherte erneut, daß das Abkommen keine politische Bedeutung habe und die Haltung des Hl. Stuhls zur Jerusalemfrage unverändert sei. Der lateinische Patriarch Michel Sabbah veröffentlichte im Namen der katholischen Bischofsversammlung parallel dazu eine Erklärung gleichen Inhalts.[169]

Die deutlichste Stellungnahme war jedoch die Verbalnote, mit der das Staatssekretariat auf eine schriftliche Nachfrage der arabischen Botschafter am Hl. Stuhl antwortete: „Der Hl. Stuhl betrachtet die unilaterale Annexion Jerusalems und seiner Umgebung genau wie die Mehrheit der internationalen Gemeinschaft als eine Situation offensichtlicher internationaler Illegalität. Eine Illegalität anderer Art besteht in den besetzten und nicht-annektierten Gebieten, wo Israel nach Ansicht des Hl. Stuhls zur Einhaltung der Vierten Genfer Konvention verpflichtet sein sollte. [...] Das Grundlagenabkommen, das am 30. Dezember 1993 unterzeichnet wurde, und das jüngste Abkommen, mit dem eine Bestimmung des vorherigen umgesetzt wird, bedeuten oder implizieren absolut keine Anerkennung von Israels Souveränität über das Jerusalem, das 1967 von Israel besetzt und anschließend zu nationalem Territorium erklärt wurde."[170] Das Staatssekretariat verwies zur Verdeutlichung der Position des Hl. Stuhls ausdrücklich auf die Erklärung des Direktors des Pressesaals im Anschluß an die Unterzeichnung des Grundlagenabkommens, die Artikel in ‚Civiltà Cattolica', die Ansprachen des Ständigen Vertreters bei der UNO und dessen Aktivitäten im Vorfeld der Resolution A/RES/ES-10/2, in der erstmals wieder internationale Garantien für Jerusalem gefordert wurden.

Die Definition ihres Rechtsstatus versetzte die katholische Kirche in Israel in die Lage, bei steuerrechtlichen und weiteren praktischen Problemen – nach der beiderseitigen Ratifikation des Abkommens – im Einzelfall vor Gericht zu gehen und auf diese Weise die seit Mo-

---

[169] The Jerusalem Post, 21.11.1997.
[170] Staatssekretariat, Zweite Sektion für die Beziehungen zu den Staaten, Verbalnote an die Botschaften des Irak, des Libanons, Ägyptens und Marokkos, 1.12.1997: Archiv der PLO-Generaldelegation, Rom.

naten blockierten Verhandlungen der zweiten Unterkommission zu kompensieren. Auf der anderen Seite hatte der Hl. Stuhl jedoch durch mangelnde Aufklärung einen Vertrauensverlust bei den Palästinensern riskiert. Nach der Unterzeichnung des Abkommens mit Israel bemühte der Vatikan sich wieder verstärkt, die Beziehungen zur palästinensischen Seite zu vertiefen. Im Januar 1998 wurde auf Bitten des palästinensischen Religionsministers Hassan Tahbub eine bilaterale Arbeitskommission eingerichtet. Im Unterschied zum Vorbild der vatikanisch-israelischen Kommission war darin die „wesentliche direkte Beteiligung der Ortskirche in jeder Etappe der Arbeiten"[171] ausdrücklich vorgesehen. Angesichts der begrenzten Autonomie der Palästinenser und der seit Monaten festgefahrenen Verhandlungen mit Israel hatte dieser Schritt jedoch in erster Linie symbolische Bedeutung.[172]

---

[171] B 20/98, 15.1.1998.
[172] Der „Grundlagenvertrag" zwischen dem Heiligen Stuhl und der PLO wurde – nach Abschluß des untersuchten Zeitraums – am 15.2.2000 unterzeichnet; vgl. OR, 16.2.2000.

C. ENTWICKLUNGSLINIEN DER VATIKANISCHEN PALÄSTINAPOLITIK

Im Rückblick auf fünfzig Jahre vatikanischer Palästinapolitik scheint diese gleichermaßen von Pragmatismus und Prinzipientreue geprägt. Ausgehend von den drei Hauptinteressen des Vatikans in Palästina – dem Schutz des religiösen Charakters Jerusalems, der Präsenz christlicher Gemeinschaften und einer gerechten Lösung des Palästinenserproblems – sollen im folgenden die Entwicklung der vatikanischen Position in diesen drei Bereichen nachgezeichnet werden.

I. DIE HALTUNG DES VATIKANS ZUM STATUS JERUSALEMS

Der Vatikan hielt sich während der Palästina-Debatte am Ende der britischen Mandatszeit zurück, da er keines der diskutierten Modelle ganz befürwortete. Aufgrund des belasteten Verhältnisses der katholischen Kirche gegenüber dem Judentum betrachtete er die Gründung eines jüdischen Staates im Heiligen Land mit Skepsis. Er lehnte jedoch nicht den jüdischen Staat als solchen ab, sondern mißbilligte aus Sorge um die christlichen heiligen Stätten jede Art von Souveränität über das Heilige Land, die seinen Einfluß reduzieren würde. Da sein Hauptinteresse dem Schutz der heiligen Stätten und der christlichen Präsenz in Jerusalem galt, favorisierte er den Teilungsplan der UNO, der neben der Gründung eines arabischen und eines jüdischen Staates in Palästina die Internationalisierung Jerusalems als ‚corpus separatum' vorsah.

Vor der Verabschiedung der entsprechenden Resolution 181 im November 1947 zeigte der Vatikan wenig Initiative, auf die abstimmenden Staaten einzuwirken. Bald wurde jedoch deutlich, daß seine Ziele sich am ehesten erreichen ließen, indem er sich hinter die von der UNO beschlossenen Forderungen stellte. Tatsächlich forderte der Vatikan nachdrücklicher und ausdauernder als jeder andere Staat die Umsetzung der Internationalisierung Jerusalems.

In den fünfziger Jahren waren die Stellungnahmen des Vatikans zur Jerusalemfrage häufig von führenden amerikanischen Katholiken motiviert und inspiriert. Weder über den israelischen noch über den jordanischen Umgang mit den christlichen heiligen Stätten gab es für den Vatikan in dieser Zeit Anlaß zur Klage. Zur Situation der heiligen Stätten der anderen beiden Religionen, insbesondere zum verhinderten Zugang der Juden zur Westmauer im jordanischen Teil der Stadt, äußerte er sich nicht.

Erst die Besetzung des arabischen Teils der Stadt durch Israel 1967 und dessen nachfolgende Annexion brachten den Vatikan dazu, seine Haltung neu zu formulieren. Die konkrete Forderung eines ‚corpus separatum' verschwand aus den Äußerungen des Heiligen Stuhls, ohne daß er sich je öffentlich von diesem Konzept distanziert hätte. An seine Stelle trat die Formel eines ‚besonderen Statuts mit internationalen Garantien'.

Geändert hatte sich auch die Begründung der Notwendigkeit einer internationalen Regelung. Während der Vatikan am Ende der Mandatszeit ausschließlich christliche Interessen verteidigte – und davor ausschließlich die katholischen Ansprüche gegenüber denen der Orthodoxen und Protestanten – forderte er nun den Schutz der Stadt aufgrund ihrer Bedeutung für die Gläubigen aller drei monotheistischen Religionen. Vor dem Hintergrund der zunehmenden Säkularisierung sowohl der einzelnen Staaten als auch der Staatengemeinschaft aufgrund vieler neuer, nichtchristlicher UN-Mitglieder verfolgte der Vatikan die Strategie eines Bündnisses der Gläubigen. Er festigte insbesondere die Beziehungen zu den muslimischen Staaten, um gemeinsam mit ihnen für die Wahrung des religiösen Charakters Jerusalems einzutreten. Auf theologischer Ebene hatte das Zweite Vatikanische Konzil mit seiner Erklärung über das Verhältnis der Kirche zu den nichtchristlichen Religionen den Weg für diesen Argumentationswechsel freigemacht.

Als die israelische Regierung Jerusalem 1980 zur Hauptstadt erklärte, ließ der Vatikan erkennen, daß die Internationalisierung für ihn letztlich ein politisches Mittel zum religiös motivierten Zweck bedeutete und ihn die Frage der politischen Souveränität eigentlich nicht betreffe, solange die Rechte der Christen geschützt würden. Die arabische Seite sah in dieser erneuten Umformulierung der vatikanischen Position eine Kapitulation vor den Fakten, die Israel im Widerspruch zum Völkerrecht geschaffen hatte.

Der Vatikan hielt an der Entscheidung fest, sich aus dem Streit um die politische Souveränität über Jerusalem heraus zu halten, und blieb auch dann noch bei dieser Position, als mit Beginn des Nahost-Friedensprozesses Anfang der neunziger Jahre eine gemeinsame oder geteilte israelisch-palästinensische Verwaltung Jerusalems politisch möglich schien. Das Interesse des Vatikans an Jerusalem war eines der Hauptmotive, mit Israel die jahrzehntelang verweigerten diplomatischen Beziehungen aufzunehmen. In der Hoffnung, sich auf diese Weise an den internationalen Verhandlungen über den Status Jerusalems beteiligen zu können, sicherte der Hl. Stuhl Israel im Grundlagenabkommen zu, sich zu ‚rein politischen' Fragen nicht zu äußern. Folglich verzichtete er auf seine Forderung, völkerrechtlich definierte Modelle umzusetzen, und griff auf die Formel der ‚offenen Stadt' zurück, die er zuletzt – in Anlehnung an die Situation Roms am Ende des Zweiten Weltkriegs – zur Vermeidung von Kriegsschäden im Juni 1967 benutzt hatte.

Als sich abzeichnete, daß die israelische Regierung unter Benjamin Netanjahu trotz der im Grundlagenabkommen festgeschriebenen Verpflichtungen wenig bereit war, die juristische Stellung der Kirche in Israel zu regeln, zog sich der Vatikan jedoch wieder auf seine ursprünglichen Maximalforderungen eines ‚corpus separatum' zurück.

Insgesamt gesehen kann die vatikanische Palästinapolitik im Blick auf Jerusalem fünfzig Jahre nach dem Ende des britischen Mandats als gescheitert bezeichnet werden: Bei wechselnden Forderungen erreichte der Vatikan nicht mehr als einige Teilabkommen, deren Umsetzung allerdings wieder neue Probleme aufwarf. Zudem hatte er durch die diplomatische Anerkennung Israels – die seinen Einfluß auf die Regelung der Jerusalemfrage nicht, wie erwartet, vergrößert hatte – bei den arabischen Staaten an Glaubwürdigkeit verloren. Eine Lösung, die den Vorstellungen des Vatikans entspräche, liegt derzeit ferner als zu Beginn der Verhandlungen vor fünfzig Jahren. Dieses Resultat wirft erneut die Frage auf, ob und inwiefern seine klassische, an den Regeln der Staatengemeinschaft orientierte Diplomatie künftig noch ein geeignetes Mittel sein kann, christliche Interessen zu verfolgen.

II. DER VATIKAN UND DIE CHRISTEN IM HEILIGEN LAND

Die katholische Präsenz im Heiligen Land definierte der Vatikan zunächst in erster Linie durch den Besitz an heiligen Stätten; wenn er freien Zugang zu den heiligen Stätten forderte, hatte er eher die Pilger als die einheimischen Christen im Auge. Die Christen im Heiligen Land wurden für den Vatikan um so wichtiger, je weniger sie wurden. Erst der deutliche Rückgang der Gläubigenzahlen im lateinischen Patriarchat aufgrund der zweiten großen Flüchtlings- und Emigrationsbewegung in Folge des Juni-Kriegs 1967 rückte die Ortskirche in den Vordergrund der vatikanischen Palästinapolitik. Der Begriff der heiligen Stätten wurde ausgeweitet und schloß im vatikanischen Sprachgebrauch nun auch die dort ansässigen christlichen Gemeinschaften ein. Der Schutz dieser Gemeinschaften – im Sinne der Rechtssicherheit für die Gemeinschaft und eines akzeptablen Lebensstandards für die einzelnen – wurde ein ebenso wichtiges Argument für die Internationalisierung Jerusalems wie bisher der Schutz der heiligen Stätten.

Der Vatikan machte seine humanitären und sozialen Hilfeleistungen ausdrücklich nicht von der Religionszugehörigkeit abhängig, da dies seiner Ansicht nach die Mißgunst der muslimischen Bevölkerung hervorgerufen und den Christen auf lange Sicht eher geschadet hätte. Um die Christen von der Emigration abzuhalten, investierte der Vatikan in den Aufbau der gesamten palästinensischen Gesellschaft, insbesondere in die Ausbildung einer Führungsschicht, und mahnte die Christen, sich nicht selbst zu isolieren.

Die palästinensischen Christen entwickelten ihrerseits parallel zum wachsenden palästinensischen Nationalbewußtsein ein konfessionsübergreifendes Zusammengehörigkeitsgefühl und wurden sich, von westlich geprägten Theologen inspiriert, ihrer besonderen Rolle als Christen des christlichen Ursprungslands bewußt. Parallel zum politischen Aufstand der Palästinenser Ende der 80er Jahre entwickelte sich eine als befreiungstheologisch bezeichnete Bewegung, welche die zum Teil religiös begründete israelische Besetzung ihrer Heimat theologisch reflektierte. Das neue Selbstbewußtsein palästinensischer Christen spiegelte sich in zahlreichen gemeinsamen politischen Stellungnahmen der kirchlichen Oberhäupter in Jerusalem. Das gesellschaftliche Engagement des Vatikans trug indirekt zur Entwicklung einer eigenständigen politischen Theologie im Heiligen Land bei, die wiederum den Einfluß der palästinensischen Christen auf den politischen Diskurs in Israel prägte.

Der Vatikan billigte und förderte die zunehmende Mündigkeit der Ortskirche, u.a. durch die Ernennung des ersten palästinensischen

Patriarchen am Vorabend der Intifada, enttäuschte die palästinensischen Christen jedoch, als er – ihrer Ansicht nach ohne ausreichende vorherige Abstimmung – Verhandlungen mit Israel aufnahm. Zwar wies der Vatikan diese Vorwürfe als unberechtigt zurück, schrieb aber im Konzept für künftige Verhandlungen mit der palästinensischen Seite ausdrücklich die Beteiligung von Vertretern der örtlichen Gemeinde fest. Dadurch gewinnt das lange Zeit vernachlässigte Verhältnis zwischen dem Vatikan und der Ortskirche im Heiligen Land eine neue Qualität – und möglicherweise Modellcharakter für die häufig gespannten Beziehungen zwischen Staat, Ortskirche und Vatikan an anderen Orten.

III. DER VATIKAN UND DER ISRAELISCH-PALÄSTINENSISCHE KONFLIKT

Der Vatikan bedeutete für die Palästinenser die wichtigste moralische Unterstützung im Westen: Er organisierte durch die Päpstliche Mission für Palästina humanitäre Hilfe für die Flüchtlinge und Vertriebenen noch vor dem Aufbau der entsprechenden UN-Organisation und forderte immer wieder die Rückkehr der Flüchtlinge und die Schaffung eines eigenen Heimatlandes. Unter dem Eindruck einer erstarkenden palästinensischen Identität betrachtete der Vatikan die Palästinenser nicht mehr als hilfsbedürftige Flüchtlinge, sondern als entrechtetes Volk.

Er trug maßgeblich dazu bei, daß die PLO nicht mehr als gewaltbereite Widerstandsorganisation, sondern als politische Bewegung mit repräsentativem Charakter wahrgenommen wurde. Der Vatikan und die Palästinenser befanden sich in einer vergleichbaren Verhandlungssituation, insofern sie in erster Linie eine Appellationspolitik betrieben, deren Anliegen die internationale Gemeinschaft grundsätzlich anerkannte, ohne sie umsetzen zu können.

Im Umgang mit Israel betonte der Vatikan stets, daß es sich um den Dialog zweier Völkerrechtssubjekte – und nicht zweier Religionsgemeinschaften – handele. Für die Ablehnung diplomatischer Beziehungen machte er ausschließlich völkerrechtliche Gründe geltend und wies die Deutung zurück, seine Reserviertheit gegenüber Israel sei Ausdruck einer religiös motivierten, judenfeindlichen Tendenz. Die vatikanisch-israelischen Beziehungen waren von Vorwürfen geprägt, die katholische Kirche habe dazu beigetragen, den Massenmord an Juden in Europa zu ermöglichen, bzw. sei hinter ihren Möglichkeiten zurückgeblieben, verfolgte Juden zu retten. Der Vatikan äußerte sich zunächst nicht zu der Frage, ob und inwiefern die Kirche mitverantwortlich gewesen sei, sondern verwies auf erfolgreiche Rettungsaktionen und zitierte den Dank der Überlebenden.

Israel hatte seinerseits ein politisches Interesse an der staatlichen Anerkennung durch den Vatikan – zunächst zur Bekräftigung seiner Legitimität, später als Ausweis von Normalität – bemühte sich aber, die Kommunikation auf die interreligiöse Ebene zu verlagern, weil es sich dort in einer besseren Verhandlungsposition befand. Im Anschluß an das Zweite Vatikanische Konzil, in dem das Verhältnis der katholischen Kirche zum Judentum auf eine neue Basis gestellt worden war, forderte Israel den Vatikan daher auf, die theologische Annäherung durch die Aufnahme diplomatischer Beziehungen zu vervollständigen. Indem sich der Staat Israel indirekt als Vertreter des Judentums präsentierte und an das Gewissen des Christentums appellierte, gewann er die Unterstützung jüdischer und christlicher Gruppen in Europa und den USA, die den Vatikan drängten, entsprechende Schritte zu unternehmen. Der Vatikan beharrte jedoch auf der Trennung der politischen und religiösen Ebene, da er im Fall einer politischen Annäherung an Israel Nachteile für die christlichen Minderheiten in den arabischen Staaten befürchtete.

Zu Beginn des Nahost-Friedensprozesses fand sich der Vatikan aus verschiedenen Gründen von den Verhandlungen ausgeschlossen: einmal aufgrund seiner anspruchsvollen Forderungen, dann wegen der Verstimmung der USA über die harte Kritik während des Golfkriegs und nicht zuletzt wegen der Verstimmung Israels über die diplomatische Nichtanerkennung. Um sich eine Mitsprachemöglichkeit bei den Verhandlungen über die Zukunft Jerusalems zu sichern, schien es daher notwendig, diplomatische Beziehungen zu Israel aufnehmen. Damit riskierte der Hl. Stuhl jedoch einen Vertrauensverlust bei den Palästinensern und den arabischen Staaten und gab außerdem einen Verhandlungsvorteil im Blick auf die noch ausstehende Regelung der Stellung der Kirche in Israel auf.

Um diese Nachteile zu minimieren, entschied er sich zu einer graduellen Annäherung, die jeweils mit Fortschritten im Verhältnis zwischen Staat und Kirche in Israel verbunden sein sollte. Israel erhielt während der Verhandlungen mit dem Vatikan moralischen Rückhalt durch jüdische Gruppen, welche die politischen Beziehungen von einer Aussage des Vatikans über die Mitverantwortlichkeit der Kirche für den vernichtenden Antisemitismus der Nationalsozialisten abhängig machen wollten. Dementsprechend gegensätzlich präsentierten der Vatikan und Israel das erste Ergebnis ihrer bilateralen Verhandlungen, das 1993 unterzeichnete Grundlagenabkommen: Während der Vatikan von einer juristischen Zwischenvereinbarung über die rechtliche Situation der Kirche in Israel sprach, bezeichnete Israel es als einen bedeutsamen Schritt im jüdisch-christlichen Verhältnis.

Kurz nach der diplomatischen Anerkennung Israels durch den Hl. Stuhl stockte der Friedensprozeß: Kaum hatte er sich als Gesprächsteilnehmer qualifiziert, wurden die Verhandlungen über Jerusalem auf unbestimmte Zeit ausgesetzt. Nach der Regierungsübernahme durch Benjamin Netanjahu machten auch die vatikanisch-israelischen Verhandlungen über die Stellung der Kirche in Israel keine Fortschritte mehr.

Erst in dieser Situation wandte der Vatikan sich wieder stärker den Palästinensern zu. Diese hatten im Anschluß an die Annäherung des Vatikans an Israel ihrerseits um die Aufnahme diplomatischer Beziehungen gebeten. Ebenso wie Israel in den ersten Jahrzehnten nach der Staatsgründung, versprachen sie sich davon einen Legitimationsgewinn in den Augen der internationalen Gemeinschaft. Der Vatikan hatte im Blick auf eine künftige Souveränität der Palästinenser über einen Teil des Heiligen Landes und möglicherweise auch Jerusalems durchaus Interesse an einigen Grundvereinbarungen. Bis zur Erlangung der staatlichen Unabhängigkeit beschränken sich die vatikanisch-palästinensischen Beziehungen auf die Kompromißform ‚permanenter offizieller Beziehungen zwischen dem Hl. Stuhl und der PLO als Vertreterin des palästinensischen Volks'. Die palästinensische Führung hofft darauf, daß der Hl. Stuhl einer der ersten sein wird, der einen souveränen palästinensischen Staat anerkennt.

Durch sein reserviertes Verhalten gegenüber Israel hat der Vatikan die Möglichkeit ausgeschlossen, als ein für beide Seiten akzeptabler Vermittler aufzutreten. Die grundsätzliche Unterstützung des palästinensischen Anliegens kollidierte mit der pragmatisch bestimmten Annäherung an Israel, sobald dadurch ein Fortschritt in der Jerusalemfrage erreichbar schien.

NACHWORT: JOHANNES PAUL II. IM HEILIGEN JAHR IM HEILIGEN LAND

Zwei Jahrzehnte lang hatte Johannes Paul II. auf diese Reise warten müssen. Daß er im Heiligen Jahr, an der Schwelle zum dritten Jahrtausend und kurz vor seinem 80. Geburtstag, noch zu den heiligen Stätten im Heiligen Land aufbrach, schien die Krönung seines langen Pontifikats. Die politischen Umstände waren unverändert heikel, so daß Vorbereitung und Durchführung der Reise ein Höchstmaß an Diplomatie erforderten.

Israelis und Palästinenser reagierten in unterschiedlichem Maß erfreut. Für beide Seiten bedeutete ein Papstbesuch ideelle Anerkennung und – was letztlich zählte – die Hoffnung auf steigende Pilger- und Touristenzahlen. Die Palästinenser befürchteten jedoch, der Aufenthalt des Papstes in Jerusalem könne von israelischer Seite als faktische Anerkennung israelischer Souveränität über die Stadt dargestellt werden. Diese Einschätzung teilte das Staatssekretariat, das die politische Bedeutung des Besuchs weitgehend zu mindern suchte. Wo politische Symbolik unvermeidbar war, sollten zumindest beide Seiten gleichermaßen davon profitieren.

Wie in dem Apostolischen Schreiben ‚Tertio millennio adveniente'[1] angekündigt, integrierte Johannes Paul II. die Reise ins Heilige Land in ein umfassendes Pilgerprogramm. Der zunächst vorgesehene Besuch des biblischen Herkunftorts Abrahams, der heute im Irak liegt, konnte aus politischen Gründen nur symbolisch stattfinden. Amerikaner und Engländer mißbilligten die geplante Papstreise in den Irak, da sie als Erleichterung der internationalen Sanktionen hätte verstanden werden können. Das irakische Staatsoberhaupt Saddam Hussein riet Johannes Paul II. seinerseits von dem Besuch ab, vermutlich um das Gesicht zu wahren und die Einflußnahme der USA in dieser Angelegenheit zu verhindern. So zelebrierte der Papst am Vorabend seiner Reise in den Sinai eine Gedenkfeier im Vatikan, in deren Mittelpunkt der biblische Stammvater stand.[2] Am 24. und 25. Februar 2000 fuhr Johannes Paul II. nach Ägypten, wo er im Sinai symbolisch den Spuren des Mose folgte.[3]

Am 20. März setzte er seine Pilgerfahrt zu den Stätten der Heilsgeschichte in Jordanien fort. Wie Moses im biblischen Bericht blickte er vom Berg Nebo aus auf das Heilige Land jenseits des Jordans. Im Unterschied zu Moses, der das Land gemäß göttlicher Weisung nicht

---

[1] Vgl. AAS 87 (1995) 5-41.
[2] Vgl. OR, 24.2.2000.
[3] Vgl. OR, 24.-26.2.2000.

betreten durfte, überquerte Johannes Paul II. anschließend den Grenzfluß und besuchte das biblische Palästina, das heute den Staat Israel und die teils autonomen, teils israelisch kontrollierten palästinensischen Gebiete umfaßt. Das Reiseprogramm war eine diplomatische Meisterleistung. Johannes Paul II. bedachte Israelis und Palästinenser gleichermaßen mit anerkennenden Gesten, ohne sich von einer Seite vereinnahmen zu lassen. Bei zahlreichen Gelegenheiten betonte er, daß er als Pilger komme und seine Reise ausschließlich religiöser Natur sei. In diesem Sinn suchte er den Kontakt sowohl zu den einheimischen Christen als auch zu den Juden und Muslimen im Land. Die Stationen seiner Reise sollen im folgenden kommentierend dargestellt werden.[4]

Von Jordanien kommend, wo er gleich zum Beginn seines Besuchs zur geduldigen Fortsetzung des Friedensprozesses aufgerufen hatte, legte Johannes Paul II. einen Zwischenhalt am östlichen Jordanufer ein, um der Taufe Jesu zu gedenken. Wie sehr er dabei Rücksicht auf seine konkurrierenden Gastgeber nahm, wurde schon in der Tatsache deutlich, daß am folgenden Tag ein weiterer Besuch einer traditionellen Taufstätte Jesu am gegenüberliegenden Ufer vorgesehen war. Ähnlich wie Paul VI. vermied Johannes Paul II., sich von den offiziellen Vertretern Israels in Jerusalem begrüßen zu lassen. Für Paul VI. war eigens ein Grenzübergang im Norden geöffnet worden; sein Nachfolger flog mit dem Hubschrauber vom Jordan aus über Jerusalem hinweg nach Tel Aviv, wo er vom israelischen Präsidenten Eser Weizman und Premierminister Ehud Barak empfangen wurde. Nach der kurzen Zeremonie am Flughafen, die Weizman Gelegenheit gab, von Jerusalem als der „Hauptstadt Israels" zu sprechen und die Kirche aufzufordern, „die Realität des modernen Israels anzuerkennen"[5], flog der Papst wieder in die Gegenrichtung und bezog Quartier in der Apostolischen Delegatur auf dem Ölberg im Osten Jerusalems.

Den ganzen ersten Tag seines Besuchs im Heiligen Land westlich des Jordans widmete er – politisch betrachtet – den Palästinensern. Der Vorsitzende der palästinensischen Autonomiebehörde, Jassir Arafat, hatte darauf gedrängt, dem Aufenthalt des Papstes den Charakter eines Staatsbesuchs zu geben. Aus palästinensischer Sicht war es besonders bedeutsam, daß Johannes Paul II. wie am Vortag in Tel Aviv nun auch in Betlehem eine Schale mit Erde gereicht bekam, die er küßte. Es war das erste Mal, daß der Papst ein nur zum Teil souveränes Gebiet mit dieser Segensgeste begrüßte. „Das bedeutet nicht

---

[4] Vgl. im folgenden OR, AFP, CWN, FAZ, SZ, 20.-26.3.2000.
[5] AFP, 21.3.2000.

unbedingt eine Anerkennung des Staates Palästina"[6], sagte der Direktor des Pressesaals, Joaquin Navarro-Valls. Es sei nur natürlich, daß der Papst den Platz küsse, an dem Jesus geboren wurde. Die Geste war neu; in seinen Worten ging der Papst jedoch nicht über das hinaus, was auch bisher die Linie der vatikanischen Nahostpolitik gewesen war: „Der Heilige Stuhl hat immer anerkannt, daß das Palästinensische Volk das natürliche Recht auf ein Heimatland (homeland) hat."[7] Das Leiden der Palästinenser dauere schon viel zu lange. Arafat nutzte ähnlich wie der israelische Staatspräsident Weizman den Empfang des Papstes zur politischen Akzentsetzung. Er dankte Johannes Paul II. für dessen „Unterstützung der rechtmäßigen Existenz der Palästinenser als souveränes und unabhängiges Volk"[8] und nannte ihn – abweichend vom gedruckten Redetext – einen „Freund Jerusalems, der ewigen Hauptstadt Palästinas"[9].

Die Messe feierte der Papst gemeinsam mit mehreren tausend Christen aus der Region auf dem Krippenplatz vor der Betlehemer Geburtskirche. Auf diese Weise hatte er die Status quo-Regelung, die eine katholische Messe im Hauptschiff der Geburtsbasilika nicht erlaubt hätte, geschickt umgangen. Am Ende seiner Predigt rief er die einheimischen Christen auf, nicht der Versuchung zur Auswanderung nachzugeben. Sie sollten „keine Angst haben, die Präsenz der christlichen Gemeinde und das christliche Erbe dort zu bewahren, wo der Erlöser geboren wurde"[10]. Wie sehr die muslimische Bevölkerung die einst mehrheitlich von Christen bewohnte Stadt prägt, wurde konkret, als die Papstmesse kurz unterbrochen wurde, als der Gebetsruf des Muezzins von der gegenüberliegenden Omar-Moschee erklang.

Die spektakulärste Geste gegenüber den Palästinensern war jedoch der Besuch des Papstes in einem palästinensischen Flüchtlingslager in der Nähe von Betlehem. Johannes Paul II. sprach den Bewohnern des Lagers Deheische sein Mitgefühl aus und appellierte an die verantwortlichen Politiker, eine Lösung zu finden. In zweierlei Hinsicht drückte er sich sehr zurückhaltend aus: „Euch hat man viel von dem genommen, was für Menschen grundlegend ist"[11], formulierte er im Passiv, ohne einen Schuldigen für diese Situation zu benennen. Die Palästinenser warteten zudem vergebens, daß er von einem ‚Recht auf Rückkehr' sprach. Er ermahnte lediglich allgemein, sich an bereits getroffene Vereinbarungen zu halten.

---

[6] FAZ, 23.3.2000.
[7] OR, 23.3.2000.
[8] AFP, 22.3.2000.
[9] AFP, 22.3.2000.
[10] OR, 23.3.2000.
[11] OR, 23.3.2000.

Am folgenden Tag stand das Verhältnis der katholischen Kirche zum Judentum im Mittelpunkt der öffentlichen Aufmerksamkeit. Johannes Paul II. besuchte im Anschluß an eine Begegnung mit Präsident Weizman die Jerusalemer Gedenkstätte für den Massenmord an den Juden, Jad va Schem. Viele jüdische Kommentatoren hatten in Israel die Erwartung geweckt, der Papst solle an diesem Ort die Mitverantwortung der katholischen Kirche für die nationalsozialistische Judenverfolgung deutlicher anerkennen als bisher. „Als Bischof von Rom und Nachfolger des Apostels Petrus versichere ich dem jüdischen Volk, daß die katholische Kirche, motiviert durch das biblische Gesetz der Wahrheit und der Liebe und nicht durch politische Überlegungen, tiefste Trauer empfindet über den Haß, die Verfolgungen und alle antisemitischen Akte, die jemals irgendwo gegen Juden von Christen verübt wurden"[12], sagte der Papst. Die umfassende Verurteilung konnte einerseits als besonders nachdrückliches Schuldgeständnis aufgefaßt werden, andererseits aber auch als ein unangemessenes Abgleiten ins Allgemeine. Der israelische Oberrabbiner Meir Lau warf dem Papst anschließend vor, sich nicht ausdrücklich zum Fehlverhalten der katholischen Kirche geäußert zu haben. Der Großteil der israelischen Kommentatoren schloß sich jedoch der Haltung Baraks an, der dem Papst dafür dankte, daß er „mehr als jeder andere für einen historischen Wandel im Verhalten der Kirche zum jüdischen Volk"[13] getan habe.

Der interreligiöse Dialog mit Juden und Muslimen, der Johannes Paul II. besonders am Herzen lag, verlief in Jerusalem weniger harmonisch als erhofft. Insbesondere die muslimische, also palästinensische Seite stand einem Treffen mit jüdischen, also israelischen Vertretern skeptisch gegenüber. Zu einer Begegnung im Notre Dame-Zentrum, an der der aschkenasische Oberrabbiner Lau teilnahm, entsandte der Jerusalemer Mufti Ikrima Sabri daher einen Stellvertreter, den Obersten Richter des Islamischen Rats, Tazir Tamimi. Während der Rabbiner dem Papst unzutreffend für die Anerkennung Jerusalems als Hauptstadt Israels dankte, plädierte Tamimi mit heftigen Worten für einen palästinensischen Staat mit Jerusalem als Hauptstadt und verließ dann vorzeitig das Podium. Johannes Paul II. ging auf die politischen Exkurse nicht ein, sondern betonte: „Religion ist und darf nie eine Entschuldigung für Gewalt sein"[14].

Auf dem Berg der Seligpreisungen feierte Johannes Paul II. mit etwa 100 000 Menschen, darunter vielen Jugendlichen, die größte Messe, die je in Israel gefeiert worden war. Das israelische Fernsehen

---

[12] OR, 24.3.2000.
[13] OR, 24.3.2000.
[14] OR, 24.3.2000.

übertrug den Gottesdienst direkt und in voller Länge. Die Messe hatte jedoch nicht – wie zuvor in Betlehem – den Charakter einer Begegnung mit der Ortskirche, da ein Großteil der Gläubigen dem Neokatechumenat und anderen Laienbewegungen angehörte und eigens zur Begegnung mit dem Papst im Heiligen Land aus dem Ausland angereist war. Am Nachmittag besuchte Johannes Paul II. mehrere heilige Stätten in Galiläa, darunter den Ort, an dem der Auftrag Jesu an Petrus nach katholischer Tradition den Primat begründete.

Der Besuch des Papstes in Nazaret hatte im Vorfeld zu Spannungen zwischen dem Vatikan und Israel geführt. Entgegen der ursprünglichen Stadtplanung hatten die israelischen Behörden den Bau einer Moschee in unmittelbarer Nachbarschaft der Verkündigungskirche genehmigt. Die Verfechter des Moscheenbaus waren zum großen Teil Islamisten, die nicht aus der Stadt stammten, aber die Beziehungen zwischen Christen und Muslimen in Nazaret stark zum Negativen beeinflußten. Der Vatikan hatte der israelischen Regierung vorgeworfen, durch die Baugenehmigung für die Moschee den Konflikt weiter angeheizt zu haben. Während der Papst in der Verkündigungsbasilika die Messe feierte und, dem Ort angemessen, über den Wert der Familie predigte, sammelten sich etwa 500 Muslime auf dem gegenüberliegenden zum Gebet. Johannes Paul II. ging nicht näher auf das christlich-muslimische Verhältnis in Nazaret ein. Der Besuch in der größten arabischen Stadt innerhalb Israels war bewußt auf den Samstag gelegt worden, um die Schabbatruhe in Jerusalem möglichst wenig zu stören.

Am Abend flog der Papst zurück nach Jerusalem, wo er den griechisch-orthodoxen Patriarchen Diodoros an seinem Amtssitz aufsuchte. „Wir freuen uns, wenn der Patriarch von Rom die Kirche von Jerusalem besucht"[15], hatte dort Erzmetropolit Timotheos kurz vor der Ankunft des Papstes gesagt. Die innerchristliche Ökumene, die bei der Reise Pauls VI. aufgrund der Begegnung mit dem Patriarchen von Konstantinopel im Vordergrund gestanden hatte, wurde dieses Mal weniger spektakulär, aber dennoch bewußt praktiziert. So feierte Johannes Paul II. zum Höhepunkt und Abschluß seiner Pilgerreise einen Gottesdienst in der Grabeskirche, zu dem ausdrücklich Gläubige aller christlicher Konfessionen eingeladen waren. Nachdrücklich rief er alle Christen zur Einheit auf: „Können wir hier, am Heiligen Grab, daran zweifeln, daß uns die Kraft gegeben wird, unsere Spaltung zu überwinden und gemeinsam für eine Zukunft der Versöhnung und des Friedens zu arbeiten?"[16]

---

[15] FAZ, 22.3.2000.
[16] OR, 27.3.2000.

Zuvor hatte der Papst die beiden wichtigsten heiligen Stätten des Islams und des Judentums in Jerusalem besucht. Auf dem Haram al-Scharif hatte ihn der Mufti Ikrima Sabri empfangen, der ihn aufforderte, sich für ein „Ende der israelischen Besatzung von Jerusalem"[17] einzusetzen. An der Westmauer griff Johannes Paul II. den jüdischen Brauch auf, einen Gebetszettel in die Ritzen zwischen die Steinquader zu stecken. Auf dem mit Unterschrift und Siegel versehenen Blatt, das anschließend dem Dokumentationszentrum in Jad va Schem übergeben wurde, stand eine Vergebungsbitte für das Unrecht, das Christen den Juden zugefügt hatten. Der Text stammte aus dem umfassenden Schuldbekenntnis der katholischen Kirche, das Johannes Paul II. im selben Monat vorgetragen hatte: „Wir wollen uns zu echter Brüderlichkeit mit dem Volk des Bundes verpflichten"[18], hieß es dort.

Ein erstes Fazit seiner Pilgerreise zog Johannes Paul II. bei der wöchentlichen Generalaudienz wenige Tage nach seiner Rückkehr. Drei Aspekte hob er hervor: die Dringlichkeit einer Lösung für das Flüchtlingsproblem – im Rückblick auf den Besuch im Flüchtlingslager Deheische –; den Wunsch, Jerusalem solle zum „Symbol des Friedens" werden „zwischen allen, die an den Gott Abrahams glauben"[19], und schließlich die Verurteilung jeder Form von Antijudaismus. Verglichen mit der Reise Pauls VI. fällt auf, daß die innerchristliche Ökumene den Umständen entsprechend weniger zum Tragen kam, und daß Johannes Paul II. auf politischer Ebene wesentlich mehr Rücksicht auf alle seine Gastgeber nahm. Die einheimischen Christen, die Paul VI. nur am Rande wahrzunehmen schien, waren bei dieser Reise wichtige Adressaten des Papstes. Johannes Paul II. forderte sie mehrfach auf, sich um Einheit untereinander zu bemühen und gemeinsam das christliches Erbe im Heiligen Land zu bewahren. In einem Punkt hatte sich seit der ersten Papstreise gar nichts geändert: Der Status Jerusalems war aus vatikanischer Sicht nach wie vor unbefriedigend, und Johannes Paul II. tat sein Mögliches, sich nicht für die Ansprüche von israelischer oder palästinensischer Seite vereinnahmen zu lassen. Zunächst mißlungen schien der Versuch, sich in einer interreligiösen Koalition mit der Jerusalemfrage zu befassen. Auf lange Sicht bietet möglicherweise aber gerade dieser Ansatz die Chance, eine neue Form vatikanischer Palästinapolitik zu entwickeln. Der Vatikan könnte immer konsequenter auf den privilegierten Status eines Völkerrechtssubjekts verzichten und dar-

---

[17] SZ, 27.3.2000.
[18] OR, 27.3.2000.
[19] OR, 30.3.2000.

auf setzen, politischen Einfluß durch die Ausstrahlung einer Glaubensgemeinschaft auszuüben.

QUELLENVERZEICHNIS

ÄUSSERUNGEN DES HL. STUHLS

ACTA APOSTOLICAE SEDIS (AAS), Vatikanstadt 1909ff.
ACTES ET DOCUMENTS DU SAINT SIEGE RELATIFS A LA SECONDE GUERRE MONDIALE, 11 Bde., hg. v. BLET, Pierre u.a., Vatikanstadt 1965ff.
ANNUARIO PONTIFICIO, Vatikanstadt.
ATTIVITÀ DELLA SANTA SEDE (ASS). Pubblicazione non ufficiale, Vatikanstadt 1947ff.
JOHN PAUL II FOR PEACE IN THE MIDDLE EAST. War in the Gulf – Gleaming through the pages of ‚L'Osservatore Romano' = Quaderni de ‚L'Osservatore Romano' 16, Vatikanstadt 1991.
La Civiltà Cattolica (CC), Rom, 1850ff.[1]
L'Osservatore Romano (OR), Vatikanstadt 1861ff.

---

[1] Da die Herausgeber der Zeitschrift sich selbst als „Kollektiv" verstehen (vgl. DE ROSA 1999, 30f) und die Artikel als vatikannahe Quelle benutzt werden, sind sie im Text lediglich mit dem Namen der Zeitschrift zitiert. Die relevanten Artikel erscheinen jedoch zusätzlich im Literaturverzeichnis unter dem Namen des Verfassers.

ZUR SITUATION IM HL. LAND

ANNUAIRE DE L'EGLISE CATHOLIQUE EN TERRE SAINTE, Jerusalem 1997.
Christian News from Israel, Jerusalem 1949ff.
Jérusalem. Bulletin diocésain du patriarcat latin, Jerusalem 1934ff.
PASSIA (Hg.), Jerusalem. Documents, Jerusalem 1996.
Proche-Orient Chrétien (POC), Jerusalem 1951ff.
Terre Sainte, Jerusalem.
The Jerusalem Post, Jerusalem.
The Jerusalem Report, Jerusalem.
The Jerusalem Times, Ost-Jerusalem.
THE MIDDLE EAST AND NORTH AFRICA 1999, hg. v. Europa Publications, London u.a. 1998.

ARCHIVE

Catholic News Service (CNS), Rom
Israelische Boschaft, Bonn
Katholische Nachrichtenagentur (KNA), Bonn
Orden der Weißen Väter, Sainte-Anne, Ost-Jerusalem
Palästinensische Generaldelegation, Rom
Pontifical Mission for Palestine / CNEWA, Graymoor NY, USA
Privatarchiv Dr. Giancarlo Zizola, Rom
Privatarchiv P. Joseph Vandrisse, Rom
Sala Stampa della Santa Sede, Vatikanstadt

INTERVIEWS UND HINTERGRUNDGESPRÄCHE

AMATEIS, P. Jacques (Apostolische Delegatur), Jerusalem, 20.8.1998.
ARNAUD, Florent (Notre-Dame-Zentrum), Jerusalem, 1.9.1998.
ATEEK, Naim (Sabeel-Zentrum für Befreiungstheologie), Jerusalem, 25.8.1998.
BARATTO, P. Claudio OFM (Kustodie des Heiligen Landes), Jerusalem, 2.8.1998.
BETTI, Claudio (Comunità S. Egidio), Rom, 27.4.1998.
BOUWEN, P. Frans M. Afr (Iustitia et Pax Jerusalem), Jerusalem 18.8.1998.
CAPUCCI, Mgr. Hilarion (Melkitisches Patriarchalvikariat in Jerusalem), Rom, 5.6.1998.
CARROLL, Br. David A. FSC (Päpstliche Mission für Palästina / CNEWA / Ständige Beobachtermission des Hl. Stuhls bei der UNO), New York, 14.12.1998.
COONEY, Br. Thomas FSC (Betlehem-Universität), Rom, 7.4.1998.
FRANGI, Abdallah (Palästinensische Generaldirektion in Bonn), Bonn, 18.2.1998.
GALLAGHAN, P. Ronald FSC (Betlehem-Universität), Rom, 27.3.1998.
GATTI, Mgr. Luigi (Staatssekretariat, II. Sektion für die Beziehungen zu den Staaten), Vatikanstadt, 21.3.1998, 28.4.1998, 1.6.1998.
GIGLIO, Mgr. Paolo (Apostolische Nuntiatur in Kairo), Kairo, 29.7.1998.
GOCKEL, P. Guido (Päpstliche Mission für Palästina), Jerusalem 25.8.1998.
GULLICKSON, Mgr. Thomas E. (Apostolische Nuntiatur in Bonn), Bonn, 9.1.1998.
HABESCH, Claudette (Caritas Jerusalem), Jerusalem, 20.8.1998.
HAGOPIAN, Dr. Harry (MECC – Nahöstlicher Kirchenrat) Jerusalem, 26.8.1998.
HAMMAD, Nemer (Palästinensische Generaldelegation in Rom), Rom, 4.3.1998.
KASSISSIEH, Issa (Orient House, Komitee für die Beziehungen zu den Kirchen), Jerusalem, 26.8.1998.
KHOURY, P. Rafik (Lateinisches Patriarchat), Jerusalem, 3.12.1996.
LAGHI, Kardinal Pio (1969-1974 Apostolischer Delegat in Jerusalem), Vatikanstadt, 31.3.1998.
LAHHAM, P. Maroun (Lateinisches Priesterseminar), Bet Dschala, 21.8.1998.
MADDEN, Mgr. Dennis (Päpstliche Mission für Palästina), New York, 14.12.1998.

MALHAM, Br. Vincent FSC (Betlehem-Universität), Betlehem, 24.8. 1998.
MANCINI, P. Ignazio OFM (Kustodie des Heiligen Landes), Rom, 29.4.1998.
MC CARTHY, Mgr. John F. (Päpstliche Mission für Palästina / CNEWA), Vatikanstadt, 8.4.1998.
MONTEZEMOLO, Andrea Cordero Lanza di (1990-1998 Apostolischer Delegat in Jerusalem; 1994-1998 Apostolischer Nuntius in Israel), Rom, 6.6.1998.
NAZZARO, P. Giuseppe (Kustodie des Heiligen Landes), Jerusalem, 30.8.1998.
MICHEL, Prälat Herbert (Deutscher Verein vom Heiligen Land), Köln, 22.1.1998.
REIDY, Mgr. Robert (Päpstliche Mission für Palästina), Jerusalem, 25.8.1998.
SABBAH, Mgr. Michel (Lateinischer Patriarch von Jerusalem), Jerusalem, 31.8.1998.
SAFIEH, Afif, (Vertretung der PLO beim Heiligen Stuhl), Rom, 27.4.1998.
SAMBI, Mgr. Pietro (Apostolischer Delegat in Jerusalem / Nuntius in Israel), Jerusalem, 28.8.1998.
SENSI, Kardinal Giuseppe Maria (1958-1962 Apostolischer Delegat in Jerusalem), Vatikanstadt, 4.4.1998.
SHAHAM, Dan (Israelische Botschaft in Bonn), Bonn, 17.2.1998.
SOLZBACHER, Rudolf (Deutscher Verein vom Heiligen Land), Köln, 5.2.1998.
VANDRISSE, P. Joseph M. Afr. (Vatikankorrespondent für ‚Le Figaro'), Rom, 4.4.1998.
ZIZOLA, Dr. Giancarlo (Buchautor, Vatikankorrespondent), Rom, 30.3.1998.

LITERATURVERZEICHNIS

Mehrere Werke eines Autors sind chronologisch aufgeführt.

ABBOUSHI, Nadia, The Intifada and the Palestinian Church: ATEEK u.a. (Hg.) 1992, 57-60.
ABD-EL-HAY, Ghassan, Die Entstehung der islamischen Bewegung in Israel, Diss., Bonn 1993.
ABU MOKH, François, Les confessions d'un Arabe catholique. Entretiens avec Joëlle Chabert et François Mourvillier, Paris 1991.
ABU-AMR, Ziad, Hamas. A historical and political background: Journal of Palestine Studies 22 (1993) 5-19.
ABU-AMR, Ziad, Islamic Fundamentalism in the West Bank and Gaza. Muslim Brotherhood and Islamic Jihad, Bloomington 1994.
ABU-LUGHOD, Ibrahim (Hg.), The Arab-Israeli Confrontation of June 1967. An Arab Perspective, Evanston 1970.
ABU-LUGHOD, Ibrahim (Hg.), Palestinian Rights. Affirmation and Denial, Wilmette 1982.
ABURISH, Said K., The forgotten faithful. The Christians of the Holy Land, London 1993.
AGGIOURI, René, Le conflit de Palestine dans le jeu des puissances (1950-1967), Beirut 1968.
AGHAZARIAN, Albert, Remembering the past with a stake in the future: DERS. u.a. (Hg.), Christian Voices from The Holy Land. Out of Jerusalem?, London 1997, 22-27.
AGHAZARIAN, Albert u.a. (Hg.), Christian Voices from The Holy Land. Out of Jerusalem?, London 1997.
AHMAD, Hisham H., Hamas. From Religious Salvation to Political Transformation. The Rise of Hamas in Palestinian Society, Jerusalem 1994.
AL-DIB, Sami, La cause palestinienne. Point de vue d'un chrétien: Etudes internationales 7 (1987) 55-108.
AL-DIB, Sami, La liberté religieuse en Israel, Freiburg 1992.
AL-FARUQI, Ismail R., The Islamic Faith and the Problem of Israel and Jerusalem: ISLAMIC COUNCIL OF EUROPE (Hg.) 1980, 77-105.
AL-KHALIL, Tawfik, Jerusalem from 1947 to 1967. A Political Survey, Beirut 1969.
AL-KHATIB, K., The Judaization of Jerusalem, Beirut 1970.
AL-SIRYANI, Majdi, The Status of Jerusalem. Heart of the Holy Land Dispute, Diss., Rom 1997.
ALBERIGO, Giuseppe / RICCARDI, Andrea (Hg.), Chiesa e papato nel mondo contemporaneo, Rom / Bari 1990.
ALIX, Christine, Le Saint-Siège et les nationalismes en Europe 1870-1960 = Histoire et sociologie de l'Eglise 1, Paris 1962.
ALLEAU, Th., Patriarcat de Jérusalem, Monaco 1880.
ANAWATI, Georges C., Exkurs zum Konzilstext über die Muslim, Lexikon für Theologie und Kirche. Ergänzungsband II (1967) 485-487.

ANSCHÜTZ, Helga / HARB, Paul, Christen im Vorderen Orient. Kirchen, Ursprünge, Verbreitung. Eine Dokumentation = Aktueller Informationsdienst Moderner Orient 10, Hamburg 1985.
ARANGIO-RUIZ, Gaetano, Note sulla personalità internazionale della Santa Sede: BARBERINI 1992, 25-38.
ARBERRY, A.J. (Hg.), Religion in the Middle East. Three religions in concord and conflict. 2 Bde. Cambridge 1969.
ARBOIT, Gerald, Le Saint-Siège et le nouvel ordre au Moyen-Orient. De la guerre du Golfe à la reconnaissance diplomatique d'Israel, Paris / Montréal 1996.
ATEEK, Naim S., Recht, nichts als Recht. Entwurf einer palästinensisch-christlichen Theologie, Freiburg 1990 (= Justice, and only Justice. A Palestinian Theology of Liberation, Maryknoll NY 1989).
ATEEK, Naim S. (Hg.), Faith and Intifada. Palestinian Christian Voices, New York 1992.
ATEEK, Naim u.a. (Hg.), Jerusalem: What makes for Peace. A Christian Contribution to Peacemaking, London 1997.
AVNERY, Uri / BISHARA, Azmi (Hg.), Die Jerusalem-Frage. Israelis und Palästinenser im Gespräch, Heidelberg 1996.

BADAOUI, Adib, En Marge du Pélerinage de Paul VI en Terre Sainte, unveröffentlichtes Manuskript: Archiv Sainte-Anne, Jerusalem 1964.
BADIALI, Giorgio, In tema di personalità internazionale della Santa Sede: BARBERINI (Hg.) 1992, 119-122.
BAILEY, Sydney, The making of the resolution 242, Boston 1985.
BARBERINI, Giovanni (Hg.), La politica internazionale della Santa Sede 1965-1990. Atti del Seminario di studio – Perugia, 8-9-10-novembre 1990, Neapel 1992.
BARBERINI, Giovanni, La presenza della Santa Sede nella politica internazionale: BARBERINI (Hg.) 1992, 9-14.
BARGHOUTI, Iyad, The Islamists in Jordan and the Palestinian Occupied Territories: GUAZZONE (Hg.) 1995, 129-159.
BASHEER, Tahseen M., Egypt's Diplomatic Relations with the Holy See: ELLIS (Hg.) 1987, 189-198.
BEA, Augustin, Die Kirche und das jüdische Volk. Freiburg u.a. 1966.
BECHMANN, Ulrike, Vom Dialog zur Solidarität. Der christlich-islamische Dialog in Palästina am Beispiel des al-Liqâ'-Zentrums in Bethlehem, Magisterarbeit, Universität Bamberg 1995.
BECHMANN, Ulrike / RAHEB, Mitri (Hg.), Verwurzelt im Heiligen Land. Einführung in das palästinensische Christentum. Frankfurt 1995.
BELTRITTI, Giacomo, Le Patriarcat Latin et l'ordre équestre du Saint-Sépulcre de Jérusalem: Jérusalem 32 (1966) 185-190; ebd. 33 (1967) 15-21.
BEN HORIN, Nathan, Dal dialogo religioso al riconoscimento diplomatico: Il Regno – Attualità 16 (1992) 502-508.
BENEDICTY, Robert, Société civile et communauté religieuse. Expérience culturelle d'un village chrétien dans la société arabe contemporaine, Beirut 1995.
BENVENISTI, Meron, Jerusalem. The Torn City, Minneapolis 1976.
BERGER, Peter, The Internationalization of Jerusalem, Washington 1950.
BERNSTEIN, Carl / POLITI, Marco, Seine Heiligkeit. Johannes Paul II. und die Geheimdiplomatie des Vatikans, München 1997.
BERTAGNA, Bruno, La Segretaria di Stato: BONNET / GULLO (Hg.) 1990, 163-176.
BERTOLI, Riflessioni sui Nunzi e sulle Nunziature, Roma 1981.
BETTS, Robert B., Christians in the Arab East. A political Study, Athen 1978.
BIALER, U., The Road to the Capital. The Establishment of Jerusalem as the Official Seat of the Israeli Government in 1949: Studies in Zionism 5 (1984) 284f.

BILLIOUD, J. M., Histoire des chrétiens d'Orient, Paris 1995.
BINKOWSKI, J. (Hg.), Erbe und Aufgabe der Ritterorden vom Heiligen Grab zu Jerusalem, Köln 1981.
BISSOLI, Giovanni (Hg.), Gerusalemme. Realtà, sogni e speranze, Jerusalem 1996.
BLASCO, Alfred J., The Modern Crusaders. A Brief History of the Equestrian Order of the Holy Sepulcher of Jerusalem, Mystic Island, NJ 1998.
BLET, Pierre, Pie XII et la seconde guerre mondiale d'après les archives du Vatican, Paris 1997.
BLONDEEL, Maurice, Visite de S.S. Paul VI en Terre Sainte, Jerusalem 1963/64, unveröffentlichtes Manuskript: Archiv Sainte-Anne, Jerusalem.
BOISARD, Marcel A., Le Saint-Siège et la Palestine: Relations internationales 28 (1981) 453.
BONNET, Piero A. / GULLO, Carlo (Hg.), La Curia Romana nella Cost. Ap. ‚Pastor Bonus' = Studi Giuridichi 21, Vatikanstadt 1990.
BORRMANS, Maurice, Le séminaire du dialogue Islamo-Chrétien de Tripoli (Libye), 1-6 février 1976: Islamochristiana 2 (1976) 135-170.
BORRMANS, Maurice, Le Saint-Siège et les états islamiques: D'ONORIO 1989, 273-299.
BORRMANS, Maurice, La politica mediorientale della Santa Sede: Aggiornamenti sociali 6 (1991) 431-443 (= : BARBERINI 1992, 91-101)
BOUMAN, Johan, Christliche Standpunkte zum Kampf zwischen Juden und Arabern: Concilium 10 (1974) 614-617.
BOUWEN, Frans, Relations entre catholiques et orthodoxes à Jérusalem: JAEGER 1981, 213-235.
BOUWEN, Frans, L'Eglise de Jérusalem en 1988. L'Eglise et l'Intifada: La Terre Sainte 1989, 1-6.
BOUWEN, Frans, Les chrétiens en Terre Sainte. Conférence de Tantur 1979: POC 29 (1979) 82-95.
BOVIS, Eugene H., The Jerusalem Question 1917-1968 = Hoover Institution Studies 29, Stanford CA 1971.
BRÄUER, Martin, Kontextuelle christliche Theologie in Palästina: Materialdienst des konfessionskundlichen Institutes Bensheim 43 (1992) 113-115.
BREGER, Marshall J. / IDINOPULOS, Thomas A., Jerusalem's Holy Places and the Peace Process = Policy Paper No. 46, The Washington Institute for Near East Policy, Washington 1998.
BROGI, Marco, La Congregazione per le Chiese Orientali: BONNET / GULLO 1990, 239-267.
BROGLIO, Francesco M., La visita di Giovanni Paolo II alla Sinagoga di Roma e la questione di Gerusalemme: Rivista di Studi Politici Internazionali (1986) 425-444.
BROWN, W.H., Protestant-Catholic Relations in the Holy Land: JAEGER (Hg.) 1981, 237-262.
BULL, G., Vatican Politics at the Second Vatican Council, 1962-1965, London 1967.
BUONOMO, Vincenzo, La segreteria di stato. Competenze nella ‚funzione' diplomatica: BONNET / GULLO 1990, 177-188.
BUSSE, Heribert / KRESCHTMAR, Georg (Hg.), Jerusalemer Heiligtumstraditionen in altkirchlicher und frühislamischer Zeit, Wiesbaden 1987.
BUSSE, Heribert, Tempel, Grabeskirche und Haram as-sarif. Drei Heiligtümer und ihre gegenseitigen Beziehungen in Legende und Wirklichkeit: BUSSE / KRETSCHMAR (Hg.) 1987, 1-28.
BUSTROS, Salim, La pensée religieuse chrétienne actuelle au Moyen-Orient: CENTRE DE THEOLOGIE POUR LE MOYEN-ORIENT (Hg.) 1988, 295-300.
BUTZKAMM, Aloys, Wer glaubt was? Religionsgemeinschaften im Heiligen Land, Paderborn 1998.

BUX, Nicola / CARDINI, Franco, L'anno prossimo a Gerusalemme. La storia, le guerre e le religioni nella città più amata e più contesa, Mailand / Turin 1997.

CALIARI, G.P., La Santa Sede e la guerra del Golfo. Una contrarietà radicale: Teoria Politica 8 (1992) 207-218.

CAPRILE, Giovanni, Sollicitudine del Papa per i luoghi santi: CC II (1974) 276-280.

CAPRILE, Giovanni, La Santa Sede e lo stato d'Israele: CC I (1991) 352-360.

CAPRILE, Giovanni, Patriarchi orientali e vescovi convocati in Vaticano: CC II (1991) 65-74.

CAPRILE, Giovanni, La presenza cristiana in Medio Oriente: CC II (1992) 493-501.

CAPUCCI, Hilarion, World Conference of Christians for Palestine. Conférence Mondiale des Chrétiens pour la Palestine, Libanon 1975.

CARADON, H., UN Security Council Resolution 242. A Study in diplomatic Ambiguity, Washington 1981.

CARDIA, Carlo, Il governo della Chiesa, Bologna 1984.

CARDINALE, Igino E., Le Saint-Siège et la diplomatie. Aperçu historiques, juridique et pratique de la diplomatie pontificale, Paris u.a. 1962 (= The Holy See and the International Order, London 1976).

CARDINALE, H.E., The Contribution of the Holy See to World Peace in the Areas of Diplomacy, Development and Ecumenism: SWEENEY 1970, 79-121.

CARROLL, David, On Fire for the Cause of Christ: Catholic Near East 19 (1993) 15-19.

CASAROLI, Agostino, Der Heilige Stuhl und die Völkergemeinschaft. Reden und Aufsätze, hg. v. H. SCHAMBECK, Berlin 1981.

CASULA, C.F., Domenico Tardini (1888-1961). L'azione della S. Sede nella crisi fra due guerre, Rom 1988.

CATHOLIC NEAR EAST WELFARE ASSOCIATION (Hg.), Catholic Near East Welfare Association. A Papal Agency for Humanitarian and Pastoral Support, New York 1990.

CAVIGLIA, Elena, Il Sionismo e la Palestina negli articoli dell'Osservatore Romano e della Civiltà Cattolica (1919-1923): Clio 17 (1981) 79-90.

CENTRE DE THEOLOGIE POUR LE MOYEN-ORIENT (Hg.), Pour une théologie contemporaine du Moyen-Orient. Actes du Ier Symposium Interdisciplinaire. Institut Saint-Paul de Philosophie et Théologie, Harissa, 15-18 octobre 1987, Beirut 1988.

CENTRE DE THEOLOGIE POUR LE MOYEN-ORIENT (Hg.), Les sociétés du Moyen-Orient comme lieu théologique. Actes du IIe Symposium Interdisciplinaire. Institut Saint-Paul de Philosophie et Théologie, Harissa 11-13 novembre, Beirut 1991.

CHACOUR, Elias, We Belong to the Land. The story of a Palestinian Israeli who lives for Peace and Reconciliation, New York 1990.

CHALENDARD, Marie, Notre Dame de France à Jérusalem. Institut Pontifical Notre Dame de Jerusalem, Paris 1984.

CHAMMAS, J., The Melchite Church, Jerusalem 1992.

CHIRON, Yves, Paul VI. Le Pape écartelé, Paris 1993.

CHOURAQUI, André, Vivre pour Jérusalem, Paris 1973.

CHOURAQUI, André, L'amour fort comme la mort. Une autobiographie, Paris 1990.

CHOURAQUI, André, La reconnaissance. Le Saint-Siège, les Juifs et Israel, Paris 1992.

CIRAVEGNA, Franco, Paolo VI e la promozione della pace. Linee di una teologia del magistero, Diss., Rom 1988.

CLANCY, John G., Peace and National Sovereignty: SWEENEY 1970, 45-49.

CLARKE, J., L'enjeu chrétien au Proche-Orient, Paris 1965.

CLARKE, Duncan L. / FLOHR, Eric, Christian Churches and the Palestine Question: Journal of Palestine Studies 21 (1992) 67-79.

CLEMENT, Olivier, Dialogues avec le patriarche Athénagoras, Paris 1964.

CLUNY, Roland, Le rendez-vous de Jérusalem, Paris 1964.
COBBAN, H., The Palestine Liberation Organization. People, Power, Politics, Cambridge 1984.
COLBI, Saul P., Christian Churches in Israel, Jerusalem 1969.
COLBI, Saul P., The Christian Churches in the State of Israel, Jerusalem ³1982.
COLBI, Saul P., A History of the Christian Presence in the Holy Land, Lanham u.a. 1988.
COLBI, Saul P., Notre Dame de Jérusalem. Une page d'histoire: La Terre Sainte 1991, 31-35.
COLLIN, Bernardin, Le problème juridique des Lieux-Saints, Kairo / Paris [1950].
COLLIN, Bernardin, Les Lieux Saints, Paris, 1969.
COLLIN, Bernardin (Hg.), Pour une solution au problème des lieux saints, Paris 1974.
COLLIN, Bernardin, Rome, Jérusalem et les lieux saints, Paris 1981.
COLLIN, Bernardin, Recueil de Documents concernant Jérusalem et les Lieux Saints, Jerusalem 1982.
COMMISSIONE PER I RAPPORTI RELIGIOSI CON L'EBRAISMO (Hg.), Orientamenti e suggerimenti per l'appliczione della dichiarazione conciliare ‚Nostra aetate' n. 4, Vatikanstadt 1974.
COMMISSIONE PER I RAPPORTI RELIGIOSI CON L'EBRAISMO (Hg.), Sussidi per la corretta presentazione degli Ebrei e dell'Ebraismo nella predicazione e nella catechesi della Chiesa Cattolica, Vatikanstadt 1985.
CONFERENCE MONDIALE DES CHRETIENS POUR LA PALESTINE (Hg.), Pour la Palestine. Actes, Paris 1972.
CONFERENCE MONDIALE DES CHRETIENS POUR LA PALESTINE (Hg.), Mgr. Hilarion Capucci. Dossier No. 1, Beirut 1975.
CORBON, Jean, Le Vatican, le sionisme et la verité: Al Montada 39/31 (1970) 5f.
CORBON, Jean, L'Eglise des Arabes: POC 27 (1977) 301-314.
CORBON, Jean, Un statut spécial pour Jérusalem internationalement garanti: La Terre Sainte 1980, 234-236.
CORBON, Jean, Bref Historique du Mouvement Œcuménique au Moyen-Orient: Courrier œcuménique du Moyen Orient 1 (1987) 9-17.
CORLEY, Felix, The Vatican's new Focus on Middle East Christians: Middle East International 452 (1993) 18f.
CORNWELL, John, Pius XII., München 1999.
CRAGG, K., The Arab Christian. A History in the Middle East, London 1992.
CREMONA, Carlo, Paolo VI. Mailand 1991.
CRETEN, Jules, La Mission Pontificale pour la Palestine: POC 1 (1951) 119-124.
CRONER, Helga (Hg.), Stepping Stones to Further Jewish-Christian Relations. An Unabridged Collection of Christian Documents, London / New York 1977.
CRONER, Helga (Hg.), More Stepping Stones to Jewish-Christian Relations. An Unabridged Collection of Christian Documents 1975-1983, New York 1987.
CURTIS, Michael, Religion and politics in the Middle East, Boulder, Col. 1981.
CUST, L.G., The Status Quo in the Holy Places, Jerusalem 1980 (=London 1929).
CUSTODIA DI TERRA SANTA (Hg.), Statu Quo e riti orientali, Jerusalem 1961.

D'AVACK, Pietro A., Vaticano e Santa Sede, Bologna 1994.
DAVID, Brigitte, Rome – Jérusalem: l'embellie. Vu d'Israel: L'Actualité Religieuse dans le Monde 118 (1994) 12f.
D'ONORIO, Joël-Benoît (Hg.), Le Saint Siège dans les relations internationales. Actes du colloque organisé, les 29 et 30 janvier 1988, à la Faculté de droit et de science politique d'Aix-en-Provence par le Département des sciences juridiques et morales de l'Institut Portalis, Paris 1989.
D'ONORIO, Joël-Benoît, Le pape et le gouvernement de l'Eglise, Paris 1992.

D'ORMESSON, Wladimir, Pie XII tel que je l'ai connu: Revue d'histoire diplomatique 82 (1968) 5-34.

DAMM, Thomas, Palästinensische Befreiungstheologie. Annäherung und Würdigung aus der Sicht eines deutschen Theologen, Trier 1993.

DANILOV, Stavro, Dilemma of Jerusalem's Christians: Middle East Revue 13 (1981) 3-14.

DARBLADE, J.B., Paul VI, pèlerin de l'unité. Les rencontres à Jérusalem: POC 14 (1964) 110-128.

DE ECHEVERRÍA, Lamberto, Die päpstlichen Vertretungen: Concilium (Mainz) 15 (1979) 457-461.

DE GANDT, Juan Pedro, L'extension des relations diplomatiques du Saint-Siège depuis 1900: D'ONORIO (Hg.) 1989, 423-453.

DE MARCHI, Giovanni, Le nunziature apostoliche dal 1800 al 1956, Rom 1957.

DE ROSA, Giuseppe, La Civiltà Cattolica. 150 anni al servizio della Chiesa, Rom 1999.

DE SANDOLI, Sabino, The Peaceful Liberation of the Holy Places in the XIV Century, Cairo 1990.

DE VRIES, G., Recenti vicende e nuovi problemi delle comunità cristiane nel prossimo Oriente: CC II (1950) 35-43.

DE VRIES, Wilhelm, Querelle à propos des Lieux saints? Latins et orientaux dans la ville sainte: KAUFMANN (Hg.) 1964, 121-127.

DEL RE, Niccolò, I cardinali e gli assessori della S. Congregazione nel primo cinquantenario 1917-1967: LA SACRA CONGREGAZIONE PER LE CHIESE ORIENTALI (Hg.) 1969, 81-103.

DEL RE, Niccolo, La curia romana. Lineamenti storico-giuridici, Vatikanstadt 1998.

DEL RIO, Domenico, La pace sprecata. Il Papa, la Chiesa e la guerra nel Golfo, Piemme 1991.

DELBEZ, Louis, Le concept d'internationalisation: Revue générale de droit international public 1-3 (1967) 5-62.

DELMAIRE, Jean-Marie, Une ouverture prudente, Paul VI, le judaïsme et Israel: ECOLE FRANÇAISE DE ROME (Hg.) 1984, 821-835.

DI GASPARI, Antonio, Dateline Rome: Inside the Vatican 6/7 (1999) 58-67.

DI NOLFO, Ennio, Vaticano e Stati Uniti 1939-1952. Dalle carte di Myron C. Taylor, Mailand 1978.

DICK, Ignace, Les Melkites. Grecs-Orthodoxes et Grecs-Catholiques des Patriarcats d'Antioche, d'Alexandrie et de Jérusalem, Maredsous 1994.

DICK, Ignace, Néophytos Edelby. Métropolite grec catholique d'Alep 1920-1995: POC 46 (1996) 360-372.

DOVIGNEAU, P., Une vie au service de l'église. Joseph Valerga, Patriarche Latin de Jérusalem, Jerusalem 1972.

DOVIGNEAU, P., Une vie pour Dieu et les âmes. Vincent Bracco, Patriarche de Jérusalem, Jerusalem 1981.

DUBOIS, Marcel J., The Catholic Church and the State of Israel after 25 Years: Christian News from Israel (1973) 216-225.

DUBOIS, Marcel J., The Catholic Church and the State of Israel – after thirty years: Christian News from Israel (1979) 12-14.63-65.

DUBOIS, Marcel J., L'exile et le demeure. Journal de bord d'un chrétien en Israel, Jerusalem 1984.

DUMPER, Michael, Muslim Religious Endowment and the Jewish State, Washington 1994.

DUMPER, Michael, Church-State Relations in Jerusalem since 1948: O'MAHONY (Hg.) 1995, 266-287.

DUNCAN, L. / CLARKE, E., Christian Churches in America and the Palestine problem: Journal of Palestine Studies 22 (1992) 67-80.

DUPREY, Pierre, Les gestes œcuméniques de Paul VI: POC 48 (1998) 145-167.
DUPUY, André, La diplomatie du Saint-Siège après le IIe concile du Vatican. Le pontificat de Paul VI, 1963-1978, Paris 1980.
DUPUY, André, Paul VI et la diplomatie pontificale: ECOLE FRANÇAISE DE ROME (Hg.) 1984, 455-478.
DURST, Stefan, Jerusalem als ökumenisches Problem im 20. Jh., Pfaffenweiler 1993.
DUSTIN, Daniel / PIRE, Charles, La politique selon Jean Paul II, Paris 1993.

ECKART, A. R. (Hg.), Christianity in Israel = Middle Eastern Area Studies 6, New York 1971.
ECOLE FRANÇAISE DE ROME (Hg.), Paul VI et la modernité dans l'Eglise. Actes du colloque organisé par l'Ecole française de Rome (Rome, 2-4 juin 1983), Rom 1984.
EDELBY, Néophyte, Notre vocation de Chrétiens d'Orient: POC 3 (1953) 201-217.
EDELBY, Neophytos, Il Vaticano II nel diario di un vescovo arabo, Civisello Balsamo 1996.
EKIN, Larry, Enduring witness. The Churches and the Palestinians 2, Genf 1985.
EL HASSAN, Bin Talal, Christianity in the Arab World, Amman 1994.
ELLIS, Kail C. (Hg.), The Vatican, Islam and the Middle East. Papers of a Conference held Oct. 25-26 by the Institute for Contemporary Arab and Islamic Studies of Villanova University, Syracuse NY 1987.
EMMETT, Chad F., Beyond the Basilica. Christians and Muslims in Nazareth, Chicago 1995.
ENARDU, Maria G., Palestine in Anglo-Vatican Relations 1936-1939, Florenz 1980.
ENCYCLOPAEDIA UNIVERSALIS. Symposium. Les Enjeux, Paris 1990.
ENCYCLOPEDIA OF ZIONISM AND ISRAEL 2, New York 1972.
ENDE, Werner / STEINBACH, Udo (Hg.), Der Islam in der Gegenwart, München ³1991.
ENGLARD, I., Religious Law in the Israeli Legal System, Jerusalem 1975.
ETOKUDOH, C.A., The Status and Mission of the Apostolic Legates in the Light of the New Code of Canon Law, Diss., Rom 1984.
ETTELDORF, Raymond, The Catholic Church in the Middle East, New York 1959.

FANTO', P., Una diplomazia per la Chiesa nel mondo, Rom 1990.
FARAH, Rafiq A., The Arab Church in Israel: Muslim World 42 (1952) 245-248.
FARHAT, Edmond (Hg.), Gerusalemme nei documenti pontifici = Studi Giuridichi 13, Vatikanstadt 1987.
FARRUGIA, Joseph, Vatican II and the Muslims. The Church's Consideration of Islam in Vatican II and its Resonance in Subsequent Christian-Muslim Relations, Gozo 1987.
FERLITO, Sergio, L'attività internazionale della Santa Sede, Mailand 1988.
FERNANDEZ-CONDE, M., La Diplomazia Pontificia, Madrid 1961.
FERRARI, Silvio, Legislazione israeliana e libertà religiosa: Il Diritto Ecclesiastico: 90 (1979) 173-175.
FERRARI, Silvio, Gerusalemme e le Nazione Unite attraverso le risoluzioni del Consiglio di Sicurezza 1968-1980: Politica 45 (1980) 659-670.
FERRARI, Silvio, Il Vaticano e la questione di Gerusalemme nel carteggio Spellman-Truman: Storia Contemporanea 13 (1982) 285-320.
FERRARI, Silvio, La Santa Sede e il problema della Palestina nel Secondo Dopoguerra: Comunità 37 (1983) 400-446.
FERRARI, Silvio, The Holy See and the Postwar Palestine Issue. The Internationalization of Jerusalem and the Protection of Holy Places: International Affairs 60 (1984) 261-283.

FERRARI, Silvio, Libertà religiosa e pluralismo confessionale. Il caso di Israele: UNIVERSITÀ DI PERUGIA (Hg.) 1984, 890-902.

FERRARI, Silvio, The Vatican, Israel and the Jerusalem Question 1943-1984: The Middle East Journal 39 (1985) 316-331 (= La S. Sede, Israele e la questione di Gerusalemme 1943-1984: Storia Contemporanea 16 [1985] 139-158).

FERRARI, Silvio, La Santa Sede e lo ‚Status' di Gerusalemme: Aggiornamenti sociali 40 (1989) 717-733.

FERRARI, Silvio, Le Saint-Siège, l'Etat d'Israel et les lieux saints de Jérusalem: D'ONORIO (Hg.) 1989, 303-321.

FERRARI, Silvio, Vaticano e Israele dal secondo conflitto mondiale alla guerra di Golfo, Florenz 1991.

FERRARI, Silvio, The struggle for Jerusalem: European Journal of International Affairs 11 (1991b) 22-39.

FERRARI, Silvio, La Santa Sede e la questione di Gerusalemme: BARBERINI 1992, 103-116.

FERRARI, Silvio, The religious Signification of Jerusalem in the Middle East Peace Process. Some legal implications: Catholic University Law Review 45 (1996) 736.

FISHER, Eugene J., The Church's Stance toward Israel and Jerusalem: Origins 9 (1979/80) 158-160.

FISHER, Eugene J., The Pope and Israel: Christian Jewish Relations 18 (1985) 52-55.

FISHER, Eugene J., The Holy See and the State of Israel. The Evolution of Attitudes and Policies: Journal of Ecumenical Studies 24 (1987) 191-212.

FISHER, Eugene J. / KLENICKI, Leo (Hg.), Spiritual Pilgrimage. Texts on Jews and Judaism 1979-1995. Pope John Paul II, Crossroad 1996.

FISHER, Eugene / KLENICKI, Leo (Hg.), Pope Paul II on Jews and Judaism 1979-1986, Washington 1987.

FISHER, Eugene J. u.a. (Hg.), Twenty Years of Jewish-Christian Relations, New York 1986.

FITZGERALD, Michael, Muslim-Christian Dialogue in Libya. Tripoli – Feb. '76: Encounter 22 (1976) 1-13.

FLANNERY, Edward H., Israel, Jerusalem, and the Middle East: FISHER u.a. (Hg.) 1986, 73-86.

FOGARTY, Gerald, The Vatican and the American Hierarchy from 1870 to 1965 = Päpste und Papsttum 3, Stuttgart 1982.

FRIEDLÄNDER, Saul, Pius XII. and the Third Reich. A Documentation, New York 1966.

GARCÍA MARTIN, Carlos, El estatuto jurídico de la Santa Sede en las Naciones Unidas, Pamplona 1998.

GELDBACH, Erich, Neue Ära zwischen Israel und Vatikan: Materialdienst des konfessionskundlichen Institutes Bensheim 45 (1994) 21f.

GELIN, J., Notre Dame de France: Jérusalem 37 (1971) 4.

GENSICHEN, Hans-Werner (Hg.), Theologische Stimmen aus Asien, Afrika und Lateinamerika 1, München 1965.

GERAISY, Sami F., Socio-Demographic Characteristics, Reality, Problems and Aspirations within Israel: PRIOR / TAYLOR (Hg.) 1994, 45-55.

GILLES, Les croisés pacifiques, 1333-1933. VIe centenaire Custodie de Terre Sainte, Jerusalem 1933.

GLICK, Edward B., The Vatican, Latin America and Jerusalem: International Organizations 11 (1957) 213-219.

GLICK, Edward B., Latin America and the Palestine Problem, New York 1958.

GOETZE, H., Israel in der Theologie christlicher Palästinenser: Deutsches Pfarrerblatt 96 (1996) 62-65.

GOICHON, A.M., Jordanie réelle 2, Paris 1972.

GRAHAM, Robert A., Vatican Diplomacy. A Study of Church and State on the international plane, Princeton 1959.
GRAHAM, Robert A., G.B. Montini Substitut Secretary of State (in tandem with Domenico Tardini): ECOLE FRANÇAISE DE ROME (Hg.) 1984, 67-84.
GRAHAM, Robert, La Santa Sede e la difesi degli ebrei: CC III (1990) 209-226.
GRATSCH, Edward J., The Holy See and the United Nations 1945-1995, New York 1997.
GRESH, Alan, The PLO. The Struggle Within, London 1983.
GROOTAERS, Jan, I protagonisti del Vaticano II, Cinisello Balsamo 1994.
GROTE, H., Was verlautbart Rom wie? Eine Dokumentenkunde für die Praxis = Bensheimer Hefte 76, Göttingen 1995.
GUAZZONE, Laura (Hg.), The Islamist Dilemma. The Political Role of Islamic Movements in the Contemporary Arab World, Reading 1995.

HADDAD, Robert M., Eastern Christians in Contemporary Arab Society: ELLIS 1987, 201-218.
HAHN, Ferdinand u.a. (Hg.), Zion – Ort der Begegnung. Festschrift Laurentius Klein = Bonner Biblische Beiträge 90, Bodenheim 1993.
HAJJAR, Joseph, Les Chrétiens Uniates du Proche-Orient, Paris 1962.
HAJJAR, Joseph, Le Christianisme en Orient. Etudes d'Histore Contemporaine 1684-1968, Beirut 1971.
HAJJAR, Joseph, Le Vatican, la France et le Catholicisme oriental (1878-1914), Paris 1979.
HAJJAR, Joseph, Les Eglises du Proche-Orient au Concile Vatican II. Aperçu historique (1958-1978): Istina 41 (1996) 253-308.
HANF, Theodor, Unter islamischer Oberhoheit. Zur Lage christlicher Minderheiten im Vorderen Orient: Herder Korrespondenz 34 (1980) 127-132.
HANF, Theodor / SABELLA, Bernard, A Date with Democracy. Palestinians on Society and Politics = Freiburger Beiträge zur Entwicklung und Politik 18, Freiburg 1996.
HANSON, Eric O., The Catholic Church in World Politics, Princeton 1987.
HARTMANN, Klaus-Peter, Untersuchungen zur Sozialgeographie christlicher Minderheiten im Vorderen Orient = Beihefte zum Tübinger Atlas des Vorderen Orients, Reihe B, 43, Wiesbaden 1980.
HEBBLETHWAITE, Peter, John XXIII. Pope of the Council, London 1984.
HEBBLETHWAITE, Peter, In the Vatican, Bethesda, Maryland 1986.
HEBBLETHWAITE, Peter, Paul VI. The First Modern Pope, New York 1993.
HEHIR, J. B., The Catholic Church and the Middle East. Policy and Diplomacy: ELLIS (Hg.) 1987, 109-124.
HELBLING, Hanno, Politik der Päpste. Der Vatikan im Weltgeschehen 1958-1978, Berlin u.a. 1981.
HELDT, Petra, Einigung auf wessen Rücken? Der Grundlagenvertrag zwischen Israel und dem Vatikan: Evangelische Kommentare 29 (1996) 143f.
HERZL, Theodor, Zionistisches Tagebuch 1899-1904, Bd. 3, Berlin u.a. 1985.
HEYBERGER, B., Les chrétiens du Proche-Orient au temps de la Réforme Catholique. Syrie, Liban, Palestine XVII-XVIIIe siècles = Bibliothèque des Ecoles Françaises d'Athènes et de Rome 284, Rom 1994.
HEYER, Friedrich, Kirchengeschichte des Heiligen Landes, Stuttgart u.a. 1984.
HIERONYMUS, Vatikan intern, Stuttgart 1973.
HINTLIAN, K., The history of the Armenians in the Holy Land, Jerusalem 1976.
HOCH, M. / DUPUY, B. (Hg.), Les Eglises devant le Judaïsme. Documentation officielle 1948-1978, Paris 1980.
HOCHHUTH, Rolf, Der Stellvertreter, Hamburg 1963.

HORNER, Norman A., A Guide to Christian Churches in the Middle East. Present-day Christianity in the Middle East and North Africa, Indiana 1989.
HOUTARD, Soziologische Erwägungen über den diplomatischen Dienst des Heiligen Stuhls: Concilium 10 (1974) 76-83.
HUNZIKER, E., Das Weltliche im Islam. Die Macht des Fundamentalismus, Zürich 1995.

IL CONCILIO VATICANO II, hg. v. CAPRILE, Giovanni (Hg.), 5 Bde, Rom 1965.
IDINOPULOS, Thomas, Jerusalem blessed, Jerusalem cursed. Jews, Muslims, Christians in the Holy City since David's times to our own, Chicago 1991.
INGLESSIS, Emilios, Maximos IV. L'Orient conteste l'Occident, Paris 1969.
INSTITUTE FOR PALESTINE STUDIES (Hg.), The desecration of Christian Cemeteries and Church Property in Israel, Beirut 1968.
IRANI, Georges E., La Santa Sede e la questione palestinese: Politica internazionale 3/4 (1986) 115-124.
IRANI, George E., The Papacy and the Middle East. The Role of the Holy See in the Arab-Israeli Conflict 1962-1984, Notre Dame, Ind. 1986 (= Le Saint-Siège et le conflit du Proche-Orient, Paris 1991).
IRANI, Georges E., The Holy See and the Israeli Palestinian Conflict: ELLIS (Hg.) 1987, 125-142.
IRANI, Georges, La mort lente des chrétiens de Jérusalem: Politique internationale 59 (1993) 49-54.
IRANI, Georges E., The Holy See and the Conflict in Lebanon: KENT / POLLARD (Hg.) 1994, 181-188.
ISAAC, Jules, Genèse de l'antisémitisme, Paris 1956.
ISAAC, Jules, L'enseignement du mépris, Paris 1962.
ISLAMIC COUNCIL OF EUROPE (Hg.), Jerusalem. The Key to World Peace, London 1980.
ISSA, Anton O., Il Patriarcato di Gerusalemme: BISSOLI (Hg.) 1996, 142-160.
ISSA, Anton O., Les minorités chrétiennes de Palestine à travers les siècles. Etudes historico-juridique et developpement moderne international, Jerusalem 1977.

JAEGER, David-Maria A. (Hg.), Christianity in the Holy Land. Papers read at the 1979 Tantur Conference on Christianity in the Holy Land, Jerusalem 1981.
JAEGER, David-Maria A., Das Christentum im Heiligen Land heute: BINKOWSKI (Hg.) 1981, 71-125.
JAEGER, David-Maria A., Paul VI in Defence of Christian Rights in the Holy Land. Pars dissertationis cuius nomen ‚The Roman Pontiffs in Defence of Christian Rights in the Holy Land. From ‚Causa Nobis' to ‚Redemptionis Anno' (1921-1984)', Rom 1989.
JAEGER, David-Maria A., The Roman Pontiffs in Defence of Christian Rights in the Holy Land. From ‚Causa Nobis' to ‚Redemptionis Anno' (1921-1984), Diss., Rom 1989.
JAEGER, David-Maria A., Jerusalem. A City Shared not Divided: THE CENTER FOR POLICY ANANLYSIS ON PALESTINE (Hg.) 1993, 18-25.
JOSEPH, Dov, The Faithful City. The Siege of Jerusalem 1948, New York 1960.
JOSSELIN, Olivier, Les chrétiens et l'enjeu de Jérusalem depuis 1967. Une bibliographie critique, Memoire de DEA, Abschlußarbeit, Université de Paris - VIII 1993.

KALDANY, J., Jérusalem et l'internationalisation, Diss., Rom 1955.
KATHOLISCHE AKADEMIE HAMBURG (Hg.), Die Christen im Libanon, Hamburg 1990.

KATTAN, Jeanne, A Study of the Muslim and Christian Student's Attitude Towards each other at Bethlehem University: Islam and Christian-Muslim Relations 5 (1994) 189-194.
KAUFMAN, E., Israel-Latin American Relations, News Brunswick 1979.
KAUFMANN, Ludwig (Hg.), Rencontre en Terre Sainte, Luzern / Frankfurt 1964.
KENNY, Anthony J., The Catholic-Jewish Dialogue and the State of Israel, Diss., Victoria, Australia, 1991.
KENT, Peter C. / POLLARD John F. (Hg.), Papal Diplomacy in the Modern Age, Westport, Connecticut / London 1994.
KEOHANE, R. O. / NYE, Joseph S. (Hg.), Transnational Relations and World Politics, Cambridge 1972.
KERR, David, Le témoignage chrétien à la lumière des rapports avec les voisins musulmans: Courrier œcuménique du Moyen Orient 1 (1987) 23f.
KHADDURI, Majdia D. (Hg.), The Arab-Israeli Impasse, Washington 1968.
KHALIDI, Walid, The Palestinian Villages occupied and depopulated by Israel 1948, Washington 1992.
KHALIL, Samir, La tradition arabe chrétienne et la chrétienté de Terre Sainte: JAEGER (Hg.) 1981, 343-432.
KHALIL, Samir, Religion et culture en Proche Orient arabe. Islam et christianisme comme facteurs d'intégration et d'éclatement: POC 39 (1989) 251-309.
KHODR, Georges, Les chrétiens d'Orient et les implications théologiques du problème palestinien: Al Montada 55 (1972) 18-22.
KHODR, Georges, Arabes et Grecs dans le patriarcat orthodoxe de Jérusalem: Courrier œcuménique du Moyen Orient 2 (1991) 56f.
KHOURY, Fred J., The Jerusalem Question and the Vatican: ELLIS (Hg.) 1987, 143-162.
KHOURY, Geries, Churches and Culture in Palestine. An Historical Overview and Contours of Palestinian Contextualized Theology: WILLIAMSON (Hg.) 1992, 64-89.
KHOURY, Rafiq, La catéchèse dans l'Eglise locale de Jérusalem. Histoire, situation actuelle et perspectves d'avenir, Rom 1978.
KHOURY, Rafiq, Palästinensisches Christentum. Erfahrungen und Perspektiven, Trier 1993.
KHOURY, Rafiq, Chrétiens arabes de la Terre Sainte : Etudes 369 (1988) 395-408.
KING, Michael C., The Palestinians and the Churches 1, 1948-1956, Genf 1981.
KLEIN, Charlotte, Vatican and Zionism, 1897-1967: Christian Attitude on Jews and Judaism 36/37 (1974) 11-16.
KLEIN, Laurentius, Jerusalem. Einheit in Gegensätzen = Meitinger Kleinschriften 73, Meitingen / Freising 1979.
KÖCK, Heribert F., Der Vatikan und Palästina. Ein Beitrag zur Völkerrechts- und Kirchengeschichte der neuesten Zeit, Wien / München 1973.
KÖCK, Heribert F., Die völkerrechtliche Stellung des Heiligen Stuhls. Dargestellt an seinen Beziehungen zu Staaten und internationalen Organisationen, Berlin 1975.
KOLTERMANN, Ulrike, Il Papa in Palestina. Il viaggio di Paolo VI in Terra Santa (1964): Il Regno – Documenti 45 (2000) 64-72.
KONKEL, Michael / SCHUEGRAF, Oliver (Hg.), Provokation Jerusalem. Eine Stadt im Schnittpunkt von Religion und Politik = Jerusalemer Theologisches Forum 1, Münster 2000.
KOPP, Matthias, Der Vatikan, Israel und die Palästinenser. Nahostdiplomatie des Heiligen Stuhls zwischen spiritueller Dimension und politischem Kalkül: Stimmen der Zeit 124 (1999) 255-269.
KREUTZ, Andrej, The Vatican and the Palestinians: The Ecumenist 11/12 (1987) 12-15.

KREUTZ, Andrej, Vatican policy on the Palestinian-Israeli conflict. The struggle for the Holy Land = Contributions in political science 246, New York u.a. 1990a.
KREUTZ, Andrej, The Vatican and the Palestinian Question: Social Compass 37 (1990b) 239-254.
KREUTZ, Andrej, Arab Christian Communities of the Middle East. A Precarious Survival: Encounter 184 (1992a) 3-12.
KREUTZ, Andrej, The Vatican and the Palestinians. A historical overview: Islamochristiana 18 (1992b) 109-125 (= : KENT / POLLARD [Hg.] 1994, 167-179).
KRUPP, Michael, Die Stimme eines christlichen Palästinensers: Evangelische Theologie 55 (1995) 292.
KUDERNA, Michael, Christliche Gruppen im Libanon. Kampf um Ideologie und Herrschaft in einer unfertigen Nation, Wiesbaden 1983.
KUTTAB, Daoud, Cardinal Sins: Middle East International 291 (1987) 8f.

LAGHI, Pio, The True Nature of Papal Diplomacy: Origins 13 (1984) 769-773.
LABAKI, Boutros, L'engagement des chrétiens dans les luttes sociales et politiques: CENTRE DE THEOLOGIE POUR LE MOYEN-ORIENT (Hg.) 1988, 265-287.
LABHART, Alfred, Die Haltung des Vatikans im Nahen Osten, Munzinger Zeitarchiv 361 (1967).
LAPIDE, Pinchas, Brennpunkt Jerusalem. Eine israelische Dokumentation, Trier 1972.
LAPIDE, Pinchas E., Rom und die Juden, Ulm 1997 (= Three Popes and the Jews, New York 1967).
LAPIDOTH, Ruth / HIRSCH, Moshe (Hg.), The Jerusalem Question and its Resolution. Selected Documents, London 1994.
LATIN PATRIARCHATE OF JERUSALEM (Hg.), The Religious Situation in the Holy Land and the specific Task of Catholics, Jerusalem 1977.
LAURENTIN, René, Bilan du Concile. Histoire – Textes – Commentaires, Paris 1966.
LAURENTIN, René, L'Eglise et les Juifs à Vatican II, Paris 1967.
LAURENTIN, René, Renaissance des Eglises locales. Israël, Paris 1973.
LAUTERPACHT, Elihu, Jerusalem and the Holy Places, London 1968.
LAYISH, A. (Hg.), The Arabs in Jerusalem. From the Late Ottoman Period to the Beginning of the 1990s – Religious, Social and Cultural Distinctiveness, Jerusalem 1992.
LAZARUS-YAFEH, Hava, The Sanctity of Jerusalem in Islam: Studies in the History of Religion 42 (1981) 58-71.
LELONG, Michel, Le Colloque Islamo-Chrétien de Tripoli, Maghreb-Machrek 72 (1976) 85f.
LELONG, Michel, Guerre ou paix à Jérusalem? Paris 1982.
LERCH, Wolfgang G., Halbmond, Kreuz und Davidstern. Nationalitäten und Religionen im Nahen und Mittleren Osten, Frankfurt 1992.
LES DOSSIERS DU CANARD, Le Vatican Clef en main, Paris 1982.
LIBANO. „Faccio mio l'appello di un popolo". Interventi di Giovanni Paolo II, gennaio 1989 – aprile 1990 = Quaderno de ‚L'Osservatore Romano' 13, Vatikan 1990.
LIVINGSTONE, Neil C. / HALEY, David, Inside the PLO. Covert Units, Secret Funds, and the War Against Israel and the United States, London 1991.
LÖFFLER, Paul, Dem Frieden verpflichtet. Palästinensische Theologie im politischen Kontext: Evangelische Kommentare 29 (1996) 166-168.
LUKACS, Y. (Hg.), The Israeli-Palestinian Conflict. A Documentary Record 1967-1990, Cambridge 1992.

MACCARRONE, Michele (Hg.), Il Pellegrinaggio di Paolo VI in Terra Santa. 4-6 gennaio 1964, Vatikanstadt 1964.

MACCARRONE, Michele, Gerusalemme e Roma. Il pellegrinaggio di Paolo VI in Terra Santa alla luce dei rapporti tra il papato e l'oriente: Divinitas 9 (1965) 3-17.
MACCHI, Angelo, L',Accordo fondamentale' tra la Santa Sede e lo Stato d'Israele: CC I (1994) 288-297.
MACCHI, Angelo, Santa Sede e Israele. Passato, Presente e Futuro: CC I (1995) 82-88.
MACCHI, Angelo / RULLI, Giovanni, Il futuro di Gerusalemme: CC II (1996) 547-561.
MACCHI, Angelo / RULLI, Giovanni, I nuovi insediamenti a Gerusalemme: CC II (1997) 607-615.
MAGISTER, Sandro, Il sogno islamico di papa Wojtyla: Il Mulino 40 (1991) 244-251.
MALIK, C. H., Die geistige Situation der nahöstlichen Christenheit: GENSICHEN (Hg.) 1965, 127-146.
MALLISON, W.T., The United Nations and the National Rights of the People of Palestine: ABU-LUGHOD (Hg.) 1982, 22-34.
MALO, A.M., L'Epopea dei Luoghi Santi, Milano 1962.
MANCINI, Ignazio, Con Paolo Sesto in Terra Santa, Jerusalem 1964.
MANHATTAN, Avro, The Vatican in World Politics, New York 1949.
MÄNNCHEN, J., „Das Land, das er unseren Vätern geschworen hat". Anmerkungen zu einer palästinensischen Befreiungstheologie: Von Gott reden (1995) 287-295.
MARCHESI, Giovanni, Il sinodo speciale per il Libano. Preparazione e inaugurazione: CC I (1996) 590-599.
MARCHIONE, Margherita, Pio XII e gli ebrei, Rom 1999.
MARGIOTTA BROGLIO, Francesco, La visita di Giovanni Paolo II alla sinagoga di Roma e la questione di Gerusalemme: Rivista di studi politici internazionali 53 (1986) 425-444.
MARIAN, Michel, L'Eglise et les chrétiens d'Orient au tournant de la guerre du Golfe: Esprit 6 (1991) 262-273.
MARTIN, Jacques, Les voyages de Paul VI: ECOLE FRANÇAISE DE ROME (Hg.) 1984, 317-332.
MARTINO, Renato R., The Holy See and the Middle East: American-Arab affairs 29 (1989) 75-85.
MARUCCI, Carl J. (Hg.), Serving the Human Family. The Holy See at the Major United Nations Conferences, New York 1997.
MCCARTHY, John F., C.N.E.W.A. The Catholic Near East Welfare Association: LA SACRA CONGREGAZIONE PER LE CHIESE ORIENTALI (Hg.) 1969, 207-210.
MCDONALD, James G., My Mission in Israel 1948-1952, London 1952.
MECC (Hg.), The Occupation of the Greek Orthodox Hospice in the Christian Quarter in Jerusalem by Jewish Settlers, Jerusalem 1990.
MEDEBIELLE, Pierre, L'Eglise catholique aux Lieux Saints, [Jerusalem 1960a].
MEDEBIELLE, Pierre, A propos du patriarcat latin de Jérusalem, [Jerusalem1960b].
MÉDEBIELLE, Pierre, Le diocèse patriarcal latin de Jérusalem, Jerusalem 1963 (= La diocesi del Patriarcato latino di Gerusalemme, Jerusalem 1963).
MÉDEBIELLE, Pierre, La Terre sainte: LA SACRA CONGREGAZIONE PER LE CHIESE ORIENTALI (Hg.) 1969, 421-429.
MÉDEBIELLE, Pierre, In Memoriam S.B Mgr. Albert Gori O.F.M. Patriarche latin de Jérusalem, Jerusalem [1970].
MEDEBIELLE, Pierre, Notice sur le Patriarche Beltritti: PATRIARCAT LATIN DE JERUSALEM (Hg.) 1993, 45-76.
MEIR, Golda, My life, London 1975.
MELLONI, Alberto, Fra Istanbul, Atene e la guerra. La missione di A.G. Roncalli (1935-1944), Genua 1992.
MENDES, Meir, Le Vatican et Israel, Paris 1990.
MESSINEO, A., La questione palestinese e la tutela dei Luoghi Santi: CC I (1949) 11-21.

MESSINEO, A., La responsabilità delle nazioni riguardo al problema palestinese: CC III (1949) 3-15.
MESSINEO, A., La sicurezza dei luoghi santi tra gli scogli della politica: CC I (1951) 15-29.
MILLER, J. Michael, John Paul II and the Politics of the Holy See. Papal diplomacy seeks to enlighten consciences: Homiletic and Pastoral Review 11/12 (1995) 20-29.
MINERBI, Sergio / HIRSCHLER, G., Vatican. Relations with Zionism and Israel: ENCYCLOPEDIA OF ZIONISM AND ISRAEL 2, New York 1972, 1181f.
MINERBI, Sergio, Il Vaticano, la Terra Santa e il sionismo, Mailand 1988 (= The Vatican and Zionism. Conflict in the Holy Land, 1895-1925, New York 1990).
MINERBI, Sergio, The Vatican and Israel: KENT / POLLARD (Hg.) 1994, 189-202.
MINNERATH, Roland, Le Saint-Siège et les relations internationales: ENCYCLOPAEDIA UNIVERSALIS 1990, 1477-1485.
MISSION PONTIFICALE POUR PALESTINE (Hg.), Le pape e la tragédie palestinienne, Beirut 1950 (= MCMAHON, Thomas, The Pope and the Palestinian tragedy, Beirut 1950).
MISSIONSJAHRBUCH DER SCHWEIZ, Der Nahostkonflikt. Herausforderung für die Christen, Freiburg / Basel 1975.
MITRI, Tarek, Les Chrétiens arabes et leurs rapports avec leurs concitoyens et voisins musulmans: Courrier œcuménique du Moyen Orient 1 (1987) 19-23.
MITRI, Tarek, Les relations islamo-chrétiennes: CENTRE DE THEOLOGIE POUR LE MOYEN-ORIENT (Hg.) 1988, 111-122.
MOLINARIO, Enrico, La libertà religiosa nei Luoghi Santi di Gerusalemme: I diritti dell'uomo 6 (1995) 58-64.
MONTOISY, J.D., Le Vatican et le problème des Lieux Saints, Jerusalem 1984.
MORLEY, John F., Vatican Diplomacy and the Jews during the Holocaust 1939-1943, New York 1980.
MORRIS, Benny, 1948 and After. Israel and the Palestinians, Oxford 1994.
MÖRSDORF, Klaus, Der Kardinalstaatssekretär. Aufgabe und Werdegang seines Amtes: SANDFUCHS 1962, 11-25.
MOUBARAC, Youakim, Il significato di Gerusalemme: Religioni oggi. Dialogo 15 (1970) 33-39.
MOUBARAC, Youakim, The Lebanese Experience and Muslim-Christian Relations: ELLIS (Hg.) 1987, 219-242.

NACHMANI, A., Israel, Turkey and Greece, London 1987.
NAKHLE, Issa (Hg.), Encyclopedia of the Palestine Problem 1, New York 1991.
NAKHLE, Issa, Destruction and Desecration of Christian Holy Places and the Violation of Christian Religious Rights: NAKHLE 1991, 395-412.
NASHASHIBI, N.E., Jerusalem's Other Voice. Ragheb Nashashibi and Moderation in Palestine Politics, 1920-1948, Exeter 1990.
NAZZARO, Giuseppe, La Custodia di Terra Santa e la Comunità cristiana locale: BISSOLI 1996, 133-141.
NEW CATHOLIC ENCYCLOPEDIA 3, Washington 1967.
NEW OUTLOOK (Hg.), Jerusalem, Perspectives towards a political settlement, Tel Aviv 1993.
NICHOLS, Peter, The Pope's Divisions. The Roman Catholic Church Today, London 1981.
NIENTIEDT, Klaus, Vatikan. Aufnahme diplomatischer Beziehungen zu Israel: HK 48 (1994) 62.
NIESWANDT, Rainer, Abrahams umkämpftes Erbe, Stuttgart 1998.

NILIUS, Leopold, The International Christian Community and the Palestinian Question: IDOC Bulletin 1/2 (1980) 3-10.

O'BRIEN, Darcy, The Hidden Pope. The Untold Story of a Lifelong Friendship That Is changing the Relationship Between Catholics and Jews, Rodale 1998.

O'MAHONY, Anthony, Church, State and the Christian Communities and the Holy Places of Palestine: PRIOR / TAYLOR (Hg.) 1994, 11-27.

O'MAHONY, Anthony (Hg.), The Christian Heritage in the Holy Land, London 1995.

OESTERREICHER, Johannes, Erklärung über das Verhältnis der Kirche zu den nichtchristlichen Religionen. Kommentierende Einleitung: LEXIKON FÜR THEOLOGIE UND KIRCHE. Ergänzungsband II (1967) 406-478.

OFFERGELD, Rüdiger, Die Gewalt der Nähe. Christliche Palästinenser im Nahost-Konflikt: Lutherische Monatshefte 11 (1994) 31-34.

OKOLO, Jude M., The Holy See. A Moral person. The Juridical Nature of the Holy See in the Light of the Present Code of Canon Law, Diss., Rom 1990.

OLIVERI, Mario, Natura e funzioni dei legati pontifici nella storia e nel contesto del Vaticano II, Turin 1979 (= The Representatives. The Real Nature and Function of Papal Legates, Gerards Cross 1980).

ORDO EQUESTRIS SANCTI SEPULCHRI HIEROSOLYMITANI (Hg.), Annuario dell' O.E.S.S. G. 7. Opere realizzate dall'Ordine Equestre del Santo Sepolcro nel Patriarcato Latino di Gerusalemme (1997), Vatikanstadt 1997.

OSCHWALD, Hanspeter, Vatikan – die Firma Gottes, München 1998a.

OSCHWALD, Hanspeter, Bibel, Mystik und Politik. Die Gemeinschaft S. Egidio, Freiburg u.a. 1998b.

OXTOBY, Willard G., Christians and the Mideast Crisis: KHADDURI 1968, 181-190.

PAPELEUX, C., Les silences de Pie XII, Brüssel 1980.

PASTORELLI, Pietro, La Santa Sede e il problema di Gerusalemme: Storia e Politica 21 (1982) 57-98.

PASTORELLI, Pietro, Ruolo della Chiesa e della Santa Sede nella politica internazionale: BARBERINI (Hg.) 1992, 15-24.

PATRIARCAT GREC-MELCHITE (Hg.), Voix de l'Eglise en Orient, Paris 1962.

PATRIARCAT GREC-MELCHITE (Hg.), Catholicisme ou latinisme? A propos du patriarcat latin de Jérusalem, Harissa 1961.

PATRIARCAT LATIN DE JERUSALEM (Hg.), Sa Béatitude Mgr. Jacques-Joseph Beltritti. Patriarche Latin de Jérusalem, Jerusalem 1993.

PEÑA, Ignacio, Esquisse du Christianisme de Terre Sainte: La Terre Sainte 1996, 137-153.

PERRIN, Hugues, Le Vatican et les défis du Proche-Orient: Défense nationale (1995) 111-117.

PESCH, Otto Hermann, Das Zweite Vatikanische Konzil. Vorgeschichte – Verlauf – Ergebnisse – Nachgeschichte, Würzburg 1993.

PHARES, Walid, Lebanese Christian Nationalism. The Rise and Fall of an ethnic Resistance, London 1995.

PICCIRILLO, Michele (Hg.), La Custodia di Terra Santa e l'Europa. I rapporti politici e l'attività culturale dei Francescani in Medio Oriente, Rom 1983.

PIERACCINI, Paolo, Gerusalemme, luoghi santi e comunità religiose nella politica internazionale, Bologna 1997.

POLISH, Daniel, The Vatican's Stance towards Israel. Background and Context: Midstream 11 (1987) 33f.

POLLAK, G., Jerusalem and the Protection of the Holy Places in Contemporary International Politics, Diss., London 1957.

PONTIFICAL MISSION FOR PALESTINE (Hg.), Pontifical Mission for Palestine. A Papal Agency for humanitarian and charitable Assistance, New York / Rom 1990.
POTIN, Jacques, Jérusalem. Juifs, chrétiens et musulmans au cœur d'une ville unique, Paris 1995.
PRAGAI, M. J., Faith and fulfilment. Christians and the Return to the Promised Land, London 1985.
PRIOR, Michael / TAYLOR, W. (Hg.), Christians in the Holy Land, London 1994.

RACKAUSKAS, Constantine, The Internationalization of Jerusalem, Washington DC 1957.
RAFFALT, Reinhard, Wohin steuert der Vatikan? Papst zwischen Religion und Politik, München / Zürich 1973.
RAHEB, Mitri, Ich bin Christ und Palästinenser. Israel, seine Nachbarn und die Bibel, Gütersloh 1994.
RANCE, Didier (Hg.), Chrétiens du Proche-Orient, témoins de la croix, Paris 1991.
RASH, Yehoshua, Herzl, Weizman, leurs papes et leurs cardinaux: Sens 12 (1983) 283-303.
RASH, Yehoshua, Le Saint-Siège, les Juifs, Israel: Politique internationale 54 (1991/92) 389-399.
REESE, Thomas J., Inside the Vatican. The Politics and Organization of the Catholic Church, Cambridge Mass. / London 1996.
REUVER, Mark, The Holy See and Palestine: IDOC Bulletin 1/2 (1980) 11-13.
RICCARDI, Andrea, Vaticano e Medio Oriente: Relazioni internazionali 1 (1957) 568f.
RICCARDI, Andrea, Da Pio XII a Paolo VI, Bari 1988.
RICCARDI, Andrea, Da Giovanni XXIII a Paolo VI: ALBERIGO / RICCARDI (Hg.) 1990, 169-286.
RICCARDI, Andrea, Intransigenza e modernità. La Chiesa cattolica verso il terzo millenio, Rom / Bari 1996.
RICCARDI, Andrea, Sant'Egidio, Roma e il mondo. Colloquio con J.D. Durand e R. Ladous, Rom 1997.
RICHMOND, J. / RICHMOND, D., Pope Paul and the Middle East: Middle East International 87 (1978) 26f.
ROCK, Albert, Lo statu quo dei luoghi santi. La questione in generale e due circonstanze emblematiche riguardanti il cenacolo e il copola di Santo Sepulcro, Jerusalem 1977.
RÖHLING, Markus, Die christlichen Kirchen des Heiligen Landes und ihre Rolle in Israel und Palästina, Jerusalem 1999.
ROKACH, Livia, Arabs Worried By Vatican Shift on Middle East: Middle East International 122 (1980) 3.
ROKACH, Livia, The Catholic Church and the Question of Palestine, London 1987.
RONDOT, Pierre, Les Chrétiens d'Orient = Cahiers de l'Afrique et l'Asie 4, Paris 1955.
RONDOT, Pierre, Les Chrétiens d'Orient auprès de l'Islam et dans l'Etat moderne: Rhythmes du Monde 14 (1966) 122-130.
RONDOT, Pierre, Jérusalem. Ville Sainte de l'Islam: Défense nationale 38 (1982) 99-103.
RÖSCH-METZLER, Wiltrud, Ein mühsamer Weg zum Frieden. Christen in Palästina: Orientierung 59 (1995) 20-23.
ROSTOW, Eugene V., The Vatican and its Role in the World Order: SWEENEY (Hg.) 1970, 17-26.
ROUSAN, M. A., The Internationalisation of Jerusalem, Beirut 1957.
RUBINSTEIN, Danny, The Historical Perspective: NEW OUTLOOK 1993, 2-6.
RUDLOFF, Leo A., Archbishop Capucci And Terrorism, New York 1981.
RULLI, Giovannni, Antichi e nuovi problemi in Terra Santa: CC II (1971) 429-439.

RULLI, Giovanni, Nuove mura intorno a Gerusalemme: CC II (1971) 538-549.
RULLI, Giovanni, Proposte per i luoghi santi: CC III (1959) 110-121.
RULLI, Giovanni, L'invasione israeliana nel Libano: CC III (1982) 85-9.
RULLI, Giovanni, Diplomazia e Santa Sede per i Palestinesi e per il Libano: CC IV (1983) 391-402.
RULLI, Giovanni, Nuovi pericolosi fermenti in Medio Oriente: CC IV (1985) 392-401.
RULLI, Giovanni, La nascita dello Stato di Palestina: CC I (1989) 187-195.
RULLI, Giovanni, Le elezioni del Consiglio Nazionale Palestinese: CC I (1996) 504-512.
RULLI, Giovanni, Libano. Dalla crisi alla ‚Pax Siriana', Turin 1996.
RULLI, Giovanni, Lo stato di Israele. Democratico – intransigente – provvidenziale – ambiguo, Bologna 1998.
RUNCIMAN, Steven, The historic Role of the Christian Arabs of Palestine, London 1970.
RYAN, John T., Catholic Near East Welfare Association: NEW CATHOLIC ENCYCLOPEDIA 3, 1967, 271f.
RYAN, Joseph L., A Sensitive Middle East Topic. Jewish-Catholic Dialogue: The Priest 5 (1976) 23-29.
RYAN, Joseph L., The Catholic Faith and the Problem of Israel and Jerusalem: ISLAMIC COUNCIL OF EUROPE (Hg.) 1980, 39-75.
RYAN, Joseph L., L'Eglise catholique romaine. Reflexions sur son rôle dans la recherche d'une solution pacifique au problème de la Palestine: Solidarité-Orient Bulletin 153 (1985) 23-27.
RYAN, Joseph L., The Holy See and Jordan: ELLIS (Hg.) 1987, 163-188.
RYAN, Joseph L., Some thoughts in Jerusalem, Anchorage, Alaska 1972.

SABBAH, Michel, Les chrétiens de Terre Sainte aujourd'hui et le dialogue des religions: Courrier œcuménique du Moyen Orient 28 (1996) 50-57.
SABELLA, Bernard, Palestinian Christian Emigration from the Holy Land: POC 41 (1991) 74-85.
SABELLA, Bernard, Palestinian Christians. Challenges and hopes: AGHAZARIAN u.a. (Hg.) 1997, 5-21 (= Socio-Economic Characteristics and the Challenges to Palestinian Christians in the Holy Land: PRIOR / TAYLOR (Hg.) 1994, 31-44).
SACRA CONGREGAZIONE PER LE CHIESE ORIENTALI (Hg.), La Sacra Congregazione per le chiese orientali nel cinquantesimo della fondazione (1917-1967), Rom 1969.
SACRA CONGREGAZIONE PER LE CHIESE ORIENTALI (Hg.), Oriente cattolico, Vatikanstadt 1974.
SAFIEH, Afif, Out of Jerusalem?: AGHAZARIAN u.a. (Hg.) 1997, 28-32.
SAMIR, Samir K., Le patrimoine de la langue arabe: CENTRE DE THEOLOGIE POUR LE MOYEN-ORIENT (Hg.) 1988, 231-254.
SANDFUCHS, Wilhelm (Hg.), Die Außenminister der Päpste, München / Wien 1962.
SANDFUCHS, Wilhelm, Amleto Giovanni Cicognani: SANDFUCHS (Hg.) 1962, 139-145.
SAYEGH, Maximos IV., Orient catholique et unité chrétienne. Notre vocation œcuménique: POC 10 (1960) 291-302.
SAYEGH, Selim, Le statu quo des lieux-saints. Nature juridique et portée internationale, Rom 1971.
SCHILDKNECHT, Franz, Palästinafrage und christliches Gewissen: MISSIONSJAHRBUCH DER SCHWEIZ 1975, 100-105.
SCHMIDT, Stjepan, Augustin Bea. The Cardinal of Unity, New York 1992.
SCHOLZ, Rüdiger, „Palästina braucht die Christen". Ein Gespräch mit Jassir Arafat: Aufbruch 1 (1995) 6.
SCHÖPSDAU, Walter, „Mehr als ein Land". Römische Bischofssynode über den Libanon: Materialdienst des konfessionskundlichen Institutes Bensheim 47 (1996) 35-37.

SCHREIBER, Hannes, Einander nähergekommen. Zum Stand der ökumenischen Zusammenarbeit im Nahen Osten: Herder Korrespondenz 50 (1996) 37-41.
SCHULZE, Reinhard, Geschichte der islamischen Welt im 20. Jahrhundert, München 1994.
SECRETARIAT POUR LES RENCONTRES AVEC L'ISLAM, Le Saint-Siège et la Palestine: Secrétariat pour les Rencontres avec l'Islam 15 (1983) 3.
SEGUILLON, Pierre Luc, L'arcivescovo che mette in imbarazzo Israele: Rocca 20 (1974) 22f.
SHALOM HARTMAN INSTITUTE (Hg.), Jerusalem and Pluralism 2. A public discussion, Jerusalem 1987.
SLEIMAN, Jean, Pour une problématique des relations intercommunitaires chrétiennes au Liban: CENTRE DE THEOLOGIE POUR LE MOYEN-ORIENT (Hg.) 1991, 89-106.
SOETENS, Claude, The Holy See and the Promotion of an Indigenous Clergy from Leo XIII to Pius XII: The Jurist 52 (1992) 162-182.
SOFER, Naim, The political status of Jerusalem in the Hashemite Kingdom of Jordan 1949-1967: Middle East Studies 12 (1976) 73-94.
STEHLE, Hansjakob, Geheimdiplomatie im Vatikan. Die Päpste und die Kommunisten, Zürich 1993.
STEVENS, Richard P., The Vatican, the Catholic Church and Jerusalem: Journal of Palestine Studies 10 (1981) 100-110.
STRANSKY, Thomas, Crises of Religion in the Holy Land: America 174 (1996) 1-6.
SUERMANN, Harald, Palästinensische Theologie im Zeitalter der Intifada: Oriens Christianus 78 (1994) 104-122.
SULIAK, H., Die Beziehungen der islamischen Staaten zum Vatikan: Außenpolitik 10 (1956) 653-657.
SVIDERCOSCHI, Gian Franco, L'ami juif du pape, Paris 1995.
SWEENEY, Francis (Hg.), The Vatican and World Peace. A Boston College Symposium, Gerards Cross 1970.
SZULC, Tad, Papst Johannes Paul II. Die Biographie, Stuttgart 1996.

TALAMANCA, Anna, I rappresentanti diplomatici della S. Sede tra tradizione e innovazione: BARBERINI (Hg.) 1992, 135-141.
TAURAN, Jean-Louis, La doctrine pontificale des relations internationales d'après les discours du pape Jean-Paul II au corps diplomatique: D'ONORIO (Hg.) 1989, 73-85.
TEISSIER, Henri, La deuxième conférence mondiale des chrétiens pour la Palestine. Ambiance, programme de travail, resultats: Al Montada 55 (1972) 11-17.
THE CENTER FOR POLICY ANANLYSIS ON PALESTINE (Hg.), Jerusalem. A Special Report, Washington D.C. 1993.
TIBAWI, A. L., Jerusalem. Its Place in Islam and Arab History: ABU-LUGHOD 1970, 10-48.
TINCQ, Henri, L'Etoile et la Croix. Jean Paul II – Israel, l'explication, Paris 1993.
TISSERANT, Eugène, Le Vatican et les Eglises Orientales: Nouvelle Revue théologique 74 (1952) 449-465.
TOULAT, Jean, Avec Paul VI en Terre Sainte, Paris 1964.
TOYNBEE, Arnold, The Holy See and the Work of Peace. An Historian's view: SWEENEY (Hg.) 1970, 27-42.
TSIMHONI, Daphne, The Christian communities in Jeruslaem and the West Bank: Middle East Revue 9 (1976) 41-46.
TSIMHONI, Daphne, The Greek Orthodox Community in Jerusalem and the West Bank 1948-1978. A Profile of a Religious Minority in a National State: Orient 23 (1982) 281-298.

TSIMHONI, Daphne, Demographic Trends of the Christian Population in Jerusalem and Westbank 1948-1978: The Middle East Journal 37 (1983) 54-64.
TSIMHONI, Daphne, Continuity and Change in communal Autonomy. The Christian Communal Organisation in Jerusalem: Middle Eastern Journal 37 (1983) 54-63.
TSIMHONI, Daphne, The Latin Patriarchate of Jerusalem from the First Half of the 19th Century to Present Times. Institutional and Social Aspects: LAYISH (Hg.) 1992, 127-134.
TSIMHONI, Daphne, Christian Communities in Jerusalem and the Westbank since 1948. An historical, social and political study, Westport Conn. 1993.

UCKO, U. (Hg.), The Spiritual Significance of Jerusalem. A Report on a Colloquium, Gilon 1993.

VALENTE, Gianni, 1991 – Abschied von Jerusalem?: 30 Tage 11 (1991) 34-40.
VALLIER, Ivan, The Roman Catholic Church. A Transnational Actor: KEOHANE / NYE (Hg.) 1972, 129-152.
VALOGNE, J.P., Vie et mort des chrétiens d'Orient. Des origines à nos jours, Paris 1994.
VANDRISSE, Joseph, Rome désavoue sa délégation au colloque islamo-chrétien de Tripoli au sujet de Jérusalem et du sionisme: POC 26 (1976) 59-65.
VERGANI, Antonio, The Latin Community: WARDI 1950, 34-36.
VILLA, Luigi, Vaticano II e religioni non cristiane, Brescia 1971.
VOLLE, Angelika / WEIDENFELD, Werner (Hg.), Frieden im Nahen Osten? Chancen, Gefahren, Perspektiven, Bonn 1997.

WAGNER, Don, Holy Land Christians and Survival: ATEEK u.a. (Hg.) 1992, 43-49.
WARD, Richard, The economics of an internationalized Jerusalem: WARD 1977, 127-135.
WARD, Richard (Hg.), The Palestine State. A rational approach, London 1977.
WARDI, Chaim (Hg.), Christians in Israel. A Survey, Jerusalem 1950.
WEISS, Günther, Die internationale Stellung Jerusalems, Köln / Berlin 1954.
WENGER, Antoine, Vatican II, 4 Bde., Paris 1966ff.
WENGER, Antoine, Le cardinal Jean Villot (1905-1979). Secrétaire d'Etat de trois papes, Paris 1989.
WERBLOWSKY, Zwi, The Meaning of Jerusalem to Jews, Christians and Muslims, Jerusalem 1994.
WHITE, Patrick, Let us be free. A Narrative Before and During the Intifada, Clifton NJ 1989.
WHITE, Patrick, Mourning in Bethlehem. The Impact of the Gulf War on Palestine Society, Leominster 1992.
WILLEY, David, God's Politician. John Paul II at the Vatican, London 1992.
WILLIAMS, G.H., The Mind of John Paul II, New York 1981.
WILLIAMS, Hunston, The contours of Church and State in the thought of John Paul II, Waco, Texas 1983.
WILLIAMSON, Roger (Hg.), The Holy Land in the Monotheistic Faiths, Uppsala 1992.
WILSON, Evan M., The Internationalization of Jerusalem: The Middle East Journal 23 (1969) 1-13.
WILSON, Evan M., Jerusalem. Key to Peace, Washington DC 1970.
WUESTENBERG, Bruno, Domenico Tardini: SANDFUCHS (Hg.) 1962, 131-138.

YOUNG, Bertram / LOOK, B., The Greek orthodox patriarchate from 1926 to now. Jordanian law about the Patriarchate, Amman 1957.

ZANANIRI, G. A., Les patriarches orientaux et la Congrégation pour l'Eglise orientale: L'Ami du clergé 74 (1964) 72-74.
ZANDER, Walter, Israel and the Holy Places of Christendom, New York 1971.
ZANDER, Walter, Holy Places and Christian Presence in Jerusalem: New Middle East 7 (1971) 18-20.
ZAVALA DE ALBA, Luis E., La mediación internacional en la prevención y resolución conflictos. Una referencia particular a la mediación de la Santa Sede, Rom 1988.
ZIZOLA, Giancarlo, L'utopia di papa Giovanni, Assisi 1973.
ZIZOLA, Giancarlo, La restaurazione di papa Wojtyla, Rom / Bari 1985.
ZIZOLA, Giancarlo, La chiesa nei media, Turin 1996.
ZIZOLA, Giancarlo, Il successore, Rom / Bari 1997.

REGISTER

Abdallah, König 42, 50, 52, 62, 75f, 82
Abderrahman, Ahmad 255
Abendmahlssaal 123, 227
Abkommen über den Rechtsstatus 332
Abou Mokh, François 202-206
Abu Hijleh, Abdul Lateef 313
Abu Saada 115
Ägypten 46, 50, 73, 87, 97, 99, 117, 146, 161, 190, 209f, 218, 220, 279, 285, 307
Al-Aqsa-Moschee 82, 156, 167, 259, 272, 327
al-Din Alami, Saad 290
Aleppo 99, 196
Alessandrini, Federico 17, 160, 179, 181, 183f, 187, 192, 199, 222
Algabid, Hamid 279
Algier 190, 264
Al-Hassan, Khaled 247
Al-Khatb, Ruhi 129
Al-Liqa-Zentrum 268
Allon, Jigal 183, 220
Al-Mulki, Fauzi 82
Al-Numeiri, Gaafar 191
Amman 73, 76, 78, 92, 116-118, 129, 142, 158f, 161f, 252, 260, 304
Andreotti, Giulio 185, 276
Anerkennung Israels 93, 104, 139, 168, 271, 275-277, 281, 295, 298, 317, 339, 343
Anti-Defamation League B'nei B'rit 57, 134
Antijudaismus 90, 332
Antisemitismus 35, 44, 77, 96, 109, 136f, 143, 186, 292, 298, 307, 343
Arabische Liga 42
Arabisierung 84
Arafat, Jassir 198f, 201, 207, 212, 214, 224, 228, 231f, 234f, 237, 239-244, 246f, 265, 269, 272, 293f, 305, 316, 318, 320-322, 326f, 330f, 335
Arbeitspartei 247, 288
Arnaud, Florent 288
Assaf, Michel 54
Assemblée d'Ordinaires catholiques de Terre Sainte 285
Assisi 250, 281
Ateek, Naim 268
Athenagoras I. 115f, 128
Attlee, Clement 33
Aucagne, Jean 240
Auschwitz 124, 239, 298
Auspicia quaedam 39
Australien 64, 125, 170
Avriel, Ehud 153
Ayyad, Ibrahim 42, 76, 164, 223f

Balfour-Erklärung 41
Bandak, Issa 62
Baouardy, Mariam 244
Baram, Uzi 289
Bari 283
Barlassina, Luigi 26, 39
Bea, Augustin 97, 100f, 103, 107, 110, 135, 137f, 142-144
Beer Schewa 251
Begin, Menachem 113, 208, 210, 214, 227f
Beilin, Jossi 297, 300, 308-310
Beirut 11, 39, 60, 99, 159, 166, 170, 172, 201, 212, 231, 235, 237f, 240, 242, 256, 279
Beltritti, Giacomo 115, 142, 144, 158f, 173, 177, 256
Ben Gurion, David 50, 52, 60, 67f, 83
Ben Horin, Nathan 301
Benedikt XV. 34, 96
Benediktos I. 85, 116, 119, 127, 131, 139, 152
Benelli, Giovanni 179
Ben-Horin, Eliahu 44

Bernadotte, Graf Folke 44, 52
Bertoli, Paolo 201, 219, 231
Bet Dschala 173, 256
Bet Sahur 268f, 277
Betlehem 29, 54, 125-127, 130f, 145, 165, 187f, 213, 218, 223, 244, 257, 268, 270, 286, 306, 315, 318, 321f, 325, 327f, 332
Betlehem 2000 327
Betlehem-Universität 187f, 213, 261, 270, 321
Bir Zeit 187
Blondeel, Maurice 19, 120
Borrmans, Maurice 205
Bourgiba, Habib 190
Bouwen, Frans 11, 171f
Bracco, Vincenzo 26
Brasilien 64, 208
Brini, Mario 231
Brogi, Marco 288
Bruya, Anthony 36
Bush, George 278f, 282

Camassei, Filippo 26
Camp David 214f
Capovilla, Loris 105
Capucci, Hilarion 159, 195-199, 206, 208, 221f, 224, 227, 230, 234f, 241, 257
Carew, William 223
Caritas International 147f, 157, 159f, 162, 172
Caritas Jerusalem 159, 161
Carter, Jimmy 208, 214, 228, 236
Casaroli, Agostino 22, 190, 211, 222, 234f, 251, 261, 278
Cassidy, Edward 310
Celli, Mario 288, 299, 301, 303, 319
CELRA 13, 31, 177, 271, 312
Cheli, Giovanni 225
Chiappero, Pier Giorgio 92
Christian Union of Palestine 40, 42, 44
Cicognani, Amleto 34, 79, 80, 98, 113, 117, 135, 137, 146, 158, 162, 164
Ciechanover, Joseph 220
Civiltà Cattolica 67, 70
Clinton, Bill 295, 306
CNEWA 13, 36, 49f, 60, 79, 98, 252, 266, 285
Cohen, Geula 228

corpus separatum 37, 47, 59, 63-65, 69-71, 78, 149-152, 154, 155, 192, 325, 337-339
Coussa, Acacio 98

D'Ercole, Giovanni 263
D'Ormesson, Wladimir 45
Damaskus 30, 136, 139, 159, 197, 221, 306
Darwisch, Mahmud 293
Dayan, Mosche 147, 207, 210f, 213, 275
Deeb, Gibril 199
Dehesche 286
Dekret über den Ökumenismus 107
Derderian, Yegische 86, 119, 128
Diodoros 267, 270, 321
Dormitio 123, 198, 206, 227
Dschebel Abu Ghneim 328
Dschihad al-Islami 263
Dulles, John Foster 79
Duprey, Pierre 116f, 119f

Eban, Abba 57, 62, 65, 68, 70, 153, 168f, 174, 275
Edelby, Neophytos 94, 99f, 120, 136, 143f
Effeta-Institut 180, 187, 213
El-Arisch 161
El-Fattal, Dia Allah 209
Ellenoff, Theodore 254
Emigration 26, 174, 176, 332, 340
Epstein, Ben 57
Eschkol, Levi 114, 147, 150, 152
Etchegaray, Roger 250, 317, 327, 331

Farhat, Edmond 313
Faruk, König 50, 208, 293, 312
Fatah 163, 196, 197
Felici, Angelo 17, 110, 143, 153
Fez 222, 238, 239
Fitzgerald, Michael 203, 324
Fiumincino 191
Flüchtlinge 36, 46, 49, 51f, 54f, 60, 72, 75, 78f, 81, 92, 106, 113, 129f, 132, 157f, 160, 162-164, 168f, 173, 182, 185, 196, 200f, 236, 244, 246, 254, 291, 342
Flüchtlingslager 73, 87, 212, 228, 232, 243, 251, 253, 286
Foster, Edward 79, 158
Frankreich 28, 45-47, 52, 62, 64, 130, 279

Freij, Elias 222, 241, 293
Friedensprozeß 236, 241, 245, 288, 297, 301, 306, 308f, 311, 313, 324, 343

Gaddafi, Muammar 202f
Gallaghan, Ronald 188, 321
Garreau, Roger 68
Gasparri, Pietro 34
Gatti, Luigi 11, 283, 285, 288, 302, 319
Gaza 157, 302, 307, 316
Gazastreifen 26, 29, 73, 92, 246, 253, 257, 262
Geburtskirche 28, 76, 94, 125, 131, 268
Gelat, Mansur 86, 256
Gemayel, Baschir 238, 241
Genfer Konferenz 190f, 193, 195, 225
Gethsemane 91, 121, 227
Ghussein, Jawid 247
Gilboa, Mosche 288
Giovannetti, Alberto 149, 151f
Golanhöhen 148, 157, 236
Goldman, Nahum 102, 143, 167
Goldstein, Baruch 305
Golfkrise 272, 273
Gonen, Eli 305
Gorbatschov, Michail 282
Gordon, Miron 258, 261
Gori, Albert 63, 73, 75f, 82, 86, 91, 99f, 109f, 112, 114, 117f, 122, 140, 142, 144, 158, 173, 281
Gowen, Franklin 61
Grabeskirche 42, 83, 94, 99, 106, 118f, 127, 131, 269, 322
Greene, James E. 191
Gregor X. 90
Gremillion, Joseph 171
Griffith, James 113
Grundlagenabkommen 29, 297, 299-301, 304, 307f, 314, 317, 326, 335, 339, 343

Hadas, Schmuel 303, 306, 313, 317
Haddas, Josef 288
Hakim, Georges 52, 91, 99, 197
Halassa, Terese 180
Hamas 263, 294, 297, 314
Hammad, Nemer 207, 221, 223, 238, 257, 258, 264, 293
Hammarskjöld, Dag 79

Har Homa 328
Haram al-Scharif 76
Haschemiten 75, 82
Hassan II. 167, 227, 249
Hautpstadtgesetz 226
Hebron 305
Heiliges Jahr 44, 59, 306, 327
Helou, Charles 166
Henrix, Hans Herrmann 310
Herzl, Theodor 33, 35
Herzog, Chaim 252, 284, 286
Herzog, Isaak 89
Herzog, Jakob 45, 53, 62, 65, 79
Hochhuth, Rolf 123, 124
Höffner, Joseph 240
Holocaust 123, 176, 201, 231, 253f, 259f, 307, 310, 320
Holst, Johan 310
Hughes, Arthur 49
Hume, Basil 290
Hunnybun, Carol 158, 162
Hussein, König 75, 80, 81, 82, 83, 85, 86, 103, 114, 117, 118, 122, 129, 134, 145, 146, 153, 173, 175, 184, 210, 212, 219, 230, 246, 248, 252, 260, 264, 305, 311
Hussein, Saddam 271-273
Husseini, Faisal 286, 291, 293, 319f

In multiplicibus curis 44, 46
Internationalisierung 23, 33, 35, 39-41, 44, 47, 49-55, 57-61, 64-71, 79f, 82, 123, 148f, 151, 155, 175, 192, 204, 226, 229f, 283, 308, 337f, 340
Intifada 256, 257, 258, 260, 261, 262, 267, 268, 269, 271, 272, 274, 284, 287, 294, 322, 341
Irak 271, 273, 274, 279, 282
Isaac, Jules 96
Islamischer Kongreß für Jerusalem 82
Istanbul 89, 100, 116, 153
Italien 22, 38, 58, 62, 98, 103, 220, 279, 285, 286
Iustitia et Pax 171, 180, 250, 262, 271

Jad va Schem 320
Jaeger, David 283, 288, 297, 304
Jarjoui, Emil 332
Jewish Agency 38, 81, 89
Johannes Paul I. 214f, 217
Johannes Paul II. 23, 25, 217-219, 220f, 223-225, 227f, 230-233, 235-

239, 241, 244f, 247-250, 253f, 256-261, 264f, 268-274, 276, 278-282, 284-286, 290, 293-295, 305-307, 310, 312f, 315-320, 323, 326-332
Johannes XXIII. 18, 61, 88-92, 94, 96, 97-100, 103f, 106, 130, 213f, 217
Jordanien 26, 47, 58, 64, 68, 72f, 75f, 78, 81f, 86f, 92, 103, 114, 134, 138, 172, 181, 200, 253, 275, 285, 292f, 303, 305, 307, 311f, 314
Judaisierung Jerusalems 175, 204
Judenerklärung des Zweiten Vatikanischen Konzils 97, 101, 107-109, 112, 132, 134, 136f, 140
Judenverfolgung 78, 88, 109, 259, 300

Kaddumi, Faruk 208, 224, 233, 235, 242f, 260, 293, 301, 303, 305, 307, 312
Kafity, Samir 290
Kairo 39, 49, 87, 92, 141, 145f, 161, 202, 209, 211, 294, 307
Kaldany, Hanna 99, 123, 178, 256
Kandalaft, Ibrahim 322, 335
Karfreitagsfürbitte 96
Karfreitagskollekte 96, 175
Katzir, Efraim 207, 221
Khasko, Jussuf 191
Khoury, Elias 164
Khoury, Geries 268
Khoury, Rafik 268, 323
Kissinger, Henry 190, 193, 196
Klein, Laurentius 195
Kluger, Jerzy 217
Kob'ain, Nadschib 129
Kollek, Teddy 29, 125, 173, 179, 246, 270, 286, 318
Kommission für die religiösen Beziehungen zum Judentum 246, 248
Kongregation für die Orientalischen Kirchen 27, 36, 45, 49f, 56, 59f, 79, 94, 98, 100, 117, 187, 294
Konstantinopel 99, 115f, 124, 130, 133
Kustodie 26, 36, 42, 44, 90, 92, 94, 96, 106, 116, 194, 213, 256, 333
Kuweit 271-273
Kyrill VI. 154

Laetemur admodum 87
Laghi, Pio 170, 178f, 183, 187, 223, 252

Laham, Lutfi 234, 290
Lateinamerika 57, 208, 221f, 303
Lau, Meir 295, 306
Leo XIII. 96
Levy, David 270
Libanon 46, 117, 134, 141, 166, 181, 196f, 200f, 212, 219, 228, 231, 234f, 237-239, 241, 243, 251, 272f, 279f, 285, 314, 328-330
Libanonsynode 329
Lie, Tryvge 44, 54
Likud 208, 288, 319, 324

Macchi, Pasquale 118
Madrid 282f, 288, 291, 294, 314
Madschali, Abdul Wahab 247
Maglione, Luigi 34, 38, 89
Marokko 167, 249
Marshall, George 44
Martin, Jacques 112, 123
Martini, Carlo Maria 304
Martino, Renato 264, 266, 269, 283, 291, 297, 329
Masri, Taher 247
Mathes, Richard 277, 292, 320
Maximos IV. 24, 93, 99f, 108f, 120, 138, 140, 197
Maximos V. 192, 198, 202, 206, 222
Mayor, Federico 327
McDonald, James 53
McMahon, Thomas 19, 49-54, 56f, 59f, 66, 76-79, 81, 87, 98
MECC 13, 31, 262
Meggido 121, 130, 275
Megid, Ismat Abdel 301, 326
Meir, Golda 121, 179, 182-186, 201, 211, 214, 252, 275, 306
Melkiten 31, 94f, 234
Mendes, Meir 220, 231
Menschenrechte 105, 173, 187, 221, 273, 326
Miami 250, 253, 254, 259, 309
Montana, Frank 179
Monterisi, Francesco 209f, 221, 223
Montezemolo, Andrea 284, 288f, 294, 297, 302-304, 308, 312, 332-335
Montini, Giovanni Battista 17, 20, 38, 47, 77, 86, 88, 106, 130, 213
Mubarak, Hosni 230, 260f
Mwaanga, Vernon J. 191

Najjar, Amiel 183

Naschaschibi, Raghib 76
Nasser, Gamal 145
Nasser, Hanna 332
Navarro-Valls, Joaquin 18, 252, 261, 275, 277, 282, 286, 295f, 306, 314, 321, 332f
Navon, Jizchak 214, 219f, 237
Nazaret 43, 54, 91, 113, 121-123, 256, 270, 306, 317
Nesnas, Eileen 170
Netanjahu, Benjamin 251, 324, 326, 328, 330f, 339, 343
Neuville, René 47
New York 11, 19, 30, 36, 50, 53, 79, 87, 98, 162, 177, 234, 251f, 276, 297
Nicolini, Giulio 247
Nissim, Jizchak 104, 121, 123, 166
Nobis in animo 193, 213, 244
Nolan, John 159-162, 164, 170, 187, 195
Nostra aetate 96, 141, 143, 248, 297, 309
Notre Dame 179f, 207, 213, 292
Notre-Dame 42, 177, 179, 277, 320

O'Connor, John 250
Oddi, Silvio 87
Oesterreicher, Johannes 101f, 107f, 134, 137f
offene Stadt 146-148, 316, 325f, 339
Ökumenismus 103, 108
Organisation der Islamischen Konferenz 227
Orient House 303, 319
Oslo 295, 320, 326, 334
Ost-Jerusalem 68, 73, 75, 78, 148, 161, 164, 173, 182, 212, 218, 270, 303, 310, 319, 328, 334f
Otranto 232, 283

Pacem in terris 105
Palästinensische Autonomiebehörde 312, 316, 318, 320, 330, 334
Palästinensische Befreiungstheologie 31, 267, 323
Panciroli, Romeo 17, 221, 235, 239
Päpstliche Mission für Palästina 13, 19, 59f, 81, 98, 106, 112, 115, 117, 129, 132, 157-162, 164, 169f, 187-189, 194f, 213, 266, 342
Patriarchat, lateinisches 26f, 39, 42f, 82, 84, 86, 92-94, 99, 106, 109, 114f, 117, 179, 256, 271f, 281, 289, 307, 322, 335
Paul VI. 16f, 20, 23, 25, 27, 106, 108, 110-113, 115-134, 137f, 144-147, 149f, 153f, 156f, 159f, 162, 164, 166-169, 172-177, 180, 182f, 186f, 189-195, 199, 201, 206, 208-210, 212-215, 217-219, 221f, 224f, 233, 244, 248, 254, 294, 306, 316
Pazner, Avi 269, 285f, 288
Peres, Schimon 247, 251f, 275, 289f, 306, 310f, 316, 319f
Perez de Cuellar, Javier 282
Perowne, John 39
PFLP 13, 163, 172
Phalangisten 200, 231, 241
Piavi, Ludovico 26
Pignedoli, Sergio 202-205
Pilgerreise 96, 106, 111, 115, 117, 126, 133, 180, 212f, 218, 224, 315, 321
Pius IX. 26
Pius X. 33, 34
Pius XI. 27
Pius XII. 35, 38-40, 42-44, 46-48, 50, 52-55, 59, 62f, 68f, 80, 82, 84, 86-88, 96f, 124, 126, 130, 147, 168, 213
PLO 13, 25, 163f, 172, 182, 187, 189-192, 198f, 201, 207f, 210f, 214f, 221f, 224, 230f, 234f, 237-244, 247, 255, 257f, 260, 262-266, 269, 271f, 290f, 293f, 297, 301, 303, 305, 307, 309, 312-314, 318-320, 326, 332, 342, 344
Pluralismus 226, 316
Polen 87, 93, 217, 231, 235, 259, 275, 288
Prodi, Romano 328
Proselytismus 92, 94

Rabat 167, 199
Rabin, Jizchak 196, 288, 294, 305f, 311, 319f
Raheb, Mitri 268
Ramallah 187, 198, 228
Ratzinger, Josef 89, 304
Raya, Josef 198
Reagan, Ronald 234, 238, 245
Rechtspersönlichkeit 298, 333, 334
Redemptionis Anno 243, 244, 247, 254, 266
Redemptoris nostri 54, 55, 63

Religionsfreiheit 37, 110, 137f, 277, 292, 308, 316, 326, 329
Ritterorden vom Hl. Grab 27, 62, 79
Roch, Raymond 243
Rodhain, Jean 147, 157, 158, 172
Rogers, William 173
Roncalli, Angelo 61, 88-91, 96
Rosen, David 304, 309, 310
Rudloff, Leo 198, 206
Rulli, Giovanni 175, 176, 283
Rutelli, Francesco 327
Ryan, John T. 36, 106, 112, 117, 129, 132

Sabbah, Michel 27, 256-258, 263, 271f, 281, 284f, 287, 289, 307, 322f, 335
Sabeel-Zentrum 268, 323
Sabri, Ikrima 348
Sadat, Anwar 173, 206, 209f, 212, 214, 230
Sadr, Bani 230
Safieh, Afif 231, 235, 290f, 293, 319, 323, 326, 332
Salem, Jussuf 169
Sambi, Pietro 183
Sant'Egidio 317
Sassoun, Eliahu 90
Saudi-Arabien 279
Scalfaro, Oscar Luigi 307
Schai, Schabtai 327
Schaki, Avner 281
Schamir, Jizchak 233, 235, 242f, 252, 261, 269, 275, 285f
Scharett, Mosche 50-52, 57, 60, 62, 64f, 78-80, 168
Scharif, Muhammad 203
Schasar, Zalman 104, 121, 123, 130, 143, 173
Schehade, Aziz 198
Schenuda III. 202
Schitrit, Schimon 320, 323f
Schoa 253, 259f, 264, 307, 309
Schulen 26, 37, 75, 77, 82, 83, 93, 94, 146, 187, 230, 262, 265, 292
Schwarzer September 172
Sebastiano, Sergio 324
Segni, Antonio 117
Sekretariat für die Einheit der Christen 101, 110, 116, 120, 202
Selassie, Haile 191
Sensi, Giuseppe 87, 99
Sepinski, Agostino 145, 158, 170

Shultz, George 260, 265
Silvestrini, Achille 222, 232, 261, 279, 294
Simaan, Nemeh 86, 92, 142, 144, 256
Simon-Wiesenthal-Zentrum 253
Sinai 148, 157, 211, 215, 315
Sirat, René 250
Sisco, Francesco 190
Sodano, Angelo 278, 326
Sollemnibus documentis 63
Soragna, Giuseppe 62
Sowjetunion 29, 64, 69, 275, 287
Spellman, Francis 36, 49, 53, 55-57, 65, 67, 76f, 80f, 87, 98, 113, 159
Staatssekretariat 18f, 22f, 27, 45, 47, 49f, 52, 60, 62, 65, 77, 87, 89, 98, 106, 112, 145, 152, 160-162, 173, 183, 191, 213, 215, 221-223, 235, 240, 251, 260f, 266, 278, 283, 285, 288, 294, 302f, 307, 309, 320, 326, 335
Status quo 28, 94, 119, 125, 150, 298, 302
Stefanos I. 109, 154
Stern, Robert 266
Syrien 39, 98, 117, 138, 157, 190, 196, 209, 222, 279, 307, 330

Tabgha 123
Tabor 83, 91, 123
Tahbub, Hassan 320, 334-336
Talal, König 76, 80-82
Tamimi, Tazir 348
Tanenbaum, Marc 251f
Tannuz, Rima Issa 180
Tantur 131, 180, 187, 213
Tappouni, Ignatios Gabriel 99f, 136
Tardini, Domenico 38, 47, 54-56, 58, 61f, 68, 80, 86, 97, 98
Tauran, Jean-Louis 15, 279, 281, 288, 291, 293f, 297, 303, 305, 308, 311-313, 319-321, 326, 328
Tawil, Joseph 136
Taylor, Myrn 35
Tel Aviv 67, 78, 130, 212, 245, 273f, 302, 304, 319
Tertio millenio adveniente 315f
Testa, Gustavo 39, 43, 49, 87, 99, 117
Timotheos 70, 84
Tisserant, Eugene 49f, 56, 59, 94, 98, 117, 123
Toaff, Elio 249, 274, 307
Tov, Mosche 69

Tripolis 202-205
Truman, Harry 57, 98
Tunesien 305, 313
Tunis 221, 303, 313f
Tuohy, Peter 81

U Thant, Sithu 127, 146
UN-Generalversammlung 13f, 36-41, 45, 51, 63-65, 67-71, 77f, 88, 151, 153, 165, 199, 224f, 227, 243, 265, 303, 326, 328
UN-Resolution 181: 35, 47, 52, 54, 57, 64, 66, 148, 175, 308, 337
UN-Resolution 242: 163, 165, 248
UN-Resolution 303: 65, 67-69
UN-Resolution ES-10/2: 328, 330
UNO 14, 25, 33, 48, 54, 56-58, 61-66, 70f, 77, 79, 98, 127, 147, 149-151, 154f, 190, 192, 224f, 229, 234, 251, 264, 266, 269, 282, 291, 297, 328, 335, 337
UNRWA 14, 157, 264, 283
UNSCOP 14, 36
Unterman, Isser 141
USA 39-41, 44, 56f, 62, 67, 80, 98, 125, 127, 144, 151, 164, 170, 177, 243, 245, 251, 253, 261, 265, 271, 273, 275, 279, 282, 306, 343

Vaillanc, Fausto 17, 148
Valerga, Giuseppe 26

Venedig 88, 91, 141, 214, 231
Vergani, Antonio 20, 44, 51, 74, 83, 92
Verkündigungsbasilika 113, 122, 123
Veronese, Vittorio 45, 62
Villot, Jean 23, 171, 199

Waldheim, Kurt 190, 253
Wardi, Chaim 45, 72, 74, 102
Washington 34, 79, 98, 252, 283, 294, 311
Weizman, Eser 57, 312, 320
Weltkonferenz der Christen 170
West-Jerusalem 78, 87, 113
Westjordanland 15, 29, 68, 148, 160, 164, 218, 228, 239, 246, 257, 262, 264, 271, 307, 318
Willebrands, Jean 117, 141
Wojtyła, Karol 217f

Yegar, Mosche 251

Zanini, Lino 99, 115, 117, 120, 145f, 161, 222
Zionismus 33f, 41f, 48, 109f, 136, 140, 204
Ziv, Miriam 304
Zweites Vatikanisches Konzil 17, 23f, 31, 89, 96, 99, 111, 132f, 147, 157, 177, 218